《资本论》学习提要

林兆木　编

中国言实出版社

图书在版编目(CIP)数据

《资本论》学习提要 / 林兆木编 . --北京：中国
言实出版社，2024.10. -- ISBN 978 - 7 -5171 -4947 -7

Ⅰ.A811. 23

中国国家版本馆 CIP 数据核字第 2024JM2845 号

《资本论》学习提要

责任编辑：郭江妮

责任校对：李　岩

出版发行：中国言实出版社

地　　址：北京市朝阳区北苑路 180 号加利大厦 5 号楼 105 室

邮　　编：100101

编辑部：北京市海淀区花园北路 35 号院 9 号楼 302 室

邮　　编：100083

电　　话：010 - 64924853（总编室）　 010 - 64924716（发行部）

网　　址：www. zgyscbs. cn　电子邮箱：zgyscbs@263. net

经　　销：新华书店

印　　刷：北京温林源印刷有限公司

版　　次：2025 年 1 月第 1 版　2025 年 1 月第 1 次印刷

规　　格：710 毫米 ×1000 毫米　1/16　39.5 印张

字　　数：670 千字

定　　价：198.00 元

书　　号：ISBN 978 - 7 - 5171 - 4947 - 7

作者简介

　　林兆木　1960 年毕业于中国人民大学经济系，长期从事经济理论教学与研究工作。曾任国家发改委宏观经济研究院常务副院长、研究员，九届全国政协委员、十届全国人大财经委委员。1988 年以来，先后参与党中央、国务院部分重要文件起草工作，包括党的全国代表大会报告，中央全会和中央经济工作会议文件，政府工作报告等。入选"影响新中国 60 年经济建设的 100 位经济学家"、《20 世纪中国知名科学家学术成就概览（经济学卷）》。

编者说明

　　《资本论》是马克思以毕生精力研究、创作的一部具有划时代意义的伟大著作。马克思在《资本论》中运用辩证唯物主义和历史唯物主义的世界观和方法论，深刻揭示了资本主义社会的经济运动规律，论证了资本主义基本矛盾的发展必然导致它被共产主义所取代的历史规律，为科学社会主义奠定了坚固的理论基础。

　　《资本论》第一卷出版后，恩格斯作了这样的评价："自地球上有资本家和工人以来，没有一本书像我们面前这本书那样，对于工人具有如此重要的意义。资本和劳动的关系是我们现代全部社会体系所依以旋转的轴心，这种关系在这里第一次作了科学的说明。"马克思"发现了现代资本主义生产方式和它所产生的资产阶级社会的特殊的运动规律。由于剩余价值的发现，这里就豁然开朗了，而先前无论资产阶级经济学家或者社会主义批评家所做的一切研究都只是在黑暗中摸索"。正因为这样，《资本论》常常被称为"工人阶级的圣经"。

　　《资本论》对以前的政治经济学进行了全面的分析批判，实现了政治经济学领域的革命性变革，创立了马克思主义政治经济学。《资本论》的内容极其丰富，贯穿全书的方法是唯物辩证法，并且包含科学社会主义以及有关政治、法律、历史、教育、道德、宗教、科学技术、文学艺术等方面的精辟论述，是汇集马克思主义的三个组成部分的理论宝库。《资本论》体现了科学性和革命性的高度统一，为全世界无产阶级和劳动人民的解放事业提供了强大的理论武器。

　　马克思在《资本论》第一卷第一版序言中说："万事开头难，每门科学都是如此。所以本书第一章，特别是分析商品的部分，是最难理解的。""并且，分析经济形式，既不能用显微镜，也不能用化学试剂。二者都必须用抽象力来代替。"在《资本论》第二版跋中，马克思又指出："当然，在形式上，叙述方法必须与研究方法不同。研究必须充分地占有材料，分析它的各种发展形式，探寻这些形式的内在联系。只有这项工作完成以后，现实的运动才能适当地叙述出来。这一点一旦做到，材料的生命一旦在观念上反映出来，呈现在我们面前的就好像是一个先验的结构了。"

在《资本论》中，马克思运用唯物辩证法和抽象法分析经济问题，从纷繁复杂的经济现象中，抽丝剥茧，探赜索隐探寻出事物的本质和规律；同时采取从抽象逐渐上升到具体的叙述方法，从里到外、一层一层地从抽象的原理、规律回到具体事物的表面，从而令人信服地说明本质和规律，为何和如何表现为与之不同的甚至是相反的现象。这是马克思独创的科学研究方法和叙述方法。而一般读者观察事物的思维习惯，是从现象出发，而且很容易把现象同本质、规律混为一谈，也缺乏运用抽象方法去分析问题的能力，因而在开始读《资本论》时，常常感到理解困难。《资本论》第一、二、三卷共近 2500 页，篇幅长是一些初学者望而生畏的另一个原因。所以，我一直有个愿望，就是把《资本论》中的精华、主要内容摘录出来，对重点、难点和其中的逻辑关系，作一些解读和注释，旨在对初学《资本论》的读者能有所帮助。编辑《〈资本论〉学习提要》是一个大胆的尝试。《资本论》博大精深，我虽然有以往学习的一定基础，但离深刻理解还差得很远，尤其是做这项工作时，我已是 80 多岁的高龄，深感力不从心。因此，学习提要中的疏漏和错误，敬请读者批评指正。

学习提要中的篇、章、节的标题均引自《资本论》第一、二、三卷。章、节下括号内的标题，以及章、节以下的数字编序，除另有注明的，均为学习提要的编者所拟。文中加引号的引文，分别摘引自《资本论》第一、二、三卷（载《马克思恩格斯文集》第五卷、第六卷、第七卷）。没有加引号排楷体的文字，为学习提要编者的理解和注释，仅供读者参考。

目　　录

第一版序言　………………………………………………………………　1

第二版跋　…………………………………………………………………　7

第 一 卷
资本的生产过程
（学习提要）

第 一 篇
商品和货币

第一章　商品　………………………………………………………　5

　第一节　商品的两个因素：使用价值和价值（价值实体，价值量）　………　5

　第二节　体现在商品中的劳动的二重性　……………………………　9

　第三节　价值形式或交换价值　…………………………………　12

　第四节　商品的拜物教性质及其秘密　…………………………　21

第二章　交换过程　………………………………………………　26

第三章　货币或商品流通　………………………………………　29

　第一节　价值尺度　………………………………………………　29

　第二节　流通手段　………………………………………………　31

　第三节　货币　……………………………………………………　36

第 二 篇
货币转化为资本

第四章　货币转化为资本 ………………………………………… 42

　第一节　资本的总公式 …………………………………………… 42

　第二节　总公式的矛盾 …………………………………………… 43

　第三节　劳动力的买和卖 ………………………………………… 45

第 三 篇
绝对剩余价值的生产

第五章　劳动过程和价值增殖过程 …………………………… 50

　第一节　劳动过程 ………………………………………………… 50

　第二节　价值增殖过程 …………………………………………… 55

第六章　不变资本和可变资本 ………………………………… 59

第七章　剩余价值率 …………………………………………… 64

　第一节　劳动力的剥削程度 ……………………………………… 64

　第二节　产品价值在产品相应部分上的表现 …………………… 66

　第三节　西尼耳的"最后一小时" ……………………………… 66

　第四节　剩余产品 ………………………………………………… 67

第八章　工作日 ………………………………………………… 68

　第一节　工作日的界限 …………………………………………… 68

　第二节　对剩余劳动的贪欲。工厂主和领主 …………………… 69

　第三节　在剥削上不受法律限制的英国工业部门 ……………… 70

　第四节　日工和夜工。换班制度 ………………………………… 70

　第五节　争取正常工作日的斗争。14 世纪中叶至 17 世纪末叶关于
　　　　　延长工作日的强制性法律 …………………………… 70

　第六节　争取正常工作日的斗争。对劳动时间的强制的法律限制。
　　　　　1833—1864 年英国的工厂立法 …………………… 71

　第七节　争取正常工作日的斗争。英国工厂立法对其他国家的影响 …… 72

第九章　剩余价值率和剩余价值量 ·············· 74

第 四 篇

相对剩余价值的生产

第十章　相对剩余价值的概念 ·············· 81

第十一章　协作 ·············· 84

第十二章　分工和工场手工业 ·············· 89

　第一节　工场手工业的二重起源 ·············· 89

　第二节　局部工人及其工具 ·············· 90

　第三节　工场手工业的两种基本形式——混成的工场手工业和

　　　　　有机的工场手工业 ·············· 91

　第四节　工场手工业内部的分工和社会内部的分工 ·············· 93

　第五节　工场手工业的资本主义性质 ·············· 95

第十三章　机器和大工业 ·············· 98

　第一节　机器的发展 ·············· 98

　第二节　机器的价值向产品的转移 ·············· 101

　第三节　机器生产对工人的直接影响 ·············· 103

　第四节　工厂 ·············· 106

　第五节　工人和机器之间的斗争 ·············· 107

　第六节　关于被机器排挤的工人会得到补偿的理论 ·············· 108

　第七节　工人随机器生产的发展而被排斥和吸引。棉纺织业的危机 ····· 110

　第八节　大工业所引起的工场手工业、手工业和家庭劳动的革命 ····· 112

　第九节　工厂立法（卫生条款和教育条款）。它在英国的普遍实行 ····· 112

　第十节　大工业和农业 ·············· 115

第 五 篇

绝对剩余价值和相对剩余价值的生产

第十四章　绝对剩余价值和相对剩余价值 ·············· 118

第十五章　劳动力价格和剩余价值的量的变化 ················· 122

第一节　工作日的长度和劳动强度不变（已定），劳动生产力可变 ······ 122

第二节　工作日和劳动生产力不变，劳动强度可变 ········· 123

第三节　劳动生产力和劳动强度不变，工作日可变 ········· 124

第四节　劳动的持续时间、劳动生产力和劳动强度同时变化 ········· 125

第十六章　剩余价值率的各种公式 ················· 127

第 六 篇
工　　资

第十七章　劳动力的价值或价格转化为工资 ················· 132

第十八章　计时工资 ················· 137

第十九章　计件工资 ················· 139

第二十章　工资的国民差异 ················· 141

第 七 篇
资本的积累过程

第二十一章　简单再生产 ················· 147

第二十二章　剩余价值转化为资本 ················· 152

第一节　规模扩大的资本主义生产过程。商品生产所有权规律转变为
资本主义占有规律 ················· 152

第二节　政治经济学关于规模扩大的再生产的错误见解 ········· 155

第三节　剩余价值分为资本和收入。节欲论 ········· 155

第四节　几种同剩余价值分为资本和收入的比例无关但决定积累量的
情况：劳动力的剥削程度；劳动生产力；所使用的资本和所
消费的资本之间差额的扩大；预付资本的量 ········· 157

第五节　所谓劳动基金 ················· 163

第二十三章　资本主义积累的一般规律 ················· 165

第一节　在资本构成不变时，对劳动力的需求随积累的增长而增长 ······ 165

第二节　在积累和伴随积累的积聚的进程中资本可变部分相对减少 …… 168

第三节　相对过剩人口或产业后备军的累进生产 ……………… 172

第四节　相对过剩人口的各种存在形式。资本主义积累的一般规律 … 175

第五节　资本主义积累一般规律的例证 ……………………… 177

第二十四章　所谓原始积累 ……………………………… 178

第一节　原始积累的秘密 …………………………………… 178

第二节　对农村居民土地的剥夺 …………………………… 180

第三节　15 世纪末以来惩治被剥夺者的血腥立法。压低工资的法律 … 181

第四节　资本主义租地农场主的产生 ……………………… 182

第五节　农业革命对工业的反作用。工业资本的国内市场的形成 … 182

第六节　工业资本家的产生 ………………………………… 183

第七节　资本主义积累的历史趋势 ………………………… 185

第二十五章　现代殖民理论 ……………………………… 188

注：以上目录摘自《马克思恩格斯文集》第 5 卷（人民出版社 2009 年 12 月第 1 版）目录第 1—8 页。

第 二 卷
资本的流通过程
（学习提要）

第 一 篇
资本形态变化及其循环

第一章　货币资本的循环 ………………………………… 195

第一节　第一阶段 G—W ………………………………… 196

第二节　第二阶段生产资本的职能 ………………………… 199

第三节　第三阶段 W′—G′ ……………………………………… 201

第四节　总循环 …………………………………………………… 204

第二章　生产资本的循环 ………………………………………… 209

第一节　简单再生产 ……………………………………………… 209

第二节　积累和规模扩大的再生产 ……………………………… 213

第三节　货币积累 ………………………………………………… 215

第四节　准备金 …………………………………………………… 216

第三章　商品资本的循环 ………………………………………… 217

第四章　循环过程的三个公式 …………………………………… 221

第五章　流通时间 ………………………………………………… 228

第六章　流通费用 ………………………………………………… 231

第一节　纯粹的流通费用 ………………………………………… 231

第二节　保管费用 ………………………………………………… 233

第三节　运输费用 ………………………………………………… 240

第　二　篇
资本周转

第七章　周转时间和周转次数 …………………………………… 244

第八章　固定资本和流动资本 …………………………………… 246

第一节　形式区别 ………………………………………………… 246

第二节　固定资本的组成部分、补偿、修理和积累 …………… 252

第九章　预付资本的总周转。周转的周期 …………………… 256

第十章　关于固定资本和流动资本的理论。重农学派和亚当·斯密 ……… 260

第十一章　关于固定资本和流动资本的理论。李嘉图 ………… 263

第十二章　劳动期间 ……………………………………………… 265

第十三章　生产时间 ……………………………………………… 267

第十四章　流通时间 ……………………………………………… 270

第十五章　周转时间对预付资本量的影响 …………………… 273

第一节　劳动期间和流通期间相等 ……………………………… 274

第二节　劳动期间大于流通期间 ···································· 274

第三节　劳动期间小于流通期间 ···································· 274

第四节　结论 ··· 275

第五节　价格变动的影响 ·· 276

第十六章　可变资本的周转 ··· 280

第一节　年剩余价值率 ·· 280

第二节　单个可变资本的周转 ·· 283

第三节　从社会的角度考察的可变资本的周转 ····················· 284

第十七章　剩余价值的流通 ··· 289

第一节　简单再生产 ·· 290

第二节　积累和扩大再生产 ·· 290

第 三 篇

社会总资本的再生产和流通

第十八章　导言 ··· 294

第一节　研究的对象 ·· 294

第二节　货币资本的作用 ·· 295

第十九章　前人对这个问题的阐述 ·································· 300

第一节　重农学派 ·· 300

第二节　亚当·斯密 ·· 302

第三节　以后的经济学家 ·· 304

第二十章　简单再生产 ··· 305

第一节　问题的提出 ·· 305

第二节　社会生产的两个部类 ·· 307

第三节　两个部类之间的交换：Ⅰ（v＋m）和Ⅱc的交换 ··········· 309

第四节　第Ⅱ部类内部的交换。必要生活资料和奢侈品 ············· 311

第五节　货币流通在交换中的中介作用 ····························· 314

第六节　第Ⅰ部类的不变资本 ·· 315

第七节　两个部类的可变资本和剩余价值 ··························· 316

　　第八节　两个部类的不变资本 ·· 317

　　第九节　是对于亚·斯密、施托尔希和拉姆赛等人有关观点的分析批评······ 318

　　第十节　资本和收入：可变资本和工资 ······························· 318

　　第十一节　固定资本的补偿 ·· 319

第二十一章　积累和扩大再生产 ·· 327

　　第一节　第Ⅰ部类的积累 ·· 328

　　第二节　第Ⅱ部类的积累 ·· 333

　　第三节　用公式来说明积累 ·· 335

　　注：以上目录摘自《马克思恩格斯文集》第 6 卷（人民出版社 2009 年 12 月第 1 版）目录第 1—5 页。

第 三 卷
资本主义生产的总过程（上）

第 一 篇
剩余价值转化为利润和剩余价值率转化为利润率

第一章　成本价格和利润 ·· 348

第二章　利润率 ·· 352

第三章　利润率和剩余价值率的关系 ······································ 356

第四章　周转对利润率的影响 ·· 358

第五章　不变资本使用上的节约 ·· 360

　　第一节　概论 ·· 360

　　第二节　靠牺牲工人而实现的劳动条件的节约 ······················· 365

　　第三节　动力生产、动力传送和建筑物的节约 ······················· 366

　　第四节　生产排泄物的利用 ·· 366

　　第五节　由于发明而产生的节约 ················· 366

第六章　价格变动的影响 ·················· 368

　　第一节　原料价格的波动及其对利润率的直接影响 ··· 368

　　第二节　资本的增值和贬值、游离和束缚 ········· 369

第七章　补充说明 ···················· 372

第　二　篇

利润转化为平均利润

第八章　不同生产部门的资本的不同构成和由此引起的利润率的差别 ······· 376

第九章　一般利润率（平均利润率）的形成和商品价值转化为生产价格 379

第十章　一般利润率通过竞争而平均化。市场价格和市场价值。超额利润 ··· 384

第十一章　工资的一般变动对生产价格的影响 ······ 399

第十二章　补充说明 ··················· 401

　　第一节　引起生产价格变化的原因 ············· 401

　　第二节　中等构成的商品的生产价格 ············ 402

　　第三节　资本家的补偿理由 ················· 402

第　三　篇

利润率趋向下降的规律

第十三章　规律本身 ··················· 406

第十四章　起反作用的各种原因 ············· 412

　　第一节　劳动剥削程度的提高 ··············· 412

　　第二节　工资被压低到劳动力的价值以下 ········· 413

　　第三节　不变资本各要素变得便宜 ············· 413

　　第四节　相对过剩人口 ··················· 414

　　第五节　对外贸易 ····················· 415

　　第六节　股份资本的增加 ················· 416

第十五章　规律的内部矛盾的展开 ·················· 418

　　第一节　概论 ························· 418

　　第二节　生产扩大和价值增殖之间的冲突 ·········· 421

　　第三节　人口过剩时的资本过剩 ··············· 423

　　第四节　补充说明 ····················· 426

第四篇

商品资本和货币资本转化为商品经营资本和货币经营资本（商人资本）

第十六章　商品经营资本 ···················· 430

第十七章　商业利润 ······················ 436

第十八章　商人资本的周转。价格 ··············· 441

第十九章　货币经营资本 ···················· 448

第二十章　关于商人资本的历史考察 ·············· 449

第五篇

利润分为利息和企业主收入。生息资本

第二十一章　生息资本 ····················· 453

第二十二章　利润的分割。利率。"自然"利息率 ········· 460

第二十三章　利息和企业主收入 ················ 466

第二十四章　资本关系在生息资本形式上的外表化 ········ 471

第二十五章　信用和虚拟资本 ················· 472

第二十六章　货币资本积累，它对利息率的影响 ········· 476

第二十七章　信用在资本主义生产中的作用 ··········· 478

第二十八章　流通手段和资本。图克和富拉顿的见解 ······· 484

　　注：以上目录摘自《马克思恩格斯文集》第 7 卷（人民出版社 2009 年 12 月第 1 版）目录第 1—4 页。

第 三 卷
资本主义生产的总过程（下）

第 五 篇
利润分为利息和企业主收入。生息资本（续）

第二十九章　银行资本的组成部分 ······················· 490

第三十章　货币资本和现实资本。Ⅰ ···················· 496

第三十一章　货币资本和现实资本。Ⅱ（续） ············ 503

第三十二章　货币资本和现实资本。Ⅲ（续完） ·········· 505

第三十三章　信用制度下的流通手段 ··················· 508

第三十四章　通货原理和 1844 年英国的银行立法 ········· 511

第三十五章　贵金属和汇兑率 ························· 513

　　第一节　金贮藏的变动 ························· 513

　　第二节　汇兑率 ···························· 514

第三十六章　资本主义以前的状态 ····················· 517

第 六 篇
超额利润转化为地租

第三十七章　导论 ································· 520

第三十八章　级差地租：概论 ························· 527

第三十九章　级差地租的第一形式（级差地租Ⅰ） ········· 533

第四十章　级差地租的第二形式（级差地租Ⅱ） ·········· 541

第四十一章　级差地租Ⅱ——第一种情况：生产价格不变 ······ 547

第四十二章　级差地租Ⅱ——第二种情况：生产价格下降 ······ 549

第四十三章　级差地租Ⅱ——第三种情况：生产价格上涨。结论 ······ 550

第四十四章　最坏耕地也有级差地租 ┄┄┄┄┄┄┄┄┄┄┄ 552

第四十五章　绝对地租 ┄┄┄┄┄┄┄┄┄┄┄┄┄┄┄┄┄ 554

第四十六章　建筑地段的地租。矿山地租。土地价格 ┄┄┄ 563

第四十七章　资本主义地租的起源 ┄┄┄┄┄┄┄┄┄┄┄┄ 568

第 七 篇
各种收入及其源泉

第四十八章　三位一体的公式 ┄┄┄┄┄┄┄┄┄┄┄┄┄┄ 572

第四十九章　关于生产过程的分析 ┄┄┄┄┄┄┄┄┄┄┄┄ 582

第五十章　　竞争的假象 ┄┄┄┄┄┄┄┄┄┄┄┄┄┄┄┄ 584

第五十一章　分配关系和生产关系 ┄┄┄┄┄┄┄┄┄┄┄┄ 587

第五十二章　　阶级 ┄┄┄┄┄┄┄┄┄┄┄┄┄┄┄┄┄┄ 594

后记：我学习《资本论》的经历 ┄┄┄┄┄┄┄┄┄┄┄┄┄ 595

注：以上目录摘自《马克思恩格斯文集》第 7 卷（人民出版社 2009 年 12 月第 1 版）目录第 4－6 页。

第一版序言

我把这部著作的第一卷交给读者。这部著作是我1859年发表的《政治经济学批判》的续篇。初篇和续篇相隔很久，是由于多年的疾病一再中断了我的工作。

前书的内容已经在本卷第一章作了概述。这样做不仅是为了连贯和完整，叙述方式也改进了。在情况许可的范围内，前书只是略略提到的许多论点，这里都作了进一步的阐述；相反地，前书已经详细阐述的论点，这里只略略提到。关于价值理论和货币理论的历史的部分，现在自然完全删去了。但是前书的读者可以在本书第一章的注释中，找到有关这两种理论的历史的新资料。

万事开头难，每门科学都是如此。所以本书第一章，特别是分析商品的部分，是最难理解的。其中对价值实体和价值量的分析，我已经尽可能地做到通俗易懂[1]以货币形式为完成形态的价值形式，是极无内容和极其简单的。然而，两千多年来人类智慧对这种形式进行探讨的努力，并未得到什么结果，而对更有内容和更复杂的形式的分析，却至少已接近于成功。为什么会这样呢？因为已经发育的身体比身体的细胞容易研究些。并且，分析经济形式，既不能用显微镜，也不能用化学试剂。二者都必须用抽象力来代替。而对资产阶级社会说来，劳动产品的商品形式，或者商品的价值形式，就是经济的细胞形式。在浅薄的人看来，分析这种形式好像是斤斤于一些琐事。这的确是琐事，但这是显微解剖学所要做的那种琐事。

因此，除了价值形式那一部分外，不能说这本书难懂。当然，我指的是那些想学到一些新东西、因而愿意自己思考的读者。

---

〔1〕 这样做之所以更加必要，是因为甚至斐·拉萨尔著作中反对舒尔采·德里奇的部分，即他声称已经提出我对那些问题的阐述的"思想精髓"的部分，也包含着严重的误解。顺便说一下，斐·拉萨尔经济著作中所有一般的理论原理，如关于资本的历史性质、关于生产关系和生产方式之间的联系等等，几乎是逐字地——甚至包括我创造的术语——从我的作品中抄去的，而且没有说明出处，这样做显然是出于宣传上的考虑。我当然不是说他在细节上的论述和实际上的应用，这同我没有关系。

1

物理学家是在自然过程表现得最确实、最少受干扰的地方观察自然过程的，或者，如有可能，是在保证过程以其纯粹形态进行的条件下从事实验的。我要在本书研究的，是资本主义生产方式以及和它相适应的生产关系和交换关系。到现在为止，这种生产方式的典型地点是英国。因此，我在理论阐述上主要用英国作为例证。但是，如果德国读者看到英国工农业工人所处的境况而伪善地耸耸肩膀，或者以德国的情况远不是那样坏而乐观地自我安慰，那我就要大声地对他说：这正是说的阁下的事情！

问题本身并不在于资本主义生产的自然规律所引起的社会对抗的发展程度的高低。问题在于这些规律本身，在于这些以铁的必然性发生作用并且正在实现的趋势。工业较发达的国家向工业较不发达的国家所显示的，只是后者未来的景象。

撇开这点不说。在资本主义生产已经在我们那里完全确立的地方，例如在真正的工厂里，由于没有起抗衡作用的工厂法，情况比英国要坏得多。在其他一切方面，我们也同西欧大陆所有其他国家一样，不仅苦于资本主义生产的发展，而且苦于资本主义生产的不发展。除了现代的灾难而外，压迫着我们的还有许多遗留下来的灾难，这些灾难的产生，是由于古老的、陈旧的生产方式以及伴随着它们的过时的社会关系和政治关系还在苟延残喘。不仅活人使我们受苦，而且死人也使我们受苦。死人抓住活人！

德国和西欧大陆其他国家的社会统计，与英国相比是很贫乏的。然而它还是把帷幕稍稍揭开，使我们刚刚能够窥见幕内美杜莎的头。如果我国各邦政府和议会像英国那样，定期指派委员会去调查经济状况，如果这些委员会像英国那样，有全权去揭发真相，如果为此能够找到像英国工厂视察员、编写《公共卫生》报告的英国医生、调查女工童工受剥削的情况以及居住和营养条件等等的英国调查委员那样内行、公正、坚决的人们，那么，我国的情况就会使我们大吃一惊。柏修斯需要一顶隐身帽来追捕妖怪。我们却用隐身帽紧紧遮住眼睛和耳朵，以便有可能否认妖怪的存在。

决不要在这上面欺骗自己。正像18世纪美国独立战争给欧洲中等阶级敲起了警钟一样，19世纪美国南北战争又给欧洲工人阶级敲起了警钟。在英国，变革过程已经十分明显。它达到一定程度后，一定会波及大陆。在那里，它将采取较残酷的还是较人道的形式，那要看工人阶级自身的发展程度而定。所以，现在的统治阶级，撇开其较高尚的动机不说，他们的切身利益也迫使他们除掉一切可以由法律控制的、妨害工人阶级发展的障碍。因此，我在本卷中还用了很大的篇幅来叙述英国工厂立法的历史、内容和结果。一个国家应该而且可以向其他国家学习。一个社会即使探索到了本身运动的自然规律——本书的最终目的就是揭示现代社会的经济运动规律——它还是既不能跳过也不能用法令取消自然的发展阶段。但是它能缩短和减轻分娩的痛苦。

为了避免可能产生的误解，要说明一下。我决不用玫瑰色描绘资本家和地主的面貌。不过这里涉及的人，只是经济范畴的人格化，是一定的阶级关系和利益的承担者。我的观点是把经济的社会形态的发展理解为一种自然史的过程。不管个人在主观上怎样超脱各种关系，他在社会意义上总是这些关系的产物。同其他任何观点比起来，我的观点是更不能要个人对这些关系负责的。

在政治经济学领域内，自由的科学研究遇到的敌人，不只是它在一切其他领域内遇到的敌人。政治经济学所研究的材料的特殊性质，把人们心中最激烈、最卑鄙、最恶劣的感情，把代表私人利益的复仇女神召唤到战场上来反对自由的科学研究。例如，英国高教会派宁愿饶恕对它的三十九条信纲中的三十八条信纲进行的攻击，而不饶恕对它的现金收入的三十九分之一进行的攻击。在今天，同批评传统的财产关系相比，无神论本身是一种很小的过失。但在这方面，进步仍然是无可怀疑的。以最近几星期内发表的蓝皮书《就工业和工联问题同女王陛下驻外使团的信函往来》为例。英国女王驻外使节在那里坦率地说，在德国，在法国，一句话，在欧洲大陆的一切文明国家，现有的劳资关系的变化同英国一样明显，一样不可避免。同时，大西洋彼岸的北美合众国副总统威德先生也在公众集会上说：在奴隶制废除后，资本关系和土地所有权关系的变化会提到日程上来！这是时代的标志，不是用紫衣黑袍遮掩得了的。这并不是说明天就会出现奇迹。但这表明，甚至在统治阶级中间也已经透露出一种模糊的感觉：现在的社会不是坚实的结晶体，而是一个能够变化并且经常处于变化过程中的有机体。

这部著作的第二卷将探讨资本的流通过程（第二册）和总过程的各种形式（第三册），第三卷即最后一卷（第四册）将探讨理论史。

任何的科学批评的意见我都是欢迎的。而对于我从来就不让步的所谓舆论的偏见，我仍然遵守伟大的佛罗伦萨人的格言：

走你的路，让人们去说罢！

卡尔·马克思

1867 年 7 月 25 日于伦敦

【简释：关于《资本论》的研究对象和目的，马克思在第一版序言中指出："我要在本书研究的，是资本主义生产方式以及和它相适应的生产关系和交换关系。"又说："本书的最终目的就是揭示现代社会的经济运动规律"。

如何理解作为《资本论》研究对象的"资本主义生产方式"这一基本范畴的内涵？恩格斯在 1867 年 12 月为《资本论》第一卷写的书评中说："资本主义生产方式就是马克思对现在社会阶段的称呼。"后来恩格斯在《反杜林论》中又指出："资产阶级所固有的生产方式（从马克思以来称为资本主义生产方式）"。

马克思在《〈政治经济学批判〉序言》中说："大体说来，亚细亚的、古代的、封建的和现代资产阶级的生产方式可以看作是经济的社会形态演进的几个时代。"马克思在论述资本原始积累的各种方法之后指出："这些方法都利用国家权力，也就是利用集中的、有组织的社会暴力，来大力促进从封建生产方式向资本主义生产方式的转化过程，缩短过渡时间。"可见，《资本论》第一版序言中说的"生产方式"，是指一定的社会发展阶段，即社会生产力和生产关系二者统一所构成的人类历史上依次更迭的各个生产方式。

马克思在修订《资本论》法文版译文时对他在《政治经济学批判》序言中所说的"一定的生产方式以及与它相适应的生产关系"，改为"一定的生产方式以及从这种生产方式中产生的社会关系"。这一修改也使"生产方式"的涵义更加明确了，就是指的一定的社会发展阶段。因此，可以把第一版序言中所说的"资本主义生产方式以及和它相适应的生产关系和交换关系"，理解为：资本主义生产方式以及从这种生产方式中产生的生产关系和交换关系。

马克思在这里只提到生产关系和交换关系，而没有说到分配关系。这并不是说马克思没有把分配关系包括在《资本论》的研究对象之内。因为马克思指出："分配关系和分配方式只是表现为生产要素的背面。""就对象说，能分配的只是生产的成果，就形式说，参与生产的一定方式决定分配的特殊形式，决定参与分配的形式。"（1）"分配关系不过表现生产关系的一个方面。"（2）由于生产关系已经包含了分配关系，马克思在《资本论》研究对象中没有再提到分配关系。

马克思说："如果事物的表现形式和事物的本质会直接合而为一，一切科学就都成为多余的了。"（3）《资本论》的研究目的，就是通过剖析资本主义社会的各种表面现象，揭露它的本质及其经济运动规律，也就是要揭露资本主义生产方式发生，发展以及由另一个高级社会所替代的规律。

有的学者认为，"三卷《资本论》都是研究资本主义生产关系，而不研究生产力的。""在《资本论》第 1 卷中，有的地方曾涉及生产力的问题，如第 5 章第 1 节讲'劳动过程'，说明了劳动过程的简单要素；第 11 章到第 13 章，分别考察了'协作'，'分工和工场手工业'，'机器和大工业'。但能否说，这是在研究生产力呢？不能。马克思明确讲过：'研究实际的劳动过程是工艺学的任务'。"（4）可以说，这位学者的上述解释，不仅对"生产力"概念作了狭义的理解，把生产力混同于"实际的劳动过程"，而且把生产关系看作是可以同生产力分离的。实际上，生产关系同生产过程本身从而同生产力，是不可能分离的。历史唯物主义认为，人类物质资料生产是社会的生产，一方面是劳动者和生产资料结合，构成社会的生产力，另一方面是人们在生产过程中发生一定的相互关系，形成人们的生产关系。在生产力和生产关系的矛盾中，生产力是主导的。生产力是社会生产中最活动、最革命的因素，首先是生产力变化和发展，然后是人们的生产关系发生相应的变化。生产力决定生产关系，生产关系又作用于生产力——促进或者束缚生产力发展。生产力和生产关系对立统一的矛盾运动是社会发展的基本动力。

生产力和生产关系作为物质生产过程不可分离的两个方面，是对立统一的辩证关系。虽然事物对立统一的两个方面，可以一分为二、分别地进行考察，但并不能离开矛盾的对立面孤立地进行考察。研究生产关系总是以一定的生产力水平为前提，研究两者内在矛盾的不断解决而又不断产生的变化和发展，而不是把生产关系作为抽象的概念孤立地进行研究的。按照生产关系可以同生产力分离的观点，就不能用生产力的发展说明生产关系的发展，也不能说明资本主义生产关系如何从生产力的发展形式变成了它的桎梏。列宁指出："只有把社会关系归结于生产关系，把生产关系归结于生产力的水平，才能有可靠的根据把社会形态的发展看做自然历史过程。不言而喻，没有这种观点，也就不会有社会科学。"（5）《资本论》自始至终都没有脱离生产力的性质和发展水平而孤立地研究生产关系，也不只是一般地联系生产力进行研究，而是在生产力和生产关系对立统一的矛盾运动中研究生产关系的。《资本论》通篇贯穿着对资本主义生产方式中生产力和生产关系这一基本矛盾，从萌芽、产生、发展到必然被新的高级社会形态所代替的透彻分析。抓住《资本论》的这条主线，即生产力和生产关系对立统一的矛盾运动，才能深刻理解马克思所揭示的资本主义生产方式的本质和运动规律。这正是马克思在《资本论》序言中说的"我要在本书研究的，是资本主义生产方式以及和它相适应的生产关系和交换关系"的深刻内涵和重大意义。】

注：（1）《马克思恩格斯全集》第 12 卷第 745 页。人民出版社 1962 年 8 月第一版。

（2）《马克思恩格斯文集》第 7 卷第 1000 页。人民出版社 2009 年 12 月第一版。

（3）《马克思恩格斯文集》第 7 卷第 925 页。

（4）卫兴华：《〈资本论〉究竟研究什么?》，载《中国经济问题》1983 年第 4 期。

（5）《列宁全集》第 1 卷第 110 页。人民出版社 1984 年 10 月第二版。

第二版跋

我首先应当向第一版的读者指出第二版中所作的修改。很明显的是，篇目更加分明了。各处新加的注，都标明是第二版注。就正文本身说，最重要的有下列各点：

第一章第一节更加科学而严密地从表现每个交换价值的等式的分析中引出了价值，而且明确地突出了在第一版中只是略略提到的价值实体和由社会必要劳动时间决定的价值量之间的联系。

第一章第三节（价值形式）全部改写了，第一版的双重叙述就要求这样做。——顺便指出，这种双重叙述是我的朋友，汉诺威的路库格曼医生建议的。1867 年春，初校样由汉堡寄来时，我正好访问他。他使我相信，大多数读者需要有一个关于价值形式的更带讲义性的补充说明。第一章最后一节《商品的拜物教性质及其秘密》大部分修改了。第三章第一节（价值尺度）作了仔细的修改，因为在第一版中，考虑到《政治经济学批判》（1859 年柏林版）已有的说明，这一节是写得不够细致的。第七章，特别是这一章的第二节，作了很大的修改。

原文中局部的、往往只是修辞上的修改，用不着一一列举出来。这些修改全书各处都有。但是，现在我校阅正在巴黎出版的法译本时，发现德文原本的某些部分有的地方需要更彻底地修改，有的地方需要更好地修辞或更仔细地消除一些偶然的疏忽。可是我没有时间这样做，因为只是在 1871 年秋，正当我忙于其他迫切的工作的时候，我才接到通知说，书已经卖完了，而第二版在 1872 年 1 月就要付印。

《资本论》在德国工人阶级广大范围内迅速得到理解，是对我的劳动的最好的报酬。一个在经济方面站在资产阶级立场上的人，维也纳的工厂主迈尔先生，在普法战争期间发行的一本小册子中说得很对：被认为是德国世袭财产的卓越的理论思维能力，已在德国的所谓有教养的阶级中完全消失了，但在德国工人阶级中复活了。

在德国，直到现在，政治经济学一直是外来的科学。古斯塔夫·冯·居利希在他的《商业、工业和农业的历史叙述》中，特别是在1830年出版的该书的前两卷中，已经大体上谈到了在我们这里妨碍资本主义生产方式发展、因而也妨碍现代资产阶级社会建立的历史条件。可见，政治经济学在我国缺乏生长的土壤。它作为成品从英国和法国输入；德国的政治经济学教授一直是学生。别国的现实在理论上的表现，在他们手中变成了教条集成，被他们用包围着他们的小资产阶级世界的精神去解释，就是说，被曲解了。他们不能把在科学上无能为力的感觉完全压制下去，他们不安地意识到，他们必须在一个实际上不熟悉的领域内充当先生，于是就企图用博通文史的美装，或用无关材料的混合物来加以掩饰。这种材料是从所谓官房学——各种知识的杂拌，满怀希望的德国官僚候补者必须通过的炼狱之火——抄袭来的。

从1848年起，资本主义生产在德国迅速地发展起来，现在正是它的欺诈盛行的时期。但是我们的专家还是命运不好。当他们能够不偏不倚地研究政治经济学时，在德国的现实中没有现代的经济关系。而当这些关系出现时，他们所处的境况已经不再容许他们在资产阶级的视野之内进行不偏不倚的研究了。只要政治经济学是资产阶级的政治经济学，就是说，只要它把资本主义制度不是看作历史上过渡的发展阶段，而是看作社会生产的绝对的最后的形式，那就只有在阶级斗争处于潜伏状态或只是在个别的现象上表现出来的时候，它还能够是科学。

拿英国来说。英国古典政治经济学是属于阶级斗争不发展的时期的。它的最后的伟大的代表李嘉图，终于有意识地把阶级利益的对立、工资和利润的对立、利润和地租的对立当作他的研究的出发点，因为他天真地把这种对立看作社会的自然规律。这样，资产阶级的经济科学也就达到了它的不可逾越的界限。还在李嘉图活着的时候，就有一个和他对立的人西斯蒙第批判资产阶级的经济科学了。

随后一个时期，从1820年到1830年，在英国，政治经济学方面的科学活动极为活跃。这是李嘉图的理论庸俗化和传播的时期，同时也是他的理论同旧的学派进行斗争的时期。这是一场出色的比赛。当时的情况，欧洲大陆知道得很少，因为论战大部分是分散在杂志论文、关于时事问题的著作和抨击性小册子上。这一论战的不偏不倚的性质——虽然李嘉图的理论也例外地被用做攻击资产阶级经济的武器——可由当时的情况来说明。一方面，大工业本身刚刚脱离幼年时期，大工业只是从 1825 年的危机才开始它的现代生活的周期循环，就证明了这一点。另一方面，资本和劳动之间的阶级斗争被推到后面：在政治方面是由于纠合在神圣同盟周围的政府和封建主同资产阶级所领导的人民大众之间发生了纠纷；在经济方面是由于工业资本和贵族土地所有权之间发生了纷争。这种纷争在法国是隐藏在小块土地所有制和大土地所有制的对立后面，在英国则在谷物法颁布后公开爆发出来。这个时期英国的政治经济学文献，使人想起魁奈医生逝世后法国经济学的狂飙时期，但这只是像晚秋晴日使人想起春天一样。1830 年，最终决定一切的危机发生了。

资产阶级在法国和英国夺得了政权。从那时起，阶级斗争在实践方面和理论方面采取了日益鲜明的和带有威胁性的形式。它敲响了科学的资产阶级经济学的丧钟。现在问题不再是这个或那个原理是否正确，而是它对资本有利还是有害，方便还是不方便，违背警章还是不违背警章。无私的研究让位于豢养的文丐的争斗，不偏不倚的科学探讨让位于辩护士的坏心恶意。甚至以工厂主科布顿和布莱特为首的反谷物法同盟抛出的强迫人接受的小册子，由于对地主贵族展开了论战，即使没有科学的意义，毕竟也有历史的意义。但是罗伯特·皮尔爵士执政以来的自由贸易的立法，也把庸俗经济学的最后这根刺拔掉了。

1848 年大陆的革命也在英国产生了反应。那些还要求有科学地位、不愿单纯充当统治阶级的诡辩家和献媚者的人，力图使资本的政治经济学同这时已不容忽视的无产阶级的要求调和起来。于是，以约翰·斯图亚特·穆勒为最著名代表的平淡无味的混合主义产生了。这宣告了"资产阶级"经济学的破产，关于这一点，俄国的伟大学者和批评家尼·车尔尼雪夫斯基在他的《穆勒政治经济学概述》中已作了出色的说明。

可见，在资本主义生产方式的对抗性质在法国和英国通过历史斗争而明显地暴露出来以后，资本主义生产方式才在德国成熟起来，同时，德国无产阶级比德国资产阶级在理论上已经有了更明确的阶级意识。因此，当资产阶级政治经济学作为一门科学看来在德国有可能产生的时候，它又成为不可能了。

在这种情况下，资产阶级政治经济学的代表人物分成了两派。一派是精明的、贪利的实践家，他们聚集在庸俗经济学辩护论的最浅薄的因而也是最成功的代表巴师夏的旗帜下；另一派是以经济学教授资望自负的人，他们追随约·斯·穆勒，企图调和不能调和的东西。德国人在资产阶级经济学衰落时期，也同在它的古典时期一样，始终只是学生、盲从者和模仿者，是外国大商行的小贩。

所以，德国社会特殊的历史发展，排除了"资产阶级"经济学在德国取得任何独创的成就的可能性，但是没有排除对它进行批判的可能性。就这种批判代表一个阶级而论，它能代表的只是这样一个阶级，这个阶级的历史使命是推翻资本主义生产方式和最后消灭阶级。这个阶级就是无产阶级。

德国资产阶级的博学的和不学无术的代言人，最初企图像他们在对付我以前的著作时曾经得逞那样，用沉默置《资本论》于死地。当这种策略已经不再适合当时形势的时候，他们就借口批评我的书，开了一些药方来"镇静资产阶级的意识"，但是他们在工人报刊上（例如约瑟夫·狄慈根在《人民国家报》上发表的文章）遇到了强有力的对手，至今还没有对这些对手作出答复。

1872年春，彼得堡出版了《资本论》的优秀的俄译本。初版3000册现在几乎已售卖一空。1871年，基辅大学政治经济学教授尼·季别尔先生在他的《李嘉图的价值和资本理论》一书中就已经证明，我的价值、货币和资本的理论就其要点来说是斯密—李嘉图学说的必然的发展。使西欧读者在阅读他的这本出色的著作时感到惊异的，是纯理论观点的始终一贯。

人们对《资本论》中应用的方法理解得很差，这已经由对这一方法的各种互相矛盾的评论所证明。

例如，巴黎的《实证论者评论》一方面责备我形而上学地研究经济学，另一方面责备我——你们猜猜看！——只限于批判地分析既成的事实，而没有为未来的食堂开出调味单（孔德主义的吗?）。关于形而上学的责备，季别尔教授指出：

"就理论本身来说，马克思的方法是整个英国学派的演绎法，其优点和缺点是一切最优秀的理论经济学家所共有的。"

莫·布洛克先生在《德国的社会主义理论家》（摘自1872年7月和8月《经济学家杂志》）一文中，发现我的方法是分析的方法，他说：

"马克思先生通过这部著作而成为一个最出色的具有分析能力的思想家。"

德国的评论家当然大叫什么黑格尔的诡辩。彼得堡的《欧洲通报》在一篇专谈《资本论》的方法的文章（1872 年 5 月号，第 427—436 页）中，认为我的研究方法是严格的实在论的，而叙述方法不幸是德国辩证法的。作者写道：

"如果从外表的叙述形式来判断，那么最初看来，马克思是最大的唯心主义哲学家，而且是德国的极坏的唯心主义哲学家。而实际上，在经济学的批判方面，他是他的所有前辈都无法比拟的实在论者……决不能把他称为唯心主义者。"

我回答这位作者先生的最好的办法，是从他自己的批评中摘出几段话来，这几段话也会使某些不懂俄文原文的读者感兴趣。

这位作者先生从我的《政治经济学批判》序言（1859 年柏林版，第 4—7 页，在那里我说明了我的方法的唯物主义基础）中摘引一段话后说：

"在马克思看来，只有一件事情是重要的，那就是发现他所研究的那些现象的规律。而且他认为重要的，不仅是在这些现象具有完成形式和处于一定时期内可见到的联系中的时候支配着它们的那个规律。在他看来，除此而外，最重要的是这些现象变化的规律，这些现象发展的规律，即它们由一种形式过渡到另一种形式，由一种联系秩序过渡到另一种联系秩序的规律。他一发现了这个规律，就详细地来考察这个规律在社会生活中表现出来的各种后果……所以马克思竭力去做的只是一件事：通过准确的科学研究来证明社会关系的一定秩序的必然性，同时尽可能完善地指出那些作为他的出发点和根据的事实。为了这个目的，只要证明现有秩序的必然性，同时证明这种秩序不可避免地要过渡到另一种秩序的必然性就完全够了，而不管人们相信或不相信，意识到或没有意识到这种过渡。马克思把社会运动看作受一定规律支配的自然史过程，这些规律不仅不以人的意志、意识和意图为转移，反而决定人的意志、意识和意图……既然意识要素在文化史上只起着这种从属作用，那么不言而喻，以文化本身为对象的批判，比任何事情更不能以意识的某种形式或某种结果为依据。这就是说，作为这种批判的出发点的不能是观念，而只能是外部的现象。批判将不是把事实和观念比较对照，而是把一种事实同另一种事实比较对照。对这种批判唯一重要的是，对两种事实进行尽量准确的研究，使之真正形成相互不同的发展阶段，但尤其重要的是，对各种秩序的序列、对这些发展阶段所表现出来的顺序和联系进行同样准确的研究……但是有人会说，经济生活的一般规律，不管是应用于现在或过去，都是一样的。马克思否认的正是这一点。在他看来，这样的抽象规律是不存在……根据他的意见，恰恰相反，每个历史时期都有它自己的规律……一旦生活经过了一定的发展时期，由一定阶段进入另一阶段时，它就开始受另外的规律支配。总之，经济生活呈现出的现象和生物学的其他领域的发展史颇相类……旧经济学家不懂得经济规律的性质，他们把经济规律同物理学定律和化学定律相比拟……对现象所作的更深刻的分析证明，各种社会有机体像动植物有机体一样，彼此根本不同……由于这些有机体的整个结构不同，它们的各个器官有差别，以及器官借以发生作用的条件不一样等等，同一个现象就受完全不同的规律支配。例如，马克思否认人口规律在任何时候在任何地方都是一样的。相反地，他断言每个发展阶段有它自己的人口规律……生产力的发展水平不同，生产关系和支配生产关系的规律也就不同。马克思给自己提出的目的是，从这个观点出发去研究和说明资本主义经济制度，这样，他只不过是极其科学地表述了任何对经济生活进行准确的研究必须具有目的……这种研究的科学价值在于阐明支配着一定社会有机体的产生、生存、发展和死亡以及为另一更高的有机体所代替的特殊规律。马克思的这本书确实具有这种价值。"

这位作者先生把他称为我的实际方法的东西描述得这样恰当，并且在谈到我个人对这种方法的运用时又抱着这样的好感，那他所描述的不正是辩证方法吗？

当然，在形式上，叙述方法必须与研究方法不同。研究必须充分地占有材料，分析它的各种发展形式，探寻这些形式的内在联系。只有这项工作完成以后，现实的运动才能适当地叙述出来。这点一旦做到，材料的生命一旦在观念上反映出来，呈现在我们面前的就好像是一个先验的结构了。

我的辩证方法，从根本上来说，不仅和黑格尔的辩证方法不同，而且和它截然相反。在黑格尔看来，思维过程，即甚至被他在观念这一名称下转化为独立主体的思维过程，是现实事物的创造主，而现实事物只是思维过程的外部表现。我的看法则相反，观念的东西不外是移入人的头脑并在人的头脑中改造过的物质的东西而已。

将近30年以前，当黑格尔辩证法还很流行的时候，我就批判过黑格尔辩证法的神秘方面。但是，正当我写《资本论》第一卷时，今天在德国知识界发号施令的、愤懑的、自负的、平庸的模仿者们，却已高兴得像莱辛时代大胆的莫泽斯·门德尔松对待斯宾诺莎那样对待黑格尔，即把他当作一条"死狗"了。因此，我公开承认我是这位大思想家的学生，并且在关于价值理论的一章中，有些地方我甚至卖弄起黑格尔特有的表达方式。辩证法在黑格尔手中被神秘化了，但这决没有妨碍他第一个全面地有意识地叙述了辩证法的一般运动形式。在他那里，辩证法是倒立着的。必须把它倒过来，以便发现神秘外壳中的合理内核。

辩证法，在其神秘形式上，成了德国的时髦东西，因为它似乎使现存事物显得光彩。辩证法，在其合理形态上，引起资产阶级及其空论主义的代言人的恼怒和恐怖，因为辩证法在对现存事物的肯定的理解中同时包含对现存事物的否定的理解，即对现存事物的必然灭亡的理解；辩证法对每一种既成的形式都是从不断的运动中，因而也是从它的暂时性方面去理解；辩证法不崇拜任何东西，按其本质来说，它是批判的和革命的。

使实际的资产者最深切地感到资本主义社会充满矛盾的运动的，是现代工业所经历的周期循环的各个变动，而这种变动的顶点就是普遍危机。这个危机又要临头了，虽然它还处于预备阶段；由于它的舞台的广阔和它的作用的强烈，它甚至会把辩证法灌进新的神圣普鲁士德意志帝国的暴发户们的头脑里去。

卡尔·马克思

1873 年 1 月 24 日于伦敦

【简释：马克思研究《资本论》的根本方法，是唯物辩证法和历史唯物论。马克思在 19 世纪 40 年代批判地继承了德国古典哲学的成果，创立了辩证唯物主义哲学，并把它从对自然界和思维的认识扩展到对人类社会历史的认识，创立了历史唯物论。唯物辩证法和历史唯物论成为研究《资本论》的哲学基础和根本方法。

马克思在 1859 年出版的《政治经济学批判》的序言中说：之前研究"我所得到的、并且一经得到就用于指导我的研究工作的总的结果，可以简要地表述如下：人们在自己生活的社会生产中发生一定的、必然的、不以他们的意志为转移的关系，即同他们的物质生产力的一定发展阶段相适合的生产关系。这些生产关系的总和构成社会的经济结构，即有法律的和政治的上层建筑竖立其上并有一定的社会意识形式与之相适应的现实基础。物质生活的生产方式制约着整个社会生活、政治生活和精神生活的过程。不是人们的意识决定人们的存在，相反，是人们的社会存在决定人们的意识。社会的物质生产力发展到一定阶段，便同它们一直在其中活动的现存生产关系或财产关系（这只是生产关系的法律用语）发生矛盾。于是这些关系便由生产力的发展形式变成生产力的桎梏。那时社会革命的时代就到来了。随着经济基础的变更，全部庞大的上层建筑也或慢或快地发生变革。"（1）上述马克思称之为指导研究工作的总的结果，是历史唯物论的经典表述，也是贯穿《资本论》的一条红线。

恩格斯高度概括了马克思的两大科学发现，指出："正像达尔文发现有机界的发展规律一样，马克思发现了人类历史的发展规律"，"马克思还发现了现代资本主义生产方式和它所产生的资产阶级社会的特殊的运动规律。由于剩余价值的发现，这里就豁然开朗了"。(2)。马克思发现人类历史发展规律所创立的历史唯物论，在《资本论》中得到了充分展开和完整体现；而剩余价值理论揭示的资本主义生产方式的特殊规律，是在《资本论》中创立的，两者有着不可分割的内在联系。

《资本论》是马克思纯熟运用唯物辩证法的光辉典范。唯物辩证法是《资本论》的根本方法。马克思在《资本论》第二版跋中说："我的辩证方法，从根本上来说，不仅和黑格尔的辩证方法不同，而且和他截然相反。在黑格尔看来，思维过程，……是现实事物的创造主，而现实事物只是思维过程的外部表现。我的看法则相反，观念的东西不外是移入人的头脑并在人的头脑中改造过的物质的东西而已。"马克思把辩证法竖立在唯物主义的坚实基础上。这体现在研究方法上就是：研究经济运动规律时，不是从人的头脑的观念、概念出发，而是从客观事实出发，研究必须充分地占有材料。

唯物辩证法认为，世界上一切事物和现象，都不是孤立存在、静止不变的，而是彼此联系和发展变化的；事物内在矛盾的对立统一规律，是推动事物发展的根本规律。列宁说，"可以把辩证法简要地确定为关于对立面的统一的学说。这样就会抓住辩证法的核心"。(3) 历史唯物论关于生产力和生产关系的辩证关系的原理，同唯物辩证法的根本方法——运用客观事物对立统一规律的矛盾分析方法，在《资本论》中完全融合在一起。古典政治经济学用静止的、孤立的观点和形而上学的方法，把资本主义制度看成是永恒不变的。与此相反，马克思运用唯物辩证法，在《资本论》中深刻分析了资本主义基本矛盾产生发展和激化的进程，揭示了资本主义生产方式由于自然过程的必然性，造成了对自身的否定。《资本论》在揭示资本主义经济发展变化的形式、本质和方向时，也充分运用和体现了辩证法的量变质变规律和否定之否定规律。

马克思在《资本论》第一版序言中说："分析经济形式，既不能用显微镜，也不能用化学试剂，二者都必须用抽象力来代替。"抽象法是《资本论》中研究分析矛盾问题普遍运用的方法。抽象法是唯物辩证法的具体运用，是同分析、综合，演绎、归纳，逻辑、历史等方法结合在一起运用的。

马克思在《资本论》第二版跋中说："当然，在形式上，叙述方法必须与研究方法不同。研究必须充分地占有材料，分析它的各种发展形式，探寻这些形式的内在联系。只有这项工作完成以后，现实的运动才能适当地敍述出来。"就是说，《资本论》的研究方法是运用唯物辩证法，从具体到抽象，即从大量的纷繁复杂的经济现象中，探寻出事物的本质和规律，并提炼、概括出各种经济范畴；就是由完整的表象蒸发为抽象的规定，即认识上从具体到抽象。而《资本论》的敍述方法则与研究方法不同，是从抽象到具体，即从抽象的范畴、本质、规律，从里到外抽丝剥茧，一步一步地上升到经济运动的具体表现形式，从而揭示本质、规律为何和如何表现为之不同的、甚至相反的表面现象。《资本论》第一卷至第三卷的逻辑结构、篇章布局，正是从抽象上升到具体的叙述方法的体现。马克思说，经过从具体到抽象的科学研究，"这一点一旦做到，材料的生命一旦在观念上反映出来，呈现在我们面前的就好像是一个先验的结构了。"某些资产阶级学者不理解《资本论》的叙述方法和经济范畴的逻辑顺序，炒作第三卷与第三卷相矛盾，除了受其资产阶级狭隘眼界所限，就是不懂得马克思独创的研究方法和叙述方法的区别以及二者的结合。】

注：（1）《马克思恩格斯全集》第 13 卷第 8—9 页。人民出版社 1962 年 11 月第一版。

（2）《马克思恩格斯全集》第 19 卷第 374 页、375 页。人民出版社 1963 年 12 月第一版。

（3）《列宁选集》第二卷第 608 页。人民出版社 1960 年 4 月第一版。

第 一 卷
资本的生产过程
（学习提要）

第 一 篇
商品和货币

【《资本论》第一卷研究资本的生产过程；第二卷研究资本的流通过程；第三卷研究资本主义生产的总过程。第一卷德文版于 1867 年 9 月出版。第二卷和第三卷，是马克思逝世后、恩格斯根据马克思留下的大量手稿进行编辑，并先后于 1885 年和 1894 年出版的。

《资本论》第一卷《资本的生产过程》的主题和中心，是研究剩余价值的生产和剩余价值转化为资本，即资本积累。资本主义生产过程，既是物质资料的生产过程，又是资本价值的增殖过程，是两者的统一。然而，资本主义生产的决定性动机和直接目的，是获取剩余价值，即价值增殖。所以，资本主义生产过程的本质特征，就是剩余价值的生产。揭露剩余价值怎样生产出来的秘密，创立剩余价值学说，是马克思的伟大贡献。

马克思在《资本论》第一卷出版后不久，于 1868 年 1 月 8 日致恩格斯的信中谈道："这部书中的三个崭新的因素：（1）过去的一切经济学一开始就把表现为地租、利润、利息等固定形式的剩余价值特殊部分当作已知的东西来加以研究，与此相反，我首先研究剩余价值的一般形式，在这种形式中所有这一切都还没有区分开来，可以说还处于融合状态中。（2）经济学家们毫无例外地都忽略了这样一个简单的事实：既然商品有二重性——使用价值和交换价值，那么，体现在商品中的劳动也必然具有二重性，而像斯密、李嘉图等人那样只是单纯地分析劳动，就必然处处都碰到不能解释的现象。实际上，这就是批判地理解问题的全部秘密。（3）工资第一次被描写为隐藏在它后面的一种关系的不合理的表现形式，这一点通过工资的两种形式即计时工资和计件工资得到了确切的说明。"

马克思指出的《资本论》第一卷的三个崭新的因素，加上资本积累问题，构成了《资本论》第一卷的骨骼。第一卷共分七篇：第一篇论述商品二重性和劳动二重性，创立劳动价值理论，是其中的一个崭新的因素；第二、三、四、五篇是

第一卷的主体，论述剩余价值理论，揭露剩余价值生产的秘密，是另一个崭新的因素；第六篇论述工资是劳动力价值的不合理的表现形式，是第三个崭新的因素。第七篇论述剩余价值转化为资本积累，揭露资本主义生产关系的产生和不断扩大再生产的规律。价值—剩余价值—资本积累，这个逻辑叙述顺序，是同经济发展的历史顺序相一致的。

第一篇商品和货币，分为三章：第一章考察商品；第二章考察交换过程；第三章考察货币或商品流通。商品和货币，是资本主义生产方式的历史前提和出发点；研究商品价值及其表现形式，也是研究剩余价值理论的基础，所以第一卷开篇首先研究商品和货币。】

第一章

商　品

【第一章的内容极为重要。第一节论述商品的两个因素：使用价值和价值；第二节论述体现在商品中的劳动的二重性，这两节论述的劳动价值学说，为剩余价值学说奠定了坚实的理论基础。第三节论述价值形式或交换价值，阐明货币的起源及其本质。第四节论述商品拜物教性质及其秘密，论述商品的神秘性质的原因，阐明商品生产和商品价值是历史的范畴。】

第一节　商品的两个因素：使用价值和价值
（价值实体，价值量）

"资本主义生产方式占统治地位的社会的财富，表现为'庞大的商品堆积'，单个的商品表现为这种财富的元素形式。因此，我们的研究就从分析商品开始。"

【商品的两个因素：使用价值和价值】

【商品的使用价值】 "商品首先是一个外界的对象，一个靠自己的属性来满足人的某种需要的物。""物的有用性使物成为使用价值。但这种有用性不是悬在半空中的。它决定于商品体的属性，离开了商品体就不存在。""商品的使用价值为商品学这门学科提供材料。使用价值只是在使用或消费中得到实现。不论财富的社会的形式如何，使用价值总是构成财富的物质的内容。在我们所要考察的社会形式中，使用价值同时又是交换价值的物质承担者。"

【商品的交换价值】 "交换价值首先表现为一种使用价值同另一种使用价值相交换的量的关系或比例，这个比例随着时间和地点的不同而不断改变。因此，交换价值好像是一种偶然的、纯粹相对的东西，也就是说，商品固有的、内在的交换价值似乎是一个形容语的矛盾。现在我们进一步考察这个问题。"

"在商品交换关系中，只要比例适当，一种使用价值就和其他任何一种使用价值能够完全相等。""由此可见，第一，同一种商品的各种有效的交换价值表示一个等同的东西。第二，交换价值只能是可以与它相区别的某种内容的表现方式，'表现形式'。"

【商品的价值】"作为使用价值，商品首先有质的差别；作为交换价值，商品只能有量的差别，因而不包含任何一个使用价值的原子。""如果把商品体的使用价值撇开，商品体就只剩下一个属性，即劳动产品这个属性。""如果我们把劳动产品的使用价值抽去""体现在劳动产品中的各种劳动的有用性质也消失了，因而这些劳动的各种具体形式也消失了。各种劳动不再有什么差别，全都化为相同的人类劳动，抽象人类劳动。"

"现在我们来考察劳动产品剩下来的东西。它们剩下的只是同一的幽灵般的对象性，只是无差别的人类劳动的单纯凝结，即不管以哪种形式进行的人类劳动力耗费的单纯凝结。这些物现在只是表示，在它们的生产上耗费了人类劳动力、积累了人类劳动。这些物，作为它们共有的这个社会实体的结晶，就是价值——商品价值。"

"在商品的交换关系本身中，商品的交换价值表现为同它们的使用价值完全无关的东西。""在商品的交换关系或交换价值中表现出来的共同东西，也就是商品的价值。"

"可见，使用价值或财物具有价值，只是因为有抽象人类劳动对象化或物化在里面。那么，它的价值量是怎样计量的呢？是用它所包含的'形成价值的实体'即劳动的量来计量。劳动本身的量是用劳动的持续时间来计量，而劳动时间又是用一定的时间单位如小时、日等做尺度。"

【商品的价值量是如何确定的？】

"形成价值实体的劳动是相同的人类劳动，是同一的人类劳动力的耗费。体现在商品世界全部价值中的社会的全部劳动力，在这里是当作一个同一的人类劳动力，虽然它是由无数单个劳动力构成的。每一个这种单个劳动力，同别一个劳动力一样，都是同一的人类劳动力，只要它具有社会平均劳动力的性质，起着这种社会平均劳动力的作用，从而在商品生产上只使用平均必要劳动时间或社会必要劳动时间。社会必要劳动时间是在现有的社会正常的生产条件下，在社会平均的劳动熟练程度和劳动强度下制造某种使用价值所需要的劳动时间。"

"可见，只是社会必要劳动量，或生产使用价值的社会必要劳动时间，决定该使用价值的价值量。""一种商品的价值同其他任何一种商品的价值的比例，就是生产前者的必要劳动时间同生产后者的必要劳动时间的比例。作为价值，一切商品都只是一定量的凝固的劳动时间。"

"因此，如果生产商品所需要的劳动时间不变，商品的价值量也就不变。但是，生产商品所需要的劳动时间随着劳动生产力的每一变动而变动。劳动生产力是由多种情况决定的，其中包括：工人的平均熟练程度，科学的发展水平和它在工艺上应用的程度，生产过程的社会结合，生产资料的规模和效能，以及自然条件。"

"总之，劳动生产力越高，生产一种物品所需要的劳动时间就越少，凝结在该物品中的劳动量就越小，该物品的价值就越小。相反地，劳动生产力越低，生产一种物品的必要劳动时间就越多，该物品的价值就越大。可见，商品的价值量与实现在商品中的劳动的量成正比地变动，与这一劳动的生产力成反比例地变动。"【在有商品生产和商品交换的地方，商品总是以这样决定的价值为基础进行交换。这就是商品生产和商品交换的价值规律。】

【商品是使用价值和价值两个因素的统一体】

"一个物可以是使用价值而不是价值。在这个物不是以劳动为中介而对人有用的情况下就是这样。例如，空气、处女地、天然草地、野生林等等。一物可以有用，而且是人类劳动产品，但不是商品。谁用自己的产品来满足自己的需要，他生产的虽然是使用价值，但不是商品。要生产商品，他不仅要生产使用价值，而且要为别人生产使用价值，即生产社会的使用价值。"［恩格斯注："而且，要成为商品，产品必须通过交换，转到把它当作使用价值使用的人的手里。"］"最后，没有一个物可以是价值而不是使用物品。如果物没有用，那么其中包含的劳动也就没有用，不能算作劳动，因此不形成价值。"

【简释：（1）研究资本的生产过程，为什么从分析商品开始？本节开篇第一句回答了这个问题："资本主义生产方式占统治地位的社会的财富，表现为'庞大的商品堆积'，单个的商品表现为这种财富的元素形式。因此，我们的研究就从分析商品开始。"马克思在《资本论》第一版序言中指出："对资产阶级社会说来，劳动产品的商品形式，或者商品的价值形式，就是经济的细胞形式。"商品生产是资本主义生产的普遍形式，商品作为资本主义经济的细胞，包含着资本主义生产关系各种矛盾的萌芽。从分析商品入手，既说明资本主义生产关系从简单商品生产发展而来，又由此过渡到分析资本主义商品的一般特征；之后从分析货币的起源和本质开始，过渡到分析货币转化为资本；从分析商品价值的形成过程开始，过渡到分析价值增殖过程（即剩余价值生产）。这体现了理论逻辑与历史进程的统一。

【（2）商品是使用价值和价值的矛盾统一体。使用价值是商品交换价值从而也是它的价值的物质承当者，使用价值本身不是《资本论》的研究对象。价值体现商品生产者之间的关系，是《资本论》的研究对象。但为什么《资本论》不直接研究价值呢？马克思说："同商品体的可感觉的粗糙的对象性正好相反，在商品体的价值对象性中连一个自然物质原子也没有。因此，每一个商品不管你怎样颠来倒去，它作为价值物总是不可捉摸的。"（1）这是一般商品生产和资本主义生产中的生产关系的特点，即商品价值所体现的人与人的关系，表现为物与物的关系，是在物的掩盖下看不见摸不着的。所以，马克思说："对我来说，对象既不是'价值'，也不是'交换价值'，而是商品"。"我不是从'概念'出发，因而也不是从'价值概念'出发"，"我的出发点是劳动产品在现代社会所表现的最简单的社会形式，这就是'商品'。"（2）把商品看作"是一个外界的对象"，体现了唯物主义的基本观点，即研究不是从观念、概念出发，而是从现实、事实出发。马克思把价值当作商品的一个因素来研究，而不是像有些资产阶级学者那样把价值作为概念孤立地进行分析。价值作为商品的社会属性，是人与人之间社会关系的体现。马克思分析商品使用价值和价值二重性的矛盾，先从价值外在表现形式的交换价值入手来研究价值，再透过价值揭示在物与物关系背后的人与人关系。马克思说："即使我的书中根本没有论'价值'的一章，我对现实关系所作的分析仍然会包含有对实在的价值关系的论证和说明。"（3）事实上，马克思关于价值的理论是贯穿《资本论》全书的。商品二重性的矛盾，实质是生产力和生产关系的矛盾，即社会财富的物质内容（属于生产力范畴），同它的特殊的社会表现形式（属于生产关系范畴）的矛盾。商品使用价值的实现，是它的价值实现的前提，商品能否成功出售，"是商品的惊险的跳跃"。资本主义周期性生产过剩危机，其根源就萌芽于商品使用价值和价值的矛盾之中，资本主义商品的二重性矛盾，是生产力和生产关系这个基本矛盾发展的表现。

注：（1）《马克思恩格斯文集》第5卷第61页。人民出版社2009年12月第一版。

　　　（2）《马克思恩格斯全集》第19卷第400页、第412页。人民出版社1963年12月第一版。

　　　（3）《马克思恩格斯全集》第32卷第540页。人民出版社1974年10月第一版。

第二节　体现在商品中的劳动的二重性

【劳动的二重性是理解政治经济学的枢纽】

"起初我们看到，商品是一种二重的东西，即使用价值和交换价值。后来表明，劳动就它表现为价值而论，也不再具有它作为使用价值的创造者所具有的那些特征。商品中包含的劳动的这种二重性，是首先由我批判地证明的。这一点是理解政治经济学的枢纽，因此，在这里要较详细地加以说明。"

【生产使用价值的具体劳动的特点】

（1）"上衣是满足一种特殊需要的使用价值。要生产上衣，就需要进行特定种类的生产活动。这种生产活动是由它的目的、操作方式、对象、手段和结果决定的。由自己产品的使用价值或者由自己产品是使用价值来表示自己的有用性的劳动，我们简称为有用劳动。从这个观点来看，劳动总是联系到它的有用效果来考察的。"

（2）"各种使用价值或商品体的总和，表现了同样多种的、按照属、种、科、亚种、变种分类的有用劳动的总和，即表现了社会分工。这种分工是商品生产存在的条件，虽然不能反过来说商品生产是社会分工存在的条件。在古代印度公社中就有社会分工，但产品并不成为商品。""只有独立的互不依赖的私人劳动的产品，才作为商品互相对立。"

（3）"劳动作为使用价值的创造者，作为有用劳动，是不以一切社会形式为转移的人类生存条件，是人和自然之间的物质变换即人类生活得以实现的永恒的自然必然性。"

（4）"上衣、麻布等等使用价值，简言之，种种商品体，是自然物质和劳动这两种要素的结合。""人在生产中只能像自然本身那样发挥作用，就是说，只能改变物质的形式。不仅如此，他在这种改变形态的劳动本身中还要经常依靠自然力的帮助。因此，劳动并不是它所生产的使用价值即物质财富的唯一源泉。正像威廉·配第所说，劳动是财富之父，土地是财富之母。"

【生产价值的抽象劳动的涵义】

"如果把生产活动的特定性质撇开，从而把劳动的有用性质撇开，劳动就只剩下一点：它是人类劳动力的耗费。尽管缝和织是不同质的生产活动，但二者都是人的脑、肌肉、神经、手等等的生产耗费，从这个意义上说，二者都是人类劳动。这只是耗费人类劳动力的两种不同的形式。当然，人类劳动力本身必须已有或多或少的发展，才能以这种或那种形式耗费。但是，商品价值体现的人类劳动本身，是一般人类劳动的耗费。""人类劳动在这里也是这样。它是每个没有任何专长的普通人的有机体平均具有的简单劳动力的耗费。简单平均劳动本身虽然在不同国家和不同的文化时代具有不同的性质，但在一定的社会里是一定的。比较复杂的劳动只是自乘的或不如说多倍的简单劳动。因此，少量的复杂劳动等于多量的简单劳动。经验证明，这种简化是经常进行的。一个商品可能是最复杂的劳动的产品，但是它的价值使它与简单劳动的产品相等，因而本身只表示一定量的简单劳动。各种劳动化为当作它们的计量单位的简单劳动的不同比例，是在生产者背后由社会过程决定的，因而在他们看来，似乎是由习惯确定的。为了简便起见，我们以后把各种劳动力直接当作简单劳动力，这样就省去了简化的麻烦。"

【劳动的二重性和劳动生产力变化的关系】

"就使用价值说，有意义的只是商品中包含的劳动的质，就价值量说，有意义的只是商品中包含的劳动的量，不过这种劳动已经化为没有进一步的质的人类劳动。在前一种情况下，是怎样劳动，什么劳动的问题；在后一种情况下，是劳动多少，劳动时间多长的问题。既然商品的价值量只是表示商品中包含的劳动量，那么，在一定的比例上，各种商品应该总是等量的价值。"

"更多的使用价值本身就是更多的物质财富"，"然而随着物质财富的量的增长，它的价值量可能同时下降。这种对立的运动来源于劳动的二重性。生产力当然始终是有用的、具体的劳动的生产力，它事实上只决定有目的的生产活动在一定时间内的效率。因此，有用劳动成为较富或较贫的产品源泉与有用劳动的生产力的提高或降低成正比。相反地，生产力的变化本身丝毫也不会影响表现为价值的劳动。""不管生产力发生了什么变化，同一劳动在同样的时间内提供的价值量总是相同的。但它在同样的时间内提供的使用价值量是不同的：生产力提高时就多些，生产力降低时就少些。因此，那种能提高劳动成效从而增加劳动所提供的使用价值量的生产力变化，如果会缩减生产这个使用价值量所必需的劳动时间的总和，就会减少这个增大了总量的价值量，反之亦然。"

"一切劳动，一方面是人类劳动力在生理学意义上的耗费；就相同的或抽象的人类劳动这个属性来说，它形成商品价值。一切劳动，另一方面是人类劳动力在特殊的有一定目的的形式上的耗费；就具体的有用的劳动这个属性来说，它生产使用价值。"

【简释：商品具有使用价值和价值的二重性，是由生产商品的劳动的二重性决定的。了解商品的二重性而不了解生产商品的劳动二重性，仍然不能理解商品生产的基本矛盾和在物掩盖下的人与人的关系。马克思说："把商品归结于'劳动'是不够的，必须把商品归结于具有二重形式的劳动"。正如理解商品二重性的难点在于理解"价值"，理解劳动二重性的难点在于理解"抽象劳动"。亚当·斯密和李嘉图虽然都探索过价值，并走到价值是由劳动决定这一步，但是由于从未把体现为价值的劳动同体现为使用价值的劳动区分开来，不知道"抽象劳动"这个范畴，因而不能把劳动决定价值的理论贯彻到底。马克思说："商品中包含的劳动的这种二重性，是首先由我批判地证明了的。这一点是理解政治经济学的枢纽。"马克思第一次提出了"抽象劳动"范畴，第一次运用唯物辩证法深刻论证了劳动二重性，具有极其重要的意义，它是理解商品价值及其表现形式的一把钥匙，从而把劳动价值论建立在科学基础之上。

劳动价值论是剩余价值理论的基石，是《资本论》整个体系的基础。马克思说："资本主义生产过程具有二重性质：它一方面是生产使用价值的一般劳动过程；另一方面是生产剩余价值的特殊过程。资本主义生产过程就是这种劳动过程和价值增殖过程的统一。"因此，只有运用劳动二重性学说，才能对资本主义生产过程的二重性进行科学分析，才能揭示资本主义生产过程所隐藏的剩余价值的秘密。】

第三节　价值形式或交换价值

【商品的使用价值是以可以感觉的自然形式表现出来的，但是商品的价值正好相反，它是人们看不见、摸不着的。商品只有作为同一的人类劳动的凝结才具有价值，价值是商品的社会属性，只能在商品同商品的社会关系中表现出来。马克思就是从商品的交换价值或交换关系出发，探索到隐藏在其中的商品价值的。本节的标题是价值形式或交换价值，这说明交换价值是价值的表现形式，本节的内容，就是从价值本身回过头来分析价值的表现形式。

马克思指出："谁都知道——即使他别的什么都不知道，商品具有同它们使用价值的五光十色的自然形式成鲜明对照的、共同的价值形式，即货币形式。但是在这里，我们要做资产阶级经济学从来没有打算作的事情：指明这种货币形式的起源，就是说，探讨商品价值关系中包含的价值表现，怎样从最简单的最不显眼的样子一直发展到炫目的货币形式。这样，货币的谜就会随着消失。"这明确地指出，这一节的中心是分析货币的产生过程。紧紧围绕这个中心，是正确理解这一节内容的关键。

本节分四个小节，分别论述（1）简单的、各别的或偶然的价值形式；（2）总和的或扩大的价值形式；（3）一般的价值形式；（4）货币形式。这四种价值形式代表商品交换的四个阶段，表明货币产生的逻辑和历史的发展进程。本节从逐个阶段发展过程的分析中，揭示出货币的起源和本质。】

A. 简单的、个别的或偶然的价值形式

【简单的价值形式，是这一节价值形式分析的重点和难点。因为】"一切价值形式的秘密都隐藏在这个简单的价值形式中，因此，分析这个形式确实困难。"

"x 量商品 A = y 量商品 B，或 x 量商品 A 值 y 量商品 B。

（20 码麻布 = 1 件上衣，或 20 码麻布值 1 件上衣。）"

"（1）价值表现的两极：相对价值形式和等价形式"

"两个不同种的商品 A 和 B，如我们例子中的麻布和上衣，在这里显然起着两种不同的作用。麻布通过上衣表现自己的价值，上衣则成为这种价值表现的材料。前一个商品起主动作用；后一个商品起被动作用。前一个商品的价值表现为

相对价值，或者说，处于相对价值形式。后一个商品起等价物的作用，或者说，处于等价形式。"

"相对价值形式和等价形式是同一价值表现的互相依赖、互为条件、不可分离的两个要素，同时又是同一价值表现的互相排斥、互相对立的两端即两极；这两种形式总是分配在通过价值表现互相发生关系的不同的商品上。"在我们的例子中，"麻布的价值只能相对地表现出来，即通过另一个商品表现出来。因此，麻布的相对价值形式要求有另一个与麻布相对立的商品处于等价形式。另一方面，这另一个充当等价物的商品不能同时处于相对价值形式。它不表现自己的价值。它只是为另一个商品的价值表现提供材料。"

"同一个商品在同一个价值表现中，不能同时具有两种形式。不仅如此，这两种形式是作为两极互相排斥的。"

"一个商品究竟是处于相对价值形式，还是处于与之对立的等价形式，完全取决于它当时在价值表现中所处的地位，就是说，取决于它是价值被表现的商品，还是表现价值的商品。"

（2）相对价值形式

（a）相对价值形式的内容

"要发现一个商品的简单价值表现怎样隐藏在两个商品的价值关系中，首先必须完全撇开这个价值关系的量的方面来考察这个关系。""不同物的量只有化为同一单位后，才能在量上互相比较。不同物的量只有作为同一单位的表现，才是同名称的，因而是可通约的。""麻布和上衣作为价值量是同一单位的表现，是同一性质的物。麻布＝上衣是这一等式的基础。"

"但是，这两个被看作质上等同的商品所起的作用是不同的。只有麻布的价值得到表现。是怎样表现的呢？是通过同上衣的关系，把上衣当作它的'等价物'，或与它'能交换的东西'。""在麻布的价值关系中，上衣是当作与麻布同质的东西，是当作同一性质的物，因为它是价值。"

"可见，通过价值关系，商品 B 的自然形式成了商品 A 的价值形式。或者说，商品 B 的物体成了反映商品 A 的价值的镜子。""在商品 B 的使用价值上这样表现出来的商品 A 的价值，具有相对价值形式。"

（b）相对价值形式的量的规定性

"凡是价值要被表现的商品，都是一定量的使用物品。""这一定量的商品包

13

含着一定量的人类劳动。因而，价值形式不只是要表现价值一般，而且要表现一定量的价值，即价值量。"

Ⅰ．"在商品 B 的价值不变时，商品 A 的相对价值即它表现在商品 B 上的价值的增减，与商品 A 的价值成正比。"

Ⅱ．"在商品 A 的价值不变时，它的相对的、表现在商品 B 上的价值的增减，与商品 B 的价值变化成反比。"

Ⅲ．"生产麻布和上衣的必要劳动量可以按照同一方向和同一比例同时发生变化。在这种情况下，不管这两种商品的价值发生什么变动，依旧是 20 码麻布 = 1 件上衣。只有把它们同价值不变的第三种商品比较，才会发现它们的价值的变化。"

Ⅳ．"生产麻布和上衣的各自的必要劳动时间，从而它们的价值，可以按照同一方向但以不同的程度同时发生变化，或者按照相反的方向发生变化，等等。这种种可能的组合对一种商品的相对价值的影响，根据Ⅰ、Ⅱ、Ⅲ类的情况就可以推知。"

"可见，价值量的实际变化不能明确地，也不能完全地反映在价值量的相对表现即相对价值量上。即使商品的价值不变，它的相对价值也可能发生变化。即使商品的价值发生变化，它的相对价值也可能不变。最后，商品的价值量和这个价值量的相对表现同时发生的变化，完全不需要一致。"

（3）等价形式

"一个商品的等价形式就是它能与另一个商品直接交换的形式。""如果一种商品例如上衣成了另一种商品例如麻布的等价物，上衣因而获得了一种特殊的属性，即处于能够与麻布直接交换的形式"。"上衣的价值量总是取决于生产它的必要劳动时间，因而和它的价值形式无关。但是一旦上衣这种商品在价值表现中取得等价物的地位，它的价值量就不是作为价值量来表现了。在价值等式中，上衣的价值量不如说只是充当某物的一定量。"【这就是说，处于等价形式上的商品（上衣）不能表现出它自己的价值量，在 20 码麻布 = 1 件上衣的价值等式中，上衣只是作为一定量的使用价值，并用它的使用价值来表现另一商品（麻布）的价值。】因此，"在考察等价形式时看见的第一个特点，就是使用价值成为它的对立面即价值的表现形式。"

"所以上衣似乎天然具有等价形式，天然具有能与其他商品直接交换的属性，就像它天然具有重的属性或保暖的属性一样。从这里就产生了等价形式的谜的性质，这种性质只是在等价形式以货币这种完成的形态出现在政治经济学家的面前的时候，才为他的资产阶级的短浅的眼光所注意。""他没有料到，最简单的价值表现，如20码麻布＝1件上衣，就已经提出了等价形式的谜让人们去解开。"

"充当等价物的商品的物体总是当作抽象人类劳动的化身，同时又总是某种有用的、具体的劳动的产品。因此，这种具体劳动就成为人类劳动的表现。"【这就是说，在与麻布的价值关系中，上衣作为价值的化身是抽象劳动的产物。因此在这里，生产上衣的具体劳动就成为抽象人类劳动的表现。】"可见，等价形式的第二个特点，就是具体劳动成为它的对立面即抽象人类劳动的表现形式。"

"既然这种具体劳动，即缝，只是当作无差别的人类劳动的表现，它就具有与别种劳动即麻布中包含的劳动等同的形式，因而，尽管它同其他一切生产商品的劳动一样是私人劳动，但终究是直接社会形式上的劳动。正因为这样，它才表现在一种能与别种商品直接交换的产品上。可见，等价形式的第三个特点，就是私人劳动成为它的对立面的形式，成为直接社会形式的劳动。"

【等价形式的三个特点，实际上就是货币的三个特点。金银本身作为货币，就是用它们使用价值的实物形式、作为具体劳动并且是私人劳动的产物，就能同一切商品直接交换，也就是作为价值和直接的社会劳动来发生作用。商品生产的基本矛盾即私人劳动和社会劳动的内在矛盾，在这里表现为商品和货币的外部矛盾。】

"亚里士多德清楚地指出，商品的货币形式不过是简单价值形式——一种商品的价值通过任何别的一种商品来表现——的进一步发展的形态，因为他说：'5张床＝1间屋'，'无异于'：'5张床＝若干货币'。""他说：'没有等同性，就不能交换，没有可通约性就不能等同。'但是，他到此就停下来了，没有对价值形式作进一步分析。"

"亚里士多德在商品的价值表现中发现了等同关系，正是在这里闪耀出他的天才的光辉。只是他所处的社会的历史限制，使他不能发现这种等同关系'实际上'是什么。"

（4）简单价值形式的总体

"一个商品的简单价值形式包含它与一个不同种商品的价值关系或交换关系中。""一个商品的价值是通过它表现为'交换价值'而得到独立的表现的。在本章的开头，我们曾经依照通常的说法，说商品是使用价值和交换价值，严格说来，这是不对的。商品是使用价值或使用物品和'价值'。一个商品，只要它的价值取得一个特别的、不同于它的自然形式的表现形式，即交换价值形式，它就表现为这样的二重物。孤立地考察，它决没有这种形式，而只有同第二个不同种的商品发生价值关系或交换关系时，它才具有这种形式。只要我们知道了这一点，上述说法就没有害处，而只有简便的好处。"

"更仔细地考察一下商品 A 同商品 B 的价值关系中所包含的商品 A 的价值表现，就会知道，在这一关系中商品 A 的自然形式只是充当使用价值的形态，而商品 B 的自然形式只是充当价值形式或价值形态。这样，潜藏在商品中的使用价值和价值的内部对立，就通过外部对立，即通过两个商品的关系表现出来了"。"所以，一个商品的简单的价值形式，就是该商品中所包含的使用价值和价值的对立的简单表现形式。"

"在一切社会状态下，劳动产品都是使用物品，但只是在历史上一定的发展时代，也就是使生产一个使用物所耗费的劳动表现为该物的'对象的'属性即它的价值的时代，才使劳动产品转化为商品。由此可见，商品的简单价值形式同时又是劳动产品的简单商品形式，因此，商品形式的发展也是同价值形式的发展一致的。"

B. 总和的或扩大的价值形式

【随着商品交换范围的扩大，简单的价值形式便发展成为扩大的价值形式】

"z 量商品 A＝u 量商品 B，或＝v 量商品 C，或＝w 量商品 D，或＝x 量商品 E，或＝其他

（20 码麻布＝1 件上衣，或＝10 磅茶叶，或＝40 磅咖啡，或＝1 夸特小麦，或＝2 盎司金，或＝1/2 吨铁，或＝其他）"

（1）扩大的相对价值形式

"现在，一个商品例如麻布的价值表现在商品世界的其他无数的元素上。每一个其他的商品体都成为反映麻布价值的镜子。""因此，现在麻布通过自己的价值形式，不再是只同另一种个别商品发生社会关系，而是同整个商品世界发生社会关系。""商品价值表现的无限的系列表明，商品价值是同它借以表现的使用价值的特殊形式没有关系的。"

（2）特殊等价形式

"每一种商品，上衣、茶叶、小麦、铁等等，都在麻布的价值表现中充当等价物，因而充当价值体。每一种这样的商品的一定的自然形式，现在都成为一个特殊等价形式，与其他许多特殊等价形式并列。同样，种种不同的商品体中所包含的多种多样的一定的、具体的、有用的劳动，现在只是一般人类劳动的同样多种的特殊的实现形式或表现形式。"

（3）总和的或扩大的价值形式的缺点

"第一，商品的相对价值表现是未完成的，因为它的表现系列永无止境。每当新出现一种商品，从而提供一种新的价值表现的材料时，由一个个的价值等式联结成的锁链就会延长。第二，这条锁链形成一幅由互不关联的而且种类不同的价值表现拼成的五光十色的镶嵌画。最后，像必然会发生的情形一样，如果每一个商品的相对价值都表现在这个扩大的形式中，那么，每一个商品的相对价值形式都是一个不同于任何别的商品的相对价值形式的无穷无尽的价值表现系列。扩大的相对价值形式的缺点反映在与它相适应的等价形式中。因为每一种商品的自然形式在这里都是一个特殊等价形式，与无数别的特殊等价形式并列，所以只存在着有局限性的等价形式，其中每一个都排斥另一个。同样，每个特殊的商品等价物中包含的一定的、具体的、有用的劳动，都只是人类劳动的特殊的因而是不充分的表现形式。""但是它还没有获得统一的表现形式。"

C. 一般价值形式

$$
\left.
\begin{array}{l}
1\ 件\quad 上衣\ = \\
10\ 磅\quad 茶叶\ = \\
40\ 磅\quad 咖啡\ = \\
1\ 夸特\ 小麦\ = \\
2\ 盎司\ 金\quad = \\
\frac{1}{2}\ 吨\quad 铁\quad = \\
x\ 量商品\ A\ = \\
等等
\end{array}
\right\}
20\ 码麻布
$$

【把已经包含在扩大的价值形式中的系列相反地表示出来，就得到以上的一般价值形式。】

17

（1）价值形式的变化了的性质

"现在，商品价值的表现，1. 是简单的，因为都是表现在唯一的商品上；2. 是统一的，因为都是表现在同一的商品上。它们的价值形式是简单的和共同的，因而是一般的。"

第一种形式即简单的价值形式，"实际上只是在最初交换阶段，也就是在劳动产品通过偶然的、间或的交换而转化为商品的阶段才出现。"

第二种形式即"扩大的价值形式，事实上是在某种劳动产品例如牲畜不再是偶然地而已经按照习惯同其他不同的商品交换的时候，才出现的。"

第三种形式即一般价值形式"使商品世界的价值表现在从商品世界中分离出来的同一种商品上，""因此，只有这种形式才真正使商品作为价值互相发生关系，或者使它们互相表现为交换价值。""一般价值形式的出现只是商品世界共同活动的结果。一个商品所以获得一般的价值表现，只是因为其他一切商品同时也用同一个等价物来表现自己的价值，而每一种新出现的商品都要这样做。这就表明，因为商品的价值对象性只是这些物的'社会存在'，所以这种对象性也就只能通过它们全面的社会关系来表现，因而它们的价值形式必须是社会公认的形式。"

"现在，一切商品，在与麻布等同的形式上，不仅表现为在质上等同，表现为价值一般，而且同时也表现为在量上可以比较的价值量。"

"商品世界的一般的相对价值形式，使被排挤出商品世界的等价物商品即麻布，获得了一般等价物的性质。麻布自身的自然形式是这个世界的共同的价值形态，因此，麻布能够与其他一切商品直接交换。它的物体形式是当作一切人类劳动的可以看得见的化身。""把劳动产品表现为只是无差别人类劳动的凝结物的一般价值形式，通过自身的结构表明，它是商品世界的社会表现。因此，它清楚地告诉我们，在这个世界中，劳动的一般的人类的性质形成劳动的独特的社会的性质。"

（2）相对价值形式和等价形式的发展关系

"等价形式的发展只是相对价值形式发展的表现和结果。""一种特殊的商品获得一般等价形式，因为其他一切商品使它成为它们统一的、一般的价值形式的材料。""因此，一个商品如麻布处于能与其他一切商品直接交换的形式，或者说，处于直接的社会的形式，是因为而且只是因为其他一切商品都不是处于这种形式。"

（3）从一般价值形式到货币形式的过渡

"一个商品处于一般等价形式（第三种形式），是因为而且只是因为它被其他一切商品当作等价物排挤出来。这种排挤的结果最终只剩下一种独特的商品，从这个时候起，商品世界的统一的相对价值形式才获得客观的固定性和一般的社会效力。"

"等价形式同这种独特商品的自然形式社会地结合在一起，这种独特商品成了货币商品，或者执行货币的职能。""有一个特定的商品在历史过程中夺得了这个特权地位，这就是金。"

D. 货币形式

$$
\left.
\begin{array}{l}
20\ 码\quad 麻布\ = \\
1\ 件\quad 上衣\ = \\
10\ 磅\quad 茶叶\ = \\
40\ 磅\quad 咖啡\ = \\
1\ 夸特小麦\ = \\
\dfrac{1}{2}\ 吨\quad 铁\ = \\
x\ 量商品\quad A\ =
\end{array}
\right\}\ 2\ 盎司金
$$

"金能够作为货币与其他商品相对立，只是因为它早就作为商品与它们相对立。与其他一切商品一样，它过去就起等价物的作用：或者是在个别的交换行为中起个别等价物的作用，或者是与其他商品等价物并列起特殊等价物的作用。渐渐地，它就在或大或小的范围内起一般等价物的作用。一旦它在商品世界的价值表现中独占了这个地位，它就成为货币商品。只是从它已经成为货币商品的时候起，第四种形式才同第三种形式区别开来，或者说，一般价值形式才转化为货币形式。"

"理解货币形式的困难，无非是理解一般等价形式，从而理解一般价值形式即第三种形式的困难。第三种形式倒转过来，就化为第二种形式，即扩大的价值形式，而第二种形式的构成要素是第一种形式：20 码麻布 = 1 件上衣，或者 x 量商品 A = y 量商品 B。因此，简单的商品形式是货币形式的胚胎。"

【简释：马克思在《资本论》第一版序言中指出："以货币形式为完成形态的价值形式，是极无内容和极其简单的。然而，两千多年来人类智慧对这种形式进行探讨的努力，并未得到什么结果。"马克思运用唯物辩证法的矛盾对立统一规律，分析了商品二重性和体现在商品中的劳动二重性，并从商品价值的表现形式——交换价值入手发现潜藏其中的价值实体，即无差别的人类劳动的凝结。然后又从价值实体回到它的表现形式，通过探究价值表现形式的发展过程，揭开了货币的起源和本质的秘密。

马克思在 1867 年 6 月 22 日致恩格斯的信中指出："经济学家先生们一向都忽视了一件极其简单的事实：**20 码麻布 = 1 件上衣**这一形式，只是 **20 码麻布 = 2 英镑**这一形式的未经发展的基础，所以，最简单的商品形式……就包含着**货币形式的全部秘密**，因此也就包含着萌芽状态中的**劳动产品的一切资产阶级形式**的全部秘密。"①

马克思追根溯源从逻辑和历史的起点——简单的价值形式着手分析。商品的价值在自身使用价值上表现不出来，只能在交换中表现在其他商品的使用价值上。在 20 码麻布 = 1 件上衣的交换中，价值形式一分为二，麻布的价值表现在上衣上，获得相对价值形式，上衣表现麻布的价值，获得等价形式。商品使用价值和价值的内在矛盾，现在表现为外部的矛盾。麻布和上衣之所以按一定比例交换，是因为两者都是人类抽象劳动的凝结物。在相对价值形式中，商品的价值性质是在它和另一种商品的关系中呈现出来的。就是说，麻布的价值是靠它同作为它的"等价物"的上衣表现出来。上衣不能表现出自己的价值，但是它作为价值的"体现物""价值的存在"，才能表现麻布的价值。因此，处在等价形式上的商品具有三个特点，也就是表现为三个矛盾：使用价值成为它的对立面——价值的表现形式；具体劳动成为它的对立面——抽象劳动的表现形式；私人劳动成为它的对立面——社会劳动的表现形式。

简单的价值形式是同商品交换偶然发生的历史条件相对应的。随着第一次社会大分工的发生，进入交换的畜产品和农产品的种类和数量增多，一种商品的价值就通过一系列各种不同的商品来表现，即表现为扩大的相对价值形式，也就是麻布同多种其他商品交换。与扩大的相对价值形式相对应的是特殊等价形式，即各种不同用途的使用价值都分别充当等价物，表现麻布的价值。扩大的价值形式的缺点是，商品的价值表现在各种各样的等价商品上，各种商品的价值不能获得

---

① 《马克思恩格斯全集》第 31 卷，第 311 页。人民出版社，1972 年 6 月第一版。

一个共同的统一的表现。而这是同价值的性质是相矛盾的，因为作为价值没有质的区别，只有量的差别。扩大的价值形式的缺点，反映了历史上一定时期商品交换出现的矛盾和困难。于是出现一般价值形式。

一般价值形式，即一切其他商品都只是特殊的使用价值，唯独一种商品作为价值的体化物出现。马克思说："一般价值形式的出现只是商品世界共同活动的结果。一种商品所以获得一般的价值表现，只是因为其他一切商品同时也用同一个等价物来表现自己的价值，而每一种新出现的商品都要这样做。"开始作为一般等价物的商品还不是固定的，后来才向货币形式过渡。

货币形式，即各种商品都等于一定量的黄金。就是"等价形式同这种独特商品的自然形式社会地结合在一起，这种独特商品成了货币商品，或者执行货币的职能。"

马克思运用唯物辩证法深刻地剖析了货币的起源和本质，这是价值和货币理论史上的第一次，具有划时代的意义。它揭示了商品价值形式的变化和发展，是商品的使用价值和价值的内在矛盾在商品交换中暴露、展开、克服和深化的"自然历史过程"。商品价值形式是商品生产者之间生产关系的表现，价值形式的变化和发展，实质是生产力（表现为商品生产和交换的规模及范围）和生产关系（表现为交换形式和交换关系）之间的矛盾。可见，即使是最抽象的价值形式分析，也离不开生产力和生产关系这个基本矛盾。正如列宁所说"只有把社会关系归结于生产关系，把生产关系归结于生产力的水平，才有可靠的根据把社会形态的发展看作自然历史过程。"】

【注：本节中的 A、（1）、（a）、l 等各级编序及标题均抄录自原著】

第四节　商品的拜物教性质及其秘密

【商品的神秘性质来自劳动产品采取商品的形式本身】

"最初一看，商品好像是一种简单而平凡的东西。对商品的分析表明，它却是一种很古怪的东西，充满形而上学的微妙和神学的怪诞。就商品是使用价值来说，不论从它靠自己的属性来满足人的需要这个角度来考察，或者从它作为人类劳动的产品才具有这些属性这个角度来考察，它都没有什么神秘的地方。"

"可见，商品的神秘性质不是来源于商品的使用价值。这种神秘性质也不是来源于价值规定的内容。因为，第一，不管有用劳动或生产活动怎样不同，它们都是人体的机能，而每一种这样的机能不管内容和形式如何，实质上都是人的脑、神经、肌肉、感官等等的耗费。这是一个生理学上的真理。第二，说到作为决定价值量的基础的东西，即这种耗费的持续时间或劳动量，那么，劳动的量可以十分明显地同劳动的质区别开来。在一切社会状态下，人们对生产生活资料所耗费的劳动时间必然是关心的，虽然在不同的发展阶段上关心的程度不同。最后，一旦人们以某种方式彼此为对方劳动，他们的劳动也就取得社会的形式。"

"可是，劳动产品一旦采取商品形式就具有的谜一般的性质究竟是从哪里来的呢？显然是从这种形式本身来的。"

"商品形式的奥秘不过在于：商品形式在人们面前把人们本身劳动的社会性质反映成劳动产品本身的物的性质，反映成这些物的天然的社会属性，从而把生产者同总劳动的社会关系反映成存在于生产者之外的物与物之间的社会关系。由于这种转换，劳动产品成了商品，成了可感觉又超感觉的物或社会的物。"

【商品的神秘性质的根源在于私人劳动和社会劳动的矛盾】

"商品形式和它借以得到表现的劳动产品的价值关系，是同劳动产品的物理性质以及由此产生的物的关系完全无关的。这只是人们自己的一定的社会关系，但它在人们面前采取了物与物的关系的虚幻形式。因此，要找一个比喻，我们就得逃到宗教世界的幻境中去。在那里，人脑的产物表现为赋有生命的、彼此发生关系并同人发生关系的独立存在的东西。在商品世界里，人手的产物也是这样。我把这叫做拜物教。劳动产品一旦作为商品来生产，就带上拜物教性质，因此拜物教是同商品生产分不开的。"

"商品世界的这种拜物教性质，像以上分析已经表明的，是来源于生产商品的劳动所特有的社会性质。"

"使用物品成为商品，只是因为它们是彼此独立进行的私人劳动的产品。这种私人劳动的总和形成社会总劳动。因为生产者只有通过交换他们的劳动产品才发生社会接触，所以，他们的私人劳动的独特的社会性质也只有在这种交换中才表现出来。换句话说，私人劳动在事实上证实为社会总劳动的一部分，只是由于交换使劳动产品之间、从而使生产者之间发生了关系。因此，在生产者面前，他们的私人劳动的社会关系就表现为现在这个样子，就是说，不是表现为人们在自己劳动中的直接的社会关系，而是表现为人们之间的物的关系和物之间的社会关系。"

"劳动产品只是在它们的交换中，才取得一种社会等同的价值对象性"。"一方面，生产者的私人劳动必须作为一定的有用劳动来满足一定的社会需要，从而证明它们是总劳动的一部分，是自然形成的社会分工体系的一部分。另一方面，只有在每一种特殊的有用的私人劳动可以同任何另一种有用的私人劳动相交换从而相等时，生产者的私人劳动才能满足生产者本人的多种需要。完全不同的劳动所以能够相等，只是因为它们的实际差别已被抽去，它们已被化成它们作为人类劳动力的耗费、作为抽象的人类劳动所具有的共同性质。私人生产者的头脑把他们的私人劳动的这种二重的社会性质，只是反映在从实际交易，产品交换中表现出来的那些形式中，也就是把他们的私人劳动的社会有用性，反映在劳动产品必须有用，而且是对别人有用的形式中；把不同种劳动的相等这种社会性质，反映在这些在物质上不同的物即劳动产品具有共同的价值性质的形式中。"

"他们在交换中使他们的各种产品作为价值彼此相等，也就使他们的各种劳动作为人类劳动而彼此相等。他们没有意识到这一点，但是他们这样做了。因此，价值没有在额上写明它是什么。""后来科学发现，劳动产品作为价值，只是生产它们时所耗费的人类劳动的物的表现，这一发现在人类发展史上划了一个时代，但它决没有消除劳动的社会性质的物的外观。彼此独立的私人劳动的独特的社会性质在于它们作为人类劳动而彼此相等，并采取劳动产品的价值性质的形式——商品生产这种特殊生产形式才具有的这种特点，对受商品生产关系束缚的人们来说，无论在上述发现以前或以后，都是永远不变的，正像空气形态在科学把空气分解为各种元素之后，仍然作为一种物理的物态继续存在一样。"

"产品交换者实际关心的问题，首先是他用自己的产品能换取多少别人的产品，就是说，产品按什么样的比例交换。当这些比例由于习惯而逐渐达到一定的稳固性时，它们就好像是由劳动产品的本性产生的。""实际上，劳动产品的价值性质，只是通过劳动产品表现为价值量才确定下来。价值量不以交换者的意志、设想和活动为转移而不断地变动着。在交换者看来，他们本身的社会运动具有物的运动形式。不是他们控制这一运动，而是他们受这一运动控制。""这是因为在私人劳动产品的偶然的不断变动的交换比例中，生产这些产品的社会必要劳动时间作为起调节作用的自然规律强制地为自己开辟道路"。"因此，价值量由劳动时间决定是一个隐藏在商品相对价值的表面运动后面的秘密。这个秘密的发现，消除了劳动产品的价值量纯粹是偶然决定的这种假象，但是决没有消除价值量的决定所采取的物的形式。"

"对人类生活形式的思索，从而对这些形式的科学分析，总是采取同实际发展相反的道路。这种思索是从事后开始的，就是说，是从发展过程的完成的结果开始的。""因此，只有商品价格的分析才导致价值量的决定，只有商品共同的货币表现才导致商品的价值性质的确定。但是，正是商品世界的这个完成的形式——货币形式，用物的形式掩盖了私人劳动的社会性质以及私人劳动者的社会关系，而不是把它们揭示出来。"

"这种种形式恰好形成资产阶级经济学的各种范畴。对于这个历史上一定的社会生产方式即商品生产的生产关系来说，这些范畴是有社会效力的，因而是客观的思维形式。因此，一旦我们逃到其他的生产形式中去，商品世界的全部神秘性，在商品生产的基础上笼罩着劳动产品的一切魔法妖术，就立刻消失了。"

【商品的拜物教是同商品生产分不开的】

【在劳动产品不作为商品来生产的社会，商品的神秘性质也会随之消失。】
"最后，让我们换一个方面，设想有一个自由人联合体，他们用公共的生产资料进行劳动，并且自觉地把他们许多个人劳动力当作一个社会劳动力来使用。""这个联合体的总产品是一个社会产品。这个产品的一部分重新用做生产资料。这一部分依旧是社会的。而另一部分则作为生活资料由联合体成员消费。因此，这一部分要在他们之间进行分配。这种分配的方式会随着社会生产有机体本身的特殊方式和随着生产者的相应的历史发展程度而改变。仅仅为了同商品生产进行对比，我们假定，每个生产者在生活资料中得到的份额是由他的劳动时间决定的。这样，劳动时间就会起双重作用。劳动时间的社会的有计划的分配，调节着各种劳动职能同各种需要的适当的比例。另一方面，劳动时间又是计量生产者在共同劳动中个人所占份额的尺度，因而也是计量生产者在共同产品的个人可消费部分中所占份额的尺度。在那里，人们同他们的劳动和劳动产品的社会关系，无论在生产上还是在分配上，都是简单明了的。"

"在商品生产者的社会里，一般的社会生产关系是这样的：生产者把他们的产品当作商品，从而当作价值来对待，而且通过这种物的形式，把他们的私人劳动当作等同的人类劳动来互相发生关系。""只有当社会生活过程即物质生产过程的形态，作为自由联合的人的产物，处于人的有意识有计划的控制之下的时候，它才会把自己的神秘的纱幕揭掉。但是，这需要有一定的社会物质基础或一系列物质生存条件，而这些条件本身又是长期的、痛苦的发展史的自然产物。"

【简释：本节的内容是上一节分析的延续，中心是为了说明：在商品生产者的社会里，人与人之间的生产关系为什么会颠倒地表现物与物之间的社会关系，揭穿由此产生的商品拜物教的性质及其秘密。

在商品生产者的社会里，生产者把他们的产品当作商品，从而把他们劳动的社会性质表现为劳动产品自身的物质属性，把生产者之间人与人的关系表现为物与物的社会关系，由此产生了商品的神秘性质。商品的拜物教性质，就是指商品的这种神秘性质。

马克思在本卷第二十三章论述资本主义积累一般规律时指出："正像人在宗教中受他自己头脑的产物的支配一样，人在资本主义生产中受他自己双手的产物的支配。"人在商品生产中，受他自己双手的产物的支配，马克思称之为商品的拜物教。

马克思指出，商品的神秘性质，不是来源于商品的使用价值。因为使用价值是物品能够满足人们某种需要的性质，并没有什么神秘的地方。商品的神秘性质也不是来源于价值规定的内容，因为不管有用劳动或生产活动怎样不同，它们都是人的脑、神经、肌肉、感官等等的耗费；作为决定价值量的基础的劳动量，也是可以十分明显地同劳动的质区别开来的，并不产生神秘的性质。所以，劳动产品一旦采取商品形式就具有谜一般的神秘性质，显然是从这种形式本身产生的。商品形式的奥秘就在于：商品形式把人们本身劳动的社会性质表现为劳动产品本身的物的性质，表现为物的天然的社会属性，从而在生产者面前，把他们的私人劳动同社会总劳动的社会关系，表现为人们之间的物的关系和物之间的社会关系，而不是表现为人们在自己劳动中的直接的社会关系。商品的神秘性质正是由这种转换产生的。

人们在商品交换中使他们的各种产品作为价值彼此相等，也就使他们的各种劳动作为人类劳动而彼此相等。他们没有意识到这一点，但是他们这样做了。后来科学发现，劳动产品作为价值，只是生产它们时所耗费的人类劳动的物的表现，这一发现在人类发展史上划了一个时代，但它决没有消除劳动的社会性质的物的外观。商品生产这种特殊生产形式才具有的这种特点，对于受商品生产关系束缚的人们来说，无论在上述发现以前或以后，都是永远不变的。】

第二章

交换过程

【交换过程是一个充满矛盾的过程】

【《资本论》研究的是私有制基础上的商品生产，因此，私有制是商品生产和交换一个基本条件。】"为了使这些物作为商品彼此发生关系，商品监护人……必须彼此承认对方是私有者"。"在这里，人们彼此只是作为商品的代表即商品占有者而存在。""人们扮演的经济角色不过是经济关系的人格化，人们是作为这种关系的承担者而彼此对立着的。"【这种经济关系就是彼此以私有者的身份进行商品交换。】

【商品生产和交换的另一个基本条件是社会分工。由于有社会分工】"一切商品对它们的占有者是非使用价值，对它们的非占有者是使用价值。因此，商品必须全面转手。这种转手就形成商品交换，而商品交换使商品彼此作为价值发生关系并作为价值来实现。可见，商品在能够作为使用价值实现以前，必须先作为价值来实现。"

"另一方面，商品在能够作为价值实现以前，必须证明自己是使用价值，因为耗费在商品上的人类劳动，只有耗费在对别人有用的形式上，才能算数。但是，这种劳动对别人是否有用，它的产品是否能够满足别人的需要，只有在商品交换中才能得到证明。"

【这里便产生了矛盾：】"每一个商品占有者都只想让渡自己的商品，来换取另一个具有能够满足他本人需要的使用价值的商品。就这一点说，交换对于他只是个人的过程。另一方面，他想把他的商品作为价值来实现，""而不问他自己的商品对于这另一个商品的占有者是不是有使用价值。就这一点说，交换对于他是一般社会的过程。但是，同一过程不可能同时对于一切商品占有者只是个人的过程，同时又只是一般社会的过程。"

"他们只有使他们的商品同任何另一个作为一般等价物的商品相对立，才能使他们的商品作为价值，从而作为商品彼此发生关系。"

"但是，只有社会的行动才能使一个特定的商品成为一般等价物。因此，其他一切商品的社会的行动使一个特定的商品分离出来，通过这个商品来全面表现它们的价值。于是这个商品的自然形式就成为社会公认的等价形式。""这个商品就成为货币"。

【货币是交换过程的必然产物】

"货币结晶是交换过程的必然产物。在交换过程中，各种不同的劳动产品事实上彼此等同，从而事实上转化为商品。交换的扩大和加深的历史进程，使商品本性中潜伏着的使用价值和价值的对立发展起来。为了交易，需要这一对立在外部表现出来，这就要求商品价值有一个独立的形式"。"随着进入交换过程的商品数量和种类的增多，这种形式就越来越成为必要的了。问题和解决问题的手段同时产生。"【解决这个矛盾的办法，就是从商品界分离出一种特定的商品来充当一般等价物。这个特定的商品就成为货币。其他的商品都先同货币相交换，然后再用货币去交换所需要的商品。所以，货币不是历史上哪个人的发明，而是交换过程的必然产物。】

【货币职能固定在金（银）上】

【货币究竟固定在哪一种商品上，最初是偶然的。由于饲养家畜的游牧民族不断移居各地，他们通常用家畜与其他部落的农产品进行交换，因而牲畜最早成为货币的材料。】"随着商品交换日益突破地方的限制，从而商品价值日益发展成为一般人类劳动的化身，货币形式也就日益转到那些天然适于执行一般等价物这种社会职能的商品身上，即转到贵金属身上。"

"'金银天然不是货币，但货币天然是金银'，这句话已为金银的自然属性适于担任货币的职能而得到证明。"【这句话是马克思在《政治经济学批判》中讲的一句名言。金银并不是天然就是货币，它们只是在交换过程中成为一般等价物时才成为货币。而货币天然是金银，是因为金银的物质属性最适宜充当货币的材料：一是金银分成的每一份都是均质的，其差别纯粹是量的差别；二是金银能够随意分割和熔合。马克思在《政治经济学批判》中，还谈到金银其他一些适合作为货币的属性，比如，耐久、在小的体积中包含大量价值等，所以说，货币天然是金银。】

"货币形式只是其他一切商品的关系固定在一种商品上面的反映。所以，只有在那些从货币的完成的形态出发而从后往前分析商品的人看来，'货币是商品'才是一种发现。对于交换过程使之转化为货币的那个商品，交换过程给予它的，不是它的价值，而是它的独特的价值形式。""货币同任何商品一样，只能相对地通过别的商品来表现自己的价值量。它本身的价值是由生产它所需要的劳动时间决定的，并且是通过任何另一个凝结着同样多劳动时间的商品的量表现出来的。金的相对价值量是在金的产地通过直接的物物交换确定的。当它作为货币进入流通时，它的价值已经是既定的了。还在 17 世纪最后几十年，人们已经知道货币是商品，这在货币分析上是跨出很大一步的开端，但终究只是开端而已。困难不在于了解货币是商品，而在于了解商品怎样、为什么、通过什么成为货币。"【这个难题和谜团，是马克思通过价值形式的分析解开的。】

"我们已经看到，在 x 量商品 A = y 量商品 B 这个最简单的价值表现中，就已经存在一种假象，似乎表现另一物的价值量的物不通过这种关系就具有自己的等价形式，似乎这种形式是天然的社会属性。我们已经探讨了这种假象是怎样确立起来的。当一般等价形式同一种特殊商品的自然形式结合在一起，即结晶为货币形式的时候，这种假象就完全形成了。一种商品成为货币，似乎不是因为其他商品都通过它来表现自己的价值，相反，似乎是因为这种商品是货币，其他商品才都通过它来表现自己的价值。中介运动在它本身的结果中消失了，而且没有留下任何痕迹。"似乎"金和银，一从地底下出来，就是一切人类劳动的直接化身。货币的魔术就是由此而来的。""人们自己的生产关系的不受他们控制和不以他们有意识的个人活动为转移的物的形式，首先就是通过他们的劳动产品普遍采取商品形式这一点而表现出来。因此，货币拜物教的谜就是商品拜物教的谜，只不过变得明显了，耀眼了。"

【简释：第二章《交换过程》和第一章第三节"价值形式或交换价值"的主题，都是论述货币的起源和本质的学说。第一章第三节主要是运用逻辑和抽象思维的方法进行分析；第二章则主要是运用历史的方法从商品交换的发展进程进行分析。侧重点虽然不同，但是逻辑分析的过程和历史发展的进程是一致的。】

第三章

货币或商品流通

【第三章分为三节，主要是论述货币的五个功能：价值尺度、流通手段、贮藏手段、支付手段、世界货币。其中包括：分析价值规律如何起作用，货币流通规律等有关商品生产的重要问题。从本章标题"货币或商品流通"，可以看出马克思是从商品流通来考察货币功能的，也就是说，货币功能和商品流通是密不可分的；商品和货币不仅是在物品掩盖下的社会关系，而且是表现为循环过程的一种运动，并不是静止不动的物品。货币的五个功能，既是随着商品流通的发展而产生，也和历史的进程相一致。】

第一节 价值尺度

"为了简单起见，我在本书各处都假定金是货币商品。"

【价值尺度是观念的货币形式】

"金的第一个职能是为商品世界提供表现价值的材料"。"金执行一般的价值尺度的职能，并且首先只是由于这个职能，金这个独特的等价商品才成为货币。"

【货币的价值尺度功能，就是一切商品都以一定量的货币（金）来表现自身的价值。】"商品并不是由于有了货币才可以通约。恰恰相反。因为一切商品作为价值都是对象化的人类劳动，从而本身可以通约，所以它们能共同用一个独特的商品来计量自己的价值。这样，这个独特的商品就转化为它们共同的价值尺度或货币。货币作为价值尺度，是商品内在的价值尺度即劳动时间的必然表现形式。"

【货币在执行价值尺度的职能时只是观念的货币】"商品的价格或货币形式，

同商品的价值形式一样，是一种与商品的可以捉摸的实在的物体形式不同的，因而只是观念的或想象的形式。""因为商品在金上的价值表现是观念的，所以要表现商品的价值，也可以仅仅用想象的或观念的金。""因此，货币在执行价值尺度的职能时，只是想象的或观念的货币。"

【价值尺度和价格标准的区别】

"作为价值尺度和作为价格标准，货币执行着两种完全不同的职能。作为人类劳动的社会化身，它是价值尺度"，"它用来使形形色色的商品的价值转化为价格，转化为想象的金量；作为价格标准，它计量这些金量。""金能够充当价值尺度，只是因为它本身是劳动产品，因而是潜在可变的价值。""金的价值变动也不会妨碍金执行价值尺度的职能。这种变动会同时影响一切商品。因此，在其他条件相同的情况下，它们相互间的相对价值不会改变，尽管这些价值这时都是在比过去高或低的金价格中表现出来。"

【价值规律作用的特点】

"商品的价值量表现出一种必然的、商品形成过程内在的同社会劳动时间的关系。随着价值量转化为价格，这种必然的关系就表现为商品同它之外存在的货币商品的交换比例。这种交换比例既可以表现商品的价值量，也可以表现出比它大或小的量"。"可见，价格和价值量之间的量的不一致的可能性，或价格偏离价值量的可能性，已经包含在价格形式本身中。但这并不是这种形式的缺点，相反地，却使这种形式成为这样一种生产方式的适当形式，在这种生产方式下，规则只能作为没有规则性的盲目起作用的平均数规律来为自己开辟道路。"

【价格形式包藏着一个质的矛盾】

"价格形式不仅可能引起价值量和价格之间即价值量和它自身的货币表现之间的量的不一致，而且能够包藏一个质的矛盾，以致货币虽然只是商品的价值形式，但价格可以完全不是价值的表现。有些东西本身并不是商品，例如良心、名誉等等，但是也可以被它们的占有者出卖以换取金钱，并通过它们的价格，取得商品形式。因此，没有价值的东西在形式上可以具有价格。在这里，价格表现是虚幻的"。"另一方面，虚幻的价格形式——如未开垦的土地的价格，这种土地没有价值，因为没有人类劳动对象化在里面——又能掩盖实在的价值关系或由此派生的关系。"

【商品交换货币的可能性和必要性】

"要规定商品的价格，只需要使想象的金同商品相等。但商品必须为金所代替，它才能对它的占有者起一般等价物的作用。""价格形式包含着商品为取得货币而让渡的可能性和这种让渡的必要性。另一方面，金所以充当观念的价值尺度，又是因为它在交换过程中已作为货币商品流通。因此，在观念的价值尺度中隐藏着坚硬的货币。"

第二节　流通手段

【本节下分三个问题，分别论述商品的形态变化；货币的流通；铸币和价值符号。】

（a）商品形态的变化

"我们看到，商品的交换过程包含着矛盾的和互相排斥的关系。商品的发展并没有扬弃这些矛盾，而是创造这些矛盾在其中运动的形式。一般说来，这就是实际矛盾赖以得到解决的方法。"

"交换过程造成了商品分为商品和货币这种二重化，即造成了商品得以表现自己的使用价值和价值之间的内在对立的一种外部对立。在这种外部对立中，作为使用价值的商品同作为交换价值的货币对立着。另一方面，对立的双方都是商品，也就是说，都是使用价值和价值的统一。""商品交换过程是在两个互相对立、互为补充的形态变化中完成的：从商品转化为货币，又从货币转化为商品。商品形态变化的两个因素同时就是商品占有者的两种行为，一种是卖，把商品换成货币，一种是买，把货币换成商品，这两种行为的统一就是：为买而卖。"

"因此，商品的交换过程是在下列的形式变换中完成的：

商品—货币—商品

W—G—W

从物质内容来说，这个运动是 W—W，即商品换商品，是社会劳动的物质变换，这种物质变换的结果一经达到，过程本身也就结束。"

【W—G，是商品的惊险的跳跃】

"W—G。商品的第一形态变化或卖。商品价值从商品体跳到金体上，像我在别处说过的，是商品的惊险的跳跃。这个跳跃如果不成功，摔坏的不是商品，但一定是商品占有者。社会分工使商品占有者的劳动成为单方面的，又使他的需要成为多方面的。正因为这样，他的产品对他来说仅仅是交换价值。这个产品只有在货币上，才取得一般的社会公认的等价形式，而货币又在别人的口袋里。为了把货币吸引出来，商品首先应当对于货币占有者是使用价值，就是说，用在商品上的劳动应当是以社会有用的形式耗费的，或者说，应当证明自己是社会分工的一部分。但分工是自然形成的生产有机体，它的纤维在商品生产者的背后交织在一起，而且继续交织下去。""某种产品今天满足一种社会需要，明天就可能全部地或部分地被一种类似的产品排挤掉。""例如我们这位织麻布者社会对麻布的需要，像对其他各种东西的需要一样，是有限度的，如果他的竞争者已经满足了这种需要，我们这位朋友的产品就成为多余的、过剩的，因而是无用的了。"

"所以我们的商品占有者发现：分工使他们成为独立的私人生产者，同时又使社会生产过程以及他们在这个过程中的关系不受他们自己支配；人与人的互相独立为物与物的全面依赖的体系所补充。"

"分工使劳动产品转化商品，因而使它转化为货币成为必然的事情。同时，分工使这种转化能否成功成为偶然的事情。"【这就是说，商品能否转化为货币，能转化为多少货币，都是偶然的。但是，商品是为交换而生产的，又必须卖出转化为货币。商品转化为货币的必然性和偶然性同时存在，反映了商品生产的矛盾。】

【卖和买的分离与危机的可能性】

"商品转化为货币，同时就是货币转化为商品。这一个过程是两方面的：从商品占有者这一极看，是卖；从货币占有者这另一极看，是买。或者说，卖就是买，W—G 同时就是 G—W。"

"商品形态变化的两个相反的运动阶段组成一个循环：商品形式，商品形式的抛弃，商品形式的复归。""组成一个商品的循环的两个形态变化，同时是其他两个商品的相反的局部形态的变化。""每个商品的形态变化系列所形成的循环，同其他商品的循环不可分割地交织在一起。这全部过程就表现为商品流通。""商品流通不仅在形式上，而且在实质上不同于直接的产品交换。"

"与直接的产品交换不同，流通过程在使用价值换位和转手之后并没有结束。货币并不因为它最终从一个商品的形态变化系列中退出来而消失。它不断地沉淀在商品空出来的流通位置上。"

"既然商品的第一形态变化是卖又是买，这个局部过程同时就是一个独立的过程。买者有商品，卖者有货币。""没有人买，也就没有人能卖。但谁也不会因为自己已经卖，就得马上买。流通所以能够打破产品交换的时间、空间和个人的限制，正是因为它把这里存在的换出自己的劳动产品和换进别人的劳动产品这二者之间的直接的同一性，分裂成卖和买这二者之间的对立。说互相对立的独立过程形成内部的统一，那也就是说，它们的内部统一是运动于外部的对立中。当内部不独立（因为互相补充）的过程的外部独立化达到一定程度时，统一就要强制地通过危机显示出来。商品内在的使用价值和价值的对立，私人劳动同时必须表现为直接社会劳动的对立，特殊的具体的劳动同时只是当作抽象的一般的劳动的对立，物的人格化和人格的物化的对立，——这种内在的矛盾在商品形态变化的对立中取得发展了的运动形式。因此，这些形式包含着危机的可能性，但仅仅是可能性。这种可能性要发展为现实，必须有整整一系列的关系，从简单商品流通的观点来看，这些关系还根本不存在。"

【简释：货币作为商品交换的媒介，使物物交换被商品流通所代替。物物交换是 W—W，以货币为中介的商品流通是 W—G—W，每个商品生产者都必须将自己的商品卖出，变成货币，然后用货币去买自己需要的其他商品。卖和买在时间和空间上都分成了两个独立的行为。每一个商品的流通都不是孤立的，而是同别的商品流通互相交错，连接在一起的。在整个链条中，卖者和买者是相互依存的。没有人买，就没有人能卖。但谁也不会因为自己已经卖，就得马上买。一方面，买与卖存在统一的必要性，另一方面，卖和买又存在分离的可能性。所以，商品流通的这个矛盾包含着危机的可能性。】

（b）货币的流通

"作为商品流通的中介，货币取得了流通手段的职能。"

"商品流通直接赋予货币的运动形式，就是货币不断地离开起点，就是货币从一个商品占有者手里转到另一个商品占有者手里，或者说，就是货币流通。"

"货币流通表示同一个过程的不断的、单调的重复。商品总是在卖者方面，货币总是作为购买手段在买者方面。货币作为购买手段执行职能，是在它实现商品的价格的时候。""货币作为流通手段却不断地留在流通领域，不断地在那里流动。于是产生了一个问题，究竟有多少货币不断地被流通领域吸收。"

"流通手段量决定于待实现的商品价格总额。""假设商品量已定，流通货币量就随着商品价格的波动而增减。""就一定时间的流通过程来说是：$\dfrac{\text{商品价格总额}}{\text{同名货币的流通次数}} =$ 执行流通手段职能的货币量。这个规律是普遍适用的。"

"从流通中的全部同名货币的总流通次数中可以得出每个货币的平均流通次数或货币流通的平均速度。"

"可见，在每一段时期内执行流通手段职能的货币的总量，一方面取决于流通的商品世界的价格总额，另一方面取决于这个商品世界的互相对立的流通过程流动的快慢，这种流动决定着同一些货币能够实现价格总额的多大部分。但是，商品的价格总额又决定于每种商品的数量和价格。这三个因素，即价格的变动、流通的商品量、货币的流通速度，可能按不同的方向和不同的比例变动，因此，待实现的价格总额以及受价格总额制约的流通手段量，也可能有多种多样的组合。"

"流通手段量决定于流通商品的价格总额和货币流通的平均速度这一规律，还可以表述如下：已知商品价值总额和商品形态变化的平均速度，流通货币量或货币材料量决定于货币本身的价值。"

（c）铸币。价值符号

"从货币作为流通手段的职能中产生出货币的铸币形式。在商品的价格或货币名称中想象地表现出来的金重量，必须在流通中作为同名的金块或铸币同商品相对立。正像确立价格标准一样，铸造硬币也是国家的事。"

"金币在流通中受到磨损，有的磨损得多，有的磨损得少。金的名称和金的实体，名义含量和实际含量，开始了它们的分离过程。同名的金币具有了不同的价值，因为重量不同了。作为流通手段的金同作为价格标准的金偏离了，因此，金在实现商品的价格时不再是该商品的真正等价物。"

"既然货币流通本身使铸币的实际含量同名义含量分离，使铸币的金属存在同它的职能存在分离，那么在货币流通中就隐藏着一种可能性：可以用其他材料做的记号或用象征来代替金属货币执行铸币的职能。铸造重量极小的金币或银币在技术上有困难，而且起初是较贱的金属而不是较贵的金属（是银不是金，是铜不是银）充当价值尺度，因而在它们被较贵的金属赶下宝座之前曾一直作为货币流通，这些事实历史地说明了银记号和铜记号可以扮演金币替身的角色。这些记号在铸币流通最快因而磨损最快的商品流通领域中，即在极小额的买卖不断重复进行的领域中代替了金。"

"银记号或铜记号的金属含量是由法律任意规定的。它们在流通中比金币磨损得还要快。因此，它们的铸币职能实际上与它们的重量完全无关，就是说，与价值完全无关。金的铸币存在同它的价值实体完全分离了。因此，相对地说没有价值的东西，例如纸票，就能代替金来执行铸币的职能。在金属货币记号上，这种纯粹的象征性质还在一定程度上隐藏着。但在纸币上，这种性质就暴露无遗了。"

"国家把印有一镑、五镑等等货币名称的纸票从外部投入流通过程。只要这些纸票确实是代替同名的金额来流通，它们的运动就只反映货币流通本身的规律。纸币流通的特殊规律只能从纸币是金的代表这种关系中产生。这一规律简单说来就是：纸币的发行限于它象征地代表的金（或银）的实际流通的数量。""如果今天一切流通渠道中的纸币已达到这些渠道所能吸收货币的饱和程度，那么明天这些渠道就会因商品流通的波动而发生泛滥。一切限度都消失了。不过，如果纸币超过了自己的限度，即超过了能够流通的同名的金币量，那么，撇开有信用扫地的危险不说，它在商品世界仍然只是代表由商品世界的内在规律所决定的那个金量，即它所能代表的那个金量。"

"纸币是金的符号或货币符号。纸币同商品价值的关系只不过是：商品价值观念地表现在一个金量上，这个金量则由纸象征地可感觉地体现出来。纸币只有代表金量（金量同其他一切商品量一样，也是价值量），才是价值符号。"

"最后要问，为什么金可以用它本身的没有任何价值的符号来代替呢？而我们已经知道，只有当金执行铸币或流通手段的职能而被孤立起来或独立出来时，金才可以被代替。"

"在这里，商品的交换价值的独立表现只是转瞬即逝的要素。它马上又会被别的商品代替。因此，在货币不断转手的过程中，单有货币的象征存在就够了。"

【简释：马克思的叙述方法是从抽象到具体，在从理论上考察货币的流通手段功能和规律之后，再来说明作为流通手段的铸币和价值符号（纸币）的历史演变。金属货币最初以条块的自然形状流通，因而每次交换都要查验成色、称分量。后来为省去麻烦，把金属铸成一定的形状，含有一定的成色和重量，于是便有了铸币，并由国家负责，在全国流通。铸币在流通中逐渐产生了实际含量同名义含量的分离，这就隐藏着一种可能性：可以用其他材料做的价值符号来代替金属货币执行铸币的职能。但是，货币符号本身需要得到客观的社会公认，于是产生了由国家作保证、强制发行的纸币。由于纸币只是金属货币的代表，纸币的流通规律就是：纸币的发行限于它象征地代表的金（或银）的实际流通的数量。如果违背这个规律，使纸币的发行量超过了由它代表的流通中所需要的金属货币量，那么纸币就会相应地贬值，并表现为物价上涨。】

第三节 货 币

【本节分别考察货币的三种功能：货币贮藏、支付手段、世界货币。货币的这三种功能，既不能只是观念的货币（不像货币在充当价值尺度时那样），也不能由价值符号来代替（不像货币在充当流通手段时那样）。作为贮藏手段和世界货币，货币必须以金（或银）的实体出现；作为支付手段，货币必须成为交换价值的唯一的适当的存在，而与其他一切仅仅作为使用价值的商品相对立。因此，本节以"货币"为标题，是表明考察对象是作为货币商品本身的功能。】

（a）货币贮藏

【货币贮藏的必要性及其职能】

【货币贮藏的必要性是随着商品流通的发展而产生的。这时，每个商品生产者手中都必须握有货币，因为】"他的需要不断更新，并促使他不断购买别人的商品，而他生产和出售自己的商品是要费时间的，并且带有偶然性。他要买而不卖，就必须在以前曾经卖而不买。这种做法要普遍实行，似乎是自相矛盾的。""因此，在交易的各个点上，有不同数量的金银贮藏。"

【在金属货币流通的社会】"贮藏货币的欲望按其本性是没有止境的。货币在质的方面，或按其形式来说，是无限的，也就是说，是物质财富的一般代表，因为它能直接转化成任何商品。但是在量的方面，每一个现实的货币额又是有限的，因而只是作用有限的购买手段。货币的这种量的有限性和质的无限性之间的矛盾，迫使货币贮藏者不断地从事息息法斯式的积累劳动。"

"除直接的贮藏形式以外，还有一种美的贮藏形式，即占有金银制的商品。它是与资产阶级社会的财富一同增长的。""这样，一方面，形成了一个日益扩大的金银市场，这个市场不以金银的货币职能为转移，另一方面，也形成了一个潜在的货币供应源泉，这个源泉特别在社会大风暴时期涌现出来。"

"货币贮藏在金属流通的经济中执行着种种不同的职能。它的第一个职能是从金银铸币的流通条件中产生的。我们已经知道，随着商品流通在范围、价格和速度方面的经常变动，流通的货币量也不断增减。因此，这个量必须能伸缩。""为了使实际流通的货币量总是同流通领域的饱和程度相适应，一个国家的现有的金银量必须大于执行铸币职能的金银量。这个条件是靠货币的贮藏形式来实现的。货币贮藏的蓄水池，对于流通中的货币来说，既是排水渠，又是引水渠，因此，流通中的货币永远不会溢出它的流通的渠道。"

（b）支付手段

【货币作为支付手段的主要原因是商品流通先于货币流通】

"随着商品流通的发展，使商品的让渡同商品价格的实现在时间上分离开来的关系也发展起来。""一种商品需要的生产时间较长，另一种商品需要的生产时间较短。不同的商品的生产与不同的季节有关。一个商品的产地就是它的市场所在地，另一个商品要旅行到远方的市场去。因此，一个商品占有者可以在另一个商品占有者作为买者出现之前，作为卖者出现。""另一方面，某些种类的商品例如房屋的使用权是出卖一定期限的。买者只是在期满时才真正取得了商品的使用价值。因而他先购买商品，后对商品支付。一个商品占有者出售他现有的商品，而另一个商品占有者却只是作为货币的代表或作为未来货币的代表来购买这种商品。卖者成为债权人，买者成为债务人。由于商品形态变化或商品的价值形式的发展在这里起了变化，货币也就取得了另一种职能，货币成了支付手段。"

"在流通过程的每一个一定的时期内，到期的债务代表着产生这些债务的已售商品的价格总额。实现这一价格总额所必需的货币量，首先取决于支付手段的流通速度。它决定于两种情况：一是债权人和债务人的关系的锁链，即 A 从他的债务人 B 那里得到的货币，付给他的债权人 C 等等；一是各种不同的支付期限的间隔。"

【到期的债权债务可以互相抵消】"这样需要偿付的只是债务差额。支付越集中，差额相对地就越小，因而流通的支付手段量也相对地越小。"

【货币作为支付手段加大了危机的可能性】

"货币作为支付手段的职能包含着一个直接的矛盾。在各种支付手段互相抵消时，货币就只是在观念上执行计算货币或价值尺度的职能。而在必须进行实际支付时，货币又不是充当流通手段，不是充当物质变换的仅仅转瞬即逝的中介形式，而是充当社会劳动的单个化身，充当交换价值的独立存在，充当绝对商品。这种矛盾在生产危机和商业危机中称为货币危机的那一时刻暴露得特别明显。这种货币危机只有在一个接一个的支付的锁链和抵消支付的人为制度获得充分发展的地方才会发生。当这一机制整个被打乱的时候，不问其原因如何，货币就会突然直接地从计算货币的纯粹观念形态转变成坚硬的货币。这时，它是不能由平凡的商品来代替的。""在危机时期，商品和它的价值形态（货币）之间的对立发展成绝对矛盾。因此，货币的表现形式在这里也是无关紧要的。不管是用金支付，还是用银行券这样的信用货币支付，货币荒都是一样的。"

【商品买卖关系变成债权人和债务人的关系，买卖和付款在时间上是分离的，如果遇到行情或价格剧烈变动时，债务人不能在付款期限之前卖出商品，因而无力偿还债务，就可能引起连锁反应，破坏互相抵消的机制。一旦这种情况普遍发生，就只有货币才能解决问题，但这时人人又都感到缺少货币。于是货币危机就可能导致经济危机。】

【货币作为支付手段对货币流通量的影响】

"现在我们来考察一定时期内的流通货币的总额。假定流通手段和支付手段的流通速度是已知的，这个总额就等于待实现的商品价格总额加上到期的支付总额，减去彼此抵消的支付，最后减去同一货币交替地时而作为流通手段、时而作为支付手段执行职能的流通次数。"

【用公式表示就是：流通中所需要的货币量，等于流通中商品价格总额，减去赊售商品价格总额，加到期支付总额，减互相抵消的支付总额，除以同名货币（作为流通手段和支付手段）的平均周转次数。】

【支付手段和信用货币的关系】

"信用货币是直接从货币作为支付手段的职能中产生的。由出售商品得到的债券本身又因债权的转移而流通。另一方面，随着信用事业的扩大，货币作为支付手段的职能也在扩大。作为支付手段的货币取得了它特有的各种存在形式，并以这些形式占据了大规模交易的领域，而金银铸币则主要被排挤到小额贸易的领域中去。"【所以，支付手段的发展程度，表示商品生产和交换在深度和广度上支配社会生产的程度。】

"在商品生产达到一定水平和规模时，货币作为支付手段的职能就越出商品流通领域。货币变成契约上的一般商品。地租、赋税等等由实物交纳转化为货币支付。"【其他的一切支付也逐渐变为货币支付，进而加速了自然经济的瓦解和商品经济的发展。】

"由于充当支付手段的货币的发展，就必须积累货币，以便到期偿还债务。随着资产阶级社会的发展，作为独立的致富形式的货币贮藏消失了，而作为支付手段准备金的形式的货币贮藏却增长了。"

（c）世界货币

【金银作为世界货币的职能及其二重的流动】

"货币一越出国内流通领域，便失去了在这一领域内获得的价格标准、铸币、辅币和价值符号等地方形式，又恢复原来的贵金属块的形式。""只有在世界市场上，货币才充分地作为这样一种商品执行职能，这种商品的自然形式同时就是抽象人类劳动的直接的社会实现形式。货币的存在方式与货币的概念相适合了。"

"世界货币作为一般支付手段、一般购买手段和一般财富的绝对社会化身执行职能。它的最主要的职能，是作为支付手段平衡国际贸易差额。"【当一国贸易顺差时，接受他国用金银支付差额；当一国贸易逆差时，用金银向他国支付差额。】"金银充当国际购买手段，主要是在各国间通常的物质变换的平衡突然遭到破坏的时候。最后，它们充当财富的绝对社会化身是在这样的场合：不是要买或是要支付，而是把财富从一个国家转移到另一个国家，同时，商品市场的行情或者要达到的目的本身，不容许这种转移以商品形式实现。"

"每个国家，为了国内流通，需要有准备金，为了世界市场的流通，也需要有准备金。因此，货币贮藏的职能，一部分来源于货币作为国内流通手段和支付手段的职能，一部分来源于货币作为世界货币的职能。在后一种职能上，始终需要实在的货币商品，真实的金和银。"

"金银的流动是二重的。一方面，金银从产地分散到整个世界市场，在那里，在不同程度上为不同国家的流通领域所吸收，以便进入国内流通渠道，补偿磨损了的金银铸币，供给奢侈品的材料，并且凝固为贮藏货币。这第一种运动是以实现在商品上的本国劳动和实现在贵金属上的金银出产国的劳动之间的直接交换为中介的。另一方面，金银又不断往返于不同国家的流通领域之间，这是一个随着汇率的不断变化而产生的运动。"

"资产阶级生产发达的国家把大量集中在银行准备库内的贮藏货币，限制在它执行各种特殊职能所必需的最低限度内。除了某些例外，如果准备库内的货币贮藏大大超过平均水平，那就表明商品流通停滞了，或者商品形态变化的流动中断了。"

第二篇
货币转化为资本

【剩余价值理论是马克思主义政治经济学的核心理论，揭示了资本主义生产方式的本质。从第二篇至第六篇，马克思论述了货币转化为资本、绝对剩余价值生产和相对剩余价值生产，以及工资理论，系统地阐明了剩余价值的直接生产过程。第二篇只有第四章，中心内容是考察货币怎样转化为资本。这一章是承上启下的关键性的一章，马克思论述了剩余价值生产的起点是货币转化为资本，这种转化的决定性条件是劳动力成为商品。《资本论》的一大特点，就是从分析商品和货币出发来研究资本。商品—货币—资本，这是符合事物发展内在逻辑的科学方法，也同历史发展的过程相一致。商品生产和发达的商品流通，是资本主义生产方式产生的历史前提。劳动力成为商品是历史发展的结果，资本是一种特殊历史阶段上的社会生产关系。在第一篇考察商品和货币的基础上，第二篇进一步考察货币转化资本的条件和过程。第四章分为三节。】

第四章

货币转化为资本

第一节 资本的总公式

【资本流通形式的特征】

"作为货币的货币和作为资本的货币的区别，首先只是在于它们具有不同的流通方式。

商品流通的直接形式是 W—G—W，商品转化为货币，货币再转化为商品，为买而卖。""在 W—G—W 循环中，始极是一种商品，终极是另一种商品，后者退出流通，转入消费。因此，这一循环的最终目的是消费，是满足需要，总之是使用价值。"

【相反，资本流通形式】"G—W—G，货币转化为商品，商品再转化为货币，为卖而买。在运动中通过这后一种流通的货币转化为资本，成为资本，而且按它的使命来说，已经是资本。""G—W—G 循环是从货币一极出发，最后又返回同一极。因此，这一循环的动机和决定目的是交换价值本身。"

"一个货币额和另一个货币额只能有量的区别。因此，G—W—G 过程所以有内容，不是因为两极有质的区别（二者都是货币），而只是因为它们有量的不同。最后从流通中取出的货币，多于起初投入的货币。""因此，这个过程的完整形式是 G—W—G′。其中的 G′ = G + ΔG，即等于原预付货币额加上一个增殖额。我把这个增殖额或超过原价值的余额叫做剩余价值（surplus value）。可见，原预付价值不仅在流通中保存下来，而且在流通中改变了自己的价值量，加上了一个剩余价值，或者说增殖了。正是这种运动使价值转化为资本。"

【资本的运动是没有限度的】

【资本的流通】"在为卖而买的过程中，开端和终结是一样的，都是货币，都是交换价值，单是由于这一点，这种运动就已经是没有止境的了。""货币在运动终结时又成为运动的开端。因此，每一次为卖而买所完成的循环的终结，自然成为新循环的开始。""作为资本的货币的流通本身就是目的，因为只是在这个不断更新的运动中才有价值的增殖。因此，资本的运动是没有限度的。"

"作为这一运动的有意识的承担者，货币占有者变成了资本家。""这种流通的客观内容——价值增殖——是他的主观目的；只有在越来越多地占有抽象财富成为他的活动的唯一动机时，他才作为资本家或作为人格化的、有意志和意识的资本执行职能。因此，决不能把使用价值看作资本家的直接目的。他的目的也不是取得一次利润，而只是谋取利润的无休止的运动。"

"为卖而买，或者说得完整些，为了贵卖而买，即 G—W—G′，似乎只是一种资本即商人资本所特有的形式。但产业资本也是这样一种货币，它转化为商品，然后通过商品的出售再转化为更多的货币。在买和卖的间歇，即在流通领域以外发生的行为，丝毫不会改变这种运动形式。最后，在生息资本的场合，G—W—G′的流通简化地表现为没有中介的结果，表现为一种简练的形式，G—G′，表现为等于更多货币的货币，比本身价值更大的价值。"

"因此，G—W—G′事实上是直接在流通领域内表现出来的资本的总公式。"

第二节　总公式的矛盾

【第一篇已经阐明：商品的价值是抽象人类劳动的凝结，价值量是由生产商品的社会必要劳动时间决定的；货币只是作为一般等价物的商品，它的价值也是在生产中、而不是流通中决定的。因此，流通中货币和商品的交换，只是同量的物化社会劳动的交换，交换本身并不包含价值量的改变。所以，资本的总公式（G—W—G′）"是和阐明的所有关于商品、货币和流通本身的性质的规律相矛盾的"。那么，货币的增加量 ΔG，即剩余价值是从哪里产生的呢？

仅从流通过程来考察，只有两种可能的情况：一种是等价交换；另一种是不等价交换。等价交换即价值规律，是商品生产的基本规律。从大量的、长期的现象来看，商品交换是按照价值规律进行的。然而，如果是等价交换，资本总公式中的ΔG，即剩余价值就不可能产生。另一种情况是，商品按照偏离自身价值的价格交换，或者是低于商品的价值购买（贱买），或者是高于商品的价值出售（贵卖）。不等价交换虽然会发生，但是并不能说明剩余价值的起源。因为互相进行交换的资本家之间是一种平等的关系，用互相侵占来说明剩余价值（利润）的来源，是行不通的。】

"假定卖者享有某种无法说明的特权，可以高于商品价值出卖商品……全体商品占有者都高于商品价值10%互相出卖商品，这与他们把商品按其价值出售完全一样。商品的这种名义上的普遍加价，其结果就像例如用银代替金来计量商品价值一样。商品的货币名称即价格上涨了，但商品间的价值比例仍然不变。"

"我们再反过来，假定买者享有某种特权，可以低于商品的价值购买商品。在这里，不用说，买者还要成为卖者。他在成为买者以前，就曾经是卖者。他在作为买者赚得10%以前，就已经作为卖者失去了10%。结果一切照旧。"

"因此，剩余价值的形成，从而货币的转化为资本，既不能用卖者高于商品价值出卖商品来说明，也不能用买者低于商品价值购买商品来说明。"

"在流通中，生产者和消费者只是作为卖者和买者相对立。说生产者得到剩余价值是由于消费者付的钱超过了商品的价值，那不过是把商品占有者作为卖者享有贵卖的特权这个简单的命题加以伪装罢了。卖者自己生产了某种商品，或代表它的生产者。同样，买者也是自己生产了某种已表现为货币的商品，或代表它的生产者。因此，是生产者和生产者相对立。他们的区别在于，一个是买，一个是卖。商品占有者在生产者的名义下高于商品价值出卖商品，在消费者的名义下对商品付出高价，这并不能使我们前进一步。""显然，流通中的价值总量不管其分配情况怎样变化都不会增大。""一个国家的整个资本家阶级不能靠欺骗自己来发财致富。"

"可见，无论怎样颠来倒去，结果都是一样。如果是等价物交换，不产生剩余价值；如果是非等价物交换，也不产生剩余价值。流通或商品交换不创造价值。"

"由此可以了解，为什么我们在分析资本的基本形式，分析决定现代社会的经济组织的资本形式时，开始根本不提资本的常见的、所谓洪水期前的形态，即商业资本和高利贷资本。"

"上面已经说明，剩余价值不能从流通中产生；因此，在剩余价值的形成上，必然有某种在流通中看不到的情况发生在流通的背后。但是，剩余价值能不能从流通以外的什么地方产生呢？流通是商品占有者的全部商品关系的总和。在流通以外，商品占有者只同他自己的商品发生关系。""商品占有者能够用自己的劳动创造价值，但是不能创造自行增殖的价值。""可见，商品生产者在流通领域以外，也就是不同其他商品占有者接触，就不能使价值增殖，从而使货币或商品转化为资本。"

"因此，资本不能从流通中产生，又不能不从流通中产生。它必须既在流通中又不在流通中产生。"

"货币转化为资本，必须根据商品交换的内在规律来加以说明，因此等价物的交换应该是起点。""货币占有者，必须按商品的价值购买商品，按商品的价值出卖商品，但他在过程终了时取出的价值必须大于他投入的价值。他变为蝴蝶，必须在流通领域中，又必须不在流通领域中。这就是问题的条件。"【这就是说，要按照价值规律来说明剩余价值是如何既在流通中又不在流通中产生的。解决这个问题的关键，是货币占有者在市场上找到一种特殊的商品。】

第三节　劳动力的买和卖

【劳动力成为商品的历史条件】

"要转化为资本的货币的价值变化，不可能发生在这个货币本身上，因为货币作为购买手段和支付手段，只是实现它所购买或所支付的商品的价格"。"同样，在流通的第二个行为即商品的再度出卖上，也不可能发生这种变化，因为这一行为只是使商品从自然形式再转化为货币形式。因此，这种变化必定发生在第一个行为 G—W 中所购买的商品上，但不是发生在这种商品的价值上，因为互相交换的是等价物，商品是按它的价值支付的。因此，这种变化只能从这种商品的使用价值本身，即从这种商品的消费中产生。要从商品的消费中取得价值，我们的货币占有者就必须幸运地在流通领域内即在市场上发现这样一种商品，它的使用价值本身具有成为价值源泉的独特属性，因此，它的实际消费本身就是劳动的对象化，从而是价值的创造。货币占有者在市场上找到了这样一种独特的商品，这就是劳动能力或劳动力。"

"我们把劳动力或劳动能力，理解为一个人的身体即活的人体中存在的、每当他生产某种使用价值时就运用的体力和智力的总和。"

"货币占有者要把货币转化为资本，就必须在商品市场上找到自由的工人。这里所说的自由，具有双重意义：一方面，工人是自由人，能够把自己的劳动力当作自己的商品来支配；另一方面，他没有别的商品可以出卖，自由得一无所有，没有任何实现自己的劳动力所必需的东西。"

"自然界不是一方面造成货币占有者或商品占有者，而另一方面造成只是自己劳动力的占有者。这种关系既不是自然史上的关系，也不是一切历史时期所共有的社会关系。它本身显然是已往历史发展的结果，是许多次经济变革的产物，是一系列陈旧的社会生产形态灭亡的产物。"

【《资本论》第一卷第二十四章《所谓原始积累》详细论述了劳动者失去生产资料的历史变革过程。只有劳动力普遍的成为商品的历史条件具备的时候，资本主义生产方式才会产生。资本是一个历史的范畴，资本和雇佣劳动的生产关系，不是自然形成、自古就存在的。】

"我们前面所考察的经济范畴，也都带有自己的历史痕迹。产品成为商品，需要有一定的历史条件。""产品要表现为商品，需要社会内部的分工发展这样的程度：在直接的物物交换中开始的使用价值和交换价值的分离已经完成。但是，这样的发展阶段是历史上完全不同的经济的社会形态所共有的。"

"有了商品流通和货币流通，决不是就具备了资本存在的历史条件。只有当生产资料和生活资料的占有者在市场上找到出卖自己劳动力的自由工人的时候，资本才产生；而单是这一历史条件就包含着一部世界史。因此，资本一出现，就标志着社会生产过程的一个新时代。"

【劳动力这个特殊商品的价值是怎样决定的】

"同任何其他商品的价值一样，劳动力的价值也是由生产从而再生产这种独特物品所必要的劳动时间决定的。""生产劳动力所必要的劳动时间，可以归结为生产这些生活资料所必要的劳动时间，或者说，劳动力的价值，就是维持劳动力占有者所必要的生活资料的价值。""由于一个国家的气候和其他自然特点不同，食物、衣服、取暖、居住等等自然需要本身也就不同。另一方面，所谓必不可少的需要的范围，和满足这些需要的方式一样，本身是历史的产物，因此多半取决于一个国家的文化水平，其中主要取决于自由工人阶级是在什么条件下形成的，从而它有哪些习惯和生活要求。因此，和其他商品不同，劳动力的价值规定包含着一个历史的和道德的要素。但是，在一定的国家，在一定的时期，必要生话资料的平均范围是一定的。"

"生产劳动力所必要的生活资料的总和，包括工人的补充者即工人子女的生活资料，只有这样，这种独特的商品占有者的种族才能在商品市场上永远延续下去。"

"为改变一般人的本性，使它获得一定劳动部门的技能和技巧，成为发达的和专门的劳动力，就要有一定的教育或训练，而这又得花费或多或少的商品等价物。劳动力的教育费用随着劳动力性质的复杂程度而不同。因此，这种教育费用……包括在生产劳动力所耗费的价值总和中。"

"和其他任何商品的价值一样，劳动力的价值在它进入流通以前就已确定，因为在劳动力的生产上已经耗费了一定量的社会劳动，但它的使用价值只是在以后的力的表现中才实现。因此，力的让渡和力的实际表现即力作为使用价值的存在，在时间上是互相分开的。""在资本主义生产方式占统治地位的一切国家里，给劳动力支付报酬，是在劳动力按购买契约所规定的时间发挥作用以后，例如是在每周的周末。因此，到处都是工人把劳动力的使用价值预付给资本家；工人在得到买者支付他的劳动力价格以前，就让买者消费他的劳动力。因此，到处都是工人给资本家以信贷。"

"劳动力的消费过程，同时就是商品和剩余价值的生产过程。劳动力的消费，像任何其他商品的消费一样，是在市场以外，或者说在流通领域以外进行的。因此，让我们同货币占有者和劳动力占有者一道，离开这个嘈杂的、表面的、有目共睹的领域，跟随他们两人进入门上挂着'非公莫入'牌子的隐蔽的生产场所吧！在那里，不仅可以看到资本是怎样进行生产的，而且还可以看到资本本身是怎样被生产出来的。赚钱的秘密最后一定会暴露出来。"

"劳动力的买和卖是在流通领域或商品交换领域的界限以内进行的，这个领域确实是天赋人权的真正伊甸园。那里占统治地位的只是自由、平等、所有权和边沁。自由！因为商品例如劳动力的买者和卖者，只取决于自己的自由意志。他们是作为自由的、在法律上平等的人缔结契约的。契约是他们的意志借以得到共同的法律表现的最后结果。平等！因为他们彼此只是作为商品占有者发生关系，用等价物交换等价物。所有权！因为每一个人都只支配自己的东西。边沁！因为双方都只顾自己。使他们连在一起并发生关系的唯一力量，是他们的利己心，是他们的特殊利益，是他们的私人利益。正因为人人只顾自己，谁也不管别人，所以大家都是在事物的前定和谐下，或者说，在全能的神的保佑下，完成着互惠互利、共同有益、全体有利的事业。"

"一离开这个简单流通领域或商品交换领域，——庸俗的自由贸易论者用来判断资本和雇佣劳动的社会的那些观点、概念和标准就是从这个领域得出的，——就会看到，我们的剧中人的面貌已经起了某些变化。原来的货币占有者作为资本家，昂首前行；劳动力占有者作为他的工人，尾随于后。一个笑容满面，雄心勃勃；一个战战兢兢，畏缩不前，像在市场上出卖了自己的皮一样，只有一个前途——让人家来鞣。"

【简释：劳动力这种特殊商品的使用价值，同任何其他商品的使用价值都不同，它本身具有成为价值源泉的独特属性。因为劳动力的使用就是劳动，就是价值创造，而且能够创造比劳动力自身价值更大的价值。剩余价值的产生就是由于劳动力在劳动过程中所创造的价值大于劳动力自身的价值。这是在市场、流通领域以外的生产领域进行的。所以剩余价值不是从流通中产生；但又不能不从流通中产生，因为资本家购买劳动力、生产资料和出售包含剩余价值的商品，必须在流通中进行。这样，也就按照前面所说的"问题的条件"（即货币转化资本，必须在流通领域中，又必须不在流通领域中），解决了资本的总公式的矛盾。】

第 三 篇
绝对剩余价值的生产

【第三篇至第五篇论述剩余价值的生产，这是分析资本主义生产过程的核心。马克思研究剩余价值的最大的特点，是运用抽象法撇开了剩余价值的特殊形态——利润、利息、地租，等等，先从它的一般形态着手，揭露剩余价值的起源和本质，然后在《资本论》第三卷从已经揭示的剩余价值的本质来说明它的各种现象形态。

第三篇共五章，从第五章至第九章，每章研究绝对剩余价值生产的一个方面。】

第五章

劳动过程和价值增殖过程

第一节　劳动过程

【劳动过程的一般特征】

"劳动力的使用就是劳动本身。""劳动首先是人和自然之间的过程，是人以自身的活动来中介、调整和控制人和自然之间的物质变换的过程。人自身作为一种自然力与自然物质相对立。为了在对自身生活有用的形式上占有自然物质，人就使他身上的自然力——臂和腿、头和手运动起来。当他通过这种运动作用于他身外的自然并改变自然时，也就同时改变他自身的自然。他使自身的自然中蕴藏着的潜力发挥出来，并且使这种力的活动受他自己控制。""劳动过程结束时得到的结果，在这个过程开始时就已经在劳动者的表象中存在着，即已经观念地存在着。他不仅使自然物发生形式变化，同时他还在自然物中实现自己的目的，这个目的是他所知道的，是作为规律决定着他的活动的方式和方法的，他必须使他的意志服从这个目的。"

【劳动过程的三个要素】

"劳动过程的简单要素是：有目的的活动或劳动本身，劳动对象和劳动资料。"

"土地（在经济学上也包括水）最初以食物，现成的生活资料供给人类，它未经人的协助，就作为人类劳动的一般对象而存在。所有那些通过劳动只是同土地脱离直接联系的东西，都是天然存在的劳动对象。例如从鱼的生活要素即水中分离出来的即捕获的鱼，在原始森林中砍伐的树木，从地下矿藏中开采的矿石。""一切原料都是劳动对象，但并非任何劳动对象都是原料。劳动对象只有在它已经通过劳动而发生变化的情况下，才是原料。"

"劳动资料是劳动者置于自己和劳动对象之间、用来把自己的活动传导到劳动对象上去的物或物的综合体。劳动者利用物的机械的、物理的和化学的属性，以便把这些物当作发挥力量的手段，依照自己的目的作用于其他的物。劳动者直接掌握的东西，不是劳动对象，而是劳动资料。""这样，自然物本身就成为他的活动的器官，他把这种器官加到他身体的器官上，""延长了他的自然的肢体。土地是他的原始的食物仓，也是他的原始的劳动资料库。例如，他用来投、磨、压、切等等的石块就是土地供给的。土地本身是劳动资料，但是它在农业上要起劳动资料的作用，还要以一系列其他的劳动资料和劳动力的较高的发展为前提。""劳动资料的使用和创造，虽然就其萌芽状态来说已为某几种动物所固有，但是这毕竟是人类劳动过程独有的特征，所以富兰克林给人下的定义是"a tod making animal"？制造工具的动物。动物的遗骸的结构对于认识已经绝种的动物的机体有重要的意义，劳动资料的遗骸对于判断已经消亡的经济的社会形态也有同样重要的意义。各种经济时代的区别，不在于生产什么，而在于怎样生产，用什么劳动资料生产。劳动资料不仅是人类劳动力发展的测量器，而且是劳动借以进行的社会关系的指示器。在劳动资料本身中，机械性的劳动资料（其总和可称为生产的骨骼系统和肌肉系统）远比只是充当劳动对象的容器的劳动资料（如管、桶、篮、罐等，其总和一般可称为生产的脉管系统）更能显示一个社会生产时代的具有决定意义的特征。后者只是在化学工业中才起着重要的作用。"

"广义地说，除了那些把劳动的作用传达到劳动对象，因而以这种或那种方式充当活动的传导体的物以外，劳动过程的进行所需要的一切物质条件也都算作劳动过程的资料。它们不直接加入劳动过程，但是没有它们，劳动过程就不能进行，或者只能不完全地进行。土地本身又是这类一般的劳动资料，因为它给劳动者提供立足之地，给他的劳动过程提供活动场所。这类劳动资料中有的已经经过劳动的改造，例如厂房、运河、道路等等。"

"可见，在劳动过程中，人的活动借助劳动资料使劳动对象发生预定的变化。过程消失在产品中。它的产品是使用价值，是经过形式变化而适合人的需要的自然物质。劳动与劳动对象结合在一起。劳动对象化了，而对象被加工了。在劳动者方面曾以动的形式表现出来的东西，现在在产品方面作为静的属性，以存在的形式表现出来。劳动者纺纱，产品就是纺成品。"

"如果整个过程从其结果的角度，从产品的角度加以考察，那么劳动资料和劳动对象二者表现为生产资料，劳动本身则表现为生产劳动。"

"当一个使用价值作为产品退出劳动过程的时候，另一些使用价值，以前的劳动过程的产品，则作为生产资料进入劳动过程。同一个使用价值，既是这种劳动的产品，又是那种劳动的生产资料。所以，产品不仅是劳动过程的结果，同时还是劳动过程的条件。"

"在采掘工业中，劳动对象是天然存在的，例如采矿业、狩猎业、捕鱼业等等中的情况就是这样（在农业中，只是在最初开垦处女地时才是这样）；除采掘工业以外，一切产业部门所处理的对象都是原料，即已被劳动滤过的劳动对象，本身已经是劳动产品。例如，农业中的种子就是这样。动物和植物通常被看作自然的产物，实际上它们不仅可能是上年度劳动的产品，而且它们现在的形式也是经过许多世代、在人的控制下、通过人的劳动不断发生变化的产物。"

"原料可以构成产品的主要实体，也可以只是作为辅助材料参加产品的形成。""因为每种物都具有多种属性，从而有各种不同的用途，所以同一产品能够成为很不相同的劳动过程的原料。""在同一劳动过程中，同一产品可以既充当劳动资料，又充当原料。""一种已经完成而可供消费的产品，能重新成为另一种产品的原料，例如葡萄能成为葡萄酒的原料。"

"可见，一个使用价值究竟表现为原料、劳动资料还是产品，完全取决于它在劳动过程中所起的特定的作用，取决于它在劳动过程中所处的地位，随着地位的改变，它的规定也就改变。"

"劳动消费它自己的物质要素，即劳动对象和劳动资料，把它们吞食掉，因而是消费过程。这种生产消费与个人消费的区别在于：后者把产品当作活的个人的生活资料来消费，而前者把产品当作劳动即活的个人发挥作用的劳动力的生活资料来消费。""只要劳动资料和劳动对象本身已经是产品，劳动就是为创造产品而消耗产品，或者说，是把产品当作产品的生产资料来使用。"

【劳动过程是人类生活的永恒的自然条件】

"劳动过程，就我们在上面把它描述为它的简单的、抽象的要素来说，是制造使用价值的有目的的活动，是为了人类的需要而对自然物的占有，是人和自然之间的物质变换的一般条件，是人类生活的永恒的自然条件，因此，它不以人类生活的任何形式为转移，倒不如说，它为人类生活的一切社会形式所共有。""根据小麦的味道，我们尝不出它是谁种的，同样，根据劳动过程，我们看不出它是在什么条件下进行的：是在奴隶监工的残酷的鞭子下，还是在资本家的严酷的目光下；是在辛辛纳图斯耕种自己的几亩土地的情况下，还是在野蛮人用石头击杀野兽的情况下。"

【资本主义制度下劳动过程的特征】

"劳动过程，就它是资本家消费劳动力的过程来说，显示出两个特殊现象。"

首先，"工人在资本家的监督下劳动，他的劳动属于资本家。"

"其次，产品是资本家的所有物，而不是直接生产者工人的所有物。"

【简释：（1）资本主义生产过程，是劳动过程和价值增殖过程的统一，所以第一节首先分析劳动过程。这里涉及对一般和特殊相互关系的认识。资产阶级政治经济学教程一般分为三个部分：生产，流通，分配。第一部分的生产讲述一般生产，即不以社会形态为转移的物质资料生产。这是由于资产阶级经济学家把资本主义生产方式看作是永恒的，因而把一般生产和资本主义生产混为一谈。马克思批评资产阶级经济学从"一般"生产里面看不见本质差别；他始终认为，政治经济学不研究这种抽象掉"特殊性质"的生产一般，而是研究"一定社会发展阶段上的生产"。但是，同时也不把一定历史阶段的特殊的资本主义生产，同一般生产割裂开，不否认不同经济时代的生产有共同的东西。马克思说："生产的一切时代有某些共同标志，共同规定。生产一般是一个抽象，但是只要后者真正把共同点提出来，定下来，免得我们重复，它就是一个合理的抽象。"（1）

毛泽东同志在《矛盾论》中着重强调研究矛盾特殊性的重要性，批评教条主义者"不了解矛盾的普遍性即寓于矛盾的特殊性之中。他们也不了解研究当前具体事物的矛盾的特殊性，对于我们指导革命实践的发展有何等重要的意义。"同时他也指出："由于特殊的事物是和普遍的事物联结的，由于每一个事物内部不但包含了矛盾的特殊性，而且包含了矛盾的普遍性，普遍性即存在于特殊性之中，所以当着我们研究一定事物的时候，就应当去发现这两方面及其互相联结"。（2）这就是说，要研究矛盾普遍性为何和如何表现为矛盾特殊性，同时研究矛盾特殊性所包含的矛盾普遍性，研究这两个方面的互相联结。毛泽东同志在《中国革命战争的战略问题》中指出："战争的规律——这是任何指导战争的人不能不研究和不能不解决的问题。革命战争的规律——这是任何指导革命战争的人不能不研究和不能不解决的问题。中国革命战争的规律——这是任何指导中国革命战争的人不能不研究和不能不解决的问题。""所以，我们应该研究一般战争的规律；也应该研究革命战争的规律；最后，我们还应该研究中国革命战争的规律。"（3）这段话深刻阐明了一般规律和特殊规律的关系，仅了解一般规律是不够的，关键是把握特殊规律，但特殊规律包含了一般规律中普遍适用的内容，要研究并把握一般规律和特殊规律的"互相联结"。恩格斯在《反杜林论》中写道："政治经济学作为一门研究人类各种社会进行生产和交换并相应地进行产品分配的条件和形式的科学，——这样广义的政治经济学尚有待于创造。"（4）随着我国社会主义政治经济学的建立，恩格斯说的广义的政治经济学已经诞生。我们现在学习和研究《资本论》的一个重要任务，就是为中国特色社会主义经济发展服务。因此，要重视《资本论》关于资本主义生产方式特殊规律分析中所包含的一般规律，研究中国特色社会主义经济的特殊规律与市场经济和社会化大生产的一般规律的"互相联结"。

（2）马克思在《资本论》中重点是研究资本主义生产方式的特殊本质及其特殊的运动规律，同时在其特殊性的研究分析中也包含诸多适用于一般商品生产、市场经济和社会化大生产的一般规律。马克思在《资本论》中关于唯物辩证法和历史唯物论是研究经济和社会问题的根本方法的论述；关于生产、消费、分配、交换（流通）的内涵及再生产四个环节的相互关系的论述；《资本论》中关于商品的使用价值和价值的矛盾及其包含生产过剩危机可能性的论述；关于商品价值的内涵及其取决于生产商品的社会必要劳动时间的论述；关于决定社会必要劳动时间的各种要素的论述；关于货币的本质、职能及其流通规律的论述；关于分工和协作对发展生产力作用的论述；关于科学技术及其在生产中应用程度、生产资料规模及效能、生产过程的社会结合、工人智能和熟练水平、自然力应用、资本积累和积聚及集中等提高劳动生产力的要素及其相互联系和作用的论述；关于外延扩大再生产和内涵扩大再生产相互关系的论述；关于积累是扩大再生产的源泉的论述；关于补偿固定资本磨损的折旧基金同时也就是积累基金的论述；关于社会资本再生产两大部类和各部门的比例关系的重要性及其实现条件的论述；关于加速资本流通和循环的重要意义、条件和途径的论述；关于社会总产品的价值形态和实物形态的市场实现的意义和条件的论述；关于市场竞争的各种形态（产业部门内部、部门之间、卖者之间、买者之间、买者与卖者之间等）及竞争的作用的论述；关于价值规律和生产价格调节生产和流通的规律的论述；关于银行、信用及虚拟资本的功能和作用的论述；关于生产过剩危机、货币危机原因的论述；关于生产过程的各种生产要素节约和生产排泄物循环利用的论述；关于农业利用自然力的特殊作用的论述；关于农产品价格的特殊决定规律及级差地租的论述；关于生产资料分配决定分配关系的论述，等等，都是在抽象掉资本主义生产方式的特殊性质和特殊规律之后，对一般商品生产、市场经济和社会化大生产具有"共同规定"，即普遍适用的原理。这是我们联系中国特色社会主义经济发展和改革开放的实际，学习《资本论》应重点关注和研究的问题。】

注：（1）《马克思恩格斯选集》第 2 卷第 88 页。人民出版社 1972 年 5 月第一版。

（2）《毛泽东选集》第 1 卷第 304、318 页。人民出版社 1991 年 6 月第二版。

（3）《毛泽东选集》第 1 卷第 170 页、171 页。

（4）《马克思恩格斯全集》第 20 卷第 163 页。人民出版社 1971 年 3 月第一版。

第二节　价值增殖过程

【生产过程作为价值形成过程的特征】

"在商品生产中，""所以要生产使用价值，是因为而且只是因为使用价值是交换价值的物质基础，是交换价值的承担者。"

"正如商品本身是使用价值和价值的统一一样，商品生产过程必定是劳动过程和价值形成过程的统一。"

"现在我们就把生产过程作为价值形成过程来考察。"

"我们知道，每个商品的价值都是由物化在该商品的使用价值中的劳动的量决定的，是由生产该商品的社会必要劳动时间决定的。这一点也适用于作为劳动过程的结果而归我们的资本家所有的产品。因此，首先必须计算对象化在这个产品中的劳动。假定这个产品是棉纱。"

"生产棉纱首先要有原料，例如 10 磅棉花。""生产棉花所需要的劳动时间，是生产以棉花为原料的棉纱所需要的劳动时间的一部分，因而包含在棉纱中。生产纱锭所需要的劳动时间也是如此，因为没有纱锭的磨损或消费，棉花就不能纺成纱。""包含在劳动材料和劳动资料中的劳动时间，完全可以看成是在纺纱过程的早期阶段耗费的，是在最后以纺纱形式加进的劳动之前耗费的。"

"现在，我们要从与考察劳动过程时完全不同的角度来考察这种劳动。在考察劳动过程时，谈的是使棉花转化为棉纱的有目的的活动。在其他一切条件不变的前提下，劳动越合乎目的，棉纱就越好。""相反，就纺纱工人的劳动是形成价值的劳动，是价值源泉来说，""这里涉及的不再是劳动的质，即劳动的性质和内容，而只是劳动的量。"

"在这里具有决定意义的是，在过程的进行中，即在棉花转化为棉纱时，消耗的只是社会必要劳动时间。如果在正常的即平均的社会的生产条件下，一个劳动小时内 a 磅棉花应该转化为 b 磅棉纱，那么，只有把 12 × a 磅棉花转化为 12 × b 磅棉纱的工作日，才当作 12 小时工作日。因为只有社会必要劳动时间才算是形成价值的劳动时间。"

【生产过程作为价值增殖过程的特征】

"让我们更仔细地来看一看。劳动力的日价值是三先令，因为在劳动力本身中对象化了半个工作日，就是说，因为每天生产劳动力所必要的生活资料要费半个工作日。但是，包含在劳动力中的过去劳动和劳动力所能提供的活劳动，劳动力一天的维持费和劳动力一天的耗费，是两个完全不同的量。前者决定它的交换价值，后者构成它的使用价值。维持一个工人 24 小时的生活只需要半个工作日，这种情况并不妨碍工人劳动一整天。因此，劳动力的价值和劳动力在劳动过程中的价值增殖，是两个不同的量。资本家购买劳动力时，正是看中了这个价值差额。劳动力能制造棉纱或皮靴的有用属性，只是一个必要条件，因为劳动必须以有用的形式耗费，才能形成价值。但是，具有决定意义的，是这个商品独特的使用价值，即它是价值的源泉，并且是大于它自身的价值的源泉。这就是资本家希望劳动力提供的独特的服务。在这里，他是按照商品交换的各个永恒规律行事的。事实上，劳动力的卖者，和任何别的商品的卖者一样，实现劳动力的交换价值而让渡劳动力的使用价值。他不交出后者，就不能取得前者。劳动力的使用价值即劳动本身不归它的卖者所有，正如已经卖出的油的使用价值不归油商所有一样。货币占有者支付了劳动力的日价值，因此，劳动力一天的使用即一天的劳动就归他所有。劳动力维持一天只费半个工作日，而劳动力却能发挥作用或劳动一整天，因此，劳动力使用一天所创造的价值比劳动力自身一天的价值大一倍。这种情况对买者是一种特别的幸运，对卖者也决不是不公平。"

"如果我们现在把价值形成过程和价值增殖过程比较一下，就会知道，价值增殖过程不外是超过一定点而延长了的价值形成过程。如果价值形成过程只持续到这样一点，即资本所支付的劳动力价值恰好为新的等价物所补偿，那就是单纯的价值形成过程。如果价值形成过程超过这一点而延续下去，那就成为价值增殖过程。"

"其次，如果我们把价值形成过程和劳动过程比较一下，就会知道，劳动过程的实质在于生产使用价值的有用劳动。在这里，运动只是从质的方面来考察，从它的特殊的方式和方法，从目的和内容方面来考察。在价值形成过程中，同一劳动过程只是表现出它的量的方面。所涉及的只是劳动操作所需要的时间，或者说，只是劳动力被有用地消耗的时间长度。在这里，进入劳动过程的商品，已经不再作为在劳动力有目的地发挥作用时执行一定职能的物质因素了。它们只是作为一定量的对象化劳动来计算。无论是包含在生产资料中的劳动，或者是由劳动力加进去的劳动，都只按时间尺度计算。它等于若干小时、若干日等等。"

"但是，劳动只是在生产使用价值所耗费的时间是社会必要时间的限度内才被计算。这里包含下列各点。劳动力应该在正常的条件下发挥作用。""再一个条件，就是劳动力本身的正常性质。劳动力在它被使用的专业中，必须具有在该专业占统治地位的平均的熟练程度、技巧和速度。""最后，他不允许不合理地消费原料和劳动资料……因为浪费了的材料或劳动资料是多耗费的对象化劳动量，不被计算，不加入形成价值的产品中。"

"作为劳动过程和价值形成过程的统一，生产过程是商品生产过程；作为劳动过程和价值增殖过程的统一，生产过程是资本主义生产过程，是商品生产的资本主义形式。"

"我们在前面指出过，对于价值的增殖过程来说，资本家占有的劳动是简单的、社会的平均劳动，还是较复杂的、比重较高的劳动，是毫无关系的。""在这两种场合，剩余价值都只是来源于劳动在量上的剩余，来源于同一劳动过程……的持续时间的延长。""另一方面，在每一个价值形成过程中，较高级的劳动总是要化为社会的平均劳动。"

【简释：物质资料生产过程即劳动过程，是一切社会形态所共有的。资本主义生产过程的特殊性在于它具有二重的性质：一方面是物质资料的生产过程（劳动过程）；另一方面是剩余价值的生产过程（价值增殖过程）：雇佣工人在必要劳动时间内生产出自己劳动力的价值，在剩余劳动时间内无偿地为资本家生产出剩余价值。资本主义生产过程是上述两个过程的统一，并不是时间上分开的两个过程。】

第六章

不变资本和可变资本

【具体劳动在生产过程中将生产资料消耗的价值转移和保存到产品中】

"劳动过程的不同因素在产品价值的形成上起着不同的作用。"

"工人把一定量的劳动——撇开他的劳动所具有的特定的内容、目的和技术性质不说——加到劳动对象上，也就把新价值加到劳动对象上。另一方面我们发现，被消耗的生产资料的价值又成了产品价值的组成部分，例如，棉花和纱锭的价值包含在棉纱的价值中。可见，生产资料的价值由于转移到产品上而被保存下来。这种转移是在生产资料转化为产品时发生的，是在劳动过程中发生的。它是以劳动为中介的。然而它是怎样进行的呢?"

"工人并不是在同一时间内劳动两次，一次由自己的劳动把价值加到棉花上；另一次保存棉花的旧价值，或者说，把他所加工的棉花和使用的纱锭的价值转移到产品棉纱上。他只是由于加进新价值而保存了旧价值。但是，把新价值加到劳动对象上和把旧价值保存在产品中，是工人在同一时间内达到的两种完全不同的结果（虽然工人在同一时间内只劳动一次），因此很明显，这种结果的二重性只能用他的劳动本身的二重性来解释。在同一时间内，劳动就一种属性来说必然创造价值，就另一种属性来说必然保存或转移价值。"

"每个工人怎样加进劳动时间，从而加进价值呢? 始终只能通过他特有的生产劳动方式。""我们在考察价值形成过程时已经看到，只要使用价值是有目的地用来生产新的使用价值，制造被用掉的使用价值所必要的劳动时间，就成为制造新的使用价值所必要的劳动时间的一部分，也就是说，这部分劳动时间从被用掉的生产资料转移到新产品上去。可见，工人保存被用掉的生产资料的价值，或者说，把它们作为价值组成部分转移到产品上去，并不是由于他们加进一般劳动，而是由于这种追加劳动的特殊的有用性质，由于它的特殊的生产形式。劳动作为这种有目的的生产活动，纺纱、织布、打铁，只要同生产资料接触，就使它们复活，赋予它们活力，使它们成为劳动过程的因素，并且同它们结合为产品。"

【抽象劳动在生产过程中把创造新的价值加进产品】

"如果工人的特殊的生产劳动不是纺纱，他就不能使棉花转化为棉纱，因而也就不能把棉花和纱锭的价值转移到棉纱上。不过，如果这个工人改行当木匠，他仍然会用一个工作日把价值加到他的材料上。可见，他通过自己的劳动加进价值，并不是由于他的劳动是纺纱劳动或木匠劳动，而是由于他的劳动是一般的抽象的社会劳动；他加进一定的价值量，并不是因为他的劳动具有特殊的有用的内容，而是因为他的劳动持续了一定的时间。"

【转移价值和加进价值的结果二重性来自工人劳动的二重性】

"因此，纺纱工人的劳动，就它的抽象的一般的属性来说，作为人类劳动力的耗费，把新价值加到棉花和纱锭的价值上；而就它的具体的特殊的有用的属性来说，作为纺纱的过程，把这些生产资料的价值转移到产品上，从而把这些价值保存在产品中。由此就产生了劳动在同一时间内所得出的结果的二重性。"

"新价值的加进，是由于劳动的单纯的量的追加；生产资料的旧价值在产品中的保存，是由于所追加的劳动的质。同一劳动由于它的二重性造成的这种二重作用，清楚地表现在种种不同的现象上。"

【生产资料各个部分的价值转移情况各不相同】

"生产资料转给产品的价值决不会大于它在劳动过程中因本身的使用价值的消灭而丧失的价值。如果生产资料没有价值可以丧失，就是说，如果它本身不是人类劳动的产品，那么，它就不会把任何价值转给产品。它只是充当使用价值的形成要素，而不是充当交换价值的形成要素。一切未经人的协助就天然存在的生产资料，如土地、风、水、矿脉中的铁、原始森林中的树木等等，都是这样。"

"在这里，劳动过程和价值增殖过程的区别反映在它们的物质因素上：同一生产资料，作为劳动过程的要素，是全部加入同一生产过程；作为价值形成的要素，则只是部分加入同一生产过程。"

"另一方面正相反，一种生产资料能够全部进入价值增殖过程，而只是部分进入劳动过程。假定在把棉花纺成棉纱的时候，每天115磅棉花中有15磅没有变成棉纱，而是变成了飞花。如果损失这15磅棉花是正常的，在棉花的平均加工条件下是不可避免的，那么这15磅棉花虽然不是棉纱的要素，但它的价值同形成棉纱实体的 100 磅棉花的价值完全一样，也加入棉纱的价值中。"

"劳动过程中的一切排泄物都是这样，至少在这些排泄物不再形成新的生产资料，因而不再形成新的独立的使用价值的情况下是这样。"

【生产资料转移到产品中的价值决不可能大于它自身的价值】

"生产资料只有在劳动过程中丧失掉存在于旧的使用价值形态中的价值，才把价值转移到新形态的产品上。它们在劳动过程中所能丧失的最大限度的价值量，显然是以它们进入劳动过程时原有的价值量为限，或者说，是以生产它们自身所需要的劳动时间为限。因此，生产资料加到产品上的价值决不可能大于同它们所参加的劳动过程无关而具有的价值。"

"就生产资料来说，被消耗的是它们的使用价值，由于这种使用价值的消费，劳动制成产品。生产资料的价值实际上没有被消费，因而也不可能再生产出来。这个价值被保存下来，但不是因为在劳动过程中对这个价值本身进行了操作，而是因为这个价值原先借以存在的那种使用价值虽然消失，但只是消失在另一种使用价值中。因此，生产资料的价值是再现在产品的价值中，确切地说，不是再生产出来。所生产出来的是旧交换价值借以再现的新使用价值。"

【劳动力的使用创造价值和剩余价值】

"劳动过程的主观因素，即发挥作用的劳动力，却不是这样。当劳动通过它的有目的的形式把生产资料的价值转移到产品上并保存下来的时候，它的运动的每时每刻都形成追加的价值，形成新价值。假设生产过程在工人生产出他自己的劳动力价值的等价物以后就停下来，例如，他劳动 6 小时加进 3 先令价值。这个价值是产品价值超过其中由生产资料价值构成的部分而形成的余额。它是在这个过程中产生的唯一的新价值，是产品中由这个过程本身生产的唯一的价值部分。"

"但它是真正再生产出来的，不像生产资料的价值只是表面上再生产出来的。在这里，一个价值用另一个价值来补偿是通过创造新价值来实现的。"

"然而我们已经知道，劳动过程在只是再生产出劳动力价值的等价物并把它加到劳动对象上以后，还越过这一点继续下去。为再生产出这一等价物，6 小时就够了，但是劳动过程不是持续 6 小时，而是比如说持续 12 小时。这样，劳动力发挥作用的结果，不仅再生产出劳动力自身的价值，而且生产出一个超额价值。这个剩余价值就是产品价值超过消耗掉的产品形成要素即生产资料和劳动力的价值而形成的余额。"

【不变资本和可变资本的区分】

"我们叙述了劳动过程的不同因素在产品价值的形成中所起的不同作用，事实上也就说明了资本的不同组成部分在资本本身的价值增殖过程中所执行的不同职能。产品的总价值超过产品的形成要素的价值总额而形成的余额，就是价值已经增殖的资本超过原预付资本价值而形成的余额。一方的生产资料，另一方的劳动力，不过是原有资本价值在抛弃货币形式而转化为劳动过程的因素时所采取的不同的存在形式。"

"可见，转变为生产资料即原料、辅助材料、劳动资料的那部分资本，在生产过程中并不改变自己的价值量。因此，我把它称为不变资本部分，或简称为不变资本。"

"相反，转变为劳动力的那部分资本，在生产过程中改变自己的价值。它再生产自身的等价物和一个超过这个等价物而形成的余额，剩余价值。这个剩余价值本身是可以变化的，是可大可小的。这部分资本从不变量不断转化为可变量。因此，我把它称为可变资本部分，或简称为可变资本。资本的这两个组成部分，从劳动过程的角度看，是作为客观因素和主观因素，作为生产资料和劳动力相区别的；从价值增殖的过程的角度看，则是作为不变资本和可变资本相区别的。"

"不变资本这个概念决不排斥它的组成部分发生价值变动的可能性。""商品的价值固然是由商品所包含的劳动量决定的，但这个劳动量本身是社会决定的。如果生产商品的社会必要劳动时间改变了，""那就会反过来对原有的商品发生影响。""例如，由于一种新发明，同种机器可由较少的劳动耗费再生产出来，那么旧机器就要或多或少地贬值，因而转移到产品上去的价值也要相应地减少。"

"生产资料价值的变动，虽然也会对已经进入生产过程的生产资料产生影响，但不会改变生产资料作为不变资本的性质。同样，不变资本和可变资本之间的比例的变动也不会影响它们在职能上的区别。""这种变动只改变不变资本和可变资本之间量的关系，或者说，只改变总资本分为不变组成部分和可变组成部分的比例，而不影响不变资本和可变资本的区别。"

【简释：第六章是前一章的直接继续。前一章论述剩余价值是怎样产生的，本章进而考察资本的不同部分在价值增殖过程中的不同作用。马克思运用劳动二重性学说，在政治经济学史上首次区分了购买生产资料的不变资本和购买劳动力的可变资本，指出它们在价值形成和价值增殖过程中起着完全不同的作用：不变资本只是把生产过程中消耗的价值转移到产品上，只有可变资本雇佣的劳动力才在生产过程中创造出包括劳动力自身价值和剩余价值在内的新价值，从而确定了可变资本和不变资本这两个经济范畴的科学内涵。这是马克思对政治经济学的一个重大理论贡献。亚当·斯密以来的政治经济学只把资本分为固定资本和流动资本，把购买劳动力的可变资本和购买原材料的不变资本都当作流动资本混为一谈。这就使资本在流通过程的形式区别的这种次要的规定，掩盖了资本在生产过程不同功能的本质规定，从而掩盖了剩余价值的来源和实质。马克思论证了可变资本和不变资本的重大区别，为揭开剩余价值起源的秘密提供了一把钥匙。

本章通过分析劳动过程的不同因素在产品价值的形成中所起的不同作用，用事实说明资本的不同组成部分在资本本身的价值增殖过程中所执行的不同职能，从而提出不变资本和可变资本这两个重要经济范畴。】

第七章

剩余价值率

【在前两章论述剩余价值的来源和实质的基础上，本章着重考察剩余价值的相对量，即表示资本家对工人的剥削程度的剩余价值率。】

第一节　劳动力的剥削程度

【这一节的中心是论述剩余价值率表示资本家对雇佣工人的剥削程度。】

【剩余价值只是转变为劳动力的可变资本发生价值变化的结果】

"预付资本 C 在生产过程中生出的剩余价值，或预付资本价值 C 的增殖额，首先表现为产品价值超过产品的各种生产要素的价值总和而形成的余额。"

"资本 C 分为两部分，一部分是为购买生产资料而支出的货币额 c，另一部分是为购买劳动力而支出的货币额 v；c 代表转化为不变资本的价值部分；v 代表转化为可变资本的价值部分。"

"实际上我们已经知道，剩余价值只是 v 这个转变为劳动力的资本部分发生价值变化的结果，因此，v + m = v + Δv（v 加 v 的增长额）。但是现实的价值变化和价值变化的比率却是被这样的事实掩盖了：由于资本可变组成部分的增加，全部预付资本也增加了。全部预付资本以前是 500，现在变成了 590。可见，要对这个过程进行纯粹的分析，必须把产品价值中只是再现不变资本价值的那一部分完全抽去，就是说，必须使不变资本 c = 0。"

"于是，预付资本就从 c + v，简化为 v，产品价值 c + v + m 就简化为价值产品 v + m。""剩余价值的相对量，即可变资本价值增殖的比率，显然由剩余价值同可变资本的比率来决定，或者用$\frac{m}{v}$来表示。在上述例子中，它是$\frac{90}{90} = 100\%$。我把可变资本的这种相对的价值增殖或剩余价值的相对量，称为剩余价值率。"

【剩余价值率是工人受资本家剥削的程度的准确表现】

"我们已经知道，工人在劳动过程的一段时间内，只是生产自己劳动力的价值，就是说，只是生产他的必要生活资料的价值。""因为工人在生产劳动力日价值（如三先令）的工作日部分内，只是生产资本家已经支付的劳动力价值的等价物，就是说，只是用新创造的价值来补偿预付的可变资本的价值，所以，这种价值的生产只是表现为再生产。因此，我把进行这种再生产的工作日部分称为必要劳动时间，把在这部分时间内耗费的劳动称为必要劳动。这种劳动对工人来说所以必要，是因为它不以他的劳动的社会的形式为转移。这种劳动对资本和资本世界来说所以必要，是因为工人的经常存在是它们的基础。"

"劳动过程的第二段时间，工人超出必要劳动的界限做工的时间，虽然耗费工人的劳动，耗费劳动力，但并不为工人形成任何价值。这段时间形成剩余价值，剩余价值以从无生有的全部魅力引诱着资本家。我把工作日的这部分称为剩余劳动时间，把这段时间内耗费的劳动称为剩余劳动（surplus labour）。把价值看作只是劳动时间的凝结，只是对象化的劳动，这对于认识价值本身具有决定性的意义。同样，把剩余价值看作只是剩余劳动时间的凝结，只是对象化的剩余劳动，这对于认识剩余价值也具有决定性的意义。使各种经济的社会形态例如奴隶社会和雇佣劳动的社会区别开来的，只是从直接生产者身上，劳动者身上，榨取这种剩余劳动的形式。"

"因为可变资本的价值等于它所购买的劳动力的价值，因为这个劳动力的价值决定工作日的必要部分，而剩余价值又由工作日的剩余部分决定，所以从这里可以得出结论：剩余价值和可变资本之比等于剩余劳动和必要劳动之比，或者说，剩余价值率$\frac{m}{v} = \frac{剩余劳动}{必要劳动}$。这两个比率把同一种关系表现在不同的形式上：一种是对象化劳动的形式，另一种是流动劳动的形式。"

"因此，剩余价值率是劳动力受资本剥削的程度或工人受资本家剥削的程度的准确表现。"

第二节　产品价值在产品相应部分上的表现

【简释：上一节是对产品的价值 c、v、m 三个部分组成进行分析，考察资本家对雇佣工人的剥削程度。本节是从产品的使用价值的量上分为 c、v、m 三个部分。因为生产过程的总价值表现在总产品上，所以，c、v、m 各个不同的价值要素，也可以表现在产品的相应部分上。一个部分产品的量只代表生产资料中包含的劳动，或不变资本部分。另一个量的产品只代表生产过程中加进的必要劳动，或可变资本部分。最后一个量的产品只代表同一过程中加进的剩余劳动，或剩余价值。这种划分很简单，但又很重要，这一点以后在《资本论》第三卷考察超额利润、部门内部竞争以及级差地租等复杂问题时，将会看到它的重要作用。】

第三节　西尼耳的"最后一小时"

【简释：英国经济学家西尼耳把产品价值在产品相应部分的表现，歪曲为工人是用自己的劳动补偿了生产过程消耗的生产资料价值（c）和劳动力价值（v）之后，才为资本家生产出利润。他认为，工厂主的纯利润是由工作日的最后一小时提供的，因此反对缩短劳动时间。马克思对西尼耳的谬论进行了有力的驳斥，指出事实是：生产过程消耗掉的生产资料价值并没有消失，而是由工人的具体劳动在生产过程中转移和保存到新产品中的，并不需要工人重新创造。而工人的劳动作为抽象劳动的支出创造了新的价值，其中包括补偿劳动力价值的 v 和剩余价值 m。由于转移保存旧价值和创造新价值，是在同一劳动时间内进行的。因此，只有 $\frac{m}{v}$ 才准确表示剩余劳动时间和必要劳动时间二者的比率。按照西尼尔的假定工作日为 11 小时半，那么，必要劳动时间和剩余劳动时间各占 5.75 小时，剩余价值率为 100%。假设其他一切条件相同，即使剩余劳动从 5.75 小时降为 4.75 小时，剩余价值率仍然有 83%。资产阶级经济学家都不懂得劳动的二重性，因而无法理解工人在同一劳动过程，作为具体劳动，它转移和保存旧价值，作为抽象劳动，它创造新的价值。因此，所谓"工厂主的纯利润、英国棉纺织业的存在和英国在世界市场上的地位都决定于'最后一个劳动小时'"，是在理论上和实践上都完全站不住脚的骗人的"神话"。】

第四节　剩余产品

【简释：本节旨在说明，代表剩余价值的那部分产品称为剩余产品。决定剩余产品的水平的，并不是剩余产品同总产品的其余部分的比率，而是剩余产品同代表必要劳动的那部分产品的比率。剩余价值的生产是资本主义生产的决定的目的，因此，资本家心目中的财富，并不是看产品的绝对量多少，而是看其中的剩余产品有多少。剩余价值及其物质形态——剩余产品是由工人的剩余劳动创造的，而工人工作日的劳动时间，是由生产劳动力价值的必要劳动时间，加上生产剩余价值的剩余劳动时间构成的。如果必要劳动时间已定，工作日劳动时间越长，剩余劳动时间生产的剩余产品和剩余价值就越多。所以，下一章专题考察工作日。】

第八章

工作日

第一节　工作日的界限

"工作日不是一个不变量，而是一个可变量。它的一部分固然是由不断再生产工人本身所必需的劳动时间决定的，但是它的总长度随着剩余劳动的长度或持续时间而变化。因此，工作日是可以确定的，但是它本身是不定的。"

"另一方面，工作日虽然不是固定的量，而是流动的量，但是它只能在一定的界限内变动。"它的"最低界限，即工人为维持自身而在一天当中必须从事必要劳动的那部分时间。但是在资本主义生产方式的基础上，必要劳动始终只能是工人的工作日的一部分，因此，工作日决不会缩短到这个最低限度。可是工作日有一个最高界限。它不能延长到超出某个一定的界限。这个最高界限取决于两点。第一是劳动力的身体界限。一个人在一个 24 小时的自然日内只能支出一定量的生命力。""这种力每天必须有一部分时间休息、睡觉，人还必须有一部分时间满足身体的其他需要，如吃饭、盥洗、穿衣等等。除了这种纯粹身体的界限之外，工作日的延长还碰到道德界限。工人必须有时间满足精神需要和社会需要，这些需要的范围和数量由一般的文化状况决定。因此，工作日是在身体界限和社会界限之内变动的。但是这两个界限都有极大的弹性，有极大的变动余地。例如我们看到的有 8 小时、10 小时、12 小时、14 小时、16 小时、18 小时的工作日，也就是有各种各样长度的工作日。"

"资本家按照劳动力的日价值购买了劳动力。劳动力在一个工作日内的使用价值归资本家所有。""作为资本家，他只是人格化的资本。他的灵魂就是资本的灵魂。而资本只有一种生活本能，这就是增殖自身，创造剩余价值，用自己的不变部分即生产资料吮吸尽可能多的剩余劳动。资本是死劳动，它像吸血鬼一样，只有吮吸活劳动才有生命，吮吸的活劳动越多，它的生命就越旺盛。工人劳动的时间就是资本家消费他所购买的劳动力的时间。""资本家是以商品交换规律作根据的。他和任何别的买者一样，力图从他的商品的使用价值中取得尽量多的利益。"

"我们看到，撇开弹性很大的界限不说，商品交换的性质本身没有给工作日规定任何界限，因而没有给剩余劳动规定任何界限。资本家要坚持他作为买者的权利，他尽量延长工作日，如果可能，就把一个工作日变成两个工作日。另一方面，这个已经卖出的商品的独特性质给它的买者规定了一个消费的界限，并且工人也要坚持他作为卖者的权利，他要求把工作日限制在一定的正常量内。于是这里出现了二律背反，权利同权利相对抗，而这两种权利都同样是商品交换规律所承认的。在平等的权利之间，力量就起决定作用。所以，在资本主义生产的历史上，工作日的正常化过程表现为规定工作日界限的斗争，这是全体资本家即资本家阶级和全体工人即工人阶级之间的斗争。"

第二节　对剩余劳动的贪欲。工厂主和领主

"资本并没有发明剩余劳动。凡是社会上一部分人享有生产资料垄断权的地方，劳动者，无论是自由的或不自由的，都必须在维持自身生活所必需的劳动时间以外，追加超额的劳动时间来为生产资料的所有者生产生活资料"。"但是很明显，如果在一个经济的社会形态中占优势的不是产品的交换价值，而是产品的使用价值，剩余劳动就受到或大或小的需求范围的限制，而生产本身的性质就不会造成对剩余劳动的无限制的需求。"此外，"在徭役劳动形式中，剩余劳动和必要劳动截然分开。""资本家对剩余劳动的贪欲表现为渴望无限度地延长工作日，而领主的贪欲则较简单地表现为直接追求徭役的天数。"【马克思在这一节引用英国工厂视察员的报告等资料，考察了英国一些部门竭力延长劳动日的实际情况。】

第三节　在剥削上不受法律限制的英国工业部门

【在这一节中，马克思详细列举英国陶器业、火柴制造业、壁纸工厂、面包业等行业不受法律限制、毫无约束地延长工作日、压榨劳动力的大量事实资料。】

第四节　日工和夜工。换班制度

"从价值增殖过程来看，不变资本即生产资料的存在，只是为了吮吸劳动，并且随着吮吸每一滴劳动吮吸一定比例的剩余劳动。""因此，在一昼夜24小时内都占有劳动，是资本主义生产的内在要求。但是日夜不停地榨取同一劳动力，从身体上说是不可能的，因此，为克服身体上的障碍，就要求白天被吸尽的劳动力和夜里被吸尽的劳动力换班工作。换班有各种办法，例如可以使一部分员工这个星期做日班，下个星期做夜班，等等。"

"昼夜24小时连续不断的生产过程，为打破名义上的工作日界限提供了极大的方便。"【例如，在英国的炼铁厂、锻冶厂、压延厂以及其他金属工厂等】"那些劳动十分繁重的工业部门中，每个工人公认的工作日大多为12小时，无论夜工或日工都是如此"。【在这一节中，马克思详细列举英国官方的报告，说明资本滥用昼夜轮班这种制度，以致把工作日延长到"骇人听闻和令人难以置信""实在可怕"的程度。】

第五节　争取正常工作日的斗争。14世纪中叶至
17世纪末叶关于延长工作日的强制性法律

"资本由于无限度地盲目追逐剩余劳动，像狼一般地贪求剩余劳动，不仅突破了工作日的道德极限，而且突破了工作日的纯粹身体的极限。它侵占人体的成长、发育和维持健康所需要的时间。它掠夺工人呼吸新鲜空气和接触阳光所需要

的时间。它克扣吃饭时间，尽量把吃饭时间并入生产过程本身，因此对待工人就像对待单纯的生产资料那样，给他饭吃，就如同给锅炉加煤、给机器上油一样。"

"资本是不管劳动力的寿命长短的。它唯一关心的是在一个工作日内最大限度地使用劳动力。它靠缩短劳动力的寿命来达到这一目的，正像贪得无厌的农场主靠掠夺土地肥力来提高收获量一样。"

"可见，资本主义生产——实质上就是剩余价值的生产，就是剩余劳动的吮吸——通过延长工作日，不仅使人的劳动力由于被夺去了道德上和身体上正常的发展和活动的条件而处于萎缩状态，而且使劳动力本身未老先衰和过早死亡。它靠缩短工人的寿命，在一定期限内延长工人的生产时间。"

"但是，劳动力的价值包含再生产工人或延续工人阶级所必需的商品的价值。既然资本无限度地追逐自行增殖，必然使工作日延长到违反自然的程度，从而缩短工人的寿命，缩短他们的劳动力发挥作用的时间，那么，已经消费掉的劳动力就必须更加迅速地得到补偿，这样，在劳动力的再生产上就要花更多的费用，正像一台机器磨损得越快，每天要再生产的那一部分机器的价值也就越大。因此，资本为了自身的利益，看来也需要规定一种正常工作日。"

"在每次证券投机中，每个人都知道暴风雨总有一天会到来，但是每个人都希望暴风雨在自己发了大财并把钱藏好以后，落在邻人的头上。我死后哪怕洪水滔天！这就是每个资本家和每个资本家国家的口号。因此，资本是根本不关心工人的健康和寿命的，除非社会迫使它去关心。""不过总的说来，这也不并取决于个别资本家的善意或恶意。自由竞争使资本主义生产的内在规律作为外在的强制规律对每个资本家起作用。"

"正常工作日的规定，是几个世纪以来资本家和工人之间斗争的结果。"【在这一节中，马克思引用记述这段历史的相关资料作了详细论证。】

第六节　争取正常工作日的斗争。对劳动时间的强制的
法律限制。1833—1864 年英国的工厂立法

"资本经历了几个世纪，才使工作日延长到正常的最大极限，然后越过这个

极限，延长到十二小时的自然日的界限。此后，自 18 世纪最后三十多年大工业出现以来，就开始了一个像雪崩一样猛烈的、突破一切界限的冲击。习俗和自然、年龄和性别、昼和夜的界限，统统被摧毁了。"

"被生产的轰隆声震晕了的工人阶级一旦稍稍清醒过来，就开始进行反抗，首先是在大工业的诞生地英国。但是 30 年来，工人所争得的让步完全是有名无实的。从 1802 年到 1833 年，议会颁布了五个劳动法，但是议会非常狡猾，它没有批准一文钱用于强制地实施这些法令，用于维持必要的官员等等。这些法令只是一纸空文。"

"现代工业中的正常工作日，只是从 1833 年颁布了有关棉、毛、麻、丝等工厂的工厂法才出现的。1833 年到 1864 年的英国工厂立法史，比任何东西都更能说明资本精神的特征！"

"1833 年的法令规定，工厂的普通工作日应从早晨 5 点半开始，到晚上 8 点半结束。在这 15 小时的界限内，在白天的任何时间使用少年（从 13 岁到 18 岁）做工都是合法的，但是有一个条件：除某些特别规定的情况外，同一个少年一天之内做工不得超过 12 小时。"

"立法者根本不想触犯资本榨取成年劳动力的自由，即他们所说的‘劳动自由’"。【在这一节中，马克思用很多篇幅详细记述了围绕工作日时间的斗争过程。工厂主】"经过半个世纪的内战才被迫逐步同意在法律上限制和规定工作日"。

第七节　争取正常工作日的斗争。英国工厂立法对其他国家的影响

"不管生产方式本身由于劳动从属于资本而产生了怎样的变化，生产剩余价值或榨取剩余劳动，是资本主义生产的特定的内容和目的。""即使暂不涉及以后的阐述，仅仅根据历史事实的联系，也可以得出如下的结论：

第一，在最早依靠水力、蒸汽和机器而发生革命的工业部门中，即在现代生产方式的最初产物——棉、毛、麻、丝等纺织业中，资本无限度地、放肆地延长工作日的欲望首先得到了满足。物质生产方式的改变和生产者的社会关系的相应

的改变，先是造成了无限度的压榨，后来反而引起了社会的监督，由法律来限制、规定和划一工作日及休息时间。因此，这种监督在19世纪上半叶只是作为例外情况由法律规定的。"后来"立法不得不逐渐去掉它的例外性"。

"第二，某些生产部门中规定工作日的历史以及另一些生产部门中还在继续争取这种规定的斗争，清楚地证明：孤立的工人，'自由'出卖劳动力的工人，在资本主义生产的一定成熟阶段上，是无抵抗地屈服的。因此，正常工作日的确立是资本家阶级和工人阶级之间长期的多少隐蔽的内战的产物。斗争是在现代工业范围内开始的，所以它最先发生在现代工业的发源地英国。"

【马克思在这一章最后一段指出：】"必须承认，我们的工人在走出生产过程时同他进入生产过程时是不一样的。在市场上，他作为'劳动力'这种商品的占有者与其他商品的占有者相对立。""他把自己的劳动力卖给资本家时所缔结的契约，可以说像白纸黑字一样表明了他可以自由支配自己。在成交以后却发现：他不是'自由的当事人'，他自由出卖自己劳动力的时间，是他被迫出卖劳动力的时间；实际上，他'只要还有一块肉、一根筋、一滴血可供榨取'，吸血鬼就决不罢休。为了'抵御'折磨他们的毒蛇，工人必须把他们的头聚在一起，作为一个阶级来强行争得一项国家法律，一个强有力的社会屏障，使自己不致再通过自愿与资本缔结的契约而把自己和后代卖出去送死和受奴役。"

【简释：马克思分析了剩余价值生产的两种基本形式：一种是绝对剩余价值的生产；另一种是相对剩余价值的生产。第三篇的主题是考察绝对剩余价值的生产，因而第八章考察工作日是第三篇的重要内容。工作日是一个可变量，虽然有它的最高界限，但它在一定限度内是流动的量；工作日的长度并不是理论上能够解决得了的，而是一个由工人阶级和资产阶级之间的阶级斗争所决定的实际问题。所以，第八章在第一、二节从理论上进行论述之后，后面的各节都是运用大量的历史和当时的材料进行论证和概括，并以英国作为典型，用很大的篇幅叙述英国工厂立法的历史、内容和结果。因此，第八章不仅在理论上而且对于工人阶级的现实斗争，都有重要意义。】

第九章

剩余价值率和剩余价值量

【决定剩余价值量的三个规律】

"在这一章里，也同前面一样，假定劳动力的价值，从而再生产或维持劳动力所必要的工作日部分，是一个已知的不变的量。"

"在这个前提下，知道剩余价值率，同时也就知道一个工人在一定的时间内为资本家提供的剩余价值量。"

"但是，可变资本是资本家同时使用的全部劳动力的总价值的货币表现。因此，可变资本的价值，等于一个劳动力的平均价值乘以所使用的劳动力的数目。因此，在已知劳动力价值的情况下，可变资本的量与同时雇用的工人人数成正比。""又因为在劳动力价值已定的情况下，一个工人所生产的剩余价值量是由剩余价值率决定的，由此就得出如下第一个规律：所生产的剩余价值量，等于预付的可变资本量乘以剩余价值率"。

"在一定量剩余价值的生产上，一种因素的减少可以由另一种因素的增加来补偿。如果可变资本减少，同时剩余价值率却按同一比例提高，那么所生产的剩余价值量仍然不变。""反过来说，如果剩余价值率降低了，那么，只要可变资本量或雇用的工人人数按比例增加，所生产的剩余价值量就仍然不变。"

"但是，靠提高剩余价值率或延长工作日来补偿工人人数或可变资本量的减少，是有不能超越的界限的。""平均工作日（它天然总是小于 24 小时）的绝对界限，就是可变资本的减少可以由剩余价值率的提高来补偿的绝对界限，或者说，就是受剥削的工人人数的减少可以由劳动力受剥削的程度的提高来补偿的绝对界限。这个非常明白的第二个规律，对于解释资本要尽量减少自己所雇用的工人人数即减少转化为劳动力的可变资本部分的趋势（以后将谈到这种趋势）所产生的许多现象，是十分重要的，而这种趋势是同资本要生产尽可能多的剩余价值量的另一种趋势相矛盾的。反过来说，如果所使用的劳动力数量增加了，或可变资本增加了，但是它的增加和剩余价值率的降低不成比例，那么所生产的剩余价值量就会减少。"

"第三个规律是从所生产的剩余价值量取决于剩余价值率和预付的可变资本量这两个因素而得出来的。如果剩余价值率或劳动力受剥削的程度已定，劳动力价值或必要劳动时间量已定，那么不言而喻，可变资本越大，所生产的价值量和剩余价值量也就越大。"

"这一规律同一切以表面现象为根据的经验显然是矛盾的。每个人都知道，就所使用的总资本两个部分各占的百分比来说，纺纱厂主使用的不变资本较多，可变资本较少，面包房老板使用的可变资本较多，不变资本较少，但前者获得的利润或剩余价值并不因此就比后者少。要解决这个表面上的矛盾，还需要许多中项"。"尽管古典经济学从来没有表述过这一规律，但是它却本能地坚持这一规律，因为这个规律是价值规律本身的必然结果。古典经济学企图用强制的抽象法把这个规律从现象的矛盾中拯救出来。以后我们会看到，李嘉图学派是怎样被这块拦路石绊倒的。'确实什么也没有学到'的庸俗经济学，在这里也像在其他各处一样，抓住了现象的外表来反对现象的规律。"

【货币或商品转化为资本的最低限额】

"从以上对剩余价值生产的考察中可以看出，不是任何一个货币额或价值额都可以转化为资本。相反地，这种转化的前提是单个货币占有者或商品占有者手中有一定的最低限额的货币或交换价值。可变资本的最低限额，就是为取得剩余价值全年逐日使用的一个劳动力的成本价格。如果这个工人自己占有生产资料，并且满足于工人的生活，那么只要有再生产他的生活资料的必要劳动时间，比如说每天八个小时，对他来说就够了。因而他也只需要够八个劳动小时用的生产资料。但是，资本家还要工人除这八小时外再进行比如说四小时剩余劳动，这样，他就需要一个追加的货币额，来购置追加的生产资料。按照我们的假设，他必须使用两个工人，才能靠每天占有的剩余价值来过工人那样的生活，即满足他的必要的需要。在这种情况下，他的生产的目的就只是维持生活，不是增加财富；而在资本主义生产下，增加财富是前提。为了使他的生活只比一个普通工人好一倍，并且把所生产的剩余价值的一半再转化为资本，他就必须把预付资本的最低限额和工人人数都增加为原来的八倍。""中世纪的行会力图用强制的办法防止手工业师傅转化为资本家，限定一个师傅可以雇用的劳动者的人数不得超过一个极小的最高限额。货币或商品的占有者，只有当他在生产上预付的最低限额大大超过了中世纪的最高限额时，才真正变为资本家。在这里，也像在自然科学上一样，证明了黑格尔在他的《逻辑学》中所发现的下列规律的正确性，即单纯的量的变化到一定点时就转变为质的区别。"

"单个的货币占有者或商品占有者要蛹化为资本家而必须握有的最低限度价值额，在资本主义生产的不同发展阶段上是不同的，而在一定的发展阶段上，在不同的生产部门内，也由于它们的特殊的技术条件而各不相同。"

【资本榨取剩余价值的特征】

"在生产过程中，资本发展成为对劳动，即对发挥作用的劳动力或工人本身的指挥权。人格化的资本即资本家，监督工人有规则地并以应有的强度工作。

其次，资本发展成为一种强制关系，迫使工人阶级超出自身生活需要的狭隘范围而从事更多的劳动。作为他人辛勤劳动的制造者，作为剩余劳动的榨取者和劳动力的剥削者，资本在精力、贪婪和效率方面，远远超过了以往一切以直接强制劳动为基础的生产制度。"

"只要我们从价值增殖过程的观点来考察生产过程，""生产资料立即转化为吮吸他人劳动的手段。不再是工人使用生产资料，而是生产资料使用工人了。""货币单纯地转化为生产过程的物质要素，转化为生产资料，就使生产资料转化为占有他人劳动和剩余劳动的合法权和强制权。"【这就是说，生产过程人的因素和物的因素的关系的这种颠倒，是资本主义生产方式所固有的，并成为它的显著特征。资产阶级学者认为生产工具就是资本，把资本当作一个永恒的范畴，这是完全错误的。生产工具只是在一定的历史条件下成为资本，资本本身是一个历史的范畴。】

【简释：第九章是对第三篇考察绝对剩余价值生产的一个总结，因为考察绝对剩余价值的生产，一个重要的问题就是考察资本家获取剩余价值的数量。资本家只有从他所雇佣的工人身上剥削的剩余价值达到一定的数量，他的货币才能转化为资本，他也才能成为资本家。马克思在本章提出了决定剩余价值量的三个规律。

第一个规律是：已知劳动力的价值，一个工人所生产的剩余价值量等于预付的可变资本量乘以剩余价值率。第一个规律是基本的规律，后面的第二个、第三个规律，是由第一个规律派生的。

第二个规律是：平均工作日的绝对界限就是可变资本和受剥削工人人数的减少可以由剩余价值率的提高来补偿的绝对界限。资本家一方面要尽量减少预付可变资本；另一方面又要生产尽可能多的剩余价值量，这两种趋势是互相矛盾的。第二个规律对于解释上述互相矛盾的两种趋势所产生的许多现象，是十分重要的。

第三个规律是：在剩余价值率和劳动力价值已定的情况下，所生产的剩余价值量同预付的可变资本量成正比。可变资本越大，所生产的剩余价值量也就越大。这一规律同资本主义现实中等量资本大致获得等量利润的现象显然是矛盾的。这个矛盾是马克思在《资本论》第三卷论述剩余价值向利润转化和竞争形成平均利润率的理论解决的。】

第 四 篇
相对剩余价值的生产

【本篇的主题是考察相对剩余价值的生产。上一篇考察绝对剩余价值生产时，出发点是假定劳动力价值不变，从而撇开了技术进步、劳动生产率提高对必要劳动时间的影响。相反地，本篇考察相对剩余价值的生产，出发点是工作日劳动时间不变，而劳动力价值（即必要劳动时间）是可变的量。因此，本篇研究的是在资本主义生产方式下，相对剩余价值的生产是怎样在技术进步和提高劳动生产率的条件下实现的。

上一篇已经考察了表现资本主义生产关系的基本范畴：资本、剩余价值、必要劳动时间和剩余劳动时间、剩余价值量和剩余价值率等。生产关系是生产力发展的形式，但是，资本主义生产关系和生产力发展的相互关系，在上一篇并没有展开研究。只是假定剩余价值生产是以相当发展的生产技术和一定的劳动生产率为基础和前提的。以延长工作日的方法生产绝对剩余价值，是同资本主义生产方式早期阶段相适应的。而同生产技术的变革紧密结合的相对剩余价值的生产，才真正表现出资本主义生产方式的特征。资本主义生产方式造成了比以往一切社会都更宏伟强大的社会生产力，同时也使工人从资本主义早期在形式上隶属于资本，转变到实质上隶属于资本。资本主义生产关系和其他社会经济形态的生产关系一样，既是生产力发展的结果，为生产力发展所决定，又对生产力发展产生重大影响。本篇对资本主义制度下生产力的发展及其同生产关系的相互辩证关系进行了深入的研究。

本篇研究的特点是理论逻辑分析和历史过程叙述紧密结合，相互交替。第十章从理论上说明相对剩余价值的概念，以及资本家获取日益增多的相对剩余价值的途径。第十一、十二、十三章分别考察了资本主义生产方式下提高社会劳动生产力的三种基本历史形式，同时也是相对剩余价值生产的三个历史发展阶段——协作、分工和工场手工业、机器和大工业。这三个历史阶段，既是社会劳动过程和生产力发展的三个阶段，又是价值增殖过程和资本主义生产关系发展的三个阶段。这三章是前一篇研究的绝对剩余价值生产中劳动过程和价值增值过程之间矛盾的进一步具体化，即表现为社会化劳动过程和价值增殖过程私人占有之间矛盾的扩大。马克思在这三章中运用唯物主义和辩证法深刻分析了资本主义生产方式的两个方面：一方面是劳动者和劳动资料相结合的劳动过程，即社会生产力的变化和发展过程；另一方面是劳动过程的资本主义性质，即表现为相对剩余价值生产过程的生产关系，以及生产力和生产关系这两个方面对立统一的矛盾运动。这三章既不是脱离生产关系孤立地研究生产力，也不是脱离生产力孤立地研究生产关系。马克思对资本主义生产方式本身正是从简单协作开始到以机器大工业结束，具体地一步一步加以考察的。其中贯穿一条主线，就是生产力变化发展和生产关系相应地变化发展。两个方面对立统一、纵横交织，构成了一幅资本主义生产方式发生和发展的全景式画卷。剩余价值生产的理论，同时也就是资本主义生产方式发生和发展的理论。这三章是马克思运用唯物辩证法从理论和历史相结合、生产力和生产关系相统一的高度进行理论阐述与分析的典范。】

第十章

相对剩余价值的概念

【降低劳动力价值可以相应的增加剩余劳动时间】

【相对剩余价值和绝对剩余价值一样，都是剩余价值，在性质上并无区别，不同的只是剩余价值生产的方法不同。工人的劳动时间分为必要劳动时间和剩余劳动时间。】"在工作日长度已定的情况下，剩余劳动的延长必然是由于必要劳动时间的缩短。"为此，"必须变革劳动过程的技术条件和社会条件，从而变革生产方式本身，以提高劳动生产力，通过提高劳动生产力来降低劳动力的价值，从而缩短再生产劳动力价值所必要的工作日部分。"

"我把通过延长工作日而生产的剩余价值，叫做绝对剩余价值；相反，我把通过缩短必要劳动时间，相应地改变工作日的两个组成部分的量的比例而生产的剩余价值，叫做相对剩余价值。"

"要使劳动力的价值降低，生产力的提高必须扩展到这样一些产业部门，这些部门的产品决定劳动力的价值，就是说，它们或者属于日常生活资料的范围，或者能够代替这些生活资料。但是，商品的价值不仅取决于使商品取得最终形式的那种劳动的量，而且还取决于该商品的生产资料所包含的劳动量。""因此，那些为生产必要生活资料提供不变资本物质要素（劳动资料和劳动材料）的产业部门中生产力的提高，以及它们的商品相应的便宜，也会降低劳动力的价值。"

"变得便宜的商品当然只是相应地，即只是按照该商品在劳动力的再生产中所占的比例，降低劳动力的价值。""但是必要生活资料的总和是由各种商品、各个特殊生产部门的产品构成的，每一种这样的商品的价值总是劳动力价值的一个组成部分。劳动力价值随着它的再生产所必要的劳动时间的缩短而降低，这种必要劳动时间的全部缩短等于所有这些特殊生产部门中这种劳动时间缩短的总和。""当一个资本家提高劳动生产力来使例如衬衫便宜的时候，他决不是必然抱有相应地降低劳动力价值，从而减少必要劳动时间的目的；但是，只要他最终促成这个结果，他也就促成一般剩余价值率的提高。必须把资本的一般的、必然的趋势同这种趋势的表现形式区别开来。"

"这里不考察资本主义生产的内在规律怎样表现为资本的外部运动，怎样作为竞争的强制规律发生作用，从而怎样成为单个资本家意识中的动机。然而有一点一开始就很清楚：只有了解了资本的内在本性，才能对竞争进行科学的分析，正像只有认识了天体的实际的、但又直接感觉不到的运动的人，才能了解天体的表面上的运动一样。但是，为了理解相对剩余价值的生产，只根据已经得出的结果，要作如下的说明。"

【追求超额剩余价值的动机及其作用】

【单个资本家提高劳动生产力的直接目的和动机是获得超额剩余价值。这是因为】"商品的现实价值不是它的个别价值，而是它的社会价值，就是说，它的现实价值不是用生产者在个别场合生产它所实际花费的劳动时间来计量，而是用生产它所必需的社会劳动时间来计量。因此，如果采用新方法的资本家按 1 先令这个社会价值出售自己的商品，那么他的商品就是超出它的个别价值 3 便士出售，这样，他就实现了 3 便士的超额剩余价值。""对于资本家来说，剩余价值总会这样提高，不管他的商品是不是属于必要生活资料的范围，是不是参加劳动力的一般价值的决定。因此……每个资本家都抱有提高劳动生产力来使商品便宜的动机。"

"生产力特别高的劳动起了自乘的劳动的作用，或者说，在同样的时间内，它所创造的价值比同种社会平均劳动要多。""采用改良的生产方式的资本家，比同行业的其余资本家在一个工作日中占有更大的部分作为剩余劳动。他个别地所做的，就是资本全体在生产相对剩余价值的场合所做的。但是另一方面，当新的生产方式被普遍采用，因而比较便宜地生产出来的商品的个别价值和它的社会价值之间的差额消失的时候，这个超额剩余价值也就消失。价值由劳动时间决定这同一规律，既会使采用新方法的资本家感觉到，他必须低于商品的社会价值来出售自己的商品，又会作为竞争的强制规律，迫使他的竞争者也采用新的生产方式。因此，只有当劳动生产力的提高扩展到同生产必要生活资料有关的生产部门，以致使属于必要生活资料范围，从而构成劳动力价值要素的商品变得便宜时，一般剩余价值率才会最终受到这一整个过程的影响。"

【相对剩余价值生产表现出资本主义生产的目的和特征】

"商品的价值与劳动生产力成反比。劳动力的价值也是这样，因为它是由商品价值决定的。相反，相对剩余价值与劳动生产力成正比。它随着生产力的提高而提高，随着生产力降低而降低。""因此，提高劳动生产力来使商品便宜，并通过商品便宜来使工人本身便宜，是资本的内在的冲动和经常的趋势。"

"商品的绝对价值本身，是生产商品的资本家所不关心的。他关心的只是商品所包含的、在出售时实现的剩余价值。剩余价值的实现自然就包含着预付价值的补偿。因为相对剩余价值的增加和劳动生产力的发展成正比，而商品价值的降低和劳动生产力的发展成反比，也就是说，因为同一过程使商品便宜，并使商品中包含的剩余价值提高，所以这就解开了一个谜：为什么只是关心生产交换价值的资本家，总是力求降低商品的交换价值；这也是政治经济学的奠基人之一魁奈用来为难他的论敌、而后者至今还没有回答的那个矛盾。"

"可见，在资本主义生产条件下，通过发展劳动生产力来节约劳动，目的决不是为了缩短工作日。它的目的只是为了缩短生产一定量商品所必要的劳动时间。工人在他的劳动的生产力提高时，一小时内例如会生产出等于过去 10 倍的商品，从而每件商品需要的劳动时间只是过去的 1/10，这决不能阻止他仍旧得劳动 12 小时，并且在 12 小时内生产 1200 件商品，而不是以前的 120 件商品。""在资本主义生产中，发展劳动生产力的目的，是为了缩短工人必须为自己劳动的工作日部分，以此来延长工人能够无偿地为资本家劳动的工作日的另一部分。"

第十一章

协　作

【协作是资本主义生产的起点】

"资本主义生产实际上是在同一个资本同时雇用人数较多的工人，因而劳动过程扩大了自己的规模并提供了较大量的产品的时候才开始的。人数较多的工人在同一时间、同一空间（或者说同一劳动场所），为了生产同种商品，在同一资本家的指挥下工作，这在历史上和概念上都是资本主义生产的起点。就生产方式本身来说，例如，初期的工场手工业，除了同一资本同时雇用的工人人数较多而外，和行会手工业几乎没有什么区别。行会师傅的作坊只是扩大了而已。"

"在价值生产上，多数始终只是许多个数的总和。因此对于价值生产来说，1200 个工人无论是单独进行生产，还是在同一资本指挥下联合起来进行生产，都不会引起任何差别。"

【协作劳动的优越性】

【（1）协作使个人劳动具有社会平均劳动的性质】

"不过，在一定限度内还是会发生变化。对象化为价值的劳动，是社会平均性质的劳动，也就是平均劳动力的表现。但是平均量始终只是同种的许多不同的个别量的平均数而存在的。""无论如何，明显的是，同时雇用的人数较多的工人的总工作日除以工人人数，本身就是一天的社会平均劳动。""每个工人的工作日都总是总工作日的一个相应部分。""因此对单个生产者来说，只有当他作为资本家进行生产，同时使用许多工人，从而一开始就推动社会平均劳动的时候，价值增殖规律才会完全实现。"

【（2）协作由于共同使用生产资料而达到节约】

"即使劳动方式不变，同时使用人数较多的工人，也会在劳动过程的物质条件上引起革命。""一部分生产资料，现在是在劳动过程中共同消费的。""大量积聚的并且共同使用的生产资料的价值，一般地说，不会和这些生产资料的规模及其效果成比例地增加。共同使用的生产资料转移到单个产品上去的价值组成部分所以较小，部分是因为这些生产资料转移的总价值要同时分配在较大量的产品上，部分是因为这些生产资料加入生产过程的价值同分散的生产资料相比，绝对地说虽然较大，但从它们作用范围来看，相对地说却较小。因此，不变资本的价值组成部分降低了，而随着这部分价值的量的减少，商品的总价值也降低了。""生产资料使用方面的这种节约，只是由于许多人在劳动过程中共同消费它们。"这种生产资料"取得了社会劳动的条件或劳动的社会条件这种性质"。

【（3）协作创造了一种集体力的生产力】

"许多人在同一生产过程中，或在不同的但互相联系的生产过程中，有计划地一起协同劳动，这种劳动形式叫做协作。"

"单个劳动者的力量的机械总和，与许多人手同时共同完成同一不可分割的操作（例如举起重物、转绞车、消除道路上的障碍物等）所发挥的社会力量有本质的差别。在这里，结合劳动的效果要么是单个人劳动根本不可能达到的，要么只能在长得多的时间内，或者只能在很小的规模上达到。这里的问题不仅是通过协作提高了个人生产力，而且是创造了一种生产力，这种生产力本身必然是集体力。"

"且不说由于许多力量融合为一个总的力量而产生的新力量。在大多数生产劳动中，单是社会接触就会引起竞争心和特有的精力振奋，从而提高每个人的个人工作效率。""这是因为人即使不像亚里士多德所说的那样，天生是政治动物，无论如何也天生是社会动物。"

【（4）协作使许多人的同种作业具有连续性和多面性】

"尽管许多人同时协同完成同一或同种工作，但是每个人的个人劳动，作为总劳动的一部分，仍可以代表劳动过程本身的不同阶段。由于协作，劳动对象可以更快地通过这些阶段。"另一方面，"可以在空间上从多方面对劳动对象进行加工，因为结合劳动者或总体劳动者前前后后都有眼睛和手，在一定程度上是全能的。"这样，可以使"产品的不同的空间部分同时成长"。

【（5）协作扩大劳动的空间范围】

"一方面，协作可以扩大劳动的空间范围，因此，某些劳动过程由于劳动对象空间上的联系就需要协作；例如排水、筑堤、灌溉、开凿运河、修筑道路、铺设铁路等等。另一方面，协作可以与生产规模相比相对地在空间上缩小生产领域。在劳动的作用范围扩大的同时劳动空间范围的这种缩小，会节约非生产费用（faux frais），这种缩小是由劳动者的集结、不同劳动过程的靠拢和生产资料的积聚造成的。"

【（6）协作的优越性集中表现在提高劳动生产力】

"和同样数量的单干的个人工作日的总和比较起来，结合工作日可以生产更多的使用价值，因而可以减少生产一定效用所必要的劳动时间。不论在一定的情况下结合工作日怎样达到生产力的这种提高：是由于提高劳动的机械力，是由于扩大这种力量在空间上的作用范围，是由于与生产规模相比相对地在空间上缩小生产场所，是由于在紧急时期短时间内动用大量劳动，是由于激发个人的竞争心和振奋他们的精力，是由于使许多人的同种作业具有连续性和多面性，是由于同时进行不同的操作，是由于共同使用生产资料而达到节约，是由于使个人劳动具有社会平均劳动的性质，在所有这些情形下，结合工作日的特殊生产力都是社会的劳动生产力或社会劳动的生产力。这种生产力是由协作本身产生的。劳动者在有计划地同别人共同工作中，摆脱了他的个人局限，并发挥出他的种属能力。"

"协作工人的人数或协作的规模，首先取决于单个资本家能支付多大资本量来购买劳动力，也就是取决于每一个资本家在多大规模上拥有供许多工人用的生活资料。"

"因此，较大量的生产资料积聚在单个资本家手中，是雇佣工人进行协作的物质条件，而且协作的范围或生产的规模取决于这种积聚的程度。"

【资本主义生产管理的二重性质】

"一切规模较大的直接社会劳动或共同劳动，都或多或少地需要指挥，以协调个人的活动，并执行生产总体的运动——不同于这一总体的独立器官的运动——所产生的各种一般职能。一个单独的提琴手是自己指挥自己，一个乐队就需要一个乐队指挥。一旦从属于资本的劳动成为协作劳动，这种管理、监督和调节的职能就成为资本的职能。这种管理的职能作为资本的特殊职能取得了特殊的性质。"

"首先，资本主义生产过程的动机和决定目的，是资本尽可能多地自行增殖，也就是尽可能多地生产剩余价值，因而也就是资本家尽可能多地剥削劳动力。随着同时雇用的工人人数的增加，他们的反抗也加剧了，因此资本为压制这种反抗所施加的压力也必然增加。资本家的管理不仅是一种由社会劳动过程的性质产生并属于社会劳动过程的特殊职能，它同时也是剥削一种社会劳动过程的职能。""其次，雇佣工人的协作只是资本同时使用他们的结果。""他们的劳动的联系，在观念上作为资本家的计划，在实践中作为资本家的权威，作为他人意志——他们的活动必须服从这个意志的目的——的权力，而和他们相对立。"

"因此，如果说资本主义的管理就其内容来说是二重的，——因为它所管理的生产过程本身具有二重性：一方面是制造产品的社会劳动过程，另一方面是资本的价值增殖过程，——那么，资本主义的管理就其形式来说是专制的。随着大规模协作的发展，这种专制也发展了自己特有的形式。正如起初当资本家的资本一达到开始真正的资本主义生产所需要的最低限额时，他便摆脱体力劳动一样，现在他把直接和经常监督单个工人和工人小组的职能交给了特种的雇佣工人。正如军队需要军官和军士一样，在同一资本指挥下共同工作的大量工人也需要工业上的军官（经理）和军士（监工），在劳动过程中以资本的名义进行指挥。监督工作固定为他们的专职。"

【协作劳动创造的生产力表现为资本的生产力】

"正如协作发挥的劳动的社会生产力表现为资本的生产力一样，协作本身表现为同单个的独立劳动者或小业主的生产过程相对立的资本主义生产过程的特有形式。这是实际的劳动过程由于从属于资本而经受的第一个变化。这种变化是自然发生的。这一变化的前提，即在同一个劳动过程中同时雇用人数较多的雇佣工人，构成资本主义生产的起点。这个起点是和资本本身的存在结合在一起的。因此，一方面，资本主义生产方式表现为劳动过程转化为社会过程的历史必然性，另一方面，劳动过程的这种社会形式表现为资本通过提高劳动过程的生产力来更有利地剥削劳动过程的一种方法。"

"上面所考察的简单形态的协作，是同规模较大的生产结合在一起的，但是并不构成资本主义生产方式的一个特殊发展时代的固定的具有特征的形式。""简单协作在那些大规模运用资本而分工或机器还不起重大作用的生产部门，始终是占统治的形式。"

"虽然协作的简单形态本身表现为同它的更发展的形式并存的特殊形式，协作仍然是资本主义生产方式的基本形式。"

【简释：在第十一章、十二、十三章中，马克思以一种全新的方式，即用唯物主义的方法考察了资本主义生产方式的发展过程。第十一章《协作》，研究了资本主义生产方式基本矛盾的两个方面：一方面是提高劳动生产力的劳动协作化过程；另一方面是相对剩余价值的生产过程。马克思论述了协作劳动的优越性集中表现在它提高了劳动生产力，这包括：协作使个人劳动具有社会平均劳动的性质；协作由于共同使用生产资料而达到节约；协作创造了一种集体的生产力；协作使许多人的同种作业具有连续性和多面性；协作扩大了劳动的空间范围等。上述各点取决于各有关劳动要素的性质本身和劳动过程本身（即与劳动过程的社会形态无关）。另一方面，由协作而发展的社会生产力表现为资本的生产力，协作也表现为资本主义生产的特殊形态。】

第十二章

分工和工场手工业

【前一章考察了资本主义的简单协作，本章考察的是以分工为基础的协作。资本主义的工场手工业，就是以分工为基础的协作的典型形态。资本主义的工场手工业居于统治地位的时期，大约从十六世纪中叶到十八世纪末叶。马克思对分工和工场手工业的考察和对协作的考察一样，从工场手工业的劳动过程和它的资本主义性质这两个方面进行研究。先是从工场手工业提高劳动生产率，从而增加劳动产品的方面研究，然后考察劳动生产率的提高怎样表现为剩余价值的增加。工场手工业的组织和技术特点，使它一方面是劳动过程的特殊组织形式，另一方面成为生产相对剩余价值的特殊方法，使工人在技术上进一步受资本束缚。工场手工业既在劳动社会化方面前进了一大步，又使劳动社会化与它的资本主义形式之间的矛盾进一步加深和发展。】

第一节　工场手工业的二重起源

【工场手工业产生的两种方式】

"工场手工业是以两种方式产生的。"

"一种方式是：不同种的独立手工业的工人在同一个资本家的指挥下联合在一个工场里，产品必须经过这些工人之手才能最后制成。例如，马车过去是很多独立手业者……劳动的总产品。马车工场手工业把所有这些不同的手工业者联合在一个工场内，他们在那里同时协力地进行劳动。"

"工场手工业也以相反的方式产生。许多从事同一个或同一类工作（例如造纸、铸字或制针）的手工业者，同时在同一个工场里为同一个资本所雇用。这是最简单形式的协作。每个这样的手工业者（可能带一两个帮工）都制造整个商品，因而顺序地完成制造这一商品所需的各种操作。他仍然按照原有的手工业方式进行劳动。但是外部情况很快促使人们按照另一种方式来利用集中在同一个场所的工人和他们同时进行的劳动。例如，必须在一定期限内提供大量完成的商品这种情况，就是如此。于是劳动有了分工。各种操作不再由同一个手工业者按照时间的先后顺序完成，而是分离开来，孤立起来，在空间上并列在一起，每一种操作分配给一个手工业者，全部操作由协作者同时进行。这种偶然的分工一再重复，显示出它特有的优越性，并渐渐地固定为系统的分工。商品从一个要完成许多操作的独立手工业者的个人产品，转化为不断地只完成同一种局部操作的各个手工业者的联合体的社会产品。"

"可见，工场手工业的产生方式，它由手工业形成的方式，是二重的。""一方面工场手工业在生产过程中引进了分工，或者进一步发展了分工，另一方面它又把过去分开的手工业结合在一起。但是不管它的特殊的出发点如何，它的最终形态总是一样的：一个以人为器官的生产机构。"

【工场手工业分工的特点】

"为了正确地理解工场手工业的分工，重要的是把握住下列各点。首先，在这里生产过程分解为各个特殊阶段是同手工业活动分成各种不同的局部操作完全一致的。不管操作是复杂还是简单，它仍然是手工业性质的，因而仍然取决于每个工人使用工具时的力量、熟练、速度和准确。手工业仍旧是基础。这种狭隘的技术基础使生产过程得不到真正科学的分解，因为产品所经过的每一个局部过程都必须能够作为局部的手工业劳动来完成。正因为手工业的熟练仍旧是生产过程的基础，所以每一个工人都只适合于从事一种局部职能，他的劳动力就转化为终身从事这种局部职能的器官。最后，这种分工是特殊种类的协作，它的许多优越性都是由协作的一般性质产生的，而不是由协作的这种特殊形式产生的。"

第二节　局部工人及其工具

【本节考察局部工人及其工具专门化对提高劳动生产率的作用】

"如果我们进行更仔细的考察，那么首先就可以清楚地看到，终生从事同一种简单操作的工人，把自己的整个身体转化为这种操作的自动的片面的器官，因而他花费在这一操作上的时间，比顺序地进行整个系列的操作的手工业者要少。但是，构成工场手工业活机构的结合总体工人，完全是由这些片面的局部工人组成的。因此，与独立的手工业比较，在较短时间内能生产出较多的东西，或者说，劳动生产力提高了。在局部劳动独立化为一个人的专门的职能之后，局部劳动的方法也就完善起来。"

"工场手工业在工场内部把社会上现存的各种手工业的自然形成的分立再生产出来，并系统地把它发展到极端，从而在实际上生产出局部工人的技艺。另一方面，工场手工业把局部劳动转化为一个人的终生职业，符合以前社会的如下倾向：使手工业变成世袭职业"。

"劳动生产率不仅取决于劳动者的技艺，而且也取决于他的工具的完善程度。""工场手工业时期通过劳动工具适合于局部工人的专门的特殊职能，使劳动工具简化、改进和多样化。这样，工场手工业时期也就同时创造了机器的物质条件之一，因为机器就是由许多简单工具会结合而成的。"

"局部工人及其工具构成工场手工业的简单要素。现在我们来考察工场手工业的全貌。"

第三节 工场手工业的两种基本形式——混成的工场手工业和有机的工场手工业

【工场手工业的两种基本形式】

"工场手工业的组织有两种基本形式。这两种形式虽然有时交错在一起，但仍然是两个本质上不同的类别，而且特别在工场手工业后来转化为使用机器大工业时，起着完全不同的作用。这种二重性起源于制品本身的性质。制品或者是由各个独立的局部产品纯粹机械地装配而成，或者是依次经过一系列互相关联的过程和操作而取得完成的形态。"【前者如制造钟表、马车等混成的工场手工业。后者如制针、烧砖、缝衣服、制作面包等有机的工场手工业。】

【有机的工场手工业的特点】

"第二类工场手工业，是工场手工业的完成形式，它生产的制品要经过相互联系的发展阶段，要顺序地经过一系列的阶段过程"。

"由于这种工场手工业把原来分散的手工业结合在一起，它就缩短了制品的各个特殊生产阶段之间的空间距离。制品从一个阶段转移到另一阶段所需要的时间减少了，同样，用在这种转移上的劳动也减少了。这样，同手工业相比，劳动生产力提高了。这种提高是由工场手工业的一般协作性质产生的。另一方面，工场手工业特有的分工原则，使不同的生产阶段孤立起来，""同一个工人固定在同一局部工作上"。

"因为每个局部工人的局部产品同时只是同一制品的特殊的发展阶段，所以，一个工人是给另一个工人，或一组工人是给另一组工人提供原料。一个工人的劳动结果，成了另一个工人劳动的起点。""很明显，各种劳动因而各个工人之间的这种直接的互相依赖，迫使每个工人在自己的职能上只使用必要的时间"。"在工场手工业中，在一定劳动时间内提供一定量的产品，成了生产过程本身的技术规律。"

"因此，工场手工业的分工不仅使社会总体工人的不同质的器官简单化和多样化，而且也为这些器官的数量大小，即为从事每种专门职能的工人小组的相对人数或相对量，创立了数学上固定的比例。工场手工业的分工在发展社会劳动过程的质的组成的同时，也发展了它的量的规则和比例性。"

【劳动力的等级制度】

"工场手工业时期所特有的机器始终是由许多局部工人结合成的总体工人本身。一种商品的生产者顺序地完成的、在其全部劳动过程中交织在一起的各种操作，向商品生产者提出各种不同的要求。""在各种操作分离、独立和孤立之后，工人就按照他们的特长分开、分类和分组。如果说工人的天赋特性是分工赖以生长的基础，那么工场手工业一经建立，就会使生来只适宜于从事片面的特殊职能的劳动力发展起来。""局部工人作为总体工人的一个肢体，他的片面性甚至缺陷就成了他的优点。从事片面职能的习惯，使他转化为本能地准确地起作用的器官，而总机构的联系迫使他以机器部件的规则性发生作用。"

"因为总体工人的各种职能有的比较简单，有的比较复杂，有的比较低级，有的比较高级，所以他的器官，即各个劳动力，需要极不相同的教育程度，从而具有极不相同的价值。因此，工场手工业发展了一种劳动力的等级制度，与此相适应的是一种工资的等级制度。"

"与等级制度的阶梯相并列，工人简单地分为熟练工人和非熟练工人。对后者说来完全不需要学习费用，而对前者说来，由于职能的简化，学习费用比手工业者要低。在这两种场合，劳动力的价值都降低了。""由学习费用的消失或减少所引起的劳动力的相对贬值，直接包含着资本的更大的增殖，因为凡是缩短劳动力再生产所必要的时间的事情，都会扩大剩余劳动的领域。"

第四节　工场手工业内部的分工和
社会内部的分工

【前三节先后考察了工场手工业的起源，它的简单要素即局部工人及其工具，它的基本形式，本节考察的是工场手工业内部的分工和社会内部分工之间的关系。】

【社会分工的两个发展起点】

"单就劳动来说，可以把社会生产分为农业、工业等大类，叫做一般的分工；把这些生产大类分为种和亚种，叫做特殊的分工；把工场内部的分工，叫做个别的分工。"

"社会内部的分工以及个人被相应地限制在特殊职业范围内的现象，同工场手工业内部的分工一样，是从相反的两个起点发展起来的。在家庭内部，随后在氏族内部，由于性别和年龄的差别，也就是在纯生理的基础上产生了一种自然的分工。""另一方面，我在前面已经谈到，产品交换是在不同的家庭、氏族、共同体互相接触的地方产生的，""不同的共同体在各自的自然环境中，找到不同的生产资料和不同的生活资料。因此，它们的生产方式、生活方式和产品，也就各不相同。这种自然的差别，在共同体互相接触时引起了产品的互相交换，从而使这些产品逐渐转化为商品。交换没有造成生产领域之间的差别，而是使不同的生产领域发生关系，从而使它们转化为社会总生产的多少互相依赖的部门。在这里，社会分工是由原来不同而又互不依赖的生产领域之间的交换产生的。而在那里，在以生理分工为起点的地方，直接互相联系的整体的各个特殊器官互相分开和分离，——这个分离过程的主要推动力是同其他共同体交换商品，——并且独立起来，以致不同的劳动的联系是以产品作为商品的交换为中介的。在一种场合，原来独立的东西丧失了独立，在另一种场合，原来非独立的东西获得了独立。"

"一切发达的、以商品交换为中介的分工的基础，都是城乡的分离。可以说，社会的全部经济史，都概括为这种对立的运动。"

【工场内部分工和社会分工的相互关系】

"因为商品生产和商品流通是资本主义生产方式的一般前提，所以工场手工业的分工要求社会内部的分工已经达到一定的发展程度。相反地，工场手工业分工又会发生反作用，发展并增加社会分工。随着劳动工具的分化，生产这些工具的行业也日益分化。""一旦工场手工业的生产扩展到某种商品的一个特殊的生产阶段，该商品的各个生产阶段就转化为各种独立的行业。"

【社会分工和工场内部分工的区别】

"社会内部的分工和工场内部的分工，尽管有许多相似点和联系，但二者不仅有程度上的差别，而且有本质的区别。"

【（1）社会分工使不同生产部门独立的劳动发生联系的，】"是他们各自的产品都是作为商品而存在。反过来，工场手工业分工的特点是什么呢？那就是局部工人不生产商品。转化为商品的只是局部工人的共同产品。社会内部的分工以不同劳动部门的产品的买卖为中介；工场手工业内部各局部劳动之间的联系，以不同的劳动力出卖给同一个资本家，而这个资本家把它们作为一个结合劳动力来使用为中介。"

（2）"工场手工业分工以生产资料集中在一个资本家手中为前提；社会分工则以生产资料分散在许多互不依赖的商品生产者中间为前提。"

（3）"在工场手工业中，保持比例数或比例的铁的规律使一定数量的工人从事一定的职能；而在商品生产者及其生产资料在社会不同劳动部门中的分配上，偶然性和任意性发挥着自己的杂乱无章的作用。诚然，不同的生产领域经常力求保持平衡，一方面因为，每一个商品生产者都必须生产一种使用价值，即必须满足一种特殊的社会需要，而这种需要的范围在量上是不同的，一种内在联系把各种不同的需要量联结成一个自然的体系；另一方面因为，商品的价值规律决定社会在它所支配的全部劳动时间中能够用多少时间去生产每一种特殊商品。但是不同生产领域的这种保持平衡的经常趋势，只不过是对这种平衡经常遭到破坏的一种反作用。在工场内部的分工中预先地、有计划地起作用的规则，在社会内部的分工中只是在事后作为一种内在的、无声的自然必然性起着作用，这种自然必然性只能在市场价格的晴雨表式的变动中觉察出来，并克服着商品生产者的无规则的任意行动。"

（4）"工场手工业分工的前提是资本家对于只是作为他所拥有的总机构的各个肢体的人们享有绝对的权威；社会分工则使独立的商品生产者互相对立，他们不承认任何别的权威，只承认竞争的权威，只承认他们互相利益的压力加在他们身上的强制"。

"在资本主义生产方式的社会中，社会分工的无政府状态和工场手工业分工的专制是互相制约的，相反地，在职业的分离自然地发展起来、随后固定下来、最后由法律加以巩固的早期社会形式中，一方面，呈现出一幅有计划和有权威地组织社会劳动的图画，另一方面，工场内部的分工还完全受到排斥，或者只是在很狭小的范围内，或者只是间或和偶然地得到发展。"

"整个社会内的分工，不论是否以商品交换为中介，是各种经济的社会形态所共有的，而工场手工业分工却完全是资本主义生产方式的独特创造。"

第五节　工场手工业的资本主义性质

【资本主义的生产过程，是劳动过程和价值增殖过程的统一。本章前几节着重考察工场手工业的分工给劳动过程带来的变化。第五节则着重考察工场手工业具有的资本主义性质，即它具有的价值和剩余价值生产的特殊性质。

本节着重论述工场手工业一方面给资本家带来利益；另一方面给工人造成损害，而前者正是建立在后者基础上的。同时说明，工场手工业的局限性和狭隘性，它在本身的发展中遇到不可克服的障碍，因而在生产力的进一步发展中，必然为机器大工业所代替。】

【工场手工业使单个资本的最低限额越来越高】

"人数较多的工人受同一资本指挥，既是一般协作的自然起点，也是工场手工业的自然起点。反过来，工场手工的分工又使所使用的工人人数的增加成为技术上的必要。现在，单个资本家所必须使用的最低限额的工人人数，要由现有的分工来规定。另一方面，要得到进一步分工的利益，就必须进一步增加工人人数，而且只能按倍数来增加。但是随着资本的可变组成部分的增加，资本的不变组成部分也必须增加"。"因此，单个资本家手中的资本最低限额越来越增大，或者说，社会的生活资料和生产资料越来越多地转化为资本，这是由工场手工业的技术性质产生的一个规律。"

【工场手工业使工人成为局部劳动的工具】

"在工场手工业中，也和在简单协作中一样，""由各种劳动的结合所产生的生产力也就表现为资本的生产力。真正的工场手工业不仅使以前独立的工人服从资本的指挥和纪律，而且还在工人自己中间造成了等级的划分。简单协作大体上没有改变个人的劳动方式，而工场手工业却使它彻底地发生了革命，从根本上侵袭了个人的劳动力。工场手工业把工人变成畸形物，它压抑工人的多种多样的生产志趣和生产才能，人为地培植工人片面的技巧"。"不仅各种特殊的局部劳动分配给不同的个体，而且个体本身也被分割开来，转化为某种局部劳动的自动的工具"。"起初，工人因为没有生产商品的物质资料，把劳动力卖给资本，现在，他个人的劳动力不卖给资本，就得不到利用。""工场手工业工人按其自然的性质没有能力做一件独立的工作，他只能作为资本家工场的附属物展开生产活动。""分工在工场手工业工人的身上打上了他们是资本的财产的烙印。"

"工场手工业分工的一个产物，就是物质生产过程的智力作为他人的财产和统治工人的力量同工人相对立。这个分离过程在简单协作中开始，在工场手工业中得到发展，在大工业中完成。"

"在工场手工业中，总体工人从而资本在社会生产力上的富有，是以工人在个人生产力上的贫乏为条件的。"

【工场手工业加强了资本家对工人的剥削和统治】

"以分工为基础的协作或工场手工业，最初是自发地形成的。一旦它得到一定的巩固和扩展，它就成为资本主义生产方式的有意识的、有计划的和系统的形式。""这种形式的变化，除了在次要事情上的变化以外，始终只是由于劳动工具的革命。"

"工场手工业分工通过手工业活动的分解，劳动工具的专门化，局部工人的形成以及局部工人在一个总机构中的分组和结合，造成了社会生产过程的质的划分和量的比例，从而创立了社会劳动的一定组织，这样就同时发展了新的、社会的劳动生产力。工场手工业分工作为社会生产过程的特殊的资本主义形式，——它在当时的基础上只能在资本主义的形式中发展起来，——只是生产相对剩余价值即靠牺牲工人来加强资本（人们把它叫做社会财富，'国民财富'等等）自行增殖的一种特殊方法。工场手工业分工不仅只是为资本家而不是为工人发展社会的劳动生产力，而且靠使各个工人畸形化来发展社会的劳动生产力。它生产了资本统治劳动的新条件。因此，一方面，它表现为社会的经济形成过程中的历史进步和必要的发展因素，另一方面，它表现为文明的和精巧的剥削手段。"

"政治经济学作为一门独立的科学，是在工场手工业时期才产生的，它只是从工场手工业分工的观点把社会分工一般看成是用同量劳动生产更多商品，从而使商品便宜和加速资本积累的手段。"

【工场手工业的局限性】

"因为手工业的熟练仍然是工场手工业的基础，同时在工场手工业中执行职能的总机构没有任何不依赖工人本身的客观骨骼，所以资本不得不经常同工人的不服从行为作斗争。"

"同时，工场手工业既不能掌握全部社会生产，也不能根本改造它。工场手工业作为经济上的艺术品，耸立在城市手工业和农村家庭工业的广大基础之上。工场手工业本身的狭隘的技术基础发展到一定程度，就和它自身创造出来的生产需要发生矛盾。"

第十三章

机器和大工业

【本章考察产生于产业革命的机器和大工业所引起的社会劳动过程与资本价值增殖过程的变化和后果。机器和大工业同简单协作、工场手工业一样，都是生产相对剩余价值的方法，所不同的是：机器和大工业使劳动生产力突飞猛进，不仅在量上大大增加了相对剩余价值的生产，而且在质上改变了相对剩余价值生产的技术基础，使资本主义生产从以前的手工劳动和简单商品生产的技术基础，转到了机器和大工业的技术基础之上。马克思在本章中全景式、详尽地剖析了资本主义社会生产力和生产关系发展变化的规律，指出机器大工业是资本主义生产方式最合适的技术基础。《机器和大工业》这一章和前两章一样，分别从劳动过程和相对剩余价值生产过程这两个方面考察机器的作用。机器生产改变了劳动过程，生产力突飞猛进，不仅使相对剩余价值生产在量上大大增加，而且改变了它的技术基础。在生产力巨大发展的同时，生产关系也相应地在发生变化。劳动过程社会化和它的资本主义外壳之间的矛盾获得了充分发展。】

第一节　机器的发展

【从经济学的观点来看机器和手工业工具的区别】

【减轻工人劳动】"决不是资本主义使用机器的目的。像其他一切发展劳动生产力的方法一样，机器是要使商品便宜，是要缩短工人为自己花费的工作日部分，以便延长他无偿地给予资本家的工作日部分。机器是生产剩余价值的手段。"

"生产方式的变革，在工场手工业中以劳动力为起点，在大工业中以劳动资料为起点。因此，首先应该研究，劳动资料如何从工具转化为机器，或者说，机器和手工业工具有什么区别。"

"数学家和力学家说，工具是简单的机器，机器是复杂的工具，某些英国经济学家也重复这种说法。他们看不到二者之间的本质区别"。

"所有发达的机器都由三个本质上不同的部分组成：发动机，传动机构，工具机或工作机。发动机是整个机构的动力。""传动机构……调节运动，""把运动分配并传送到工具机上"。"机构的这两个部分的作用，仅仅是把运动传给工具机，由此工具机才抓住劳动对象，并按照一定的目的来改变它。机器的这一部分——工具机，是18世纪工业革命的起点。在今天，每当手工业或工场手工业生产过渡到机器生产时，工具机也还是起点。"

"机器和工具之间的区别也是一目了然的。人能够同时使用的工具的数量，受到人天生的生产工具的数量，即他自己身体的器官数量的限制。""同一工作机同时使用的工具的数量，一开始就摆脱了一个工人的手工业工具所受到的器官的限制。"

"17世纪末工场手工业时期发明的、一直存在到18世纪80年代初的那种蒸汽机本身，并没有引起工业革命。相反地，正是工具机的创造才使蒸汽机的革命成为必要。一旦人不再用工具作用于劳动对象，而只是作为动力作用于工具机，人的肌肉充当动力的现象就成为偶然的了，人就可以被风、水、蒸汽等等代替了。当然，这种变更往往会使原来只以人为动力而设计的机构发生重大的技术变化。"

"作为工业革命起点的机器，是用这样一个机构代替只使用一个工具的工人，这个机构用许多同样的或同种的工具一起作业，由一个单一的动力来推动，而不管这个动力具有什么形式。在这里我们就有了机器，但它还只是机器生产的简单要素。"

【后来，机器的三个部分互相促进。】"一台发动机可以同时推动许多工作机。随着同时被推动的工作机数量的增加，发动机也在增大，传动机构也跟着扩展成为一个庞大的装置。"

【机器协作和机器体系】

"必须把许多同种机器的协作和机器体系这两件事区开来。在前一场合，整个制品是由同一台工作机完成的。工作机完成各种不同的操作，""例如，许多机械织机集结在同一厂房内便组成一个织布工厂"。

"只有在劳动对象顺次通过一系列互相联结的不同的阶段过程，而这些过程是由一系列各不相同而又互为补充的工具机来完成的地方，真正的机器体系才代替了各个独立的机器。"

"在工场手工业生产和机器生产之间一开始就出现了一个本质的区别。在工场手工业中，单个的或成组的工人，必须用自己的手工工具来完成每一个特殊的局部过程。""在机器生产中，这个主观的分工原则消失了。在这里，整个过程是客观地按其本身的性质分解为各个组成阶段，每个局部过程如何完成和各个局部过程如何结合的问题，由力学、化学等等在技术上的应用来解决。当然，在这里也像以前一样，理论的方案需要通过实际经验的大量积累才臻于完善。"

【生产过程的连续性和自动化】

"结合工作机——现在是由各种单个工作机和各组工作机的一个有组织的体系——所完成的整个过程越是连续不断，即原料从整个过程的最初阶段转到最后阶段的中断越少，从而，原料越是不靠人的手而靠机构本身从一个生产阶段传送到另一个生产阶段，结合工作机就越完善。""当工作机不需要人的帮助就能完成加工原料所必需的一切运动，而只需要人从旁照料时，我们就有了自动的机器体系"。

"通过传动机由一个中央自动机推动的工作机的有组织的体系，是机器生产的最发达的形态。在这里，代替单个机器的是一个庞大的机械怪物，它的躯体充满了整座整座的厂房，它的魔力先是由它的庞大肢体庄重而有节奏的运动掩盖着，然后在它的无数真正工作器官的疯狂的旋转中迸发出来。"

【机器生产的发展同工场手工业的物质技术基础发生冲突】

"随着发明的增多和对新发明的机器的需求的增加，一方面机器制造业日益分为多种多样的独立部门，另一方面制造机器的工场手工业内的分工也日益发展。这样，在这里，在工场手工业中，我们看到了大工业的直接的技术基础。工场手工业生产了机器，而大工业借助于机器，在它首先占领的那些生产领域排除了手工业生产和工场手工业生产。因此，机器生产是在与它不相适应的物质基础上自然兴起的。机器生产发展到一定程度，就必定推翻这个最初是现成地遇到的、后来又在其旧形式中进一步发展了的基础本身，建立起与它自身的生产方式相适应的新基础。""大工业发展到一定阶段，也在技术上同自己的手工业和工场手工业的基础发生冲突。"

"一个工业部门生产方式的变革，会引起其他部门生产方式的变革。这首先涉及因社会分工而孤立起来以致各自生产一种独立的商品、但又作为一个总过程的各阶段而紧密联系在一起的那些工业部门。""但是，工农业生产方式的革命，尤其使社会生产过程的一般条件即交通运输手段的革命成为必要。""交通运输业是逐渐地靠内河轮船、铁路、远洋轮船和电报的体系而适应了大工业的生产方式。"

"因此，大工业必须掌握它特有的生产资料，即机器本身，必须用机器来生产机器。这样，大工业才建立起与自己相适应的技术基础，才得以自立。随着19世纪最初几十年机器生产的发展，机器实际上逐渐掌握了工具机的制造。但只是到了最近几十年，由于大规模的铁路建设和远洋航运事业的发展，用来制造原动机的庞大机器才产生出来。"

"用机器制造机器的最重要的生产条件，是要有能供给各种强度的力量同时又完全受人控制的发动机。蒸汽机已经是这样的机器。"

【机器生产决定了劳动过程的社会性质】

"劳动资料取得机器这种物质存在方式，要求以自然力来代替人力，以自觉应用自然科学来代替从经验中得出的成规。在工场手工业中，社会劳动过程的组织纯粹是主观的，是局部工人的结合；在机器体系中，大工业具有完全客观的生产有机体，这个有机体作为现成的物质生产条件出现在工人面前。在简单协作中，甚至在因分工而专业化的协作中，社会化的工人排挤单个的工人还多少是偶然的现象。而机器，除了下面要谈的少数例外，则只有通过直接社会化的或共同的劳动才发生作用。因此，劳动过程的协作性质，现在成了由劳动资料本身的性质所决定的技术上的必要了。"

第二节　机器的价值向产品的转移

【本节主要考察应用机器的经济界限或经济条件问题。】

【机器的应用大大拓展对自然力的应用】

"我们已经知道，由协作和分工产生的生产力，不费资本分文。它是社会劳动的自然力。用于生产过程的自然力，如蒸汽、水等等，也不费分文。可是，正像人呼吸需要肺一样，人要在生产上消费自然力，就需要一种'人的手的创造物'。要利用水的动力，就要有水车，要利用蒸汽的压力，就要有蒸汽机。利用自然力是如此，利用科学也是如此。电流作用范围内的磁针偏离规律，或电流绕铁通过而使铁磁化的规律一经发现，就不费分文了。但是要在电报等方面利用这些规律，就需要有极昂贵的和复杂的设备。""因此，如果说大工业把巨大的自然力和自然科学并入生产过程，必然大大提高劳动生产率，这一点是一目了然的，那么生产力的这种提高并不是靠增加另一方面的劳动消耗换来的，这一点却决不是同样一目了然的。像不变资本的任何其他组成部分一样，机器不创造价值，但它把自身的价值转移到由它的服务所生产的产品上。""很明显，机器和发达的机器体系这种大工业特有的劳动资料，在价值上比手工业生产和工场手工业生产的劳动资料增大得无可比拟。"

"首先应当指出，机器总是全部地进入劳动过程，始终只是部分地进入价值增殖过程。它加进的价值，决不会大于它由于磨损而平均丧失的价值。因此，机器的价值和机器定期转给产品的价值部分，有很大的差别。作为价值形成要素的机器和作为产品形成要素的机器，有很大的差别。同一机器在同一劳动过程中反复使用的时期越长，这种差别就越大。""只是在大工业中，人才学会让自己过去的、已经对象化的劳动的产品大规模地、像自然力那样无偿地发生作用。"

"如果机器转给产品的价值的比率已定，那么这个价值部分的大小就取决于机器本身价值的大小。机器本身包含的劳动越少，它加到产品上的价值也就越小。它转移的价值越小，它的生产效率就越高，它的服务就越接近自然力的服务。而用机器生产机器，会使机器的价值同机器的规模和作用相对而言降低下来。"

"比较分析一下手工业或工场手工业生产的商品的价格和机器生产的同种商品的价格，一般可以得出这样的结论：在机器产品中，由劳动资料转来的价值组成部分相对地说是增大了，但绝对地说是减少了。这就是说，它的绝对量是减少了，但它同产品（如一磅棉纱）的总价值相比较的量是增大了。"

【资本主义使用机器的界限】

"如果生产一台机器所费的劳动，与使用该机器所节省的劳动相等，就是说，生产一个商品所需要的劳动总量没有减少，或者说，劳动生产力没有提高。但是，机器所费的劳动和它所节省的劳动之间的差额，""只要机器所费的劳动，从而机器加到产品上的价值部分，小于工人用自己的工具加到劳动对象上的价值，这个差额就一直存在。因此，机器的生产率是由它代替人类劳动力的程度来衡量的。""即使机器的所值和它所代替的劳动力的所值相等，对象化在机器本身中的劳动，总是比它所代替的活劳动少得多。"

"如果只把机器看作使产品便宜的手段，那么使用机器的界限就在于：生产机器所费的劳动要少于使用机器所代替的劳动。可是对资本说来，这个界限表现得更为狭窄。因为资本支付的不是所使用的劳动，而是所使用的劳动力的价值，所以，对资本说来，只有在机器的价值和它所代替的劳动力的价值之间存在差额的情况下，机器才会被使用。因为工作日中必要劳动和剩余劳动的比例，在不同的国家是不同的，而且在同一国家不同的时期，或者在同一时期不同的生产部门，也是不同的；其次，因为工人的实际工资有时降到他的劳动力价值以下，有时升到他的劳动力价值以上，所以，机器的价格和它所要代替的劳动力的价格之间的差额，可以有很大的变动，即使生产机器所必需的劳动量和机器所代替的劳动总量之间的差额保持不变。但是，对于资本家本身来说，只有前一种差额才决定商品的生产费用，并通过竞争的强制规律对他发生影响。因此，现在英国发明的机器只能在北美使用，正像16世纪和17世纪德国发明的机器只能在荷兰使用，18世纪法国的某些发明只能在英国使用一样。""因为资本的利润本来不是靠减少使用的劳动得来的，而是靠减少有酬劳动得来的。"

第三节　机器生产对工人的直接影响

【马克思引用大量事实材料从三个方面论述机器生产对工人本身的直接影响。】

（a）资本对补充劳动力的占有。妇女劳动和儿童劳动

"机器成了一种使用没有肌肉力或身体发育不成熟而四肢比较灵活的工人的手段。因此，资本主义使用机器的第一口号是妇女劳动和儿童劳动！""它使工人家庭的全体成员不分男女老少都受资本的直接统治，从而使雇佣工人人数增加。"

"机器把工人家庭的全体成员都抛到劳动市场上，就把男劳动力的价值分到他全家人身上了。""因此，机器使男劳动力贬值了。""机器从一开始，在增加人身剥削材料，即扩大资本固有的剥削领域的同时，也提高了剥削程度。"

（b）工作日的延长

"如果说机器是提高劳动生产率，即缩短生产商品的必要劳动时间的最有力的手段，那么，它作为资本的承担者，首先在它直接占领的工业中，成了把工作日延长到超过一切自然界限的最有力的手段。一方面，它创造了新条件，使资本能够任意发展自己这种一贯的倾向，另一方面，它创造了新动机，使资本增强了对别人劳动的贪欲。"

"机器的有形损耗有两种。一种是由于使用，就像铸币由于流通而磨损一样。另一种是由于不使用，就像剑入鞘不用而生锈一样。""前一种损耗或多或少地同机器的使用成正比，后一种损耗在一定程度上同机器的使用成反比。"

"但是，机器除了有形损耗以外，还有所谓无形损耗。只要同样结构的机器能够更便宜地再生产出来，或者出现更好的机器同原有的机器相竞争，原有机器的交换价值就会受到损失。""机器总价值的再生产时期越短，无形损耗的危险就越小，而工作日越长，这个再生产时期就越短。""因此，在机器的最初的生活期，这种延长工作日的特别动机也最强烈。"

"机器生产相对剩余价值，不仅由于它直接地使劳动力贬值，使劳动力再生产所必需的商品便宜，从而间接地使劳动力便宜，而且还由于它在最初偶尔被采用时，会把机器占有者使用的劳动转化为高效率的劳动，把机器产品的社会价值提高到它的个别价值以上，从而使资本家能够用日产品中较小的价值部分来补偿劳动力的日价值。因此，在机器生产还处于垄断状况的这个过渡时期，利润特别高，而资本家也就企图尽量延长工作日来彻底利用这个'初恋时期'。高额的利润激起对更多利润的贪欲。"

"利用机器生产剩余价值包含着一个内在的矛盾：在一定量资本所提供的剩余价值的两个因素中，机器要提高一个因素，要提高剩余价值率，就只有减少另一个因素，减少工人人数。一旦机器生产的商品的价值随着机器在一个工业部门普遍应用而成为所有同类商品起调节作用的社会价值，这个内在的矛盾就会表现出来；但正是这个资本没有意识到的矛盾又重新推动资本拼命延长工作日，以便不仅增加相对剩余劳动，而且增加绝对剩余劳动，来弥补被剥削的工人人数的相对减少。"

"因此，机器的资本主义应用，一方面创造了无限度地延长工作日的新的强大动机，并且使劳动方式本身和社会劳动体的性质发生这样的变革，以致打破对这种趋势的抵抗，另一方面，部分地由于使资本过去无法染指的那些工人阶层受资本的支配，部分地由于使那些被机器排挤的工人游离出来，制造了过剩的劳动人口，这些人不得不听命于资本强加给他们的规律。由此产生了现代工业史上一种值得注意的现象，即机器消灭了工作日的一切道德界限和自然界限。由此产生了经济学上的悖论，即缩短劳动时间的最有力的手段，竟变为把工人及其家属的全部生活时间转化为受资本支配的增殖资本价值的劳动时间的最可靠的手段。"

（c）劳动的强化

"随着机器的进步和机器工人这一特殊类别工人的经验积累，劳动的速度，从而劳动的强度，自然也会增加。""自从工人阶级逐渐增长的反抗迫使国家强制缩短劳动时间，并且首先为真正的工厂强行规定正常工作日以来，""资本就竭尽全力一心一意加快发展机器体系来生产相对剩余价值。同时，相对剩余价值的性质也发生了变化。一般地说，生产相对剩余价值的方法是：提高劳动生产力，使工人能够在同样的时间内以同样的劳动消耗生产出更多的东西。""从而使单个商品的价值下降。但是，一旦强制缩短工作日，情况就不同了。强制缩短工作日，大大推动了生产力的发展和生产条件的节约，同时迫使工人在同样的时间内增加劳动消耗，提高劳动力的紧张程度，更紧密地填满劳动时间的空隙，也就是说，使劳动凝缩到只有在缩短了的工作日中才能达到的程度。这种压缩在一定时间内的较大量的劳动，现在是算作较大的劳动量，而实际上也是如此。现在，计算劳动时间的，除了它的'外延量'以外，还有它的密度。"

"现在要问，劳动是怎样强化的呢？"

"工作日缩短的第一个结果，是基于一个显而易见的规律，即劳动力的活动能力同它的活动时间成反比。因此，在一定的限度内，力的作用的持续时间上的损失，可由力的作用程度来弥补。资本也会通过付酬的办法，设法使工人在实际上付出更多的劳动力。"

"缩短工作日，这种起初创造了使劳动凝缩的主观条件，也就是使工人有可能在一定时间内付出更多力量的办法，一旦由法律强制实行，资本手中的机器就成为一种客观的和系统地利用的手段，用来在同一时间内榨取更多的劳动。这是通过两种方法达到的：一种是提高机器的速度，另一种是扩大同一个工人看管的机器数量，即扩大他的劳动范围。"

第四节 工 厂

【这一节转向考察工厂的整体，而且考察的是当时它的最发达的形态。】

【工人附属于机器】

"在工场手工业和手工业中，是工人利用工具，在工厂中，是工人服侍机器。在前一种场合，劳动资料的运动从工人出发，在后一种场合，则是工人跟随劳动资料的运动。在工场手工业中，工人是一个活机构的肢体。在工厂中，死机构独立于工人而存在，工人被当作活的附属物并入死机构。"【在资本主义生产中，机器和工人的关系，其实也就是资本和劳动的关系，机器成了资本驾驭劳动的工具。】

【工厂制度对工人的影响】

"机器劳动极度地损害了（工人的）神经系统，同时它又压抑肌肉的多方面运动，夺去身体上和精神上的一切自由活动。""一切资本主义生产既然不仅是劳动过程，而且同时是资本的增殖过程，就有一个共同点，即不是工人使用劳动条件，相反地，而是劳动条件使用工人，不过这种颠倒只是随着机器的采用才取得了在技术上很明显的现实性。由于劳动资料转化为自动机，它就在劳动过程本身中作为资本，作为支配和吮吸活劳动力的死劳动而同工人相对立。正如前面已经指出的那样，生产过程的智力同体力劳动相分离，智力转化为资本支配劳动的权力，是在以机器为基础的大工业中完成的。变得空虚了的单个机器工人的局部技巧，在科学面前，在巨大的自然力面前，在社会的群众性劳动面前，作为微不足道的附属品而消失了；科学、巨大的自然力、社会的群众性劳动都体现在机器体系中，并同机器体系一道构成'主人'的权力。"

【工厂制度使】"监督劳动得到充分发展，同时使那种把工人划分为劳工和监工，划分为普通工业士兵和工业军士的现象得到充分发展。""资产阶级通常十分喜欢分权制，特别是喜欢代议制，但资本在工厂法典中却通过私人立法独断地确立了对工人的专制。""奴隶监督者的鞭子被监工的罚金簿代替了。""社会生产资料的节约""在资本手中却同时变成了对工人在劳动时的生活条件系统的掠夺，也就是对空间、空气、阳光以及对保护工人在生产过程中人身安全和健康的设备系统的掠夺，至于工人的福利设施就根本谈不上了。"

第五节　工人和机器之间的斗争

"资本家和雇佣工人之间的斗争是同资本关系本身一起开始的。在整个工场手工业时期，这场斗争一直如火如荼地进行着。但只是在采用机器以后，工人才开始反对劳动资料本身，即反对资本的物质存在形式。工人奋起反对作为资本主义生产方式的物质基础的这种一定形式的生产资料。"

"劳动资料一作为机器出现，就立刻成了工人本身的竞争者。资本借助机器进行的自行增殖，同生存条件被机器破坏的工人的人数成正比。资本主义生产的整个体系，是建立在工人把自己的劳动力当作商品出卖的基础上的。分工使这种劳动力片面化，使它只具有操纵局部工具的特定技能。一旦工具由机器来操纵，劳动力的交换价值就随同它的使用价值一起消失。工人就像停止流通的纸币一样卖不出去。工人阶级的一部分就这样被机器转化为过剩的人口，也就是不再为资本的自行增殖所直接需要的人口，这些人一部分在旧的手工业和工场手工业生产反对机器生产的力量悬殊的斗争中毁灭，另一部分则涌向所有比较容易进去的工业部门，充斥劳动市场，从而使劳动力的价格降低到它的价值以下。""在机器逐渐地占领某一生产领域的地方，它给同它竞争的工人阶层造成慢性的贫困。"

"资本主义生产方式使劳动条件和劳动产品具有的与工人相独立和相异化的形态，随着机器的发展而发展成为完全的对立。因此，随着机器的出现，才第一次发生工人对劳动资料的粗暴的反抗。"

"机器体系在工作日缩短的压力下的飞速发展向我们表明，由于实际经验的积累，由于机械手段的现有规模以及技术的不断进步，机器体系具有极大的弹性。"英国"从1861年至1868年减少了338家棉纺织厂，这就是说，生产效率较高、规模较大的机器集中在人数较少的资本家手中。""纱锭增加了1612547个，而在业工人却减少了 50505 人。"

"但是，机器不仅是一个极强大的竞争者，随时可以使雇佣工人'过剩'。它还被资本公开地有意识地宣布为一种和雇佣工人敌对的力量并加以利用。机器成了镇压工人反抗资本专制的周期性暴动和罢工等等的最强有力的武器。"

第六节　关于被机器排挤的工人会得到补偿的理论

【机器的资本主义应用所必然产生的矛盾和对抗】

"詹姆斯·穆勒""等一整批资产阶级经济学家断言，所有排挤工人的机器，总是同时地而且必然地游离出相应的资本，去如数雇用这些被排挤的工人。"

【对于这种观点，马克思通过事实和分析加以驳斥，指出：】"被经济学上的乐观主义所歪曲的事实真相是：受机器排挤的工人从工场被抛到劳动市场，增加了那里已可供资本主义剥削支配的劳动力的数量。""从一个工业部门被抛出来的工人，当然可以在另外一个工业部门找职业。""在这里起中介作用的，是正在挤入投资场所的新追加的资本，而决不是过去已经执行职能的并且现在转化为机器的资本。"【并且被机器排挤出的工人因为】"离开他们原来的劳动范围也就不值钱了，只能在少数低级的、因而始终是人员充斥和工资微薄的劳动部门去找出路。"

"一个毫无疑问的事实是：机器本身对于工人从生活资料中'游离'出来是没有责任的。""在应用机器以后，社会拥有的可供被解雇的工人用的生活资料同以前一样多，或者更多。"【机器应用产生的】"矛盾和对抗，不是从机器本身产生的，而是从机器的资本主义应用产生的！因为机器就其本身来说缩短劳动时间，而它的资本主义应用延长工作日；因为机器本身减轻劳动，而它的资本主义应用提高劳动强度；因为机器本身是人对自然力的胜利，而它的资本主义应用使人受自然力奴役；因为机器本身增加生产者的财富，而它的资本主义应用使生产者变成需要救济的贫民，如此等等。"

"虽然机器在应用它的劳动部门必然排挤工人，但是它能引起其他劳动部门就业的增加。不过，这种作用同所谓的补偿理论毫无共同之处。因为任何一种机器产品，例如一码机织布总是比被它排挤的同种手工产品便宜，所以就产生一条绝对的规律：如果机器生产的物品的总量同它所代替的手工业或工场手工业生产的物品的总量相等，那么，所使用的劳动总量就要减少。生产劳动资料本身如机器、煤炭等等所需要的劳动量的增加，同使用机器而引起的劳动量的减少相比，必然较小。不然的话，机器产品就会同手工产品一样贵，或者更贵。但是事实上，人数减少了的工人所生产的机器制品总量不是不变，而是远远超过被排挤的手工业制品的总量。"

【机器应用使各个生产部门在互相联系和影响下加速发展】

"可见，随着机器生产在一个工业部门的扩大，给这个工业部门提供生产资料的那些部门的生产首先会增加。就业工人数量会因此增加多少，在工作日和劳动强度已定的情况下，取决于所使用的资本的构成，也就是取决于资本不变组成部分和可变组成部分的比例。这个比例又随着机器在这些行业中已经占领或者正在占领的范围不同而有很大变化。"

"机器生产用相对少的工人人数所提供的原料、半成品、劳动工具等等的数量不断增加，与此相适应，对这些原料和半成品的加工也就分成无数的部门，因而社会生产部门的多样性也就增加。机器生产同工场手工业相比使社会分工获得无比广阔的发展，因为它使它所占领的行业的生产力得到无比巨大的增长。"

"采用机器的直接结果是，增加了剩余价值，同时也增加了体现这些剩余价值的产品量，从而，在增加供资本家阶级及其仆从消费的物质时，也增加了这些社会阶层本身。""社会产品中有较大的部分转化为剩余产品，而剩余产品中又有较大的部分以精致和多样的形式再生产出来和消费掉。换句话说，奢侈品的生产在增长。大工业造成的新的世界市场关系也引起产品的精致和多样化。不仅有更多的外国消费品同本国的产品相交换，而且还有更多的外国原料、材料、半成品等作为生产资料进入本国工业。随着这种世界市场关系的发展，运输业对劳动的需求增加了，而且运输业又分成许多新的下属部门。"

"在工人人数相对减少的情况下生产资料和生活资料的增加，使那些生产在较远的将来才能收效的产品（如运河、船坞、隧道、桥梁等等）的工业部门中的劳动扩大了。一些全新的生产部门，从而一些新的劳动领域，或者直接在机器体系的基础上，或者在与机器体系相适应的一般工业变革的基础上形成起来。不过，它们在总生产中所占的比重，即使在最发达的国家，也不是很大的。"

"最后，大工业领域内生产力的极度提高，以及随之而来的所有其他生产部门对劳动力的剥削在内涵和外延两方面的加强，使工人阶级中越来越大的部分有可能被用于非生产劳动，特别是使旧式家庭奴隶在'仆役阶级'（如仆人、使女、侍从等等）的名称下越来越大规模地被再生产出来。"

第七节　工人随机器生产的发展而被排斥和吸引。棉纺织业的危机

【机器生产使就业工人人数相对减少和绝对增加】

"新采用机器，对那些首先成为机器竞争对象的旧有手工业和工场手工业中的工人产生灾难性的影响。""然而我们知道，尽管机器生产实际地排挤和潜在地代替了大量工人，但随着机器生产本身的发展（这种发展表现为同种工厂数目的增多或现有工厂规模的扩大），工厂工人的人数最终可以比被他们排挤的工场手工业工人或手工业工人的人数多。"所以，"就业工人人数的相对减少和绝对增加是并行不悖的。"

【机器生产使工人人数相对减少和绝对增加的原因】

【工人人数相对减少的原因在于资本有机构成提高】"随着机器体系的每一进步，由机器、原料等构成的不变资本部分不断增加，而用于劳动力的可变资本部分则不断减少。"

【工人人数绝对增加的原因有两个方面：一方面是机器生产促进了工业、交通运输等部门的加速发展。另一个方面呢？】"只要机器生产在一个工业部门内靠牺牲旧有的手工业或工场手工业来扩展，它就一定取得成功"。"机器刚刚为自己夺取活动范围的这个初创时期，由于借助机器生产出异常高的利润而具有决定性的重要意义。这些利润本身不仅形成加速积累的源泉，而且把不断新生的并正在寻找新的投资场所的很大一部分社会追加资本吸引到有利的生产领域。突飞猛进的初创时期的这种特殊利益，不断地在新采用机器的生产部门重现。但是，一旦工厂制度达到一定的广度和一定的成熟程度，特别是一旦它自己的技术基础即机器本身也用机器来生产，一旦煤和铁的采掘、金属加工以及交通运输业都发生革

命，总之，一旦与大工业相适应的一般生产条件形成起来，这种生产方式就获得一种弹性，一种突然地跳跃式地扩展的能力，只有原料和销售市场才是它的限制。一方面，机器直接引起原料的增加，例如轧棉机使棉花生产增加。另一方面，机器产品的便宜和交通运输业的变革是夺取国外市场的武器。机器生产摧毁国外市场的手工业产品，迫使这些市场变成它的原料产地。""一种与机器生产中心相适应的新的国际分工产生了，它使地球的一部分转变为主要从事农业的生产地区，以服务于另一部分主要从事工业的生产地区。这种革命是同农业中的各种变革联系在一起的"。

【机器生产造成工业周期性过剩危机使工人就业不稳定】

"工厂制度的巨大的跳跃式的扩展能力和它对世界市场的依赖，必然造成热病似的生产，并随之造成市场商品充斥，而当市场收缩时，就出现瘫痪状态。工业的生命按照中常活跃、繁荣、生产过剩、危机、停滞这几个时期的顺序而不断地转换。由于工业循环的这种周期变换，机器生产使工人在就业上并从而在生活状况上遭遇的没有保障和不稳定性，成为正常的现象。除了繁荣时期以外，资本家之间总是进行十分激烈的斗争，以争夺各自在市场上的份额。这个份额同产品的便宜程度成正比。除了由此造成的资本家竞相采用代替劳动力的改良机器和新的生产方法以外，每次都出现这样的时刻：为了追求商品便宜，强制地把工资压低到劳动力价值以下。"

"可见，工厂工人人数的增加以投入工厂的总资本在比例上更迅速得多的增加为条件。但是，这个过程只是在工业循环的退潮期和涨潮期内实现。它还经常被技术进步所打断，这种进步有时潜在地代替工人，有时实际地排挤工人。机器生产中这种质的变化，不断把工人逐出工厂，或者把新的补充人员的队伍拒之门外，而工厂的单纯的量的扩大在把被逐出的工人吸收进来的同时，还把新的人员吸收进来。工人就这样不断被排斥又被吸引，被赶来赶去，而且被招募来的人的性别、年龄和熟练程度也不断变化。"

【马克思接着考察了英国棉纺织业从1770年至1815年的45年，和从1815年至1863年的48年这两个时期的实际状况。在前45年只有5年是危机和停滞状态；但是在后48年，却有28年是不振和停滞时期，从中可以了解到工厂工人的遭遇。】

第八节　大工业所引起的工场手工业、
手工业和家庭劳动的革命

【马克思分五个问题用事实资料分析了大工业所引起的工场手工业、手工业和家庭劳动的革命：（a）以手工业和分工为基础的协作的消灭。（b）工厂制度对工场手工业和家庭劳动的反作用。（c）现代工场手工业。（d）现代家庭劳动。（e）现代工场手工业和家庭劳动向大工业的过渡。这一革命由于工厂法在这两种生产方式中的实行而加速。】

总的看，"社会的生产方式的变革，生产资料改革的这一必然产物，是在各种错综复杂的过渡形式中完成的。这些过渡形式的变化，取决于缝纫机占领这一或那一工业部门的范围的大小和时间的长短，取决于工人当时的状况，取决于工场手工业生产、手工业生产或家庭生产三者谁占优势，取决于工场的租金，等等。""在英国，现在盛行的实际上是这样一种制度：资本家在自己的厂房里集中大量的机器，然后把机器产品分给家庭工人大军去进一步加工。但是，过渡形式的错综复杂并不能掩盖向真正的工厂生产转化的趋势。""机器结构的不断变化和机器的日益便宜，使旧机器也不断地贬值，以致只有那些以极低的价格大批收买这种机器的大资本家，才能从使用这种机器中获利。最后，用蒸汽机代替人，在这里也像在一切类似的变革过程中一样，具有决定性的意义。""如果说，一方面许多工作机在比较大的手工工场的集中促进了蒸汽力的应用，那么另一方面，蒸汽同人的肌肉的竞争则加速了工人和工作机在大工厂的集中。"

第九节　工厂立法（卫生条款和教育条款）。
它在英国的普遍实行

【工厂立法是无产阶级长期斗争的产物】
【工厂立法关于限制工作日、改善劳动条件、普及初等教育等规定，是无产

阶级和资产阶级长期斗争的产物，同时它也是在肯定资本剥削、符合资本家利益的基础上作出的。】

"工厂立法是社会对其生产过程自发形态的第一次有意识、有计划的反作用。"

"为了迫使资本主义生产方式建立最起码的清洁卫生设施，必须由国家颁布强制性的法律。还有什么比这一点能更好地说明资本主义生产方式的特点呢?""同时，工厂法的这个部分清楚地表明，资本主义生产方式按其本质来说，只要超过一定的限度就拒绝任何合理的改良。"

【生产劳动同智育和体育相结合，是造就全面发展的人的唯一方法】

"尽管工厂法的教育条款整个说来是不足道的，但还是把初等教育宣布为劳动的强制性条件。这一条款的成就第一次证明了智育和体育同体力劳动相结合的可能性，从而也证明了体力劳动同智育和体育相结合的可能性。工厂视察员很快从教师的证词中就发现：虽然工厂儿童上课的时间要比正规的日校学生少一半，但学到的东西一样多，而且往往更多。"

"正如我们在罗伯特·欧文那里可以详细看到的那样，从工厂制度中萌发出了未来教育的幼芽，未来教育对所有已满一定年龄的儿童来说，就是生产劳动同智育和体育相结合，它不仅是提高社会生产的一种方法，而且是造就全面发展的人的唯一方法。"

【现代工业使社会分工发生革命，破坏工人的就业稳定和生活保障】

"大工业的原则是，首先不管人的手怎样，把每一个生产过程本身分解成各个构成要素，从而创立了工艺学这门完全现代的科学。社会生产过程的五光十色的、似无联系的和已经固定化的形态，分解成为自然科学的自觉按计划的和为取得预期有用效果而系统分类的应用。""现代工业从来不把某一生产过程的现存形式看成和当作最后的形式。因此，现代工业的技术基础是革命的，而所有以往的生产方式的技术基础本质上是保守的。现代工业通过机器、化学过程和其他方法，使工人的职能和劳动过程的社会结合不断地随着生产的技术基础发生变革。这样，它也同样不断地使社会内部的分工发生革命，不断地把大量资本和大批工人从一个生产部门投到另一个生产部门。因此，大工业的本性决定了劳动的变换、职能的更动和工人的全面流动性。另一方面，大工业在它的资本主义形式上再生产出旧的分工及其固定化的专业。我们已经看到，这个绝对的矛盾怎样破坏着工人生活的一切安宁、稳定和保障，使工人面临这样的威胁：在劳动资料被夺走的同时，生活资料也不断被夺走，在他的局部职能变成过剩的同时，他本身也变成过剩的东西；这个矛盾怎样通过工人阶级的不断牺牲、劳动力的无限度的浪费和社会无政府状态造成的灾难而放纵地表现出来。这是消极的方面。但是，如果说劳动的变换现在只是作为不可克服的自然规律并且带着自然规律在任何地方遇到障碍时都有的那种盲目破坏作用而为自己开辟道路，那么，大工业又通过它的灾难本身使下面这一点成为生死攸关的问题：承认劳动的变换，从而承认工人尽可能多方面的发展是社会生产的普遍规律，并且使各种关系适应于这个规律的正常实现。大工业还使下面这一点成为生死攸关的问题：用适应于不断变动的劳动需求而可以随意支配的人，来代替那些适应于资本的不断变动的剥削需要而处于后备状态的、可供支配的、大量的贫穷工人人口；用那种把不同社会职能当作互相交替的活动方式的全面发展的个人，来代替只是承担一种社会局部职能的局部个人。综合技术学校和农业学校是这种变革过程在大工业基础上自然发展起来的一个要素；职业学校是另一个要素，在这种学校里，工人的子女受到一些有关工艺学和各种生产工具的实际操作的教育。如果说工厂立法作为从资本那里争取来的最初的微小让步，只是把初等教育同工厂劳动结合起来，那么毫无疑问，工人阶级在不可避免地夺取政权之后，将使理论的和实践的工艺教育在工人学校中占据应有的位置。同样毫无疑问，生产的资本主义形式和与之相适应的工人的经济关系，是同这种变革酵母及其目的——消灭旧分工——直接矛盾的。但是，一种历史生产形式的矛盾的发展，是这种形式瓦解和新形式形成的唯一的历史道路。"

"大工业在瓦解旧家庭制度的经济基础以及与之相适应的家庭劳动的同时，也瓦解了旧的家庭关系本身。"

"不论旧家庭制度在资本主义制度内部的解体表现得多么可怕和可厌，但是由于大工业使妇女、男女少年和儿童在家庭范围以外，在社会地组织起来的生产过程中起着决定性的作用，它也就为家庭和两性关系的更高级的形式创造了新的经济基础。"

【工厂法的二重作用使新社会形成要素和旧社会变革要素成熟起来】

"如果说，作为工人阶级的身体和精神的保护手段的工厂立法的普遍化已经不可避免，那么，另一方面，正如前面讲到的，这种普遍化使小规模的分散的劳动过程向大的社会规模的结合的劳动过程的转化也普遍化和加速起来，从而使资本的积聚和工厂制度的独占统治也普遍化和加速起来。它破坏一切还部分地掩盖着资本统治的陈旧的过渡的形式，而代之以直接的、无掩饰的资本统治。这样，它也就使反对这种统治的直接斗争普遍化。它迫使单个的工场实行划一性、规则性、秩序和节约，同时，它又通过对工作日的限制和规定所造成对技术的巨大刺激而加重整个资本主义生产的无政府状态和灾难，提高劳动强度并扩大机器与工人的竞争。它在消灭小生产和家庭劳动的领域的同时，也消灭了'过剩人口'的最后避难所，从而消灭了整个社会机制的迄今为止的安全阀。它在使生产过程的物质条件和社会结合成熟的同时，也使生产过程的资本主义形式的矛盾和对抗成熟起来，因此也同时使新社会的形成要素和旧社会的变革要素成熟起来。"

第十节　大工业和农业

【这一节篇幅虽短，内容却很丰富、深刻和重要。】

【大工业在农业及农村的社会关系上引起的革命。】

【机器在工业中使用引起的后果之一，是使大批劳动者失业。】

"如果说机器在农业中的使用大多避免了机器使工厂工人遭到的那种身体上的损害，那么机器在农业中的使用在造成工人'过剩'方面却发生了更为强烈的作用，而且没有遇到什么抵抗"。

【资本主义大工业在农业领域的作用】

"在农业领域内，就消灭旧社会的堡垒——'农民'，并代之以雇佣工人来说，大工业起了最革命的作用。这样，农村中社会变革的需要和社会对立，就和城市相同了。""最墨守成规和最不合理的经营，被科学在工艺上的自觉应用所代替了。农业和工场手工业的原始的家庭纽带，也就是把二者的幼年未发展的形态联结在一起的那种纽带，被资本主义生产方式撕断了。但资本主义生产方式同时为一种新的更高级的综合，即农业和工业在它们对立发展的形态的基础上的联合，创造了物质前提。资本主义生产使它汇集在各大中心的城市人口越来越占优势，这样一来，它一方面聚集着社会的历史动力，另一方面又破坏着人和土地之间的物质变换，也就是使人以衣食形式消费掉的土地的组成部分不能回归土地，从而破坏土地持久肥力的永恒的自然条件。这样，它同时就破坏城市工人的身体健康和农村工人的精神生活。但是资本主义生产通过破坏这种物质变换的纯粹自发形成的状况，同时强制地把这种物质变换作为调节社会生产的规律，并在一种同人的充分发展相适合的形式上系统地建立起来。”

【资本主义农业的特点】

“在农业中，像在工场手工业中一样，生产过程的资本主义转化同时表现为生产者的殉难史，劳动资料同时表现为奴役工人的手段、剥削工人的手段和使工人贫穷的手段，劳动过程的社会结合同时表现为对工人个人的活力、自由和独立的有组织的压制。农业工人在广大土地上的分散，同时破坏他们的反抗力量，而城市工人的集中却增强了他们的反抗力量。在现代农业中，像在城市工业中一样，劳动生产力的提高和劳动量的增大是以劳动力本身的破坏和衰退为代价的。此外，资本主义农业的任何进步，都不仅是掠夺劳动者的技巧的进步，而且是掠夺土地的技巧的进步，在一定时期内提高土地肥力的任何进步，同时也是破坏土地肥力持久源泉的进步。一个国家，例如北美合众国，越是以大工业作为自己发展的基础，这个破坏过程就越迅速。因此，资本主义生产发展了社会生产过程的技术和结合，只是由于它同时破坏了一切财富的源泉——土地和工人。”

第 五 篇
绝对剩余价值和相对剩余价值的生产

【第三篇、第四篇分别考察了绝对剩余价值生产和相对剩余价值生产。本篇是对上两篇的综合，即考察两种剩余价值生产的相互关系，并把剩余价值生产的两种方法、两个方面作为资本主义生产方式的统一机体来进行综合研究；同时考察劳动力价格和剩余价值的量的变化，以及剩余价值率的各种公式。后两个方面，是不能归到前两篇的、带综合性的问题。】

第十四章

绝对剩余价值和相对剩余价值

【本章的主题是考察绝对剩余价值和相对剩余价值的联系与区别，及相关的问题。按先后顺序，分为四个问题。】

【一、关于生产劳动的概念】

"劳动过程最初是抽象地，撇开它的各种历史形式，作为人和自然之间的过程来考察的（见第五章）。在那里曾指出：'如果整个劳动过程从其结果的角度加以考察，那么劳动资料和劳动对象二者表现为生产资料，劳动本身则表现为生产劳动。'在注（7）中还补充说：'这个从简单劳动过程的观点得出的生产劳动的定义，对于资本主义生产过程是绝对不够的。'在这里进一步阐述这个问题。"

"就劳动过程是纯粹个人的劳动过程来说，同一劳动者是把后来彼此分离开来的一切职能结合在一起的。""单个人如果不在自己的头脑的支配下使自己的肌肉活动起来，就不能对自然发生作用。正如在自然机体中头和手组成一体一样，劳动过程把脑力劳动和体力劳动结合在一起了。后来它们分离开来，直到处于敌对的对立状态。产品从个体生产者的直接产品转化为社会产品，转化为总体工人即结合劳动人员的共同产品。总体工人的各个成员较直接地或者较间接地作用于劳动对象。因此，随着劳动过程的协作性质本身的发展，生产劳动和它的承担者即生产工人的概念也就必然扩大。为了从事生产活动，现在不一定要亲自动手；只要成为总体工人的一个器官，完成他所属的某一种职能就够了。上面从物质生产性质本身中得出的关于生产劳动的最初的定义，对于作为整体来看的总体工人始终是正确的。但是，对于总体工人的每一单个成员来说，它就不再适用了。"【这就是说，从总体工人的每一单个成员来看，生产劳动的概念是扩大了。】

"但是，另一方面，生产劳动的概念是缩小的。资本主义生产不仅是商品的生产，它实质上是剩余价值的生产。工人不是为自己生产，而是为资本生产。因此，工人单是进行生产已经不够了。他必须生产剩余价值。只有为资本家生产剩余价值或者为资本的自行增殖服务的工人，才是生产工人。""因此，生产工人的概念决不只包含活动和效果之间的关系，工人和劳动产品之间的关系，而且还包含一种特殊社会的、历史地产生的生产关系。这种生产关系把工人变成资本增殖的直接手段。所以，成为生产工人不是一种幸福，而是一种不幸。"

【二、绝对剩余价值和相对剩余价值的联系和区别】

"把工作日延长，使之超出工人只生产自己的劳动力价值的等价物的那个点，并由资本占有这部分剩余劳动，这就是绝对剩余价值的生产。绝对剩余价值的生产构成资本主义制度的一般基础，并且是相对剩余价值生产的起点。就相对剩余价值的生产来说，工作日一开始就分成必要劳动和剩余劳动这两个部分。为了延长剩余劳动，就要通过以较少的时间生产出工资的等价物的各种方法来缩短必要劳动。绝对剩余价值的生产只同工作日的长度有关；相对剩余价值的生产使劳动的技术过程和社会组织发生彻底的革命。"

"因此，相对剩余价值的生产以特殊的资本主义的生产方式为前提；这种生产方式连同它的方法、手段和条件本身，最初是在劳动在形式上从属于资本的基础上自发产生和发展的。劳动对资本的这种形式上的从属，又让位于劳动对资本的实际上的从属。"

"对于绝对剩余价值的生产来说，只要劳动在形式上从属于资本就够了，例如，只要从前为自己劳动或者作为行会师傅的帮工的手工业者变成受资本家直接支配的雇佣工人就够了；另一方面却可以看到，生产相对剩余价值的方法同时也是生产绝对剩余价值的方法。无限度地延长工作日正是表现为大工业的特有的产物。特殊的资本主义的生产方式一旦掌握整整一个生产部门，它就不再是单纯生产相对剩余价值的手段，而一旦掌握所有决定性的生产部门，那就更是如此。这时它成了生产过程的普遍的、在社会上占统治地位的形式。现在它作为生产相对剩余价值的特殊方法，只在下面两种情况下还起作用：第一，以前只在形式上从属于资本的那些产业为它所占领，也就是说，它扩大作用范围；第二，已经受它支配的产业由于生产方法的改变不断发生革命。"

"从一定的观点看来，绝对剩余价值和相对剩余价值之间的区别似乎完全是幻想的。相对剩余价值是绝对的，因为它以工作日超过工人本身生存所必要的劳动时间的绝对延长为前提。绝对剩余价值是相对的，因为它以劳动生产率发展到能够把必要劳动时间限制为工作日的一个部分为前提。但是，如果注意一下剩余价值的运动，这种表面上的同一性就消失了。在资本主义生产方式一旦确立并成为普遍的生产方式的情况下，只要涉及剩余价值率的提高，绝对剩余价值和相对剩余价值之间的差别就可以感觉到了。假定劳动力按其价值支付，那么，我们就会面临这样的抉择：如果劳动生产力和劳动的正常强度已定，剩余价值率就只有通过工作日的绝对延长才能提高；另一方面，如果工作日的界限已定，剩余价值率就只有通过工作日两个组成部分即必要劳动和剩余劳动的相对量的变化才能提高，而这种变化在工资不降低到劳动力价值以下的情况下，又以劳动生产率或劳动强度的变化为前提。"

【三、剩余价值生产的自然基础问题】

"因此，可以说剩余价值有一个自然基础。""只有当人类通过劳动摆脱了最初的动物状态，从而他们的劳动本身已经在一定程度上社会化的时候，一个人的剩余劳动成为另一个人的生存条件的关系才会出现。""在这个文化初期，社会上依靠他人劳动来生活的那部分人的数量，同直接生产者的数量相比，是微不足道的。随着社会劳动生产力的增进，这部分人也就绝对地和相对地增大起来。此外，资本关系就是在作为一个长期发展过程的产物的经济土壤之上产生的。作为资本关系的基础和起点的现有的劳动生产率，不是自然的恩惠，而是几十万年历史的恩惠。"

"撇开社会生产的形态的发展程度不说，劳动生产率是同自然条件相联系的。这些自然条件都可以归结为人本身的自然（如人种等等）和人的周围的自然。外界自然条件在经济上可以分为两大类：生活资料的自然富源，例如土壤的肥力，渔产丰富的水域等等；劳动资料的自然富源，如奔腾的瀑布、可以航行的河流、森林、金属、煤炭等等。在文化初期，第一类自然富源具有决定性的意义；在较高的发展阶段，第二类自然富源具有决定性的意义。"

"资本主义生产一旦成为前提，在其他条件不变和工作日保持一定长度的情况下，剩余劳动量随劳动的自然条件，特别是随土壤的肥力而变化。但决不能反过来说，最肥沃的土壤最适于资本主义生产方式的生长。资本主义生产方式以人对自然的支配为前提。过于富饶自然'使人离不开自然的手，就像小孩子离不开引带一样'。它不能使人自身的发展成为一种自然必然性。资本的祖国不是草木繁茂的热带，而是温带。不是土壤的绝对肥力，而是它的差异性和它的自然产品的多样性，形成社会分工的自然基础，并且通过人所处的自然环境的变化，促使他们自己的需要、能力、劳动资料和劳动方式趋于多样化。社会地控制自然力，从而节约地利用自然力，用人力兴建大规模的工程占有或驯服自然力，——这种必要性在产业史上起着最有决定性的作用。"

"良好的自然条件始终只提供剩余劳动的可能性，从而只提供剩余价值或剩余产品的可能性，而决不能提供它的现实性。劳动的不同的自然条件使同一劳动量在不同的国家可以满足不同的需要量，因而在其他条件相似的情况下，使得必要劳动时间各不相同。这些自然条件只作为自然界限对剩余劳动发生影响，就是说，它们只确定开始为别人劳动的起点。产业越进步，这一自然界限就越退缩。"

"同历史地发展起来的社会劳动生产力一样，受自然制约的劳动生产力也表现为合并劳动的资本的生产力。"

【四、资产阶级政治经济学关于剩余价值起源的错误观点】

"李嘉图从来没有考虑到剩余价值的起源。他把剩余价值看作资本主义生产方式固有的东西，而资本主义生产方式在他看来是社会生产的自然形式。他在谈到劳动生产率的时候，不是在其中寻找剩余价值存在的原因，而只是寻找决定剩余价值量的原因。相反，他的学派公开宣称，劳动生产力是利润（应读作剩余价值）产生的原因。这无论如何总比重商主义者前进了一步，因为重商主义者认为，产品的价格超过产品生产费用而形成的余额是从交换中，从产品高于其价值的出售中产生的。不过对这个问题，李嘉图学派也只是回避，而没有解决。这些资产阶级经济学家实际上具有正确的本能，懂得过于深入地研究剩余价值的起源这个爆炸性问题是非常危险的。"

第十五章

劳动力价格和剩余价值的量的变化

【本章从量上考察劳动力价值（价格）和剩余价值的关系。工人劳动新创造的价值分为 v 和 m 两个部分，v 是工人在必要劳动时间再生产的劳动力价值，m 是工人在剩余劳动时间生产的剩余价值。考察这两个部分的量的比例及其变化，对于说明资本家和工人在社会产品的分配比例关系，具有重要意义。

劳动力价值（价格）和剩余价值的量的关系，涉及三个因素：劳动生产力、劳动强度和工作日长度。本章前三节分别考察其中一个因素的变化（假定其余两个因素不变），最后一节考察三个因素同时变化的情况。这三节的考察都假定：（1）商品是按照价值出售的；（2）劳动力的价格从不低于它的价值；（3）将由于个别价值和社会价值的差别所引起的问题撇开。】

第一节　工作日的长度和劳动强度不变（已定），
劳动生产力可变

"在这个假定下，劳动力的价值和剩余价值是由三个规律决定的：

第一，不论劳动生产率如何变化，从而不论产品量和单个商品的价格如何变化，一定长度的工作日总表现为相同的价值产品。"

【这个规律实际上是价值规律的另一种表述形式，说明商品价值总量是由生产它的工作日的总劳动时间决定的。劳动生产率的高低，不会影响一定时间内生产的商品价值总量，只会影响产品或使用价值的总量。】

"第二，劳动力的价值和剩余价值按照相反的方向变化。劳动生产力的变化，它的提高或降低，按照相反的方向影响劳动力的价值，按照相同的方向影响剩余价值。"

【这就是说，劳动生产力的提高会降低劳动力的价值，从而提高剩余价值；相反地，劳动生产力的下降会提高劳动力的价值，降低剩余价值。在现象形态上，劳动力价值表现为工资，剩余价值表现为利润。工资和利润是互成反比的。在资本主义制度下，劳动生产力的提高总是使劳动力价值降低，剩余价值（利润）增加，因而使工人阶级和资产阶级的社会鸿沟日益扩大。】

"第三，剩余价值的增加或减少始终是劳动力价值相应的减少或增加的结果，而决不是这种减少或增加的原因。"

"因为工作日是一个不变量，并表现为不变的价值量，因为剩余价值量的每一变化都有劳动力价值量的相反的变化与之相适应，又因为劳动力的价值只能随劳动生产力的变化而变化，所以很清楚，在这些条件下，剩余价值量的任何变化都是由劳动力价值量的相反的变化而引起的。"【这就是说，在劳动力价值和剩余价值按照相反方向的变化中，劳动力价值的变化是起决定作用的。】

"按照第三个规律，剩余价值量的变化是以劳动生产力的变化所引起的劳动力价值的变动为前提的。剩余价值量变化的界限是由劳动力价值的新的界限决定的。"

"劳动力的价值是由一定量的生活资料的价值决定的。随着劳动生产力的变化而变化的，是这些生活资料的价值，而不是它们的量。在劳动生产力提高时，工人和资本家的生活资料量本身可以同时按照同样的比例增长，而劳动力价格和剩余价值之间不发生任何量的变化。""在劳动生产力提高时，劳动力的价格能够不断下降，而工人的生活资料量同时不断增加。但是相对地说，即同剩余价值比较起来，劳动力的价值还是不断下降，从而工人和资本家的生活状况之间的鸿沟越来越深。"

第二节　工作日和劳动生产力不变，
劳动强度可变

"劳动强度的提高是以在同一时间内劳动消耗的增加为前提的。因此，一个强度较大的工作日比一个时数相同但强度较小的工作日体现为更多的产品。""由于产品所费的劳动同以前一样，单个产品的价值保持不变。在这种情况下……随着产品数量的增加，它们的价格总额也就增大"。"可见，在劳动时数不变的情况下，强度较大的工作日就体现为较多的价值产品，因而，在货币价值不变的情况下，也就体现为较多的货币。""这个价值产品的两个部分，即劳动力的价格和剩余价值可以同时按照相同的或不同的程度增加。"

"只有在有关的产业部门的产品加入工人的日常消费的情况下，劳动生产率的变化才能引起劳动力价值量的变化，从而引起剩余价值量的变化。这种限制在这里（即对于劳动强度的变化）是不适用的。不论劳动量在外延上还是在内涵上发生变化，劳动的价值产品量总要与劳动量的变化相适应而发生变化，而不管这个价值借以体现的物品有怎样的性质。"【这就是说，劳动强度变化是劳动内涵量的变化，同延长工作日的劳动外延量的变化一样，都会使劳动的价值产品的量随着劳动量的变化而发生相适应的变化，而不管这个价值借以体现的物品是否与工人的日常生活资料有关。】

"如果一切产业部门的劳动强度都同时相等地提高，新的提高了的强度就成为普通的社会的正常强度，因而不再被算作外延量。但是甚至在这种情况下，平均的劳动强度在不同的国家仍然是不同的，因而会使价值规律在不同国家的工作日上的应用有所变化。一个国家的强度较大的工作日，比另一个国家的强度较小的工作日，表现为更大的货币额。"

第三节　劳动生产力和劳动强度不变，
工作日可变

"工作日可以向两个方向变化。它可以缩短或者延长。"

1. 工作日的缩短："在假定条件下，即在劳动生产力和劳动强度不变时，工作日的缩短不会使劳动力价值，从而不会使必要劳动时间发生变化。它会缩小剩余劳动和剩余价值。随着剩余价值的绝对量的下降，它的相对量，即它同劳动力价值的不变量相比的量也就下降。资本家只有把劳动力价格压低到它的价值以下，才能避免损失。"

"一切反对缩短工作日的陈词滥调，都认定这种现象是在这里所假设的条件下发生的，然而实际上正好相反：劳动生产率和劳动强度的变化，或者是在工作日缩短以前，或者是紧接着在工作日缩短以后发生的。"【因而，剩余价值的绝对量和相对量并不会下降。】

"2. 工作日的延长"："因为工作日借以表现的价值产品随着工作日的延长而增加，所以劳动力的价格和剩余价值可以同时等量地或不等量地增长。"

"随着工作日的延长，劳动力的价格尽管名义上不变，甚至有所提高，还是可能降到它的价值以下。我们记得，劳动力的日价值是根据劳动力的正常的平均持续时间或工人的正常的寿命来计算的，并且是根据从生命物质到运动的相应的、正常的、适合人体性质的转变来计算的。与工作日的延长密不可分的劳动力的更大损耗，在一定点内，可以用增多的报酬来补偿。超过这一点，损耗便以几何级数增加，同时劳动力再生产和发挥作用的一切正常条件就遭到破坏。劳动力的价格和劳动力的剥削程度就不再是可通约的量了。"

第四节　劳动的持续时间、劳动生产力和劳动强度同时变化

"在这里可能有许多种组合。可能两个因素变化，一个因素不变，或者三个因素同时发生变化。它们可能在同一程度上或在不同程度上变化，可能向同一方向或相反的方向变化，以致它们的变化可以部分地或全部地互相抵消。""下面我们只简单地谈谈两种重要的情况。"

"1. 劳动生产力降低，同时工作日延长：

这里所谈的劳动生产力的降低，是指这样一些劳动部门，它们的产品决定劳动力的价值。由于土壤肥力下降以及农产品相应涨价所引起的劳动生产力的降低，就是一个例子。""在劳动生产力降低和工作日同时延长的情况下，即使剩余价值的比例量降低，它的绝对量仍可保持不变；即使剩余价值的绝对量增加，它的比例量仍可保持不变；并且，工作日延长到一定的程度时，剩余价值的比例量

和绝对量都可能增加。"

"2. 劳动强度和劳动生产力提高，同时工作日缩短：

劳动生产力的提高和劳动强度的增加，从一方面来说，起着同样的作用。二者都会增加任何一段时间内所生产的产品总额。因此，二者都能缩短工人生产自己的生活资料或其等价物所需要的工作日部分。工作日的绝对最低界限，总是由工作日的这个必要的但能缩减的部分形成。如果整个工作日缩小到这个必要的部分，那么剩余劳动就消失了，这在资本的制度下是不可能发生的。只有消灭资本主义生产形式，才允许把工作日限制在必要劳动上。但是，在其他条件不变的情况下，必要劳动将会扩大自己的范围。一方面，是因为工人的生活条件将会更加丰富，他们的生活要求将会增大。另一方面，是因为现在的剩余劳动的一部分将会列入必要劳动，即形成社会准备基金和社会积累基金所必要的劳动。"

"劳动生产力越是增长，工作日就越能缩短；而工作日越是缩短，劳动强度就越能增加。从社会的角度来看，劳动生产率还随同劳动的节约而增长。这种节约不仅包括生产资料的节约，而且还包括一切无用劳动的免除。资本主义生产方式迫使每一个企业实行节约，但是它的无政府状态的竞争制度却造成社会生产资料和劳动力的最大的浪费，而且也产生了无数现在是必不可少的、但就其本身来说是多余的职能。"

"在劳动强度和劳动生产力已定的情况下，劳动在一切有劳动能力的社会成员之间分配得越平均，一个社会阶层把劳动的自然必然性从自身上解脱下来并转嫁给另一个社会阶层的可能性越小，社会工作日中用于物质生产的必要部分就越小，从而用于个人的自由活动，脑力活动和社会活动的时间部分就越大。从这一方面来说，工作日的缩短的绝对界限就是劳动的普遍化。在资本主义社会里，一个阶级享有自由时间，是由于群众的全部生活时间都转化为劳动时间了。"

第十六章

剩余价值率的各种公式

【本章是《资本论》第一卷中篇幅最短的一章，中心是论述剩余价值率的公式，批评古典经济学在这个问题上的混乱。】

【古典经济学混淆了以下两组公式：】

"我们已经知道，剩余价值率是用下列公式来表示的：

$$\text{I}.\ \frac{\text{剩余价值}}{\text{可变资本}}\left(\frac{m}{v}\right) = \frac{\text{剩余价值}}{\text{劳动力价值}} = \frac{\text{剩余价值}}{\text{必要劳动}}。$$

前两个公式是价值的比率，第三个公式是生产这些价值所需要的时间的比率，它们表示同一个东西。这些互相替代的公式在概念上是严格的。"【这一组公式正确地表现出剩余价值和可变资本之间的关系，是一种有机的关系，正确地显示了资本对劳动的剥削程度。】

"在古典政治经济学中"，"我们看到的是下列派生的公式：

$$\text{II}.\ \frac{\text{剩余劳动}}{\text{工作日}} = \frac{\text{剩余价值}}{\text{产品价值}} = \frac{\text{剩余产品}}{\text{总产品}}。$$

这里，同一个比率交替地在劳动时间的形式上，在劳动时间借以体现的价值的形式上，在这些价值借以存在的产品的形式上表现出来。不言而喻，这里所说的产品价值只能理解为工作日的价值产品，产品价值的不变部分不包括在内。"

【古典政治经济学的派生公式所表示的劳动剥削程度是虚假的】

"在所有这些公式中，实际的劳动剥削程度或剩余价值率是虚假地被表现出来的。假定工作日为 12 小时，根据我们前面例子的其他各项假设，在这种情况下，实际的劳动剥削程度表现为如下的比率：

$$\frac{6\ \text{小时剩余劳动}}{6\ \text{小时必要劳动}} = \frac{3\ \text{先令剩余价值}}{3\ \text{先令可变资本}} = 100\%。$$

但是，根据公式 II，我们却得出：

$$\frac{6\ 小时剩余劳动}{12\ 小时工作日} = \frac{3\ 先令剩余价值}{6\ 先令价值产品} = 50\%。$$

"这两个派生的公式实际上表示工作日或其价值产品按怎样的比例在资本家和工人之间进行分配。因此，如果把这些公式看作资本自行增殖程度的直接表现，就会得出一个虚假的规律：剩余劳动或剩余价值决不能达到100%。因为剩余劳动始终只能是工作日一个部分，或剩余价值始终只能是价值产品的一部分，所以剩余劳动必然始终小于工作日，或剩余价值必然始终小于价值产品。二者必须相等，才能达到$\frac{100}{100}$的比率。""更不能提高到$\frac{100+x}{100}$。但剩余价值率或实际的劳动剥削程度完全能够达到这种程度。"据有学者计算，"英国农业工人的剩余劳动和必要劳动之比是3∶1，剥削率是300%。"

【澄清把价值产品分为劳动力价值和剩余价值两个部分的误解】

"把剩余价值和劳动力价值表现为价值产品的两部分——顺便提一下，这种表现方式是从资本主义生产方式本身中产生的，它的意义将在以后加以说明——掩盖了资本关系的特殊性质，即掩盖了可变资本与活劳动力的交换，以及与此相适应的工人与产品的分离。代替的是一种协同关系的假象，仿佛工人和资本家在这种协同关系中是按照产品的不同形成要素的比例来分配产品的。"【这就是说，实际上工人的劳动力出卖给资本家以后，劳动过程的产品和新创造的价值都属于资本家，其中一部分抵偿可变资本，另一部分构成剩余价值，是资本家利润的来源。】

【澄清无酬劳动与有酬劳动之比这个公式引起的误解】

"我在前面已经顺便提到的第三个公式是：

Ⅲ. $\frac{剩余价值}{劳动力价值} = \frac{剩余劳动}{必要劳动} = \frac{无酬劳动}{有酬劳动}。$

"$\frac{无酬劳动}{有酬劳动}$这个公式会引起一种误解，好像资本家是向劳动而不是向劳动力支付报酬，但是这种误解经过前面的说明已经消除了。$\frac{无酬劳动}{有酬劳动}$这个公式只是$\frac{剩余劳动}{必要劳动}$这个公式的通俗表述。资本家支付劳动力价值或偏离这一价值的劳动力价格，在交换中取得对活劳动力本身的支配权。他对这种劳动力的利用分为两个时期。在一个时期，工人只生产一个等于他的劳动力价值的价值，因而只生产一个等价物。这样，资本家预付出劳动力的价格，得到一个价格相等的产品。""而在剩余劳动期间，劳动力的利用为资本家创造出无须他付出代价的价值。他无偿地获得了劳动力的这种利用。在这个意义上，剩余劳动可以称为无酬劳动。"

"因此……一切剩余价值，不论它后来在利润、利息、地租等等哪种特殊形态上结晶起来，实质上都是无酬劳动时间的化身。资本自行增殖的秘密归结为资本对别人的一定数量的无酬劳动的支配权。"

第 六 篇
工　资

【第六篇论述的工资理论，是剩余价值理论的重要部分。在资本主义社会的表面上，工资表现为劳动的价值或价格，是一个掩盖资本和雇佣劳动关系本质的表现形式的范畴。在前几篇已经揭开剩余价值的起源和本质之后，本章回过头来揭示工资的本质，即工资是劳动力价值或价格的转化形式；工人在劳动过程中所创造的价值大于劳动力的价值，工资只是工人在必要劳动时间创造的价值，却表现为全部劳动都获得了报酬。在这里，马克思的重大理论贡献是把劳动力和劳动区分开来。亚当·斯密和李嘉图正是没有这种区分而使其劳动价值理论陷入了困境。马克思指出："劳动力的价值和价格转化为工资形式，即转化为劳动本身的价值和价格，具有决定性的重要意义。这种表现形式掩盖了现实关系，正好显示出它的反面。工人和资本家的一切法的观念，资本主义生产方式的一切神秘性，这一生产方式所产生的一切自由幻觉，庸俗经济学的一切辩护遁词，都是以这个表现形式为依据的。"因此，揭穿工资形式所产生的幻觉和假象具有重大意义。】

第十七章

劳动力的价值或价格转化为工资

【本章是第六篇最重要的一章，主要论述三个问题：一是论述劳动和劳动力的区别，劳动不是商品，劳动是价值的源泉，但它本身没有价值；工人出卖给资本家的是劳动力，而不是劳动；工资是劳动力价值或价格转化的表现形式；这种不合理的表现形式掩盖了资本和雇佣劳动关系的本质。二是分析古典经济学虽然几乎接触到这个问题的真实情况，但是由于他们的资产阶级立场，使其陷入了混乱和矛盾之中，不能真正解决问题。三是考察劳动力的价值或价格表现为它的转化形式，即表现为工资的原因。】

【工人出卖的是劳动力而不是劳动】

"在资产阶级社会的表面上，工人的工资表现为劳动的价格，表现为对一定量劳动支付的一定量货币。在这里，人们说劳动的价值，并把它的货币表现叫作劳动的必要价格或自然价格。另一方面，人们说劳动的市场价格，也就是围绕着劳动的必要价格上下波动的价格。"【但是，工资表现为劳动的价格，这是一种假象。因为工人出卖的是劳动力，而不是劳动。】

首先，"劳动要作为商品在市场上出卖，无论如何必须在出卖以前就已存在。但是，如果工人能使他的劳动独立存在，他出卖的就是商品，而不是劳动。"【这就是说，劳动是劳动力发挥作用的过程，必须以具备劳动工具、劳动对象等生产资料为前提。没有生产资料，劳动是不能存在的。而工人出现在劳动市场上，正是因为他们没有生产资料。反过来说，如果工人能够把劳动作为商品在市场上出卖，那么，工人必须拥有生产资料，才能使他的劳动在出卖以前就已经独立存在。如果是这样，工人出卖的就是商品，而不是劳动了。】

"撇开这些矛盾不说，货币即对象化劳动同活劳动的直接交换，也会或者消灭那个正是在资本主义生产的基础上才自由展开的价值规律，或者消灭那种正是以雇佣劳动为基础的资本主义生产本身。"【这就是说，如果资本家是用作为物化劳动的货币同工人的活劳动直接交换，那么，或者只有通过不等价交换才能获得剩余价值（利润），这必然要破坏价值规律；或者资本家按照价值规律同工人进行等价交换，这样，剩余价值就不可能产生，从而资本主义生产的基础也就被消灭了。】

"实际上，在商品市场上同货币占有者直接对立的不是劳动，而是工人。工人出卖的是他的劳动力。当工人的劳动实际上开始了的时候，它就不再属于工人了，因而也就不能再被工人出卖了。劳动是价值的实体和内在尺度，但是它本身没有价值。"

"在'劳动的价值'这个用语中，价值概念不但完全消失，而且转化为它的反面。这是一个虚幻的用语，就像土地的价值一样。但是这类虚幻的用语是从生产关系本身中产生的。它们是本质关系的表现形式的范畴。事物在其现象上往往颠倒地表现出来，这是几乎所有的科学都承认的，只有政治经济学例外。"【例外，指没有承认这一点。】

【古典经济学在"劳动的价值"上陷入了困境】

"古典政治经济学毫无批判地从日常生活中借用了'劳动的价格'这个范畴，然后提出问题：这一价格是怎样决定的？它马上认识到，供求关系的变化，对于劳动的价格也像对于一切其他商品的价格一样，无非是说明价格的变化，也就是说明市场价格围绕着一定的量上下波动。如果供求相抵，而其他条件不变，价格的波动就会停止。而这时，供求也不再说明任何东西了。在供求相抵时，劳动的价格就是它的不依赖供求关系来决定的价格，即它的自然价格，而这个价格才真正是应当分析的对象。""这个支配着和调节着劳动的偶然市场价格的价格，即劳动的'必要价格'（重农学派）或'自然价格'（亚当·斯密），也像在其他商品的场合一样，只能是用货币表现的劳动的价值。政治经济学以为用这种办法就可以通过劳动的偶然价格进到劳动的价值。然后认为，这一价值也和其他商品的场合一样，是由生产费用来决定的。但是生产费用——工人的生产费用，即用来生产或再生产工人本身的费用，又是什么呢？这个问题在政治经济学上是不自觉地代替了原来的问题，因为政治经济学在劳动本身的生产费用上只是兜圈子，没有前进一步。可见，政治经济学称为劳动的价值的东西，实际上就是劳动力的价值；劳动力存在于工人身体内，它不同于它的职能即劳动，正如机器不同于机器的运转一样。""古典政治经济学没有意识到自己的分析所得出的这个结果，毫无批判地采用'劳动的价值'，'劳动的自然价格'等等范畴，把它们当作所考察的价值关系的最后的、适当的用语，结果就像我们在下面将要看到的那样，陷入了无法解决的混乱和矛盾中，同时为庸俗经济学的在原则上只忠于假象的浅薄性提供了牢固的活动基础。"

【劳动力的价值或价格转化为工资形式，会具有决定性的重要意义】

"现在，我们首先来考察一下，劳动力的价值和价格是怎样表现为它的转化形式，即表现为工资的。"

"我们知道，劳动力的日价值是根据工人的一定的寿命来计算的，而同工人的一定的寿命相适应的是一定长度的工作日。假定一个普通工作日是 12 小时，劳动力的日价值是 3 先令，而这 3 先令是一个体现 6 个劳动小时的价值的货币表现。如果工人获得了 3 先令，他就获得了他的在 12 小时内执行职能的劳动力的价值。现在如果劳动力的这个日价值当作日劳动的价值来表现，那就会得出这样一个公式：12 小时的劳动有 3 先令价值。这样一来，劳动力的价值就决定劳动的价值，或者用货币来表现，就决定劳动的必要价格。如果劳动力的价格同它的价值相偏离，那么劳动的价格也就会同它的所谓价值相偏离。"

"既然劳动的价值只是劳动力的价值的不合理的用语，那么不言而喻，劳动的价值必定总是小于劳动的价值产品，因为资本家总是使劳动力执行职能的时间超过再生产劳动力本身的价值所需要的时间。在上述例子中，在 12 小时内执行职能的劳动力的价值是 3 先令，为了再生产这一价值，劳动力需要执行职能 6 小时。可是劳动力的价值产品是 6 先令，因为劳动力实际上执行职能是 12 小时，而劳动力的价值产品不是由劳动力本身的价值决定的，而是由劳动力执行职能的时间长短来决定的。这样，我们就会得到一个一看就是荒谬的结果：创造 6 先令价值的劳动有 3 先令价值。"

"其次，我们看到，体现工作日的有酬部分即 6 小时劳动的 3 先令价值，表现为包括 6 小时无酬劳动在内的整个 12 小时工作日的价值或价格。于是，工资的形式消灭了工作日分为必要劳动和剩余劳动、分为有酬劳动和无酬劳动的一切痕迹。全部劳动都表现为有酬劳动。在徭役劳动下，服徭役者为自己的劳动和为地主的强制劳动在空间上和时间上都是明显地分开的。在奴隶劳动下，连奴隶只是用来补偿他本身的生活资料的价值的工作日部分，即他实际上为自己劳动的工作日部分，也表现为为主人的劳动。他的全部劳动都表现为无酬劳动。相反地，在雇佣劳动下，甚至剩余劳动或无酬劳动也表现为有酬劳动。在奴隶劳动下，所有权关系掩盖了奴隶为自己的劳动，而在雇佣劳动下，货币关系掩盖了雇佣工人的无代价劳动。"

"因此可以懂得，为什么劳动力的价值和价格转化为工资形式，即转化为劳动本身的价值和价格，具有决定性的重要意义。这种表现形式掩盖了现实关系，正好显示出它的反面。工人和资本家的一切法的观念，资本主义生产方式的一切神秘性，这一生产方式所产生的一切自由幻觉，庸俗经济学的一切辩护遁词，都是以这个表现形式为依据的。"

【劳动力的价值或价格表现为工资形式的原因】

"如果说世界历史需要经过很长时间才揭开工资的秘密，那么相反地，要了解这种表现形式的必然性、存在的理由，却是再容易不过的了。"【这就是说，在马克思揭开工资这一表现形式的内在本质的秘密之前，世界历史经过了很长的时间；而工资本质的秘密一旦揭开，了解这种表现形式的必然性及其存在的原因，就再容易不过的了。劳动力的价值和价格转化为劳动本身的价值和价格这种不合理形式的原因是：】

首先，"资本和劳动的交换，在人们的感觉上，最初完全同其他一切商品的买卖一样。买者付出一定数额的货币，卖者付出与货币不同的物品。"

"其次，因为交换价值和使用价值本身是不可通约的量，所以，'劳动的价值'、'劳动的价格'这种用语，似乎并不比'棉花的价值'、'棉花的价格'这种用语更不合理。"

第三，"况且，工人是在提供自己的劳动以后被支付报酬的。而货币在其充当支付手段的职能上，是在事后才实现所提供的物品的价值或价格的，在这里就是实现所提供的劳动的价值或价格。"

第四，"工人提供给资本家的'使用价值'，实际上不是他的劳动力，而是劳动力的职能，即一定的有用劳动，裁缝劳动，鞋匠劳动，纺纱劳动等等。至于这种劳动本身另一方面又是形成价值的一般要素，具有一种使它同一切其他商品相区别的属性，这一点却是普通意识所不能领会的。"

第五，从工人的方面看，"劳动力的价值可以随着他的日常生活资料的价值的变化而变化"，"或者他的劳动力的价值不变，它的价格可以因供求关系的变化提高或降低"。"在他看来，他所获得的等价物的量的任何变化，都必然表现为他的 12 劳动小时的价值或价格的变化"。"因而对工人来说，同一个工作日会表现为较多或较少的货币。"

第六，"另一方面我们拿资本家来说，他无疑希望用尽量少的货币换取尽量多的劳动。因此，他实际上所关心的只是劳动力的价格和劳动力执行职能时所创造的价值之间的差额。但是，他力图尽可能便宜地购买一切商品，并且总是把低于价值购买和高于价值出售这一纯粹欺诈行为说成是他的利润的来源。因而，他理解不到，如果劳动的价值这种东西确实存在，而且他确实支付了这一价值，那么资本就不会存在，他的货币也就不会转化为资本。"

第七，"工资的实际运动显示出一些现象，似乎证明被支付的不是劳动力的价值，而是它的职能即劳动本身的价值。这些现象可以归纳为两大类：第一，工资随着工作日长度的变化而变化。""第二，执行同一职能的不同工人的工资之间存在着个人的差别。"

"总之，就'劳动的价值和价格'或'工资'这个表现形式不同于它所表现的本质关系，即劳动力的价值和价格而言，我们关于一切表现形式和隐藏在它们背后的基础所说的话，也是适用的。前者是直接地、自发地、作为流行的思维形式再现出来的，而后者只有科学才能揭示出来。古典政治经济学几乎接触到事物的真实状况，但是没有自觉地把它表述出来。只要古典政治经济学附着在资产阶级的皮上，它就不可能做到这一点。"

第十八章
计时工资

【前一章已经说明，表现为"劳动的价值或价格"的工资，是掩盖本质关系的表面现象，而隐藏在表象背后的本质，即劳动力的价值或价格，只有经过科学研究才能揭示出来。本章是在揭示工资的实质之后，再来考察工资的形式，从而对资本主义剥削的方式及程度作进一步的分析。

工资本身采取各种各样的形式，占统治地位的是两种基本形式：计时工资和计件工资。其中，计时工资是最基本的，计件工资是计时工资的转化形式。】

"劳动力总是按一定时期来出卖的。因此，直接表现劳动力的日价值、周价值等等的转化形式，就是'计时工资'的形式，也就是日工资等等。"

"首先应当指出，在第十五章叙述过的关于劳动力价格和剩余价值的量的变化的规律，只需改变一下形式，就转化为工资规律。同样，劳动力的交换价值和由这个价值转变成的生活资料的量之间的区别，现在表现为名义工资和实际工资之间的区别。"以下"只限于说明计时工资的若干特点"。

"工人靠日劳动、周劳动等等得到的货币额，形成他的名义的即按价值计算的工资额。但是很明显，依照工作日的长短，即依照工人每天提供的劳动量，同样的日工资或周工资等等可以代表极不相同的劳动价格，也就是说，可以代表对同量劳动所支付的极不相同的货币额。因而，在考察计时工资时必须再把工资总额，即日工资、周工资等等的总额和劳动价格区别开来。""劳动力的平均日价值除以平均工作日的小时数，就得出平均的劳动价格。"

"即使劳动价格不断下降，日工资、周工资等等仍然可以保持不变。""反之，即使劳动价格不变甚至下降，日工资或周工资也可以增加。""如果不是增加劳动的外延量而是增加劳动的内涵量，那也会得到同样的结果。因此，在名义上的日工资或周工资提高的同时，劳动价格可以不变或下降。这也适用于工人家庭的收入，只要家长提供的劳动量是靠家庭成员的劳动而增加的。因此，存在着不减少名义上的日工资或周工资而降低劳动价格的各种方法。"

"一般的规律就是：如果日劳动、周劳动等等的量已定，那么日工资或周工资就决定于劳动价格，而劳动价格本身或者是随着劳动力的价值而变化，或者是随着劳动力的价格与其价值的偏离而变化。反之，如果劳动价格已定，那么日工资或周工资就决定于日劳动或周劳动的量。计时工资的计量单位，即一个劳动小时的价格，是劳动力的日价值除以普通工作日的小时数所得之商。"

"在一个产业部门内，工作日越长，工资就越低，这是人所共知的事实。""从'在劳动价格已定时，日工资或周工资决定于所提供的劳动量'这一规律中首先可以得出这样的结论：劳动价格越低，工人为了保证得到哪怕是可怜的平均工资而付出的劳动量必然越大，或者说，工作日必然越长。劳动价格的低廉在这里起了刺激劳动时间延长的作用。""但是，劳动时间的延长反过来又会引起劳动价格的下降，从而引起日工资或周工资的下降。"

"劳动价格由$\dfrac{\text{劳动力的日价值}}{\text{一定小时数的工作日}}$来决定这个事实表明：如果没有任何补偿，单是工作日的延长就会降低劳动价格。""如果一个人完成一个半人或两个人的工作，那么即使市场上劳动力的供给不变，劳动的供给还是增加了。由此造成的工人之间的竞争，使资本家能够压低劳动价格，而劳动价格的降低反过来又使他能够更加延长劳动时间。但是这种对异常的即超过社会平均水平的无酬劳动量的支配权，很快就会成为资本家本身之间的竞争手段。商品价格的一部分是由劳动价格构成的。劳动价格的无酬部分不需要计算在商品价格内。它可以赠送给商品购买者。这是竞争促成的第一步。竞争迫使完成的第二步是，至少把延长工作日而产生的异常的剩余价值的一部分也不包括在商品的出售价格中。异常低廉的商品出售价格就是以这样的方式形成的，最初是偶然的，以后就逐渐固定下来，并且从此成为劳动时间过长而工资极低的不变基础，而原先这种出售价格却是这些情况所造成的结果。我们只是指出这一运动，因为分析竞争不是这里要做的事情。"

第十九章

计件工资

【本章主要说明两个问题：第一，计件工资是计时工资的转化形式；第二，计件工资是最适合资本主义生产方式的工资形式。】

【计件工资是计时工资的转化形式】

"在实行计件工资的情况下，乍一看来，似乎工人出卖的使用价值不是他的劳动力的职能即活的劳动，而是已经对象化在产品中的劳动，似乎这种劳动的价格不是像计时工资那样，由$\dfrac{劳动力的日价值}{一定小时数的工作日}$这个分数来决定，而是由生产者的工作效率来决定的。"

其实这是一种假象。"工资支付形式的区别丝毫没有改变工资的本质，虽然其中一种形式可以比另一种形式更有利于资本主义生产的发展。"

【计件工资的形式同计时工资的形式一样，是劳动力价值或价格转化的不合理的表现形式。】"在实行计时工资的情况下，劳动由劳动的直接的持续时间来计量；在实行计件工资的情况下，则由在一定时间内劳动所凝结成的产品的数量来计量。劳动时间本身的价格最终决定于这个等式：日劳动价值 = 劳动力的日价值。因此，计件工资只是计时工资的转化形式。"

【这就是说，计件工资是以计时工资为基础换算出来的。只要把按劳动时间支付的工资，换算成按该劳动时间内所生产的产品件数，按件数支付工资，就变成计件工资。所以，计件工资只是计时工资的转化形式。】

【计件工资是最适合资本主义生产的工资形式】

【计件工资的以下特点，使它更有利于资本主义生产的发展，比计时工资更有利于资本家，而不利于工人。】

一是实行计件工资情况下，"劳动的质量是由产品本身来控制的，产品必须具有平均的质量，计件价格才能得到完全的支付。从这方面说，计件工资是克扣工资和进行资本主义欺诈的最丰富的源泉。"

二是"计件工资给资本家提供了一个十分确定的计算劳动强度的尺度。只有体现在一个预先规定的并由经验确定的商品量中的劳动时间，才被看作是社会必要劳动时间，并当作这种劳动时间来支付报酬。""如果工人没有平均的工作效率，因而不能提供一定的最低限度的日劳动，他就会被解雇。"

三是"既然劳动的质量和强度在这里是由工资形式本身来控制的，那么对劳动的监督大部分就成为多余的了。因此，计件工资的形式既形成前面所说的现代家庭劳动的基础，也形成层层剥削和压迫的制度的基础。"

四是"实行了计件工资，很自然，工人的个人利益就会使他尽可能紧张地发挥自己的劳动力，而这使资本家容易提高劳动强度的正常程度。同样，延长工作日也是工人的个人利益之所在，因为这样可以提高他的日工资或周工资。""即使在计件工资保持不变的情况下，工作日的延长本身就包含着劳动价格的下降。"

"因此，计件工资有一种趋势，就是在把个别工资提高到平均水平以上的同时，把这个水平本身降低。但是，在某种计件工资根据长期的传统已经固定下来，因而特别难以降低的地方，雇主就会破例地把计件工资强行转化为计时工资。""最后，计件工资是上一章叙述的计时制的一个主要支柱。"

"从以上所述可以得出：计件工资是最适合资本主义生产方式的工资形式。"

第二十章

工资的国民差异

【**本章考察工资的国民差异，也就是不同国家之间的工资差异**】

【**比较不同国家之间的国民工资差异，必须考虑到决定劳动力的价值量变化的一切因素。**】

"我们已经说过，只要把劳动力的价值或价格换成外在的工资形式，那里的一切规律就会转化为工资运动的规律。在这一运动中表现为各种变动着的组合的情况，对于不同的国家说来，会表现为各个国民工资的同一时期的差异。因此，在比较国民工资时，必须考虑到决定劳动力的价值量的变化的一切因素：自然的和历史地发展起来的首要的生活必需品的价格和范围；工人的教育费用；妇女劳动和儿童劳动的作用，劳动生产率，劳动的外延量和内涵量。"【**这就是前面第十五章《劳动力价格和剩余价值的量的变化》考察过的情形**】"即使作最肤浅的比较，首先也要求把不同国家同一行业的平均日工资化为长度相等的工作日。在对日工资作了这样换算以后，还必须把计时工资换算为计件工资，因为只有计件工资才是计算劳动生产率和劳动内涵量的尺度。"

【**劳动强度、劳动生产率和工资的关系**】

"每一个国家都有一个中等的劳动强度，在这个强度以下的劳动，在生产一个商品时所耗费的时间要多于社会必要劳动时间，所以不能算作正常质量的劳动。在一个国家内，只有超过国民平均水平的强度，才会改变单纯按劳动的持续时间进行的价值计量。在以各个国家作为组成部分的世界市场上，情形就不同了。国家不同，劳动的中等强度也就不同；有的国家高些，有的国家低些。于是各国的平均数形成一个阶梯，它的计量单位是世界劳动的平均单位。因此，强度较大的国民劳动比强度较小的国民劳动，会在同一时间内生产出更多的价值，从而表现为更多的货币。"

"但是，价值规律在其国际范围的应用，还会由于下述情况而发生更大的变化：只要生产效率较高的国家没有因竞争而被迫把它们的商品的出售价格降低到和商品的价值相等的程度，生产效率较高的国民劳动在世界市场上也被算作强度较大的劳动。"

"一个国家的资本主义生产越发达，那里的国民劳动的强度和生产率，就越超过国际水平。因此，不同国家在同一劳动时间内所生产的同种商品的不同量，有不同的国际价值，从而表现为不同的价格，即表现为按各自的国际价值而不同的货币额。所以，货币的相对价值在资本主义生产方式较发达的国家里，比在资本主义生产方式不太发达的国家里要小。"【这就是说，在世界市场上，发达国家由于国民劳动的强度和生产率超过国际平均水平，因而同一劳动时间内所生产的同种商品具有更多的国际价值，并表现为更多的货币额。但与此不同的是，在同一国家内，只有超过国民平均水平的劳动强度，才会改变单纯按劳动的持续时间进行的价值计量。因此在国内市场，较发达国家在同一劳动时间所生产的价值，比它在世界市场的国际价值要小。而较不发达国家的情况正好相反。所以，货币的相对价值，在资本主义生产方式较发达的国家里，比在不太发达的国家里要小。换句话说，就是较发达国家的物价水平，比不发达国家的物价水平要高。】"由此可以得出结论：名义工资，即表现为货币的劳动力的等价物，在前一种国家会比后一种国家高；但这决不是说，实际工资即供工人支配的生活资料也是这样。"【这就是说，发达国家的工人的货币工资比不发达国家工人的货币工资高得多，但这并不是表示，发达国家工人的实际工资也高出这么多。因为在发达国家里，供工人支配的生活资料的相对价格水平比不发达国家高。】

"但是，即使撇开不同国家货币价值的这种相对差异，也常常可以发现，日工资、周工资等等在前一种国家比在后一种国家高，而相对的劳动价格，即同剩余价值和同产品价值相比较的劳动价格，在后一种国家比前一种国家高。"【这就是说，发达国家工人的工资，从绝对数额看，显然比不发达国家工人的工资高得多，而相对工资，即同工人创造的剩余价值和产品价值相比较的相对工资，却是后者比前者高。这是因为劳动生产率的提高会使劳动力的价值降低，从而缩短工人的必要劳动时间，相应增加剩余劳动的时间，这正是相对剩余价值生产的秘密。所以，发达国家的劳动生产率高，反而使工人的相对工资

降低。】

　　马克思引用英国工厂视察员报告中的统计材料，说明英国每个工人的平均纱锭数比别的国家多得多，甚至比有的国家多几倍。所以有调查报告得出如下结论："英国的工资虽然对于工人说来可能比大陆高，但是对于工厂主说来，实际上比大陆低"。

第 七 篇
资本的积累过程

【《资本论》第一卷以剩余价值的生产为中心，先后论述三个部分的内容：一是研究商品和货币，创立劳动价值理论和货币理论，为研究剩余价值生产奠定了理论基础。二是研究货币转化为资本和剩余价值生产本身及其两种方式：绝对剩余价值的生产和相对剩余价值的生产，以及工资形式的本质。三是研究剩余价值转化为资本，即资本的积累。这是把资本主义生产当作一个连续不断的过程（而不是当作孤立的过程）来考察，进一步揭示资本主义生产关系再生产的本质和规律。恩格斯在1867年8月26日致马克思的信中说："关于积累的一章非常出色。"列宁也说："马克思对资本积累的分析是极其重要的和新颖的。"

马克思在第七篇中论述了资本的积累过程，阐明了资本是怎样从剩余价值产生的，揭示了资本积累的本质、一般规律和历史趋势。第七篇共分五章，分别考察简单再生产（第二十一章），剩余价值转化为资本即规模扩大的再生产（第二十二章），资本主义积累的一般规律（第二十三章），所谓原始积累（第二十四章），现代殖民理论（第二十五章）。

在二十一章前面有个简短的导论。马克思在导论里。进一步谈到了《资本论》的结构和布局。《资本论》第一版序言已经讲到，第一卷探讨资本的直接生产过程，第二卷探讨资本的流通过程，第三卷探讨资本主义生产总过程的各种形式。】

【第七篇的导论指出】"一个货币额转化为生产资料和劳动力，这是要执行资本职能的价值量所完成的第一运动。这个运动是在市场上，在流通领域内进行的。运动的第二阶段，生产过程，在生产资料转化为商品时就告结束，这些商品的价值大于其组成部分的价值，也就是包含原预付资本加上剩余价值。接着，这些商品必须再投入流通领域。必须出售这些商品，把它们的价值实现在货币上，把这些货币又重新转化为资本，这样周而复始地不断进行。这种不断地通过同一些连续阶段的循环，就形成资本流通。"

"生产剩余价值即直接从工人身上榨取无酬劳动并把它固定在商品上的资本家，是剩余价值的第一个占有者，但决不是剩余价值的最后所有者。以后他还必须同在整个社会生产中执行其他职能的资本家，同土地所有者等等，共同瓜分剩余价值。因此，剩余价值分为各个不同的部分。它的各部分归不同类的人所有，并具有不同的、互相独立的形式，如利润、利息、商业利润、地租等等。剩余价值的这些转化形式在第三册里才能研究。"

第七篇"我们首先抽象地来考察积累，也就是把积累只看作直接生产过程的一个要素。此外，只要积累在进行，资本家就是在出售所生产的商品，并把出售商品所取得的货币再转化为资本。其次，剩余价值分为各个不同的部分，丝毫也不会改变它的性质以及使它成为积累要素的那些必要条件。不管资本主义生产者自己握有的或分给别人的剩余价值的比例如何，他总是最先占有剩余价值。""另一方面，剩余价值的分割和流通的中介运动模糊了积累过程的简单的基本形式。因此，对积累过程的纯粹的分析，就要求我们暂时抛开掩盖它的机制的内部作用的一切现象。"

第二十一章

简单再生产

【任何社会的生产过程都必须是连续不断的】

"不管生产过程的社会的形式怎样,生产过程必须是连续不断的,或者说,必须周而复始地经过同样一些阶段。一个社会不能停止消费,同样,它也不能停止生产。因此,每一个社会生产过程,从经常的联系和它不断更新来看,同时也就是再生产过程。"

"生产的条件同时也就是再生产的条件。任何一个社会,如果不是不断地把它的一部分产品再转化为生产资料或新生产的要素,就不能不断地生产,即再生产。在其他条件不变的情况下,社会在例如一年里所消费的生产资料,即劳动资料、原料和辅助材料,只有在实物形式上为数量相等的新物品所替换,社会才能在原有的规模上再生产或保持自己的财富,这些新物品要从年产品总量中分离出来,重新并入生产过程。因此,一定量的年产品是属于生产的。这部分本来供生产消费之用的产品,就采取的实物形式来说,大多数不适于个人消费。"

【消除资本主义生产仅仅作为孤立过程所具有的虚假特征】

"生产具有资本主义的形式,再生产也就具有同样的形式。在资本主义生产方式下,劳动过程只表现为价值增殖过程的一种手段,同样,再生产也只表现为把预付价值作为资本即作为自行增殖的价值来再生产的一种手段。""剩余价值作为资本价值的周期增加额或处在过程中的资本的周期果实,取得了来源于资本的收入的形式。"

"如果这种收入只是充当资本家的消费基金,或者说,它周期地获得,也周期地消费掉,那么,在其他条件不变的情况下,这就是简单再生产。虽然简单再生产只是生产过程在原来规模上的重复,但是这种单纯的重复或连续,赋予这个过程以某些新的特征,或者不如说,消除它仅仅作为孤立过程所具有的虚假特

征。"【这就是说，只有把资本主义生产当作连续不断的过程来考察，它的某些具有本质意义的特征才能揭露出来。】

【首先，把资本主义生产仅仅是当作一次孤立的过程来看，资本家支付给工人的工资，就好像是资本家自己所有的基金，是他在进行生产以前自己所有的资本的一部分。】"但是，工人只是在自己的劳动力发挥了作用，把它的价值和剩余价值实现在商品上以后，才得到报酬。因此，工人既生产了我们暂时只看作资本家的消费基金的剩余价值，也生产了付给他自己报酬的基金即可变资本，而后者是在它以工资形式流回到工人手里之前生产的，只有当他不断地再生产这种基金的时候，他才被雇用。""当然，资本家用货币把这个商品价值支付给工人。但这些货币不过是劳动产品的转化形式。当工人把一部分生产资料转化为产品的时候，他以前的一部分产品就再转化为货币。工人今天的劳动或下半年的劳动是用他上星期的劳动或上半年的劳动来支付的。只要我们不是考察单个资本家和单个工人，而是考察资本家阶级和工人阶级，货币形式所造成的错觉就会立即消失。资本家阶级不断地以货币形式发给工人阶级票据，让工人阶级用来领取由它生产而为资本家阶级所占有的产品中的一部分。工人也不断地把这些票据还给资本家阶级，以便从资本家阶级那里取得他自己的产品中属于他自己的那一部分。产品的商品形式和商品的货币形式掩饰了这种交易。"

"因此，可变资本不过是工人为维持和再生产自己所必需的生活资料基金或劳动基金的一种特殊的历史的表现形式；这种基金在一切社会生产制度下都始终必须由劳动者本身来生产和再生产。劳动基金所以不断以工人劳动的支付手段的形式流回到工人手里，只是因为工人自己的产品不断以资本的形式离开工人。但是劳动基金的这种表现形式丝毫没有改变这样一个事实：资本家把工人自己的对象化劳动预付给工人。"

"诚然，只有从生产过程的不断更新来考察资本主义生产过程，可变资本才会失去从资本家私人基金中预付的价值的性质。""然而，资本主义生产过程的单纯连续或者说简单再生产，还会引起其他一些特殊的变化，这些变化不仅影响资本的可变部分，而且影响整个资本。"

"如果1000镑资本周期地（例如每年）创造剩余价值200镑，而这些剩余价值每年又都被消费掉，那么很清楚，同一过程重复五年以后，所消费的剩余价值量＝5×200，也就是等于原预付资本价值1000镑。如果年剩余价值只是部分地被消费掉，例如只消费掉一半，那么，在生产过程重复10年以后，也会产生同样的结果"。"总之，预付资本价值除以每年所消费的剩余价值，就可以求出，经过若干年或者说经过若干个再生产期间，原预付资本就会被资本家消费掉，因而消失了。资本家认为，他所消费的是他人无酬劳动的产品即剩余价值，而保存了原资本价值，但这种看法绝对不能改变事实。""如果资本家把自己的预付资本的等价物消费掉，那么这些资本的价值不过只代表他无偿占有的剩余价值的总额。他的原有资本的任何一个价值原子都不复存在了。"

"因此，撇开一切积累不说，生产过程的单纯连续或者说简单再生产，经过一个或长或短的时期以后，必然会使任何资本都转化为积累的资本或资本化的剩余价值。即使资本在进入生产过程的时候是资本使用者本人挣的财产，它迟早也要成为不付等价物而被占有的价值，成为无酬的他人劳动在货币形式或其他形式上的化身。"【这就是说，从再生产即生产的不断循环中可以看清这样的事实：资本家用来支付给工人工资的可变资本，实际上并不是资本家自己的预付，而是工人在领工资之前的生产周期中创造的剩余价值。不仅可变资本是如此，而且资本家的全部资本，不管最初的来源怎样，在经过若干个再生产循环以后，也都是由资本家逐年占有的剩余价值所构成的。】

【资本主义再生产过程同时再生产资本关系本身】

"劳动产品和劳动本身的分离，客观劳动条件和主观劳动力的分离，是资本主义生产过程事实上的基础或起点。但是，起初仅仅是起点的东西，后来通过过程的单纯连续，即通过简单再生产，就作为资本主义生产本身的结果而不断重新生产出来，并且永久化了。一方面，生产过程不断地把物质财富转化为资本，转化为资本家的价值增殖手段和消费品。""工人本身不断地把客观财富当作资本，当作同他相异己的、统治他和剥削他的权力来生产"。"工人的这种不断再生产或永久化是资本主义生产的必不可少的条件。"

"工人的消费有两种。在生产本身中他通过自己的劳动消费生产资料，并把生产资料转化为价值高于预付资本价值的产品。这是他的生产消费。同时这也是购买他的劳动力的资本家对他的劳动力的消费。另一方面，工人把购买他的劳动力而支付给他的货币用于生活资料：这是他的个人消费。可见，工人的生产消费和个人消费是完全不同的。""前一种消费的结果是资本家的生存，后一种消费的结果是工人自己的生存。"

"工人往往被迫把自己的个人消费变成生产过程的纯粹附带的事情。""正像给蒸汽机添煤加水，给机轮上油一样。"

"只要我们考察的不是单个资本家和单个工人，而是资本家阶级和工人阶级，不是孤立的商品生产过程，而是在社会范围内不断进行的资本主义生产过程，情况就不同了。当资本家把自己一部分资本转变为劳动力时，他就由此增殖了自己的总资本。他一举两得。""用来交换劳动力的资本转化为生活资料，这种生活资料的消费是为了再生产现有工人的肌肉、神经、骨骼、脑髓和生出新的工人。因此，工人阶级的个人消费，在绝对必要的限度内，只是把资本用来交换劳动力的生活资料再转化为可供资本重新剥削的劳动力。这种消费是资本家最不可少的生产资料即工人本身的生产和再生产。""工人阶级的不断维持和再生产始终是资本再生产的条件。资本家可以放心地让工人维持自己和繁殖后代的本能去实现这个条件。他所操心的只是把工人的个人消费尽量限制在必要的范围之内"。

"因此，从社会角度来看，工人阶级，即使在直接劳动过程以外，也同死的劳动工具一样是资本的附属物。甚至工人阶级的个人消费，在一定限度内，也不过是资本再生产过程的一个要素。"

"因此，资本主义生产过程在本身的进行中，再生产出劳动力和劳动条件的分离。这样，它就再生产出剥削工人的条件，并使之永久化。它不断迫使工人为了生活而出卖自己的劳动力，同时不断使资本家能够为了发财致富而购买劳动力。""实际上，工人在把自己出卖给资本家之前就已经属于资本了。工人在经济上的从属地位，是通过他的卖身行为的周期更新、雇主的更换和劳动的市场价格的变动来实现的，同时又被这些事实所掩盖。"

"可见，资本主义生产过程，在联系中加以考察，或作为再生产过程加以考察时，不仅生产商品，不仅生产剩余价值，而且还生产和再生产资本关系本身：一方面是资本家，另一方面是雇佣工人。"

【简释：简单再生产是以原有规模不断重复进行的社会生产过程。资本积累是剩余价值再转化为资本，因而，积累就是资本以不断扩大的规模进行的再生产。追求越来越多剩余价值（利润）的动机，决定了资本家必须不断地扩大再生产，激烈的市场竞争的压力也迫使他必须这样做。既然资本主义生产的特征是扩大再生产，为什么要从简单再生产即从还没有发生积累过程开始研究呢？这是因为：首先，简单再生产并不是单纯的理论抽象，而是现实存在的，是扩大再生产的基础和现实因素，对简单再生产分析得出的一般结论也适用于扩大再生产。其次，在研究剩余价值转化为新资本之前，必须先研究原有资本的再生产过程。只要是在联系中考察，即作为再生产过程来考察，资本主义生产就不仅是物质资料的再生产，并且同时也是资本主义生产关系的再生产。先撇开扩大再生产，研究剩余价值连续不断再生产的前提条件和一般规律，可以避免因扩大再生产加进来而使问题分析复杂化。再者，虽然简单再生产只是生产过程在原来规模上的重复，但是这种单纯的重复或连续，赋予这个过程以某些新的特征，或者说，可以消除它仅仅作为孤立生产过程所具有的虚假特征。这也是考察简单再生产的意义。】

第二十二章

剩余价值转化为资本

【本章研究对象是剩余价值转化为资本，即资本的积累过程，阐明资本量增长的性质，以及决定和促进资本量增长的因素。全章分为五小节。】

第一节 规模扩大的资本主义生产过程。
商品生产所有权规律转变为
资本主义占有规律

【剩余价值转化为资本的条件】

"我们以前考察了剩余价值怎样从资本产生，现在我们考察资本怎样从剩余价值产生。把剩余价值当作资本使用，或者说，把剩余价值再转化为资本，叫做资本积累。"

"要积累，就必须把一部分剩余产品转化为资本。但是，如果不是出现了奇迹，能够转化为资本的，只是在劳动过程中可使用的物品，即生产资料，以及工人用以维持自身的物品，即生活资料。所以，一部分年剩余劳动必须用来制造追加的生产资料和生活资料，它们要超过补偿预付资本所需的数量。总之，剩余价值所以能转化为资本，只是因为剩余产品（它的价值就是剩余价值）已经包含了新资本的物质组成部分。"

"但要使这些组成部分真正执行资本的职能，资本家阶级还需要追加劳动。如果从外延方面或内涵方面都不能增加对已经就业的工人的剥削，那就必须雇用追加的劳动力。""资本只要把工人阶级每年向它提供的各种年龄的追加劳动力同已经包含在年产品中的追加生产资料合并起来，剩余价值向资本的转化就完成了。具体说来，积累就是资本以不断扩大的规模进行的再生产。"

"不管怎样，工人阶级总是用他们这一年的剩余劳动创造了下一年雇用追加劳动的资本。这就是所谓'资本生资本'。"

【商品生产的所有权规律转变为资本主义的占有规律】

"既然构成第一个追加资本的剩余价值，是用一部分原资本购买劳动力的结果，而这种购买符合商品交换的规律，从法律上看来，这种购买的前提不外是工人自由地支配自己的能力，而货币或商品的占有者自由地支配属于他的价值；既然第二个追加资本等等不过是第一个追加资本的结果，因而是前一种关系的结果；既然每一次交易始终符合商品交换的规律，资本家总是购买劳动力，工人总是出卖劳动力，甚至可以假定这种交易是按劳动力的实际价值进行的；那么很明显，以商品生产和商品流通为基础的占有规律或私有权规律，通过它本身的、内在的、不可避免的辩证法转变为自己的直接对立物。表现为最初活动的等价物交换，已经变得仅仅在表面上是交换，因为，第一，用来交换劳动力的那部分资本本身只是不付等价物而占有的他人的劳动产品的一部分；第二，这部分资本不仅必须由它的生产者即工人来补偿，而且在补偿时还要加上新的剩余额。这样一来，资本家和工人之间的交换关系，仅仅成为属于流通过程的一种表面现象，成为一种与内容本身无关的并只是使它神秘化的形式。劳动力的不断买卖是形式。其内容则是，资本家用他总是不付等价物而占有的他人的已经对象化的劳动的一部分，来不断再换取更大量的他人的活劳动。最初，在我们看来，所有权似乎是以自己的劳动为基础的。至少我们应当承认这样的假定，因为互相对立的仅仅是权利平等的商品占有者，占有他人商品的手段只能是让渡自己的商品，而自己的商品又只能是由劳动创造的。现在，所有权对于资本家来说，表现为占有他人无酬劳动或它的产品的权利，而对于工人来说，则表现为不能占有自己的产品。所有权和劳动的分离，成了似乎是一个以它们的同一性为出发点的规律的必然结果。"

"因此，不论资本主义占有方式好像同最初的商品生产规律如何矛盾，但这种占有方式的产生决不是由于这些规律遭到违反，相反地，是由于这些规律得到应用。"

"交换规律只要求彼此出让的商品的交换价值相等。这一规律甚至从来就要求商品的使用价值各不相同，并且同它们的消费毫无关系，因为消费只是在买卖结束和完成以后才开始的。"

"可见，货币最初转化为资本，是完完全全符合商品生产的经济规律以及由此产生的所有权的。尽管这样，这种转化仍然有以下结果：

1. 产品属于资本家，而不属于工人；

2. 这一产品的价值除包含预付资本的价值外，还包含剩余价值，后者要工人耗费劳动，而不要资本家耗费任何东西，但它却成为资本家的合法财产；

3. 工人保持了自己的劳动力，只要找到买者就可以重新出卖。"

"简单再生产仅仅是这种最初的活动的周期重复。货币总是一次又一次重新转化为资本。因此，规律并没有遭到违反，相反地，只是得到不断发生作用的机会。"

"如果简单再生产为规模扩大的再生产，为积累所代替，事情也还是一样。"

"尽管每一个单独考察的交换行为仍遵循交换规律，但占有方式却会发生根本的变革，而这丝毫不触犯与商品生产相适应的所有权。"

"一旦劳动力由工人自己作为商品自由出卖，这种结果就是不可避免的。但是只有从这时起，商品生产才普遍化，才成为典型的生产形式；只有从这时起，每一个产品才一开始就是为卖而生产，而生产出来的一切财富都要经过流通。只有当雇佣劳动成为商品生产的基础时，商品生产才强加于整个社会；但也只有这时，它才能发挥自己的全部潜力。说雇佣劳动的介入使商品生产变得不纯，那就等于说，商品生产要保持纯粹性，它就不该发展。商品生产按自己本身内在的规律越是发展成为资本主义生产，商品生产的所有权规律也就越是转变为资本主义的占有规律。"

"我们已经看到，甚至在简单再生产的情况下，全部预付资本，不管它的来源如何，都转化为积累的资本或资本化的剩余价值。但在生产的巨流中，全部原预付资本，与直接积累的资本即重新转化为资本（不论它是在积累者手中，还是在他人手中执行职能）的剩余价值或剩余产品比较起来，总是一个近于消失的量（数学意义上的无限小的量）。"

【简释：扩大再生产是通过剩余价值资本化而使生产规模不断扩大的社会再

生产过程。本节首先论述扩大再生产必须具备的物质条件，即年剩余劳动的一部分，必须被用来生产追加的生产资料和生活资料。本节重点是论述资本主义的占有规律（即资本主义制度下所有权和劳动的分离），是对商品生产的所有权规律（即生产者的所有权和劳动结合）的否定，同时又是商品生产按自己本身内在规律的发展的必然归结。一旦劳动力作为商品自由买卖，这种结果就是不可避免的。只有从这时起，商品生产才普遍化，才强加于整个社会。在这一过程中，商品生产越是按自己本身内在规律发展成为资本主义生产，商品生产的所有权规律也就越是转变为资本主义的占有规律，从生产者对自己的劳动产品拥有所有权，转变为资本家占有工人无酬劳动。】

第二节　政治经济学关于规模扩大的
再生产的错误见解

【简释：这一节的内容是批评古典经济学关于资本积累的一个错误见解。亚当·斯密使人们形成一种流行的看法，把积累仅仅看成剩余产品由生产工人消费，或者说，把剩余价值的资本化仅仅看成剩余价值转化为劳动力。其实，资本化的剩余价值和原预付价值一样，分成不变资本和可变资本，分成生产资料和劳动力。亚当·斯密的所谓纯产品中转化为资本的部分完全由工人阶级消费这一论点，被后来资产阶级经济学者利用来说明资本积累一定会增加对劳动力的需要，引起工资的增加，从而对工人阶级有利。这显然是为资产阶级利益辩护和服务的。】

第三节　剩余价值分为资本和收入。节欲论

【这一节主要论述资本积累的内在机制和历史作用，同时批判资产阶级经济学者的所谓"节欲论"，即认为资本能够有积累，只是由于资本家的"节欲"，因

而是资本家的功劳。这种"学说"为资本主义辩护的性质，是非常明显的。】

【资本积累的内在机制和历史作用】

"剩余价值一部分由资本家作为收入消费，另一部分用做资本或积累起来。在剩余价值量已定时，这两部分中的一部分越大，另一部分就越小。在其他一切条件不变的情况下，这种分割的比例决定着积累量。而谁进行这种分割呢？是剩余价值的所有者资本家。因此，这是他的意志行为。"

"资本家只有作为人格化的资本，他才有历史的价值"。"也只有这样，他本身的暂时必然性才包含在资本主义生产方式的暂时必然性中。但既然这样，他的动机，也就不是使用价值和享受，而是交换价值和交换价值的增殖了。作为价值增殖的狂热追求者，他肆无忌惮地迫使人类去为生产而生产，从而去发展社会生产力，去创造生产的物质条件；而只有这样的条件，才能为一个更高级的、以每一个个人的全面而自由的发展为基本原则的社会形式建立现实基础。只有作为资本的人格化，资本家才受到尊敬。作为资本的人格化，他同货币贮藏者一样，具有绝对的致富欲。但是，在货币贮藏者那里表现为个人的狂热的事情，在资本家那里却表现为社会机制的作用，而资本家不过是这个社会机制中的一个主动轮罢了。此外，资本主义生产的发展，使投入工业企业的资本有不断增长的必要，而竞争使资本主义生产方式的内在规律作为外在的强制规律支配着每一个资本家。竞争迫使他不断扩大自己的资本来维持自己的资本，而他扩大资本只能靠累进的积累。"

"积累是对社会财富世界的征服。它在扩大被剥削的人身材料的数量的同时，也扩大了资本家直接和间接的统治。"

【资本主义的发展使挥霍和炫富成为资本家营业的一种必要】

"在资本主义生产方式的历史初期，——而每个资本主义的暴发户都个别地经过这个历史阶段，——致富欲和贪欲作为绝对的欲望占统治地位。但资本主义生产的进步不仅创立了一个享乐世界；随着投机和信用事业的发展，它还开辟了千百个突然致富的源泉。在一定的发展阶段上，已经习以为常的挥霍，作为炫耀富有从而取得信贷的手段，甚至成了'不幸的'资本家营业上的一种必要。奢侈被列入资本的交际费用。此外，资本家财富的增长"，"是同他榨取别人的劳动力的程度和强使工人放弃一切生活享受的程度成比例的。""资本家的挥霍仍然和积累一同增加，一方决不会妨害另一方。"

"为积累而积累，为生产而生产——古典经济学用这个公式表达了资产阶级时期的历史使命。""在古典经济学看来，无产者不过是生产剩余价值的机器，而资本家也不过是把这剩余价值转化为追加资本的机器。它非常严肃地对待资本家的历史职能。"

【积累是扩大再生产的源泉，对任何社会形态都是重要的】

"在极不相同的经济的社会形态中，不仅都有简单再生产，而且都有规模扩大的再生产，虽然程度不同。生产和消费会累进地增加，因此，转化为生产资料的产品也会累进地增加。但是，只要工人的生产资料，从而他的产品和生活资料，还没有以资本形式同他相对立，这个过程就不会表现为资本积累，因而也不会表现为资本家的职能。"

第四节 几种同剩余价值分为资本和收入的比例无关但决定积累量的情况：劳动力的剥削程度；劳动生产力；所使用的资本和所消费的资本之间差额的扩大；预付资本的量

【这一节的内容：一是说明积累的规模除了取决于剩余价值分为资本和收入的比例之外，还有四种和上述比例无关，但决定积累量的情况。二是继续批判所谓的"节欲论"，指出假设剩余价值分割为资本和收入的比例不变，资本积累量的大小取决于剩余价值的绝对量，因此一切决定剩余价值量的因素，都会在积累规模大小的决定上发生作用。以下分别论述四种情况。】

【（1）劳动力的剥削程度】

【关于剩余价值量的决定，前面第九章有一个公式：$M = m/v$ 乘以 v。也就是剩余价值量等于剩余价值率乘以可变资本总额。因此，假定剩余价值分为资本和收入的比例已定，积累的资本量显然取决于决定剩余价值量的剩余价值率和可变资本总额。】

"剩余价值率首先取决于劳动力的剥削程度。""在论述剩余价值的生产的那几篇里，我们总是假定工资至少和劳动力的价值相等。但是，把工资强行压低到这一价值以下，在实际运动中起着极为重要的作用。因此我们不能不对这一点略加考察。在一定限度内，这实际上是把工人的必要消费基金转化为资本的积累基金。"【在这种情况下，资本积累的增加，并不是由于资本家减少了消费，而是因为减少了工人的消费。在这一节里，引用许多实际资料说明资本如何强行把工资降至最低限度。】

【剥削程度的增加，还可以是由于增加劳动力的支出，包括延长工作日或】"由提高劳动力的紧张程度而获得的追加劳动，没有不变资本部分的相应增加，也能够增加剩余产品和剩余价值，即积累的实体"。

"在采掘工业中，例如在采矿业中，原料不是预付资本的组成部分。这里的劳动对象不是过去劳动的产品，而是由自然无偿赠予的。如金属矿石、矿物、煤炭、石头等等。这里的不变资本几乎完全由劳动资料组成，它们能很容易地容纳增加了的劳动量（如工人日夜换班）。而在其他条件相同的情况下，产品的数量和价值同所使用的劳动成正比地增加。""由于劳动力具有弹性，即使不预先增加不变资本，积累的领域也能扩大。"

"在农业中，不预付追加的种子和肥料，就不可能扩大耕地。但是，一旦预付了追加的种子和肥料，那么，即使对土地进行纯粹机械性的耕作，也会对产量的提高发生奇迹般的作用。只要原有数量的工人付出更多的劳动量，不必预付新的劳动资料，也可以提高肥力。这又是人对自然的直接作用，这种作用无须新资本的介入，也会成为扩大积累的直接源泉。"

"最后，在本来意义的工业中，任何追加的劳动消耗都要求相应地追加原料的消耗，但是不一定要追加劳动资料的消耗。因为采掘工业和农业给加工工业提供了它本身需要的原料和它的劳动资料的原料，所以采掘工业和农业无须追加资本而生产的追加产品，对于加工工业也是有利的。"

"总的结论是：资本一旦合并了形成财富的两个原始要素——劳动力和土地，它便获得了一种扩张的能力，这种能力使资本能把它的积累的要素扩展到超出似乎是由它本身的大小所确定的范围，即超出体现资本存在的、已经生产的生产资料的价值和数量所确定的范围。"

【（2）劳动生产力】
"资本积累的另一个重要的因素是社会劳动生产率的水平。"

【劳动生产力的提高对资本积累的作用，表现在许多方面；其中科学和技术的不断进步具有重大的作用。】

一是"随着劳动生产力的提高，表现一定价值从而一定量剩余价值的产品量也会提高。在剩余价值率不变甚至下降，但其下降比劳动生产力的提高缓慢的情况下，剩余产品量也会增加。因此，在剩余产品分为收入和追加资本比例保持不变的情况下，资本家的消费可以增加，而积累基金并不减少。积累基金的相对量甚至可以靠牺牲消费基金而增加，而由于商品变得便宜，资本家享用的消费品仍和过去相等甚至比过去还多。"

二是随着劳动生产力的提高，劳动力的价值就会降低，"工人之变得便宜，从而剩余价值率的增加，是同劳动生产率的提高携手并进的，即使在实际工资提高的情况下也是如此。实际工资从来不会和劳动生产率按同一比例增加。这样，同一可变资本价值会推动更多的劳动力，从而推动更多的劳动。"

三是随着劳动生产力的提高，"同一不变资本价值会表现为更多的生产资料，即表现为更多的劳动资料、劳动材料和辅助材料，从而会提供更多的形成产品和价值的要素，或者说，提供更多的吮吸劳动的要素。因此，在追加资本的价值不变甚至降低的情况下，积累仍然可以加快。不仅再生产的规模在物质上扩大了，而且剩余价值的生产也比追加资本的价值增长得更快。"

四是"劳动生产力的发展也会对原资本或已经处于生产过程中的资本发生反作用。"因为其中由机器等构成的劳动资料"每年都有一部分是处在周期的再生产或被同一种新的物品所替换的阶段。如果生产这些劳动资料的部门的劳动生产力发展了，而劳动生产力是随着科学和技术的不断进步而不断发展的，那么旧的机器、工具、器械等等就会被效率更高的、从功效来说更便宜的机器、工具和器械等等所代替。撇开现有的劳动资料在细节上的不断改进不说，旧的资本也会以生产效率更高的形式再生产出来。不变资本的另一部分，即原料和辅助材料在一年当中不断地再生产出来，而其中由农业生产大多是一年再生产一次。因此，改良方法等等的每次采用，在这里对追加资本和已在执行职能的资本几乎同时发生影响。"

五是"化学的每一个进步不仅增加有用物质的数量和已知物质的用途，从而随着资本的增长扩大投资领域。同时，它还教人们把生产过程和消费过程中的废料投回到再生产过程的循环中去，从而无须预先支出资本，就能创造新的资本材料。正像只要提高劳动力的紧张程度就能加强对自然财富的利用一样，科学和技术使执行职能的资本具有一种不以它的一定量为转移的扩张能力。同时，这种扩张能力对原资本中已进入更新阶段的那一部分也发生反作用。资本以新的形式无代价地合并了在它的旧形式背后所实现的社会进步。当然，生产力的这种发展同时会使正在执行职能的资本部分地贬值。"

六是"劳动把它所消费的生产资料的价值转移到产品上去。另一方面，一定量的劳动所推动的生产资料的价值和数量是同劳动的生产效率的提高成比例地增加的。因此，虽然同量的劳动始终只是给自己的产品增加同量的新价值，但是，随着劳动生产率的提高，同时由劳动转移到产品上的旧资本的价值仍会增加。例如，一个英国纺纱工人和一个中国的纺纱工人以同样的强度劳动同样多的小时，那么在一周当中他们会创造出相等的价值。"但是，"在同一个时间内，中国人纺一磅棉花，英国人可以纺好几百磅。一个几百倍大的旧价值总额使英国人的产品的价值膨胀了，这些旧价值以新的有用形式保存在产品中，因而又可以重新执行资本的职能。""在创造新价值时又保存旧价值，这是活劳动的自然恩惠。因此，随着劳动的生产资料的效能、规模和价值的增长，从而随着由劳动生产力的发展而造成的积累的增长，劳动在不断更新的形式中把不断膨胀的资本的价值保存下来并使之永久化。劳动的这种自然能力表现为合并劳动的资本所固有的自我保存的能力，正像劳动的社会生产力表现为资本的属性，资本家对剩余劳动的不断占有表现为资本的不断自行增殖一样。劳动的一切力量都显现为资本的力量，正像商品价值的一切形式都显现为货币的形式一样。"

【简释：马克思在《资本论》的长期艰苦创作过程中，极为关注科学技术对生产力发展的巨大作用，曾以浓厚的兴趣研究了自然科学和技术发展的大量史料。除了在《资本论》中的相关论述，在《1861—1863 年经济学手稿》中有一节《机器。自然力和科学的应用》，以丰富的技术史料对机器和科学在生产中应用的意义作了透彻分析。《1857—1858 年经济学手稿》，对科学在生产中应用也有诸多精辟论述。马克思指出："与资本相适应的生产方式，只能有两种形式：工场手工业或大工业。在前一种情况下，占统治地位的是分工；在后一种情况下，占统治地位的是劳动力的结合（采用相同的劳动方式）和科学力量的应用"。(1)

马克思极富远见地分析了科学发展和它在生产上应用之间的辩证关系及其深远影响，指出：一方面，"只有在大工业已经达到较高的阶段，一切科学都被用来为资本服务的时候，……发明就将成为一种职业，而科学在直接生产上的应用本身就成为对科学具有决定性的和推动作用的要素"。另一方面，"随着大工业的发展，现实财富的创造较少地取决于劳动时间和已耗费的劳动量，较多地取决于在劳动时间内所运用的动因的力量，而这种动因自身——它们的巨大效率——又和生产它们所花费的直接劳动时间不成比例，相反地却取决于一般的科学水平和技术进步，或者说取决于科学在生产上的应用。（这种科学，特别是自然科学以及和它有关的其他一切科学的发展，又和物质生产的发展相适应。）"（2）

马克思提出"知识变成了直接的生产力"和"科学是财富的生产者"的重要论断。指出："自然界没有制造出任何机器，没有制造出机车、铁路、电报、走绽精纺机等等。它们是人类劳动的产物，……是物化的知识力量。固定资本的发展表明，一般社会知识，已经在多大的程度上变成了直接的生产力"。（3）他指出："科学——即财富的最可靠的形式，既是财富的产物，又是财富的生产者"。（4）指出："资本不创造科学，但是它为了生产过程的需要，利用科学，占有科学。"（5）指出："随着资本主义生产的扩展，科学因素第一次被有意识地和广泛地加以发展、应用并体现在生活中，其规模是以往的时代根本想像不到的。"（6）指出："大工业把巨大的自然力和自然科学并入生产过程，必然大大提高劳动生产率"。（7）指出："一些全新的生产部门，从而一些新的劳动领域，或者直接在机器体系的基础上，或者在与机器体系相适应的一般工业变革的基础上形成起来。"（8）

马克思预见："在大工业的生产过程中，一方面，发展为自动化过程的劳动资料的生产力要以自然力服从于社会智力为前提，另一方面，单个人的劳动在它［劳动］的直接存在中已成为被扬弃的个别劳动，即成为社会劳动。"（9）"工人不再是生产过程的主要当事者，而是站在生产过程的旁边"，"劳动表现为不再像以前那样被包括在生产过程中，相反地，表现为人以生产过程的监督者和调节者的身份同生产过程本身发生关系"。（10）马克思在当时预见的，也正是我们今天看到的现实。

自《资本论》第一卷1867年出版后至今150多年来，全球科技革命持续迅速发展，推动世界经济发生沧海巨变，充分证明马克思上述分析判断的正确和英明。当前第4次产业革命正在蓬勃发展，以人工智能、5G、物联网等数字技术为代表的新技术革命，正以前所未有的广度和深度推动着生产流程、发展模式和治理体系的巨大变革，深刻改变着人们的生活、工作和联系方式。新技术带来的各种平台的发展，使需求和供给直接联系，改变着现有的产业结构；数字技术与实体经济的融合，催生诸多新行业新业态和新的消费模式。与此同时，新技术革命和产业变革也将扩大数字鸿沟和收入及财富分配的差距，带来更大的不平等。归结起来仍然是：科技革命带来生产力大发展进而导致生产关系的深刻变革。因此，坚持"把生产关系归结于生产力的水平"，坚持在生产力和生产关系对立统一的矛盾运动中研究生产关系，仍然是我们运用《资本论》的基本原理和方法论来研究当今世界和我国现实经济社会问题所必须遵循的。】

注：(1)《马克思恩格斯全集》第 46 卷（下）第 83 页。人民出版社 1980 年 8 月第一版。

(2)《马克思恩格斯全集》第 46 卷（下）第 217 页。

(3)《马克思恩格斯全集》第 46 卷（下）第 219—220 页。

(4)《马克思恩格斯全集》第 46 卷（下）第 34 页。

(5)《马克思恩格斯全集》第 47 卷第 570 页。人民出版社 1979 年 10 月第一版。

(6)《马克思恩格斯全集》第 47 卷第 572 页。

(7)《马克思恩格斯文集》第 5 卷第 444 页。人民出版社 2009 年 12 月第一版。

(8)《马克思恩格斯文集》第 5 卷第 513 页。

(9)《马克思恩格斯全集》第 46 卷（下）第 223 页。

(10)《马克思恩格斯全集》第 46 卷（下）第 218 页。

【（3）所使用的资本和所消费的资本之间的差额的扩大】

"随着资本的增长，所使用的资本和所消费的资本之间的差额也在增大。换句话说，劳动资料如建筑物、机器、排水管、役畜以及各种器械的价值量和物质量都会增加，这些劳动资料在或长或短的一个时期里，在不断反复进行的生产过程中，用自己的整体执行职能，或者说，为达到某种有用的效果服务，而它们本身却是逐渐损耗的，因而是一部分一部分地丧失自己的价值，也就是一部分一部分地把自己的价值转移到产品中去。这些劳动资料……越是整个地被使用而只是部分地被消费，那么，它们就越是像我们在上面说过的自然力如水、蒸汽、空气、电力等等那样，提供无偿的服务。被活劳动抓住并赋予生命的过去劳动的这种无偿服务，会随着积累规模的扩大而积累起来。"

"因为过去劳动总是装扮成资本，""所以资产者和政治经济学家们对过去劳动的功绩赞扬备至，""于是，那种以生产资料的形式参与活劳动过程的过去劳动所取得的不断增长的重要性，就被归功于这种劳动的同工人本身相异化的形态，即它的资本的形态，虽然这种劳动是工人的过去的和无酬的劳动。"

【所用资本和所费资本的差额越大，表示产品价值（价格）中用来补偿资本消耗的部分也就越少。其结果可能有两种情况：一种情况是产品变得低廉，那么资本家的积累和消费可以同时增加；另一种情况是产品价值（价格）照旧不变，那么由于产品价值（价格）中用来补偿资本消耗的部分减少，剩余价值会相应增加。所以，无论如何，所用资本和所费资本差额的扩大，都可以使积累的规模相应扩大起来。】

【（4）预付资本的量】

【剩余价值量等于剩余价值率乘以可变资本总量。】"在劳动力的剥削程度已定的情况下，剩余价值量就取决于同时被剥削的工人人数，而工人人数和资本的量是相适应的，虽然它们的比例是变动着的。"【因此，在其他条件不变时，预付资本总额增大，可变资本额也就增大，剩余价值总量随之增多，积累的规模也就会相应的扩大。】

【以上分析了与剩余价值分为资本和收入的比例无关，但会决定积累量的四类因素，归纳起来就是：或者增加剩余价值的总量，使得资本家作为消费基金的部分扩大时，积累基金还是可以增加；或者在剩余价值总量不变时，积累基金的增加可以不减少资本家作为消费基金的部分。】

"所以，资本由于连续的积累而增加得越多，分为消费基金和积累基金的价值额也就增加得越多。因此，资本家既能过更优裕的生活，又能更加'禁欲'。最后，生产的规模越是随着预付资本量一同扩大，生产的全部发条也就运作得越是有力。"【可见，资产阶级学者所谓资本积累来源于资本家的"节欲"的观点，完全是一派胡言。】

第五节　所谓劳动基金

【这一节的内容是批判资产阶级经济学的所谓"劳动基金"的观点。按照这种观点，"劳动基金"是一个固定的不变的量，不管有多少工人，他们分配的都是这个不变的"劳动基金"。很显然，这是为了掩盖资本主义制度下工人工资下降的真实原因而捏造出来的；是与马尔萨斯的"人口论"有密切联系的荒谬观点。】

　　"我们在这一研究的进程中已经知道，资本不是一个固定的量，而是社会财富中一个有弹性的、随着剩余价值分为收入和追加资本的比例而不断变化的部分。其次我们知道，即使执行职能的资本的量已定，资本所合并的劳动力、科学和土地（经济学上所说的土地是指未经人的协助而自然存在的一切劳动对象），也会成为资本的有弹性的能力，这种能力在一定的限度内使资本具有一个不依赖于它本身的量的作用范围。""古典经济学从来就喜欢把社会资本看成一个有固定作用程度的固定量。不过这种偏见只是在庸人的鼻祖耶利米·边沁手里，""才确立为教条。""边沁本人和马尔萨斯、詹姆斯·穆勒、麦克库洛赫等人都利用这一教条以达到辩护的目的，特别是为了把资本的一部分，即可变资本或可转变为劳动力的资本，说成是一个固定的量。可变资本的物质存在，即它所代表的工人生活资料的量或所谓劳动基金，被虚构为社会财富中一个受自然锁链束缚的而且不能突破的特殊部分。为了推动社会财富中要作为固定资本，或从物质方面说，要作为生产资料执行职能的那一部分，必须有一定量的活劳动。这个量是由工艺所确定的。但是，推动这一劳动量所需要的工人人数不是已定的，因为这个数目随着单个劳动力的剥削程度而变化，这个劳动力的价格也不是已定的，已定的只是它的具有很大弹性的最低界限。"

第二十三章

资本主义积累的一般规律

第一节　在资本构成不变时，对劳动力的需求
随积累的增长而增长

【第一节研究的是在资本有机构成不变时，资本积累的增长对工人阶级状况的影响。对劳动力需求的增长使工资提高，但工人从属于资本家和受剥削的地位没有改变。】

"我们在这一章要研究资本的增长对工人阶级的命运产生的影响。在这种研究中，最重要的因素是资本的构成和它在积累过程进行中所起的变化。"

"资本的构成要从双重的意义上来理解：从价值方面看，资本的构成是由资本分为不变资本和可变资本的比例，或者说，分为生产资料的价值和劳动力的价值即工资总额的比例来决定的。从在生产过程中发挥作用的物质方面来看，每一个资本都分为生产资料和活的劳动力；这种构成是由所使用的生产资料量和为使用这些生产资料而必需的劳动量之间的比例来决定的。我把前一种构成叫做资本的价值构成，把后一种构成叫做资本的技术构成。二者之间有密切的相互关系。为了表达这种关系，我把由资本技术构成决定并且反映技术构成变化的资本价值构成，叫做资本的有机构成。凡是简单地说资本构成的地方，始终应当理解为资本的有机构成。"

"投入一定生产部门的许许多多单个资本，在构成上或多或少是不同的。把这些资本的一个个构成加以平均，就得出这个生产部门的总资本的构成。最后，把一切生产部门的平均构成加以总平均，就得出一个国家的社会资本的构成，我们以下要谈的归根到底只是这种构成。"

"假定资本的构成不变","在由于新发展起来的社会需要而开辟了新的市场、新的投资领域等等的情况下,只要改变剩余价值或剩余产品分为资本和收入的比例,积累的规模就能突然扩大,所以,资本的积累需要,能够超过劳动力或工人人数的增加,对工人的需要,能够超过工人的供给,这样一来,工资就会提高。""但是这些多少有利于雇佣工人的维持和繁殖的情况,丝毫不会改变资本主义生产的基本性质。简单再生产不断地再生产出资本关系本身:一方面是资本家,另一方面是雇佣工人;同样,规模扩大的再生产或积累再生产出规模扩大的资本关系:一极是更多的或更大的资本家,另一极是更多的雇佣工人。劳动力必须不断地作为价值增殖的手段并入资本,不能脱离资本,它对资本的从属关系只是由于它时而卖给这个资本家,时而卖给那个资本家才被掩盖起来,所以,劳动力的再生产实际上是资本本身再生产的一个因素。因此,资本的积累就是无产阶级的增加。"

"在以上所假定的对工人最有利的情况下,工人对资本的从属关系是采取可以忍受的,或者如伊登所说的'安适和宽松的'形式。随着资本的增长,这种关系不是更为加强,而只是更为扩大,也就是说,资本的剥削和统治的范围只是随着它本身的规模和它的臣民人数的增大而扩大。在工人自己所生产的日益增加的并且越来越多地转化为追加资本的剩余产品中,会有较大的部分以支付手段的形式流回到工人手中,使他们能够扩大自己的享受范围,有较多的衣服、家具等消费基金,并且积蓄一小笔货币准备金。但是,吃穿好一些,待遇高一些,特有财产多一些","不会消除雇佣工人的从属关系和对他们的剥削。由于资本积累而提高的劳动价格,实际上不过表明,雇佣工人为自己铸造的金锁链已经够长够重,容许把它略微放松一点。在关于这一问题的争论中,大都把主要的东西,即资本主义生产的具有代表性的特征忽略了。在这里,购买劳动力,不是为了用它的服务或它的产品来满足买者的个人需要。买者的目的是增殖他的资本,是生产商品,使其中包含的劳动比他支付了报酬的劳动多。""生产剩余价值或赚钱,是这个生产方式的绝对规律。劳动力只有在它会把生产资料当作资本来保存,把自身的价值当作资本再生产出来,并且以无酬劳动提供追加资本的源泉的情况下,才能够卖出去。所以,劳动力的出卖条件不管对工人怎样有利,总要使劳动力不断地再出卖,使财富作为资本不断地扩大再生产。我们已经知道,工资按其本性来说,要求工人不断地提供一定数量的无酬劳动。即使完全撇开工资提高而劳动价格同时下降等情况不说，工资的增大至多也不过说明工人必须提供的无酬劳动量的减少。这种减少永远也不会达到威胁制度本身的程度。"

【积累量是自变量，工资是因变量】

由资本积累而引起的劳动价格的提高不外是下列的两种情况之一：

"一种情况是，劳动价格继续提高，因为它的提高不会妨碍积累的进展。""在这种情况下，很显然，无酬劳动的减少决不会妨碍资本统治的扩大。另一种情况是，积累由于劳动价格的提高而削弱，因为利润的刺激变得迟钝了。积累减少了。但是随着积累的减少，使积累减少的原因，即资本和可供剥削的劳动力之间的不平衡，也就消失了。所以，资本主义生产过程的机制会自行排除它暂时造成的障碍。劳动价格重新降到适合资本增殖需要的水平，而不管这个水平现在是低于、高于还是等于工资提高前的正常水平。可见，在第一种情况下，并不是劳动力或工人人口绝对增加或相对增加的减缓引起资本的过剩，相反地，是资本的增长引起可供剥削的劳动力的不足。在第二种情况下，并不是劳动力或工人人口绝对增加或相对增加的加速引起资本的不足，相反地，是资本的减少使可供剥削的劳动力过剩，或者不如说使劳动力价格过高。正是资本积累的这些绝对运动反映为可供剥削的劳动力数量的相对运动，因而看起来好像是由后者自身的运动引起的。用数学上的术语来说：积累量是自变量，工资量是因变量，而不是相反。"

【追加资本和追加劳动的关系，工资提高的界限】

"作为所谓'自然人口规律'的基础的资本主义生产规律，可以简单地归结如下：资本、积累同工资率之间的关系，不外是转化为资本的无酬劳动和为推动追加资本所必需的追加劳动之间的关系。因此，这决不是两个彼此独立的量，即资本量和工人人口数量之间的关系；相反地，归根到底这只是同一工人人口所提供的无酬劳动和有酬劳动之间的关系。如果工人阶级提供的并由资本家阶级所积累的无酬劳动量增长得十分迅速，以致只有大大追加有酬劳动才能转化为资本，那么，工资就会提高，而在其他一切情况不变时，无酬劳动就会相应地减少。但是，一旦这种减少达到这样一点，即滋养资本的剩余劳动不再有正常数量的供应时，反作用就会发生：收入中资本化的部分减少，积累削弱，工资的上升运动受到反击。可见，劳动价格的提高被限制在这样的界限内，这个界限不仅使资本主义制度的基础不受侵犯，而且还保证资本主义制度的规模扩大的再生产。可见，被神秘化为一种自然规律的资本主义积累规律，实际上不过表示：资本主义积累的本性，决不允许劳动剥削程度的任何降低或劳动价格的任何提高有可能严重地危及资本关系的不断再生产和它的规模不断扩大的再生产。在一种不是物质财富为工人的发展需要而存在，相反是工人为现有价值的增殖需要而存在的生产方式下，事情也不可能是别的样子。正像人在宗教中受他自己头脑的产物的支配一样，人在资本主义生产中受他自己双手的产物的支配。"

第二节　在积累和伴随积累的积聚的进程中资本可变部分相对减少

【本节研究资本有机构成提高的情况下，资本积累对工人阶级境遇的影响。】

【劳动生产率增长和资本积累相互促进】

"一旦资本主义制度的一般基础奠定下来，在积累过程中就一定会出现一个时刻，那时社会劳动生产率的发展成为积累的最强有力的杠杆。"

"如果撇开土壤肥力等等自然条件，撇开单独地进行劳动的独立生产者的技能（这种技能更多地表现在质量即制品的优劣上，而不是表现在数量即制品的多寡上），那么，社会劳动生产率的水平就表现为一个工人在一定时间内，以同样的劳动力强度使之转化为产品的生产资料的相对量。工人用来进行劳动的生产资料的量，随着工人的劳动生产率的增长而增长。在这里，这些生产资料起着双重作用。一些生产资料的增长是劳动生产率增长的结果，另一些生产资料的增长是劳动生产率增长的条件。""但是，不管是条件还是结果，只要生产资料的量比并入生产资料的劳动力相对增长，这就表示劳动生产率的增长。因而，劳动生产率的增长，表现为劳动的量比它所推动的生产资料的量相对减少，或者说，表现为劳动过程的主观因素的量比它的客观因素的量相对减少。"

"资本技术构成的这一变化，即生产资料的量比推动它的劳动力的量相对增长，又反映在资本的价值构成上，即资本价值的不变组成部分靠减少它的可变组成部分而增加。""资本的不变部分比可变部分日益相对增长的这一规律，在每一步上都由商品价格的比较分析所证实，不管我们比较的是同一国家的不同经济时代，还是同一时代的不同国家。只代表所耗费的生产资料的价值或资本不变部分的那个价格要素的相对量，同积累的增进成正比，用来支付劳动或代表资本可变部分的另一价格要素的相对量，一般同积累的增进成反比。"

"不过，资本可变部分比不变部分的相对减少，或资本价值构成的变化，只是近似地表示出资本的物质组成部分构成上的变化。""原因很简单：随着劳动生产率的增长，不仅劳动所消费的生产资料的量增大了，而且生产资料的价值比生产资料的量相对地减小了。这样一来，生产资料的价值绝对地增长了，但不是同它的量按比例增长。因此，不变资本和可变资本之间的差额的增大，同不变资本转变成的生产资料的量和可变资本转变成的劳动力的量之间的差额的增大相比，要慢得多。随着后一个差额的增长，前一个差额也增长，但是增长的程度较小。"

"然而，积累的增进虽然使资本可变部分的相对量减少，但是决不因此排斥它的绝对量的增加。"

"单个商品生产者手中一定程度的资本积累，是特殊的资本主义的生产方式的前提。因此，在从手工业到资本主义生产的过渡中，我们必须假定已经有这种积累。这种积累可以叫做原始积累，因为它不是特殊的资本主义的生产的历史结果，而是这种生产的历史基础。""但是，一切在这个基础上生长起来的提高社会劳动生产力的方法，同时也就是提高剩余价值或剩余产品的生产的方法，而剩余价值或剩余产品又是积累的形成要素。因此，这些方法同时也就是资本生产资本或资本加速积累的方法。剩余价值不断转化为资本，表现为进入生产过程的资本量的不断增长。这种增长又成为一种扩大的生产规模以及随之出现的提高劳动生产力和加速剩余价值生产的方法的基础。可见，一定程度的资本积累表现为特殊的资本主义的生产方式的条件，而特殊的资本主义的生产方式又反过来引起资本的加速积累。因此，特殊的资本主义的生产方式随着资本积累而发展，资本积累又随着特殊的资本主义的生产方式而发展。这两种经济因素由于这种互相推动的复合关系，引起资本技术构成的变化，从而使资本的可变组成部分同不变组成部分相比越来越小。"

【资本的积聚和集中】

【资本的积聚直接产生于积累并同积累是一致的】"每一单个资本都是生产资料的或大或小的积聚，并且相应地指挥着一支或大或小的劳动军。每一个积累都成为新的积累的手段。这种积累随着执行资本职能的财富数量的增多而扩大这种财富在单个资本家手中的积聚，从而扩大大规模生产和特殊的资本主义的生产方法的基础。社会资本的增长是通过许多单个资本的增长来实现的。假定其他一切条件不变，各单个资本，以及与之相连的生产资料的积累，会按照它们各自在社会总资本中所占份额的比例而增长。同时，从原资本上会分出枝杈来，作为新的独立资本执行职能。在这方面，资本家家庭内部的分产起着重大作用。因此，随着资本的积累，资本家的人数也多少有所增加。这种直接以积累为基础的或不如说和积累等同的积累，有两个特征。第一，在其他条件不变的情况下，社会生产资料在单个资本家手中积聚的增进，受社会财富增长程度的限制。第二，社会资本固定在每个特殊生产部门的部分，分在许多资本家身上，他们作为独立的和互相竞争的商品生产者彼此对立着。所以，积累和伴随积累的积聚不仅分散在许多点上，而且执行职能的资本的增长还同新资本的形成和旧资本的分裂交错在一起。因此，积累一方面表现为生产资料和对劳动的支配权的不断增长的积聚，另一方面，表现为许多单个资本的互相排斥。"

【资本的集中】"社会总资本这样分散为许多单个资本，或它的各部分间的互相排斥，又遇到各部分间的互相吸引的反作用。这已不再是生产资料和对劳动的支配权的简单的、和积累等同的积聚。这是已经形成的各资本的积聚，是它们的个体独立性的消灭，是资本家剥夺资本家，是许多小资本转化为少数大资本。""资本所以能在这里，在一个人手中膨胀成很大的量，是因为它在那里，在许多人手中丧失了。这是不同于积累和积聚的本来意义的集中。"

"资本的这种集中或资本吸引资本的规律，不可能在这里加以阐述。简单地提一些事实就够了。竞争斗争是通过使商品便宜来进行的。在其他条件不变时，商品的便宜取决于劳动生产率，而劳动生产率又取决于生产规模。因此，较大的资本战胜较小的资本。其次，我们记得，随着资本主义生产方式的发展，在正常条件下经营某种行业所需的单个资本的最低限量提高了。因此，较小的资本挤到那些大工业还只是零散地或不完全地占领的生产领域中去。在那里，竞争的激烈程度同互相竞争的资本的多少成正比，同互相竞争的资本的大小成反比。竞争的结果总是许多较小的资本家垮台，他们的资本一部分转入胜利者手中，一部分归于消灭。除此而外，一种崭新的力量——信用事业，随同资本主义的生产而形成起来。起初，它作为积累的小小的助手不声不响地挤了进来，通过一根根无形的线把那些分散在社会表面上的大大小小的货币资金吸引到单个的或联合的资本家手中；但是很快它就成了竞争斗争中的一个新的可怕的武器；最后，它转化为一个实现资本集中的庞大的社会机构。"

"随着资本主义生产和积累的发展，竞争和信用——集中的两个最强有力的杠杆，也以同样的程度发展起来。同时，积累的增进又使可以集中的材料即单个资本增加，而资本主义生产的扩大，又替那些要有资本的预先集中才能建立起来的强大工业企业，一方面创造了社会需要，另一方面创造了技术手段。因此，现在单个资本的互相吸引力和集中的趋势比以往任何时候都更加强烈。"

【资本集中是资本积累的新的强有力的杠杆】

"虽然集中运动的相对广度和强度在一定程度上由资本主义财富已经达到的数量和经济机构的优越程度来决定，但是集中的进展决不取决于社会资本的实际增长量。这正是集中与积聚——它不过是规模扩大的再生产的另一种表现——特别不同的地方。集中可以通过单纯改变既有资本的分配，通过单纯改变社会资本各组成部分的量的组合来实现。资本所以能在这里，在一个人手中增长成巨大的量，是因为它在那里，在许多单个人的手中被夺走了。在一个生产部门中，如果投入的全部资本已融合为一个单个资本时，集中便达到了极限。在一个社会里，只有当社会总资本或者合并在唯一的资本家手中，或者合并在唯一的资本家公司手中的时候，集中才算达到极限。"

"集中补充了积累的作用，使工业资本家能够扩大自己的经营规模。不论经营规模的扩大是积累的结果，还是集中的结果；不论集中是通过吞并这条强制的途径来实现，——在这种场合，某些资本成为对其他资本的占压倒优势的引力中心，打破其他资本的个体内聚力，然后把各个零散的碎片吸引到自己方面来，——还是通过建立股份公司这一比较平滑的办法把许多已经形成或正在形成的资本融合起来，经济作用总是一样的。工业企业规模的扩大，对于更广泛地组织许多人的总体劳动，对于更广泛地发展这种劳动的物质动力，也就是说，对于使分散的、按习惯进行的生产过程不断地变成社会结合的、用科学处理的生产过程来说，到处都成为起点。"

"不过很明显，积累，即由圆形运动变为螺旋形运动的再生产所引起的资本的逐渐增大，同仅仅要求改变社会资本各组成部分的量的组合的集中比较起来，是一个极缓慢的过程。假如必须等待积累使某些单个资本增长到能够修建铁路的程度，那么恐怕直到今天世界上还没有铁路。但是，集中通过股份公司转瞬之间就把这件事完成了。集中在这样加强和加速积累作用的同时，又扩大和加速资本技术构成的变革，即减少资本的可变部分来增加它的不变部分，从而减少对劳动的相对需求。"

"通过集中而在一夜之间集合起来的资本量，同其他资本量一样，不断再生产和增大，只是速度更快，从而成为社会积累的新的强有力的杠杆。因此，当人们谈到社会积累的增进时，今天已经默默地把集中的作用包括在内。"

"可见，一方面，在积累进程中形成的追加资本，同它自己的量比较起来，会越来越少地吸引工人。另一方面，周期地按新的构成再生产出来的旧资本，会越来越多地排斥它以前所雇用的工人。"

第三节　相对过剩人口或产业后备军的累进生产

【本节主要论述三个问题：一是相对过剩人口（即失业人口）是资本积累的必然产物；二是资本主义生产方式特有的人口规律；三是工业周期和过剩人口的关系。并结合批判马尔萨斯"人口论"和资产阶级学者的所谓"工资铁律"。】

【相对过剩人口是资本积累的必然产物】

"资本积累最初只是表现为资本的量的扩大，但是以上我们看到，它是通过资本构成不断发生质的变化，通过减少资本的可变组成部分来不断增加资本的不变组成部分而实现的。"

"特殊的资本主义的生产方式，与之相适应的劳动生产力的发展以及由此引起的资本有机构成的变化，不只是同积累的增进或社会财富的增长保持一致的步伐。它们的进展要快得多，因为简单的积累即总资本的绝对扩大，伴随有总资本的各个分子的集中，追加资本的技术变革，也伴随有原资本的技术变革。因此，随着积累的进程，资本的不变部分和可变部分的比例会发生变化"。"对劳动的需求，同总资本量相比相对地减少，并且随着总资本量的增长以递增的速度减少。""而且，这种不断增长的积累和集中本身，""成为使资本的可变组成部分和不变组成部分相比再次迅速减少的一个源泉。总资本的可变组成部分的相对减少随着总资本的增长而加快，而且比总资本本身的增长还要快这一事实，在另一方面却相反地表现为，好像工人人口的绝对增长总是比可变资本即工人人口的就业手段增长得快。事实是，资本主义积累不断地并且同它的能力和规模成比例地生产出相对的，即超过资本增殖平均需要的，因而是过剩的或追加的工人人口。"

【资本主义生产方式特有的人口规律】

"就社会总资本来考察，时而它的积累运动引起周期的变化，时而这个运动的各个因素同时分布在各个不同的生产部门。""在一切部门中，资本可变部分的增长，从而就业工人人数的增长，总是同过剩人口的激烈波动，同过剩人口的暂时产生结合在一起"。"随着已经执行职能的社会资本量的增长及其增长程度的提高，随着生产规模和所使用的工人人数的扩大，随着他们劳动的生产力的发展，随着财富的一切源流的更加广阔和更加充足，资本对工人的更大的吸引力和更大的排斥力互相结合的规模也不断扩大，资本有机构成和资本技术形式的变化速度也不断加快，那些时而同时地时而交替地被卷入这些变化的生产部门的范围也不断增大。因此，工人人口本身在生产出资本积累的同时，也以日益扩大的规模生产出使他们自身成为相对过剩人口的手段。这就是资本主义生产方式所特有的人口规律，事实上，每一种特殊的、历史的生产方式都有其特殊的、历史地发生作用的人口规律。抽象的人口规律只存在于历史上还没有受过人干涉的动植物界。"

"过剩的工人人口是积累或资本主义基础上的财富发展的必然产物，但是这种过剩人口反过头来又成为资本主义积累的杠杆，甚至成为资本主义生产方式存在的一个条件。过剩的工人人口形成一支可供支配的产业后备军，它绝对地从属于资本"。"过剩的工人人口不受人口实际增长的限制，为不断变化的资本增殖需求创造出随时可供剥削的人身材料。"

【工业周期和过剩人口的关系】

"随着积累的增进而膨胀起来的并且可以转化为追加资本的大量社会财富，疯狂地涌入那些市场突然扩大的旧生产部门，或涌入那些由旧生产部门的发展而引起需要的新兴生产部门，如铁路等等。在所有这些场合，都必须有大批的人可以突然地被投到决定性的地方去，而又不致影响其他部门的生产规模。这些人就由过剩人口来提供。现代工业特有的生活过程，由中常活跃、生产高度繁忙、危机和停滞这几个时期构成的、穿插着较小波动的十年一次的周期形式，就是建立在产业后备军或过剩人口的不断形成、或多或少地被吸收、然后再形成这样的基础之上的。而工业周期的阶段变换又使过剩人口得到新的补充，并且成为过剩人口再生产的最有力的因素之一。"

"现代工业这种独特的生活过程，""生产规模突然的跳跃式的膨胀是它突然收缩的前提；而后者又引起前者，但是没有可供支配的人身材料，没有不取决于人口绝对增长的工人的增加，前者是不可能的。"

"对资本主义生产来说，人口自然增长所提供的可供支配的劳动力数量是绝对不够的。为了能够自由地活动，它需要有一支不以这种自然限制为转移的产业后备军。"

"因此，相对过剩人口的生产或工人的游离，比生产过程随着积累的增进而加速的技术变革，比与此相适应的资本可变部分比不变部分的相对减少，更为迅速。如果说生产资料在扩大规模和作用的同时，在越来越小的程度上成为工人的就业手段，那么，这种情况本身又会由于下述事实而有所变化：劳动生产力越是增长，资本造成的劳动供给比资本对工人的需求越是增加得快。工人阶级中就业部分的过度劳动，扩大了它的后备军的队伍，而后者通过竞争加在就业工人身上的增大的压力，又反过来迫使就业工人不得不从事过度劳动和听从资本的摆布。工人阶级的一部分从事过度劳动迫使它的另一部分无事可做，反过来，它的一部分无事可做迫使它的另一部分从事过度劳动，这成了各个资本家致富的手段，同时又按照与社会积累的增进相适应的规模加速了产业后备军的生产。"

"大体说来，工资的一般变动仅仅由同工业周期各个时期的更替相适应的产业后备军的膨胀和收缩来调节。因此，决定工资的一般变动的，不是工人人口绝对数量的变动，而是工人阶级分为现役军和后备军的比例的变动，是过剩人口相对量的增减，是过剩人口时而被吸收、时而又被游离的程度。现代工业具有十年一次的周期，每次周期又有各个周期性的阶段，""以致劳动市场忽而由于资本膨胀而显得相对不足，忽而由于资本收缩而显得过剩"。

"产业后备军在停滞和中等繁荣时期加压力于现役劳动军，在生产过剩和亢进时期又抑制现役劳动军的要求。所以，相对过剩人口是劳动供求规律借以运动的背景。它把这个规律的作用范围限制在绝对符合资本的剥削欲和统治欲的界限之内。"

"对劳动的需求同资本的增长并不是一回事，劳动的供给同工人阶级的增长也不是一回事，所以，这里不是两种彼此独立的力量互相影响。骰子是假的。资本在两方面同时起作用。它的积累一方面扩大对劳动的需求，另一方面又通过'游离'工人来扩大工人的供给。与此同时，失业工人的压力又迫使就业工人付出更多的劳动，从而在一定程度上使劳动的供给不依赖于工人的供给。劳动供求规律在这个基础上的运动成全了资本的专制。"

【可见，人口过剩是由于资本积累规律、资本周期性膨胀和收缩的运动造成的相对人口过剩，并不是工人人口数量的绝对过剩。资产阶级经济学者把相对人口过剩看作是绝对人口过剩，错误地认为，劳动力的供求不是通过资本的膨胀和收缩、因而不是按照资本当时的增殖需要来调节；而是相反，资本的运动依存于人口数量的绝对运动。这就完全颠倒了事实的因果关系。】

第四节　相对过剩人口的各种存在形式。
资本主义积累的一般规律

【本节论述资本主义制度下相对过剩人口的存在形式，特别是总结了资本主义积累的一般规律。】

【相对过剩人口的三种形式】

"相对过剩人口是形形色色的。每个工人在半失业或全失业的时期，都属于相对过剩人口。""如果撇开这些形式不说，那么，过剩人口经常具有三种形式：流动的形式、潜在的形式和停滞的形式。"

"在现代工业的中心——工厂、制造厂、冶金厂、矿山等等，工人时而被排斥，时而在更大的规模上再被吸引，因此总的说来，就业人数是增加的，虽然增加的比率同生产规模相比不断缩小。在这里，过剩人口处于流动的形式。"

"资本主义生产一旦占领农业，或者依照它占领农业的程度，对农业工人人口的需求就随着在农业中执行职能的资本的积累而绝对地减少，而且对人口的这种排斥不像在非农业的产业中那样，会由于更大规模的吸引而得到补偿。因此，一部分农村人口经常准备着转入城市无产阶级或制造业无产阶级的队伍，经常等待着有利于这种转化的条件。（这里所说的制造业是指一切非农业的产业。）因此，相对过剩人口的这一源泉是长流不息的。但是，它不断地流向城市是以农村本身有经常潜在的过剩人口为前提的，这种过剩人口的数量只有在排水渠开放得特别大的时候才能看得到。因此，农业工人的工资被压到最低限度，他总是有一只脚陷在需要救济的赤贫的泥潭里。"

"第三类相对过剩人口，停滞的过剩人口，形成现役劳动军的一部分，但是就业极不规则。因此，它为资本提供了一个贮存着可供支配的劳动力的取之不竭的蓄水池。这种劳动力的生活状况降到了工人阶级的平均正常水平以下，正是这种情况使它成为资本的特殊剥削部门的广泛基础。它的特点是劳动时间最长而工资最低。""它不断地从大工业和农业的过剩者那里得到补充"。

"最后，相对过剩人口的最底层陷于需要救济的赤贫的境地。""这个社会阶层由三类人组成。第一类是有劳动能力的人。""他们的人数每当危机发生时就增大，每当营业复苏时就减少。第二类是孤儿和需要救济的贫民的子女。他们是产业后备军的候补者"。"第三类是衰败的、流落街头的、没有劳动能力的人。"

【资本主义积累的一般规律】

"社会的财富即执行职能的资本越大，它的增长的规模和能力越大，从而无产阶级的绝对数量和他们的劳动生产力越大，产业后备军也就越大。可供支配的劳动力同资本的膨胀力一样，是由同一些原因发展起来的。因此，产业后备军的相对量和财富的力量一同增长。但是同现役劳动军相比，这种后备军越大，常备的过剩人口也就越多，他们的贫困同他们所受的劳动折磨成反比（编者注：在经马克思审定的法文版中是'成正比'）。最后，工人阶级中贫苦阶层和产业后备军越大，官方认为需要救济的贫民也就越多。这就是资本主义积累的绝对的、一般的规律。像其他一切规律一样，这个规律的实现也会由于各种各样的情况而有所变化，不过对这些情况的分析不属于这里的范围。"

"由于社会劳动生产率的增进，花费越来越少的人力可以推动越来越多的生产资料，这个规律在不是工人使用劳动资料，而是劳动资料使用工人的资本主义的基础上表现为：劳动生产力越高，工人对他们就业手段的压力就越大，因而他们的生存条件，即为增加他人财富或为资本自行增殖而出卖自己的力气，也就越没有保障。因此，生产资料和劳动生产率比生产人口增长得快这一事实，在资本主义下却相反地表现为：工人人口总是比资本的增殖需要增长得快。"

"在资本主义制度内部，一切提高社会劳动生产力的方法都是靠牺牲工人个人来实现的；一切发展生产的手段都转变为统治和剥削生产者的手段，都使工人畸形发展，成为局部的人，把工人贬低为机器的附属品，使工人受劳动的折磨，从而使劳动失去内容，并且随着科学作为独立的力量被并入劳动过程而使劳动过程的智力与工人相异化；""但是，一切生产剩余价值的方法同时就是积累的方法，而积累的每一次扩大又反过来成为发展这些方法的手段。由此可见，不管工人的报酬高低如何，工人的状况必然随着资本的积累而恶化。最后，使相对过剩人口或产业后备军同积累的规模和能力始终保持平衡的规律把工人钉在资本上，比赫斐斯塔司的楔子把普罗米修斯钉在岩石上钉得还要牢。这一规律制约着同资本积累相适应的贫困积累。因此，在一极是财富的积累，同时在另一极，即在把自己的产品作为资本来生产的阶级方面，是贫困、劳动折磨、受奴役、无知、粗野和道德堕落的积累。"

第五节　资本主义积累一般规律的例证

【简释：这一节的内容是列举大量实际材料包括英国官方的报告和数据，分析了1846—1866年英格兰人口、财富、资本积累、生产和工人阶级的状况，不列颠工业工人阶级中报酬微薄的阶层，流动人口，危机对工人阶级中报酬最优厚的部分的影响，以及不列颠的农业无产阶级等的实际状况，证明上面阐述的资本主义积累的一般规律，是从当时英国现实社会的实践总结出来的。】

第二十四章

所谓原始积累

【本章的内容是论述资本主义生产方式的产生过程，也就是资产阶级和无产阶级的形成过程。全章共分七节。资产阶级学者认为，资本家最初的资本是靠自己的勤劳和节俭积累起来的。第一节批判了这种谬论之后指出，所谓原始积累只不过是生产者和生产资料分离的历史过程。无产阶级是由于暴力的剥夺形成的。第二、三节说明无产阶级怎样形成之后，又在第四、六节说明资产阶级是怎样形成的。第五节论述生产者和生产资料分离、资本形成的经济因素：农业革命对工业的反作用；工业资本的国内市场的形成。在第六节最后，有句结论性的话："资本来到世间，就是从头到脚，每个毛孔都滴着血和肮脏的东西。"第七节论述资本主义积累的历史趋势，精辟地说明："资本主义私有制，是对个人的、以自己劳动为基础的私有制的第一个否定。但资本主义生产由于自然过程的必然性，造成了对自身的否定。这是否定的否定。""资本主义私有制的丧钟就要响了。剥夺者就要被剥夺了。"】

第一节 原始积累的秘密

"我们已经知道，货币怎样转化为资本，资本怎样产生剩余价值，剩余价值又怎样产生更多的资本。但是，资本积累以剩余价值为前提，剩余价值以资本主义生产为前提，而资本主义生产又以商品生产者拥有较大量的资本和劳动力为前提。因此，这整个运动好像是在一个恶性循环中兜圈子，要脱出这个循环，就只有假定在资本主义积累之前有一种'原始'积累（亚当·斯密称为'预先积累'），这种积累不是资本主义生产方式的结果，而是它的起点。"

"人们在解释这种原始积累的起源的时候，就像在谈过去的奇闻逸事。在很久很久以前有两种人，一种是勤劳的，聪明的，而且首先是节俭的精英，另一种是懒惰的，耗尽了自己的一切，甚至耗费过了头的无赖汉。""第一种人积累财富"，"虽然早就不再劳动，但他们的财富却不断增加"。"而第二种人……无论怎样劳动，除了自己本身以外仍然没有可出卖的东西"。但是，"大家知道，在真正的历史上，征服、奴役、劫掠、杀戮，总之，暴力起着巨大的作用。""事实上，原始积累的方法决不是田园诗式的东西。"

"货币和商品，正如生产资料和生活资料一样，开始并不是资本。它们需要转化为资本。但是这种转化本身只有在一定的情况下才能发生，这些情况归结起来就是：两种极不相同的商品占有者必须互相对立和发生接触；一方面是货币、生产资料和生活资料的所有者，他们要购买他人的劳动力来增殖自己所占有的价值总额；另一方面是自由劳动者，自己劳动力的出卖者。""他们脱离生产资料而自由了，同生产资料分离了，失去了生产资料。商品市场的这种两极分化，造成了资本主义生产的基本条件。资本关系以劳动者和劳动实现条件的所有权之间的分离为前提。资本主义生产一旦站稳脚跟，它就不仅保持这种分离，而且以不断扩大的规模再生产这种分离。因此，创造资本关系的过程，只能是劳动者和他的劳动条件的所有权分离的过程，这个过程一方面使社会的生活资料和生产资料转化为资本，另一方面使直接生产者转化为雇佣工人。因此，所谓原始积累只不过是生产者和生产资料分离的历史过程。这个过程所以表现为'原始的'，因为它形成资本及与之相适应的生产方式的前史。"

"资本主义社会的经济结构是从封建社会的经济结构中产生的。后者的解体使前者的要素得到解放。"

"直接生产者，劳动者，只有当他不再束缚于土地，不再隶属或从属于他人的时候，才能支配自身。其次，他要成为劳动力的自由出卖者，能把他的商品带到任何可以找到市场的地方去，他就必须摆脱行会的控制，摆脱行会关于学徒和帮工的制度以及关于劳动的约束性规定。因此，使生产者转化为雇佣工人的历史运动，一方面表现为生产者从农奴地位和行会束缚下解放出来；对于我们的资产阶级历史学家来说，只有这一方面是存在的。但是另一方面，新被解放的人只有在他们被剥夺了一切生产资料和旧封建制度给予他们的一切生存保障之后，才能成为他们自身的出卖者。而对他们的这种剥夺的历史是用血和火的文字载入人类编年史的。"

"在原始积累的历史中，对正在形成的资本家阶级起过推动作用的一切变革，都是历史上划时代的事情；但是首要的因素是：大量的人突然被强制地同自己的生存资料分离，被当作不受法律保护的无产者抛向劳动市场。对农业生产者即农民的土地的剥夺，形成全部过程的基础。这种剥夺的历史在不同的国家带有不同的色彩，按不同的顺序、在不同的历史时代通过不同的阶段。只有在英国，它才具有典型的形式，因此我们拿英国做例子。"

第二节　对农村居民土地的剥夺

"在英国，农奴制实际上在 14 世纪末期已经不存在了。当时，尤其是 15 世纪，绝大多数人口是自由的自耕农"。"农业中的雇佣工人包括两种人，一种是利用空闲时间为大土地所有者做工的农民，一种是独立的、相对说来和绝对说来人数都不多的真正的雇佣工人阶级。"

"为资本主义生产方式奠定基础的变革的序幕，是在 15 世纪最后 30 多年和 16 世纪最初几十年演出的。""大封建主，通过把农民从土地（农民对土地享有和封建主一样的封建权利）上强行赶走，夺去他们的公有地的办法，造成了人数更多得无比的无产阶级。在英国，特别是佛兰德毛纺织工场手工业的繁荣，以及由此引起的羊毛价格的上涨，对这件事起了直接的推动作用。"封建贵族通过对小农的剥夺"把耕地转化为牧羊场"。

总之，"掠夺教会地产，欺骗性地出让国有土地，盗窃公有地，用剥夺方法、用残暴的恐怖手段把封建财产和克兰财产转化为现代私有财产——这就是原始积累的各种田园诗式的方法。这些方法为资本主义农业夺得了地盘，使土地与资本合并，为城市工业造成了不受法律保护的无产阶级的必要供给。"

第三节　15世纪末以来惩治被剥夺者的
血腥立法。压低工资的法律

"由于封建家臣的解散和土地断断续续遭到暴力剥夺而被驱逐的人，这个不受法律保护的无产阶级，不可能像它诞生那样快地被新兴的工场手工业所吸收。另一方面，这些突然被抛出惯常生活轨道的人，也不可能一下子就适应新状态的纪律。他们大批地转化为乞丐、盗贼、流浪者，其中一部分人是由于习性，但大多数是为环境所迫。因此，15世纪末和整个16世纪，整个西欧都颁布了惩治流浪者的血腥法律。"

"被暴力剥夺了土地、被驱逐出来而变成了流浪者的农村居民，由于这些古怪的恐怖的法律，通过鞭打、烙印、酷刑，被迫习惯于雇佣劳动制度所必需的纪律。"

"单是在一极有劳动条件作为资本出现，在另一极有除了劳动力以外没有东西可出卖的人，还是不够的。这还不足以迫使他们自愿地出卖自己。在资本主义生产的进展中，工人阶级日益发展，他们由于教育、传统、习惯而承认这种生产方式的要求是理所当然的自然规律。发达的资本主义生产过程的组织粉碎一切反抗；相对过剩人口的不断产生把劳动的供求规律，从而把工资限制在与资本增殖需要相适应的轨道以内；经济关系的无声的强制保证资本家对工人的统治。超经济的直接的暴力固然还在使用，但只是例外地使用。在通常的情况下，可以让工人由'生产的自然规律'去支配，即由他对资本的从属性去支配，这种从属性由生产条件本身产生，得到这些条件的保证并由它们永久维持下去。在资本主义生产在历史上刚刚产生的时期，情况则不同。新兴的资产阶级为了'规定'工资，即把工资强制地限制在有利于赚钱的界限内，为了延长工作日并使工人本身处于正常程度的从属状态，就需要并运用国家权力。这是所谓原始积累的一个重要因素。"

"法律规定了城市和农村、计件劳动和日劳动的工资率。农村工人受雇期限应为一年，城市工人则应在'自由市场'上受雇。支付高于法定工资的人要被监禁，但接受高工资的人要比支付高工资的人受到更严厉的处罚。"

第四节　资本主义租地农场主的产生

　　"现在要问：资本家最初从哪里来的呢？因为对农村居民的剥夺只是直接地产生了大土地所有者。至于租地农场主的产生，""这是一个延续了许多世纪的漫长过程"。

　　"在英国，最初形式的租地农场主本身也是农奴的管事。""在 14 世纪下半叶，管事被由地主供给种子、牲畜和农具的租地农民所代替。这种租地农民的地位同农民没有多大的区别，不过他剥削更多雇佣劳动。他不久就成为分成制佃农，半租地农场主。他筹集农业资本的一部分，而其余部分则由地主提供。双方按合同规定的比例分配总产品。这种形式在英国很快就消失了，代之而起的是真正的租地农场主，他靠使用雇佣工人来增殖自己的资本，并把剩余产品的一部分以货币或实物的形式作为地租交给地主。"

　　"15 世纪最后 30 多年开始的、几乎在整个 16 世纪（但最后几十年除外）继续进行的农业革命，以同一速度使农村居民变穷，使租地农场主致富。"

第五节　农业革命对工业的反作用。
工业资本的国内市场的形成

　　"我们已经知道，对农村居民断断续续的、一再重复的剥夺和驱逐，不断地为城市工提供大批完全处于行会关系之外的无产者。"

　　"虽然种地的人数减少了，但土地提供的产品和过去一样多，或者比过去更多，因为伴随土地所有权关系革命而来的，是耕作方法的改进，协作的扩大，生产资料的积聚等等，因为农业雇佣工人不仅被迫加强了劳动强度，而且他们为自己进行劳动的生产范围也日益缩小了。因此，随着一部分农村居民的游离，他们以前的生活资料也被游离出来。这些生活资料现在转化为可变资本的物质要素。

被驱逐出来的农民必须从自己的新主人工业资本家那里，以工资的形式挣得这些生活资料的价值。国内农业提供的工业原料也同生活资料的情况一样。它转化为不变资本的一个要素。"

"事实上，使小农转化为雇佣工人，使他们的生活资料和劳动资料转化为资本的物质要素的那些事件，同时也为资本建立了自己的国内市场。""随着以前的自耕农的被剥夺以及他们与自己的生产资料的分离，农村副业被消灭了，工场手工业与农业分离的过程发生了。只有消灭农村家庭手工业，才能使一个国家的国内市场获得资本主义生产方式所需要的范围和稳固性。"

"但是，真正的工场手工业时期并没有引起根本的改变。""只有大工业才用机器为资本主义农业提供了牢固的基础，彻底地剥夺了绝大多数农村居民，使农业和农村家庭手工业完全分离，铲除了农村家庭手工业的根基——纺纱和织布。这样，它才为工业资本征服了整个国内市场。"

第六节　工业资本家的产生

"工业资本家不是通过像租地农场主那样的渐进方式产生的。""这种方法的蜗牛爬行的进度，无论如何也不能适应 15 世纪末各种大发现所造成的新的世界市场的贸易需要。而中世纪已经留下两种不同形式的资本"，"就被当作资本，这就是高利贷资本和商人资本"。

"美洲金银产地的发现，土著居民的被剿灭、被奴役和被埋葬于矿井，对东印度开始进行的征服和掠夺，非洲变成商业性地猎获黑人的场所——这一切标志着资本主义生产时代的曙光。这些田园诗式的过程是原始积累的主要因素。接踵而来的是欧洲各国以地球为战场而进行的商业战争。这场战争以尼德兰脱离西班牙开始，在英国的反雅各宾战争中具有巨大的规模，并且在对中国的鸦片战争中继续进行下去，等等。"

"原始积累的不同因素，多少是按时间顺序特别分配在西班牙、葡萄牙、荷兰、法国和英国。在英国，这些因素在 17 世纪末系统地综合为殖民制度、国债制度、现代税收制度和保护关税制度。这些方法一部分是以最残酷的暴力为基础，例如殖民制度就是这样。但所有这些方法都利用国家权力，也就是利用集中的、有组织的社会暴力，来大力促进从封建生产方式向资本主义生产方式的转化过程，缩短过渡时间。暴力是每一个孕育着新社会的旧社会的助产婆。暴力本身就是一种经济力。"

"殖民制度大大促进了贸易和航运的发展。'垄断公司'（路德语）是资本积聚的强有力的手段。殖民地为迅速产生的工场手工业保证了销售市场以及由市场垄断所引起的成倍积累。在欧洲以外的直接靠掠夺，奴役和杀人越货而夺得的财宝，源源流入宗主国，在这里转化为资本。第一个充分发展了殖民制度的荷兰，在1648年就已达到了它的商业繁荣的顶点。"

"现在，工业上的霸权带来商业上的霸权。在真正的工场手工业时期，却是商业上的霸权造成了工业上的优势。所以殖民制度在当时起着决定性作用。"

"公共信用制度，即国债制度，在中世纪的热那亚和威尼斯就已经产生，到工场手工业时期流行于整个欧洲。殖民制度以及它的海外贸易和商业战争是公共信用制度的温室。所以公共信用制度首先在荷兰确立起来。国债，即国家的让渡，不论在专制国家，立宪国家，还是共和国家，总是给资本主义时代打下自己的烙印。""公共信用成了资本的信条。"

"公债成了原始积累的最强有力的手段之一。它像挥动魔杖一样，使不生产的货币具有了生殖力，这样就使它转化为资本，而又用不着承担投资于工业甚至高利贷时所不可避免的劳苦和风险。""于是就有了这样产生的有闲的食利者阶级，充当政府和国民之间中介人的金融家就大发横财，包税者、商人和私营工厂主也大发横财"。"国债还使股份公司、各种有价证券的交易、证券投机，总之，使交易所投机和现代的银行统治兴盛起来。"

"随着国债的产生，国际信用制度出现了。国际信用制度常常隐藏着这个或那个国家原始积累的源泉之一。"

"因为国债是依靠国家收入来支付年利息等等开支，所以现代税收制度就成为国债制度的必要补充。借债使政府可以应付额外的开支，而纳税人又不会立即有所感觉，但借债最终还是要求提高税收。另一方面，由于债务一笔接着一笔的积累而引起的增税，又迫使政府在遇到新的额外开支时，总是要借新债。因此，以对最必要的生活资料的课税（因而也是以它们的昂贵）为轴心的现代财政制度，本身就包含着税收自行增加的萌芽。过重的课税并不是一件偶然的事情，倒不如说是一个原则。""现代财政制度的剥夺作用，被这一制度的一个组成部分即保护关税制度加强了。"

"保护关税制度是制造工厂主、剥夺独立劳动者、使国民的生产资料和生活资料资本化、强行缩短从旧生产方式向现代生产方式的过渡的一种人为手段。欧洲国家为了获得这种发明的专利权而钩心斗角，它们一旦为谋利者效劳，就不仅为此目的而间接通过保护关税和直接通过出口补助金等来掠夺本国人民，而且还要用暴力摧毁其附属邻国的一切工业，例如英格兰摧毁了爱尔兰的毛纺织工场手工业。在欧洲大陆上"，"工业家的原始资本有一部分直接来自国库"。

"殖民制度、国债、重税、保护关税制度、商业战争等等——所有这些真正工场手工业时期的嫩芽，在大工业的幼年时期大大地成长起来了。"

"随着资本主义生产在工场手工业时期的发展，欧洲的舆论丢掉了最后一点羞耻心和良心。各国恬不知耻地夸耀一切当作资本积累手段的卑鄙行径。"

"要使资本主义生产方式的'永恒的自然规律'充分表现出来，要完成劳动者同劳动条件的分离过程，要在一极使社会的生产资料和生活资料转化为资本，在另一极使人民群众转化为雇佣工人，转化为自由的'劳动贫民'这一现代历史的杰作，就需要经受这种苦难。如果按照奥日埃的说法，货币'来到世间，在一边脸上带着天生的血斑'，那么，资本来到世间，从头到脚，每个毛孔都滴着血和肮脏的东西。"

第七节　资本主义积累的历史趋势

【以自己劳动为基础的私有制的解体】

"资本的原始积累，即资本的历史起源，究竟是指什么呢？既然它不是奴隶和农奴直接转化为雇佣工人，因而不是单纯的形式变换，那么它就只是意味着直接生产者的被剥夺，即以自己劳动为基础的私有制的解体。"

"私有制作为社会的、集体的所有制的对立物，只是在劳动资料和劳动的外部条件属于私人的地方才存在。但是私有制的性质，却依这些私人是劳动者还是非劳动者而有所不同。私有制在最初看来所表现出的无数色层，只不过反映了这两极间的各种中间状态。"

"劳动者对他的生产资料的私有权是小生产的基础，而小生产又是发展社会生产和劳动者本人的自由个性的必要条件。诚然，这种生产方式在奴隶制度、农奴制度以及其他从属关系中也是存在的。但是，只有在劳动者是自己使用的劳动条件的自由私有者，农民是自己耕种的土地的自由私有者，手工业者是自己运用自如的工具的自由私有者的地方，它才得到充分发展，才显示出它的全部力量，才获得适当的典型的形式。"

"这种生产方式是以土地和其他生产资料的分散为前提的。它既排斥生产资料的积聚，也排斥协作，排斥同一生产过程内部的分工，排斥对自然的社会统治和社会调节，排斥社会生产力的自由发展。它只同生产和社会的狭隘的自然产生的界限相容。""它发展到一定的程度，就产生出消灭它自身的物质手段。从这时起，社会内部感到受它束缚的力量和激情就活动起来。这种生产方式必然要被消灭，而且已经在消灭。它的消灭，个人的分散的生产资料转化为社会的积聚的生产资料，从而多数人的小财产转化为少数人的大财产，广大人民群众被剥夺土地、生活资料、劳动工具，——人民群众遭受的这种可怕的残酷的剥夺，形成资本的前史。这种剥夺包含一系列的暴力方法，其中我们只考察了那些具有划时代意义的资本原始积累的方法。对直接生产者的剥夺，是用最残酷无情的野蛮手段，在最下流、最龌龊、最卑鄙和最可恶的贪欲的驱使下完成的。靠自己劳动挣得的私有制，即以各个独立劳动者与其劳动条件相结合为基础的私有制，被资本主义私有制，即以剥削他人的但形式上是自由的劳动为基础的私有制所排挤。"

【资本的集中和垄断使资本主义基本矛盾激化】

"一旦这一转化过程使旧社会在深度和广度上充分瓦解，一旦劳动者转化为无产者，他们的劳动条件转化为资本，一旦资本主义生产方式站稳脚跟，劳动的进一步社会化，土地和其他生产资料的进一步转化为社会地使用的即公共的生产资料，从而对私有者的进一步剥夺，就会采取新的形式。现在要剥夺的已经不再是独立经营的劳动者，而是剥削许多工人的资本家了。"

"这种剥夺是通过资本主义生产本身的内在规律的作用，即通过资本的集中进行的。一个资本家打倒许多资本家。随着这种集中或少数资本家对多数资本家的剥夺，规模不断扩大的劳动过程的协作形式日益发展，科学日益被自觉地应用于技术方面，土地日益被有计划地利用，劳动资料日益转化为只能共同使用的劳动资料，一切生产资料因作为结合的、社会的劳动的生产资料使用而日益节省，各国人民日益被卷入世界市场网，从而资本主义制度日益具有国际的性质。随着那些掠夺和垄断这一转化过程的全部利益的资本巨头不断减少，贫困、压迫、奴役、退化和剥削的程度不断加深，而日益壮大的、由资本主义生产过程本身的机制所训练、联合和组织起来的工人阶级的反抗也不断增长。资本的垄断成了与这种垄断一起并在这种垄断之下繁盛起来的生产方式的桎梏。生产资料的集中和劳动的社会化，达到了同它们的资本主义外壳不能相容的地步。这个外壳就要炸毁了。资本主义私有制的丧钟就要响了。剥夺者就要被剥夺了。"

【资本主义生产方式造成对自身否定的必然性】

"从资本主义生产方式产生的资本主义占有方式，从而资本主义的私有制，是对个人的、以自己劳动为基础的私有制的第一个否定。但资本主义生产由于自然过程的必然性，造成了对自身的否定。这是否定的否定。这种否定不是重新建立私有制，而是在资本主义时代的成就的基础上，也就是说，在协作和对土地及靠劳动本身生产的生产资料的共同占有的基础上，重新建立个人所有制。"

"以个人自己劳动为基础的分散的私有制转化为资本主义私有制，同事实上已经以社会的生产经营为基础的资本主义所有制转化为社会所有制比较起来，自然是一个长久得多、艰苦得多、困难得多的过程。前者是少数掠夺者剥夺人民群众，后者是人民群众剥夺少数掠夺者。"

【简释：这一节不仅是第七篇资本积累的总结，也是第一卷资本的生产过程的总结。这个总结就是："从资本主义生产方式产生的资本主义占有方式，从而资本主义的私有制，是对个人的、以自己劳动为基础的私有制的第一个否定。但资本主义生产由于自然过程的必然性，造成了对自身的否定。这是否定的否定。"因此，资本主义积累的历史趋势，也就是资本主义生产方式的产生、发展和必然灭亡的历史规律。

对于"在生产资料的共同占有的基础上，重新建立个人所有制"的涵义，恩格斯在《反杜林论》中针对杜林对这一提法的歪曲和攻击，明确指出："靠剥夺剥夺者而建立起来的状态，被称为以土地和靠劳动本身生产的生产资料的公有制为基础的个人所有制的恢复。对任何一个懂德语的人来说，这就是，公有制包括土地和其他生产资料，个人所有制包括产品即消费品。"】

第二十五章

现代殖民理论

【资产阶级学者混同两种私有制的错误】

"政治经济学在原则上把两种极不相同的私有制混同起来了。其中一种以生产者自己的劳动为基础，另一种以剥削他人的劳动为基础。它忘记了，后者不仅与前者直接对立，而且只是在前者的坟墓上成长起来的。"

"在西欧，政治经济学的故乡，原始积累的过程多少已经完成。在这里，资本主义制度或者已经直接征服整个国民生产，或者在这种关系还不很发达的地方，它也至少间接地控制着那些与它一起继续存在的、属于过时的生产方式的、腐朽的社会阶层。"

"殖民地的情况却不是这样。在那里，资本主义制度到处都碰到这样一种生产者的障碍，这种生产者是自己劳动条件的占有者，靠自己的劳动使自己变富，而不是使资本家变富。在那里，这两种完全对立的经济制度之间的矛盾，在它们的斗争中实际地得到证实。"

"爱·吉·韦克菲尔德在殖民地发现，拥有货币、生活资料、机器以及其他生产资料，而没有雇佣工人这个补充物，没有被迫自愿出卖自己的人，还不能使一个人成为资本家。他发现，资本不是一种物，而是一种以物为中介的人和人之间的社会关系。" ［马克思在此加了一个注释，引用他在《雇佣劳动与资本》(1849年) 中的一段话："黑人就是黑人。只有在一定的关系下，他才成为奴隶。纺纱机是纺棉花的机器。只有在一定的关系下，它才成为资本。脱离了这种关系，它也就不是资本了，就像黄金本身并不是货币，砂糖并不是砂糖的价格一样……资本是一种社会生产关系。它是一种历史的生产关系。"］

【资本不是物，而是社会生产关系】

"我们知道，生产资料和生活资料，作为直接生产者的财产，不是资本。它们只有在同时还充当剥削和统治工人的手段的条件下，才成为资本。"

"因此，只要劳动者能为自己积累——只要他是自己的生产资料的所有者，他就能做到这一点——，资本主义积累和资本主义生产方式就是不可能的。为此所必需的雇佣工人阶级还没有。"

"我们已经知道，剥夺人民群众的土地是资本主义生产方式的基础。与此相反，自由殖民地的本质在于，大量土地仍然是人民的财产，因此每个移民都能够把一部分土地转化为自己的私有财产和个人的生产资料，而又不妨碍后来的移民这样做。"

"因为殖民地的劳动者还没有和劳动条件以及他们的根基即土地分离，或者这种分离只是间或地或在极有限的范围内存在，所以，农业还没有和工业分离，农村家庭工业也还没有消灭。""到这里来的许多工人都是成年人，因此这里绝对人口增长得比宗主国快得多，但是劳动市场却总是供给不足。劳动的供求规律遭到了破坏。""今天的雇佣工人，明天就会成为独立经营的农民或手工业者。""雇佣工人不断转化为独立生产者，他们不是为资本劳动，而是为自己劳动"。

"照韦克菲尔德看来，殖民地……生产资料分散在无数独立经营的所有者之间，这就既破坏了资本集中，也破坏了结合劳动的一切基础。"

"但是，我们在这里并不是要研究殖民地的状况。我们感兴趣的只是旧大陆的政治经济学在新大陆发现并大声宣布的秘密：资本主义的生产方式和积累方式，从而资本主义的私有制，是以那种以自己的劳动为基础的私有制的消灭为前提的，也就是说，是以劳动者的被剥夺为前提的。"

【简释：本章内容是以资产阶级学者关于"现代殖民理论"承认的事实，进一步阐明资本不是物，而是社会生产关系。资本所体现的生产关系就是：一方面是占有生产资料的资本家；另一方面是失去生产资料而不得不出卖自己劳动力的雇佣工人。在不存在这种生产关系的地方，例如在每个移民都可以自由获得土地并由自己耕种的殖民地，没有雇佣劳动，就不可能有资本主义的生产。】

第 二 卷
资本的流通过程
（学习提要）

第 一 篇
资本形态变化及其循环

【《资本论》第二卷《资本的流通过程》，是恩格斯根据马克思的手稿整理、编辑，在1885年出版的。《资本论》第一卷着重研究资本和剩余价值的生产过程，揭示资本和雇佣劳动包含的阶级关系和社会性质。第二卷是在第一卷的基础上，主要研究资本的流通过程和剩余价值的实现。资本不仅包含着阶级关系，而且是一种运动，是资本的生产过程和流通过程统一的循环的运动；只有通过这种运动，剩余价值才能得到实现。《资本论》第二卷是第一卷理论逻辑的继续，也是向第三卷的过渡。

第二卷共分三篇：第一篇和第二篇是从个别资本的角度研究资本循环和资本周转。第三篇是研究社会总资本的再生产和流通。

第一篇资本形态变化及其循环，是关于资本循环的理论，重点是论述产业资本循环的三种形式（货币资本、生产资本、商品资本），及其循环的三个阶段：一是资本家用货币在市场上购买生产资料和劳动力的流通阶段；二是资本家用购买的劳动力和生产资料结合起来进行生产的生产阶段；三是资本家将生产出来的商品在市场上出售的流通阶段。在这三个阶段中，资本依次从一种形式转化为另一种形式，形成一种运动。

马克思说："在第一册中，我们只是在为理解第二阶段即资本的生产过程所必要的范围内，对第一阶段和第三阶段进行过研究。因此，资本在不同阶段所具有的不同形式，它在反复循环中时而采取时而抛弃的不同形式，在那里没有加以考虑。现在它们就成为研究的直接对象了。"

第一篇共分六章，第一至第四章，分别研究货币资本循环、生产资本循环、商品资本循环、循环过程的三个公式。马克思指出，产业资本正常运行的条件是所有这三种循环保持统一，并且每一种形式都能顺畅地完成自己的循环。只有在三个循环的统一中，才能实现总过程的连续性。但是，一切循环的共同点是价值增殖，这是资本主义生产的根本目的和动机，因而决定了资本主义生产的对抗性质和无政府状态，必然使这种连续性不断遭到破坏。第一篇第五、六章，分别考察了流通时间、流通费用、簿记和商品储备等问题。恩格斯在 1895 年 3 月 16 日致维克多·阿德勒的信中谈到对第二卷第一篇的阅读时说："第一章要弄通，然后读第二和第三章就比较容易了，第四章是总的概述，也要用心读；第五和第六章容易懂，特别是第六章，谈的是次要的东西。"】

第一章

货币资本的循环

资本的循环过程经过三个阶段。

"第一阶段：资本家作为买者出现于商品市场和劳动市场；他的货币转化为商品，或者说，经历 G—W 这个流通行为。

第二阶段：资本家用购买的商品从事生产消费。""他的资本经历生产过程。结果产生了一种商品，这种商品的价值大于它的生产要素的价值。

第三阶段：资本家作为卖者回到市场；他的商品转化为货币，或者说，经历 W—G 这个流通行为。"

"因此，货币资本循环的公式是：$G—W\cdots P\cdots W'—G'$。在这个公式中，虚线表示流通过程的中断，W' 和 G' 表示由剩余价值增大了的 W 和 G。"

"在第一册中，我们只是在为理解第二阶段即资本的生产过程所必要的范围内，对第一阶段和第三阶段进行过研究。因此，资本在不同阶段所具有的不同形式，它在反复循环中时而采取时而抛弃的不同形式，在那里没有加以考虑。现在它们就成为研究的直接对象了。"

【简释：研究产业资本循环之所以从货币资本的循环开始考察，这是因为：

首先，货币资本的循环是产业资本循环的一般形式。资本是带来剩余价值的价值，资本的运动首先表现为用一定数量的货币带来更多的货币，所以资本的循环首先表现为货币资本的循环。马克思指出："只要货币资本的循环始终包含着预付价值的价值增殖，它就始终是产业资本的一般表现。"

其次，从货币资本的循环开始分析，可以清晰地反映价值增殖过程。因为货币资本循环是 $G\cdots G'$，每一次循环开头是 G，循环结尾是 G'，后者大于前者。而生产资本循环是 $P\cdots P$，开头和结尾都是生产过程，看不出其中的变化。商品资本

195

的循环是 W′…W′，开头出现的是已经包含剩余价值的商品，结尾也是包含剩余价值的商品；如果是简单再生产，两个 W′ 的价值量是一样的；如果是扩大再生产，结尾的 W′ 大于开头的 W′，也只能看作是生产扩大因而产品数量增多了的结果。

第三，货币资本是资本运动过程的第一推动力和持续的动力。失去这个推动力，资本主义生产过程就要停顿下来。马克思指出："资本主义的商品生产——无论是社会地考察还是个别地考察——，要求货币形式的资本或货币资本作为每一个新开办的企业的第一推动力和持续的动力。特别是流动资本，要求货币资本作为动力经过一段短时间不断地反复出现。"

第一章分为四节，分别考察第一阶段 G—W；第二阶段生产资本的职能；第三阶段 W′—G′；综合起来的总循环。】

第一节　第一阶段 G—W

【货币资本循环第一阶段的特征】

【从形式上看，货币资本循环的第一阶段，与一般商品流通是一样的，都是用货币购买商品；在这里，与一般商品流通有本质区别的，是它的物质内容。】

"G—W 表示一个货币额转化为一个商品额"。"货币额 G 分成两部分，其中一部分购买劳动力，另一部分购买生产资料。这两个购买序列属于完全不同的市场，一个属于真正的商品市场，另一个则属于劳动市场。"

"但是，$G—W <_{Pm}^{A}$ 除了表示 G 所要转化成的商品额有这种质的分割之外，还表示一种最具有特征的量的关系。""即用在劳动力 A 上面的货币部分和用在生产资料 Pm 上面的货币部分的量的关系。这种量的关系一开始就是由一定数量的工人所要耗费的超额即剩余劳动的量决定的。"

"$G—W <_{Pm}^{A}$ 一经完成，买者就不仅支配着生产一种有用物品所必需的生产资料和劳动力。他支配着一种比补偿劳动力价值所必需的劳动力使用权更大的劳动力使用权"，"同时还支配着使这个劳动量实现或对象化所必需的生产资料。因此，他支配的各种因素所能生产的物品，比这种物品的生产要素有更大的价值，

或者说，是一个包含剩余价值的商品量。因此，他以货币形式预付的价值，现在处在一种实物形式中"。"换句话说，它处在具有创造价值和剩余价值的能力的**生产资本**的状态或形式中。我们把这种形式的资本称为 P。"

"但是，P 的价值 = A + Pm 的价值 = 转化为 A 和 Pm 的 G。G 和 P 是同一个资本价值，只是处在不同的存在方式上，就是说，G 是货币状态或货币形式的资本价值——货币资本。"

"因此，$G—W <^A_{Pm}$ 或它的一般形式 G—W，即商品购买的总和，这个一般商品流通的行为，作为资本的独立循环过程的阶段来看，同时又是资本价值由货币形式到生产形式的转化，或者简单地说，是由**货币资本**到**生产资本**的转化。可见，在这里首先考察的循环公式中，货币表现为资本价值的第一个承担者，因而货币资本表现为资本预付的形式。"

"因此，虽然在 G—A 行为中，货币占有者和劳动力占有者仅仅作为买者和卖者互相发生关系，""因而就这方面来说，他们互相之间只是处在单纯的货币关系中，但是，买者一开始就同时是生产资料的占有者，""而和劳动力占有者相对立的"。"因此，资本家和雇佣工人的阶级关系，当他们在 G—A（从工人方面看是 A—G）行为中互相对立时，就已经存在了，就已经作为前提肯定了。这是买和卖，是货币关系，但这种买和卖的前提是：买者是资本家，卖者是雇佣工人。而这种关系所以会发生，是因为劳动力实现的条件——生活资料和生产资料——已经作为他人的财产而和劳动力的占有者相分离了。"

"资本关系所以会在生产过程中出现，只是因为这种关系在流通行为中，在买者和卖者互相对立的不同的基本经济条件中，在他们的阶级关系中本来就已经存在。不是由于货币的性质产生了这种关系；相反，正是由于这种关系的存在，单纯的货币职能才能转化为资本职能。"

【问题的实质在于生产要素本身的分配】

"货币资本要在社会范围内执行我们这里考察的职能 $G—W <^A_{Pm}$，就得先有一定的历史过程，把原来的生产资料和劳动力的结合分开。由于这些过程，不占有生产资料的人民大众，劳动者，和占有生产资料的非劳动者互相对立。""因此，问题的实质，在这里作为 $G—W <^A_{Pm}$ 行为的基础的，是分配。所谓分配，不是通常意义上的消费资料的分配，而是生产要素本身的分配，其中物的因素集中在一方，劳动力则与物的因素相分离，处在另一方。"

"因此，在 G—A 行为能成为一般社会行为以前，生产资料即生产资本的物的部分，就必须已经作为生产资料，作为资本，和工人相对立。"

"因此，不言而喻，只有在已经发展的资本主义生产的基础上，货币资本循环的公式，G—W…P…W′—G′，才是资本循环的当然形式，因为它是以雇佣工人阶级的社会规模的存在作为前提的。我们已经知道，资本主义生产不仅生产商品和剩余价值；它还再生产并且以越来越大的规模再生产雇佣工人阶级，把绝大多数直接生产者变为雇佣工人。因此，既然实现 G—W…P…W′—G′ 这一过程的首要前提是雇佣工人阶级的经常存在，所以，这个公式已经包含生产资本形式的资本，从而也包含生产资本的循环的形式。"

【简释：(1) 从形式上看，货币资本循环的第一阶段，与一般商品流通是一样的，都是用货币购买商品；在这里，与一般商品流通有本质区别的，不是流通行为的形式，而是它的物质内容，即资本家购买的商品的物质内容，其中一部分购买劳动力，另一部分购买生产资料。这就是说，从内容看，G—W 表现为 $G—W <^{A}_{Pm}$。而在这个物质内容中，表现资本主义生产特征的是 G—A，即劳动力作为商品的买卖，而不是 G—Pm。资本关系之所以会在生产过程中出现，只是因为这种关系在流通行为中，在买者和卖者互相对立的阶级关系中本来就已经存在。不是由于货币的性质产生了这种关系；相反，正是由于这种关系的存在，单纯的货币职能才能转化为资本职能。

(2) 资本家用货币购买商品（劳动力和生产资料）时，货币只是执行着货币的功能，这个货币功能之所以同时具有资本的功能，是因为它所购买的商品，是资本主义生产过程所需的各种要素，所以又行使着货币资本的职能。在理解货币资本功能上有两种错误观点：一种是把资本采取货币形态所完成的购买、支付手段的功能，错误地认为是从它的资本性质产生的。另一种正好相反，错误地把货币职能同时成为资本职能的这种货币职能的特殊内容，认为是从货币的本性产生的，把货币和资本混为一谈。

(3) 问题的实质：在这里作为 $G—W <^{A}_{Pm}$ 行为的基础的，是分配。所谓分配，不是通常意义上的消费资料的分配，而是生产要素本身的分配，其中生产资料为资本家所有，劳动力则与生产资料相分离，成为出售自身的商品。货币资本循环公式中 $G—W <^{A}_{Pm}$，表现了不占有生产资料的人民大众，劳动者，和占有生产资

料的非劳动者互相对立。因此，只有在已经发展的资本主义生产的基础上，货币资本循环的公式，G—W…P…W′—G′，才是资本循环的当然形式，因为它是以雇佣工人阶级的社会规模的存在作为前提的。所以，这个公式已经包含生产资本的循环的形式。】

第二节　第二阶段生产资本的职能

"第一阶段的结果是进入第二阶段，即资本的生产阶段。运动表现为 $G—W <^A_{Pm}$…P，这里的虚线表示：资本流通被中断，而资本的循环过程在继续，资本从商品流通领域进入生产领域。因此，第一阶段，从货币资本到生产资本的转化，只是表现为第二阶段即生产资本的职能的先导和先行阶段。"

【雇佣劳动普遍化促进社会分工和商品生产不断发展】

【货币资本到生产资本的转化】 "要求产品作为商品的流通已经有了高度的发展，从而商品生产也已经有了广泛的规模。一旦依靠雇佣劳动进行的生产普遍化，商品生产就必然成为生产的普遍形式。商品生产普遍化了，它又使社会的分工不断增进，就是说，一个资本家作为商品生产的产品越来越专门化，互相补充的各个生产过程越来越分裂为独立的生产过程。因此，G—A 发展到什么程度，G—Pm 也发展到什么程度；就是说，生产资料的生产会按相同的规模，和那种用它们作生产资料的商品的生产相分离"。"生产资料来自那些完全和他的生产部门分离的独立经营的生产部门，作为商品进入他的生产部门，因而是必须购买的。商品生产的物的条件，会以越来越大的规模作为其他商品生产者的产品，作为商品，和他相对立。资本家也必须以相同的规模作为货币资本家出现，或者说，他的资本必须执行货币资本职能的规模将会扩大。"

"另一方面，那些造成资本生产的基本条件，即雇佣工人阶级的存在的情况，也促使一切商品生产过渡到资本主义的商品生产。资本主义的商品生产越发展，它对主要是直接满足自己需要而只把多余产品转化为商品的每一种旧生产形式，就越发生破坏和解体的作用。"

【劳动者和生产资料结合的特殊方式决定社会结构区分为各个不同的经济时期】

"不论生产的社会的形式如何，劳动者和生产资料始终是生产的因素。但是，二者在彼此分离的情况下只在可能性上是生产因素。凡要进行生产，它们就必须结合起来。实行这种结合的特殊方式和方法，使社会结构区分为各个不同的经济时期。"

"但是，只有资本主义的商品生产，才成为一个划时代的剥削方式，这种剥削方式在它的历史发展中，由于劳动过程的组织和技术的巨大成就，使社会的整个经济结构发生变革，并且不可比拟地超越了以前的一切时期。"

【生产资料并非天然是资本】

"由于生产资料和劳动力在生产过程中对价值的形成，从而也对剩余价值的生产起着不同的作用，所以它们作为预付资本价值的存在形式，就区分为不变资本和可变资本。其次，作为生产资本的不同的组成部分，它们还有以下的区别：生产资料在它为资本家所有时，即使在生产过程之外，也仍然是他的资本，劳动力却只有在生产过程之内，才是单个资本的存在形式。""正如人类劳动力并非天然是资本一样，生产资料也并非天然是资本。只有在一定的历史发展条件下，生产资料才取得这种独特的社会性质"。

"生产资本在执行职能时，消耗它自己的组成部分，使它们转化为一个具有更高价值的产品量。因为劳动力仅仅作为生产资本的一个器官发生作用，所以，劳动力的剩余劳动所产生的产品价值超过产品形成要素价值的余额，也是资本的果实。劳动力的剩余劳动，是资本的无偿劳动，因而它为资本家形成剩余价值，一个无须他花费任何等价物的价值。因此，产品不只是商品，而且是包含着剩余价值的商品。它的价值 = P + M，等于生产这种商品所耗费的生产资本的价值 P，加上这个生产资本产生的剩余价值 M。"

【简释：（1）从货币资本到生产资本转化的第一阶段，只是第二阶段即生产资本的职能的先导和先行阶段。资本主义生产的发展，首先是使商品生产普遍化，然后使一切商品生产逐步转化为资本主义的商品生产。

（2）不管生产的社会的形式如何，劳动者和生产资料始终是生产的因素。但是，二者在彼此分离的情况下只在可能性上是生产因素。凡要进行生产，它们就必须结合起来。实行这种结合的特殊方式和方法，使社会结构区分为各个不同的经济时期。

（3）资本主义生产，就是形成商品的人的要素和物的要素作为资本的生产的存在方式结合起来一同进入生产过程。生产资本在执行职能时，消耗它自己的组成部分，使它们转化为一个具有更高价值的产品量。因此，产品不只是商品，而且是包含着剩余价值的商品。它的价值 = P + M，等于生产这种商品所耗费的生产资本的价值 P，加上这个生产资本产生的剩余价值 M。】

第三节　第三阶段 W′—G′

【W′ 不是一般的商品，而是包含剩余价值的商品资本】

"商品，作为直接由生产过程本身产生的已经增殖的资本价值的职能存在形式，就成了**商品资本**。"

"资本在商品形式上必须执行商品的职能。""必须卖掉，转化为货币，也就是必须经历 W—G 运动。"

"W′ 表示一种价值关系，表示商品产品的价值和生产它所消耗的资本的价值的关系，就是说，表示它的价值是由资本价值和剩余价值构成的。"**使 W′**"成为商品资本的，不是任何外部的关系，而仅仅是一种内部的关系。它带着的资本主义的胎痣""存在于和它所包含的生产资本在转化为商品资本以前原有的价值量相比较的它的价值量中。""W′—G′，是商品资本由它的商品形式转化为货币形式。"

【W′—G′ 这个阶段对资本主义生产过程至关重要】

"现在，W′ 的职能是一切商品产品的职能：转化为货币，卖掉，经历流通阶段 W—G。只要现在已经增殖的资本保留商品资本的形式，停滞在市场上，生产过程就会停止。这个资本既不会作为产品形成要素起作用，也不会作为价值形成要素起作用。由于资本抛弃它的商品形式和采取它的货币形式的速度不同，或者说，由于卖的速度不同，同一个资本价值就会以极不相同的程度作为产品形成要素和价值形成要素起作用，再生产的规模也会以极不相同的程度扩大或者缩小。

201

第一册已经指出，一个一定量资本的作用程度，是由生产过程的各种潜能规定的，而这些潜能在一定程度上是和资本本身的价值量无关的。这里指出，流通过程推动了和资本的价值量无关的新的潜能，即资本的作用程度的新的潜能，资本的扩张和收缩的新的潜能。"

"商品量 W'，作为已经增殖的资本的承担者，还必须全部经历形态变化 W'—G'。在这里，出售商品的数量，成为决定性的事情。单个商品只是表现为总量的不可缺少的部分。"

"W' = W + w（ = 422 镑 + 78 镑）。——W 等于 P 的价值或生产资本的价值，这又等于在购买生产要素的 G—W 中预付的 G 的价值；用我们的例子来说 = 422 镑。如果商品总量按照它的价值出售，那么，W = 422 镑，w = 78 镑"。"如果我们把用货币表现的 w 叫做 g，那么，W'—G' =（W + w）—（G + g），因此，G—W…P…W'—G'这一循环，用详细的形式表示，就是 G—W $<_{Pm}^{A}$…P…（W + w）—（G + g）。"

【W'—G'这个流通阶段的特征和意义】

"在第一阶段，资本家从真正的商品市场和劳动市场取得了使用物品；在第三阶段，他把商品投回，但只是投回到**一个**市场，即真正的商品市场。而如果他通过他的商品从市场又取得了比他原来投入的价值更多的价值，那么，这只是因为他投入的商品价值大于他原来取得的商品价值。过去他投入价值 G，取得相等的价值 W；现在他投入 W + w，取得相等的价值 G + g。""因此，他投入市场的价值大于他从市场取得的价值。另一方面，他能够把这个已经增大的价值投入市场，只是因为他在生产过程中，通过剥削劳动力，生产了剩余价值（作为产品的一个部分，表现在剩余产品中）。这个商品量，只有作为这个过程的产物，才是商品资本，才是已经增殖的资本价值的承担者。由于 W'—G 的完成，预付资本价值和剩余价值都得到了实现。"

"因此，这里要指出两点。第一，资本价值最后再转化为它原来的货币形式，是商品资本的职能。第二，这种职能包含着剩余价值的第一形式转化，即剩余价值由原来的商品形式转化为货币。因此，在这里，货币形式起了双重作用。一方面，它是原来以货币预付的价值的复归形式，就是说，回到过程开始时的价值形式。另一方面，它又是原来以商品形式进入流通的价值的第一转化形式。如果构成商品资本的商品，像这里假定的那样，是按照它们的价值出售的，那么，W +

w 就会转化为价值相等的 G + g。已经实现的商品资本，现在以 G + g（422 镑 + 78 镑 = 500 镑）的形式存在于资本家手中。资本价值和剩余价值现在都是作为货币存在的，因而都处在一般等价物的形式中。"

"但是，这里表现出的只是结果，而没有表现出造成这个结果的过程的中介。"

"G′ 所包含的资本关系，即其中作为资本价值的部分和其中作为它的价值增殖额的另一部分的关系，就下面一点来说当然具有职能的意义：在 G…G′ 循环不断反复时，G′ 分成两个流通，资本流通和剩余价值流通，因而两个部分不仅在量上执行不同的职能，而且在质上执行不同的职能，G 执行的职能不同于 g。但是，就本身考察，G…G′ 形式并不包含资本家的消费，而显然只包含价值自行增殖和积累，因为积累首先表现为不断重新预付的货币资本的周期增长。"

"商品资本，作为资本主义生产过程的直接产物，使人想起它的这种起源，因而，它在这种形式上比货币资本较为合理，不像货币资本那样没有概念，在货币资本中，资本主义生产过程的任何痕迹都已消失，正像在货币上商品的一切特殊的使用形式都消失一样。"

【简释：（1）这里的 W′ 已经不是一般的商品，而是表示一种价值关系，就是说，表示它的价值是由资本价值和剩余价值构成的商品资本。但是，商品资本必须转化为货币，才能重新开始生产。如果已经增殖的资本保留商品资本的形式，停滞在市场上卖不掉，生产过程就会停止。而且，在 W′—G′ 中，商品出售数量的大小和快慢，意味着同量资本具有不同的扩张或收缩的潜能，再生产的规模也会以极不相同的程度扩大或者缩小。因此，W′—G′ 这个阶段对于资本主义生产是至关重要的。

（2）把 G—W 和 W′—G′ 联系起来考察，可见资本家之所以能将价值增大了的商品（W′）投入市场，原因在于前一个流通过程（G—W）之后经历的生产过程中工人创造了剩余价值。正因为这个过程的开始形式和终结形式都是货币资本的形式（G），所以把这个循环过程的形式叫做货币资本的循环。

（3）W′ 转化为货币资本以后，它的价值同样也包含两个部分，一部分是原来的资本价值，另一部分是货币化的剩余价值。用公式表现就是：W′（W + w）—G′（G + g）。在这里，G′（G + g）虽然是一定量的货币额，但在货币形态上，资本价值和剩余价值是可以相互分离的，不像在商品形态上那样是合在一起的。g

和 G 能够通过完全不同的流通：资本价值（G）将重新用于生产过程，剩余价值（g）则可以完全被资本家用于消费。

（4）剩余价值不是在 W′—G′ 这个阶段产生的。由资本价值 G 和它所产生的剩余价值 g 构成的 G′，表现了资本总循环过程的职能、目的和结果。资本价值的增殖是在资本的生产过程产生的，不能从货币的性质来说明，货币本身是不会生产剩余价值的。】

第四节　总　循　环

【产业资本循环的三个阶段和三种形式】

"现在让我们来考察总运动 $G—W\cdots P\cdots W′—G′$，或它的详细形式 $G—W <^A_{Pm}\cdots$ $P\cdots W′ (W+w) —G′ (G+g)$。在这里，资本表现为这样一个价值，它经过一系列互相联系、互为条件的转化，经过一系列的形态变化，而这些形态变化也就形成总过程的一系列阶段。在这些阶段中，两个属于流通领域，一个属于生产领域。在每个这样的阶段中，资本价值都处在和不同的特殊职能相适应的不同形态上。在这个运动中，预付的价值不仅保存了，而且增长了，它的量增加了。最后，在终结阶段，它回到总过程开始时它的原有的形式。因此，这个总过程是循环过程。"

"资本价值在它的流通阶段所采取的两种形式，是**货币资本**的形式和**商品资本**的形式；它属于生产阶段的形式，是**生产资本**的形式。在总循环过程中采取而又抛弃这些形式并在每一个形式中执行相应职能的资本，就是**产业资本**。这里所说的产业，包括任何按资本主义方式经营的生产部门。"

"因此，在这里，货币资本，商品资本，生产资本，并不是指这样一些独立的资本种类，这些独立的资本种类的职能形成同样独立的、彼此分离的营业部门的内容。在这里，它们只是指产业资本的特殊的职能形式，产业资本是依次采取所有这三种形式的。"

"资本的循环，只有不停顿地从一个阶段转入另一个阶段，才能正常进行。如果资本在第一阶段 G—W 停顿下来，货币资本就会凝结为贮藏货币；如果资本在生产阶段停顿下来，一方面生产资料就会搁置不起作用，另一方面劳动力就会处于失业状态；如果资本在最后阶段 W'—G'停顿下来，卖不出去而堆积起来的商品就会把流通的流阻塞。"

"另一方面，理所当然的是，循环本身又要求资本在各个循环阶段中在一定的时间内固定下来。在每一个阶段中，产业资本都被束缚在一定的形式上：货币资本，生产资本，商品资本。产业资本只有在完成一种和它当时的形式相适应的职能之后，才取得可以进入一个新的转化阶段的形式。"

【交通运输业的生产过程的特点】

"但是，有一些独立的产业部门，那里的生产过程的产品不是新的物质的产品，不是商品。在这些产业部门中，经济上重要的，只有交通工业，它或者是真正的客货运输业，或者只是消息、书信、电报等等的传递。"

"不论是客运还是货运，结果都是客货所处的场所的变动"。

"但是，运输业所出售的东西，就是场所的变动本身。它产生的效用，是和运输过程即运输业的生产过程不可分离地结合在一起的。旅客和货物是和运输工具一起运行的，而运输工具的运行，它的场所变动，也就是它所进行的生产过程。这种效用只能在生产过程中被消费；它不是一种和生产过程不同的，只有在生产出来之后才作为交易品执行职能，作为商品来流通的使用物。但是，这种效用的交换价值，和任何其他商品的交换价值一样，都是由其中消耗的生产要素（劳动力和生产资料）的价值加上运输工人的剩余劳动所创造的剩余价值决定的。至于这种效用的消费，它也是和其他商品完全一样的。如果它是个人消费的，那么，它的价值就和消费一起消失；如果它是生产消费的，从而它本身就是处于运输中的商品的一个生产阶段，那么，它的价值就作为追加价值转移到商品本身中去。因此，运输业的公式应该是 $G—W <^A_{Pm} \cdots P—G'$，因为被支付的和被消费的，是生产过程本身，而不是能和它分离的产品。因此，这个公式和贵金属生产的公式，在形式上几乎完全相同，只是在这里，G' 是在生产过程中产生的效用的转化形式，而不是在生产过程中产生的并离开生产过程的金或银的实物形式。"

【产业资本是唯一不仅占有而且创造剩余价值的资本存在形式】

"产业资本是唯一的这样一种资本存在方式，在这种存在方式中，资本的职能不仅是占有剩余价值或剩余产品，而且同时是创造剩余价值或剩余产品。因此，产业资本决定了生产的资本主义性质；产业资本的存在，包含着资本家和雇佣工人之间的阶级对立的存在。随着产业资本支配社会的生产，技术和劳动过程的社会组织就会发生变革，从而社会的经济历史类型也会发生变革。那几种在产业资本以前，在已成过去的或正在衰落的社会生产状态中就已出现的资本，不仅要从属于产业资本，并且要改变其职能机制来和产业资本相适应，而且只能在产业资本的基础上运动，从而要和它们的这个基础同生死共存亡。货币资本和商品资本，在它们以其作为特殊营业部门的承担者的职能和产业资本并列出现时，也只是产业资本在流通领域时而采取时而抛弃的不同职能形式由于社会分工而独立化的和片面发展的存在形式。"

【货币资本循环的四个特征】

"最后，如果我们把 G—W…P…W′—G′ 作为和我们后面要分析的其他形式并列的一种资本循环过程的特殊形式加以考察，它就有如下几个特征。"

1. "产业资本是以它的货币形式即作为货币资本形成自己总过程的出发点和复归点的。""G…G′，最明白地表示出资本主义生产的动机就是赚钱。生产过程只是为了赚钱而不可缺少的中间环节"。

2. "在这个循环中，生产阶段，P 的职能，""只是预付价值增殖的手段，也就是说，发财致富本身才是生产的自身目的。"

3. "货币资本也就表现为能够生出货币的货币了。从价值生出剩余价值，不仅表现为过程的开始和终结，而且明显地表现在金光闪闪的货币形式上。"

4. "消费只是通过 G—W $<^A_{Pm}$ 表现为生产消费，而只有这种消费才包含在单个资本的这个循环中。" "在 W′—G′ 中直接包含着 W′ 的出售。但是一方的卖，W′—G′，就是另一方的买，G—W。""要么是个人消费，要么是生产消费，这要看所购物品的性质。但是，这种消费不会进入以 W′ 为产品的单个资本的循环"。

【货币资本循环是产业资本循环最片面和最典型的表现形式】

"可见，资本的循环过程是流通和生产的统一，包含二者在内。因为 G—W 和 W′—G′ 这两个阶段都是流通行为，所以资本流通是一般商品流通的一部分。但是，作为不仅属于流通领域而且属于生产领域的资本循环的职能上确定的段落、阶段，资本是在一般商品流通之内完成自己特有的循环的。"

"因此，货币资本的循环，是产业资本循环的最片面，从而最明显和最典型的表现形式；产业资本的目的和动机——价值增殖，赚钱和积累——表现得最为醒目（为贵卖而买）。因为第一阶段是 G—W，所以也表明生产资本的组成部分来自商品市场，同样也表明资本主义生产过程都受流通、商业制约。货币资本的循环不仅是商品生产；这种循环本身只有通过流通才能进行，它是以流通为前提的。这一点已经很清楚，因为属于流通的形式 G 是预付资本价值的最初的纯粹的形式，而在其他两种循环形式中则不是这样。"

"只要把 G—W…P…W′—G′肯定为一次性的形式而不是流动的，不断更新的形式；从而只要把这种形式不是当作循环形式的一种，而是当作唯一的循环形式，它的虚幻的性质以及与它相适应的虚幻的解释就会存在。但是，它本身已经指出其他的形式。

第一，整个这一循环是以生产过程本身的资本主义性质为前提的，因而是以这个生产过程以及由它决定的特殊的社会状态为基础的。$G—W = G—W <^A_{Pm}$；但 G—A 要以雇佣工人为前提，因而要以生产资料作为生产资本的一部分为前提，因而要以劳动过程和价值增殖过程为前提，即要以已经作为资本职能的生产过程为前提。

第二，如果 G…G′反复进行，那么货币形式的复归，就和第一阶段的货币形式一样，是转瞬即逝的。G—W 消失，让位给 P。货币的不断反复预付，和这种预付作为货币不断复归一样，本身都表现为只是循环中转瞬即逝的要素。

第三，G—W…P…W′—G′. G—W…P…W′—G′.G—W…P…等等。

当循环第二次进行时，在 G 的第二次循环完成以前，P…W′—G′. G—W…P 循环就已经出现；这样一来，此后的一切循环都可以看作是以 P…W′—G—W…P 形式进行的，因而 G—W 作为第一次循环的第一阶段，只是生产资本不断反复的循环的转瞬即逝的准备，在产业资本第一次以货币资本形式投入时，实际上情况就是这样。

另一方面，在 P 的第二次循环完成以前，第一次 W′—G′. G—W…P…W′（简称 W′…W′）循环，即商品资本的循环，已经完成了。因此，第一个形式已经包含着其他两个形式；因而，货币形式也就会消失，如果它不是单纯的价值表现，而是等价形式上即货币上的价值表现。

最后，如果我们考察一个新出现的，第一次完成 G—W…P…W′—G′循环的单个资本，那么，G—W 就是这个单个资本所经过的第一次生产过程的准备阶段，先行阶段。因此，G—W 这个阶段并不是作为前提存在，相反地，却是生产过程所引起或决定的。但是，这只适用于这个单个资本。只要资本主义生产方式是作为前提存在，也就是说，处在由资本主义生产决定的社会状态中，那么，产业资本循环的一般形式就是货币资本的循环。因此，资本主义生产过程是早已作为前提存在的，如果这不是在新投入的产业资本的第一个货币资本循环内，那么，就是在这个循环以外。资本主义生产过程的经常存在要以不断更新的 P…P 循环为前提。在第一阶段 $G—W <^A_{Pm}$，这个前提本身就已经出现，因为一方面它要以雇佣工人阶级的存在为前提；另一方面，对生产资料的买者来说的第一阶段 G—W，就是对生产资料的卖者来说的 W′—G′，也就是说，在 W′ 中包含的前提是商品资本，从而是作为资本主义生产的结果的商品本身，从而也是生产资本的职能。"

【简释：（1）资本流通的两个公式：（1）G—W—G′；（2）$G—W <^A_{Pm}…P…W′$（W + w）—G′（G + g）。两个公式的不同之处：第二个公式包含了生产过程，所以出现两个性质不同的商品，前一个 W 是劳动力和生产资料，后一个 W′ 则是生产过程的结果：即包含了剩余价值的产品。第一个公式没有包含生产过程，只有流通过程，因而作为 G 和 G′ 联结的，是同一个 W 周转两次。两个公式也有共同点：一方面是货币回流到它的出发点；另一方面是流回的货币多于垫付的货币。两个公式虽然都表现资本增殖的最重要的特征，但第一个公式表现为最抽象的形态，好像资本是自行增殖的价值。第二个公式则表明资本循环是生产过程和流通过程的统一，揭示了 G′ 大于 G 的原因，即 G 转化为 G′，源自生产过程产生了包含着剩余价值的 W′。

（2）产业资本决定了生产的资本主义性质。在资本总循环过程中依次采取货币资本、商品资本、生产资本的形式，并在每一个形式中执行相应职能的资本，就是产业资本（这里所说的产业，包括任何按资本主义方式经营的生产部门）。上述的三种资本形态，并不是指几种互相独立和分离的营业部门的资本，它们指的只是产业资本的几种特殊的功能形式。产业资本是唯一在资本职能中不仅占有剩余价值，而且同时创造剩余价值的资本。因此，产业资本决定了生产的资本主义性质；产业资本的存在，包含着资本家和雇佣工人之间的阶级对立的存在。

（3）资本的循环，只有不停顿地从一个阶段转入另一个阶段，才能正常进行。另一方面，循环本身又要求资本在各个循环阶段中在一定的时间内下来。在每一个阶段中产业资本都被束缚在一定的形式上：货币资本、生产资本、商品资本。这里就产生了一个矛盾。如何解决这个矛盾，本篇第四章会讲到。】

第二章

生产资本的循环

【生产资本循环的特征】

"生产资本循环的总公式是：$P\cdots W'—G'—W\cdots P$。这个循环表示生产资本职能的周期更新，也就是表示再生产，或者说，表示资本的生产过程是增殖价值的再生产过程，它不仅表示剩余价值的生产，而且表示剩余价值的周期再生产"。

"在这个形式上，有两点是显而易见的。

第一，在第一种形式 $G\cdots G'$ 中，生产过程，即 P 的职能，使货币资本的流通中断，只是表现为 $G—W$ 和 $W'—G'$ 这两个阶段之间的中介；而在这里，产业资本的总流通过程，它在流通阶段的全部运动，只是作为始极使循环开始的生产资本，和作为终极以同一形式即以循环重新开始的形式使循环结束的生产资本这二者之间的中断，从而只是二者之间的中介。真正的流通，只是表现为周期更新的和通过更新而连续进行的再生产的中介。"

"第二，总流通表现的形式和它在货币资本循环中具有的形式相反。在货币资本的循环中，撇开价值规定不说，总流通的形式是 $G—W—G$（$G—W.W—G$）；在生产资本的循环中，同样撇开价值规定不说，总流通的形式却是 $W—G—W$（$W—G.G—W$），所以是简单商品流通的形式。"

第一节　简单再生产

【W—G—W 和 w—g—w 的分离】

"我们首先考察 $P\cdots P$ 二极之间在流通领域内进行的过程：$W'—G'—W$。"

　　"我们首先考察生产资本的简单再生产"，"全部剩余价值进入资本家的个人消费。商品资本 W′ 一旦转化为货币，货币总额中代表资本价值的那一部分就在产业资本循环中继续流通；另一部分，即已经转化为金的剩余价值，则进入一般的商品流通，这是以资本家为起点的货币流通，不过是在他的单个资本的流通之外进行的。"

　　"由此可见：第一，当商品资本由 W′—G′ = W′—（G + g）而实现时，在 W′—G′ 中还是共同进行并由同一商品量承担的资本价值和剩余价值的运动，就变成可以分离的运动，因为现在二者都是货币额，具有独立的形式。"

　　"第二，如果发生这种分离，就是说 g 作为资本家的收入花掉，而 G 作为资本价值的职能形式继续沿着它的由循环决定的轨道运行，""就可以表现为两个不同的流通：W—G—W 和 w—g—w；就一般形式来说，这两个流通序列都属于普通商品流通。"

　　"第三，如果在 W 和 G 中还是共同进行的资本价值和剩余价值的运动，只是部分地分离（以致剩余价值的一部分不是作为收入花掉），或者根本不分离，那么，资本价值本身还在它的循环中，还在它的循环完成以前就发生一种变化。""这种变化同时还可能和资本价值构成的变化结合在一起。"

　　"W′ 从一开始就是作为商品资本出现的，而全部过程的目的，发财致富（价值增殖），决不排斥资本家的消费量随着剩余价值量（从而也随着资本量）而增大，倒是正好包含这种增大。"

　　【W′ 再转化为 P，要求 W 和商品量 W′ 的各种生产要素相等，并维持原有的价值比例】

　　"循环要正常进行，W′ 就必须按它的价值全部卖掉。其次，W—G—W 不仅是一种商品由另一种商品代替，而且是按同一价值比例来代替。""但是生产资料的价值实际上是会变动的；劳动生产率的不断变动是资本主义生产的特征，因此，价值比例的不断变动，正好是资本主义生产的固有现象。""生产要素转化为商品产品，P 转化为 W′，是在生产领域进行的，W′ 再转化为 P，则是在流通领域进行的。这种再转化是以简单的商品形态变化为中介的。但它的内容是作为整体来看的再生产过程的一个要素。W—G—W，作为资本的流通形式，包含一种职能上确定的物质变换。其次，W—G—W 这样一个交换，要求 W 和商品量 W′ 的各种生产要素相等，并要求这些生产要素互相之间维持原有的价值比例；这就是假定，商品不仅按照它们的价值购买，而且在循环中不发生价值变动，不然的话，过程就不能正常进行。"

"如果第二形态变化 G—W 遇到障碍（例如市场上缺乏生产资料），循环，再生产过程的流，就会中断，这和资本凝结在商品资本形式上的情形一样。"

"但是，要完成 W′—G′—W，就要有 W′ 所要转化成的 W 的现实的再生产；而这种再生产又要以 W′ 所代表的单个资本的再生产过程之外进行的一些再生产过程为条件。"

【W′—G′ 的必要性及其与经济危机的关系】

"要使资本价值的循环继续下去，要使资本家消费剩余价值，W′—G′ 行为所要求的只是 W′ 转化为货币，被卖掉。""与此同时，由此决定的资本家和工人的个人消费也继续进行。这一点在考察危机时很重要。"

"W′ 一旦卖出，转化为货币，就可以再转化为劳动过程的从而再生产过程的各种现实因素。因此，W′ 是由最后的消费者购买，还是由想转卖的商人购买，这都没有什么直接的影响。资本主义生产所生产出的商品量的多少，取决于这种生产的规模和不断扩大生产规模的需要，而不取决于需求和供给、待满足的需要的预定范围。在大量生产中，直接购买者除了别的产业资本家外，只能是大商人。在一定的界限内，尽管再生产过程生产出的商品还没有实际进入个人消费或生产消费，再生产过程还可以按相同的或扩大的规模进行。""产品只要卖出，在资本主义生产者看来，一切就都正常。他所代表的资本价值的循环就不会中断。如果这种过程扩大了——这包括生产资料的生产消费的扩大——，那么随着资本的这种再生产，工人的个人消费（需求）也可能扩大，因为这个过程是以生产消费为先导和中介的。这样，剩余价值的生产，从而资本家的个人消费，可以增长起来，整个再生产过程可以处在非常繁荣的状态中，但商品的一大部分只是表面上进入消费，实际上是堆积在转卖者的手中没有卖掉，事实上仍然留在市场上。这时，商品的潮流一浪一浪涌来，最后终于发现，以前涌入的潮流只是表面上被消费吞没。商品资本在市场上互相争夺位置。后涌入的商品，为了卖掉只好降低价格出售。以前涌入的商品还没有变成现金，支付期限却已经到来。商品持有者不得不宣告无力支付，或者为了支付不得不给价就卖。这种出售同需求的实际状况绝对无关。同它有关的，只是支付的需求，只是把商品转化为货币的绝对必要。于是危机爆发了。它不是表现在消费需求，即个人消费需求的直接缩减上，而是表现在资本对资本的交换，即资本再生产过程的缩减上。"

"如果流通过程的继续进行遇到障碍，G 由于市场状况等等这类外部情况而不得不中止它的 G—W 职能，因而在一个或长或短的期间停留在货币状态中，这时货币便又处于贮藏货币状态。""这是非自愿的货币贮藏。""在两种场合，货币资本停留在货币状态中，都是运动中断的结果，不管这种运动中断是否合乎目的还是违反目的的，是自愿的还是非自愿的，是与职能相适应的还是与职能相违背的。"

【简释：生产资本循环的总公式是：P…W′—G′—W…P。这个循环表示生产资本职能的周期更新，即再生产过程。在这个循环中，流通成为生产的中介，生产居于首位；而且流通表现为简单商品流通的形式（W—G、G—W）。

（1）先考察 P…P 两极中间的 W′—G′—W。因为生产过程之后的卖和生产过程开始前的买，虽然是流通过程，但却是生产过程连续不中断的必不可少的前提条件。

W′作为生产的商品，包含着预付资本价值和剩余价值两个部分。在简单再生产中，资本家将剩余价值全部作为收入用于消费，只把收回的原预付资本继续投入资本循环。因此，W′—G′表现为 W—G—W 和 w—g—w 两个不同的流通。

其中，收入的流通表现为 w—g—w 而独立出来，不会进入资本家作为预付资本的运动。但这个 w 本身按它的存在来说，就和处在过程中的资本价值的循环联结在一起。循环一旦停顿或受某种干扰，那时不仅 w 的消费，而且一系列用来代替 w 的商品的销售，都会受到限制，甚至完全停止。当 W′—G′不能完成或者 W′中只有一部分能卖出时，情形就是这样。

（2）考察 W—G—W，可以分为 W—G 和 G—W。先考察 W—G。W 是 W′的组成部分。循环要正常进行，W′就必须按它的价值全部转化为货币，其中 W—G 收回的货币才能购买再生产的各种要素，重新开始再生产过程。但由于资本主义生产所生产出来的商品数量的多少，取决于生产规模和不断扩大生产规模的需要，而不取决于需求和供给、待满足的需要的预定范围。在大量生产中，直接购买者除了别的产业资本家外，只能是大商人。在一定的界限内，尽管再生产过程生产出的商品还没有实现进入个人消费或生产消费，再生产过程还可以按相同的或扩大的规模进行。如果商品的一大部分只是表面上进入消费，实际上并没有卖掉，但商品的潮流仍然一浪一浪涌来，当以前涌入的商品还没有变成现金，而支付期限已经到来，商品持有者不得不宣告无力支付，或者为了支付不得不给价就卖。于是危机爆发了。由于资本的循环一方面不受需求和供给的调节而不断扩张；另一方面它又不可能是没有需求的生产，正是这个矛盾使危机成为不可避免的。

（3）再来考察 G—W 和 G—A。在生产资本的循环中，G—W $<_{Pm}^{A}$，表现为生产过程的复归和更新，从而表现为再生产过程和反复进行的价值增殖过程的先导。其中 G—Pm，必须按生产资料的同一价值比例来代替。但是，生产资料的价值实际上是会变动的；劳动生产率的不断变动是资本主义生产的特征，因此，价值比例的不断变动，正好是资本主义生产的固有现象。如果 G—Pm 遇到障碍，循环，再生产过程的流，就会中断。G—A，不是简单的商品交换，而是资本家购买可用来生产剩余价值的劳动力商品。这个环节对于工人来说，就是 A—G＝W—G。在 A—G—W 这一包含工人消费在内的工人的流通中，只有作为 G—A 结果的第一个环节进入资本的循环。第二个行为 G—W 不进入单个资本的流通。不过对于资本家阶级来说，以 G—W 为中介的工人的消费，也是必要的。】

第二节　积累和规模扩大的再生产

【潜在货币资本的形成及资本不断扩大的必要性】

"生产过程可能扩大的比例不是任意规定的，而是技术上规定的，因此，已经实现的剩余价值虽然要资本化，但往往要经过若干次循环的反复，才能增长到（也就是积累到）它能实际执行追加资本的职能的规模，即能进入处在过程中的资本价值的循环的规模。因此，这个剩余价值凝结为贮藏货币，并在这一形式上形成潜在的货币资本。"

"资本主义生产的全部性质，是由预付资本价值的增殖决定的，就是说，首先是由生产尽可能多的剩余价值决定的；其次（参看第一册第二十二章）是由资本的生产，即由剩余价值到资本的转化决定的。积累或规模扩大的生产，是剩余价值生产不断扩大，从而资本家发财致富的手段，是资本家的个人目的，并且包含在资本主义生产的一般趋势中，但是后来，如第一册指出的，由于资本主义生产的发展，它对于任何单个资本家都成为一种必要。他的资本的不断增大，成为保存他的资本的条件。"

【P…P′与 G…G′和 W…W′的区别】

"我们拿 P…P′ 和 G…G′ 即第一种循环比较一下，就会发现，二者的含义完全不同。G…G′ 作为一个孤立的循环来看，不过表示：货币资本（即作为货币资本进行循环的产业资本）G 是会生出货币的货币，会生出价值的价值，它会生出剩余价值。"

"在 P…P′ 中，P′ 所表示的，不是剩余价值被生产出来，而是生产出来的剩余价值已经资本化，就是说，资本已经积累，因此，P′ 和 P 不同，它是由原有的资本价值加上在这个资本价值的运动中积累起来的资本的价值构成的。"

"生产资本形式的产业资本，也和任何别一种形成产品的劳动过程一样，只能由这样的要素构成：一方面是物的劳动条件（生产资料），另一方面是生产地（有目的地）发挥作用的劳动力。""但是，由于劳动力是他人的劳动力，资本家要从劳动力所有者那里购买劳动力，就像要从其他商品所有者那里购买生产资料完全一样，所以各种生产要素的总和从一开始就表现为生产资本，因而生产过程本身也表现为产业资本的生产职能，同样，货币和商品也表现为同一产业资本的流通形式，因而，它们的职能也表现为产业资本的流通职能，这些职能或者是生产资本的职能的先导，或者是从生产资本的职能产生。在这里，货币职能和商品职能所以同时又是货币资本的职能和商品资本的职能，只是由于它们作为产业资本在循环过程不同阶段上所要完成的职能的形式是互相联系的。因此，企图从货币和商品的资本性质得出表明货币所以是货币，商品所以是商品的特征的那些特有属性和职能，是错误的；反过来，企图从生产资本采取的生产资料这一存在方式得出生产资本的属性，同样是错误的。"

"一旦 G′ 或 W′ 作为 G＋g 或 W＋w 固定下来，即作为资本价值和它的分蘖剩余价值的关系固定下来，这种关系就会在两种形式上表现出来，一次是在货币形式上，一次是在商品形式上，不过这不会使问题本身发生改变。因此，这种关系既不是来源于货币本身所有的属性和职能，也不是来源于商品所有的属性和职能。在这两个场合，表明资本特征的属性，即资本是生出价值的价值，只表现为结果。"

【简释：生产过程可能扩大的比例不是任意规定的，而是技术规定的，因此已经实现的剩余价值虽然要资本化，但往往要经过若干次循环的反复，才能积累到它能实际执行追加资本职能的规模。所以，这个剩余价值凝结为贮藏货币，并形成潜在的货币资本。

假定剩余价值全部积累起来，用公式 $P\cdots W'—G'—W' <^A_{Pm}\cdots P'$ 表示：按更大的规模，以更大的价值被再生产出来的生产资本，并且又作为已经增大的生产资本，更新它的第一次循环。

拿 $P\cdots P'$（生产资本循环）同 $G\cdots G'$（货币资本循环）加以比较，就会发现二者的含义完全不同：作为 $G\cdots G'$ 的单纯终结的 G'，以及在这三种循环中出现的 W'，就其自身来看，不是表现运动，而是表现运动的结果，即以商品形式或货币形式实现的资本价值的增殖。但是，不论在 W' 形式上，还是在 G' 形式上，货币资本只能完成货币的职能，商品资本只能完成商品的职能，即由货币转化为商品或由商品转化为货币，而不发生价值增殖本身。而在 $P\cdots P'$（生产资本循环）中，由于各种生产要素（劳动力和生产资料）的总和从一开始就表现为生产资本，因而生产过程本身也表现为产业资本的生产职能，同样，货币和商品的职能也表现为同一产业资本的流通职能，这些职能或者是生产资本的职能的先导，或者是从生产资本的职能产生。在这里，货币职能和商品职能所以同时又是货币资本和商品资本的职能，只是由于它们作为产业资本在循环过程不同阶段上所要完成的职能的形式是互相联系的。因此，企图从货币和商品的资本性质得出货币和商品的特有属性和职能，是错误的；反过来，企图从生产资本采取生产资料这一存在方式得出生产资本的属性，把生产资料等同于生产资本，同样是错误的。】

第三节　货币积累

【简释：货币积累是由于将货币化的剩余价值作为积累再进入资本循环，必须达到一定的最低限量，才能作为生产资本的增长部分转化为追加的生产资料和劳动力，或者只转化为前者。这个最低限额是由所加入的生产资本的各种要素的物质比例及其所承担的价值比例规定的。剩余价值资本化在没有达到这种最低限量之前，会在积累着的间歇期间作为贮藏货币，充当潜在的货币资本，例如成为银行的有息存款、换成某种票据或有价证券，去执行某些特殊的资本职能。】

第四节　准　备　金

【简释：上一节所说的采取货币贮藏形式的货币积累基金，有时还可以完成特殊的附带的职能，即充当准备金。生产资本循环在生产阶段之后有两个流通阶段，即 W′—G′ 和 G—W。如果商品销售出现困难，即从 W′ 到 G′ 的转化发生停滞，或者 G—W，因货币资本必须转化成的生产资料的价格上涨，超过循环开始时的水平，在这些情况下，起着积累基金作用的贮藏货币就可以用作准备金，来消除生产资本循环中出现的干扰。】

第三章

商品资本的循环

【商品资本循环的特点及其与前两种循环的区别】

"商品资本循环的总公式是：$W'—G'—W\cdots P\cdots W'$。

W'不仅表现为前面两种循环的产物，而且表现为它们的前提，因为，只要生产资料本身至少有一部分是另一些处在循环中的单个资本的商品产品，一个资本的$G—W$就已经包含另一个资本的$W'—G'$。""还在货币资本第二循环完成之前，不仅$P\cdots P$循环，而且$W'\cdots W'$循环就已经作为前提存在了。"

"第三个形式和前两个形式的区别如下：第一，在这里，是以包含两个对立阶段的总流通来开始循环，而在形式 I 中，流通为生产过程所中断，在形式 II 中，包含两个互相补充阶段的总流通，只表现为再生过程的中介，因此是$P\cdots P$之间的中介运动。"

"第二，在循环 I 和 II 的反复中，即使终点的G'和P'是更新的循环的起点，它们产生时的形式也会消失。$G' = G + g$和$P' = P + p$重新作为G和P开始新的过程。但是在形式 III 中，即使循环以相同的规模更新，起点W也必须用W'来表示，而这是由于下面的原因"："商品资本的循环不是以资本价值开始，而是以商品形式上增大了的资本价值开始，因而它一开始就不仅包含存在于商品形式中的资本价值的循环，而且包含剩余价值的循环。""在所有情况下，W'总是作为一个商品资本（＝资本价值＋剩余价值）来开始循环。"

"第三种形式和前两种形式的区别在于：只有在这种循环中，表现为资本价值增殖的起点的，是已经增殖的资本价值，而不是原来的有待增殖的资本价值。在这里，W'作为资本关系是起点，并且作为这种关系，对整个循环起决定性的作用，因为这个循环还在自己的第一阶段就既包含资本价值的循环，也包含剩余价值的循环，而剩余价值，即使不是就每一个循环来说，而是就平均来说，必须有一部分作为收入花掉，经过 w—g—w 流通，有一部分作为资本积累的要素发挥作用。"

"在 W'…W'形式中，全部商品产品的消费是资本本身循环正常进行的条件。全部个人消费包括工人的个人消费和剩余产品中非积累部分的个人消费。因此，消费是全部——个人的消费和生产的消费——作为条件进入 W'的循环。"

"在形式 I 和形式 II 中，总运动都表现为预付资本价值的运动。在形式 III 中，表现为全部商品产品的已经增殖的资本成为起点，并具有运动着的资本即商品资本的形式。""在这个形式上，社会总产品的分配已经包含在资本的循环中，它同任何单个商品资本的产品的特殊分配一样，一方面分为个人消费基金，另一方面分为再生产基金。"

"在 W'…W'中，商品形式的资本是生产的前提；在这个循环中的第二个 W 上，它重新表现为前提。如果这个 W 还没有生产或再生产出来，循环就被阻止，这个 W 必须再生产出来，大部分必须作为另一个产业资本的 W'再生产出来。在这个循环中，W'是作为运动的起点、经过点和终点，因此，它总是存在着。它是再生产过程的经常性的条件。"

【商品资本的循环表现了社会总资本运动的形式】

"正因为 W'…W'循环在进行中要以另一个在 W（ = A + Pm）形式上的产业资本为前提（并且 Pm 包括各种其他资本，用我们的例子来说，包括机器、煤炭、润滑油等等），所以，这个循环本身就要求我们不仅把它看作循环的**一般**形式，即能够用来考察每一个单个产业资本（第一次投资的场合除外）的社会形式，因而不仅看作一切单个产业资本共有的运动形式，而且同时看作各单个资本的总和即资本家阶级的总资本的运动形式，在这个运动中，每一个单个产业资本的运动，都只表现为一个部分运动，和其他部分运动交织在一起，并且受它们制约。例如，如果我们考察一个国家的全部年商品产品，分析其中一部分补偿一切单个企业的生产资本，另一部分进入不同阶级的个人消费的运动，那么，我们就把 W'…W'看作社会资本和由这个社会资本产生的剩余价值或剩余产品的运动形式。社会资本 = 单个资本（包括股份资本；如果政府在采矿业、铁路等等上面使用生产的雇佣劳动，起产业资本家的作用，那也包括国家资本）之和，社会资本的总运动 = 各单个资本的运动的代数和"。

"在 W'…W'公式上，商品资本即按资本主义方式生产的总产品的运动，既是单个资本的独立循环的前提，又受这种循环的制约。因此，要把握住这个形式的特征，""还必须弄清楚一个单个资本的形态变化同其他单个资本的形态变化的错综关系，以及一个单个资本的形态变化同总产品中用于个人消费的部分的错综关系。因此，在分析单个产业资本的循环时，我们主要是用前两个形式作为基础。"

【简释：本章深入阐述商品资本循环的特点，以及它和货币资本循环（以下用Ⅰ式表示）、生产资本循环（以下用Ⅱ式表示）的区别。

商品资本循环的总公式是：W'—G'—W…P…W'（如果是再生产扩大规模，终点用 W'' 表示）。商品资本循环区别于其他两种资本循环的特点，可以归纳为以下：

第一，商品资本循环以先卖（W'—G'），后买（G—$W <^A_{Pm}$）的两个流通阶段来开始循环，流通是生产过程的前提条件。而在Ⅰ式中，流通为生产过程所中断，在Ⅱ式中，流通是再生产过程的中介。

第二，与Ⅰ式从货币资本开始、Ⅱ式从生产资本开始不同，商品资本循环的起点，不是原来的有待增殖的资本价值，而是商品形式上已经增殖的资本价值，即不仅包含资本价值的循环，而且包含剩余价值的循环。如果是简单再生产，起点和终点都是 W'。如果扩大再生产即有一部分剩余价值进入资本循环，终点是 W''，但从下一个循环看，W' 总是作为一个商品资本（＝资本价值＋剩余价值）来开始循环。

第三，W' 的价值由 $C+V+m$ 构成。如果全部商品可以分割为独立的、同类的部分商品，从而 W'—G' 行为能够表现为一系列依次完成的售卖，那么也就可以依次收回 C、V、m 的价值。因此，商品出售时价格和价值是否不一致，并且在什么程度上不一致，对于资本家当然具有决定的意义。如果价格等于 $C+V$ 的价值，就只能收回本；如果价格在 $C+V+m$ 价值之下波动，则资本家可以得到或多或少的利润。

第四，在商品资本循环中，一开始就把生产消费和个人消费包括在内，作为循环正常进行的条件。生产消费和其中包含的价值增殖，表现为 W'…W' 运动的一个分支，是由每个单个资本自己进行的，而个人消费只是被看作社会的行为，而决不是作为单个资本家的行为。

第五，在形式Ⅰ和形式Ⅱ中，资本循环的总运动都表现为预付资本价值的运动。而在商品资本循环中，则表现为全部商品产品的已经增殖的资本成为起点，并具有运动着的资本即商品资本的形式。只是在这个商品资本转化为货币后，才分成资本的运动和收入的运动。在商品资本形式上，社会总产品的分配已经包含在资本的循环中，它同任何单个商品资本的产品的特殊分配一样，一方面分为个人消费基金，另一方面分为再生产基金。

第六，在资本主义生产方式占统治地位的基础上，卖者手中一切商品，都必然是商品资本。在商品资本循环公式中，市场上的商品是生产过程和再生产过程的经常性的前提。W…W′在进行中，从 G—W，即货币转化为再生产的各种生产要素，要以其他在 W（ = A + Pm）形式上的产业资本为前提。每一单个产业资本的形态变化的运动，都只表现为一个部分的运动，和其他资本形态变化的运动交织在一起，并且受它们制约。

商品资本循环的所有这些特征，都表明这个循环已经超出它作为一个单纯单个资本的孤立循环的范围。因此，在分析单个产业资本的循环时，主要是用前两个形式（即 I 式和 II 式）作为基础。如果我们考察一个国家的全部年商品产品，分析其中一部分补偿一切单个企业的生产资本，另一部分进入不同阶级的个人消费的运动，那么，我们就把 W′—W′ 看作社会资本和由这个社会资本产生的剩余价值或剩余产品的运动形式。】

第四章

循环过程的三个公式

【三个循环公式的共同点】

"如果用 Ck 代表总流通过程，这三个公式可以表示如下：

（Ⅰ）G—W…P…W′—G′

（Ⅱ）P…Ck…P

（Ⅲ）Ck…P（W′）。

"如果我们对这三个形式进行概括，那么，过程的所有前提都表现为过程的结果，表现为过程本身所产生的前提。每一个因素都表现为出发点、经过点和复归点。总过程表现为生产过程和流通过程的统一；生产过程成为流通过程的中介，反之亦然。"

"所有这三个循环都有一个共同点：价值增殖是决定目的，是动机。在形式Ⅰ中，这一点已经在形式上表现出来了。形式Ⅱ是以 P 即价值增殖过程本身开始的。在形式Ⅲ中，即使运动以同样规模反复进行，循环也是以已经增殖的价值开始，而以重新增殖的价值结束的。"

【产业资本循环是三种形式循环的统一】

"如果把任何一种循环都看作不同的单个产业资本所处的特殊的运动形式，那么，这种区别也始终只是作为一种个别的区别而存在。但是实际上，任何一个单个产业资本都是同时处在所有这三种循环中。这三种循环，三种资本形态的这些再生产形式，是连续地并列进行的。例如，现在作为商品资本执行职能的资本价值的一部分，转化为货币资本，但同时另一部分则离开生产过程，作为新的商品资本进入流通。因此，W′…W′循环形式不断地进行着；其他两个形式也是如此。资本在它的任何一种形式和任何一个阶段上的再生产都是连续进行的，就像这些形式的形态变化和依次经过这三个阶段是连续进行的一样。可见，在这里，总循环是资本的三个形式的现实的统一。"

【产业资本循环的连续性、并存性、比例性、继起性】

"我们的考察曾经假定，资本价值是按照它的价值总量全部作为货币资本，或作为生产资本，或作为商品资本出现的。""也就是说，在购买行为 G—W（A＋Pm）完成以前，全部资本只是作为货币资本存在并执行职能。一旦它转化为生产资本，它就既不能作为货币资本，也不作为商品资本执行职能了。它的总流通过程就会中断，另一方面，一旦它处在两个流通阶段的一个阶段上，不论是作为 G 还是作为 W′ 执行职能，它的总生产过程也同样就会中断。""这样一来，……生产将不是连续地进行，而是痉挛状地进行"。

"实际上，以上所说适用于处在运动中的资本的每一个部分，并且资本的所有部分都要依次经过这种运动。""资本的循环过程是不断的中断，是离开一个阶段，进入下一个阶段；是抛弃一种形式，存在于另一种形式；其中每一个阶段不仅以另一个阶段为条件，而且同时排斥另一个阶段。"

"但是，连续性是资本主义生产的特征，是由资本主义生产的技术基础所决定的，虽然这种连续性并不总是可以无条件地达到的。""资本的所有部分都依次经过循环过程，而同时处在循环过程的不同阶段上。这样，产业资本在它的循环的连续进行中，就同时处在它的一切循环阶段以及和各该阶段相适应的不同的职能形式上。"

"因此，产业资本的连续进行的现实循环，不仅是流通过程和生产过程的统一，而且是它的所有三个循环的统一。但是，它之所以能够成为这种统一，只是由于资本的每个不同部分能够依次经过相继进行的各个循环阶段，从一个阶段转到另一个阶段，从一种职能形式转到另一种职能形式，因而，只是由于产业资本作为这些部分的整体同时处在各个不同的阶段和职能中，从而同时经过所有这三个循环。在这里，每一部分的相继进行，是由各部分的并列存在即资本的分割所决定的。因此，在实行分工的工厂体系内，产品不断地处在它的形成过程的各个不同阶段上，同时又不断地由一个生产阶段转到另一个生产阶段。因为单个产业资本代表着一定的量，而这个量又取决于资本家的资金，并且对每个产业部门来说都有一定的最低限量，所以资本的分割必须按一定的比例数字进行。现有资本的量决定生产过程的规模，而生产过程的规模又决定同生产过程并列执行职能的商品资本和货币资本的量。但是，决定生产连续性的并列存在之所以可能，只是由于资本的各部分依次经过各个不同阶段的运动。并列存在本身只是相继进行的结果。例如，如果对资本的一部分来说 W′—G′ 停滞了，商品卖不出去，那么，这一部分的循环就会中断，它的生产资料的补偿就不能进行；作为 W′ 继续从生产过程中出来的各部分，在职能变换中就会被它们的先行部分所阻止。如果这种情况持续一段时间，生产就会受到限制，整个过程就会停止。相继进行一停滞，就使并列存在陷于混乱。在一个阶段上的任何停滞，不仅会使这个停滞的资本部分的总循环，而且会使整个单个资本的总循环发生或大或小的停滞。"

"因此，资本作为整体是同时地、在空间上并列地处在它的各个不同阶段上。但是，每一个部分都不断地依次由一个阶段过渡到另一个阶段，由一种职能形式过渡到另一种职能形式，从而依次在一切阶段和一切职能形式中执行职能。因此，这些形式都是流动的形式，它们的同时性是以它们的相继进行为中介的。每一种形式都跟随在另一种形式之后，而又发生在它之前，因而，一个资本部分回到一种形式，是由另一个资本部分回到另一种形式而决定的。每一个部分都不断进行着它自己的循环，然而处在这种形式中的总是资本的另一个部分，而这些特殊的循环只是形成总过程的各个同时存在而又依次进行的要素。"

"只有在三个循环的统一中，才能实现总过程的连续性，而不致发生上述的中断。社会总资本始终具有这种连续性，而它的过程始终是三个循环的统一。"

【资本不仅包含着阶级关系，而且是一种运动】

"资本作为自行增殖的价值，不仅包含着阶级关系，包含着建立在劳动作为雇佣劳动而存在的基础上的一定的社会性质。它是一种运动，是一个经过各个不同阶段的循环过程，这个过程本身又包含循环过程的三种不同的形式。因此，它只能理解为运动，而不能理解为静止物。那些把价值的独立化看作是单纯抽象的人忘记了，产业资本的运动就是这种抽象的实现。在这里，价值经过不同的形式，不同的运动，在其中它保存自己，同时使自己增殖，增大。"

"资本的运动所以会表现为产业资本家个人的行动，是因为他作为商品和劳动的买者，作为商品的卖者和作为生产的资本家执行职能，因而通过他的活动来促成这种循环。如果社会资本的价值发生价值革命，他个人的资本就可能受到这一革命的损害而归于灭亡，因为它已经不能适应这个价值运动的条件。价值革命越是尖锐，越是频繁，独立化的价值的那种自动的、以天然的自然过程的威力来发生作用的运动，就越是和资本家个人的先见和打算背道而驰，正常的生产过程就越是屈服于不正常的投机，单个资本的存在就越是要冒巨大的危险。因此，这些周期性的价值革命证实了它们似乎应该否定的东西，即证实了价值作为资本所经历的、通过自身的运动而保持和加强的独立化。"

【以交易方式划分社会生产的经济形态，是错误的】

"产业资本循环过程从而资本主义生产的最明显的特征之一就是：一方面，生产资本的形成要素必须来自商品市场，并且不断从这个市场得到更新，作为商品买进来；另一方面，劳动过程的产品则作为商品从劳动过程产生出来，并且必须不断作为商品重新卖出去。"

"据此，人们把自然经济、货币经济和信用经济作为社会生产的三个具有特征的经济运动形式而互相对立起来。"

"第一，这三个形式并不代表对等的发展阶段。所谓信用经济本身只是货币经济的一种形式，因为这两个名词都表示生产者自身间的交易职能或交易方式。在发达的资本主义生产中，货币经济只表现为信用经济的基础。因此，货币经济和信用经济只适应于资本主义生产的不同发展阶段，但决不是和自然经济对立的两种不同的独立的交易形式。"

"第二，因为人们在货币经济和信用经济这两个范畴上强调的并且作为特征提出的，不是经济，即生产过程本身，而是不同生产当事人或生产者之间的同经济相适应的交易方式，所以，在考察第一个范畴时，似乎也应该这样做。因此，似乎应该是交换经济，而不是自然经济。"

"第三，货币经济是一切商品生产所共有的，产品在各种各样的社会生产机体中表现为商品。这样，标志资本主义生产的特征的，似乎只是产品以怎样的规模作为交易品，作为商品来生产，从而，产品本身的形成要素以怎样的规模必须作为交易品，作为商品再进入产生它的经济中去。"

"实际上，资本主义生产是作为生产的普遍形式的商品生产，但是，它之所以如此，在它的发展中之所以越来越如此，只是因为在这里，劳动本身表现为商品，因为工人出卖劳动，即他的劳动力的职能，并且如我们所假定的，是按照由它的再生产费用决定的它的价值出卖的。劳动越变为雇佣劳动，生产者就越变为产业资本家。""在资本家和雇佣工人的关系上，货币关系，买者和卖者的关系，成了生产本身所固有的关系。但是，这种关系的基础是生产的社会性质，而不是交易方式的社会性质；相反，后者是由前者产生的。"

【资本家的供给和需求的差额越大，资本增殖率就越大】

"资本家以货币形式投入流通的价值，小于他从流通中取出的价值，这是因为他以商品形式投入流通的价值，大于他以商品形式从流通中取出的价值。""他之所以卖得贵，不是因为高于他的商品价值出售，而是因为所卖商品的价值大于它的生产组成部分的价值总额。"

"资本家的供给和需求的差额越大，就是说，他所供给的商品价值越是超出他所需求的商品价值，资本家的资本增殖率就越大。他的目的，不在于使二者相抵，而是尽可能使它们不相抵，使他的供给超出他的需求。"

"就单个资本家来说是如此，就资本家阶级来说也是如此。"

"现在我们来谈再生产。假定资本家把剩余价值 g 全部花掉，只把原来的资本量 C 再转化为生产资本。这时资本家的需求和供给在价值上是相等的。"

"这个假定等于假定资本主义生产不存在，从而假定产业资本家本身不存在。因为只要假定发挥作用的动机是享受，而不是发财致富本身，资本主义就从根本上被废除了。"

"但是，这个假定在技术上也是不可能的，资本家……必须积累资本，以扩大生产，并把技术进步合并到他的生产机体中去。"

【简释：本章是把前三章分别考察的货币资本循环、生产资本循环、商品资本循环，作为产业资本三个循环的统一来加以研究。

（1）产业资本循环是三个循环的统一。产业资本的三个循环都有一个共同点，价值增殖是决定目的，是动机。不仅每一个特殊的循环都把其他的循环作为前提（包括在内），而且一种形式的循环的反复，已经包含着其他形式的循环的进行。因此，全部区别表现为单纯形式上的区别。产业资本的连续进行的现实循环，不仅是流通过程和生产过程的统一，而且是它的所有三个循环的统一。但是，它之所以能够成为这种统一，只是由于总资本分为三个部分：一部分是一个不断变动、不断再生产出来的部分，作为要转化为货币的商品资本而存在；另一部分作为要转化为生产资本的货币资本而存在；第三部分作为要转化为商品资本的生产资本而存在。这样，产业资本作为这些部分的整体，就可以同时处在各个不同的阶段和职能中，从而同时经过所有这三个循环。因此，资本作为整体是同时地、在空间上并列地处在它的各个不同阶段上。但是，每一个部分都不断地依

225

次由一个阶段过渡到另一个阶段。只有在三个循环的统一中，才能实现总过程的连续性，而不致发生中断。社会总资本由于分配在各个不同的部门，资本的这许多部分也是同时并存，因而社会总资本的过程始终是三个循环的统一。

（2）连续性是资本主义生产的特征，但就各个单个资本来说，再生产的连续性有时或多或少会发生中断。这有多种原因，其中的一个重要原因是，发生各种价值革命，包括一切技术革命引起的生产资本各种要素的贬值，及其对商品资本价值所产生的影响；也包括生产资料的价值提高了，要补偿生产资本的要素就必须有追加货币资本。这种价值革命越是尖锐，越是频繁，对资本循环反复的干扰越大，产业资本家就必须持有大量的货币资本，才有可能排除这种干扰。加上随着资本主义生产的进展，每一单个生产过程的规模会扩大，预付资本的最低限量也会随之增加，这些情况使产业资本家的职能越来越转化为各自独立或互相结合的大货币资本家的垄断。

（3）资本作为自行增殖的价值，不仅包含着阶级关系，包含着建立在劳动作为雇佣劳动而存在的基础上的一定的社会性质。它是一种运动，是一个经过各个不同阶段的循环过程，这个过程本身又包含循环过程的三种不同的形式。因此，它只能理解为运动，而不能理解为静止物。不能因为价值革命、价值有剧烈变动，就否认价值的独立性。价值的独立性，是指价值自身的同一性。尽管商品的价值会变动，但是价值本身还是可以互相比较，因为它具有自身的同一性。在资本循环中，货币、商品和生产要素只是处在过程中的资本价值的互相交替的形式，过去的价值量是和现在的已经变化的资本价值量相比较的。因此，有的学者把价值独立化看作是单纯抽象和幻想，这是不对的。这种观点忘记了，产业资本的运动就是这种抽象的实现。只有资本价值在自己循环的不同阶段保持着它自身的同一性，而且和它自身进行比较，它才作为资本价值执行资本职能。

（4）产业资本循环和一般商品流通的关系。产业资本循环有两个流通，即 $G—W$（$A+Pm$）和 $W'—G'$。产业资本流通过程的特点是：进入的商品来源的全面性，市场作为世界市场的存在，而不管生产它们的生产过程的社会形式如何。资本主义生产方式的趋势是尽可能使一切生产转化为商品生产，它实现这种趋势的主要手段，正是把一切生产卷入它的流通过程。资本流通和商品流通虽然是互相交错的，但是资本流通还包含着剩余价值的流通，因此，不能单纯用商品流通的规律来说明资本的流通。一般商品流通的规律，只有在资本流通过程形成简单流通行为的序列时，才是适用的，而在简单流通行为的序列形成单个产业资本循环的职能上确定的阶段时，却是不适用的。社会总资本的各个不同组成部分在流通过程中怎样互相补偿的问题，更不能从商品流通的简单的形态变化的交错得到说明，这里需要用另一种研究方式。这是本卷第三篇要研究的问题。

（5）把自然经济、货币经济和信用经济作为社会生产的三个具有特征的经济运动形式而互相对立起来，这是错误的。第一，这三个形式并不代表对等的发展阶段。所谓信用经济本身只是货币经济的一种形式，二者只适应于资本主义生产的不同发展阶段，但决不是和自然经济对立的两种不同的独立的交易形式。第二，货币经济和信用经济这两个范畴强调的不是经济，即生产过程本身，而是不同生产者之间同经济相适应的交易方式。第三，货币经济是一切商品生产所共有的，而标志资本主义生产的特征的，是产品以怎样的规模作为交易品，作为商品来生产，从而和产品本身的形成要素以怎样的规模必须作为交易品，以及作为商品再进入产生它的经济中去。更重要的是，资本家和雇佣工人的买者和卖者的货币关系，其基础是生产的社会性质，而不是交易方式的社会性质；相反，后者是由前者产生的。资产阶级学者不是把生产方式的性质看作和生产方式相适应的交易方式的基础，而是反过来，这是错误的。

（6）资本循环中供给同需求不平衡问题。资本家以商品形式投入流通的价值，大于他以商品形式从流通中取出的价值。因为产业资本家的需求只是对生产资料和劳动力的需求，而他所购买的生产资料的价值，比他所供给的商品资本的价值要小得多。而他对劳动力的需求，同对生产资料的需求相比，增长得较少。资本家需求的最大界限 $= C = c + v$，但他的供给 $= c + v + m$。资本家的供给和他的需求的差额越大，资本家的资本增殖率就越大。他的目的不在于使二者相抵，而是尽可能使它们不相抵，使他的供给超过他的需求。就单个资本家来说是如此，就资本家阶级来说也是如此。这里已经包含着资本主义生产供求不平衡导致生产过剩危机的因素。当然，也可以假定资本家把剩余价值 g 全部花在私人消费上。但这个假定等于假定资本主义生产不存在，从而假定产业资本家本身不存在。因为只要假定资本家发挥作用的动机是享受，而不是发财致富本身，资本主义就从根本上被废除了。】

第五章

流通时间

"资本完成它的循环的全部时间，等于生产时间和流通时间之和。"

"生产时间当然包含劳动过程期间，但劳动过程期间并不包含全部生产时间。"

【流通时间会限制生产时间，从而产生资本增殖来源于流通领域的假象】

"流通时间和生产时间是互相排斥的。资本在流通时间内不是执行生产资本的职能，因此既不生产商品，也不生产剩余价值。""在资本流通时间持续的时候，生产过程就中断，资本的自行增殖也就中断；并且生产过程的更新根据资本流通时间的长短而或快或慢。""资本的各组成部分在流通领域不断停留的时间越长，资本在生产领域不断执行职能的部分就必定越小。""流通时间越等于零或近于零，资本的职能就越大，资本的生产效率就越高，它的自行增殖就越大。"

"因此，资本的流通时间，一般说来，会限制资本的生产时间，从而也会限制它的价值增殖过程。限制的程度与流通时间持续的长短成比例。而这种持续时间的增加或减少的程度可以极不相同，因而对资本的生产时间限制的程度也可以极不相同。"

【商品资本流通时间的界限】

"W—G 和 G—W 之间存在一种区别，这种区别与商品和货币之间的形式区别无关，而是由生产的资本主义性质产生的。不论是 W—G，还是 G—W，就它们本身看，都只是一定价值由一种形式到另一种形式的转化。但是，W′—G′同时是 W′所包含的剩余价值的实现。G—W 则不是这样。因此，卖比买更为重要。G—W，在正常条件下，对于表现为 G 的价值的增殖来说，是必要的行为，但它不是剩余价值的实现；它是剩余价值生产的导论，而不是它的补遗。"

"商品本身的存在形式，商品作为使用价值的存在，使商品资本的流通 W′—

G′受到一定的限制。商品会自然变坏。因此，如果商品没有按照它们的用途，在一定时期内，进入生产消费或个人消费，换句话说，如果它们没有在一定时间内卖掉，它们就会变坏，并且在丧失它们的使用价值的同时，也就丧失作为交换价值承担者的属性。商品中包含的资本价值，资本价值中增长的剩余价值，都将丧失。使用价值只有不断更新，不断再生产，也就是由同种或别种新的使用价值来补偿，才是长久保存而自行增殖的资本价值的承担者。而使用价值以完成的商品形式出售，从而由此进入生产消费或个人消费，是它们的再生产不断更新的条件。它们必须在一定时间内变换它们的旧的使用形式，以便在一种新的使用形式上继续存在。交换价值只有通过使用价值的躯体的这种不断更新才能够保存自己。不同商品的使用价值变坏的快慢程度不同；因此，在使用价值的生产和消费之间的间隔时间，可以长短不等；因此，它们能够以长短不等的时间，作为商品资本停留在 W—G 流通阶段，作为商品经受长短不等的流通时间，而不致消灭。由商品体本身会变坏所决定的商品资本流通时间的界限，就是流通时间的这一部分或商品资本作为商品资本能够经过的流通时间的绝对界限。一种商品越容易变坏，因而生产出来越要赶快消费，也就是越要赶快卖掉，它能离开产地的距离就越小，它的空间流通领域就越狭窄，它的销售市场就越带有地方性质。因此，一种商品越容易变坏，它的物理性能对于它作为商品的流通时间的绝对限制越大，它就越不适于成为资本主义生产的对象。这种商品只有在人口稠密的地方，或者随着地域的距离由于运输工具的发展而缩短时，才能成为资本主义生产的对象。而一种物品的生产集中在少数人手里和人口稠密的地点，甚至能够为这样一类产品，如大啤酒厂、牛奶厂生产的产品，造成较大的市场。"

【简释：（1）资本循环是生产和流通的统一，前面各章只是把这种统一作为前提，没有对生产时间和流通时间作详细考察。本章的研究对象是对资本循环所包含的生产时间和流通时间，以及两者相互关系进行更具体的考察。

（2）生产时间是资本停留在生产领域的时间，分为两个部分：一部分是劳动时间；另一部分是劳动过程休止的时间。这种情况在农业和化学工业中尤为显著。所以，生产时间除了包含劳动时间，还包含劳动过程中断的时间。在所有生产部门，生产时间还包括劳动过程开始前的生产资料的储备时间。如原料、动力燃料等储备，是作为必要条件处在生产过程中执行职能，但不处在劳动过程中。

生产时间比劳动时间更长。两者的这种区分，其意义不只是量的差别，也是质的差别，因为劳动过程休止的时间内，没有新的劳动投入，因而不创造价值，也不创造剩余价值。因此，资本主义生产的趋势，是尽可能缩短生产时间超过劳动时间的部分。就是说要尽可能减少劳动休止时间。

（3）流通时间。资本循环包括资本的两个流通过程，即 W′—G′ 和 G—W。前者是由商品转化为货币，这同时就是包含在商品中的剩余价值的实现。后者是货币转化商品即各种生产要素（劳动力和生产资料）。资本处在两个流通过程的时间内不是执行生产资本的职能，因此既不生产商品，也不生产剩余价值。所以流通时间会限制资本的生产时间，从而也会限制它的价值增殖过程。限制的程度与流通时间的长短成比例。资本的流通时间取决于 W′—G′ 和 G—W 两个阶段所需要的时间。W′—G′，把商品出售变为货币，是资本循环中最困难的事情，是一个"致命的飞跃"，卖比买更为重要，因而占流通时间较大的部分。G—W，即资本转化为生产要素，对于资本的价值增殖，是必要的行为，但它不是剩余价值的实现，而是剩余价值生产的先导。它所需要的时间，有时较长，有时较短，这取决于生产资料供给是否来自远方市场，以及正常供给是否出现障碍等情况。流通时间和生产时间是互相排斥的，因为在流通时间内，资本的价值增殖过程停止了。商品作为使用价值的存在，使商品资本的流通 W′—G′ 受到一定的时间限制。商品自然变坏的时间，是它能够停留在流通时间的绝对界限。】

第六章

流通费用

第一节　纯粹的流通费用

1. 买卖时间

"资本由商品到货币和由货币到商品的形式转化，同时就是资本家的交易，即买卖行为。"

"形态变化 W—G 和 G—W，是买者和卖者之间进行的交易；他们达成交易是需要时间的，""状态的变化花费时间和劳动力，但不是为了创造价值，而是为了使价值由一种形式转化为另一种形式。""这种劳动对于作为总体的资本主义生产过程来说，即对于包含着流通或被包含在流通中的资本主义生产过程来说，是一个必要的因素"。"如果商品占有者不是资本家，而是独立的直接生产者，那么，买卖所费的时间，就是他们的劳动时间的一种扣除"。

"如果一种职能本身是非生产的，然而是再生产的一个必要的因素，现在这种职能由于分工，由多数人的附带工作变为少数人的专门工作，变为他们的特殊行业，那么，这种职能的性质本身并不会改变。**一个**商人……可以通过他的活动，为**许多**生产者缩短买卖时间。"

"无论如何，用在买卖上的时间，是一种不会增加转化了的价值的流通费用。这种费用是价值由商品形式转变为货币形式所必要的。""现在这种耗费表现为追加的资本支出；可变资本的一部分必须用来购买这种仅仅在流通中执行职能的劳动力。资本的这种预付，既不创造产品，也不创造价值。它相应地缩小预付资本生产地执行职能的范围。""它虽然能减少在流通中耗费的劳动力等等，但不参加生产过程。它只是流通费用的一部分。"

2. 簿记

"劳动时间除了耗费在实际的买卖上外，还耗费在簿记上"。"在这种职能上，一方面耗费劳动力，另一方面耗费劳动资料。"

"这种消耗是必要的，但是既要从他能生产地消耗的时间中扣除，又要从那种在现实生产过程中执行职能的、参加产品形成和价值形成的劳动资料中扣除。不论这种职能集中在资本主义商品生产者手中，""还是……独立化为特殊的、专门委托的当事人的职能，——这种职能本身的性质都不会改变。"

"如果一种职能就其本身来说，也就是在它独立化以前，不形成产品和价值，那么，分工，这种职能的独立化，并不会使这种职能形成产品和价值。如果一个资本家新投入资本，他就必须把一部分资本投在雇用记账员等等和簿记用品上。""这部分资本是从生产过程中抽出来的，它属于流通费用，属于总收益的扣除部分。（专门用于这一职能的劳动力本身也包括在内）。"

"但是，簿记所产生的各种费用，或劳动时间的非生产耗费，同单纯买卖时间的费用，毕竟有一定的区别。单纯买卖时间的费用只是由生产过程的一定的社会形式而产生，是由这个生产过程是商品的生产过程而产生。过程越是按社会的规模进行，越是失去纯粹个人的性质，作为对过程的监督和观念上的总括的簿记就越是必要；因此，簿记对资本主义生产，比对手工业和农民的分散生产更为必要，对公有生产，比对资本主义生产更为必要。但是，簿记的费用随着生产的积聚而减少，簿记越是转化为社会的簿记，这种费用也就越少。"

3. 货币

"在资本主义生产的基础上，商品成为产品的一般形态，绝大部分产品是作为商品生产的，从而必须取得货币形式，因为商品总量，即社会财富中执行商品职能的部分不断增大，所以，执行流通手段、支付手段、准备金等等职能的金银量也不断增大。这些执行货币职能的商品，既不进入个人消费，也不进入生产消费。""这是商品生产的非生产费用，这种费用，随着商品生产，特别是随着资本主义生产的发展而增大。它是社会财富中必须为流通过程牺牲的部分。"

【简释：本章是前一章的直接继续，更具体地说明前一章提出的论点，论述资本流通过程的各种费用并加以分类。全章分为三节。

第一节：纯粹的流通费用，是指那些只与价值形态转化有关的流通费用，它的特征是在其中耗费的劳动和支出既不创造价值，也不创造剩余价值。

（1）买卖时间，是指商品转化为货币和货币转化为商品的时间。在这两个流通过程中，只是价值的存在形式发生变化，价值量并没有发生变化。因此，流通过程中买与卖的时间，虽然对资本主义生产是必要的，但是它属于非生产时间；用在买卖上的费用，是一种不会增加价值的流通费用。在流通中耗费的时间和劳动力，不创造价值和剩余价值，正是在这个意义上说，资本主义生产方式下的商业劳动，不是生产的劳动。但是从事商业的劳动者，仍然有一部分劳动，是没有报酬的剩余劳动，因而减少了资本家的流通费用。由于纯粹流通费用要由剩余价值来补偿，而商业工人的剩余劳动又减少了流通费用，因此也就减少了对剩余价值的扣除，从而使资本家多获得剩余价值。

（2）纯粹的流通费用，还包括同流通有关的、以计算货币的形式对商品的定价或计价（估价）的簿记上所支付的费用。但是，簿记所产生的各种费用，同单纯买卖时间的费用，毕竟有一定的区别。生产过程越是按社会的规模进行，越是失去纯粹个人的性质，作为对过程的监督和观念上的总结的簿记就越是必要；因此，簿记对于资本主义生产，比对手工业和农民的分散生产更为必要，对公有生产，比对资本主义生产更为必要。但是，簿记的费用随着生产的积聚而减少，簿记越是转化为社会的簿记，这种费用也就越少。

（3）纯粹的流通费用，还包括在商品交换中执行流通手段、支付手段、准备金等职能的金属货币的磨损不断补偿的费用。这种补偿费用，在资本主义发达的国家是很可观的，因为一般说来被束缚在货币形式上的财富部分是巨大的。】

第二节　保管费用

"由价值的单纯形式变换，由观念地考察的流通产生的流通费用，不加入商品价值。就资本家来考察，耗费在这种费用上的资本部分，只是耗费在生产上的资本的一种扣除。我们现在考察的那些流通费用的性质则不同。它们可以产生于这样一些生产过程，这些生产过程只是在流通中继续进行，因此，它们的生产性质完全被流通的形式掩盖起来了。另一方面，从社会的观点看，它们又可以是单纯的费用，是活劳动或对象化劳动的非生产耗费，但是正因为这样，对单个资本家来说，它们可以起创造价值的作用，成为他的商品出售价格的一种加价。这种情况已经来源于以下事实：这些费用在不同的生产领域是不同的，在同一生产领域，对不同的单个资本来说，有时也是不同的。这些费用追加到商品价格中时，会按照各个资本家分担这些费用的比例进行分配。但是，一切追加价值的劳动也会追加剩余价值，并且在资本主义基础上总会追加剩余价值，因为劳动形成的价值取决于劳动本身的量，劳动形成的剩余价值则取决于资本家付给劳动的报酬额。因此，使商品变贵而不追加商品使用价值的费用，对社会来说，属于生产上的非生产费用，对单个资本家来说，则可以成为发财致富的源泉。""所以这些费用的非生产性质不会因此而消失。"

1. 储备形成一般

"生产过程和再生产过程的不断进行，要求相当数量的商品（生产资料）不断处在市场上，也就是形成储备。生产资本还包括对劳动力的购买，在这里，货币形式只是生活资料的价值形式，这种生活资料的大部分，工人必须在市场上找到。""对 G—W 来说，商品不断存在于市场，即商品储备，却是再生产过程不断进行的条件，是投入新资本或追加资本的条件。"

"商品资本要作为商品储备停留在市场上，就要有建筑物，栈房、储备库、货栈，""要投入追加的资本，一部分投在劳动资料上，即物的形式上，一部分投在劳动力上。"

"可见，资本在商品资本形式上从而作为商品储备的存在，产生了费用，因为这些费用不属于生产领域，所以算作流通费用。这类流通费用同第一节所说的流通费用的区别在于：它们在一定程度上加入商品价值，因此使商品变贵。在任何情况下，用于保存和保管这种商品储备的资本和劳动力，总是从直接的生产过程抽出来的。另一方面，这里使用的资本，包括作为资本组成部分的劳动力，必须从社会产品中得到补偿。因此，这些资本的支出所产生的影响，就像劳动生产力降低一样，因而，要获得一定的效用，就需要更大量的资本和劳动。这是**非生产费用**。"

"另一方面，商品价值在这里被保存或者增加，只是因为使用价值，产品本身，被置于一定的、需要有资本支出的物的条件下，并且必须经历那些有追加劳动作用于使用价值的操作。相反，商品价值的计算，记载这一过程的簿记，买卖交易，却不会在商品价值借以存在的使用价值上发生作用。这些事情只是同商品价值的形式有关。因此，虽然在我们假定的场合，花费在储备（在这里是非自愿的）上的非生产费用只是产生于形式转化的停滞和必要性，但是，这些费用和第一节所说的非生产费用仍然不同，这些费用的目的本身不是价值的形式转化，而是价值的保存，而价值存在于作为产品，作为使用价值的商品中，因而只有通过产品的保存，使用价值本身的保存，价值才能得到保存。在这里，使用价值既没有提高，也没有增加，反而减少了。但是，它的减少受到了限制，它被保存下来。在这里，商品中存在的预付价值，也没有增加。但是，加进了新的劳动——对象化劳动和活劳动。"

"实际上，储备有三种形式：生产资本的形式，个人消费基金的形式，商品储备或商品资本的形式。虽然就绝对量来说，三种形式的储备可以同时增加，但是一种形式的储备会在另一种形式的储备增加时相对地减少。"

"生产资本形式的储备，是以生产资料的形式存在的，这些生产资料或者已经处于生产过程，或者至少已经在生产者手中，也就是已经潜在地处于生产过程。我们在前面已经看到，随着劳动生产率的发展，从而，随着资本主义生产方式（它比一切以前的生产方式更加发展了劳动的社会生产力）的发展，那种以劳动资料形式一下子全部并入过程，并在一个或长或短的时期内在过程中不断反复执行职能的生产资料（建筑物、机器等等）的量，不断增大，并且这种生产资料的增大，既是劳动的社会生产力发展的前提，又是它的结果。这种形式的财富不仅绝对增加而且相对增加的事实（参看第一册第二十三章第二节），最能说明资本主义生产方式的特征。但是，不变资本的物质存在形式，生产资料，不仅由这种劳动资料构成，而且还由各加工阶段上的劳动材料以及辅助材料构成。随着生产规模的扩大，随着劳动生产力由于协作、分工、机器等等而提高，逐日进入再生产过程的原料、辅助材料等等的量也会增加。这些要素必须预先在生产场所准备好。因此，这种以生产资本形式存在的储备的规模是绝对增大的。要使生产过程流畅地进行——不管这种储备可以逐日更新，还是只能在一定时期内更新——，就总是要在生产场所准备好更多的原料等等，比如说要多于一天或一周的消耗量。过程的连续性，要求它的各种条件的存在不致因为在逐日购买上可能遇到中断而受影响，也不致因为商品产品逐日逐周出售，从而只能不规则地再转化为它的各种生产要素而受影响。不过，生产资本显然可以以极不相同的规模潜在地存在或形成储备。例如，纺纱业者必须准备好够用三个月的，还是只够用一个月的棉花或煤炭，就有很大的差别。我们看到，这种储备虽然绝对地增大了，但是可以相对地减少。"

"这要取决于各种条件，而这一切条件实质上不外就是，要使必要数量的原料能够更迅速地、更有规则地、更有保证地不断得到供应，而不致发生任何中断。这些条件越不具备，从而供应越没有保证，越不规则，越缓慢，生产资本的潜在部分，即生产者手中等待加工的原料等等的储备就必然越大。这些条件同资本主义生产的发展水平，因而同社会劳动的生产力的发展水平成反比。因此，这种形式的储备也是这样。"

"这里表现为储备减少的现象（如莱勒所看到的），部分地说，只是商品资本形式的储备即真正商品储备的减少；因此，只是同一个储备的形式变换。例如，如果本国每天生产的煤炭量，从而煤炭生产的规模和能力很大，纺纱业者用不着储存大量煤炭，就可以保证他的生产连续进行。煤炭供应的不断的有保证的更新，使这种储备成为不必要。第二，一个过程的产品能够以什么样的速度作为生产资料进入另一个过程，取决于交通运输工具的发展。在这方面，运费的低廉有很大的作用。例如，如果从矿山一次又一次地不断向纺纱厂运输煤炭，那么，所需的费用就会比利用较便宜的运输为较长时期供应较大量煤炭所需的费用更贵。以上考察的这两种情况，都发生在生产过程本身。第三，信用制度的发展也有影响。纺纱业者在棉花、煤炭等等的储备的更新上越不依赖于他的纱的直接出售——信用制度越发展，这种直接依赖性就越小——，为保证既定规模的连续的棉纱生产不受棉纱出售上偶然情况的影响而需要的这种储备的相对量，就可以越小。第四，许多原料、半成品等等需要有较长的生产时间，农业提供的一切原料，尤其是这样。因此，要使生产过程不致中断，就要在新产品还不能代替旧产品的整个时期，储备一定量这样的原料、半成品。如果在产业资本家手中这种储备减少了，那不过表明，它在商人手中以商品储备的形式增加了。"

2. 真正的商品储备

【资本主义社会中商品储备增大的原因】

"我们已经知道，在资本主义生产的基础上，商品成为产品的一般形式，而资本主义生产在广度和深度上越是发展，情况就越是这样。因此，不管和以前的各种生产方式相比，还是和发展水平较低的资本主义生产方式相比，即使生产规模相同，产品中大得不可比拟的部分是作为商品存在的。但是，任何商品——从而任何商品资本，它们只是商品，不过是作为资本价值存在形式的商品——，只要它不是从生产领域直接进入生产消费或个人消费，因而在这个间歇期间处在市场上，它就是商品储备的要素。因此，商品储备本身（即产品的商品形式的独立和固定），即使在生产规模不变的情况下，也会随着资本主义生产的发展而增大。我们已经知道，这只是储备的形式变换，也就是说，在这一方面，商品形式的储备所以增大，是因为在那一方面，它在直接的生产储备和消费储备形式上减少了。这只是储备的社会形式的变化。如果商品储备同社会总产品相比，不仅它的相对量增大，而且它的绝对量也同时增大，那么，这是因为总产品的量随着资本主义生产的发展而增大了。"

"随着资本主义生产的发展，生产的规模在越来越小的程度上取决于对产品的直接需求，而在越来越大的程度上取决于单个资本家支配的资本量，取决于他的资本的价值增殖欲以及他的生产过程连续进行和不断扩大的必要性。因此，每一个特殊生产部门中作为商品出现在市场上或寻找销路的产品量，必然增大。在较短或较长时期固定在商品资本形式上的资本量也增大。因此，商品储备也增大。"

"最后，社会上绝大部分人变为雇佣工人，他们靠挣一文吃一文过活，他们的工资按周领取，逐日花掉，因此，他们必须找到作为储备的生活资料。不管这种储备的单个要素的流动性有多大，其中一部分总要不断地停留下来，以便储备可以始终处于流动状态。"

"所有这些因素，都来源于生产的形式和它所包含的、产品在流通过程中所必须经历的形式转化。"

"不管产品储备的社会形式如何，保管这种储备，总是需要费用：需要有贮存产品的建筑物、容器等等；还要根据产品的性质，耗费或多或少的生产资料和劳动，以便防止各种有害的影响。储备越是社会地集中，这些费用相对地就越少。这些支出，总是构成对象化形式或活的形式的社会劳动的一部分——因而，在资本主义形式上，这些支出就是资本的支出——，它们不进入产品形成本身，因此是产品的一种扣除。它们作为社会财富的非生产费用是必要的。它们是社会产品的保存费用，不管社会产品只是由于生产的社会形式即商品形式及其必要的形式转化才成为商品储备的要素，也不管我们把商品储备只是看作一切社会所共有的产品储备的一种特殊形式；它们是社会产品的保存费用，即使产品储备不具有商品储备形式这种属于流通过程的产品储备形式。"

【正常储备和不正常储备】

"商品储备必须有一定的量，才能在一定时期内满足需求量。这里要把买者范围的不断扩大计算在内。为了满足比如一天的需要，市场上的商品必须有一部分不断保持商品形式，另一部分则流动着，转化为货币。""商品停滞要看作是商品出售的必要条件。其次，储备量要大于平均出售量或平均需求量。不然，超过这个平均量的需求就不能得到满足。另一方面，储备因为不断消耗，所以要不断更新。这种更新归根到底只能从生产中得到，只能从商品的供应中得到。这些商品是否来自国外，是与问题无关的。""更新以商品再生产所需要的时间为转移。在此期间，商品储备必须够用。""只是由于有了这种储备，流通过程从而包含流通过程在内的再生产过程的不断连续进行，才得到保证。"

"既然商品储备不外就是储备的商品形式，这种储备在一定规模的社会生产中如果不是作为商品储备存在，就是作为生产储备（潜在的生产基金）或者作为消费基金（消费资料的储存）存在，所以，维持这种储备所需要的费用，也就是储备形成的费用，即用于这方面的对象化劳动或活劳动，不过是社会生产基金或社会消费基金的维持费用的一种变形。由此引起的商品价值的提高，只是把这种费用按比例分配在不同商品上，因为这种费用对不同种商品来说是不同的。储备形成的费用仍然是社会财富的扣除，虽然它是社会财富的存在条件之一。"

"只有在商品储备是商品流通的条件，甚至是商品流通中必然产生的形式时，也就是，只有在这种表面上的停滞是流动本身的形式，就像货币准备金的形成是货币流通的条件一样时，这种停滞才是正常的。相反，一旦留在流通蓄水池内的商品，不让位给后面涌来的生产浪潮，致使蓄水池泛滥起来，商品储备就会因流通停滞而扩大，就像在货币流通停滞时，贮藏货币会增加一样。在这里，不论这种停滞是发生在产业资本家的仓库内，还是发生在商人的栈房内，情况都是一样的。这时，商品储备已经不是不断出售的条件，而是商品卖不出去的结果。费用仍旧是一样的，但是，因为它现在完全是由形式产生，也就是由于必须把商品转化为货币而产生，并且是由于这种形态变化发生困难而产生，所以它不加入商品价值，而成为在价值实现时的扣除，即价值损失。因为储备的正常形式和不正常形式，从形式上是区分不出来的，而且二者都是流通的停滞，所以，这些现象可以互相混同，加上对生产者来说，虽然他的已经转移到商人手中的商品的流通过程发生了停滞，但他的资本的流通过程仍然能够畅通，所以，这些现象更可以使生产当事人本身感到迷惑。如果生产和消费的规模扩大了，在其他条件不变的情况下，商品储备的规模也会扩大。商品储备会同样迅速地被更新和被吸收，但是它的规模更大。因此，商品储备的规模由于流通停滞而扩大的现象，会被误认为是再生产过程扩大的征兆，特别是在现实的运动由于信用制度的发展而变得神秘莫测时，更是这样。"

"储备形成的费用包含：1. 产品总量的数量减损（例如，储存面粉时就是这样）；2. 质量变坏；3. 维持储备所需的对象化劳动和活劳动。"

【简释：纯粹流通费用不增加商品的价值，是对生产资本的一种扣除，保管费用的性质则不同。保管费用可以产生于生产过程在流通中的延续，只是它们的生产性质被流通的形式掩盖起来了。对单个资本家来说，耗费在保管上的劳动可以起到创造价值的作用，成为他的商品出售价格的一种加价。由于一切追加价值的劳动也会追加剩余价值，因而可以成为单个资本家发财致富的源泉。但从社会的观点看，使商品变贵而不追加商品使用价值的费用，属于生产上的非生产费用。

保管费用这一节分为两个部分：

（1）储备形成一般。储备有三种形式：生产资本的形式（即生产资料的储备），个人消费基金的形式（即生活资料的储备），商品资本的形式。三种形式储备的绝对量可以同时增加，而相对比例发生变化，即一种形式的储备增加，另一种形式的储备相对减少。随着资本主义生产方式的发展，生产资料的储备和个人消费基金的储备，绝对量增加，而相对比例是减少的。部分原因是商品的储备增加了，这只是储备的形式变换；其次是交通运输工具发展、运费降低了；最后是信用制度的发展，使对储备的直接依赖性小了。随着世界市场的发展，同种物品供应来源的增多，也会产生同样的结果。

（2）真正的商品储备。资本主义生产在广度和深度上越是发展，商品越是成为产品的一般形式，只要商品不是从生产领域直接进入生产消费或个人消费，它就会成为商品储备的要素。没有商品储备，就没有商品流通。生产规模越大，商品储备也越增大。还有，由于社会上绝大部分人变为雇佣工人，他们的工资按日或按周领取、逐日花掉，必须找到作为储备的生活资料。不管产品储备的社会形式如何，保管这种储备，总是需要费用。储备越是社会地集中，这些费用相对地就越少。储备形成的费用包含：产品总量的数量减损；质量变坏；维持储备所需的对象化劳动和活劳动。储备的费用是社会劳动的一部分，它不进入产品形成本身，是社会财富的一种扣除，但它作为社会产品的保存费用是必要的，是社会财富的存在条件之一。

商品储备必须有一定的量，才能在一定的时期内满足需求量，而且要把买者范围的不断扩大计算在内。商品储备除了生产者有意保持的自愿储备，还有因流通停滞造成的非自愿储备。商品储备规模会因流通停滞而扩大，这种现象会被误认为是再生产过程扩大的征兆，尤其在经济危机爆发之前。这时商品储备不是商品不断出售的条件，而是商品卖不出去的结果，费用仍旧是一样的，但它不加入商品价值，而成为在价值实现时的扣除，即价值损失。】

第三节　运输费用

"在这里，我们不必考察流通费用的一切细目，如包装、分类等等。一般的规律是：**一切只是由商品的形式转化而产生的流通费用，都不会把价值追加到商品上**。这仅仅是实现价值或价值由一种形式转变为另一种形式所需的费用。投在这种费用上的资本（包括它所支配的劳动），属于资本主义生产上的非生产费用。这种费用必须从剩余产品中得到补偿，对整个资本家阶级来说，是剩余价值或剩余产品的一种扣除，就像对工人来说，购买生活资料所需的时间是损失掉的时间一样。但是，运输费用起很重要的作用，因此在这里必须简短地加以考察。"

"社会劳动的物质变换，是在资本循环和构成这个循环的一个阶段的商品形态变化中完成的。这种物质变换可以要求产品发生场所的变换，即产品由一个地方到另一个地方的实际运动。但是，没有商品的物理运动，商品也可以流通；没有商品流通，甚至没有直接的产品交换，产品也可以运输。A 卖给 B 的房屋，是作为商品流通的，但是它并没有移动。棉花、生铁之类可以移动的商品价值，经过许多流通过程，由投机者反复买卖，但还是留在原来的货栈内。这里实际运动的，是物品的所有权证书，而不是物品本身。另一方面，例如在印加国，虽然社会产品不作为商品流通，也不通过物物交换来进行分配，但是运输业起着很大的作用。"

"因此，虽然运输业在资本主义生产基础上表现为产生流通费用的原因，但是，这种特殊的表现形式并不会改变事情的本质。"

"产品总量不会因运输而增大。产品的自然属性因运输而引起的变化，除了若干例外，不是预期的效用，而是一种不可避免的祸害。但是，物品的使用价值只是在物品的消费中实现，而物品的消费可以使物品的位置变化成为必要，从而使运输业的追加生产过程成为必要。因此，投在运输业上的生产资本，会部分地由于运输工具的价值转移，部分地由于运输劳动的价值追加，把价值追加到所运输的产品中去。后一种价值追加，就像在一切资本主义生产下一样，分为工资补偿和剩余价值。"

"在每一个生产过程中，劳动对象的位置变化，以及这种变化所必需的劳动资料和劳动力——例如，棉花由梳棉车间运到纺纱车间，煤炭由井下运到地面——，都起着重要的作用。完成的产品作为完成的商品从一个独立的生产场所转移到相隔很远的另一个生产场所，只是在较大的规模上表示同样的现象。在产品从一个生产场所运到另一个生产场所以后，接着还有完成的产品从生产领域运到消费领域。产品只有完成这个运动，才是现成的消费品。"

"以前讲过，商品生产的一般规律是：劳动生产率和劳动的价值创造成反比。这个规律，像适用于其他任何产业一样，也适用于运输业。在一定距离内运输商品所需要的劳动量——死劳动量和活劳动量——越小，劳动生产力就越大；反之亦然。"

"在其他条件不变的情况下，由运输追加到商品中去的绝对价值量，和运输业的生产力成反比，和运输的距离成正比。"

"商品在空间上的流通，即实际的移动，就是商品的运输。运输业一方面形成一个独立的生产部门，从而形成生产资本的一个特殊的投资领域。另一方面，它又具有如下的特征：它表现为生产过程**在流通过程内**的继续，并且**为了流通过程而继续**。"

【简释：这一节开头概括地指出了纯粹流通费用的性质和补偿：一般规律是一切只是由商品的形式转化而产生的流通费用，都不会把价值追加到商品上。投在这种费用上的资本（包括它所支配的劳动），属于资本主义生产上的非生产费用。这种费用必须从剩余产品中得到补偿，对整个资本家阶级来说，是剩余价值或剩余产品的一种扣除。运输费用则与此不同。产品从生产领域运到消费领域，才是现成的消费品。商品在空间上的流通，就是商品的运输。然而，运输和商品流通并不是不可分的，有些商品流通不需要运输（如房屋买卖）；反之，也不是只有商品流通才有运输。不过在资本主义生产方式下，这二者是经常结合在一起的。运输业形成一个独立的生产部门和特殊的投资领域，它的特征是表现为生产过程在流通过程内的继续。投在运输业上的生产资本，会部分地由于运输工具的价值转移，部分地由于运输劳动的价值追加，把价值追加到所运输的产品中去。后一种价值追加，就像在一切资本主义生产下一样，分为工资补偿和剩余价值。】

第 二 篇
资本周转

【本篇的研究对象是个别资本的周转。这和上一篇有紧密联系，资本循环当作周期的过程，在一定期间内不断地重新反复，就形成资本的周转。资本循环要求从出发点回到出发点；资本周转则要求从出发点重新出发，反复不断地进行循环。资本周转的核心问题是周转速度。资本周转速度的快慢，对剩余价值的生产和实现有密切关系，在预付资本相同的情况下，资本周转速度越快，获得的剩余价值就越多。影响资本周转速度的重要因素包括：构成周转时间的生产时间和流通时间的长短；生产资本中固定资本和流动资本的比例等。第一篇考察资本循环时，没有考察资本运动的速度和时间、生产资本不同部分（固定资本和流动资本）的比例及其对资本周转的影响。这些问题成为第二篇的研究对象。这也体现了马克思运用抽象方法从一个阶段向另一阶段的上升。

第二篇从第七章至第十七章，共十一章。在资本周转的研究中，资本周转的速度和时间具有重要的意义。第七章先考察周转时间和周转次数的一般定义和计算公式。影响资本周转速度和时间的因素有两个：第一是生产资本中固定资本和流动资本的划分和所占比例。第八、九章就是考察这个方面的问题；第十、十一章是对以前学者关于固定资本和流动资本的理论的批评。第二是劳动期间、生产时间和流通时间的比例与长短，这是第十二、十三、十四章考察的对象。本篇最后三章（第十五、十六、十七章），是考察周转速度和时间对于预付资本量和剩余价值率的影响。

关于第二篇的学习，恩格斯在致友人的信中说："第七至九章是重要的。第十和第十一章尤其重要。第十二、十三、十四章也是一样。而第十五、十六、十七章先泛读一遍就行了。"】

第七章

周转时间和周转次数

"资本的循环,不是当作孤立的过程,而是当作周期性的过程时,叫做资本的周转。这种周转的持续时间,由资本的生产时间和资本的流通时间之和决定。这个时间之和形成资本的周转时间。因此,资本的周转时间计量总资本价值从一个循环周期到下一个循环周期的那段时间,""或者说,计量同一资本价值的增殖过程或生产过程更新、重复的时间。"

"资本的周转时间在不同的投资部门是不同的。"

"年是处在过程中的资本的周转的自然计量单位。这个计量单位的自然基础是,在温带这个资本主义生产的祖国,最重要的农产品都是一年收获一次。"

"假定我们用 U 表示周转时间的计量单位——年,用 u 表示一定资本的周转时间,用 n 表示资本的周转次数,那么 $n = \dfrac{U}{u}$。举例来说,如果周转时间 u 等于 3 个月,那么 $n = \dfrac{12}{3} = 4$;资本在一年中完成 4 次周转"。"如果资本的周转时间等于几年,那么,它就要用一年的倍数来计算。"

【简释:本章开头回顾了《资本论》第一卷的主要内容和第二卷第一篇的主要内容,之后指出:资本的循环,不是当作孤立的过程,而是当作周期性的过程时,叫做资本的周转。

考察个别资本的周转,可以从货币开始,它表现为 G…G';也可以从生产开始,它表现为 P…P。这两个循环都体现了资本主义生产以预付资本的价值增殖为目的。但是,个别资本的周转不能从商品资本开始,因为在 W'…W' 循环中,开始的 W' 不是预付的资本价值,而是已经增殖的资本价值,预付资本价值只是其中的一部分。W′…W′这个形式，对于第三篇社会总资本的再生产和流通的研究，具有重要意义。

　　资本周转的持续时间，由资本的生产时间和资本的流通时间之和决定。这个时间之和形成资本的周转时间。因此，资本的周转时间，是计量同一资本价值的增殖过程或生产过程更新、重复的时间。资本的周转时间，在不同的投资部门是不同的。】

第八章
固定资本和流动资本

【本章考察资本处在生产过程中的两种新形式：固定资本和流动资本。这两种形式的划分，只是生产资本的划分，对处在流通领域的货币资本和商品资本，没有这种划分。本章分为两节。】

第一节　形式区别

【固定资本的特征】

"固定在劳动资料上的这部分资本价值，和其他任何部分一样要进行流通。""但这里考察的这个资本部分的流通是独特的流通。首先，这个资本部分不是在它的使用形式上进行流通，进行流通的只是它的价值，并且这种流通是逐步地、一部分一部分地进行的，和从它那里转移到作为商品进行流通的产品中去的价值相一致。在它执行职能的全部时间内，它的价值总有一部分固定在它里面，""保持着自己的独立。由于这种特性，这部分不变资本取得了**固定资本**的形式。在生产过程中预付的资本的其他一切物质组成部分，则与此相反，形成**流动资本**。"

"一部分生产资料——即这样一些辅助材料，它们在劳动资料执行职能时由劳动资料本身消费掉，例如煤炭由蒸汽机消费掉；或者对过程只起协助作用，例如照明用的煤气等等——在物质上不加入产品。不过它们的价值形成产品价值的一部分。产品在它本身的流通中，也使这部分生产资料的价值流通。在这一点上，它们和固定资本是相同的。""这部分辅助材料在物质上不加入产品，只是按照它们的价值加入产品的价值，成为产品价值的一部分"。

"在物质上加入产品的那部分生产资料，即原料等等，有一部分由此取得了以后能够作为享受资料进入个人消费的形式。真正的劳动资料，即固定资本的物质承担者，只被生产地消费，不能进入个人消费，……在它完全损耗以前一直保持独立的形式。运输工具则例外。运输工具在它执行生产职能、从而停留在生产领域时产生的那种有用效果即场所变更，同时可以进入个人消费，例如旅客的个人消费。""我们说过，例如在化学工业中，原料和辅助材料彼此是分不清的。劳动资料、辅助材料、原料之间也是如此。例如在农业中，为改良土壤而投下的物质，就有一部分作为产品的形成要素加入植物产品。另一方面，这些物质会在较长的时期如四五年内发挥作用。因此，其中一部分会在物质上加入产品，同时也就把它的价值转移到产品中去；另一部分则保持它原有的使用形式，把它的价值固定在这种形式上。它继续作为生产资料存在，因而取得固定资本的形式。"

"决定一部分投在生产资料上的资本价值具有固定资本性质的，只是这个价值的独特的流通方式。这种特别的流通方式，是由劳动资料把它的价值转移到产品中去，或者说，在生产过程中充当价值形成要素的特殊方式产生的。而这种方式本身，又是由劳动资料在劳动过程中执行职能的特殊方式产生的。"

"我们知道，同一个使用价值既作为产品来自一个劳动过程，又作为生产资料进入另一个劳动过程。一种产品之所以变为固定资本，只是由于它在生产过程中作为劳动资料执行职能。而产品本身刚离开过程时，决不是固定资本。例如，一台机器，作为机器制造业者的产品或商品，属于他的商品资本。它只有在它的买者手里，即在生产上使用它的资本家手里，才成为固定资本。"

"在其他一切条件相同的情况下，劳动资料固定性的程度随着劳动资料的耐久性的增加而增加。固定在劳动资料上的资本价值和这个价值量中由劳动资料在反复进行的劳动过程中转给产品的部分之间的差额，就是由这种耐久性决定的。这种价值转移进行得越慢——而价值是在同一个劳动过程的每次反复中由劳动资料转移出去的——，固定化的资本就越大，生产过程中使用的资本和生产过程中消费的资本之间的差额也就越大。这个差额一旦消失，劳动资料的寿命就完结了，它的价值也就和它的使用价值一同丧失。""所以很清楚，它的使用价值丧失得越慢，它在生产过程中越耐用，不变资本价值固定在劳动资料上的期间就越长。"

"有的生产资料，例如辅助材料、原料、半成品等等，不是本来意义上的劳动资料，但从价值转移来看，因而从它的价值的流通方式来看，是和劳动资料一样的，因此，它们也是固定资本的物质承担者即存在形式。上面说过的土壤改良就是这样。这种改良把化学成分加到土壤中去，它的作用会延续若干个生产期间或若干年。""在这个场合，不仅固资本价值的一部分加入产品，而且这个价值部分借以存在的使用价值，即实体，也加入产品。"

【资产阶级经济学家在固定资本和流动资本概念上陷入混乱的原因】

"撇开把固定资本和流动资本的范畴混同于不变资本和可变资本的范畴这一根本错误不说，经济学家们迄今为止在概念规定上所以陷入混乱，首先是由于下述原因：

他们把劳动资料在物质上具有的某些属性，看成固定资本的直接属性，例如像房屋具有的物体不动性。但是我们也很容易证明，其他一些本身也是固定资本的劳动资料具有相反的属性，例如像船舶具有的物体可动性。"

"或者，他们把那种由价值流通引起的经济的形式规定性，和物质的属性混同起来，好像那些就本身说根本不是资本，只是在一定社会关系内才成为资本的东西，**就它们本身说**天生就可以是具有一定形式的资本——固定资本或流动资本。"

【流动资本的特征】

"生产资本其余的要素，一部分是由存在于辅助材料和原料上的不变资本要素构成，一部分是由投在劳动力上的可变资本构成。"

"劳动力在执行职能时把它的价值的等价物追加到产品中去，这个等价物随着产品的流通转化为货币。""就价值的形成来说，不管劳动力和不变资本中形成非固定资本的组成部分多么不同，它的价值的这种周转方式却和这些部分相同，而与固定资本相反。生产资本的这两个组成部分——投在劳动力上的价值部分和投在形成非固定资本的生产资料上的价值部分——由于它们在周转上的这种共同性，便作为流动资本与固定资本相对立。"

【固定资本和流动资本划分的四点结论】

"综上所述，我们可以得出如下的结论：

1. 固定资本和流动资本的形式规定性之所以产生，只是由于在生产过程中执行职能的资本价值或**生产资本**有不同的周转。而周转之所以不同，又是由于生产资本的不同组成部分是按照不同的方式把它们的价值转移到产品中去的，而不是由于它们在产品价值的生产中有不同的作用，或它们在价值增殖过程中各有独特的作用。最后，价值转给产品的方式——从而这个价值通过产品而流通的方式和通过产品的形态变化而以原来的实物形式更新的方式——之所以有差别，又是由于生产资本借以存在的物质形态有差别，这个物质形态的一部分在形成单个产品时全部消费掉，另一部分只是逐渐消耗掉。因此，只有生产资本能够分为固定资本和流动资本。相反，这种对立，对产业资本的其他两种存在方式来说，也就是，不论对商品资本还是对货币资本来说，都是不存在的。它也不是这两种资本和生产资本之间的对立。这种对立只有**对生产资本并且在生产资本之内**才是存在的。不管货币资本和商品资本怎样执行资本的职能，怎样顺畅地流通，它们只有转化为生产资本的流动组成部分，才能够变为和固定资本相对立的流动资本。但是，因为资本的这两种形式存在于流通领域，所以，正如我们以后会看到的，亚·斯密以来的经济学错误地把它们和生产资本的流动部分一起列入流动资本这个范畴。它们事实上是与生产资本相对立的流通资本，但不是与固定资本相对立的流动资本。"

2. "固定资本组成部分的周转，从而它的必要的周转时间，包括流动资本组成部分的多次周转。在固定资本周转一次的时间内，流动资本周转多次。生产资本的一个价值组成部分，只是由于它借以存在的生产资料在产品制成并作为商品离开生产过程的时间未被全部消耗掉，才取得固定资本的形式规定。它的价值的一部分必须仍旧束缚在继续保存下来的旧的使用形式上；另一部分则被完成的产品带入流通，而完成的产品的流通，却同时会把流动资本组成部分的全部价值带入流通。"

3. "投在固定资本上的那部分生产资本的价值，是为构成固定资本的那一部分生产资料执行职能的整个期间全部一次预付的。因此，这个价值是由资本家一次投入流通的；但它只是通过固定资本一部分一部分地加进商品的价值部分的实现，而一部分一部分地、逐渐地再从流通中取出的。另一方面，一部分生产资本借以固定的生产资料本身，则一次从流通中取出，在它们执行职能的整个期间并入生产过程，不过在同一时间之内，不需要由同一种新的物品替换，不需要再生产。它们在一个或长或短的时间内，继续参加投入流通的商品的形成，但并不从流通中取出自身更新的要素。因此，在这个时间内，它们也不要求资本家重新预付。最后，投在固定资本上的资本价值，在它借以存在的生产资料执行职能的期间，不是在物质上，而只是在价值上经过它的各种形式的循环，并且这也只是一部分一部分地、逐渐地进行的。这就是说，它的价值不断地有一部分作为商品的价值部分而流通，并转化为货币，但不由货币再转化为它原来的实物形式。这种由货币到生产资料的实物形式的再转化，要到生产资料执行职能的期间结束，即生产资料完全不能用的时候，才会发生。"

4. "要使生产过程连续进行，流动资本的各种要素就要和固定资本的各种要素一样，不断地固定在生产过程中。不过这样固定下来的流动资本要素，要不断地在实物形式上更新（生产资料是通过同一种新的物品，劳动力是通过不断更新的购买）；而固定资本的各种要素，在它们存在的整个期间内，本身既不更新，它们的购买也不需要更新。原料和辅助材料不断存在于生产过程中，但是当旧的原料和辅助材料在完成的产品的形成上用掉时，总是用同一种新的物品来更新。劳动力也不断存在于生产过程中，但这只是由于劳动力的购买的不断更新，而且往往有人员的变动。相反地，同一建筑物、机器等等，却在流动资本反复周转时，在反复进行的相同的生产过程中继续执行职能。"

【简释：（1）固定资本的特征：

①固定资本是不变资本中作为劳动资料在生产过程中执行职能的资本，它一进入生产过程就不再离开、在完全损耗以前一直保持独立的存在形式。

②固定资本具有独特的流通，即它不是在其使用价值形式上和物质内容上进行流通，进行流通的只是它的价值。

③固定资本的价值不是一次全部转移到产品中去，而是按照它执行职能的全部时间逐渐转移的。

④作为固定资本的劳动资料越耐用，它的损耗越缓慢，固定资本价值转移的时间就越长。在这个过程中，劳动资料的价值获得双重存在：其中一部分价值仍然束缚在它的实物形式上，另一部分价值逐渐作为折旧转化为货币，直到劳动资料的寿命终结。

（2）流动资本的特征。流动资本包括两个部分：一部分由存在于原料和辅助材料上的不变资本构成；另一部分是由投在劳动力上的可变资本构成。

流动资本中的不变资本部分，作为原料和辅助材料，会在它们所参加的每一个生产过程中被全部消费掉，在物质上加入产品，并将它们的价值转移到产品的价值之中。流动资本中的可变资本部分，则是由劳动力在生产过程中把它的全部价值再生产出来，并且加上一个剩余价值一起追加到产品中去。

流动资本中的不变资本部分和可变资本部分的共同点，是在每一循环中都以自己的全部价值加入周转。但两者存在原则的区别：不变资本部分在生产过程中是转移价值，而可变资本部分则是在生产过程中把价值再生产出来。认识这个原则区别，具有重要意义。因为不变资本和可变资本是马克思发现的揭示资本主义生产本质的科学范畴；而固定资本和流动资本是反映资本主义生产表面现象的范畴，在马克思以前早已被引用到政治经济学中来了，它们不仅没有揭示出资本主义生产的本质，反而掩盖了它的本质。因此，只有揭示了本质，现象才能得到正确的说明。有了不变资本和可变资本的科学范畴，才能阐明固定资本和流动资本区分的实质。

（3）关于固定资本和流动资本区分的几点结论：

①这两种资本形式的规定性的区分，只是由于在生产过程中执行职能的生产资本有不同的周转。而这种周转之所以不同，又是由于它们把价值转移到产品中去的方式不同，而不是由于它们在产品价值的生产中的作用不同。两种资本形式的价值转给产品的方式之所以有差别，又是由于生产资本借以存在的物质形态有差别。因此，只有生产资本能够分为固定资本和流动资本。对产业资本的其他两种形式（商品资本和货币资本），都不存在这种区分。但是，由于资本的这两种形式存在于流通领域，所以，亚当·斯密以来的经济学错误地把流通资本和生产资本中的流动资本混为一谈。

②固定资本周转时间长、速度慢，流动资本周转时间短、速度快；在固定资本周转一次的时间内，流动资本周转多次。

③固定资本的投资是一次性全部预付的，而后一部分一部分地、逐渐再从流通中取出，直到通过产品的出售全部从流通中返回，能够用于重新预付。在固定资本执行职能的整个期间不需要由同一种新的物品替换。这种替换要到机器等生产资料完全不能用时才会发生。

④与机器、建筑物等固定资本能够长期使用不同，流动资本的要素，在生产的连续进行中，是需要不断地在实物形式上更新的。劳动力的购买也必须不断地更新，才能持续存在于生产过程中。】

第二节　固定资本的组成部分、
补偿、修理和积累

【固定资本各组成部分的磨损】

"在同一个投资中，固定资本的各个要素有不同的寿命，从而也有不同的周转时间。例如就铁路来说，铁轨、枕木、土建结构物、车站建筑物、桥梁、隧道、机车和车厢，各有不同的执行职能的期间和再生产时间，从而其中预付的资本也有不同的周转时间。建筑物、站台、水塔、高架桥、隧道、地道和路基，总之，凡是在英国铁路上称为技术工程的东西，多年都不需要更新。最易磨损的东西是轨道和车辆。"

"劳动资料大部分都因为产业进步而不断变革。因此，它们不是以原来的形式，而是以变革了的形式进行补偿。一方面，大量固定资本投在一定的实物形式上，并且必须在这个形式上达到一定的平均寿命，这一点就成了只能逐渐采用新机器等等的一个原因，从而就成了迅速普遍采用改良的劳动资料的一个障碍。另一方面，竞争斗争，特别是在发生决定性变革的时候，又迫使旧的劳动资料在它们的自然寿命完结之前，用新的劳动资料来替换。迫使企业设备提前按照更大的社会规模实行更新的，主要是大灾难即危机。"

"损耗（无形损耗除外）是指固定资本被消耗而逐渐转移到产品中去的价值部分。这种转移是按照固定资本丧失使用价值的平均程度进行的。"

"这种损耗有一部分是这样的：固定资本有一定的平均寿命；它为这段时间而全部预付；过了这段时间，就要全部替换。就活的劳动资料来说，例如马，再生产时间是由自然本身规定的。它们作为劳动资料的平均寿命是由自然规律决定的。这段时间一过，损耗掉的头数就必须用新的来替换。"

【固定资本的局部更新可以在外延上或内涵上扩大生产】

"固定资本的另一些要素，可以周期地或局部地更新。在这里，必须把这种局部的或周期的补偿与营业的逐渐扩大区别开来。"

"固定资本的其他部分，是由不同的组成部分构成的，它们在不同期间内损耗掉，因而必须在不同期间内进行补偿。机器的情形特别是这样。前面我们关于一个固定资本的不同组成部分具有不同的寿命所说的，在这里对于作为这个固定资本的一部分执行职能的同一台机器的不同组成部分的寿命来说，也是适用的。"

"关于在局部更新的过程中企业的逐渐扩大问题，我们要指出如下几点。虽然固定资本，如上所述，继续以实物形式在生产过程中发生作用，但它的价值的一部分，按照平均损耗，已经和产品一起进入流通，转化为货币，成为货币准备金的要素，以便在资本需要以实物形式进行再生产时来补偿资本。固定资本价值中这个转化为货币的部分，可以用来扩大企业，或改良机器以提高机器效率。这样，经过一段或长或短的时间，就有了再生产，并且从社会的观点看，是规模扩大的再生产。如果生产场所扩大了，就是在外延上扩大；如果生产资料效率提高了，就是在内涵上扩大。这种规模扩大的再生产，不是由积累——剩余价值转化为资本——引起的，而是由从固定资本的本体分出来、以货币形式和它分离的价值再转化为追加的或效率更大的同一种固定资本而引起的。一个企业能够在什么程度上，以多大规模进行这种逐渐的追加，因而也就是说，为了能够以这种方式再投入企业，准备金必须积累到多大数量，这又需要多长时间，所有这些，当然都部分地取决于该企业的特殊性质。另一方面，现有机器的局部改良能够达到什么程度，当然取决于改良的性质和机器本身的构造。"

"货币准备金（即再转化为货币的那部分固定资本）这样一部分一部分地再投入企业，在农业中实行起来最容易。在这里，有一定空间的生产场所，能够最大限度地逐渐地吸收资本。在进行自然再生产的地方也是这样，例如畜牧业。"

【固定资本的维持和修理】

"固定资本需要有各种特别的维持费用。固定资本的维持，部分地是依靠劳动过程本身；固定资本不在劳动过程内执行职能，就会损坏。""因此，英国的法律把那种不按国内习惯耕种租地的行为明确地当作破坏行为来看待。""这种在劳动过程中通过使用而得到的保存，是活劳动的无偿的自然恩惠。而且劳动的保存力是二重的。一方面，它保存劳动材料的价值，是通过把这一价值转移到产品中去；另一方面，它保存劳动资料的价值，是通过保存劳动资料的使用价值，通过劳动资料在生产过程中发挥作用，即使它并不把劳动资料的价值转移到产品中去。"

【简释：本节是对与固定资本有关的磨损替换和局部更新、日常维护和修理的费用补偿，以及折旧基金的计算等问题作具体考察。

（1）固定资本的各个组成部分有不同的寿命，从而也有不同的周转时间。机器设备、厂房等由于使用、自然力的作用会引起物质磨损；技术和产业进步则会使原有机器设备贬值，即产生无形损耗。因此，固定资本达到一定的平均寿命就要全部替换。

（2）固定资本的另一些要素，需要在不同期间一部分一部分地更新（如铁轨），因而每年有一部分要以实物形式进行补偿。同一机器的不同部分因寿命不同，也是如此。

（3）固定资本局部更新和企业逐渐扩大的关系。固定资本价值中按照平均损耗转化为货币的部分，可以用来扩大企业，或改良机器以提高机器效率。从社会的观点看，这是规模扩大的再生产。如果生产场所扩大了，就是在外延上扩大；如果生产资料效率提高了，就是在内涵上扩大。这种规模扩大的再生产，不是由积累（即剩余价值转化为资本）引起的，而是由固定资本的本体分出来、以货币形式和它分离的价值再转化为追加的或效率更大的同一种固定资本而引起的。

（4）固定资本的维持，除了在劳动过程中通过使用而得到保存外，还要求有直接的劳动支出，例如对机器的经常擦洗的追加劳动。投在这种劳动上的资本，属于流动资本中要弥补一般非生产费用的部分，这个部分要按年平均计算，分摊到价值产品中去。此外，固定资本的修理或修补，需要新追加资本或劳动。由于这种支出不包括在原来预付的资本内，因此它至少并不总是能通过固定资本的逐渐的价值补偿，也不是一次性预付，而是事后根据需要分别支付的。机器发生故障造成的修理虽然是偶然的，但是，投入修理的劳动量，在固定资本寿命的不同时期是不同的，越到中后期所需要的修理劳动就越频繁。这种投在修理上的资本，作为一种经常支出，可以算作流动资本。它的补偿是根据经验，按照一定生产部门固定资本所需要的平均修理支出，再按它的平均寿命进行平均分摊，并以相应的部分加进产品的价格，在出售后得到补偿。但是，在许多生产部门，常常把修理费用和固定资本的实际损耗合在一起计算。例如，假定一台铁路机车平均寿命为10年，但加上修理费用每年的折旧为12.5%，机车寿命因此减为8年。按照社会平均数来确定损耗和修理费用，必然与各个投资的实际情况产生很大的差距，但是按照平均数决定的损耗和修理费用在单个商品上的加价是一样的。因此，有的资本家得到的比实际支出多，有的则要少。但对每个资本家来说，仍然必须设置折旧基金。

（5）保险费用的补偿问题。因火灾、水灾等自然灾害的破坏引起的保险费用，同损耗的补偿及维修劳动完全不同。保险费用必须由剩余价值补偿，是剩余价值的一种扣除。从整个社会的现来看，必须不断地有超额生产，也就是说，生产规模必须大于单纯补偿和再生产现有财富所必要的规模（完全撇开人口的增长不说），以便掌握一批生产资料，来补偿偶然事件和自然力所造成的异乎寻常的破坏。】

第九章

预付资本的总周转。周转的周期

【预付资本的周转周期由固定资本的周转时间决定】

"我们知道，生产资本的固定组成部分和流动组成部分，是按不同的方式，以不同的期间周转的；我们又知道，同一企业的固定资本的不同组成部分，根据它们的不同的寿命，从而不同的再生产时间，又各有不同的周转期间。"

1. "预付资本的总周转，是它的不同组成部分的平均周转；计算方法见后。如果问题只涉及不同的期间，那么，计算它们的平均数当然是再简单不过了。但是：

2. 这里不仅有量的差别，而且有质的差别。

进入生产过程的流动资本，把它的全部价值转移到产品中去，因此，要使生产过程不间断地进行，它就必须通过产品的出售，不断用实物来补偿。进入生产过程的固定资本，只把它的一部分价值（损耗）转移到产品中去，尽管有损耗，但它继续在生产过程中执行职能；因此，固定资本要经过一段或长或短的时间，才需要用实物来补偿，但这种补偿无论如何不像流动资本那样频繁。补偿的这种必要性，再生产的期限，对固定资本的不同组成部分来说，不仅有量的差别，而且如前所述，一部分寿命较长、能使用多年的固定资本，能一年或不到一年补偿一次，以实物形式加到旧的固定资本中去，而具有其他性能的固定资本，其补偿只能在其寿命终结时一次进行。"

"因此，必须把固定资本不同部分的特殊周转化为周转的同种形式，使它们只有量的差别，即只有周转时间上的差别。"

"如果我们用 P⋯P 即连续性生产过程的形式作为起点，这种质的同一性是不会发生的。因为 P 的某些要素必须不断用实物来补偿，另一些要素则不必如此。但 G⋯G′ 形式无疑会提供周转的这种同一性。例如有一台价值 10000 镑的机器，寿命为 10 年，因而每年有 $\frac{1}{10}$ = 1000 镑再转化为货币。这 1000 镑在一年之间，由货币资本再转化为生产资本和商品资本，又由商品资本再转化为货币资本。它像我们在这个形式下考察的流动资本一样，回到它原来的货币形式，而这 1000 镑货币资本，年终是否再转化为一台机器的实物形式，是没有关系的。因此，在计算预付生产资本的总周转时，我们把它的全部要素固定在货币形式上，这样，回到货币形式就是周转的终结。我们总是把价值看作是以货币预付的，甚至在价值的这种货币形式只是以计算货币形式出现的连续性生产过程中，也是如此。这样，我们就可以计算出平均数。"

3. "由此可见：即使预付生产资本的极大部分，是由其再生产时间从而周转时间形成一个持续多年的周期的那种固定资本构成，但是，由于流动资本在一年内反复周转，一年内周转的资本价值还是能够大于预付资本的总价值。"

"假定固定资本 = 80000 镑，它的再生产时间 = 10 年，这样每年有 8000 镑回到货币形式，或者说，固定资本每年完成它的周转的 $\frac{1}{10}$。假定流动资本 = 20000 镑，每年周转 5 次。这样，总资本 = 100000 镑。周转的固定资本 = 8000 镑；周转的流动资本 = 5 × 20000 = 100000 镑。因此，一年内周转的资本 = 108000 镑，比预付资本大 8000 镑。周转的是资本的 $1 + \frac{2}{25}$。"

4. "因此，预付资本的**价值周转**，是和它的实际再生产时间，或者说，和它的各种组成部分的现实周转时间相分离的。假定一个 4000 镑的资本每年周转 5 次。这样，周转的资本是 5 × 4000 = 20000 镑。但每次周转终结时流回而被重新预付的，是原来预付的 4000 镑资本。它的量，不会因为它借以重新执行资本职能的各个周转期间的数目而改变。（把剩余价值撇开不说。）"

"因此，用第 3 点的例子来说，按照假定，年终回到资本家手中的有：（a）一个 20000 镑的价值额，它重新用做资本的流动组成部分；（b）一个 8000 镑的价值额，它由于损耗从预付固定资本价值中分出，同时，这个固定资本仍然存在于生产过程中，不过价值已经不是 80000 镑，而是减为 72000 镑了。生产过程还要继续 9 年，直到预付固定资本结束自己的寿命，不能再作为产品形成要素和价值形成要素执行职能，而必须替换。因此，预付资本价值必须完成一个包含多次周转的周期，例如在上述场合，就是一个包含 10 个年周转的周期，而这个周期是由所使用的固定资本的寿命决定的，从而是由它的再生产时间或周转时间决定的。"

【危机总是大规模投资的起点】

"所使用的固定资本的价值量和寿命，会随着资本主义生产方式的发展而增加，与此相适应，每个特殊的投资部门的产业和产业资本的寿命也会延长为持续多年的寿命，比如说平均为 10 年。一方面，固定资本的发展使这种寿命延长，而另一方面，生产资料的不断变革——这种变革也随着资本主义生产方式的发展而不断加快——又使它缩短。因此，随着资本主义生产方式的发展，生产资料的变换也加快了，它们因无形损耗而远在有形寿命终结之前就要不断补偿的必要性也增加了。可以认为，大工业中最有决定意义的部门的这个生命周期现在平均为 10 年。但是这里的问题不在于确切的数字。有一点是很清楚的：这种由一些互相联结的周转组成的长达若干年的周期（资本被它的固定组成部分束缚在这种周期之内），为周期性的危机造成了物质基础。在周期性的危机中，营业要依次通过松弛、中等活跃、急剧上升和危机这几个时期。虽然资本投入的那段期间是极不相同和极不一致的，但危机总是大规模新投资的起点。因此，就整个社会考察，危机又或多或少地是下一个周转周期的新的物质基础。"

【简释：本章篇幅不长，但研究了两个重要问题：一是怎样理解和计算预付资本的总周转；二是固定资本大规模更新投资与周期性经济危机的关系。这两个问题具有重大的理论和实践意义。

（1）预付资本的总周转，是指它的不同组成部分的平均周转。但是，固定资本和流动资本的价值转移与实物补偿的方式和时间各不相同；同时，固定资本不同部分的特殊周转（如铁轨与机车的补偿时间不同），不仅有量的差别，而且有质的差别。因此，为了计算预付资本的平均周转，必须把以上这些不同部分的特殊周转化为周转的同种形式，使它们只有量的差别，即周转时间的差别。要做到这一点，只有 G…G′ 的形式能够提供周转的这种同一性。就是说，在计算预付生产资本的总周转时，要把它的全部要素固定在货币形式上，这样，回到货币形式就是周转的终结。如此就可以计算出平均数。假定固定资本等于 80000 镑，它的再生产时间等于 10 年，这样每年有 8000 镑回到货币形式；假定流动资本等于 20000 镑，每年周转 5 次，这样，周转的流动资本等于 100000 镑。一年内周转的总资本等于 108000 镑，比预付资本大 8000 镑。

　　由以上实例可知，预付资本的价值周转，是和它的各组成部分的现实周转时间相分离的。用上述的例子来说，年终回到资本家手中的，有流动资本的 20000 镑，加上固定资本提取的折旧 8000 镑。仍然存在于生产过程的固定资本的价值则只有 72000 镑，还可以用 9 年。预付资本的现实周转，即周转的周期，是由所使用的固定资本的寿命决定的，从而是由它的再生产时间或周转时间决定的。而随着资本主义生产方式的发展，一方面是固定资本的寿命会延长；而另一方面，生产资料的不断变革（包括技术变革导致的无形损耗），又迫使旧的劳动资料在它们的自然寿命完结之前，用新的劳动资料来替换。大工业中主要部门固定资本的这个生命周期（当时）平均为 10 年。

　　（2）关于周期性经济危机的物质基础。在周期性的危机中，营业要依次通过松弛（萧条）、中等活跃（复苏）、急剧上升（繁荣）和危机这几个时期。虽然不同部门、不同企业的固定资本投入的那段期间是极不相同和极不一致的，但危机总是大规模新投资的起点。因此，就整个社会考察，危机又或多或少地是下一个周转周期的新的物质基础。这并不是说固定资本的更新，是资本主义周期性经济危机的原因，而是说大规模的固定资本更新投资，扩大了生产资料市场，同时由于就业工人增加，又会扩大消费资料市场，从而是资本主义生产得以暂时摆脱危机，由萧条走向复苏的条件。由于经济危机中生产力遭到严重破坏，也使竞争更加激烈，危机后企业为了生存和发展，都要更新设备和技术创新，进行新的投资。同时，由于危机中大批企业倒闭，促成资本的大规模集中，也加速了固定资本更新投资。因此，从全社会看，危机总是固定资本大规模更新投资的起点。这是危机与萧条过去以后总会出现一个高涨（繁荣）时期的重要原因。并且社会生产在每一个高涨时期所达到的水平，一般都超过前一个高涨时期所已达到的水平，同时也为下一次危机准备了条件。所以说，由固定资本更新而引起的 10 年左右的周转周期，为下一个周期性的危机造成了物质基础。】

第十章

关于固定资本和流动资本的理论。
重农学派和亚当·斯密

【简释：本章和下一章是马克思对重农学派和斯密、李嘉图关于固定资本和流动资本理论的分析批评，既肯定他们正确论点和进步，又详细剖析他们的不足和错误所在，从正确与错误的比较分析中，可以使我们加深对马克思关于固定资本和流动资本学说的理解。所以，恩格斯认为，在第二篇中对这两章的学习尤其重要。

（1）重农学派魁奈把固定资本和流动资本的区别，用"原预付"和"年预付"来表示，并认为这种区别唯一地只存在于生产资本中。他把生产资本的这两种要素的区别，正确地归结为它们加入成品价值的不同方式，从而归结为它们的价值随产品价值的流通以及补偿的不同方式，即一种要素的价值是一年全部补偿的，而另一种要素的价值是在较长期间内一部分一部分地补偿。

（2）斯密的唯一进步是把魁奈的上述范畴普遍化，即不仅涉及农场主的资本，而且涉及每一种形式的生产资本。斯密是第一个把固定资本和流动资本的概念引入政治经济学中来的。在他那里，"年预付"就成为流动资本，"原预付"就成为固定资本了。但是，斯密对这两个范畴的说明，是远远落在魁奈后面的。

（3）斯密关于固定资本和流动资本的划分，包含许多错误，归纳如下：

第一，斯密认为，"一个资本可以有两种不同的使用方法，都会给它的所有者提供收入或利润"，这两种方法是"或者保留它，或者放弃它。在前一个场合，它是固定资本；在后一个场合，它是流动资本"。把"保留"或"放弃"资本，作为划分固定资本和流动资本的标准，明显是错误的。"更换所有者"是流通领域发生的事情，将资本在流通过程中的形态变化看成产生利润的源泉，是错误的。把流通中商品到货币的形态变化，作为只是适用于生产资本的固定资本和流动资本的划分标准，也是错误的。

第二，斯密认为，"一个商人的资本完全是流动资本"，"他的资本不断地以一种形态离开他，以另一种形态回到他那里，并且只有通过这样的流通或连续的交换，才能给他提供利润。因此，这种资本可以非常恰当地称为流动资本"。这是把流通资本（即处于流通领域的商品资本和货币资本），同作为生产资本的一种形式的流动资本混为一谈，明显是错误的。

第三，斯密又将生产要素是否在物质上加入产品，作为划分固定资本和流动资本的依据：生产要素在物质上加入产品的是流动资本，在物质上不加入产品的是固定资本。他这是不了解固定资本和流动资本的区分，并不是由于生产资本的各种要素在劳动过程中的不同作用（这种不同作用同样存在于一切生产方式）。资本之成为固定资本，不是因为它固定在劳动资料中，而是因为它投在劳动资料上的价值，只是一部分一部分转移到产品的价值中去，尚未转移的部分仍然留在劳动资料中；而流动资本的价值是一次全部转移到产品中去（其中的可变资本是再生产出它的价值）。

第四，斯密认为，"任何固定资本都来源于流动资本，并且需要不断靠流动资本来补充"。他将流通中的货币资本当成了流动资本，资本家用货币购买机器，他就以为固定资本来源于流动资本。按照这个说法，原材料也是用货币购买的，岂不是也可以说流动资本来源于流动资本了。斯密的这个结论，还是由于他把流通资本和生产资本的流动资本混同起来的缘故。

第五，斯密按照物品的自然特性来划分固定资本和流动资本。例如，他认为构成流动资本是：货币、食品、原料和半成品、成品等；构成固定资本的是：机器和劳动工具、工商业应用的建筑物和房屋、一切土地改良工程、有用的才能等。这里，斯密一方面是把生产资本和流通资本混淆起来，他所说的货币、食品、成品是属于流通领域中的货币资本和商品资本。另一方面，他把物品的自然属性作为划分固定资本和流动资本的依据，这是明显的错误。例如，机器和工具只能在资本的生产过程中作为固定资本，在流通领域中它们只是商品资本。同样的物品是构成流动资本的组成部分，还是构成固定资本的组成部分，要看它在劳动过程中执行什么职能。斯密在列举构成固定资本和流动资本的物品时，清楚地表明了他把两种区别混为一谈：一种是仅仅对生产资本才适用、才有意义的固定资本和流动资本的区别，而另一种是生产资本在其流通过程中具有的形式即商品资本和货币资本的区别。

第六，斯密的一个大错误，是把全部社会财富分成 1. 直接消费基金；2. 固定资本；3. 流动资本。按照这种分法，一切资本不是固定的，就是流动的，非此即彼。但是我们已经知道，固定资本和流动资本的划分，只适用于生产资本的要素，在生产资本要素之外，还存在相当大量的资本——商品资本和货币资本，它们处在既不可能是固定资本，也不可能是流动资本的形式上。而商品资本从实物形式看，既有生产资本的固定要素和流动要素，又有消费基金的一切要素。可见斯密的上述划分是混乱和错误的。

第七，斯密在列举流动资本的组成部分时忘记了劳动力，但是他把工人的生活资料规定为流动资本，这是错误的。生活资料是流通中的商品资本，不是生产资本的流动资本。生活资料本身不能增殖自己的价值，它的价值只能在产品的价值中再现。只有投在劳动力上的价值才会转化为自行增殖的价值。如果像斯密那样，不是把投在劳动力上的价值，而是把投在生活资料上的价值，规定为生产资本的流动组成部分，那就不可能理解可变资本和不变资本的区别，因而也就不可能理解资本主义生产过程本身。斯密给流动资本下的定义，导致他的后继者不可能理解投在劳动力上的那部分资本是可变资本，甚至走得更远，得出荒谬的"劳动基金"的学说。《资本论》第一卷第二十二章第五节已对"劳动基金"学说进行了批判。】

第十一章

关于固定资本和流动资本的理论。李嘉图

【简释：李嘉图沿袭了斯密只把资本分为固定资本和流动资本，并且不加批判地接受了斯密把"固定资本和流动资本"范畴与"不变资本和可变资本"范畴混同起来的做法。马克思在本章对李嘉图在这个问题上的分析批判，是对上一章相关内容的进一步展开和深化。

（1）李嘉图对固定资本和流动资本的划分标准与斯密有所不同。在他看来，固定资本等于劳动资料，流动资本等于投在劳动上的资本。这是双重错误的规定：一方面把流动资本同投在劳动力的可变资本混为一谈。另一方面，这种划分不是从生产过程（即价值增殖过程）得出的，而是从流通过程得出的，这沿袭了斯密混淆生产资本和流通资本的混乱。

（2）李嘉图认为，固定资本的决定性特征是耐久性和坚固性，而没有把它同带来利润的方法联系起来。这甚至比斯密提出的固定资本带来利润同时也不离开自己的所有者的说法后退了。劳动资料的坚固和耐用程度，取决于一种物理属性；但是它作为固定资本执行职能，决不是仅仅由于这种耐用的物理属性。金属工厂的原料，和机器一样耐用，尽管如此，用做原料的金属还是流动资本的一部分。所以，材料的耐用性是它执行劳动资料职能的一个条件，从而也是使它成为固定资本的物质基础。但仅仅物质的耐用性本身，不会使它成为固定资本。《资本论》第一卷第五章已经指出，各种物质组成部分究竟是充当劳动资料，或劳动材料，还是充当产品，这完全取决于它们的职能。同样，劳动资料也只有在资本主义生产中才是固定资本。而且，劳动资料只有在它们以一种特殊方式把它们的价值转移到产品中去时才是固定资本。否则，它们仍然是劳动资料，而不是固定资本。这里的问题并不在于把各种物品加以归类的定义。问题在于表现为一定范畴的一定职能。

（3）李嘉图把投在劳动上的资本作为流动资本，而原材料又没有包括在流动资本之中，所以他说的投在劳动上的资本，类似于马克思讲的可变资本。但是，李嘉图并不了解可变资本的本质特征，不了解资本购买的是工人的劳动力而不是劳动，因此，他认为工人的消费是生产性消费，所以也列为生产资料，由于它很快会消失，所以列为流动资本。他说的投在劳动上的资本，实际是指工人消费的生活资料。这又犯了和斯密在这个问题上同样的错误。投在劳动力上的可变资本的本质特征是，资本家用一个一定的、既定的资本价值额和一个会自行增殖、会创造价值的劳动力相交换，而劳动力不仅再生产由资本家支付的工资的价值，而且同时生产剩余价值。资本家无论是用货币还是用生活资料付给工人，都不会影响这个本质的规定。可变资本的这个本质属性使它和不变资本完全不同。但是，如果把投在工资上的可变资本和一部分不变资本（投在原料和辅助材料上）合在一起都作为流动资本，那么可变资本的本质特征就会消失。本来很清楚，投在购买劳动力上的资本是流动资本这一规定，是一种次要的规定，如果把它看作是本质的规定，仅仅从流动资本的观点加以考察，那么，可变资本和不变资本的区别与固定资本和流动资本的区别，就被混同起来了。这是因为把生活资料作为流动资本，把劳动资料作为固定资本，它们之间的区别就只在于再生产期间不同，只在于将价值转到产品中去的方式不同。这样，可变资本和不变资本之间的决定性区别就被抹杀了，剩余价值的起源和资本主义生产的全部秘密，也就完全被掩盖起来了。】

第十二章

劳动期间

【简释：第二篇前几章考察了固定资本和流动资本的区别及其对资本周转的影响，本章和第十三、十四章是考察影响资本周转的其他方面的因素，即劳动期间、生产时间和流通时间。

（1）劳动期间是指一定生产部门为提供一件成品所必需的互相连接的工作日的数目。不同部门生产行为持续时间不同，有的部门每天、每周提供一定量的成品，如棉纱；有的部门劳动过程要反复进行几个月才能制造出一件成品，如一台机车。同一部门因所要提供的产品的规模（如建筑物）有大有小，生产行为持续时间也会有差别。劳动期间的这种差别，必定引起资本周转速度的差别，从而引起既定资本的预付时间的差别。例如，对于纺纱业主和机器制造业主来说，资本支出的量完全不同。因为前者的同一资本很快就更新，因而能够重新反复相同的经营；而后者的资本更新则比较缓慢，因而在更新期限到来以前，必须不断地把新的资本量追加到旧资本量中去。为此，资本必须为较长的时间而预付，而且一个较大的资本量要束缚在生产资本的形式上。

（2）在资本主义生产不太发达的阶段，那些需要很长劳动期间，因而需要在较长期间内大量投资的企业，特别是只能大规模经营的企业，例如筑路、开凿运河等等，或者完全不是资本家经营，而由地方或国家出资举办。举办劳动期间相当长而规模又很大的事业，只有在资本积聚已经十分显著，另一方面信用制度的发展又为资本家提供方便的手段，使他可以不用自己的资本而用别人的资本来预付、来冒险的时候，才完全成为资本主义生产的事情。

（3）缩短劳动期间的方法，包括协作、分工、机器的使用。可以增加一个工作日的产品，同时可以在互相连接的生产行为中缩短劳动期间，例如机器缩短了房屋、桥梁等等的建筑时间。造船技术的改良，提高了船速，从而缩短了航运业投资的周转时间。但是，这些缩短劳动期间，从而缩短流动资本预付时间的改良，通常与固定资本支出的增加联系在一起。预付资本的量就随着预付时间的缩短而增加。同时，信用会引起、加速和扩大资本在个人手中的积聚，就这一点说，它会促使劳动期间从而周转时间的缩短。但是，在有些生产部门（如农业），劳动期间不管是连续的还是间断的，总是由一定的自然条件决定的，所以不能用上述方法来缩短。

（4）劳动期间长短对流动资本和固定资本的周转的影响很不相同。劳动期间长短，决定着制成可流通的商品所必需的时间的长短，从而直接影响支付工人工资和购买原料、辅助材料等流动资本以货币形式的回流是快还是慢。如果回流缓慢延滞，就必须有追加流动资本投入，否则生产过程就会中断。与此不同的是，劳动期间长度的增加，虽然从固定资本转移到产品中去的价值部分会堆积起来，并且这个价值部分的回流会延滞下来，但是，这种延滞不会引起固定资本的新的支出。不管回流是慢是快，固定资本总是继续发挥作用。】

第十三章

生产时间

"生产时间和劳动时间的差别，在农业上特别显著。在我们温带气候条件下，土地每年长一次谷物。生产期间（越冬作物平均九个月）的缩短或延长，还要看年景好坏变化而定，因此不像真正的工业那样，可以预先准确地确定和控制。"

"在大部分真正的工业部门，采矿业、运输业等等，生产是均衡地进行的，劳动时间年年相同，撇开价格波动、营业上的干扰等等异常的中断现象不说，进入每天流通过程的资本的支出，是均衡地分配的。同样，在市场关系的其他条件不变时，流动资本的回流或更新，也是均衡地分配在一年的各个时期。但在劳动时间只是生产时间的一部分的那些投资部门，流动资本的支出，在一年的各个不同时期是极不均衡的，而回流只是按自然条件所规定的时间一次完成。因此，如果生产规模相同，也就是说，预付流动资本的量相同，和那些有连续劳动期间的生产部门相比，这些生产部门就必须为更长的时间一次预付更大量的资本。在这里，固定资本的寿命和它在生产中实际执行职能的时间也显然不同。由于劳动时间和生产时间有差别，所使用的固定资本的使用时间，当然也会不断地发生或长或短时间的中断，例如在农业方面，役畜、农具和机器就是这样。如果这个固定资本由役畜构成，那么，发生中断时会同干活时一样，在饲料等等方面继续需要同量的或几乎同量的支出。至于死的劳动资料，它不使用也会造成某种贬值。因此，产品一般说来就会变贵，因为转移到产品中去的价值，不是按固定资本执行职能的时间，而是按固定资本丧失价值的时间计算的。在这些生产部门，固定资本的闲置，不管是否会造成日常费用的支出，都是它的正常使用的一个条件，如同纺纱业会损失一定量的棉花一样；在每一个劳动过程中，那种在正常技术条件下非生产地，但又是不可避免地支出的劳动力，都和生产支出的劳动力一样计算。每一种改良，只要会减少在劳动资料、原料和劳动力上的非生产支出，也就会降低产品的价值。"

"在农业中，劳动时间较长，同时劳动时间和生产时间又有巨大的差别。"

"漫长的生产时间（只包含比较短的劳动时间），从而其漫长的周转期间，使造林不适合私人经营，因而也不适合资本主义经营。资本主义经营本质上就是私人经营，即使由联合的资本家代替单个资本家，也是如此。文明和产业的整个发展，对森林的破坏从来就起很大的作用，对比之下，它所起的相反的作用，即对森林的护养和生产所起的作用则微乎其微。"

"我们已经看到，生产时间和劳动时间的差别，可以有种种极不相同的情形。有时，流动资本在进入真正的劳动过程以前，已经处在生产时间内（鞋楦制造）；有时，流动资本在通过真正的劳动过程以后，仍然处在生产时间内（葡萄酒、谷种）；有时，生产时间间或有劳动时间插进来（农业、造林）；有时，能流通的产品的很小一部分进入常年的流通，而大部分仍然处在现实的生产过程中（造林和畜牧业）；流动资本必须以可能的生产资本形式投入的时间的长短，从而，这个资本必须一次投入的量的大小，部分地取决于生产过程的种类（农业），部分地取决于市场远近等等，总之，取决于流通领域内的情况。"

【简释：第二卷第五章已经考察过生产时间包含劳动过程的时间，但后者并不包含全部生产时间。本章研究的是：劳动时间和生产时间的这种差别，对资本周转所起的重要作用。

（1）劳动过程中断，是生产时间比劳动时间长的主要原因。本章考察的是受产品的性质和产品制造本身的性质所制约的那种劳动过程的中断。在这个中断期间，劳动对象要经历物理的、化学的、生理的变化的自然过程，导致劳动过程全部停止或者局部停止。但是，产品只有到生产期间结束以后，才能完成、成熟，才能从生产资本的形式转化为商品资本的形式。所以，资本的周转期间，也要随着不是由劳动时间构成的生产时间的长度而延长。

（2）生产时间和劳动时间的差别，在农业上特别显著。在温带气候条件下，土地每年长一次谷物。生产期间（越冬作物平均九个月）的缩短或延长，还要看年景好坏变化而定，因此不像工业部门那样，可以预先准确地确定和控制。生产期间和劳动期间的不一致，是农业和农村副业相结合的自然基础。在农业中，有些方法可以使工资和劳动资料的支出在一年中分配得比较均衡，而使周转缩短，如进行多种作物的生产，全年可以获得多茬收成，实行没有休闲地的轮作制等。但这些方法都要求增加投在工资、肥料、种子等上的流动资本预付。造林业由于漫长的生产时间（只包含比较短的劳动时间），使造林业不适合私人经营，因而也不适合资本主义经营。

（3）在大部分真正的工业部门，采矿业、运输业等等，生产是均衡地进行的，劳动时间年年相同，资本的支出是均衡地分配在一年的各个时期。但在劳动时间只是生产时间的一部分的那些投资部门，流动资本的支出，在一年的各个不同时期是极不均衡的，而回流只是按自然条件所规定的时间一次完成。因此，和那些有连续劳动期间的生产部门相比，这些生产部门就必须为更长的时间一次预付更大量的资本。在这里，固定资本使用的时间，也会不断地发生或长或短时间的中断，但它不使用也会造成某种贬值。在这些生产部门，固定资本的闲置，不管是否会造成日常费用的支出，都是它的正常使用的一个条件。

（4）生产时间还包括生产资料的储备的时间。本卷第一篇第六章考察流通费用时已经提到储备有三种形式，即生产资本的形式，个人消费基金的形式，商品储备的形式。本章专门考察生产资料的储备及其对资本周转时间的影响。对于一定的企业或有一定规模的资本主义生产来说，这种生产储备的大小，取决于它在更新时困难的大小，取决于供应市场的相对距离，取决于交通运输工具的发展等等。所有这些情况，对于必须以生产储备的形式存在的资本的最低限额、资本预付时间的长短、一次预付的资本量的大小，都会产生影响。这个资本量的大小对周转的影响，取决于流动资本停留在生产储备形式上的时间的长短，而这种停滞是否能迅速补偿又是由市场情况等等决定的。

（5）生产时间和劳动时间的差别，对流动资本周转有各种不同的情形。流动资本必须以可能的生产资本形式投入的时间的长短，从而这个资本必须一次投入的量的大小，部分地取决于生产过程的种类（如农业），部分地取决于市场远近等等，总之取决于流通领域内的情况。】

第十四章

流通时间

　　"流通时间的一部分——相对地说最有决定意义的部分——是由出售时间，即资本处在商品资本状态的时间构成的。流通时间，从而整个周转期间，是按照这个时间的相对的长短而延长或缩短的。由于保管费用等等，追加的资本支出也就成为必要的了。"

　　"商品的销售市场和生产地点的距离，是使出售时间，从而使整个周转时间产生差别的一个经常性的原因。""交通运输工具的改良，会绝对缩短商品的移动期间；但不同的商品资本或向不同的市场移动的同一商品资本的不同部分，由于移动而在流通时间上发生的相对差别，不会因此消失。""一条铁路的列车次数，随着生产地点生产的增加，随着它变为较大的生产中心而增加，而且这种增加，是面向现有的销售市场，也就是面向大生产中心、人口中心、输出港等等的。""随着大量人口和资本在一定的地点这样加速集中，大量资本也就集中在少数人手里。同时，由于生产地点和销售地点的相对位置随着交通工具的变化而发生变化，这些地点又会发生一些变化。""因此，运输工具的变化，在商品的流通时间，买和卖的机会等方面造成地点差别，或者使已有的地点差别再发生变化。"

　　"如果从一方面说，随着资本主义生产的进步，交通运输工具的发展会缩短一定量商品的流通时间，那么反过来说，这种进步以及由于交通运输工具发展而提供的可能性，又引起了开拓越来越远的市场，简言之，开拓世界市场的必要性。运输中的并且是运往远地的商品会大大增长，因而，在较长时间内不断处在商品资本阶段、处在流通时间内的那部分社会资本，也会绝对地和相对地增加。与此同时，不是直接用做生产资料，而是投在交通运输工具以及为运用这些工具所必需的固定资本和流动资本上的那部分社会财富，也会增加。"

　　"商品由生产地点到销售市场的运载过程的相对长度，不仅会在流通时间的

第一部分即出售时间上引起差别，而且也会在第二部分即由货币再转化为生产资本要素也就是购买时间上引起差别。"

"现在我们来考察流通时间的第二段时间：购买时间，或者说，资本由货币形式再转化为生产资本要素的时间。"

"其次，关于商品的购买，我们说过（第六章），购买时间、离原料主要供应地的远近，怎样使人们必须为较长的期间买进原料，并且使它们保持生产储备的形式，""资本必须预付的时间也会延长。"

"撇开所有的投机不说，需要购买多少必须不断作为生产储备来存放的商品，这取决于这种储备更新的时间，从而取决于那些本身又受市场条件决定的、因而对不同的原料等等来说也是各不相同的情况；因此，这里有时必须一次预付大量的货币。按照资本周转的时间，货币流回有快有慢，但总是一部分一部分地流回。其中一部分，即再转化为工资的部分，同样不断地经过较短的期间再支出。但是，另一部分，即要再转化为原料等等的部分，必须在较长的期间积累起来，作为准备金，或用于购买或用于支付。因此，它以货币资本的形式存在，尽管它作为货币资本存在的数量是变化不定的。"

【简释：（1）本卷第一篇第五章考察过流通时间，那是从资本流通的全部时间对剩余价值的生产和实现的影响进行研究的；本章则是考察流通时间对资本周转的影响。资本周转时间等于它的生产时间加流通时间。流通时间又由商品出售时间和生产资本要素购买时间这两个部分构成。

（2）商品出售时间，是流通时间最具有决定意义的部分。流通时间从而整个周转期间，是按照出售时间的相对的长短而延长或缩短的。商品出售时间，不仅不同生产部门不同，而且同一生产部门的不同企业，也各不相同。商品的销售市场和生产地点的距离，是使商品出售时间，从而使整个周转时间产生差别的一个经常性原因。如果不是按订货生产，那么，商品出售时间等于商品运往市场的时间，加上商品在市场上等候出售的时间。随着交通运输工具的改良和发展，会绝对缩短商品运到市场的时间，而且可以一批一批连绵不断地运达市场，不需要在起运前将商品大量堆积起来，这可以使资本回流在若干连续的期间内发生，总流通时间就缩短了，因而周转也缩短了。另外，交通运输的发展又引起了开拓越来越远的市场，即世界市场的必要性。这样，运输中的并且是运往远地的商品会大大增长，因而，在较长时间内不断处在商品资本阶段、处在流通时间内的那部分社会资本，也会绝对地和相对地增加。与此同时，投在交通运输工具以及为运用这些工具所必需的固定资本和流动资本上的社会财富，也会增加。

（3）生产资本要素的购买时间，是流通时间的第二个组成部分。在这期间，全部预付资本的一部分，必须以或短或长的时间停留在货币资本的状态，这个部分要不断地转化生产要素，并从已经实现的商品资本转化的货币资本得到补充。首先，市场距离所造成的商品出售时间的延长，直接造成货币回流的延迟，因而也延迟了生产要素的购买时间。其次，原料等生产要素的主要供应地的远近，会使资本家保持生产储备的规模不同，从而会影响预付资本量的大小和预付时间的长短。大批原料投入市场的期间或长或短，会在不同的生产部门产生类似的影响。撇开所有的投机不说，需要不断购买多少生产资料作为生产储备，这取决于这种储备更新的时间。因此，这里有时必须一次预付大量的货币。由于资本流回总是一部分一部分地流回，因而必须在较长的期间积累起来，作为准备金用以购买或支付。所以，预付资本的一定部分必须不断作为货币资本的形式存在，这种情况对于理解资产阶级的经济十分必要，因而在实践中也是很重要的。】

第十五章

周转时间对预付资本量的影响

"在这一章和后面的第十六章，我们要考察周转时间对资本价值增殖的影响。"

"假定一个商品资本，是一个比如9周的劳动期间的产品，""再假定流通期间持续3周。那么，整个周转期间就要持续12周。在9周完了以后，预付生产资本转化成商品资本了，但是它还有3周留在流通期间内。因此，新的生产期间只有到第13周开始时才重新开始。""为了使生产连续进行，一周一周地按相同的规模进行，只有两种办法可行。"

"或者必须缩小生产规模，使900镑足以在第一个周转的劳动期间和流通时间内使劳动持续进行。这样，……把900镑分配在12周，每周75镑。""这种缩小究竟有没有可能，也还成问题，因为按照不同企业中生产的发展，投资有一个标准最低限额，达不到这个限额，一个企业就没有竞争力。"

"反过来，我们假定企业的性质排除了缩小生产规模的可能性，从而也排除了减少每周要预付的流动资本的可能性，那么，只有追加流动资本才能使生产连续进行。"

"追加资本完全要像原有资本一样进行分配。""在考察社会总资本时，这个追加资本会不断地有相当大的部分长期处于货币资本的状态。"

"总的说来，资本这样分为原有生产资本和追加资本，其结果就是：各个劳动期间有不间断的连续性，预付资本的一个等量部分作为生产资本不断地执行职能。"

"我们现在应该研究，在周转期间的两部分即劳动期间和流通期间相等时，或者，在劳动期间大于或小于流通期间时，在周转上会产生什么样的差别；其次，应该研究，这对资本束缚在货币资本形式上会产生什么影响。"

第一节　劳动期间和流通期间相等

"如果周转时间要用周转资本的量来表达，""为了要处于连续生产的状态，资本必须按照生产期间和流通期间的相互比例分成两部分，一部分不断处于生产期间，另一部分则不断处于流通期间。在这里起作用的是同一个规律：不断执行职能的生产资本的量由流通时间和周转时间之比决定。"

第二节　劳动期间大于流通期间

"在假定劳动期间大于流通期间的场合，无论如何，在每个劳动期间结束时，总会有一个货币资本游离出来，它的量和那个为流通期间而预付的资本Ⅱ的量相同。就以我们举的三个例子来说，资本Ⅱ在第一例＝300镑；在第二例＝400镑，在第三例＝200镑；与此相适应，在劳动期间结束时游离出来的资本，分别为300、400、200镑。"

第三节　劳动期间小于流通期间

"只要流通期间不是劳动期间的简单倍数，劳动期间结束时就总会有资本游离出来；并且这个游离资本正好和那个把流通期间超过劳动期间（或其倍数）的那段期间填补起来的资本部分相等。"

"我们在这一节论述的对象即生产资本流动部分的周转的性质，是由这个资本部分本身的性质引起的。一个劳动期间使用的流动资本，在完成它的周转以前，即在它转化为商品资本、由商品资本转化为货币资本、再由货币资本转化为生产资本以前，是不能用于一个新的劳动期间的。因此，为了使第一个劳动期间立即由第二个劳动期间继续下去，资本必须重新预付和转化为生产资本的流动要素，并且它的量要足够填补为第一个劳动期间预付的流动资本的流通期间所形成的空隙。正因为这样，流动资本的劳动期间的长短，对劳动过程的经营规模，对预付资本的分配以及对新的资本部分的追加，都发生影响。而这正是我们在这一节所要考察的。"

第四节　结　　论

"根据以上的研究得出如下结论：

A. 为了使资本的一部分能够在其他部分处在流通期间的时候不断处在劳动期间，必须把资本分为不同的部分。这些不同的部分，犹如不同的独立的私人资本，在下述两种情况下互相交替。（1）在劳动期间和流通期间相等，即周转期间分为相同的两部分的时候；（2）在流通期间比劳动期间长，但同时又是劳动期间的简单倍数，从而流通期间＝n倍劳动期间，而n又是整数的时候。在这些情况下，依次预付的资本没有一个部分游离出来。"

"B. 另一方面，在下述情况下，（1）在流通期间大于劳动期间，但不是劳动期间的简单倍数的时候，（2）在劳动期间大于流通期间的时候，全部流动资本从第二个周转起，在每个劳动期间结束时，就有一部分不断地、周期地游离出来。并且这个游离出来的资本，在劳动期间大于流通期间的时候，和总资本中为流通期间预付的那部分资本相等；在流通期间大于劳动期间的时候，则和那个把流通期间超过劳动期间（或其倍数）的那段期间填补起来的资本部分相等。"

"C. 由此可见，对社会总资本来说——就其流动部分而言——，资本游离必然是通例，而在生产过程中依次执行职能的资本部分的单纯交替的现象必然是例外。因为劳动期间和流通期间相等，或者流通期间同劳动期间的简单倍数相等，即周转期间的两个组成部分之间这种均匀的比例性，和事物的性质完全无关，因此，大体说来，也只能是例外的现象。"

"因此，一年周转多次的社会流动资本有相当大的部分，在年周转周期中，周期地处于游离资本的形式。"

"其次很清楚，假定其他一切条件不变，这种游离资本的量和劳动过程的范围或生产的规模一起增大，因而总的来说和资本主义生产的发展一起增长。在 B（2）的场合，这是因为全部预付资本增长了；在 B（1）的场合，这是因为随着资本主义生产的发展，流通期间的长度增加了，因此，在劳动期间小于流通期间，这两个期间没有均匀的比例的场合，周转期间也会增长。"

"D. 一个比如说 900 镑的总资本必须分成两部分，如上所述，600 镑用于劳动期间，300 镑用于流通期间。这样，实际投入劳动过程的那一部分，就减少了 $\frac{1}{3}$，由 900 镑减为 600 镑，从而，生产规模也缩小了 $\frac{1}{3}$。另一方面，300 镑执行职能，只是为了使劳动期间连续不断，以致全年的每一周都能有 100 镑投入劳动过程。"

"由单纯的周转运动这一机制游离出来的货币资本（还有由固定资本依次流回而形成的货币资本，以及在每个劳动过程中可变资本所需的货币资本），只要信用制度发展起来，必然会起重要的作用，同时也必然是信用制度的基础之一。"

【恩格斯在本节最后加入一大段说明，结论是："本文的要点在于论证：一方面，产业资本的一个可观的部分必须不断处于货币形式；另一方面，一个更加可观的部分必须暂时取得货币形式。"】

第五节　价格变动的影响

"以上我们一方面假定价格不变，生产规模不变，另一方面假定流通时间缩短或延长。现在，我们反过来假定周转期间的长短不变，生产的规模不变，但另一方面假定价格有变动"。

"第一种情况：生产规模不变，生产要素和产品的价格不变，流通期间从而周转期间发生变动。"

【如果流通时间缩短了，就会有相应的一部分预付资本以货币资本的形式从流通中退出，从而可以减少借入资本】"如果提供原料的资本的劳动期间缩短了（前面几章已有过这样的例子），因而原料有可能在较短的期间实行更新，那么，生产储备就可以减少"。"反过来，如果流通时间从而周转期间延长了，那么，预付追加资本就成为必要的了。""例如，股票要出售，存款要提取，因此在这里也会间接地对货币市场发生影响。不然，就要借款。"

"第二种情况：生产材料的价格发生变动，其他一切条件不变。"

"如果生产材料的价格下跌一半，"就有一部分货币资本分离出来。"如果这种价格下跌不是由于偶然的情况（特大丰收或供给过剩等等）造成，而是由于提供原料的部门的生产力的提高造成的，那么，这个货币资本就会成为货币市场的一个绝对的追加，成为在货币资本形式上可供支配的资本的一个绝对的追加，因为它不再是已经使用的资本中不可缺少的组成部分了。"

"第三种情况：产品本身的市场价格发生价格变动。"

"如果产品价格下跌，资本会丧失一部分，从而必须由货币资本的新的预付来补偿。卖者的这种损失可以使买者得利。"

"反过来，如果产品价格上涨，""生产不扩大，它就形成分离出来的货币资本。""在这种场合，资本家 X 就会由于他的作为商品资本正在流通的产品和他现有的生产储备而得到利益。这种利益会向他提供一个追加资本。要按照生产要素的新的已经提高的价格继续经营他的企业，他现在就必须有这种追加资本。"

【简释：（1）本章和下一章是考察周转时间对资本价值增殖的影响。周转时间包括生产时间和流通时间两个部分。生产时间中的劳动时间，资本价值会增殖，流通时间里则不会。但是，生产要不间断进行，产业资本就始终只能有一部分实际上加入生产过程，另一部分必须是处在流通期间。就是说，资本的一部分要作为生产资本执行职能，必须以另一部分脱离真正的生产而处于商品资本或货币资本的形式作为条件。忽视这一点，也就完全忽视了货币资本的意义和作用。

（2）为了研究资本在劳动期间和流通期间的不同划分，对资本周转会产生什么样的差别，以及这对资本束缚在货币资本形式上会产生什么影响，本章分别考察了三种可能的情况：①劳动期间和流通期间相等；②劳动期间大于流通期间；③劳动期间小于流通期间。对这三种情况的研究，都用假定的数据和图表加以说明。并且指出，在整个这一节里，只考察流动资本的周转，没有考察固定资本的周转。因为固定资本的使用时间比流动资本的周转期间长，不会在同一时间内重新预付。而流动资本的劳动期间的长短，对劳动过程的经营规模，对预付资本的分配以及对新的资本部分的追加，都会发生影响。而这正是这一节所要考察的。

（3）根据以上研究得出如下结论：

①为使资本的一部分能够不断处在劳动期间，必须有另一部分处在流通期间。如果不把资本分为两个部分，当资本全部由劳动期间进入流通期间时，生产过程就会中断。这除了造成固定资本在闲置期间的损耗更大之外，更重要的是，生产过程的这种中断，是和现代大工业的经营根本不相容的。生产过程这种连续性本身就是一种劳动生产力。

②资本这两个部分的运动，除了在偶然的条件下是互相交替进行的；在通常情况下都是相互交叉的。因此，就会有一部分货币资本周期地游离出来。对社会总资本（就其流动部分）来说，资本的游离必然是通例。因此，一年周转多次的社会流动资本有相当大的部分，在年周转周期中，会周期地处于游离资本的形式。这种游离资本的量和生产的规模一起增大，因而总的来说和资本主义生产的发展一起增长。这或者是由于全部预付资本增长了，或者是由于流通期间的长度增加了，使劳动期间小于流通时间，周转期间也会增长。

③上述由单纯的周转运动而游离出来的货币资本，以及由固定资本依次流回（折旧基金）而形成的货币资本，还有在每个劳动过程中支付工人工资所需的货币资本，这三个部分的货币资本，一方面为信用制度提供了货币资本的供给，另一方面又为信用制度创造了货币资本的借贷需求。因此，只要信用制度发展起来，资本周转中游离出来的货币资本，必然会起重要的作用，同时也必然是信用制度的基础之一。

④关于流通时间的变动会对预付资本量产生影响。流动时间的缩短，因而减少了预付资本，可以腾出一部分货币资本，并且在其他条件相同的情况下引起货币市场的供过于求。流通时间的增加则会产生相反的作用，预付资本的增加会引起货币市场的借贷需求大于供给。由此可见，产业资本循环和信用制度是相互制约的。这里重要的不是流通速度的稳定性，而是它的不断变化所引起的预付资本量的不断变化。这种变化必然导致货币市场的供求变动。因此，产业资本循环中流通速度变化引起的预付资本的变化，既以货币市场的存在为前提，同时又是货币市场存在的条件之一。

（4）价格变动对预付资本量的影响。

①流动资本要素（包括原材料和劳动力）的价格下跌，预付流动资本减少的部分，可以作为货币资本投入货币市场。流动资本要素的价格上涨，结果相反，预付流动资本增加，相应地增加货币市场的需求。

②本企业生产的商品的价格下跌（在生产资本各要素的价格不变情况下），经过流通过程返回的货币资本减少了，为使生产按照相同的规模进行，就必须有相应的追加货币资本投入。相反地，如果价格上涨，回流的货币资本增加了，增加的部分就会游离出来。

③假定生产要素价格和本企业产品价格不变，只是由于流通期间缩短，因而周转期间缩短引起预付资本减少，同样会有一部分货币资本游离出来，增加货币市场的供给。如果流通时间延长从而周转期间延长，为使生产过程不致中断，就必须有追加的货币资本投入，相应地增加货币市场的需求。以上说明各个生产部门的企业是互相关联的。一个生产部门的产品是另一些生产部门的生产要素，他这一方所需要的作为追加资本的东西，就会在另一方作为游离资本分离出来。一方之所失，就是另一方之所得。】

第十六章

可变资本的周转

【前几章考察的流动资本运动的规律，既与流动资本中原材料等不变部分有关，也与流动资本中的可变部分（工人工资）有关。但是，可变资本根本不同于不变资本，因而，流动资本中的可变资本必然有它的特殊运动规律，这成为本章要加以研究的对象。本章分为三节。】

第一节　年剩余价值率

【资本周转次数决定年剩余价值率】

假定资本 A "一个周转期间预付的可变资本 = 500 镑；在这个周转期间内生产的剩余价值也 = 500 镑。因此，一个周转期间的剩余价值率 = $\frac{500m}{500v}$ = 100%。这个 100% 乘以一年周转的次数 10，得出 $\frac{5000m}{500v}$ = 1000%。这里说的是年剩余价值率。"

"再假定有另一个可变资本 B，是 5000 镑，它为全年（这里就是为 50 周）而预付，因此一年只周转一次。""周转期间 = 劳动期间，即 = 1 年。""投入的可变资本 50 × 500 = 5000 镑。每年会生产剩余价值是 5000 镑，""在这里，年剩余价值率等于一年内生产的剩余价值除以预付的可变资本：$\frac{5000m}{5000v}$ = 100%。"

"但是，A 的年剩余价值率和 B 的年剩余价值率的差额是 900%。"

【年剩余价值率造成一种掩盖劳动和资本真实关系的假象】

"这个现象当然会产生这样的印象：似乎剩余价值率不仅取决于可变资本所推动的劳动力的量和剥削程度，而且还取决于某些从流通过程中产生的无法说明的影响；这个现象实际上也是被人这样解释的，并且自从 19 世纪 20 年代初期以来——尽管不是在它的这个纯粹的形式上，而是在它的更复杂更隐蔽的形式（年利润率形式）上——，还使李嘉图学派陷入完全的混乱。"

【剩余价值生产取决于实际使用的可变资本】

"只要我们不仅在外表上，而且在实际上把资本 A 和资本 B 放在完全相同的条件下，这个现象的奇异之处就会立即消失。"

"生产剩余价值的，只是劳动过程中实际使用的资本。一切有关剩余价值的规律，包括在剩余价值率已定时剩余价值量由可变资本相对量决定的规律，也只是适用于这种资本。"

"预付可变资本，只是在它被实际使用时，在它被实际使用的时间内，才作为可变资本执行职能；而在它没有被使用，仅仅被预付，充当储备的时间内，不作为可变资本执行职能。""剩余价值生产的规律是：在剩余价值率相等时，执行职能的等量可变资本生产等量的剩余价值。因此，如果资本 A 和资本 B 在相同的期间内，以相等的剩余价值率使用等量的可变资本，它们就一定会在相同的期间内生产等量的剩余价值，而不管在一定期间内使用的可变资本和在这同一期间内预付的可变资本的比例多么不同，也不管所生产的剩余价值量和预付的可变资本（不是和使用的可变资本）的比例多么不同。这种比例不同，不会和那些已经阐述的有关剩余价值生产的规律相矛盾，反而会证实这些规律，并且是这些规律的不可避免的结果。"

"在剩余价值率已定时，每年生产的剩余价值量，决定于一年内所使用的资本，而不是决定于一年内预付的资本。因此，每年周转一次的资本5000镑的剩余价值量，不会大于每年周转 10 次的资本 500 镑的剩余价值量。"资本 A 和资本 B，尽管由于周转次数不同因而预付资本不同，但一年内实际使用的可变资本是相同的。因此，"按年计算的剩余价值率，用 $\dfrac{\text{一年内生产的剩余价值量}}{\text{一年内周转的可变资本}}$ 表示，也必然相等。"

"年剩余价值率，或一年内生产的剩余价值和全部**预付**可变资本（和一年内

周转的可变资本不同）的对比，决不是单纯主观的对比，这种对比是资本的现实运动本身所引起的。对资本 A 的所有者来说，""他的预付资本的量，不是用他在一年内所使用的资本量来表示，而是用周期地流回到他手里的资本量来表示。""这个 500 镑的资本，由于周转了 10 次，因而它的预付已经更新了 10 次，所以已经起了一个相当于它的 10 倍的资本即 5000 镑资本的作用。"

【简释：（1）可变资本是预付在购买劳动力上的资本，它和流动资本不变部分的区别在于：在资本每一周转的生产阶段中，可变资本的价值是在产品中被重新生产出来，是在量上等于原先价值的新价值；而不是像不变资本那样只是原价值被转移到产品中。因此，流动资本不变部分的周转时间的长短，其影响只是表现在预付资本的或多或少上；而可变资本周转时间的长短，则不仅影响预付可变资本的数量，而且会对剩余价值率产生一种与实质相矛盾的现象。

（2）年剩余价值率表现了可变资本周转的作用，但却掩盖了劳动和资本的真实关系，它造成一种表面现象，似乎剩余价值率不仅取决于可变资本所推动的劳动力的量和剥削程度，而且还取决于某一些从流通过程中产生的无法说明的影响。事情的实质是，剩余价值是由可变资本推动的劳动力创造出来的，预付可变资本只是在它被实际使用的时间内，才作为可变资本执行职能；而在它没有被使用，仅仅被预付，充当储备的时间内，不作为可变资本执行职能。剩余价值生产的规律是：在剩余价值率相等时，执行职能的等量可变资本生产等量的剩余价值。因此，剩余价值率不是决定于剩余价值对预付可变资本的比例，而是决定于剩余价值和在生产过程实际起作用的可变资本的比例。上述资本 A 和资本 B 在相同的期间内，以相等的剩余价值率使用等量的可变资本，它们就一定会在相同的期间内生产等量的剩余价值，而不管在一定期间内使用的可变资本和在这同一期间内预付的可变资本的比例多么不同。这种比例不同，不会和有关剩余价值生产的规律相矛盾。

（3）年剩余价值率只有在这样一种情况下，才会和实际的表示劳动剥削程度的剩余价值率相一致。这种情况是，预付资本每年只周转一次，因此，预付资本和一年内周转的资本相等，一年内生产的剩余价值量和实际使用的可变资本的比率，同一年内生产的剩余价值量和预付的资本的比率相一致。当预付可变资本一年周转多次时，年剩余价值率则等于剩余价值率乘以周转次数。所以，年剩余价值率（一年内生产的剩余价值与预付可变资本的比率），对劳动和资本真实关系的歪曲反映，决不是单纯主观的对比，这种对比是资本的现实运动本身所引起的。】

第二节 单个可变资本的周转

"在我们的例子中，资本 A 有 10 个 5 周的周转期间。"

"因此，事实上在 10 个 5 周的周转期间内依次耗费在工资上的资本，不是 500 镑，而是 5000 镑。这种工资再由工人耗费在生活资料上。""另一方面，依次并入生产过程中的劳动力，也不是价值 500 镑，而是价值 5000 镑。"

资本 A 和资本 B 的"区别来自周转期间的差别，即补偿一定期间所使用的可变资本的价值重新作为资本，从而作为新的资本来执行职能的期间的差别。在 A 和 B 的场合，补偿同一期间内所使用的可变资本的价值相同。同一期间内剩余价值的增加量也相同。但是，在 B 的场合，虽然每 5 周都有 500 镑补偿价值，加上 500 镑剩余价值，然而这种补偿价值尚未形成新的资本，因为它不是处在货币形式上。在 A 的场合，旧资本价值不仅由新资本价值得到补偿，而且它还恢复了它的货币形式，因而在可以执行职能的新资本的形式上得到补偿。"

"补偿价值转化为货币，从而转化为可变资本的预付形式的迟早不同，显然是一件和剩余价值的生产本身完全无关的事情。剩余价值的生产，取决于所使用的可变资本的量和劳动剥削程度。但是，这件事情会影响为在一年内推动一定量劳动力所必须预付的货币资本的量，因而，会决定年剩余价值率。"

【简释：可变资本周转的特点是，每次周转结束时返回到资本家手中的是工人在生产阶段创造的新价值。但是，这个特点在流通中并没有呈现出来；在流通中，流动资本可变部分的周转和流动资本不变部分（原材料等）的周转是一样的，差别只是在预付资本的数量上反映出来的周转速度的差别。于是形成一种错觉，似乎数量较少、但周转较快的预付资本（如上例的资本 A），和数量较多、但周转较慢的预付资本（如资本 B），在一年里所创造的剩余价值一样多。其实，区别来自周转期间的差别，即补偿一定期间所使用的可变资本的价值能重新作为资本，从而作为新的资本来执行职能的期间的差别。资本 A 和资本 B，补偿同一期间内所使用的可变资本的价值相同；同一期间内剩余价值的增加量也相同。但是，资本 B 虽然每 5 周都有 500 镑补偿价值，加上 500 镑剩余价值，然而这种补偿价值尚未形成新的资本，因为它不是处在货币形式上。而资本 A 则是由流回的货币补偿了旧资本的价值，可以作为新的资本执行职能。补偿价值转化为可变资本预付的货币形式的迟早不同，显然和剩余价值的生产本身完全无关，但它会影响一年内推动一定量劳动力所必须预付的货币资本的数量，因而会决定年剩余价值率。】

第三节　从社会的角度考察的可变资本的周转

从社会的观点来看，资本 A 和资本 B"由于工人在两个场合都是每周得到报酬，所以他们都是每周从社会取走生活资料，为此，他们在两个场合也都是每周把货币等价物投入流通。但是，区别就是从这里开始的。"

【资本周转速度影响对于货币资本的需要量】

"第一，……资本的周转期间越短，""资本家原来以货币形式预付的可变资本部分就越迅速地转化为工人为补偿这个可变资本而创造的价值产品（此外，还包括剩余价值）的货币形式，资本家必须从他个人的基金中预付货币的时间就越短，他预付的资本，和一定的生产规模相比，就越少；在剩余价值率已定时，他在一年内榨取的剩余价值量也就相应地越大，因为他可以越是多次地用工人自己创造的价值产品的货币形式来不断重新购买工人，并且推动他的劳动。"

"在生产规模已定时，预付的可变货币资本（以及全部流动资本）的绝对量，按照周转期间缩短的比例而减少，年剩余价值率则按照这个比例而提高。""总的说来，根据以上的研究可以得出：由于周转期间长短不同，在劳动剥削程度相等时，为了推动同量的生产流动资本和同量的劳动而必须预付的货币资本量是极不相同的。"

【铁路等基础设施建设规模对货币市场、生产资料和生活资料市场、劳动市场的影响】

"第二，……在 B 的场合，从市场上取走了劳动力，取走了这种劳动力的生活资料，取走了 B 所使用的劳动资料形式的固定资本以及生产资料，而把货币等价物作为它们的补偿投入市场；但是，在一年内没有把任何产品投入市场，来补偿从市场上取走的生产资本的各种物质要素。如果我们设想一个社会不是资本主义社会，而是共产主义社会，那么首先，货币资本会完全消失，因而，货币资本所引起的交易上的伪装也会消失。问题就简单地归结为：社会必须预先计算好，能把多少劳动、生产资料和生活资料用在这样一些产业部门而不致受任何损害，这些部门，如铁路建设，在一年或一年以上的较长时间内不提供任何生产资料和生活资料，不提供任何有用效果，但会从全年总生产中取走劳动、生产资料和生活资料。相反，在资本主义社会，社会的理智总是事后才起作用，因此可能并且必然会不断发生巨大的紊乱。一方面，货币市场受到压力，反过来，货币市场的缓和又造成大批这样的企业的产生，也就是造成那些后来对货币市场产生压力的条件。货币市场受到压力，是因为在这里不断需要大规模地长期预付货币资本。这里完全撇开不说产业家和商人会把他们经营企业所必需的货币资本投入铁路投机事业等等，并通过在货币市场上借贷来补偿这种货币资本。——另一方面，社会的可供支配的生产资本受到压力。因为生产资本的要素不断地从市场上被取走，而投入市场来代替它们的只是货币等价物，所以，有支付能力的需求将会增加，而这种需求本身不会提供任何供给要素。因此，生活资料和生产材料的价格都会上涨。此外，这个时候，通常是欺诈盛行，资本会发生大规模转移。投机家、承包人、工程师、律师等一伙人，会发财致富。他们引起市场上强烈的消费需求，同时工资也会提高。至于食品，那么，农业当然也会因此受到刺激。但是，因为这些食品不能在一年内突然增多，所以它们的输入，像一般外国食品（咖啡、砂糖、葡萄酒）和奢侈品的输入一样，将会增加。因此，在进口业的这个部分，就会发生输入过剩和投机。另一方面，在那些生产可以急剧增长的产业部门（真正的制造业、采矿业等等），由于价格的提高，会发生突然的扩大，随即发生崩溃。这同样会影响到劳动市场，以致把大量潜在的相对过剩人口，甚至已经就业的工人，吸引到新的产业部门中去。一般说来，像铁路建设那样大规模的企业，会从劳动市场上取走一定数量的劳动力，这种劳动力的来源仅仅是某些只使用壮工的部门（如农业等等）。甚至在新企业已经成为稳定的生产部门以后，从而，在它所需要的流动的工人阶级已经形成以后，这种现象还会发生。例如，在铁路建设的规模突然比平均规模大时，情况就是这样。工人后备军——这种后备军的压力使工资保持较低的水平——有一部分被吸收了。现在工资普遍上涨，甚至劳动市场上就业情况一直不错的部分也是这样。这个现象会持续一段时间，直到不可避免的崩溃再把工人后备军游离出来，再把工资压低到最低限度，甚至压低到这个限度以下。"

【恩格斯注：手稿上，这里插入了下面这个准备以后加以阐述的注："资本主义生产方式中的矛盾：工人作为商品的买者，对于市场来说是重要的。但是作为他们的商品——劳动力——的卖者，资本主义社会的趋势是把它的价格限制在最低限度。——还有一个矛盾：资本主义生产全力扩张的时期，通常就是生产过剩的时期，因为生产能力从来没有能使用到这个程度，以致它不仅能够生产更多的价值，而且还能把它实现。商品的出售，商品资本的实现，从而剩余价值的实现，不是受一般社会的消费需求的限制，而是受大多数人总是处于贫困状态，而且必然总是处于贫困状态的那种社会的消费需求的限制。但是，这个问题只是属于下一篇的范围。"】

【影响周转期间（劳动期间和流通期间）长短的因素】

"周转期间的长短，就它取决于真正的劳动期间，即完成可进入市场的产品所必要的期间而言，是以不同投资的各自物质生产条件为基础的。这些条件，在农业上，更多地具有生产的自然条件的性质，在制造业和绝大部分采掘业上，是随着生产过程本身的社会发展而变化的。"

"劳动期间的长短，就它以供应数量（产品作为商品通常投入市场的数量的多少）作为基础而言，具有习惯的性质。但是习惯本身也以生产规模作为物质基础，因此，只有在个别考察时才具有偶然性。"

"最后，周转期间的长短，就它取决于流通期间的长短而言，部分地要受到下列情况的限制：市场行情的不断变化，出售的难易程度以及由此引起的把产品一部分投入较近或较远的市场的必要性。撇开需求量本身不说，价格的运动在这里起着主要的作用，因为在价格降低时，出售会有意识地受到限制，而生产会继续进行；反之，在价格提高时，生产和出售可以齐步前进，或者出售可以预先进行。但是，由生产地点到销售市场的实际距离，必须看作是真正的物质基础。"

"出现贸易逆差的市场和出现贸易顺差的市场会同时发生危机。这种现象还可以更加复杂化。""在货币市场上作为危机表现出来的，实际上不过是表现生产过程和再生产过程本身的失常。"

"第三，至于所使用的流动资本本身（可变流动资本和不变流动资本），由劳动期间的长短引起的周转期间的长短，会产生这种区别：在一年周转多次的场合，可变流动资本或不变流动资本的一个要素可以由它本身的产品来提供，例如煤炭生产，服装业等等。在不是这样的场合，就不能这样，至少在一年内不能这样。"

【简释：从社会的观点看，资本 A 和资本 B 的工人都是每周得到报酬，所以他们都是每周从社会取走生活资料，为此也都是每周把货币等价物投入流通。但是，区别就是从这里开始的。

（1）资本的周转期间越短，资本家预付的可变资本就可以越迅速地从工人在生产中重新创造的新价值产品得到补偿，从而越是可以多次地用工人自己创造的价值产品的货币形式来不断重新购买劳动力进行劳动，因此在一年内榨取的剩余价值量也就相应地越大。从另一方面看，由于资本周转期间长短不同，在劳动剥削程度相等时，为了推动同量的劳动而必须预付的货币量是极不相同的。

（2）一年周转一次的资本 B，从市场上取走了他所使用的生产资料和他雇佣的工人所需要的生活资料，但是在一年内没有把任何产品投入市场，来补偿从市场上取走的生产资本的各种物质要素。如果众多资本都是这种情况，就必然会不断发生巨大的紊乱。一方面，货币市场会受到压力，因为在这里不断需要大规模地长期预付货币资本。对借贷资本需求增加，会引起借贷利率上升。另一方面，社会的可供支配的生产资本受到压力，因为生产资本的要素不断地从市场上被取走，而投入市场来代替它们的只是货币等价物。所以，有支付能力的需求将会增加，而这种需求本身不会提供任何供给要素。这会使社会消费基金减少，以及生活资料的生产和生产资料的生产之间的比例失调，生活资料和生产材料的价格都会上涨。此外，这个时候通常是欺诈盛行，资本会发生大规模转移。进口业就会发生输入过剩和投机。另一方面，在那些生产可以急剧增长的产业部门（制造业、采矿业等），由于价格的提高，会发生突然的扩大，随后发生崩溃。这同样会影响到劳动市场，以致把大量潜在的相对过剩人口，甚至已经就业的工人，吸引到新的产业部门中去。这个现象会持续一段时间，直到新的危机爆发。

（3）马克思设想如果是共产主义社会，上述问题就简单地归结为：社会必须预先计算好，能把多少劳动、生产资料和生活资料用在这样一些产业部门而不致受任何损害，这些部门，如铁路建设，在一年或一年以上的较长时间内不提供任何生产资料和生活资料，不提供任何有用效果，但会从全年总生产中取走劳动、生产资料和生活资料。相反，在资本主义社会，社会的理智总是事后才起作用，因此可能并且必然会不断发生巨大的紊乱。】

第十七章

剩余价值的流通

【简释：剩余价值的流通，一方面构成资本循环的一部分，另一方面又形成自身的一个特殊的运动。它开始于产业资本循环的 W′—G′ 阶段，之后开始它自己的流通。本章把剩余价值的流通作为独立的问题来研究。首先考察资本周转速度对剩余价值流通的影响（绪论部分），之后分别从简单再生产（第一节）与积累和扩大再生产（第二节），考察剩余价值流通的相关问题。

绪论部分首先考察资本周转速度对剩余价值流通的影响。只有通过 W′—G′，包含在商品资本形式中的剩余价值才能转化为货币形式，这对资本家来说至关重要。未转化为货币从而未实现的剩余价值，既不能作为收入用于个人消费，也不能作为追加资本用于再生产。因此，资本周转速度越快，剩余价值的实现越频繁，对资本家越有利。周期实现的剩余价值，使资本家有一个经常的周期的收入，可用于自己一年内的消费；也可以用于偿付固定资本的维修等必要的支出；还可以将周期实现的剩余价值用于小部分地进行的生产规模扩大，例如从事技术的改良，提高所使用劳动的生产力。所以，不仅积累的资本是来自剩余价值的资本化，而且连一部分原预付资本，也可以仅仅是资本化的剩余价值。这就是说，资本不仅是往年劳动的成果，而且它的一部分是由同一年的劳动所创造的。

在发达的信用制度下，单个资本家周期实现的剩余价值在达到一定数量才能作为追加资本使用之前，通过银行家的手转借给其他资本家作为资本起作用。因此，当剩余价值的实现更加频繁，剩余价值生产的规模更加扩大时，剩余价值转化的货币资本在货币市场的比例也会增加，其中至少有一大部分会重新用来扩大再生产。这说明，单个资本家的原预付资本实际上有一大部分是由剩余价值的资本化所构成的。】

第一节　简单再生产

【简释：简单再生产，就是每年生产的和实现的剩余价值全部都被资本家个人消费掉，再生产按原有的规模进行。在简单再生产条件下，剩余价值也必须有一部分不断处在货币形式上，才能被用于个人消费。但是，资本家投入流通中的货币（即购买生产资料和劳动力的货币），少于从流通中取得的货币（即出售包含 C＋V＋m 价值的商品取得的货币），那么，这个差额（即实现 m）的货币是从哪里来的？假定剩余价值是 100 镑，那么，整个资本家阶级怎么能在只是不断地投入 500 镑时，又不断地从流通中取出 600 镑呢？马克思指出，其实这个问题本来就是不存在的。因为资本家在把预付货币作为资本投入流通时，也必须把偿付他的个人消费的货币投入流通，在这里他是作为消费者把货币投入流通的，直到他获得的剩余价值转化为货币流回可以用于消费为止。从社会的观点看，在只有金属货币流通的条件下，金属货币由于磨损、遗失的部分，以及流通需要增加的部分，是由贵金属的生产得到补偿的。如果一部分资本家不断地从流通中取出比他们预付的更多的货币，那么，生产金的那部分资本家，则是不断地投入比他们以生产资料的形式从流通中取出的更多的货币。】

第二节　积累和扩大再生产

【简释：在积累和扩大再生产的条件下，一部分剩余价值被作为追加资本。这与简单再生产相比，不会对货币流通提出什么新的问题。因为在这里，流通所需要的货币量是一样的，改变的只是流通中的商品构成，即一部分剩余价值转化的货币，不是被用于购买消费品和奢侈品，而是预付在购买生产资料和劳动力上。虽然在逐年扩大再生产的情况下，生产出来的商品量会相应地越来越增长，流通中需要的货币量也会增加。这种追加货币的来源包括：（1）加快货币流通速度，货币作为支付手段使债务互相抵消，以节约货币流通量；（2）将贮藏货币

（包括闲置货币、准备金等）投入流通；（3）增加本国货币材料（金和银）生产或贵金属进口，增加流通中的货币量。每年耗费在金银这种流通工具的生产上的劳动力和社会生产资料的总量，对于以商品生产为基础的生产方式来说，是一项巨大的非生产费用。只要这个昂贵的流通机器的费用减少，社会劳动的生产力就会提高。所以，只要那些和信用制度一起发展的辅助工具发生这种作用，它们就会直接增加资本主义的财富。

　　如果一部分剩余价值的资本化不是直接用于扩大生产规模，而是作为货币准备金积累起来，这种货币形式的资本积累所需要的追加金属货币，一般来自进口金银的增加，或者从国内流通的金属货币取出来，变为潜在的货币资本。如果货币资本的积累，是社会普遍现象，那么，这就要靠信用制度的发展，包括银行信贷、发行公债券、股票买卖等。这些途径一方面表现为货币资本的积累；另一方面表现为不断的实际的货币支出。因此，对社会来说，货币形式的资本积累，可以在不增加现实货币的条件下进行。】

第 三 篇
社会总资本的再生产和流通

【社会总资本的再生产和流通理论，是马克思政治经济学理论的重要组成部分。恩格斯在1895年3月16日致友人的信中说：《资本论》第二卷第三篇"是重农学派以后第一次在这里对资本主义社会商品和货币的总循环最出色的阐述。"第三篇是第二卷中最重要的一篇。马克思在这一篇中开创性地阐明了社会总资本的再生产和流通的规律，分析了社会再生产两大部类的相互关系、价值补偿和物质替换的条件，指出简单再生产的条件是：第一部类的可变资本价值和剩余价值之和等于第二部类的不变资本价值；扩大再生产的条件是：前者大于后者。因此，从简单再生产过渡到扩大再生产，要求第一部类的生产即生产资料的生产优先增长。马克思对社会总资本再生产的分析表明，社会总产品是否能顺利实现，归根到底取决于各生产部门是否按客观的比例进行生产和交换。在资本主义生产方式下，这一客观经济规律只能通过周期性的经济危机强制地实现。

《资本论》第一卷第七篇考察过资本的再生产，在那里是从资本积累的角度揭示了资本主义阶级关系的不断再生产。资本既是阶级关系，又是特殊的运动形式，两者是统一的。第二卷第三篇正是考察掩盖阶级关系的资本运动本身。所以，第一卷和第二卷中对资本再生产的研究是互相补充的。

第三篇包括四章，分别是：第十八章导言，包括研究的对象和货币资本的作用两个部分；第十九章前人对这个问题的阐述，分别对重农学派、亚当·斯密及其以后的经济学家关于社会再生产理论的分析批判；第二十章和第二十一章，是本篇的主体，分别考察简单再生产、积累和扩大再生产。】

第十八章
导　言

第一节　研究的对象

“社会资本的运动，由社会资本的各个独立部分的运动的总和，即各个单个资本的周转的总和构成。正如单个商品的形态变化是商品世界的形态变化系列——商品流通——的一个环节一样，单个资本的形态变化，它的周转，是社会资本循环中的一个环节。”

“但是在第一篇和第二篇，我们考察的，始终只是单个资本，只是社会资本中一个独立部分的运动。”

“但是，各个单个资本的循环是互相交错的，是互为前提、互为条件的，而且正是在这种交错中形成社会总资本的运动。”“单个资本的形态变化现在则表现为社会资本形态变化系列的一个环节。虽然简单商品流通决没有必要包括资本的流通——因为它可以在非资本主义生产的基础上进行——，但如上所述，社会总资本的循环却包括那种不属于单个资本循环范围内的商品流通，即包括那些不形成资本的商品的流通。”

“现在，我们就要考察作为社会总资本的组成部分的各个单个资本的流通过程（这个过程的总体就是再生产过程的形式），也就是考察这个社会总资本的流通过程。”

【简释：（1）资本的再生产过程，包括直接生产过程和流通过程的两个阶段的全部循环。这个循环作为不断地重新反复的过程，形成资本的周转。第二卷前两篇考察资本的循环和周转，始终只是考察单个资本的价值分别采取三种不同的

294

形态（货币资本、生产资本、商品资本），如何从一种形态转化为另一种形态的问题。但是，还没有详细研究社会总产品价值的各个部分如何实现，即卖给谁的问题，也还没有详细研究资本的各个物质构成部分，如何得到补偿，使社会再生产得以连续进行的问题。前两篇未研究的这些问题，正是第三篇社会总资本的再生产和流通的研究所要解决的。

（2）社会总资本的运动，是由各个单个资本的周转的总和所构成。每一单个资本的周转，是社会总资本循环中的一个独立部分、一个环节。各个单个资本的循环是互相交错的，是互为前提、互为条件的，而且正是在这种交错中形成社会总资本的运动。社会总资本的循环，不仅包括资本的流通，而且包括不形成资本的商品流通，即进入工人和资本家个人消费的商品的循环。就是说，社会总资本的循环总过程，既包含生产消费和作为中介的形式转化（从物质方面考察，就是交换），也包括个人消费和作为其中介的形式转化或交换。因此，社会总资本的运动，不仅包含价值补偿，并且也包含物质补偿；所以既要受社会产品的价值组成部分相互之间比例的制约，也要受它们的使用价值、它们的物质形态的制约。这些制约条件，在考察单个资本循环和周转时，作为既有的前提，但是在考察社会总资本运动时，则是必须加以研究的。

（3）正是由于上述原因，研究社会总资本运动过程，采用的是商品资本循环的公式，即 $W'—G'—W\cdots P\cdots W'$。这个公式作为出发点的商品资本（W'）已经包含剩余价值，因而包含两个不同的流通：一个是资本本身的流通；另一个是剩余价值的流通。剩余价值虽然是资本生产过程的产物，但是它（在简单再生产条件下）并不是作为资本来使用，而是由资本家用以购买消费资料，进入一般的商品流通。】

第二节　货币资本的作用

这里是"把货币资本作为社会总资本的一个组成部分来考察。""在考察单个资本的周转时，货币资本显示出两个方面。"

"第一，它是每个单个资本登上舞台，作为资本开始它的过程的形式。因此，它表现为发动整个过程的第一推动力。"

"第二，由于周转期间的长短不同和周转期间两个组成部分——劳动期间和流通期间——的比例不同，必须不断以货币形式预付和更新的那部分预付资本价值与它所推动的生产资本即连续进行的生产的规模之间的比例，也就不同。"

【影响资本作用具有伸缩性的各种因素】

"**关于第一点。**商品生产以商品流通为前提，而商品流通又以商品表现为货币，以货币流通为前提；商品分为商品和货币的这种二重化，是产品表现为商品的规律。同样，资本主义的商品生产——无论是社会地考察还是个别地考察——要求货币形式的资本或货币资本作为每一个新开办的企业的第一推动力和持续的动力。特别是流动资本，要求货币资本作为动力经过一段短时间不断地反复出现。全部预付资本价值，即资本的一切由商品构成的部分——劳动力、劳动资料和生产材料，都必须不断地用货币一再购买。在这里，就单个资本说是如此，就社会资本说也是如此，后者不过是以许多单个资本的形式执行职能。"

"生产上利用的自然物质，如土地、海洋、矿山、森林等等，不是资本的价值要素。只要提高同样数量劳动力的紧张程度，不增加预付货币资本，就可以从外延方面或内涵方面，加强对这种自然物质的利用。这样，生产资本的现实要素增加了，而无须追加货币资本。如果由于追加辅助材料而必须追加货币资本，那么，资本价值借以预付的货币资本，也不是和生产资本效能的扩大成比例地增加的，因而，根本不是相应地增加的。"

"同一些劳动资料，也就是同一固定资本，可以用延长每天的使用时间的办法，也可以用增加使用强度的办法，更有效地加以利用，而无须为固定资本追加货币支出。这时，只是固定资本的周转加快了，可是它的再生产的各种要素也更迅速地提供出来。"

"撇开自然物质不说，各种不费分文的自然力，也可以作为要素，以或大或小的效能并入生产过程。它们发挥效能的程度，取决于不花费资本家分文的各种方法和科学进步。"

"关于劳动力在生产过程中的社会结合和各个单个工人积累起来的熟练程度，情况也是如此。"

"劳动生产力的提高，如果不包含资本价值的追加支出，当然首先只是增加产品的量，而不是增加产品的价值，除非它能够用同量的劳动把更多的不变资本再生产出来，从而把更多不变资本的价值保存下来。但是，劳动生产力的提高同时形成新的资本材料，从而形成资本积累扩大的基础。"

"社会劳动组织本身，从而社会劳动生产力的提高，要求生产大规模地进行，从而要求单个资本家预付大量货币资本。关于这一点，如第一册已经指出的，这部分地是通过资本在少数人手中的集中实现的，而执行职能的资本价值的量，从而表现这些价值的预付货币资本的量，并不需要绝对地增大。单个资本的量可以通过这些资本在少数人手中的集中来增大，而它们的社会总额并没有增大。这只是改变各个单个资本的分配而已。"

"最后，上一篇已经指出，通过周转期间的缩短，能用较少的货币资本推动同一的生产资本，或者能用同一的货币资本推动较多的生产资本。"

"但是，这一切显然和真正的货币资本问题无关。这只是表明，预付资本—— 一个既定的价值额，它在它的自由形式上，在它的价值形式上，是由一定的货币额构成的——在转化为生产资本之后，包含着生产的潜力，这些潜力的界限，不是由这个预付资本的价值界限规定的，这些潜力能够在一定的活动范围之内，在外延方面或内涵方面按不同程度发挥作用。如果生产要素——生产资料和劳动力——的价格是已定的，那么，购买一定数量的以商品形式存在的这些生产要素所必需的货币资本量，也是确定的。或者说，要预付的资本的价值量是确定的。但这个资本作为价值形成要素和产品形成要素的作用大小是有弹性的，可以变化的。"

【社会投资的分配和比例问题】

"**关于第二点**"。"由于周转期间的长短不同，推动生产资本所必要的货币资本量也就有大有小。"

"周转期间，就它由劳动期间的长度决定而言，在其他条件不变的情况下，由生产过程的物质性质决定。因此，不是由这个生产过程的特殊的社会性质决定。但是，在资本主义生产的基础上，历时较长范围较广的事业，要求为较长的时间预付较大量的货币资本。所以，这一类领域里的生产取决于单个资本家拥有的货币资本的界限。这个限制被信用制度和与此相连的联合经营（例如股份公司）打破了。因此，货币市场的混乱会使这类企业陷于停顿，而这类企业反过来也会引起货币市场的混乱。"

"有些事业在较长时间内取走劳动力和生产资料，而在这个时间内不提供任何有效用的产品；而另一些生产部门不仅在一年间不断地或者多次地取走劳动力和生产资料，而且也提供生活资料和生产资料。在社会的生产的基础上，必须确定前者按什么规模进行，才不致有损于后者。在社会的生产中，和在资本主义的生产中一样，在劳动期间较短的生产部门，工人将照旧只在较短时间内取走产品而不提供产品；在劳动期间长的生产部门，则在提供产品之前，在较长时间内不断取走产品。因此，这种情况是由各该劳动过程的物质条件造成的，而不是由这个过程的社会形式造成的。在社会的生产中，货币资本不再存在了。社会把劳动力和生产资料分配给不同的生产部门。生产者也许会得到纸的凭证，以此从社会的消费品储备中，取走一个与他们的劳动时间相当的量。这些凭证不是货币。它们是不流通的。"

"我们知道，如果对货币资本的需求是由劳动期间的持续所引起的，那么，这是由两种情况造成的：**第一**，货币一般地说是每一单个资本（撇开信贷不说）为了转化成生产资本所必须采取的形式；这是由资本主义生产的性质，由一般商品生产的性质引起的。——**第二**，必要的预付货币量的产生，是由于在较长时间内不断从社会取走劳动力和生产资料，而在这个时间内却不向社会提供任何可以再转化为货币的产品。第一种情况，即要预付的资本必须以货币形式预付，并不会由于这个货币本身的形式——不论是金属货币、信用货币、价值符号或其他等等——而消除。第二种情况也决不会由于通过哪一种货币媒体或通过哪一种生产形式取走劳动、生活资料和生产资料却不把等价物投回流通，而受到影响。"

【简释：这一节是把货币资本作为社会总资本的一个组成部分来考察它的作用。在考察单个资本的周转时，货币资本显示出两个方面：

第一，它是每个单个资本登上舞台，作为资本发动整个过程的第一推动力。全部预付资本价值，即资本的一切由商品构成的部分（劳动力，劳动资料和生产材料），都必须不断地用货币一再购买。就单个资本说是如此，就社会资本说也是如此。但是，由此决不能得出结论说，资本执行职能的范围、生产的规模，是由执行职能的货币资本的大小决定的。并入资本中的各种生产要素的扩大，在一定的界限之内，不是取决于预付货币资本的量。资本和各种生产要素（劳动力、土地、生产工具等）相结合，它就会取得一种伸张力，而不受它自身的量所限制。影响货币资本作用的因素包括：从外延方面或内涵方面加强对劳动力的剥削；更充分更有效地利用自然物质和自然力量；劳动力本身的发展，包括劳动力质量的提高和劳动力社会结合的进步；依靠科技进步等方法提高劳动生产率；资本的集中，大资本更能利用社会劳动组织的优势，举办大型厂矿、工程，扩大整个社会的生产；缩短周转时间，使同量货币资本推动较多的生产资本，扩大生产规模。以上这些潜力能够在一定的活动范围之内，在外延方面或内涵方面按不同程度发挥作用。

第二，投下的资本，在任何时候，都有一部分必须在货币形态上保存和更新，才能使生产资本执行职能不致中断。资本主义信用制度的发达，可以减少对一部分货币的需要。信用制度和与它相联系的股份公司的发展，可以把小额的货币资本聚集形成大的资本，用来举办庞大规模的企业，但货币市场的混乱会使这类企业陷于停顿，而这类企业反过来也会引起货币市场的混乱，从而酝酿着爆发危机的因素。

马克思在这里阐述了一个很重要的思想，对社会主义经济建设具有重要的理论和实践意义。他指出："有些事业在较长时间内取走劳动力和生产资料，而在这个时间内不提供任何有效用的产品；而另一些生产部门不仅在一年间不断地或者多次地取走劳动力和生产资料，而且也提供生活资料和生产资料。在社会的生产的基础上，必须确定前者按什么规模进行，才不致有损于后者。"】

第十九章
前人对这个问题的阐述

第一节　重农学派

【简释：本章分别对重农学派，亚当·斯密及以后的经济学家关于社会再生产问题阐述的分析评论。

第一节是关于重农学派：魁奈的《经济表》清楚地表明重农学派对一国总财富的生产和流通的观念。

魁奈把社会分成三个阶级：（一）生产阶级，即从事农业的租地农场主和农业工人，他们的劳动提供剩余——地租。（二）占有这种剩余的阶级，包括土地占有者和依附于他们的家仆，君主以及所有由国家付给薪俸的官吏，教会等。（三）从事工商业的或不结果实的阶级，因为重农学派认为他们在生产阶级供给他们的原料中所加上的价值，只是等于他们在生产阶级供给他们的生活资料上消费掉的价值。

魁奈的《经济表》就是要通过图解来说明：一个国家每年的总产品，怎样在这三个阶级之间流通，怎样为每年的再生产服务。《经济表》的前提，是租佃制度以及与之并存的大农业到处被采用，租地农场主付给土地所有者以货币租金。另外，为简单起见，采用固定价格和简单再生产；只考虑阶级与阶级之间的流通；在生产年度内阶级之间所进行的一切买卖，都合算成一个总数。《经济表》的出发点是总收成，即土地上每年所生产的总产品，它的价值量，是根据通商各国的农产品的平均价格计算的。因为《经济表》的出发点是总收成，所以这个出发点同时也就成为一个经济年度（例如1758年）的终点，在终点之后，开始了新的经济年度。

《经济表》把无数单个流通行为概括为它们的具有社会特征的大量运动，即几个巨大的、职能上确定的、经济的社会阶级之间的流通，用几根粗线条表明，国民生产的具有一定价值的年产品怎样通过流通进行分配：

第一种（不完全的）流通：租地农场主付给土地所有者20亿货币，作为归于他们的地租，并且没有回报。土地所有者用其中的10亿向租地农场主购买生活资料，所以租地农场主为支付地租所花费的货币，有一半又流回到自己的手中。

第二种（完全的）流通：土地所有者用他们手中余下的10亿货币向不结果实的阶级购买工业品，而不结果实的阶级又用这样得到的10亿货币向租地农场主购买生活资料。

第三种（不完全的）流通：租地农场主用10亿货币向不结果实的阶级购买相应货币价值的工业品；其中很大一部分是农业工具和农业所必需的其他生产资料。不结果实的阶级又把同量的货币送还给租地农场主，来购买价值10亿的原料以补偿自己的经营资本。这样，租地农场主用以交付地租的20亿货币，又重新回到他们的手中，运动于是完成了。这样，"在国民经济的循环中，作为地租而被占有的纯产品，究竟成了什么"这个大谜，也就解开了。

我们在前面已经看到，在过程开始的时候，生产阶级手中握有30亿的剩余。其中只有20亿作为纯产品以地租的形式付给土地所有者。剩余中的另外10亿，成为租地农场主整个创业资本的利息，对100亿来说，就是10%的利息。这种利息，他们不是从流通中得来的；它以实物形式存在于他们的手中，他们只是经过流通把它转变为同等价值的工业品，才把它实现的。没有这一利息，租地农场主，即农业的主要当事人，就不会把创业资本投到农业上。在重农学派看来，租地农场主对于这一部分代表利息的农业剩余收入的占有，也和租地农场主阶级本身一样，都是再生产的必要条件，因此，这个组成部分不能放在国民"纯产品"或"纯收入"的范畴中；因为"纯产品"或"纯收入"的特征，正是在于它可以不考虑国民再生产的直接需要而被消费。但是这10亿基金，根据魁奈的说法，大部分是用做一年中必要的修缮和创业资本的部分更新；其次，用做防止意外事故的后备基金；最后，在可能范围内，用来增加创业资本和经营资本，以及改良土壤，扩大耕种。

整个过程确实是相当简单的。投入流通的有：租地农场主拿来交租的20亿货币，以及30亿的产品，其中三分之二是生活资料，三分之一是原料；不结果实的阶级的20亿的工业品。在价值20亿的生活资料中，一半为土地所有者及其仆从人员所消费，另一半为不结果实的阶级所消费，用来支付他们的劳动。价值10亿的原料补偿不结果实的阶级的经营资本。在流通中的价值20亿的工业品内，一半为土地所有者所得，另一半为租地农场主所得，对于租地农场主说来，这一部分工业品只是他们创业资本的利息的转化形式，这种利息是他们从农业再生产上直接得来的。租地农场主交付地租而投入流通的货币，通过出卖自己的产品又回到他自己的手中，这样，在下一个经济年度，同样的循环又可以重新进行了。《经济表》这种对于以流通为中介的年度再生产过程所作的简单的、在当时说来是天才的说明，实际上是重农学派对资本主义生产的第一个系统的理解。】

【本条简释是根据恩格斯著作《反杜林论》第二编第十章《批判史》论述关于魁奈经济表的论述编辑的。恩格斯在《反杜林论》序言中说，《批判史》指出这一章是马克思亲自撰写的。】

第二节 亚当·斯密

【简释：斯密把魁奈的"原预付"和"年预付"，说成是"固定资本"和"流动资本"，进步之处是他使资本这个概念普遍化，摆脱了重农学派只把它应用于农业领域的局限性。斯密的退步之处在于：把"固定"和"流动"理解为决定性的区别，并且坚持不变。

斯密的进步是他接近问题的实质。他认为，商品的价值是由劳动创造的；年劳动产品的价值也是劳动的产物。他在考察固定资本和流动资本再生产时，提出了一些正确的论述，如社会年产品由生产资料和消费资料两个部类组成；由生产资料构成的那部分年产品的总价值，包括（1）生产中耗费的生产资料的价值；（2）资本家付出的工资总额；（3）利润（包括地租）三个部分。也区分了只能形成资本的价值部分和作为消费基金的收入部分。并且认为，第二部类用掉的资本，现在变成消费资料的形式处在生产它的资本家手中，从社会的观点看，又形成第一部类的资本家和工人借以实现其收入的消费基金。这些说明，斯密已经接近问题的实质。但是，斯密囿于商品价值由各种收入构成的教条，从而不能正确阐明社会资本再生产和产品实现问题。本章围绕斯密的教条，对其错误进行分析批评。

（1）斯密把交换价值分解为 v＋m。斯密说："工资、利润和地租，是一切收入的三个原始源泉，也是一切交换价值的三个原始源泉。"这就是所谓斯密的教条。这个教条可以还原为：商品价值＝v＋m，即等于预付可变资本的价值加上剩余价值。因为在斯密那里，利润和地租只是剩余价值的组成部分。斯密教条的错误是很明显的：他把商品的价值（c＋v＋m），和生产商品的活劳动新创造的价值（v＋m）混为一谈了。商品的价值除了包含新创造的价值，还有生产资料的转移价值。不论个人的产品还是社会总产品，都有一个价值部分既不分解为工资，也不分解为利润或地租，而是分解为资本。而按照斯密教条的解释，商品价值中的c不见了。这个带根本性的错误妨碍了斯密对社会再生产作出正确的分析。

（2）斯密错误地认为不变资本部分也分解为v＋m。斯密说："也许有人以为必须有第四个部分，用来补偿租地农场主的资本，或者说，补偿他的役畜和其他农具的损耗。但是必须考虑到，任何一种农具的价格，例如一匹役马的价格，本身又是由上述三个部分构成"，"全部价格仍然直接地或最终地分解为这三个部分：地租、劳动（他指的是工资）和利润"。然而，任何一种生产资料的价值，除了包含v＋m之外，也还有生产资料的转移价值（c），因为生产资料本身的生产，也必须耗费其他的生产资料。认为任何一种生产资料的价值都分解为v＋m，显然是违背事实、说不通的。

（3）斯密把年产品价值和年价值产品等同起来的错误。年价值产品只是过去一年劳动的产品；而年产品价值，除了后者以外，还包含在生产年产品时消费掉的生产资料的转移价值。而斯密的这种混淆本身又是建立在他的基本观点的另一个错误上：他没有区分劳动本身的二重性，这就是，劳动一方面作为劳动力耗费的抽象劳动创造价值；另一方面作为具体的有用的劳动，它创造使用价值。每年生产的商品的总额，即全部年产品，是社会各种有用的具体劳动在一个枝杈繁多的系统中耗费的产物。只是因为如此，在生产年产品时消费的生产资料的价值，才得以保留在它们的总价值中，而以新的实物形式再现出来。但年产品价值（c＋v＋m）中，只有一部分是当年活劳动耗费的抽象劳动新创造出来的，这一部分就是年价值产品（v＋m）。

（4）斯密混淆资本和收入的错误。斯密说："维持生产劳动所使用的资本部分……在为他（指资本家）执行资本的职能之后……就形成他们（指工人）的收入。"斯密这个说法的错误在于：他没有把几种交织在一起的流通过程和生产过程加以区分。工人把自己的劳动力作为商品出卖给资本家以后，在生产过程中通过劳动力的耗费，把一个新创造的价值加入到他生产出来的产品中，也就是说，重新生产出自己工资的价值（撇开剩余价值不说）。因此，在这里只是预付资本的形态发生变化，资本的性质和所有权都没有变化，不是资本变成工人的收入、归工人所有。而且，这个由工人不断再生产出来的新价值，形成工人收入的源泉，但他的收入并不反过来形成他所生产的新价值的组成部分。工人创造的这部分新价值形成他的收入这一点，只是表明这部分新价值的用途的性质，而和它的形成无关。商品的价值是由生产商品的劳动创造的，并不是由分配中的收入构成的。只能是商品价值的一部分转变为收入，而不是收入构成了商品价值。同样，剩余价值是工人在生产中创造的新价值中超过预付可变资本的余额部分，只能是商品价值中的这个余额（剩余价值）越多，资本家赚得越多，而不是反过来资本家赚得越多，商品价值就越大。总之，商品的新价值（v+m）是由商品生产中推动的劳动力的支出构成，而不是由收入构成的。斯密关于"工资、利润和地租……也是一切交换价值的三个原始源泉"的说法，是错误的。

（5）斯密的上述错误，同他考察问题的方法论的错误是分不开的。斯密把资本主义生产方式看成是绝对的、既定的、当然的生产方式，因此不会去研究它的本质，它的产生和发展规律，而只注意它的量的方面。从量的方面对商品价值的各个部分加以互相比较，这样就不知不觉地转化为它的独立的"组成部分"，并且最终地转化为"一切价值的源泉"。对于工资、利润、地租等经济范畴，斯密也不是从本质方面，即不是从不同阶级的经济关系去研究，而只关注它们的量的方面。于是把商品价值的决定由生产领域转移到了分配领域，然后进一步得出的结论是，商品价值由不同种类的收入构成，或"分解为"不同种类的收入。这样一来，不是收入由商品价值组成，反倒是商品价值由"收入"组成了。】

第三节　以后的经济学家

【马克思在列举拉姆赛、萨伊、蒲鲁东、施托尔希、西斯蒙第、约翰·斯图亚特·穆勒等人的观点和错误之后指出："结果是：斯密的混乱思想一直延续到今天，他的教条成了政治经济学的正统信条。"】

第二十章

简单再生产

第一节　问题的提出

【社会资本再生产过程的特征】

"如果我们考察社会资本，即总资本——各单个资本只是它的组成部分，这些部分的运动，既是它们的单个的运动，同时又是总资本运动的不可缺少的环节——在一年内执行职能的结果，也就是说，如果我们考察社会在一年间提供的商品产品，那么必定会看到：社会资本的再生产过程是怎样进行的，这个再生产过程和单个资本的再生产过程相比有哪些不同的特征，二者又有哪些共同的特征。年产品既包括补偿资本的那部分社会产品，即社会再生产，也包括归入消费基金的、由工人和资本家消费的那部分社会产品，就是说，既包括生产消费，也包括个人消费。这种消费包括资本家阶级和工人阶级的再生产（即维持），因而也包括总生产过程的资本主义性质的再生产。"

"显然，我们应当分析的是 $W' - \begin{cases} G - W \cdots P \cdots W' \\ g - w \end{cases}$ 这个流通公式，在这里，消费必然会起作用；因为起点 $W' = W + w$，即商品资本，既包含不变资本价值和可变资本价值，也包含剩余价值。所以，它的运动既包括生产消费，也包括个人消费。在 $G - W \cdots P \cdots W' - G'$ 循环和 $P \cdots W' - G' - W \cdots P$ 循环中，资本的运动是起点和终点：这一运动自然也包括消费，因为商品，即产品，必须出售。但是，只要商品已经出售，这个商品以后变成什么，对单个资本的运动是没有关系的。相反地，在 $W' \cdots W'$ 运动中，正是要通过说明这个总产品 W' 的每一价值部分会变成什么，才能认识社会再生产的条件。在这里，总的再生产过程既包括资本本身的再生产过程，也包括以流通为中介的消费过程。"

"当我们考察社会总资本及其产品价值时"，"产品价值的一部分再转化为资本，另一部分进入资本家阶级和工人阶级的个人消费，这在表现为总资本的结果的产品价值本身内形成一个运动。这个运动不仅是价值补偿，而且是物质补偿，因而既要受社会产品的价值组成部分相互之间的比例的制约，又要受它们的使用价值、它们的物质形态的制约。"

【社会资本简单再生产是一个合理的抽象】

"既然一方面，在资本主义基础上，没有任何积累或规模扩大的再生产，是一种奇怪的假定，另一方面，生产条件在不同的年份不是绝对不变的（而假定它们是不变的），那么，规模不变的简单再生产就只是表现为一个抽象。前提是：一定价值的社会资本，今年和去年一样，再提供一样多的商品价值，满足一样多的需要，虽然商品的形式在再生产过程中可能改变。但是，只要有积累，简单再生产总是积累的一部分，所以，可以就简单再生产本身进行考察，它是积累的一个现实因素。年产品的价值可以减少，而使用价值量不变；年产品的价值可以不变，而使用价值量减少；价值量和再生产的使用价值量也可以同时减少。这一切就在于，再生产不是在比以前更有利的情况下进行，就是在更困难的情况下进行。后者可能造成的结果，是出现一个不完备的——有缺陷的——再生产。这一切都只能涉及再生产的不同要素的量的方面，但不涉及它们作为进行再生产的资本或作为再生产出来的收入在总过程中所起的作用。"

【简释：（1）第二十章简单再生产，要研究的是：社会总资本的再生产是怎样进行的，它既包括生产消费，也包括个人消费。在考察单个资本循环和周转时，我们只要假定，代表资本价值的那部分商品会在流通领域出售，并购买到所需要的生产要素，从而再转化为它的生产资本的形态。同样只要假定，工人和资本家会在市场上找到他们用工资和剩余价值购买的商品。但是，当我们考察社会总资本及其产品价值时，这种仅仅从形式上来说明的方法就不够用了。直接摆在我们面前的问题是：生产上消费掉的资本，就它的价值来说，怎样由年产品得到补偿？这种补偿的运动怎样同资本家对剩余价值的消费和工人对工资的消费交织在一起？为了我们当前的研究目的，再生产过程必须从商品资本（W′）的各个组成部分的价值补偿和物质补偿的观点来加以考察。因为在商品资本（W′…W′）

的运动中，正是要通过说明这个总产品 W′ 的每一价值部分会变成什么，才能认识社会再生产的条件。在这里，总的再生产过程既包括资本本身的再生产过程，也包括以流通为中介的消费过程。这个运动不仅是价值补偿，而且是物质补偿，因而既要受社会产品的价值部分相互之间的比例的制约，又要受它们的使用价值，它们的物质形态的制约。

（2）为什么先研究简单再生产？简单再生产是：一定价值的社会资本的再生产规模不变，今年和去年一样，再提供一样多的商品价值，满足一样多的需要。虽然资本主义生产方式的基本特征是扩大再生产，简单再生产只是表现为一个抽象，但是只要有积累，简单再生产总是积累的一部分，所以，可以就简单再生产本身进行考察，它是积累的一个现实因素。年产品的价值量和使用价值量的变化，只涉及再生产的不同要素的量的方面，但不涉及它们作为进行再生产的资本或作为再生产出来的收入在总过程中所起的作用。】

第二节　社会生产的两个部类

"社会的总产品，从而社会的总生产，分成两大部类：

Ⅰ. **生产资料**：具有必须进入或至少能够进入生产消费的形式的商品。

Ⅱ. **消费资料**：具有进入资本家阶级和工人阶级的个人消费的形式的商品。"

"这两个部类中，每一部类拥有的所有不同生产部门，总合起来都形成一个单一的大的生产部门：一个是生产资料的生产部门，另一个是消费资料的生产部门。两个生产部门各自使用的全部资本，都形成社会资本的一个特殊的大部类。"

"每一部类的资本都分成两个组成部分：

1. **可变资本**。从价值方面看，这个资本等于该生产部门使用的社会劳动力的价值，也就是等于为这个社会劳动力而支付的工资总额。从物质方面看，这个资本是由发挥作用的劳动力本身构成的，即由这个资本价值所推动的活劳动构成的。"

2. "**不变资本**，即该部门在生产上使用的全部生产资料的价值。这些生产资料本身又分成**固定资本**：机器、工具、建筑物、役畜等等，流动不变资本：生产材料，如原料、辅助材料、半成品等等。"

"这两个部类中，每一部类借助于这些资本而生产的全部年产品的价值，都分成：代表生产上消费掉的、按其价值来说只是转移到产品中去的不变资本c的价值部分和由全部年劳动追加的价值部分。后者又分成：补偿预付可变资本v的部分和超过可变资本而形成剩余价值m的部分。因此，每一部类的全部年产品的价值，和每个个别商品的价值一样，也分成c＋v＋m。"

"代表生产上**消费掉**的不变资本的那部分价值c，是和生产上**使用**的不变资本的价值不一致的。诚然，生产材料会全部消费掉，从而它的价值全部转移到产品中去。但是所使用的**固定**资本只有一部分会完全消费掉，因而只有这部分价值转移到产品中去。固定资本的另一部分即机器、建筑物等等和以前一样继续存在并继续执行职能，虽然它的价值由于逐年损耗而减少。在我们考察产品价值时，继续执行职能的这部分固定资本，对我们来说是不存在的。它是独立于这个新生产的商品价值之外、和这个商品价值并存的一部分资本价值。""在考察单个资本的产品价值时，我们讲过，固定资本因损耗而失去的价值，会转移到在损耗期间生产的商品产品中去，不管这个固定资本在此期间是否有任何部分由于这种价值转移而得到实物补偿。相反地，在这里，在考察社会总产品及其价值时，我们不得不撇开，至少是暂时撇开固定资本在当年因损耗而转移到年产品中去的那部分价值，因为这种固定资本没有在当年重新得到实物补偿。在本章的后面有一节，我们将专门论述这一点。"

【简释：（1）马克思把社会生产分为两大部类并用于分析社会总资本再生产和流通，具有重要意义。社会资本再生产，不是考察单个企业或个别部门的再生产，而是从总体上考察整个社会的再生产；而每个国家的社会生产都分成众多部门，每个部门又都有许许多多企业，如果从个别的零碎的现象出发，就会陷入千头万绪，找不出其中的普遍的联系和内在的规律。马克思从普遍的大量的现象出发，把社会生产划分为两大部类：第一部类是生产资料的生产；第二部类是消费资料的生产。虽然有一些产品可以用作生产资料，也可以用作消费资料，但这不影响把社会生产分成两大部类是研究社会再生产规律的正确划分方法。与此同时，马克思在对社会资本再生产进行分析时，运用了《资本论》第一卷阐述过的基本原理，即资本主义商品的价值分为三个部分：不变资本，可变资本，剩余价值。单个商品的价值是如此，社会全部产品的价值也是如此。根据以上两点，提出了以下公式：

第一部类（用Ⅰ表示）4000c + 1000v + 1000m = 6000 生产资料。

第二部类（用Ⅱ表示）2000c + 500v + 500m = 3000 消费资料。

以上公式表示：第一部类产品的价值分成 c + v + m 三个部分，相加等于6000。第二部类产品的价值也分成 c + v + m 三个部分，相加等于3000。两个部类产品价值相加，就是社会的全部产品价值：6000c + 1500v + 1500m = 9000。

（2）简单再生产如何进行，一开始就会得出三大要点：

①第二部类工人工资（500v）和资本家的剩余价值（500m），是在消费资料形态上存在的，其中500v要作为工人用工资购买的基本生活资料；500m则是资本家用剩余价值购买的消费资料，包括奢侈品。因此，要在第二部类内部进行交换，这样，第二部类的500v + 500m就实现了价值补偿和物质形态的补偿。

②第一部类的1000v + 1000m，是在生产资料形态上存在的，但是它们要作为第一部类工人和资本家的收入，用在他们的个人消费上。而第二部类的不变资本，即Ⅱ2000c是在消费资料的物质形态上存在的，但是这一部分的价值是要用来补偿第二部类已耗费的生产资料的。因此，第一部类的1000v + 1000m的生产资料，正好同第二部类存在于消费资料形态的、数量相等的不变资本部分（即2000c）相交换。这样，第一部类的2000c和第二部类的1000v + 1000m，双方不仅在价值上而且在物质形态上都实现了补偿。

③还剩下第一部类的4000c，它们在物质形态上是由生产资料构成，只能通过第一部类内部资本家之间的互相交换，在实现价值补偿的同时，补偿该部类消费掉的生产资料。】

第三节　两个部类之间的交换：Ⅰ（v + m）和Ⅱc的交换

"我们从两个部类之间的大宗交换开始。(1000v + 1000m)　Ⅰ——这些价值以生产资料的实物形式存在于它们的生产者手中——要和2000Ⅱc，即以消费资料的实物形式存在的价值交换。通过这种交换，第Ⅱ部类的资本家阶级把他们的不变资本＝2000 从消费资料形式再转化为消费资料的生产资料形式，在这种形式中，不变资本可以重新作为劳动过程的因素，并且为了价值增殖而作为不变的资本价值执行职能。另一方面，通过这种交换，第Ⅰ部类的劳动力的等价物（1000 Ⅰv）和第Ⅰ部类的资本家的剩余价值（1000 Ⅰm），在消费资料中实现；二者都由生产资料的实物形式转化为一种可以作为收入来消费的实物形式。"

"由此得出结论：在简单再生产中，第Ⅰ部类的商品资本中的 v＋m 价值额（也就是第Ⅰ部类的总商品产品中与此相应的比例部分），必须等于不变资本Ⅱc，也就是第Ⅱ部类的总商品产品中分出来的与此相应的部分；或者说，Ⅰ（v＋m）＝Ⅱc。"

【简释：两个部类之间的交换：Ⅰ（v＋m）和Ⅱc 的交换。在简单再生产中，第一部类商品资本中的 v＋m 价值额（也就是第一部类的总商品产品中与此相应的比例部分），必须等于第二部类的不变资本即Ⅱc（也就是第二部类的总商品产品中分出来的与此相应的部分），或者说，Ⅰ（v＋m）＝Ⅱc。这是资本主义简单再生产实现的条件，也是社会资本简单再生产的规律。第二部类生产的消费资料产品的总价值即Ⅱ（c＋v＋m）中，Ⅱ（v＋m）是本部类当年创造的新价值，其实物形态是消费资料，正好供本部类的工人和资本家消费。Ⅱc 的实物形态也是消费资料，而第一部类当年创造的新价值即Ⅰ（v＋m）的实物形态是生产资料，只要Ⅱc 和Ⅰ（v＋m）价值相等，两者互相交换，便可以使第一部类的工人和资本家得到消费资料，而第二部类资本家得到补偿消耗掉的生产资料。

两个部类的互相交换是通过货币流通来完成的。两个部类的资本家不仅将商品投入流通，而且也将相应的货币投入流通，才能使Ⅰ（v＋m）和Ⅱc 的交换得到实现。其中无论作为预付资本投入流通，还是作为消费支出投入流通的货币，最后又都流回资本家手中。流通本身既不增加商品价值，也不会使货币增加分文。但是，如果没有货币流通的中介作用，两个部类的商品交换也难以实现，因此货币流通又具有决定性的重要意义。】

第四节　第Ⅱ部类内部的交换。
必要生活资料和奢侈品

【第Ⅱ部类内部的两个分类】

"年商品生产的第Ⅱ部类是由种类繁多的产业部门构成的，但是，按它们的产品来说，可分成两大分部类：

（a）消费资料。它们进入工人阶级的消费，但因为它们是必要生活资料，所以也构成资本家阶级的消费的一部分。""我们可以把这整个分部类概括为**必要消费资料**这个项目。"

"（b）**奢侈**消费资料。它们只进入资本家阶级的消费，所以只能和花费的剩余价值交换。"

"在简单再生产的前提下，会得出以下必然的结论：

1. 年劳动以生产资料的实物形式创造的新价值产品（分成 v + m），等于年劳动的另一部分生产的产品价值所包含的以消费资料形式再生产的不变资本价值 c。假如前者小于Ⅱc，第Ⅱ部类的不变资本就不能全部得到补偿；假如前者大于Ⅱc，余额就不能利用。在这两个场合，简单再生产这个前提都会被违反。"

2. "在以消费资料形式再生产的年产品中，以货币形式预付的可变资本 v，在它的获得者是生产奢侈品的工人时，只能在一开始体现着必要生活资料的资本主义生产者的剩余价值的那部分必要生活资料中实现。因此，投入奢侈品生产的 v，必须等于以必要生活资料形式生产的 m 中和它的价值量相适应的部分，因而就必然小于这整个 m，即小于（Ⅱa）m。只是由于这个 v 在这一部分 m 中实现，奢侈品的资本主义生产者所预付的可变资本才能以货币形式回到他们手中。""在这里，（Ⅱb）v 是在和它价值量相等的**那一部分**（Ⅱa）m 中实现的。既然全年总产品实际进入以流通为中介的年再生产过程，所以这些比例关系在全年总产品的每一次分配中，都具有质的决定意义。Ⅰ（v + m）只能在Ⅱc 中实现，""同样，（Ⅱb）v 只能在（Ⅱa）m 的一部分中实现，而（Ⅱb）v 也只有通过这种实现，才能再转化为它的货币资本的形式。"

"在上面所考察的（Ⅱb）v 和（Ⅱa）m 的一个等价部分的交换中，以及

（Ⅱa）m 和（Ⅱb）m 之间的进一步的交换中，完全不必假定，资本家——不管他们是Ⅱa和Ⅱb的单个资本家，还是作为各分部类的资本家整体——是按同一比例在必要消费品和奢侈品之间分配他们的剩余价值。一个可以在这种消费上多用一些，另一个可以在那种消费上多用一些。在简单再生产的基础上，前提只是：一个和全部剩余价值相等的价值额在消费基金中实现。因此，界限是已定的。在每一部类之内，有的人在a上多用一些，有的人在b上多用一些；但是他们可以互相补偿，以致a和b这两个分部类的资本家阶级作为一个整体，按同一比例参加这两类物品的消费。"

"从（Ⅱb）v在（Ⅱa）m的一个等价部分中实现这一点可以得出如下结论：年产品中的奢侈品部分越是增大，从而奢侈品生产中吸收的劳动力的数量越是增加，预付在（Ⅱb）v上的可变资本要再转化为可以重新作为可变资本的货币形式来执行职能的货币资本，因而在Ⅱb中就业的那部分工人阶级要生存和再生产——他们的必要消费资料的供给——，也就越是要取决于资本家阶级的挥霍，越是要取决于这个阶级的剩余价值的很大一部分转化为奢侈品。"

【危机的影响；危机并非由于消费不足】

"每一次危机都会暂时减少奢侈品的消费。危机使（Ⅱb）v到货币资本的再转化延缓和停滞，使这种再转化只能部分地进行，从而有一部分生产奢侈品的工人被解雇；另一方面，必要消费资料的出售也会因此停滞和减少。这里完全撇开不说那些同时被解雇的非生产工人，他们由于为资本家服务而得到资本家奢侈支出的一部分"，"特别是这些工人在必要生活资料等等的消费方面也占了很大一部分。在繁荣时期，特别是在欺诈盛行期间，情况正好相反。在这个时期，货币的表现在商品中的相对价值已由于其他原因（并不是由于现实的价值革命）而降低，所以，商品的价格不以商品本身的价值为转移而提高。不仅是必要生活资料的消费增加了；工人阶级（他们的全部后备军现在都积极参加进来）也暂时参加了他们通常买不起的各种奢侈品的消费，此外，他们还会参加这类必要消费品的消费，其中绝大部分通常只对资本家阶级来说才是'必要'消费资料；而这些又会引起价格的提高。"

"认为危机是由于缺少有支付能力的消费或缺少有支付能力的消费者引起的，这纯粹是同义反复。除了需要救济的贫民的消费或'盗贼'的消费以外，资本主义制度只知道进行支付的消费。商品卖不出去，无非是找不到有支付能力的买者，也就是找不到消费者（因为购买商品归根结底是为了生产消费或个人消费）。但是，如果有人想使这个同义反复具有更深刻的论据的假象，说什么工人阶级从他们自己的产品中得到的那一部分太小了，只要他们从中得到较大的部分，即提高他们的工资，弊端就可以消除，那么，我们只需指出，危机每一次都恰好有这样一个时期做准备，在这个时期，工资会普遍提高，工人阶级实际上也会从供消费用的那部分年产品中得到较大的一份。按照这些具有健全而'简单'的人类常识的骑士们的观点，这个时期反而把危机消除了。因此，看起来，资本主义生产包含着各种和善意或恶意无关的条件，这些条件只不过让工人阶级暂时享受一下相对的繁荣，而这种繁荣往往只是危机风暴的预兆。"

"我们在上面已经看到，必要消费资料的生产和奢侈品的生产之间的比例关系，是以Ⅱ（v＋m）在Ⅱa和Ⅱb之间的分割为条件的，从而也是以Ⅱc在（Ⅱa）c和（Ⅱb）c之间的分割为条件的。因此，这种分割从根本上影响着生产的性质和数量关系，对生产的总形态来说，是一个本质的决定因素。"

【简释：关于第二部类内部的交换：第二部类的产品从价值看，等于工人阶级的工资和资产阶级得到的剩余价值；从使用价值看，表现为各种各样的消费资料，其中可以分为必要生活资料和奢侈品两个分部类，即Ⅱa和Ⅱb。这个划分是同资本主义社会的阶级划分相联系的。奢侈品生产的增长，是依剩余价值的增长为转移的。年产品中的奢侈品部分越是增大，奢侈品生产中吸收的劳动力的数量越是增加，预付在（Ⅱb）v上的可变资本的再转化，从而在Ⅱb中就业的那部分工人阶级的生存、必要消费资料的供给，越是要取决于资产阶级的剩余价值的很大一部分挥霍在奢侈品上。每一次危机都会暂时减少奢侈品的消费。危机使（Ⅱb）v到货币资本的再转化延缓和停滞，从而有一部分生产奢侈品的工人被解雇；另一方面，必要消费资料的出售也会因此停滞和减少。但是，这决不是说危机是由于缺少有支付能力的消费引起的。必要消费资料的生产和奢侈品的生产（Ⅱa和Ⅱb）之间的比例关系，只是表明生产消费品的第二部类中的生产资料和社会劳动在两个分部类之间是怎样分配的。这种分配是以Ⅱ（v＋m）在Ⅱa和Ⅱb之间的分割和Ⅱc在（Ⅱa）c和（Ⅱb）c之间的分割为前提条件的，因此并不会改变简单再生产条件下第一部类和第二部类之间即Ⅰ（v＋m）＝Ⅱc的关系。】

第五节 货币流通在交换中的中介作用

"对商品流通来说，有两样东西始终是必要的：投入流通的商品和投入流通的货币。""货币并不因为它最终从一个商品的形态变化系列中退出来而消失。它不断地沉淀在商品空出来的流通位置上。"

"例如，在 Ⅱ c 和 Ⅰ（v＋m）之间流通中，我们假定"，"第 Ⅱ 部类用500镑向第 Ⅰ 部类购买同等价值额的生产资料，第 Ⅰ 部类再向第 Ⅱ 部类购买500镑消费资料；这些货币因此又流回到第 Ⅱ 部类那里"。"这样，谁预付货币来购买别人的商品，谁就会在出售自己的商品时，重新得到货币。"

"第 Ⅰ 部类投在工资上的货币，即以货币形式预付的可变资本并不是在货币形式上直接地返回的，而是间接地、通过迂回的道路返回的。相反，在第 Ⅱ 部类，500镑工资却直接从工人那里回到资本家手中"。"一旦工人把货币换成资本家的商品，资本家的货币就回到自己手中。"

"然而，转化为可变资本的货币资本，即预付在工资上的货币，在货币流通本身中，起着主要的作用，这是因为工人阶级不得不挣一文吃一文，不能给产业资本家提供任何长期的信贷，这样，各个产业部门的资本周转期间尽管有差别，可变资本却要在某一短期内，例如一周，即在比较迅速地反复的期限内，同时在社会的无数不同地点，以货币形式预付（这个期限越短，通过这个渠道一次投入流通的货币总额相对地说也就越小）。在每个进行资本主义生产的国家，这样预付的货币资本在总流通中都占有一个在比例上有决定意义的部分，这尤其是因为，同一些货币在流回起点之前要流过各种渠道，作为无数其他的营业的流通手段来执行职能。"

"对整个资本家阶级来说，它必须自己把实现它的剩余价值（同时也为了使他们的资本即不变资本和可变资本流通）的货币投入流通这样一种说法，不仅不是奇谈怪论，而且还是整个机制的必要条件，""单个资本家总是以下形式实行这种预付：起买者的作用，**支出**货币来购买消费资料，或者**预付**货币来购买他的生产资本的各种要素——或者是劳动力，或者是生产资料。""在这两个场合，他都是起流通的起点的作用。"

"现实的过程被两种情况所掩盖：

1. **商业资本**（它最初的形式总是货币，因为商人本身不生产任何"产品"或"商品"）和**货币资本**，会在产业资本的流通过程中作为特殊类型的资本家的经营对象出现。

2. 剩余价值——必然总是首先在产业资本家手中——分成不同的范畴。作为这些范畴的承担者出现的，除产业资本家以外，还有土地所有者（地租的承担者）、高利贷者（利息的承担者）等等，同时还有政府和它的官吏，食利者等等。这些家伙在产业资本家面前是作为买者出现的，而他们作为买者使产业资本家的商品转化为货币。他们各自也把'货币'投入流通，产业资本家则从他们手中得到这些货币。这时，人们总是忘记，他们最初得到并不断地重新得到的货币的来源是什么。"

第六节　第 I 部类的不变资本

【第 I 部类不变资本补偿的特点】

"第 I 部类的不变资本，由大量的不同的资本群构成。它们被分别投入不同的生产资料生产部门，""投入每个特殊生产部门的那部分社会资本，又由投入该生产部门的独立执行职能的单个资本的总和构成。不言而喻，这里所说的，既适用于第 I 部类，也适用于第 II 部类。"

"至于说第 I 部类中以它的商品产品形式再现的不变资本价值，那么，它有一部分作为生产资料再进入把它当作产品生产出来的特殊生产部门（或者，甚至就是它那一个企业）。例如，谷物进入谷物的生产，煤炭进入煤炭的生产，铁以机器形式进入铁的生产，等等。"

"当构成第 I 部类的不变资本价值的部分产品不再直接进入自己的特殊生产部门或自己那个生产部门的时候，这些产品只是变换了位置。它们以实物形式进入第 I 部类的另一个生产部门，而第 I 部类其他生产部门的产品则对它们进行实物补偿。这只不过是这些产品的换位。它们全部作为补偿第 I 部类的不变资本的因素再进入第 I 部类，不过不是进入第 I 部类这一个群，而是进入这个部类的另一个群。在这里，只要交换是在第Ⅰ部类的各个资本家之间进行的，这种交换就是一种实物形式的不变资本和另一种实物形式的不变资本的交换，就是一种生产资料和其他生产资料的交换。这是第Ⅰ部类的不同的单个不变资本部分的互相交换。""如果生产是社会的，而不是资本主义的，那么很明显，为了进行再生产，第Ⅰ部类的这些产品同样会不断地再作为生产资料在这个部类的各个生产部门之间进行分配，一部分直接留在这些产品的生产部门，另一部分则转入其他生产场所，因此，在这个部类的不同生产场所之间发生一种不断往返的运动。"

【简释：本节分析第一部类不变资本的补偿问题。第一部类的不变资本，由大量的不同的资本群构成，它们被分别投入不同的生产资料生产部门。它们产品的实物形式，是由建筑物、机器、容器、原料和辅助材料等等生产资料构成的。其中一部分产品能够作为生产资料再进入把它当作产品生产出来的特殊生产部门或企业，例如谷物进入谷物的生产，煤炭进入煤炭的生产。其他大部分产品以实物形式同第一部类的其他生产部门的产品通过交换进行实物补偿，即一种生产资料和其他生产资料的交换。如果生产是社会的，而不是资本主义的，那么很明显，为了进行再生产，第一部类的这些产品同样会不断地再作为生产资料在这个部类的各个生产部门之间进行分配，一部分直接留在这些产品的生产部门，另一部分则转入其他生产场所，因此，在这个部类的不同生产场所之间发生一种不断往返的运动。】

第七节　两个部类的可变资本和剩余价值

【每年生产的消费资料的总价值等于两个部类当年生产的价值】

"每年生产的消费资料的总价值，等于当年再生产的第Ⅱ部类的可变资本价值和新生产的第Ⅱ部类的剩余价值（即等于第Ⅱ部类当年生产的价值），加上当年再生产的第Ⅰ部类的可变资本价值和新生产的第Ⅰ部类的剩余价值（也就是加上第Ⅰ部类当年生产的价值）。"

"因此，在简单再生产的前提下，每年生产的消费资料的总价值，等于年价值产品，即等于社会劳动在当年生产的全部价值。其所以必然如此，因为在简单再生产中，这全部价值将被消费掉。"

【简释：本节研究两个部类的可变资本和剩余价值的实现问题。简单再生产条件下，不仅工人的工资而且资本家获得的全部剩余价值都用于消费，因此，全社会必须提供价值相当于Ⅰ（v＋m）＋Ⅱ（v＋m）的消费资料。从另一方面看，只有两个部类的工人和资本家的消费，才能使第二部类的年产品价值全部得到实现。因此，一年生产的消费资料产品的总价值，必须等于社会总劳动当年创造的新价值，即等于社会可变资本价值加上社会剩余价值。用公式表示就是：Ⅱ（c＋v＋m）＝Ⅰ（v＋m）＋Ⅱ（v＋m）。从社会的角度来考察，第二部类的产品价值可以分解成两个部类的v＋m。正是这种情况，使斯密断言，年产品的价值分解为v＋m。这个看法有两点错误：第一，年产品的价值分解为v＋m，只适用于由消费资料构成的那部分年产品；第二，其所以适用，并不是指构成收入的全部价值都是第二部类生产的，而只是因为Ⅱc在这里等于Ⅰ（v＋m），社会总产品的这两个组成部分通过互相交换，Ⅱc就再以生产资料的形式存在，而Ⅰ（v＋m）则再以消费资料的形式存在。第二部类生产的消费资料产品，只是收入的物质（使用价值）体现者，而收入本身则是Ⅰ（v＋m）＋Ⅱ（v＋m）。不应把两者混为一谈。】

第八节　两个部类的不变资本

【简释：本节研究两个部类的不变资本的价值补偿和实物补偿问题。第Ⅰ部类的年产品价值是4000c＋1000v＋1000m＝6000的生产资料，其中2000（v＋m）是当年投入的活劳动（作为抽象劳动）创造的新价值，4000c是当年投入的活劳动在同一劳动过程（作为具体劳动）转移的生产资料价值。另一方面，第二部类的年产品价值2000c＋500v＋500m＝3000的消费资料。其中1000（v＋m）是当年投入的活劳动新创造的价值，2000c是同一劳动过程转移的Ⅱc的价值。以上4000Ⅰc＋2000Ⅱc＝6000c，是两个部类在一年生产中消耗掉的不变资本，它们的价值都转移到各自生产出来的产品中去了，但从实物形态看，两个部类消耗掉的生产资料，却都要由第一部类生产出来的产品（生产资料）来补偿。因此，第一部生产的产品（生产资料）的价值，必须同两个部类消耗掉的不变资本的总额相等，即 $I(c+v+m)=Ic+IIc$。其中 Ic 由第一部类内部资本家之间互相交换得到补偿，而 IIc 的物质形态是消费资料，正好同处于生产资料形态的 $I(v+m)$ 相交换得到补偿。这样，$I(1000v+1000m)=2000IIc$，就使两个部类的不变资本，无论在价值上还是在使用价值的物质形态上都得到了补偿。】

【第九节是对于亚·斯密、施托尔希和拉姆赛等人有关观点的分析批评】

第十节　资本和收入：可变资本和工资

【简释：社会资本再生产的三个公式：（1）$I(v+m)=IIc$；（2）$II(c+v+m)=I(v+m)+II(v+m)$；（3）$I(c+v+m)=Ic+IIc$。这三个公式，虽然本质上是一个公式，只是表现方式不同，但可以说表现三个原理。

第一个原理是，两个部类的生产之间要相互平衡，首先就要求第一部类的可变资本加剩余价值，要和第二部类的不变资本相等，即 $I(v+m)=IIc$。

第二个公式是表示国民收入的原理。$II(c+v+m)=I(v+m)+II(v+m)$，这个公式表示投在第一部类和第二部类的当年劳动所创造的全部新价值（或与此相应的物质资料），形成当年的国民收入。在简单再生产条件下，也就是当年生产的消费资料的总和，形成当年的国民收入。这个公式表明，国民收入的生产和国民收入的分配及使用需要平衡。要增加国民收入，就要通过发展生产力，增加投在两个部类生产上的劳动，从而增加当年劳动创造的新价值。

第三个公式 $I(c+v+m)=Ic+IIc$，表明社会再生产的另一个重要原理，即社会每年生产的全部生产资料，要足够补偿社会每年消耗掉的生产资料。就是说，第一类当年生产的生产资料，要足够补偿两个部类当年消耗掉的生产资料，社会简单再生产才能继续进行。

社会生产划分为生产资料生产和消费资料生产两大类，以及两大部类的相互联系、互相制约的规律，不仅适用于资本主义生产方式，而且对于以社会化大生产为基础的社会主义生产方式也是适用的。列宁针对布哈林"商品资本主义社会的终结也将是政治经济学的终结"的说法，指出："不对。即使在纯粹的共产主义社会中不也有Ⅰv+m和Ⅱc的关系吗？不也有积累吗？"】

第十一节　固定资本的补偿

【固定资本的价值补偿和实物补偿是分开进行的】

"不变资本的价值部分，只要是由真正的劳动资料（生产资料的一个特殊种类）构成的，就由劳动资料转移到劳动产品（商品）中去；这些劳动资料继续作为生产资本的要素执行职能，而且是以它们的旧的实物形式继续执行职能。只是劳动资料的损耗，即它们在一定期间持续执行职能时逐渐损失的价值，才作为借助于劳动资料生产出来的商品的价值要素再现，才由劳动工具转移到劳动产品中去。"

"商品的这个价值要素决不能和各种修理费用混为一谈。如果商品出售了，这个价值要素就会和别的要素一样货币化，即转化为货币；但是，在转化为货币以后，它和其他价值要素的区别就出现了。为了开始商品的再生产（总之，就是为了使商品生产过程成为持续的过程），在商品生产上消费的原料和辅助材料，必须用实物来补偿；在商品上消耗的劳动力，同样也必须用新的劳动力来补偿。因此，通过出售商品得到的货币，必须不断再转化为生产资本的这些要素，不断由货币形式转化为商品形式。即使比如说在一定期限内购买较大数量的原料和辅助材料，形成了生产储备，以致在一定期间不需要重新购买这些生产资料，因而，在这种储备用完以前，出售商品所得到的、用于上述目的的货币可以积累起来，这部分不变资本会暂时成为已经停止执行能动职能的货币资本，那这种情况也不会使问题发生任何变化。这不是收入资本；这是停留在货币形式上的生产资本。生产资料必须不断更新，虽然这种更新的形式，就流通来说，可以是各种各样的。重新购买，即生产资料借以更新、补偿的流通行为，可以在间隔较长的时期进行，这时是一次投入大量货币，而且由相应的生产储备来补偿；或者这种流通行为可以在依次间隔较短的时期进行，这时是迅速地连续地支出少量货币，而生产储备也较少。这一切都不会使事情本身发生任何变化。”“相反地，出售商品所得到的货币，就它是与固定资本损耗相等的那部分商品价值的货币化而言，是不会再转化为生产资本的组成部分的，虽然它是补偿这种生产资本的价值损失的。它在生产资本旁边沉淀下来，保留它的货币形式。这种货币沉淀反复发生，直到年数不等的再生产时期结束为止，在这个再生产时期，不变资本的固定要素以它的旧的实物形式在生产过程中继续执行职能。一旦这种固定要素如建筑物、机器等等的寿命已经完结，不能再在生产过程中执行职能，它的价值就在它旁边存在着，全部由货币来补偿，即由货币沉淀的总和，由固定资本逐渐转移到它参与生产的商品中去的、已经通过商品出售而转化为货币形式的价值的总和来补偿。接着，这些货币就用来对固定资本（或固定资本的要素，因为固定资本的不同要素有不同的寿命）进行实物补偿，从而对生产资本的这个组成部分进行实际更新。可见，这些货币是不变资本价值的一部分即固定部分的货币形式。因此，这种货币贮藏本身是资本主义再生产过程的一个要素，是在固定资本的寿命还没有完结，从而还没有把它的全部价值转移到所生产的商品中去，还不必用实物进行补偿之前，固定资本价值或它的个别要素的价值在货币形式上的再生产和贮存。只有在这种货币再转化为固定资本的新的要素，以便补偿它的寿命已经完结的要素的时候，它才失去货币贮藏的形式，从而再能动地进入以流通为中介的资本再生产过程。”

1. 损耗的价值部分在货币形式上的补偿

【第 I 部类遇到生产资料不能全部销售的困难】

“如果我们现在从下列公式开始：

Ⅰ. 4000c+1000v+1000m

Ⅱ………… 2000c +500v+5m

“那么，商品 2000Ⅱc 和同等价值的商品 Ⅰ（1000v＋1000m）交换的前提是：2000Ⅱc 全部以实物形式再转化为第 I 部类所生产的第 Ⅱ 部类的不变资本的实物组成部分；但是，后者借以存在的商品价值 2000 包含着补偿固定资本的价值损失的要素，这个要素不需要立即用实物来补偿，而要转化为货币，这个货币逐渐积累成一个总额，直到固定资本需要以实物形式更新的时候为止。”“对同一个单个资本来说，总会有这一部分或那一部分固定资本需要补偿（因为固定资本各部分的寿命不同）。如果我们考察年再生产——即使是原有规模的年再生产，也就是说，把一切积累撇开不说——，我们也不是从头开始。我们考察的是许多年中的一年，而不是资本主义生产刚诞生的一年。因此，投入第Ⅱ部类的各种各样的生产部门的不同资本也会有不同的年龄。""每年也有许多固定资本在当年到达寿命的终点，必须用积累的货币基金实行实物更新。""因此，2000Ⅱc的价值中要用**货币**来补偿的损耗和正在执行职能的固定资本的数量，是完全不一致的，因为固定资本每年都有一部分必须**用实物**来补偿，但这要有一个前提，即第Ⅱ部类资本家在前几年内已经积累了这种转化所必需的货币。"

【第Ⅱ部类遇到实现部分消费资料价值的货币来源的困难】

"因此，当Ⅰ（1000v＋1000m）和2000Ⅱc交换时，立即遇到了困难：第Ⅰ部类的2000（v＋m）借以存在的实物形式的生产资料，要用它的全部价值额2000和以第Ⅱ部类的消费资料存在的等价物进行交换，而另一方面，消费资料2000Ⅱc却不能以它的全部价值额来和生产资料Ⅰ（1000v＋1000m）交换，因为它的价值的一部分——等于固定资本中有待补偿的损耗或价值损失——必须首先以货币形式沉淀下来，而在我们仅仅考察的当年再生产期间，不再作为流通手段执行职能。"

2. 固定资本的实物补偿

"第Ⅱ部类是由许多资本家构成的，他们的固定资本处在再生产的完全不同的期限中。对一些资本家来说，固定资本已经到了必须全部用实物更新的期限。对另一些资本家来说，它和这个阶段多少还有些距离。对后一类资本家的全体成员来说，有一点是共同的：他们的固定资本并没有实际再生产，即并没有用实物来更新，或者说，并没有用同一种新的物品来补偿，它的价值则相继以货币形式积累起来。前一类资本家则完全处于企业开办时的那种情况（或部分地处于那种情况，这一点和这里的问题无关）。那时，他们带着货币资本来到市场，一方面要把它转化为（固定的和流动的）不变资本，另一方面则要把它转化为劳动力，即可变资本。他们现在也和当初一样，要把货币资本再预付到流通中去，因此，既要预付流动资本和可变资本的价值，也要预付不变的固定资本的价值。"

"我们把第Ⅱ部类中用实物补偿固定资本的那部分资本家叫做'第1部分'；把第Ⅱ部类中以货币形式贮存固定资本损耗价值的那部分资本家叫做'第2部分'。"

$$\left.\begin{array}{l}\text{I}.\;\overbrace{1000v+1000m}\\\text{II}.\quad\;2000c\end{array}\right.$$，这种交换所遇到的困难，可归结为如下的余额交换所遇到的困难：

Ⅰ.………400m

Ⅱ.（1）200 货币 + 200c 商品 + （2）200c 商品，说得更清楚些，这种余额交换就是：

I.200m + 200m。

Ⅱ.（1）200 货币 + 200c 商品 + （2）200c 商品"

"因为第Ⅱ部类第 1 部分的商品 200c 和 200 I m（商品）交换，并且因为在第Ⅰ部类和第Ⅱ部类之间的这 400 商品的交换中流通的一切货币都流回到预付者手中，流回到第Ⅰ部类或第Ⅱ部类手中，所以，这个货币作为第Ⅰ部类和第Ⅱ部类之间的交换的要素，实际上并不是我们这里所研究的问题的要素。""因此，只有当我们把商品 200 I m 和它的等价物即商品 200 Ⅱ（第 1 部分）从第Ⅰ部类和第Ⅱ部类双方去掉时，问题才会以纯粹的形式表现出来。"

"把第Ⅰ部类和第Ⅱ部类的这两个彼此相抵的具有同等价值的商品额去掉后，就只需要交换一个余额了。在这种情况下，问题就以纯粹的形式表现出来，即：

Ⅰ.200m 商品。

Ⅱ.（1）200c 货币 + （2）200c 商品。

"这里很清楚：第Ⅱ部类的第 1 部分用 200 货币购买它的固定资本组成部分 200 I m；因此，第Ⅱ部类的第 1 部分的固定资本得到实物更新，第Ⅰ部类的 200 剩余价值也由商品形式（由生产资料，即固定资本的要素）转化为货币形式。第Ⅰ部类用这些货币向第Ⅱ部类的第 2 部分购买消费资料；对第Ⅱ部类来说，结果是：第 1 部分用实物更新了它的不变资本的固定组成部分；第 2 部分则有另一个组成部分（补偿固定资本损耗的组成部分）以货币形式沉淀下来；每年都这样继续下去，直到这个组成部分也得到实物更新。"

"在这里先决条件显然是：第Ⅱ部类不变资本的这个固定组成部分，即按自己的全部价值再转化为货币，因而每年要用实物更新的固定组成部分（第 1 部分），应该等于第Ⅱ部类不变资本中另一个固定组成部分的年损耗，也就是等于以旧的实物形式继续执行职能，而其损耗（即转移到所参与生产的商品中去的价值损失）先要用货币来补偿的那个固定组成部分的年损耗。因此，这样一种平衡，好像就是规模不变的再生产的规律了；换句话说，因为生产生产资料的第Ⅰ部类一方面要提供第Ⅱ部类不变资本的流动组成部分，另一方面要提供它的固定组成部分，所以，劳动在第Ⅰ部类的分配比例必须保持不变。"

3. 结论

【简单再生产条件下固定资本补偿会引起生产危机】

"关于固定资本的补偿，一般应当指出：

在其他一切条件不变的前提下，也就是说，在不仅生产规模不变，而且特别是劳动生产率也不变的前提下，如果Ⅱc的固定要素比去年有更大一部分已经寿命完结，从而有更大一部分要用实物更新，那么，还在死亡途中的、在死亡期到来以前暂时要以货币形式补偿的那部分固定资本，必然会按照同一比例减少，因为按照这个前提，在第Ⅱ部类执行职能的固定资本部分的总量（以及价值总量）是保持不变的。但是，这会引起下列情况。**第一，** 如果第Ⅰ部类的商品资本中的较大部分由Ⅱc的固定资本要素构成，那么它的相应的较小部分就由Ⅱc的流动组成部分构成，因为第Ⅰ部类为Ⅱc生产的总额保持不变。如果其中一部分增加了，另一部分就减少；反过来也是一样。而另一方面，第Ⅱ部类的生产总额也保持不变。但是，在第Ⅱ部类原料、半成品、辅助材料（即第Ⅱ部类的不变资本的流动要素）减少时，这又怎么可能呢？**第二，** 恢复货币形式的固定资本Ⅱc中有较大一部分流到第Ⅰ部类，以便从货币形式再转化为实物形式。所以，除去第Ⅰ部类和第Ⅱ部类之间为了单纯的商品交换而流通的货币，还会有更多的货币流到第Ⅰ部类；这些货币，不成为相互间的商品交换的中介，而只是单方面地执行购买手段的职能。但同时Ⅱc中承担补偿损耗价值的商品量将会按比例减少，从而第Ⅱ部类中无须和第Ⅰ部类的商品交换而只需和第Ⅰ部类的货币交换的商品量也会按比例减少。所以，会有更多的货币作为单纯购买手段从第Ⅱ部类流到第Ⅰ部类；而对第Ⅱ部类来说，第Ⅰ部类单纯作为买者向它购买的商品则较少。因此，Ⅰm——因为Ⅰv已经和第Ⅱ部类的商品交换——会有较大的部分不能转化为第Ⅱ部类的商品，而是要保留在货币形式上。"

"有了以上的阐述，对于相反的情况，即对于一年内第Ⅱ部类的固定资本中寿命完结而要再生产的部分较小，损耗部分较大的情况，就无须再进一步考察了。"

"因此，尽管是规模不变的再生产，但危机——生产危机——还是会发生。"

"一句话：如果在简单再生产和各种条件不变，特别是劳动生产力、劳动总量、劳动强度不变的情况下，假定在寿命完结的（有待更新的）固定资本和以旧的实物形式继续起作用的（只是为了补偿其损耗而把价值加到产品中去的）固定资本之间的比例不是不变，那么，在一个场合，需要再生产的流动组成部分的量保持不变，而需要再生产的固定组成部分的量就会增加；因此，第Ⅰ部类的生产总额必须增加，不然，即使把货币关系撇开不说，也会出现再生产不足的现象。"

"在另一个场合，如果需要在实物形式上再生产的第Ⅱ部类的固定资本的比例量减少，从而还只是要用货币进行补偿的第Ⅱ部类的固定资本组成部分会按同一比例增加，那么，在需要由第Ⅰ部类再生产的第Ⅱ部类不变资本的流动组成部分的量保持不变的同时，需要再生产的固定组成部分的量却会减少。因此，或者是第Ⅰ部类的生产总额减少，或者是出现过剩（就像前面出现不足一样），而且是不能转化成货币的过剩。"

"诚然，在第一个场合，同一劳动可以靠提高劳动生产率、增加劳动量或增加劳动强度提供更多的产品，这样就可以弥补第一个场合的不足；但是发生这种变化的时候，总不免会有劳动和资本从第Ⅰ部类的某个生产部门移动到另一个生产部门；并且，每一次这样的移动，都会引起暂时的紊乱。其次，第Ⅰ部类（由于增加劳动量和劳动强度）不得不用较多的价值来交换第Ⅱ部类的较少的价值，因而第Ⅰ部类的产品就要跌价。"

"在第二个场合则相反，第Ⅰ部类必须压缩自己的生产，这对该部类的工人和资本家来说，意味着危机；或者第Ⅰ部类提供的产品过剩，这对他们来说，又是危机。这种过剩本身并不是什么祸害，而是利益；但在资本主义生产下，它却是祸害。"

"在两个场合，对外贸易都能起补救作用；在第一个场合，是使第Ⅰ部类保留货币形式的商品转化为消费资料；在第二个场合，是把过剩的商品销售掉。但是，对外贸易既然不是单纯补偿各种要素（按价值说也是这样），它就只会把矛盾推入更广的范围，为这些矛盾开辟更广阔的活动场所。"

"再生产的资本主义形式一旦废除，问题就归结如下：寿命已经完结因而要用实物补偿的那部分固定资本（这里是指在消费资料生产中执行职能的固定资本）的数量大小，是逐年不同的。如果在某一年数量很大（像人一样，超过平均死亡率），那在下一年就一定会很小。在其他条件不变的前提下，消费资料年生产所需的原料、半成品和辅助材料的数量不会因此而减少；因此，生产资料的生产总额在一个场合必须增加，在另一个场合必须减少。这种情况，只有用不断的相对的生产过剩来补救；一方面要生产出超过直接需要的一定量固定资本；另一方面，特别是原料等等的储备也要超过每年的直接需要（这一点特别适用于生活资料）。这种生产过剩等于社会对它本身的再生产所必需的各种物质资料的控制。但是，在资本主义社会内部，这种生产过剩却是一个无政府状态的要素。"

【简释：本节研究固定资本的补偿问题。前面的研究假定Ⅰ（1000v＋1000m）和Ⅱ2000c相交换。在这Ⅱ2000c中，除了原材料的转移价值外，也包括机器、设备、建筑物等固定资本磨损所转移的价值。在这里，不变固定资本的价值补偿和实物补偿在时间上是分开的。假定Ⅱc中有200是固定资本的转移价值，但它是作为折旧基金以货币形式贮藏起来，不会在当年购买生产资料。这样，第一部类就有200生产资料卖不出去，从而不能用这200生产资料转化的货币去购买第二部类的消费资料，于是第一部类剩下200m的生产资料，第二部类剩下200c的消费资料。这个困难是这样解决的：第二部类的一部分资本家（"第一部分"），是当年需要在实物形式更新固定资本的，而另一部分资本家（"第二部分"），则还要在货币形式上积累以便将来在实物形式上更新固定资本。这样，只要第二部类中需要更新固定资本的"第一部分"资本家向第一部类购买200的生产资料；第一部类收回货币的资本家再去购买200的消费资料；第二部类出售消费资料的"第二部分"资本家，便可以将收回货币作为固定资本的折旧基金了。这里的条件是，第二部类中"第一部分"固定资本的更新价值，应等于"第二部分"固定资本作为折旧基金的货币额。如果发生Ⅱc（1）大于或者小于Ⅱc（2）的情况，就需要通过对外贸易从国外进口国内不足的商品，或者向国外输出国内过剩的商品。但这不过是把矛盾推向更广阔的范围罢了，仍然不能摆脱资本主义生产过剩危机。

马克思描述了取代资本主义的未来社会的状况：再生产的资本主义形式一旦废除，问题就归结如下：第二部类需要用实物补偿的那部分固定资本的数量，是逐年不同的。因此，生产资料的生产总额在一个场合必须增加，在另一个场合必须减少。这种情况，只有用不断的相对的生产过剩来补救；一方面要生产出超过直接需要的一定量固定资本；另一方面，特别是原料等等的储备也要超过每年的直接需要（这一点特别适用于生活资料）。这种生产过剩等于社会对它本身的再生产所必需的各种物质资料的控制。但是，在资本主义社会内部，这种生产过剩却是一个无政府状态的要素。】

【第十二节是考察货币材料的再生产："在资本主义生产占统治地位的国家，只有美国是金和银的生产者。欧洲各资本主义国家几乎所有的金以及绝大部分银都是从澳大利亚、美国、墨西哥、南美和俄国得到的。""资本主义生产离开对外贸易是根本不行的。"】

第二十一章

积累和扩大再生产

【《资本论》第一卷第二十二、二十三章，曾经研究过单个资本的积累和扩大再生产的阶级关系本质，考察资本积累对工人阶级经济状况、失业后备军的形成等等的影响。本章则是从社会资本再生产和流通的角度，研究积累和扩大再生产是怎样进行的，积累的价值前提和物质前提，资本积累的运动规律等问题。

积累的基本条件是剩余价值转化为资本。但是，并不是任何剩余价值都能够一下子转化为资本。积累起来的资本，首先要采取货币贮藏的形式，因为生产规模的扩大，要受技术条件的限制，资本必须积累到一定的数额，才能用来扩大生产规模。就是说，货币的积累先于实际的积累。同时，货币本身并不是生产要素，要扩大再生产，还必须用积累的货币去购买生产过程所需要的生产资料和劳动力。虽然资本主义社会的劳动人口总是相对过剩，但是扩大再生产，除了需要更多的劳动力，也还需要有更多的生产资料事先已经生产出来。这是资本积累和扩大再生产的物质基础和必要条件。

本章第一节和第二节分别考察第一部类和第二部类积累的条件。第三节对扩大再生产条件下两个部类之间流通的条件进行分析，用两个实例研究 I （v＋m）等于 IIc，和 I （v＋m） 大于 IIc 的不同情况。】

"第一册已经指出，单个资本家的积累是怎样进行的。由于商品资本转化为货币，代表剩余价值的剩余产品也转化为货币。资本家把这样转化为货币的剩余价值，再转化为他的生产资本的追加的实物要素。这个增大的资本，在生产的下一个循环内，会提供更多的产品。但是，在单个资本上发生的情况，也必然会在全年的总再生产上出现，正像在考察简单再生产时我们已经看到，在单个资本的场合，单个资本的已经损耗的固定组成部分相继沉淀为贮藏货币的现象，也会在社会的年再生产上表现出来。"

　　"这里要假定：1. 在一定的技术条件下，这个货币额或者足以增加正在执行职能的不变资本，或者足以开办一个新的工业企业。但是，情况也可能是这样：在开始这个过程以前，即进行实际积累和扩大生产以前，剩余价值向货币的转化和这个货币的贮藏需要一个很长的时间。2. 假定事实上生产在以前已经按扩大的规模进行；因为要使货币（即以货币形式贮藏的剩余价值）能够转化为生产资本的要素，这些要素必须是在市场上可以买到的商品；即使这些要素不是作为成品来买，而是按订货制造，在这里也不会有什么差别。只有在它们存在以后，并且无论如何只有在对它们实际进行了规模扩大的再生产以后，也就是说，在它们原来正常的生产已经扩大以后，才会对它们进行支付。它们必须是可能存在的，也就是在它们的要素中存在的，因为，只要有订货的刺激，即在商品存在以前预先购买，预先出售，它们的生产就可以实际进行。于是，一方面的货币就能引起另一方面的扩大再生产，这是由于再生产扩大的可能性在没有货币的情况下就已经存在；因为货币本身不是实际再生产的要素。"

第一节　第 I 部类的积累

1. 货币贮藏

　　"显然，投在构成第 I 部类的许多产业部门的资本，和投在每一个这样的产业部门内的不同的单个资本，都会由于它们的年龄不同，也就是由于已经经历的执行职能的时间不同——完全撇开它们的规模、技术条件、市场关系等等不说——，处于剩余价值相继转化为可能的货币资本这个过程的不同阶段，而无论这种货币资本是要用来扩充它们的正在执行职能的资本，还是要用来创立新的工业企业（这是扩大生产的两种形式）。因此，一部分资本家不断地把他们的已经增加到相应数量的可能的货币资本转化为生产资本，也就是用通过剩余价值的货币化而贮藏起来的货币来购买生产资料，即追加的不变资本要素；而另一部分资本家则仍然从事可能的货币资本的贮藏。因此，这两类资本家是互相对立的：一方作为买者，另一方作为卖者，并且每一方在这两种作用中都只起一种作用。"

　　"在信用制度下，所有这些可能的资本，由于它们积聚在银行等等的手中，而成为可供支配的资本、'可贷资本'、货币资本，而且不再是被动的东西，不再是未来的音乐，而是能动的，生利的东西"。

"我们知道，固定资本一经投入，在它执行职能的全部时间内就不用更新，而是以它的原有形式继续发挥作用，它的价值则逐渐地以货币形式沉淀下来。我们又已经知道，Ⅱc 的固定资本（Ⅱc 的全部资本价值转化为在价值上与 Ⅰ（v＋m）相等的要素）的周期更新的前提，一方面是 Ⅱc 中要由货币形式再转化为实物形式的固定部分的**单纯的买**，与此相适应的是 Ⅰm 的单纯的卖；另一方面是 Ⅱc 中要沉淀为货币的固定（损耗）价值部分的**单纯的卖**，与此相适应的是 Ⅰm 的单纯的买。在这里，交换正常进行必须具有的前提是，Ⅱc 的单纯的买，按价值量来说，和 Ⅱc 的单纯的卖相等；同样，Ⅰm 对 Ⅱc 第 1 部分的单纯的卖，也和它向 Ⅱc 第 2 部分的单纯的买相等。不然，简单再生产就会遭到破坏。一方面的单纯的卖，必须由另一方面的单纯的买来抵消。同样，这里必须具有的前提是，Ⅰm 中 A、A′、A″的形成货币贮藏的部分的单纯的卖，和 Ⅰm 中 B、B′、B″把自己的贮藏货币转化为追加生产资本要素的部分的单纯的买保持平衡。"

【**一方面单纯的买和另一方面单纯的卖的平衡本身是一种偶然现象，从而转变为危机的可能性**】

"但是，既然发生的只是单方面的交易，一方面是大量的单纯的买，另一方面是大量的单纯的卖"，"所以，这种平衡只有在如下的前提下才能保持：单方面的买的价值额要和单方面的卖的价值额互相抵消。商品生产是资本主义生产的一般形式这个事实，已经包含着在资本主义生产中货币不仅起流通手段的作用，而且也起货币资本的作用，同时又会产生这种生产方式所特有的、使交换从而也使再生产（或者是简单再生产，或者是扩大再生产）得以正常进行的某些条件，而这些条件转变为同样多的造成过程失常的条件，转变为同样多的危机的可能性；因为在这种生产的自发形式中，平衡本身就是一种偶然现象。"

"我们还知道，在 Ⅰv 和 Ⅱc 的相应价值额交换时，正是对 Ⅱc 来说，第Ⅱ部类的商品最后由第Ⅰ部类的同等价值额的商品所补偿，所以在第Ⅱ部类的总体资本家方面，他的商品的出售是事后以第Ⅰ部类的同等价值额的商品的购买作为补充的。这种补偿是会发生的；但是在第Ⅰ部类和第Ⅱ部类的资本家相互之间的这种商品交易中，发生的不是第Ⅰ部类资本家和第Ⅱ部类资本家之间的交换。Ⅱc 把他的商品出售给第Ⅰ部类的工人阶级"；"Ⅱc 用他这样得到的货币，单方面作为商品的买者和第Ⅰ部类的总体资本家相对立，而第Ⅰ部类的总体资本家则用Ⅰv的数额单方面作为商品的卖者和Ⅱc相对立。只是由于出售这种商品，第Ⅰ部类最后以货币资本的形式重新再生产出它的可变资本。"

"第Ⅰ部类的工人阶级要不断地提供劳动力，第Ⅰ部类的商品资本有一部分要再转化为可变资本的货币形式，第Ⅱ部类的商品资本有一部分要用不变资本Ⅱc的实物要素来补偿——这一切必要的前提是互为条件的，但是，它们是通过一个极为复杂的过程作为中介的。这个过程，包括三个彼此独立进行但又互相交错在一起的流通过程。过程本身的复杂性，呈现出同样多的造成过程失常的原因。"

2. 追加的不变资本

【从事货币积累和进行现实积累的两类资本家】

"第Ⅰ部类资本家预付的，不外是他们的不变资本和可变资本。工人不仅通过自己的劳动，为他们保存了不变资本；不仅用一个新创造的具有商品形式的相应的价值部分，为他们补偿了可变资本价值；而且，工人还用自己的剩余劳动，向他们提供了一个以剩余产品形式存在的剩余价值。他们通过相继出售这种剩余产品，形成了货币贮藏，形成了追加的可能的货币资本。在这里考察的场合，这个剩余产品从一开始就是由生产资料的生产资料构成的。这个剩余产品，只有在B、B′、B″等等（Ⅰ）的手中，才执行追加的不变资本的职能。但是，它在出售以前，在货币贮藏者A、A′、A″（Ⅰ）的手中已经是潜在的追加的不变资本了。如果我们只考察第Ⅰ部类方面的再生产的价值量，那么，我们就仍然处在简单再生产的范围内，因为没有使用追加资本来创造这个潜在的追加的不变资本（剩余产品），也没有使用比在简单再生产基础上耗费的更多的剩余劳动。在这里，区别只在于所使用的剩余劳动的形式，只在于它的特殊的有用方式的具体性质。它是用来生产Ⅰc的生产资料，而不是用来生产Ⅱc的生产资料的，是用来生产生产资料的生产资料，而不是用来生产消费资料的生产资料的。在简单再生产的情况下，前提是第Ⅰ部类的全部剩余价值作为收入花掉，即用在第Ⅱ部类的商品上；所以，它只不过是由那种以自己的实物形式重新补偿不变资本Ⅱc的生产资料构成的。因此，为了从简单再生产过渡到扩大再生产，第Ⅰ部类的生产要能够少为第Ⅱ部类制造不变资本的要素，而相应地多为第Ⅰ部类制造不变资本的要素。完成这种过渡往往不是没有困难的，但是，由于第Ⅰ部类的有些产品可以作为生产资料在两个部类起作用这一事实，完成这种过渡就容易些。"

"由此得出结论：如果只考察价值量，扩大再生产的物质基础是在简单再生产内部生产出来的。简单说来，这种物质基础就是直接用在第Ⅰ部类生产资料的生产上的、用在第Ⅰ部类潜在的追加资本的创造上的第Ⅰ部类工人阶级的剩余劳动。因此，A、A′、A″（Ⅰ）方面潜在的追加货币资本的形成——通过相继出售他们的在没有任何资本主义货币支出的情况下形成的剩余产品——，在这里也就只是追加地生产出来的第Ⅰ部类的生产资料的货币形式。"

"潜在的追加资本的生产，在当前的场合（因为我们将会知道，这种追加资本还可以按完全不同的方法形成），不外是生产过程本身的现象，即生产资本的要素在一定形式上的生产。"

"因此，追加的潜在货币资本在流通领域许多点上的大规模生产，不外是潜在的追加生产资本的多方面的生产的结果和表现，这种生产资本的形成本身并不是以产业资本家方面的任何追加货币支出为前提的。"

"A、A′、A″等等（Ⅰ）方面的这个潜在的追加生产资本向潜在的货币资本（贮藏货币）的相继转化，是由他们的剩余产品的相继出售引起的，因而是由没有购买作为补充的反复进行的单方面的商品出售引起的，这种转化是靠反复从流通中取出货币以及形成与此相应的货币贮藏来完成的。这种货币贮藏——金生产者是买者的场合除外——，决不包含贵金属财富的增加，而只包含到目前为止处于流通中的货币的职能的改变。以前，它作为流通手段执行职能，现在则作为贮藏手段，作为正在形成的、潜在的新货币资本执行职能。因此，追加货币资本的形成和一个国家现有贵金属的数量彼此之间是没有任何因果关系的。"

"由此还可以得出结论：已经在一个国家执行职能的生产资本（包括并入生产资本的劳动力，即剩余产品的创造者）越多，劳动的生产力，从而生产资料生产迅速扩大的技术手段越发展，因而，剩余产品的量无论在价值方面或在价值借以体现的使用价值量方面越大，那么，下列二者也就越大：

1. A、A′、A″等等手中的剩余产品形式的潜在的追加生产资本也就越大，和

2. A、A′、A″手中的转化为货币的剩余产品的量，即潜在的追加货币资本的量也就越大。"

"如果由资本家A、A′、A″（Ⅰ）直接生产和占有的剩余产品是资本积累即扩大再生产的现实基础——虽然它要到B、B′、B″等等（Ⅰ）手中，才实际以这种资格执行职能——，那么，当它还处于蛹化成的货币的形式，作为贮藏货币，

作为只是逐渐形成的潜在货币资本时，它是绝对非生产的，它在这个形式上虽然和生产过程平行进行，但却处在生产过程之外。它是资本主义生产的一个死荷重（dead weight）。渴望利用这种作为潜在货币资本贮藏起来的剩余价值来取得利润和收入的企图，在信用制度和有价证券上找到了努力的目标。货币资本由此又以另一个形式对资本主义生产体系的进程和巨大的发展产生了极大的影响。"

3. 追加的可变资本

"在第一册，我们已经详细地论述过，在资本主义生产的基础上，劳动力总是准备好的；在必要时，不用增加所雇用工人的人数，即不用增加劳动力的量，就可以推动更多的劳动。因此，这里暂时没有必要进一步加以论述，而只要假定，新形成的货币资本中可以转化为可变资本的部分，在应该转化时总会找到劳动力。"

【简释：（1）投在第一部类的许多产业部门中的众多单个资本，处于剩余价值转化为货币资本这个过程的不同阶段，其中一部分资本家（B、B'、B"）要用贮藏起来的货币购买生产资料，而另一部分资本家（A、A'、A"）仍处在进行货币贮藏的阶段。在这里，由于后者（A、A'、A"）只作为卖者，把他们的商品投入流通，但不接着作为买者从流通中取走其他商品，因此前者（B、B'、B"）就能够把货币投入流通而只取出商品。在这个场合，前者取出的商品按照它的实物形式和用途，是要加入B、B'、B"等的不变资本的固定要素或流动要素中去的。这里必须具有的前提是，Ⅰm中A、A'、A"等的货币贮藏的部分的单纯卖，和Ⅰm中B、B'、B"等把贮藏货币转化为追加生产资本要素的部分的单纯买，要保持平衡。也就是说，两者的价值额相等，能够在交换中互相抵消。但是，在资本主义生产中，平衡本身就是一种偶然现象，经常呈现的是脱节、不平衡和局部危机。以Ⅰv和一部分Ⅱc的交换为例，首先，第一部类资本家把可变资本（Ⅰv）购买劳动力；其次，第一部类的工人用Ⅰv的货币去购买第二部类的消费资料，使Ⅱc变现；最后，第二部类的资本家用Ⅱc变现的货币向第一部类资本家购买相当于Ⅰv价值的生产资料。这样，Ⅰv才重新以货币形式流回，使第一部类资本家可以再次用以购买劳动力。上述这一切必要的前提是互为条件的。这个过程，包括三个彼此独立进行但又互相交错在一起的流通过程。过程本身的复杂性，呈现出同样多的造成过程失常的原因。

（2）追加的不变资本。上一章论述简单再生产的实现条件是 I（v＋m）＝ II c。现在考察扩大再生产，第一部类的资本家不能将剩余价值全部用于消费，必须把其中的一部分作为追加的资本来使用。就是说，I m 的产品要有一部分作为本部类追加的不变资本的要素来使用。因此，同简单再生产相比较，扩大再生产的条件是 I（v＋m）必须大于 II c。就是说，第一部类的生产要多为本部类提供不变资本的要素，相应地减少为第二部类提供不变资本的要素。这揭示了第一部类生产资料的生产要快于第二部类生产资料的生产的原理。

由此得出结论：扩大再生产的物质基础是在简单再生产内部生产出来的。这个物质基础就是第一部类工人阶级直接用在第一部类生产资料的生产上的剩余劳动。从一个国家来看，它的执行职能的生产资本越多，劳动的生产力、从而生产资料生产迅速扩大的技术手段越发展，剩余产品的价值和使用价值的量越大，A、A′、A″等资本家手中的剩余产品形式的潜在追加生产资本和潜在的追加货币资本的量也就越大。这说明，生产资料生产的事先扩大，以及第二部类生产的相应扩大，是资本积累即扩大再生产的现实物质基础。】

第二节　第 II 部类的积累

"以上我们假定，A、A′、A″（I）是把他们的剩余产品卖给也是属于第 I 部类的 B、B′、B″等等。现在我们假定，A（I）把他的剩余产品卖给第 II 部类的 B，从而把他的剩余产品转化为货币。这种情况所以能够发生，只是因为 A（I）把生产资料卖给 B（II）以后，不接着购买消费资料，也就是说，只是因为他这方面进行的是单方面的卖。II c 所以能够由商品资本的形式转化为不变生产资本的实物形式，只是因为不仅 I v，而且至少 I m 的一部分，和以消费资料形式存在的 II c 的一部分相交换；而现在，A 把他的 I m 转化为货币，是由于这种交换没有进行，相反地，A 把通过出售他的 I m 而从第 II 部类得到的货币从流通中取出，不用它来购买消费资料 II c。因此，在 A（I）方面虽然形成追加的潜在货币资本；但是另一方面，B（II）却有同等价值量的一部分不变资本，被凝结在商品资本的形式上，不能够转化为不变生产资本的实物形式。换句话说，B（II）的一部分商品卖不出去，而且首先是他的这样一部分商品卖不出去，由于这部分商品卖不出去，他就不能把他的不变资本全部再转化为生产形式；因此，就这部分商品来说，发生了生产过剩，这种过剩阻碍着这部分商品的再生产，甚至是规模不变的再生产。"

"因此，在这个场合，A（I）方面的追加的潜在货币资本，虽然是剩余产品（剩余价值）转化成货币的形式，但是，就剩余产品（剩余价值）本身来看，它在这里是简单再生产的现象，还不是规模扩大的再生产的现象。"

"现在，我们要比较详细地考察一下第II部类的积累。

IIc方面的第一个困难，即怎样由第II部类的商品资本的一个组成部分转化为第II部类的不变资本的实物形式，是与简单再生产有关的。让我们采用以前的公式：

（1000v＋1000m）I 和2000IIc 交换。

假如第I部类的剩余产品的一半，即$\frac{1000}{2}$m 或500 I m，再作为不变资本并入第I部类，留在第I部类的这部分剩余产品，就不能补偿IIc的任何部分。它不转化为消费资料（在转化为消费资料的场合，在第I部类和第II部类之间的这部分流通中发生的，是商品的实际的互相的交换，也就是双方的商品换位，这不同于以第I部类的工人作为中介的1000IIc由1000Iv进行的补偿），而要在第I部类本身内作为追加的生产资料来用。它不能同时在第I部类和第II部类完成这个职能。资本家不能既把他的剩余产品的价值花费在消费资料上，同时又对这个剩余产品本身进行生产消费，即把它并入他的生产资本。因此，能转化为2000IIc的，已不是2000 I（v＋m），而只是1500，即（1000v＋500m）I。这样，500 IIc 就不能从它的商品形式再转化为第II部类的生产（不变）资本。于是第II部类就会发生生产过剩，过剩的程度恰好与第I部类生产已经扩大的程度相适应。第II部类的生产过剩也许会这样反映到第I部类上，以致第I部类的工人用在第II部类消费资料上的1000，也仅仅是部分地流回，因而这1000也不是以可变的货币资本的形式回到第I部类的资本家手中。第I部类的资本家将会发觉，仅仅因为他们有扩大再生产的企图，就连规模不变的再生产也会受到阻碍。这里还要注意，第I部类事实上只有简单再生产，公式中列举的要素只不过为将来的扩大，比如说下一年的扩大，进行不同的组合罢了。"

"我们在考察简单再生产时并没有碰到这里所要回避的困难，这一简单事实就证明，我们在这里涉及的是一种特殊的现象，这种现象之所以发生，只是由于第Ⅰ部类的各要素之间（就再生产来说）有了不同的组合，没有这种组合的变化，就根本不可能发生规模扩大的再生产。"

【简释：前面提到扩大再生产的条件是Ⅰ（v+m）大于Ⅱc，也就是说，第一部类的资本家把通过出售Ⅰm的一部分商品（生产资料）而得到的货币从流通中取出，作为追加的潜在货币资本，没有接着去购买Ⅱc的商品（消费资料）。这部分Ⅱc卖不出去，便使第二部类发生了生产过剩，过剩的程度恰好与第一部类生产扩大的程度相适应。这种现象之所以发生，只是由于第一部类的各要素之间（就再生产来说）有了不同的组合，没有这种组合的变化，就根本不可能发生规模扩大的再生产。】

第三节　用公式来说明积累

【对扩大再生产的公式（a）的分析】

现在我们按照下列公式来考察再生产：

$$公式（a）\quad \begin{array}{l} Ⅰ.\ 4000c + 1000v + 1000m = 6000 \\ Ⅱ.\ 1500c + 376v + 376m = 2252 \end{array} \Big\} 合计 = 8252$$

首先要指出，年社会产品的总额8252，小于第一个公式的总额9000。我们尽可以假定一个大得多的总额，比如说，一个增大10倍的总额。但这里选择一个小于第一个公式的总额，正是为了要清楚地说明，规模扩大的再生产（在这里，这种再生产只是指用较大的投资来进行的生产）与产品的绝对量无关，也正是为了要清楚地说明，对一定量商品来说，规模扩大的再生产所需要的前提只是，既定产品的各种要素已经有了不同的组合，或不同的职能规定，因此，按价值量来说，这种再生产首先只是简单再生产。所改变的，不是简单再生产的各种既定要素的量，而是它们的质的规定，并且这种改变是以后随着发生的规模扩大的再生产的物质前提。

在可变资本和不变资本之间的比例不同时，我们对公式的表述可以不同，例如：

公式（b）　$\begin{cases} Ⅰ.4000c+875v+875m=5750 \\ Ⅱ.1750c+376v+376m=2502 \end{cases}$ 合计 $=8252$

这样，这个公式似乎是为简单再生产而列出的，以至于剩余价值全都作为收入花掉，而没有积累起来。在（a）和（b）这两个场合，年产品的价值量是相同的，只是在（b）的场合，它的各种要素在职能上的组合使再生产按照相同的规模再开始，而在（a）的场合，年产品各要素在职能上的组合却形成规模扩大的再生产的物质基础。在（b）的场合，$(875v+875m)$ Ⅰ $=1750$ Ⅰ $(v+m)$，它和 1750 Ⅱc 交换时，没有余额，而在（a）的场合，$(1000v+1000m)$ Ⅰ $=2000$ Ⅰ $(v+m)$，它和 1500 Ⅱc 交换时，却留下一个余额 500 Ⅰm，供第Ⅰ部类进行积累。

1. 第一例

（A）简单再生产的公式

$\begin{cases} Ⅰ.4000c+1000v+1000m=6000 \\ Ⅱ.2000c+500v+500m=3000 \end{cases}$ 总额 $=9000$

（B）规模扩大的再生产的开端公式

$\begin{cases} Ⅰ.4000c+1000v+1000m=6000 \\ Ⅱ.1500c+750v+750m=3000 \end{cases}$ 总额 $=9000$

"假定在公式（B）中，第Ⅰ部类的剩余价值的一半即 500 被积累。因此，首先，$(1000v+500m)$ Ⅰ 或 1500 Ⅰ $(v+m)$ 要由 1500 Ⅱc 补偿；这样，第Ⅰ部类留下的是 $4000c+500m$，后者要用于积累。$(1000v+500m)$ Ⅰ 由 1500 Ⅱc 来补偿，是简单再生产的一个过程，这在考察简单再生产时已经阐明了。"

"我们假定，500 Ⅰm 中有 400 要转化为不变资本，100 要转化为可变资本。要在第Ⅰ部类内部资本化的 400m 的交换已经阐明了；它们能够直接并入 Ⅰc；这样，第Ⅰ部类是：

$4400c+1000v+100m$（最后一项要转化为 100v）。

第Ⅱ部类方面为了积累的目的，要向第Ⅰ部类购买 100 Ⅰm（以生产资料的形式存在），于是这 100 Ⅰm 形成第Ⅱ部类的追加不变资本；而第Ⅱ部类为这个目的而支付的 100 货币，就转化为第Ⅰ部类的追加可变资本的货币形式。这样，第Ⅰ部类的资本是 $4400c+1100v$（后者以货币形式存在）$=5500$。"

"第Ⅱ部类的不变资本现在是1600c；第Ⅱ部类要运用这个资本，就必须再投入50v的货币来购买新的劳动力，从而使他的可变资本由750增加到800。第Ⅱ部类这样增加的不变资本和可变资本，共计150，要由该部类的剩余价值来偿付；因此，在750Ⅱm中，只剩下600m作为第Ⅱ部类资本家的消费基金，他们的年产品现在划分如下：

Ⅱ. 1600c + 800v + 600m（消费基金）= 3000

在消费资料上生产的150m，在这里已经转化为（100c + 50v）Ⅱ。它将以它的实物形式，全部进入工人的消费：如上所述，100为第Ⅰ部类的工人（100Ⅰv）所消费，50为第Ⅱ部类的工人（50Ⅱv）所消费。事实上，因为第Ⅱ部类的总产品要以积累所必需的形式制造出来，所以增大了100的剩余价值部分要以**必要**消费资料的形式再生产出来。如果再生产实际是按扩大的规模开始的，第Ⅰ部类的可变货币资本100，就会通过他们的工人阶级的手，流回到第Ⅱ部类；第Ⅱ部类则把商品储备中的100m转给第Ⅰ部类，同时又把商品储备中的50转给本部类的工人阶级。"

"为积累的目的而改变的组合，现在表述如下：

Ⅰ. 4400c + 1100v + 500 消费基金 = 6000

Ⅱ. 1600c + 800v + 600 消费基金 = 3000

$$\overline{\text{总计同上} = 9000}$$

其中，资本是：

$$\left.\begin{array}{l}\text{Ⅰ. } 4400c + 1100v（货币）= 5500 \\ \text{Ⅱ. } 1600c + 800v（货币）= 2400\end{array}\right\} = 7900$$

在开始生产时则是：

$$\left.\begin{array}{l}\text{Ⅰ. } 4000c + 1000v = 5000 \\ \text{Ⅱ. } 1500c + 750v = 2250\end{array}\right\} = 7250$$

如果实际积累现在是在这个基础上进行的，这就是说，如果用这个已经增加的资本实际进行生产，在第二年结束时，我们就得出：

$$\left.\begin{array}{l}\text{Ⅰ. } 4400c + 1100v + 1100m = 6600 \\ \text{Ⅱ. } 1600c + 800v + 800m = 3200\end{array}\right\} = 9800$$

假定第Ⅰ部类继续按同一比例进行积累，550m作为收入花掉，550m积累起来。这样，首先1100Ⅰv要由1100Ⅱc补偿，其次，550Ⅰm也要实现为同等数额的第Ⅱ部类的商品，合计是1650Ⅰ（v＋m）。但是，第Ⅱ部类需要补偿的不变资本只＝1600；因此，其余的50，必须从800Ⅱm中补充。"

"在五年规模扩大的再生产期间，第Ⅰ部类和第Ⅱ部类的总资本，已经由5500c＋1750v＝7250，增加到8784c＋2782v＝11566，也就是按100：160之比增加了。总剩余价值原来是1750，现在是2782。已经消费的剩余价值，原来在第Ⅰ部类是500，在第Ⅱ部类是600，合计＝1100；但是在最后一年，在第Ⅰ部类是732，在第Ⅱ部类是745，合计＝1477，因此，是按100：134之比增加了。"

2. 第二例

"现在假定有年产品9000，这个年产品完全是处在产业资本家阶级手中的商品资本，其中可变资本和不变资本的一般平均比例是1：5。这种情况的前提是：资本主义生产已经有了显著的发展；与此相应，社会劳动的生产力也已经有了显著的发展；生产规模在此以前已经有了显著的扩大；最后，在工人阶级中造成相对人口过剩的所有条件也已经有了发展。这时，把分数去掉，年产品就会划分如下：

$$\left.\begin{array}{l} Ⅰ.\ 5000c＋1000v＋1000m＝7000 \\ Ⅱ.\ 1430c＋285v＋285m＝2000 \end{array}\right\}＝9000$$

现在假定，第Ⅰ部类的资本家阶级只消费剩余价值的一半＝500，而把其余一半积累起来。这样，（1000v＋500m）Ⅰ＝1500要转化为1500Ⅱc。但是因为在这里Ⅱc只＝1430，所以要从剩余价值那里补进70。285Ⅱm减去这个数额，还留下215Ⅱm。于是我们得出：

Ⅰ. 5000c＋500m（待资本化的剩余价值）＋资本家和工人的消费基金1500（v＋m）。

Ⅱ. 1430c＋70m（待资本化的剩余价值）＋285v＋215m。

因为在这里70Ⅱm直接并入Ⅱc，所以，为了推动这个追加的不变资本，就要有一个可变资本$\frac{70}{5}$＝14。这14也要从215Ⅱm中扣除；剩下的是201Ⅱm，因此我们得出：

Ⅱ.（1430c＋70c）＋（285v＋14v）＋201m。

1500Ⅰ（v＋$\frac{1}{2}$m）和1500Ⅱc的交换，是简单再生产的过程，关于这一点已经讲过了。不过，在这里还必须指出某些特征，这些特征所以会发生，是由于在有积累的再生产中，Ⅰ（v+$\frac{1}{2}$m）不是单单由Ⅱc来补偿，而是由Ⅱc加Ⅱm的一部分来补偿。"

"不言而喻，既然把积累作为前提，Ⅰ（v+m）就大于Ⅱc，而不像简单再生产那样，和Ⅱc相等；因为1. 第Ⅰ部类已经把它的一部分剩余产品并入自己的生产资本，并把其中的$\frac{5}{6}$转化为不变资本，所以，它不能同时又用第Ⅱ部类的消费资料来补偿这$\frac{5}{6}$；2. 第Ⅰ部类要用它的剩余产品，为第Ⅱ部类进行积累时所必需的不变资本提供材料，就像第Ⅱ部类必须为第Ⅰ部类的可变资本提供材料完全一样，这个可变资本应当推动第Ⅰ部类的剩余产品中由第Ⅰ部类自己用做追加不变资本的部分。我们知道，实际的可变资本是由劳动力构成的，因此，追加的可变资本也是由劳动力构成的。第Ⅰ部类的资本家不必为了他们将要使用的追加劳动力，向第Ⅱ部类购买必要生活资料，把它们储备起来，或积累这种必要生活资料，而奴隶主却不得不这样做。工人自己会和第Ⅱ部类进行交易。但是，不妨说，从资本家的观点看来，追加劳动力的消费资料只是生产和维持他们势必要有的追加劳动力的手段，因而是他们的可变资本的实物形式。"

"因此，就像第Ⅰ部类必须用它的剩余产品为第Ⅱ部类提供追加的不变资本一样，第Ⅱ部类也要同样为第Ⅰ部类提供追加的可变资本。就可变资本来说，当第Ⅱ部类以必要消费资料的形式再生产它的总产品的更大部分，特别是它的剩余产品的更大部分时，它就既为第Ⅰ部类又为它自己进行积累了。

在以资本的增加为基础的生产中，Ⅰ（v+m）必须=Ⅱc加上再并入资本的那部分剩余产品，加上第Ⅱ部类扩大生产所必需的不变资本的追加部分；而第Ⅱ部类扩大生产的最低限度，就是第Ⅰ部类本身进行实际积累，即实际扩大生产所不可缺少的最低限度。

我们回过来讲刚才考察的情况，这种情况有这样一个特点：Ⅱc小于Ⅰ（v+$\frac{1}{2}$m），即小于第Ⅰ部类产品中作为收入用于消费资料的部分，因此，在和1500Ⅰ（v+m）交换时，第Ⅱ部类的一部分剩余产品=70，会立即由此实现。至于1430Ⅱc，在其他条件不变的情况下，它总是要由同等价值额的Ⅰ（v+m）来补偿，这样，第Ⅱ部类的简单再生产才有可能进行，关于这一点，我们在这里不需要进一步考察。但是补充的70Ⅱm就不是这样。那种对第Ⅰ部类来说仅仅是以消费资料补偿收入，仅仅是为消费而进行商品交换的事情，对第Ⅱ部类来说，就不像在简单再生产中那样，仅仅是它的不变资本由商品资本形式再转化为它的实物形式，而是直接的积累过程，是它的一部分剩余产品由消费资料的形式转化为不变资本的形式。如果第Ⅰ部类用70镑货币（为了剩余价值的转化而保留的货币准备金）来购买70Ⅱm，如果第Ⅱ部类不用这个货币购买70Ⅰm，而把这70镑作为货币资本积累起来，那么，这70镑虽然不是再进入生产的产品的表现，但总是追加产品的表现（正是第Ⅱ部类的剩余产品的表现，追加产品是这个剩余产品的一部分）。但是，这样一来，第Ⅱ部类方面的这种货币积累，同时就是生产资料形式的卖不出去的70Ⅰm的表现了。因此，第Ⅰ部类会发生相对的生产过剩，这是同第Ⅱ部类方面的再生产不同时扩大相适应的。

但是，我们把上面这点撇开不说。在从第Ⅰ部类出来的货币70，还没有通过第Ⅱ部类方面购买70Ⅰm，而回到或者只是部分地回到第Ⅰ部类的期间，货币70会在第Ⅱ部类全部地或者部分地充当追加的潜在货币资本。在第Ⅰ部类和第Ⅱ部类之间商品的互相补偿使货币再流回到它的起点以前，这对双方的任何交换来说，都是适用的。但是，在事情正常进行的情况下，货币在这里所起的这种作用只是暂时的。在一切暂时游离的追加货币都立即能动地作为追加货币资本执行职能的信用制度下，这种仅仅暂时游离的货币资本可以被束缚起来，例如，可以用在第Ⅰ部类的新的企业上，而它本来应该实现停滞在第Ⅰ部类的其他企业中的追加产品。其次，应该指出：70Ⅰm并入第Ⅱ部类的不变资本，同时要求第Ⅱ部类的可变资本增加14。这种增加——像第Ⅰ部类剩余产品Ⅰm直接并入资本Ⅰc一样——是以第Ⅱ部类的再生产已经具有进一步资本化的趋势为前提的，也就是说，是以第Ⅱ部类再生产包含着由必要生活资料构成的那部分剩余产品的增加为前提的。"

3. 积累时Ⅱc的交换

【Ⅱc和第Ⅰ部类交换的几种情况】

"在Ⅰ（v+m）和Ⅱc的交换上有不同的情况。

在简单再生产时，二者必须相等，必须互相补偿；因为如果不是这样，正像前面说过的，简单再生产就不可能不受到干扰。

在积累时，首先要考察的是积累率。在以上各个场合，我们都假定第Ⅰ部类的积累率 $=\frac{1}{2}m$Ⅰ，并且每年保持不变。我们只是假定这个积累资本分成可变资本和不变资本的比例会发生变化。这里有三种情形：

1. Ⅰ $(v+\frac{1}{2}m)$ ＝Ⅱc。因此，Ⅱc 小于Ⅰ $(v+m)$。必须总是这样，否则第Ⅰ部类就无法积累了。

2. Ⅰ $(v+\frac{1}{2}m)$ 大于Ⅱc。在这个场合，要完成这一补偿，就要把Ⅱm 的一个相应部分加进Ⅱc，使Ⅱc 的总额 ＝Ⅰ $(v+\frac{1}{2}m)$。这里的交换，对第Ⅱ部类来说，不是它的不变资本的简单再生产，而已经是积累，即它的不变资本已经增加了用以交换第Ⅰ部类的生产资料的那部分剩余产品。这种增加同时包括第Ⅱ部类还从它本身的剩余产品中取出一部分相应地增加它的可变资本。

3. Ⅰ $(v+\frac{1}{2}m)$ 小于Ⅱc。在这个场合，第Ⅱ部类没有通过这种交换而全部再生产它的不变资本，所以必须通过向第Ⅰ部类购买，才能补偿这种不足。但是，这种情况并不需要第Ⅱ部类可变资本的进一步积累，因为它的不变资本只是通过这种购买在原有数量上全部再生产出来。另一方面，第Ⅰ部类中仅仅积累追加货币资本的那一部分资本家，却已经通过这种交换完成了这种积累的一部分。

简单再生产的前提是Ⅰ $(v+m)$ ＝Ⅱc。这个前提同资本主义生产是不相容的，虽然这并不排斥在 10—11 年的产业周期中某一年的生产总额往往小于前一年的生产总额，以致和前一年比较，连简单再生产也没有。不仅如此，在人口每年自然增殖的情况下，只有在人数相应地增加的不从事生产的仆役参与代表全部剩余价值的 1500 的消费时，简单再生产才会发生。而在这种情况下，就不可能有资本的积累，即实际的资本主义生产。因此，资本主义积累的事实排斥了Ⅱc ＝Ⅰ $(v+m)$ 这一可能性。不过，甚至在资本主义积累中，仍然可能发生这样的情况：由于过去的一系列生产期间进行积累的结果，Ⅱc 不仅与Ⅰ $(v+m)$ 相等，而且甚至大于Ⅰ $(v+m)$。这就是说，第Ⅱ部类的生产过剩了，而这只有通过一次大崩溃才能恢复平衡，其结果是资本由第Ⅱ部类转移到第Ⅰ部类。——如果第Ⅱ部类自己再生产一部分不变资本，例如在农业中使用自己生产的种子，那也不会改变Ⅰ

（v+m）和Ⅱc的关系。在第Ⅰ部类和第Ⅱ部类之间的交换中，Ⅱc的这个部分和Ⅰc一样，无须加以考察。如果第Ⅱ部类的产品有一部分可以作为生产资料进入第Ⅰ部类，那也不会改变问题的实质。这部分产品就会和第Ⅰ部类提供的一部分生产资料互相抵消，如果我们愿意对社会生产的两大部类（生产资料的生产者和消费资料的生产者）之间的交换进行纯粹的、不受干扰的考察，那么应该从一开始就把这个部分从双方都扣除。"

"因此，在资本主义生产中，Ⅰ（v+m）不能与Ⅱc相等；或者说，二者不能在交换时互相抵消。如果 $\mathrm{I}\frac{m}{x}$ 是Ⅰm中第Ⅰ部类资本家作为收入花掉的部分，那么，$\mathrm{I}\left(v+\frac{m}{x}\right)$ 就可以等于、大于或小于Ⅱc；但是，$\mathrm{I}\left(v+\frac{m}{x}\right)$ 必须总是小于Ⅱ（c+m），其差额就是第Ⅱ部类的资本家阶级在Ⅱm中无论如何必须由自己消费的部分。"

【简释：规模扩大的再生产的开端公式：

Ⅰ　$4000c+1000v+1000m=6000$

Ⅱ　$1500c+750v+750m=3000$

合计　$5500c+1750v+1750m=9000$

这个公式有两个方面特点：（1）Ⅰ（v+m）=2000，Ⅱc=1500，这就是Ⅰ（v+m）大于Ⅱc。（2）第一部类的资本构成为4∶1；第二部类的资本有机构成为2∶1。第一部类的资本有机构成高于第二部类，表示它代表着较高的发展阶段。

假设第一部类用剩余价值的一半即500转为资本，这500积累基金也分为两个部分，按照原来的资本有机构成，其中400购买生产资料，转化为不变资本；100购买劳动力，转化为可变资本。经过积累，第一部类原有产品的结构就改变如下：

Ⅰ（4000+400）c+（1000+100）v+500m=6000

这样，第一部类用来和第二部类交换的Ⅰ（v+m）=1100v+500m=1600。但是，第二部类用来和第一部类交换的Ⅱc只有1500。因此，为求得平衡，第二部类就必须把100的剩余价值积累起来，以便转化为不变资本。这样，Ⅱc=1500+100=1600。可是第二部类的不变资本增加了100，它的可变资本也必须按照原来的资本有机构成（2∶1），把50的剩余价值转化为可变资本。于是经过积累，第二部类原有产品的结构就改变为：Ⅱ1600c＋800v＋600m＝3000。这样，在第二年生产开始的时候，整个社会资本已经增加为：

Ⅰ　4400c＋1100 v

Ⅱ　1600c＋800 v

如果剩余价值率不变，仍为100%，那么，到第二年年终时，全部社会产品将会如下：

Ⅰ　4400c＋1100v＋1100m＝6600

Ⅱ　1600c＋800 v＋800m＝3200

合计6000c＋1900v＋1900m＝9800

以上举例计算，重要的不是数字，而是其中说明的原理：积累和扩大再生产总是从第一部类开始；转化为资本积累的剩余价值，也要分成不变资本和可变资本；第二部类的积累要和第一部类的积累相适应。

以上举例的表式作了五年的推算之后，得出的结果是：在五年规模扩大的再生产期间，第一部类和第二部类的总资本，已经由5500c＋1750v＝7250，增加到8784c＋2782v＝11566，也就是增加了60%。总剩余价值原来是1750，五年的最后一年是2782。已经消费的剩余价值，原来在第一部类是500，在第二部类是600，合计是1100，而在五年的最后一年，在第一部类是732，在第二部类是745，合计是1477，也就是增加了34%。这说明，在资本积累的同时，资本家的消费也增加了。五年期间，在资本由100增加到160的同时，资本家的消费不但没有减少，反而由100增加到134。这就驳斥了资产阶级学者所谓资本积累是由于资本家"节欲"的谬论。】

第 三 卷
资本主义生产的总过程（上）

第 一 篇
剩余价值转化为利润和
剩余价值率转化为利润率

【《资本论》第三卷德文版，是恩格斯按照马克思著作手稿编辑的，于1894年11月在汉堡出版。这一卷是《资本论》理论部分的终结卷，共七篇五十二章。这一卷研究对象是资本主义生产的总过程，从整体上考察资本运动过程所产生的各种具体形式，即剩余价值转化为利润、利润转化为平均利润，及其分割为企业主收入和利息、地租的各种具体形式。

第一篇的中心是研究剩余价值如何转化为利润、剩余价值率如何转化为利润率。这是第三卷的研究起点。由此出发，才能进一步考察利润转化为平均利润、生产价格的形成；平均利润分割为企业主收入和利息，以及平均利润以上的地租。

第一篇共七章。第一章论述成本价格和利润，这是理解剩余价值如何转化为利润这个表现形式的关键。第二章论述利润率的公式和由于它完成了剩余价值到利润的转化。第三章从数量考察利润率和剩余价值率的关系。第四章论述周转对利润率的影响。第五章和第六章分别考察不变资本使用上的节约和不变资本构成要素的价格波动对利润率的影响。第七章是带有总结性的补充说明。】

第一章

成本价格和利润

【第三卷要研究的是资本运动总过程的各种具体形式】

"在第一卷中，我们研究的是资本主义**生产过程**本身作为直接生产过程考察时呈现的各种现象，而撇开了这个过程以外的各种情况引起的一切次要影响。"

"相反地，这一卷要揭示和说明**资本运动过程作为整体考察**时所产生的各种具体形式。资本在其现实运动中就是以这些具体形式互相对立的，对这些具体形式来说，资本在直接生产过程中采取的形态和在流通过程中采取的形态，只是表现为特殊的要素。因此，我们在本卷中将阐明的资本的各种形态，同资本在社会表面上，在各种资本的互相作用中，在竞争中，以及在生产当事人自己的通常意识中所表现出来的形式，是一步一步地接近了。"

【商品的成本价格等于商品价值减剩余价值】

"对资本家来说，商品的成本价格必然表现为商品本身的实际费用。我们把成本价格叫做 k，W = c + v + m 这个公式就转化为 W = k + m 这个公式，或者说，商品价值 = 成本价格 + 剩余价值。"

"商品的资本主义费用是用**资本**的耗费来计量的，而商品的实际费用则是用**劳动**的耗费来计量的。所以，商品的资本主义的成本价格，在**数量**上是与商品的价值或商品的实际成本价格不同的；它小于商品价值，因为，既然 W = k + m，那么 k = W - m。另一方面，商品的成本价格也决不仅仅是资本家账簿上的一个项目。这个价值部分的独立存在，在现实的商品生产中，会经常在实际中表现出来，""商品的成本价格必须不断买回在商品生产上消费的各种生产要素。"

【成本价格具有掩盖剩余价值起源的假象】

"但是，成本价格这一范畴，同商品的价值形成或同资本的增殖过程毫无关系。""在资本主义经济中，成本价格具有一种假象，似乎它是价值生产本身的一个范畴。"

"在预付资本中，劳动力被算作**价值**，而在生产过程中，它作为**价值形成的要素**执行职能。在预付资本中出现的劳动力价值，在实际**执行职能**的生产资本中，为形成价值的活的劳动力自身所代替。"

"但是从资本主义生产的观点来看，这个实际的情况必然以颠倒的形式表现出来。"

"资本主义生产方式不同于建立在奴隶制基础上的生产方式的地方，除了其他方面，还在于：劳动力的价值或价格，表现为劳动本身的价值或价格，或者说，表现为工资（第一卷第十七章）。"

"我们看到的只是完成的现有的价值，即加入产品价值形成的预付资本的各个价值部分，而不是创造新价值的要素。不变资本和可变资本的区别也就消失了。""而就成本价格本身的形成来说，只有一个区别会显现出来，即固定资本和流动资本的区别。"

"首先就生产中所耗费的资本来说，好像剩余价值同样都来自所耗费的资本的不同价值要素，即由生产资料构成的价值要素和由劳动构成的价值要素，因为这些要素同样都加入成本价格的形成。它们同样都把自己的作为预付资本存在的价值加入产品价值，而并不区分为不变的价值量和可变的价值量。"

"总资本虽然只有一部分进入价值增殖过程，但在物质上总是全部进入现实的劳动过程。或许正是由于这个原因，它虽然只是部分地参加成本价格的形成，但会全部参加剩余价值的形成。不管怎样，结论总是：剩余价值是同时由所使用的资本的一切部分产生的。"

"剩余价值，作为全部预付资本的这样一种观念上的产物，取得了**利润**这个转化形式。"

【利润是剩余价值转化的神秘化的形式】

"因此，我们目前在这里看到的利润，和剩余价值是一回事，不过它具有一个神秘化的形式，而这个神秘化的形式必然会从资本主义生产方式中产生出来。因为在成本价格的表面的形成上，不变资本和可变资本之间的区别看不出来了，所以在生产过程中发生的价值变化的起源，必然从可变资本部分转移到总资本上面。因为在一极上，劳动力的价格表现为工资这个转化形式，所以在另一极上，剩余价值表现为利润这个转化形式。"

【成本价格与竞争的关系】

"如果商品是按照它的价值出售的，那么，利润就会被实现。""然而，资本家即使低于商品的价值出售商品，也可以得到利润。只要商品的出售价格高于商品的成本价格，即使它低于商品的价值，也总会实现商品中包含的剩余价值的一部分，从而总会获得利润。""商品价值中由剩余价值构成的要素越大，这些中间价格的实际活动余地也就越大。"

"这不仅可以说明日常的竞争现象，例如某些低价出售的情形，某些产业部门的商品价格异常低廉的现象等等。我们下面将会看到，政治经济学迄今没有理解的关于资本主义竞争的基本规律，即调节一般利润率和由它决定的所谓生产价格的规律，就是建立在商品价值和商品成本价格之间的这种差别之上的，建立在由此引起的商品低于价值出售也能获得利润这样一种可能性之上的。"

【成本价格造成利润来自流通过程的假象】

"商品出售价格的最低界限，是由商品的成本价格规定的。""从这个观点来说，资本家就乐于把成本价格看作商品的真正的内在价值，因为单是为了保持他的资本，成本价格已是必要的价格。况且，商品的成本价格还是资本家自己为了生产商品而支付的购买价格，因而是由商品的生产过程本身决定的购买价格。因此，在资本家面前，在商品出售时实现的价值余额或剩余价值，表现为商品的出售价格超过它的价值的余额，而不是表现为它的价值超过它的成本价格的余额，因而商品中包含的剩余价值好像不是通过商品的出售来实现，而是从商品的出售本身产生的。关于这种错觉，我们在第一卷第四章第二节（《资本总公式的矛盾》）已经作了详细的论述"。

"在资本主义生产占统治地位的社会状态内，非资本主义的生产者也受资本主义观念的支配。"

"认为只要一切商品都按各自的成本价格出售，结果实际上就会和一切商品都高于各自的成本价格但按各自的价值出售一样，这是完全错误的。因为，即使劳动力的价值、工作日的长度和劳动的剥削程度到处相等，不同种类商品的价值中包含的剩余价值量，也仍然会由于生产这些商品所预付的资本的有机构成不同而极不相等。"

【简释：（1）剩余价值和剩余价值率，是从表面上看不见的、要进行研究的本质的东西，而利润率和作为剩余价值表现形式的利润，却会在现象的表面上显示出来。《资本论》前两卷的研究进程，是从具体的现象入手揭示出剩余价值的本质，而第三卷的研究进程则相反，是论述剩余价值的本质如何转化、表现为各种具体的现象形态。

（2）成本价格是指商品价值中补偿生产上耗费的资本价值部分（即 k = c + v）。成本价格这个范畴，表现了资本主义生产的特殊性质，因为它表明商品的资本主义费用是用资本的耗费来计量的，而商品的实际费用则是用劳动的耗费来计量的。所以，成本价格与商品的实际成本价格即商品价值是不同的，它小于商品价值（W = k + m），成本价格是 k = W − m。

（3）在成本价格上，不变资本和可变资本的区分消失了，只有固定资本和流动资本的区别会显现出来。这就造成了一种假象：似乎剩余价值不是由可变资本部分产生，而是全部耗费的资本产生的。甚至形成更进一步的假象：剩余价值既由预付资本中那个加入商品成本的部分产生，也由预付资本中不加入商品成本价格的那个部分产生；总之，同样是由所使用的固定资本部分和流动资本部分产生。这样，剩余价值作为全部预付资本的观念上的产物，便取得了利润这个转化的形式。

（4）剩余价值是利润的实质，利润是剩余价值转化的表现形式，两者在总量上是相同的。但是，利润使剩余价值具有一个神秘化的形式，而这个神秘化的形式必然会从资本主义生产方式中产生出来。因为在一极上，劳动力的价格表现为工资这个转化形式，所以在另一极上，剩余价值表现为利润这个转化形式。在这个神秘化的形式上，剩余价值的来源和实质就完全被掩盖而看不清了。

（5）成本价格是商品出售价格的最低界限。商品价值和成本价格的差额便是利润。即使商品出售价格低于价值，但只要高于成本价格，资本家就能得到利润。马克思之前的政治经济学一直没有理解的关于资本主义竞争的基本规律，即调节一般利润率和由它决定的所谓生产价格的规律，就是建立在商品价值和商品成本价格之间的这种差别之上的，建立在由此引起的商品低于价值出售也能获得利润这样一种可能性之上的。

（6）成本价格使资本家产生一种错觉，即把成本价格看作商品的真正的内在价值，因而在商品出售时实现的价值余额（剩余价值），似乎是出售价格超过它的价值的余额，从而似乎是从商品的出售本身产生的。关于这种错觉在《资本论》第一卷第四章第二节已作了详细论述。】

第二章

利 润 率

【利润率是掩盖本质关系的现象形态】

"用可变资本来计算的剩余价值的比率，叫做剩余价值率；用总资本来计算的剩余价值的比率，叫做利润率。这是同一个量的两种不同的计算法，由于计算的标准不同，它们表示的是同一个量的不同的比率或关系。"

"应当从剩余价值率到利润率的转化引出剩余价值到利润的转化，而不是相反。实际上，利润率从历史上说也是出发点。剩余价值和剩余价值率相对地说是看不见的东西，是要进行研究的本质的东西，而利润率，从而剩余价值作为利润的形式，却会在现象的表面上显示出来。"

【利润率使资本关系神秘化的原因分析】

"至于单个资本家，那么很清楚，他唯一关心的，是剩余价值即他出售自己的商品时所得到的价值余额和生产商品时所预付的总资本的比率；而对这个余额和资本的各个特殊组成部分的特定关系以及这个余额和它们之间的内在联系，他不仅不关心，而且掩盖这个特定关系和这种内在联系，正是他的利益所在。"

"由于这个余额在现实中、在竞争中、在现实市场上是否实现，实现到什么程度，都要取决于市场的状况，因此这个余额更容易造成一种假象，好像它来自流通过程。在这里没有必要说明，如果一个商品高于或低于它的价值出售，这时发生的只是剩余价值的另一种分配；这种不同的分配，即在不同个人之间分割剩余价值的比率的变更，既丝毫不会改变剩余价值的大小，也丝毫不会改变剩余价值的性质。在实际流通过程中，不仅发生着我们在第二卷已经考察过的各种转化，而且这些转化还同现实的竞争，同商品高于或低于它的价值的买和卖结合在一起，因此对单个资本家来说，由他本人实现的剩余价值，既取决于对劳动的直接剥削，也取决于互相诈骗的行为。"

"在流通过程中起作用的，除了劳动时间，还有流通时间，它也限制着可以在一定时间内实现的剩余价值的量。此外，还有另一些来自流通的要素，也会对直接生产过程产生决定性的影响。直接生产过程和流通过程二者不断互相交织、互相渗透，从而不断使它们互相区别的特征分辨不清。以前已经说过，在流通过程中，剩余价值的生产和一般价值的生产一样，会获得新的规定；资本会经历它的各种转化的循环；最后，它可以说会从它的内部的有机生命，进入外部的生活关系，在这些关系中，互相对立的不是资本和劳动，而一方面是资本和资本，另一方面又是单纯作为买者和卖者的个人；流通时间和劳动时间在它们的进程中会互相交错，好像二者同样地决定着剩余价值；资本和雇佣劳动互相对立的最初形式，会由于一些看来与此无关的关系的干扰而被掩盖起来；剩余价值本身也不是表现为占有劳动时间的产物，而是表现为商品的出售价格超过商品的成本价格的余额。成本价格因此也就容易表现为商品的固有价值，结果利润就表现为商品的出售价格超过商品的内在价值的余额。"

"因此，剩余劳动的榨取，就失去了它的独特性质；它同剩余价值的独特关系也被弄得模糊不清了；正如我们在第一卷第六篇已经指出的，劳动力价值表现为工资形式，又大大促进和助长了上述这种情况。"

"由于资本的一切部分都同样表现为超额价值（利润）的源泉，资本关系也就神秘化了。"

"不过，剩余价值通过利润率而转化为利润形式的方式，只是生产过程中已经发生的主体和客体的颠倒的进一步发展。我们已经在生产过程中看到，劳动的全部主体生产力怎样表现为资本的生产力。一方面，价值，即支配着活劳动的过去劳动，人格化为资本家；另一方面，工人反而仅仅表现为物质劳动力，表现为商品。从这种颠倒的关系出发，还在简单的生产关系中，已经必然产生出相应的颠倒的观念，即歪曲的意识，这种意识由于真正流通过程的各种转化和变形而进一步发展了。"

"实际上，$\frac{m}{C}$ 这个比率表示全部预付资本的增殖程度；这就是说，按照剩余价值的概念上的、内在的联系和性质来说，这个比率表示可变资本的变动量和全部预付资本量之间的关系。"

"总资本的价值量本来同剩余价值量没有任何内在关系，至少没有直接的内在关系。""在劳动的量和这个活劳动要追加于其上的生产资料的量之间，按照追加劳动的特殊性质，存在一定的技术关系。因此，就这一点来说，在剩余价值量或剩余劳动量和生产资料量之间，也存在着一定的关系。""后者的价值在这里是完全没有意义的；重要的只是技术上必要的量。原料或劳动资料不管贵贱都是完全没有关系的；只要它们具有所要求的使用价值，并且和要被吸收的活劳动保持一个技术上规定的比例就行了。""因此，在不变资本价值和剩余价值之间，从而在总资本价值（＝c＋v）和剩余价值之间，没有任何内在的、必然的关系。"

"利润率本身所表明的，不如说是这个余额对同样大小的各个资本部分的同样的关系。从这一观点出发，资本就根本没有显示出任何内在的区别，只有固定资本和流动资本的区别显示出来。"

"因此，当这个余额从利润率中，用黑格尔的语言来说，再自身反映时，或者换句话说，当这个余额通过利润率进一步表示出自己的特征时，它就表现为资本在每年或在一定流通期间内所创造的、超过其本身价值的一个余额。"

"因此，尽管利润率和剩余价值率在数量上不同，而剩余价值和利润实际上是一回事并且数量上也相等，但是利润还是剩余价值的一个转化形式，在这个形式中，剩余价值的起源和它存在的秘密被掩盖了，被抹杀了。实际上，利润是剩余价值的表现形式，而剩余价值只有通过分析才得以从利润中剥离出来。在剩余价值中，资本和劳动的关系赤裸裸地暴露出来了；在资本和利润的关系中，也就是在资本和剩余价值——它一方面表现为在流通过程中实现的、超过商品成本价格的余额，另一方面表现为一个通过它对总资本的关系而获得进一步规定的余额——的关系中，**资本**表现为**一种对自身的关系**，在这种关系中，资本作为原有的价值额，同它自身创造的新价值相区别。至于说资本在它通过生产过程和流通过程的运动中创造出这个新价值，这一点是人们意识到了的。但是这种情况是怎样发生的，现在却神秘化了，好像它来自资本本身固有的秘密性质。"

"我们越往后研究资本的增殖过程，资本关系就越神秘化，它的内部机体的秘密就暴露得越少。"

"在下一篇我们会看到，外在化的过程将进一步发展，并且利润在数量上也将表现为一个和剩余价值不同的量。"

【简释：（1）用可变资本来计算的剩余价值的比率（$\frac{m}{V}$），叫做剩余价值率；用总资本来计算的剩余价值的比率（$\frac{m}{C+V}$），叫做利润率。这是同一个剩余价值的量的两种不同的计算法，由于计算的标准不同，它们表示不同的比率或关系。

（2）利润率是资本主义生产方式的现象形态。对于单个资本家，他唯一关心的是利润率，而对剩余价值和资本的各个特殊部分的特定关系以及剩余价值和它们之间的内在联系，他不仅不关心，而且掩盖这个特定关系和这种内在联系，正是他的利益所在。应当从剩余价值率到利润率的转化引出剩余价值到利润的转化，而不是相反。实际上，利润率从历史上说也是出发点。

（3）尽管利润率和剩余价值率在数量上不同，而剩余价值和利润实际上是一回事并且在数量上也相等，但是利润还是剩余价值的一个转化形式，在这个形式中，剩余价值的起源和它存在的秘密被掩盖了、被抹杀了。剩余价值只有通过分析才得以从利润中剥离出来。在剩余价值中，资本和劳动的关系赤裸裸地暴露出来了，但在资本和利润的关系中，资本表现为一种对自身的关系，资本作为原有的价值额，同它自身创造的新价值相区别。至于资本在生产过程怎样创造出这个新价值，却神秘化了，好像它来自资本本身固有的秘密性质。

（4）神秘的假象是这样造成的：剩余价值虽然是在直接生产过程中产生的，但由于剩余价值在现实中、在竞争的市场上，能否实现、实现到什么程度，都取决于市场的状况，因此很容易造成一种假象，好像剩余价值来自流通过程。而且在流通过程中，资本会经历它的各种转化的循环，资本的周转速度、有机构成等因素的加入，使得剩余价值同全部预付资本的联系显得密切，而同可变资本及其对剩余劳动的榨取，则被弄得模糊不清了。由于资本的一切部分都同样表现为超额价值（利润）的源泉，资本关系也就神秘化了。

（5）剩余价值通过利润率而转化为利润形式的方式，是生产过程中已经发生的主体和客体的颠倒的进一步发展。在生产过程中，劳动的全部主体生产力表现为资本的生产力。一方面，价值即支配着活劳动的过去劳动，人格化为资本家；另一方面，工人反而仅仅表现为物质劳动力，表现为商品。从这种颠倒的关系出发，必然产生出相应的颠倒的观念，即歪曲的意识，并由于流通过程的各种转化和变形而进一步发展了。】

第三章

利润率和剩余价值率的关系

【简释：本章考察利润率和剩余价值率之间的关系。利润率的公式是：$P' = \dfrac{m}{c+v}$，而剩余价值率的公式是：$m' = \dfrac{m}{V}$。利润率总是比剩余价值率小，因为利润率作为和剩余价值相比的，不只是资本的一部分（v），而是全部预付资本（c + v），分母越大、利润率便越小。所以一个大的剩余价值率，可以表现为一个小的利润率。假定先不考虑以下因素的影响：货币的价值，资本周转速度，劳动生产率，工作日长度，劳动强度和工资的情况，在这些前提下，决定利润率高低的因素，主要是剩余价值率，和资本的有机构成，即可变资本（v）在预付资本（C）所占的比例。在总劳动中，可变资本所体现的劳动的比例越小，形成剩余价值的劳动的比例就越大。

本章分别考察两类不同情况下利润率变化的规律：

一是 m'不变，$\dfrac{V}{C}$ 可变（又分为 m'和 C 不变，v 可变；m'不变，v 可变，C 因 v 的变化而变化；m'和 v 不变，c 可变，因而 C 也可变；m'不变，v、c 和 C 都可变）。

二是 m'可变（又分为 m'可变，$\dfrac{V}{C}$ 不变；m'和 v 可变，C 不变；m'、v 和 C 都可变）。

剩余价值率大小的变化对利润率的影响，会产生以下五种情形：

1. 如果 $\dfrac{V}{C}$ 不变，那么 P'同 m'会按照相同的比率提高或降低。

2. 如果 $\dfrac{V}{C}$ 和 m'按照相同的方向变化，即 m'提高，$\dfrac{V}{C}$ 也提高；m'降低，$\dfrac{V}{C}$ 也

降低，那么 P′会比 m′按照更大的比率提高或降低。

3. 如果 $\frac{V}{C}$ 和 m′按照相反的方向，但是 $\frac{V}{C}$ 比 m′按照更小的比率变化，那么 P′会比 m′按照更小的比率提高或降低。

4. 如果 $\frac{V}{C}$ 和 m′按照相反的方向，但是 $\frac{V}{C}$ 比 m′按照更大的比率变化，那么，尽管 m′降低，P′还是会提高，或者尽管 m′提高，P′还是会降低。

5. 如果 $\frac{V}{C}$ 和 m′按照相反的方向，但是恰好按照相同的比率在大小上发生变化，那么，尽管 m′提高或降低，P′还是会保持不变。

因此，从所有以上五种情形可以得出结论：剩余价值率降低或者提高，利润率可以提高，也可以降低，或者可以不变。剩余价值率不变，利润率也可以提高、降低或者不变。

可见，利润率取决于两个主要因素：剩余价值率和资本的价值构成。两个资本的利润率或同一个资本在两个连续、不同的状态下的利润率，在一些情况下，是相等的；在另一些情况下，是不等的。】

第四章

周转对利润率的影响

【本章是恩格斯根据马克思的原理编写的。在马克思的原稿上，这一章只有一个标题。本章的主要内容，是考察资本周转时间对利润率的影响。】

"第二卷已经详细说明，周转时间或它的两个部分（生产时间和流通时间）中的任何一个部分的缩短，都会增加所生产的剩余价值量。但是，因为利润率表示的，只是所生产的剩余价值量和参加剩余价值量生产的总资本的比率，所以，很清楚，每一次这样的缩短，都会提高利润率。"

"缩短生产时间的主要方法是提高劳动生产率，这就是人们通常所说的工业进步。如果这不会同时由于添置昂贵的机器等等而引起总投资的大大增加，从而不会引起按总资本计算的利润率的降低，那么利润率就必然会提高。在冶金工业和化学工业上许多最新的进步中，情况确实是这样。"

"缩短流通时间的主要方法是改进交通。近50年来，交通方面已经发生了革命，只有18世纪下半叶的工业革命才能与这一革命相比。""全世界贸易的周转时间，都已经按相同的程度缩短，参加世界贸易的资本的活动能力，已经增加到两倍或三倍多。不用说，这不会不对利润率发生影响。"

"由此可见：在资本百分比构成相等，剩余价值率相等，工作日相等的时候，两个资本的利润率和它们的周转时间成反比。"

"顺便说一下，我们在这里有了一个关于现代大工业中资本的实际构成的例子。总资本分为12182镑不变资本和318镑可变资本，合计12500镑。用百分比表示，就是 $97\frac{1}{2}c + 2\frac{1}{2}v = 100C$。总资本只有 $\frac{1}{40}$ 的部分用来支付工资，但这部分每年周转八次以上。"

【简释：（1）《资本论》第二卷已详细说明，周转时间（包括生产时间和流通时间）的缩短，都会增加所生产的剩余价值量。由于利润率表示的是：所生产的剩余价值量和参与生产的总资本的比率，所以每一次周转时间的缩短，都会提高利润率。

（2）缩短生产时间的主要方法是提高劳动生产率，即常说的工业进步。如果这不会同时由于添置昂贵的机器等等而引起总投资的大大增加，利润率就必然会提高。缩短流通时间的主要方法是改进交通。

（3）利润率同资本周转时间成反比，周转时间越短，利润率越高；反之亦然。这是因为利润率是年剩余价值量和年预付资本之比，而不是和周转的资本价值之比。假定资本每年周转 4 次，就会带来 4 次剩余价值（利润），而预付资本并没有增加。因此，当两个资本的价值构成相等、剩余价值率也相等时，两个资本的利润率同它们的周转次数成正比，同它们每次周转的时间成反比。

（4）正确计算年利润率，应以年剩余价值率代替简单的剩余价值率，即用 M′或 m′n 代替 m′。这是因为只有可变资本部分的增殖，创造了剩余价值（利润），资本周转速度加快之所以会提高利润率，就是因为其中可变资本每周转一次，就会多带来一次剩余价值（利润）。所以，年利润率的正确计算方法，应以资本一年获得的剩余价值总量，除以预付资本（C），即 $P' = m'n \dfrac{V}{C}$。】

第五章

不变资本使用上的节约

【本章从各个方面论述不变资本使用上的节约对利润率的影响，内容丰富，篇幅较多，共分五节。】

第一节 概 论

【工作日延长使不变资本得到节约】

"工作日的延长并不要求在不变资本的这个最花钱的部分上有新的支出。此外，固定资本的价值，由此会在一个较短的周转期间系列中再生产出来，因而，这种资本为获得一定利润所必须预付的时间缩短了。因此，甚至在额外时间支付报酬，而且在一定限度内甚至比正常劳动时间支付较高报酬的情况下，工作日的延长都会提高利润。因此，现代工业制度下不断增长的增加固定资本的必要性，也就成了唯利是图的资本家延长工作日的一个主要动力。"

"国税、地方税、火灾保险费、各种常雇人员的工资、机器的贬值和工厂的其他各种非生产费用，都不会因劳动时间的长短而变化；生产越是减少，同利润相比，这些费用就越是增加。(《工厂视察员报告》。1862年10月第19页)"

【生产资料由于集中及其大规模应用得到节约】

"在论述协作、分工和机器时，我们已经指出，生产条件的节约(这是大规模生产的特征)本质上是这样产生的：这些条件是作为社会劳动的条件，社会结合的劳动的条件，因而作为劳动的社会条件执行职能的。"

"这种由生产资料的集中及其大规模应用而产生的全部节约，是以工人的聚集和协作，即劳动的社会结合这一重要条件为前提的。""甚至在这里可能进行和必须进行的不断改良，也完全是由大规模结合的总体工人的生产所提供的和所给予的社会的经验和观察产生的。"

"关于生产条件节约的另一个大类，情况也是如此。我们指的是生产排泄物，即所谓的生产废料再转化为同一个产业部门或另一个产业部门的新的生产要素；这是这样一个过程，通过这个过程，这种所谓的排泄物就再回到生产从而消费（生产消费或个人消费）的循环中。""由于大规模社会劳动所产生的废料数量很大，这些废料本身才重新成为贸易的对象，从而成为新的生产要素。这种废料，只有作为共同生产的废料，因而只有作为大规模生产的废料，才对生产过程有这样重要的意义，才仍然是交换价值的承担者。这种废料——撇开它作为新的生产要素所起的作用——会按照它可以重新出售的程度降低原料的费用，"从而"会相应地提高利润率。"

"如果剩余价值已定，利润率就只能由生产商品所需要的不变资本的价值的减少来提高。就不变资本加入商品的生产来说，唯一要考虑的，不是它的交换价值，而是它的使用价值。""一台机器对例如三个工人提供的帮助，不是取决于这台机器的价值，而是取决于它作为机器的使用价值。在技术发展的一个阶段上，一台性能差的机器可能很贵，而在另一个阶段上，一台性能好的机器可能很便宜。"

【机器的改良引起不变资本多方面节约】

"机器的不断改良所引起的节约，也就是：1. 机器的材料改良了，例如铁代替了木材；2. 由于机器制造的改良，机器便宜了；""3. 那种使现有机器的使用更便宜和更有效的特殊改良；""4. 由于机器的改良，废料减少了"。

"凡是使机器从而全部固定资本在一定生产期间内的损耗减少的事情，不仅会使单个商品变得便宜（因为每个商品都在它的价格中再现归它负担的损耗部分），而且会使此期间内相应的资本支出减少。维修劳动等等，凡是必要的，在计算时就要包括在机器原来的费用之内。这种劳动会因机器更加耐用而减少，这会相应地降低机器的价格。"

"所有这一类节约，在大多数场合又只有在存在结合工人的情况下才可能实现，并且往往要在更大规模的劳动下才能实现，因而要求工人直接在生产过程中达到更大规模的结合。"

【生产资料产业部门劳动生产力的发展、自然科学及其应用的进步，使其他生产部门费用减少、利润率提高】

"但是另一方面，**一个**生产部门，例如铁、煤、机器的生产或建筑业等等的劳动生产力的发展，——这种发展部分地又可以和精神生产领域内的进步，特别是和自然科学及其应用方面的进步联系在一起，——在这里表现为**另一些**产业部门（例如纺织工业或农业）的生产资料的价值减少，从而费用减少的条件。这是不言而喻的，因为商品作为产品从一个产业部门生产出来后，会作为生产资料再进入另一个产业部门。"

"产业的向前发展所造成的不变资本的这种节约，具有这样的特征：在这里，**一个**产业部门利润率的提高，要归功于**另一个**产业部门劳动生产力的发展。在这里，资本家得到的好处，又是社会劳动的产物，虽然并不是他自己直接剥削的工人的产物。生产力的这种发展，最终总是归结为发挥作用的劳动的社会性质，归结为社会内部的分工，归结为脑力劳动特别是自然科学的发展。在这里，资本家利用的，是整个社会分工制度的优点。在这里，劳动生产力在其他部门即为资本家提供生产资料的部门的发展，相对地降低资本家所使用的不变资本的价值，从而提高利润率。"

【不变资本本身使用上的节约】

"提高利润率的另一条途径，不是来源于生产不变资本的劳动的节约，而是来源于不变资本本身使用上的节约。工人的集中和他们的大规模协作，一方面会节省不变资本。同样的建筑物、取暖设备和照明设备等等用于大规模生产所花的费用，比用于小规模生产相对地说要少。动力机和工作机也是这样。它们的价值虽然绝对地说是增加了，但是同不断扩大的生产相比，同可变资本的量或者说同所推动的劳动力的量相比，相对地说却是减少了。""不变资本本身使用上的节约，""或者是直接来源于一定生产部门本身内的协作和劳动的社会形式，或者是来源于机器等的生产已经达到这样一种规模，以致机器等的价值不是和它们的使用价值按相同的比例增加。"

"不变资本使用上的节约，无论从哪一方面来考察，部分地只是生产资料作为结合工人的共同生产资料执行职能和被消费的结果，所以这种节约本身表现为直接生产劳动的社会性质的产物；但是部分地又是那些为资本提供生产资料的部门的劳动生产率发展的结果，所以""这种节约就再表现为社会劳动生产力发展的产物"。

【不变资本的节约对工人是异己的，并导致劳动条件恶化】

"然而对资本家来说，不变资本的节约表现为一个对工人来说完全异己的、和工人绝对不相干的条件，工人和它完全无关"。"生产资料使用上的这种节约，这种用最少的支出获得一定结果的方法，同劳动所固有的其他力量相比，在更大得多的程度上表现为资本的一种固有的力量，表现为资本主义生产方式所特有的并标志着它的特征的一种方法。"

"**第一**，构成不变资本的各种生产资料，只代表资本家的货币，并且只和资本家有关"。

"**第二**，就这些生产资料在资本主义生产过程中同时是劳动的剥削手段来说，这些剥削手段的相对的贵或贱同工人无关"。

"**最后**，我们以前已经说过，工人实际上把他的劳动的社会性质，把他的劳动和别人的劳动为一个共同目的的结合，看成一种对他来说是异己的权力；实现这种结合的条件，对他说来是异己的财产"。

"此外，因为大规模生产首先是在资本主义形式上发展起来的，所以，一方面是疯狂追求利润的欲望，另一方面是迫使人们尽可能便宜地生产商品的竞争，使不变资本使用上的这种节约表现为资本主义生产方式的特点，从而表现为资本家的职能。"

"但问题还不只是限于：在工人即活劳动的承担者这一方和他的劳动条件的经济的，即合理而节约地使用这另一方之间，存在着异化和毫不相干的现象。资本主义生产方式按照它的矛盾的、对立的性质，还把浪费工人的生命和健康，压低工人的生存条件本身，看作不变资本使用上的节约，从而看作提高利润率的手段。"

"总之，资本主义生产尽管非常吝啬，但对人身材料却非常浪费，正如另一方面，由于它的产品通过贸易进行分配的方法和它的竞争方式，它对物质资料也非常浪费一样；资本主义生产一方面使社会失去的东西，就是另一方面使各个资本家获得的东西。"

"资本有一种趋势，要在直接使用活劳动时，把它缩减为必要劳动，并且要利用劳动的各种社会生产力来不断缩减生产产品所必要的劳动，因而要尽量节约直接使用的活劳动，同样，它还有一种趋势，要在最经济的条件下使用这种已经缩减到必要程度的劳动，也就是说，要把所使用的不变资本的价值缩减到它的尽可能最低的限度。如果说商品价值是由商品包含的必要劳动时间决定，而不是由商品一般地包含的劳动时间决定，那么，正是资本才实现这种决定，同时不断地缩短生产商品所需要的社会必要劳动时间。这样一来，商品的价格就缩减到它的最低限度，因为生产商品所需要的劳动的每一部分都缩减到它的最低限度了。"

"我们在考察不变资本使用上的节约时，必须注意如下的区别。如果使用的资本的数量增加了，它的价值额也随之增加了，那么，这首先只是表明更多的资本积聚在一个人手里。然而正是在一个人手里使用的资本量的这种增大——在大多数情况下，与此相适应，被使用的劳动量绝对地增大，但相对地减少——，使不变资本的节约成为可能。就单个资本家来看，资本特别是固定资本的必要支出的数量增大了；但就所加工的材料量和被剥削的劳动量来说，这种支出的价值却是相对地减少了。"

以下"我们从最后一点，也就是从生产条件的节约说起，因为生产条件同时又是工人的生存条件和生活条件。"

【简释：利润率的公式：$P' = \dfrac{m}{c + v}$，作为分母的不变资本 c 的数值越小，利润率就越高。本节先对不变资本使用的节约作概括的论述。

（1）延长工作日使不变资本得到节约。工作日延长不需要增加不变资本的固定部分（如工厂建筑物、机器等）的支出，各种经常性的非生产费也无须增加，同时可以降低不变资本同可变资本的比值，加快机器等折旧，既加快资本周转，又减少无形贬值的损失，这些都可以相应地提高利润率。

（2）劳动的社会结合使不变资本在使用上得到节约。在大规模生产中，生产条件的节约本质上是由劳动的社会结合产生的。作为社会劳动的条件，它们在生产过程中由大规模结合的总体工人共同消费，而不是由互相没有联系的工人以分散的形式消费。工人的集中和大规模协作，一方面会节省不变资本：同样的建筑物和机器、取暖、照明等设备用于大规模生产所花的费用，比用于小规模生产相对要少。它们的价值虽然绝对地说是增加了，但同不断扩大的生产相比，同可变资本的量或者说同所推动的劳动力的量相比，却是相对减少了。另一方面，这种节约是在既定的生产规模上，用最少的费用，来实现对工人无酬劳动的尽可能大的占有。不变资本使用上的这种节约，或者是直接来源于一定生产部门本身内的协作和劳动的社会形式，或者来源于机器等的生产已经达到这样一种规模，以致机器等的价值不是和它们的使用价值按相同的比例增加。同时，大规模社会劳动产生的废料（生产排泄物）数量很大，可以再回到生产从而消费的循环中，成为新的生产要素，按它出售的程度降低作为不变资本一部分的原料的费用，从而相应地提高利润率。

（3）产业的向前发展所造成的不变资本的节约。这种节约具有这样的特征：一个产业部门利润率的提高，要归功于另一个产业部门劳动生产力的发展。在这里，资本家得到的好处，又是社会劳动的产物。生产力的这种发展，最终总是归结为发挥作用的劳动的社会性质，归结为社会内部的分工，归结为脑力劳动特别是自然科学的发展。在这里，资本家利用的，是整个社会分工制度的优点。劳动生产力在为资本家提供生产资料的部门的发展，相对地降低资本家所使用的不变资本的价值，从而提高利润率。

（4）不变资本的节约表现为一个对工人来说完全异己的、不相干、外在化和异化的条件。这种异化是因为资本关系实际上把内在联系隐藏起来了。大规模生产首先是在资本主义形式上发展起来的，一方面是疯狂追求利润的欲望，另一方面是迫使人们尽可能便宜地生产商品的竞争，使不变资本使用上的这种节约表现为资本主义生产方式的特征，从而表现为资本家的职能。工人劳动创造的各种生产资料，异化为剥削工人的手段。这些剥削手段的相对的贵或贱同工人无关，正如嚼子和缰绳的贵或贱同马无关一样。资本有一种趋势，要尽量节约直接使用的活劳动。同样，它还有一种趋势，要把所使用的不变资本的价值缩减到它的尽可能最低的限度。】

第二节　靠牺牲工人而实现的劳动条件的节约

【简释：本节列举煤矿、工厂、室内劳动方面的实例，说明资本家靠牺牲工人而实现劳动条件的节约。这种节约的范围包括：为节约建筑物，使工人挤在一个狭窄的有害健康的场所；把危险的机器塞进同一些场所而不安装安全设备；对

于像采矿业中那样有危险的生产过程，不采取任何预防措施，等等。总之，资本主义生产尽管非常吝啬，但对人身材料却非常浪费。】

第三节　动力生产、动力传送和建筑物的节约

【简释：本节着重论述在大规模的资本主义工厂中，尽量利用原有厂房，使机器得到更充分的利用和改良，可以节省大量的劳动，在不变资本的固定部分的支出没有增加或者只按较小比例增加的情况下，大大提高生产效率，从而提高利润率。】

第四节　生产排泄物的利用

【简释：本节着重说明，生产排泄物和消费排泄物的利用，随着资本主义生产方式的发展而扩大。原料的日益昂贵成为废物利用的刺激。工农业废料再利用的条件包括：大规模的社会劳动产生大量的排泄物；机器的改良使原来不能利用的物质在新的生产中获得利用；科学特别是化学的进步，发现了那些废物的有用性质。】

第五节　由于发明而产生的节约

【简释：本节着重说明固定资本使用上的这种节省，是劳动条件大规模使用、成为社会化劳动条件的结果。一方面，这是力学和化学上的各种发明得以应用而又不会使商品价格变得昂贵的唯一、不可缺少的条件。另一方面，从共同的生产

消费中产生的节约，也只有在大规模生产中才有可能。最后，只有结合工人的经验才能发现并且指出，在什么地方节约和怎样节约，怎样用最简便的方法来应用各种已有的发现，在理论的应用即把它应用于生产过程的时候，需要克服哪些实际障碍，等等。】

第六章

价格变动的影响

【本章主要考察作为不变资本构成要素的原料价格变动，对利润率的影响，以及价格变动引起的资本增值和减值、游离和束缚。共分三节，其中第三节是一般的例证：1861—1865 年的棉业危机。】

第一节　原料价格的波动及其对利润率的直接影响

【简释：（1）原料价格提高或降低和利润率高低成反比。原料是不变资本的一个主要部分，而利润率是 $\dfrac{m}{C}$ 或 $\dfrac{m}{c+v}$，一切使 c 从而使 C 发生变化的因素，也会使利润率发生变化。如果原料价格降低了，利润率会提高；相反，如果原料价格提高了，利润率会下降。因此，在其他条件不变情况下，利润率的高低和原料价格成反比。即使撇开供求关系，原料价格的低廉对工业国也是非常重要的，所以，废除或减轻原料关税，对工业具有很大的意义。

（2）原料和辅助材料的价值全部一次加入它们生产的产品的价值，而固定资本各要素的价值只是按其损耗的程度逐渐加入产品。因此，原料的价格比固定资本的价格，对产品价格的影响大得多。然而很清楚，市场的扩大或缩小取决于单个商品的价格，并和这个价格的涨落成反比。现实中常有这样的情形：成品价格不是和原料价格按相同比例提高，也不是和原料价格按相同比例下降。因此，同商品按其价值出售的情况相比，利润率在前一场合下降得更低，在后一场合上升得更高。

（3）对使用原料的产业部门来说，劳动生产力的发展表现为：吸收一定量的劳动需用更多的原料。因此，随着劳动生产力的发展，原料的价值会在商品的价值中形成一个越来越大的组成部分。这不仅因为原料会全部加入商品的价值，而且因为在总产品的每一部分中，由机器磨损形成的部分和由新的追加劳动形成的部分会越来越小，使得原料形成的价值部分相应的增长起来。

（4）如果出售商品的价格不够补偿商品的一切要素，或者不能使生产过程按照同它的技术基础相适应的规模进行，以致只有一部分机器能够工作，或者全部机器不能按通常的全部时间工作，那么，原料价格的提高就会缩小或是阻碍全部再生产过程。

（5）由废料所引起的费用的变动和原料价格的波动成正比：原料价格提高，它就提高；原料价格下降，它就下降。但是这里也有一个界限。】

第二节　资本的增值和贬值、游离和束缚

【简释：（1）资本的增值和贬值，是指预付在生产中的资本，在价值上提高或降低了（撇开它所使用的剩余劳动造成的增殖不说）。这种增值和贬值，可以发生在不变资本上（包括发生在固定资本或流动资本上），也可以发生在可变资本上，或者同时发生在二者上面。当原料价格提高时，市场上已有大量现成的商品的价值就会提高，同时现有资本的价值也会提高。生产者手中储备的原料等也是这样。这种增值可以补偿单个资本家，甚至资本的整个特殊生产部门由原料涨价引起利润率下降而遭受的损失，甚至补偿之后还有余。

如果原料价格降低，就会出现相反的情况。在其他条件不变时，利润率就会提高，但市场上现有的商品、正在制造的物品和储备的原料都会贬值，从而对同时发生的利润率的提高起相反的作用。由预付资本贬值造成的利润率的提高，是和资本价值的损失结合在一起的。同样，由预付资本增值造成的利润率的降低，也可能和资本价值的收益结合在一起。

（2）不变资本中的建筑物、土地等的增值，要在地租篇考察。这里讨论的

是，因为不断实行的改良，会相对地减低现有机器、工厂设备等的价值，特别是在采用新机器的初期，在机器尚未达到一定的成熟程度之前，就不断变得陈旧而发生贬值。这就是在这样的时期盛行无限延长劳动时间、日夜换班工作的原因之一，目的是要在较短时间内再生出机器的价值，而又不使因机器的损耗算得过高失去竞争力。类似的贬值，除了由于有更新的、生产效率更高的机器替代之外，还因为出现了能够用比较便宜的方法把现有机器再生产出来。这就是为什么大企业往往要到第一个占有者破产之后，在第二个占有者手里才繁荣起来的原因之一。

（3）可变资本的增值和贬值是两种情形的表现：劳动力价值即工资的提高或降低（其原因是再生产劳动力所必需的生活资料的价值提高了或者降低了）。当工作日长度不变时，和这种增值相适应的是剩余价值的减少，和这种贬值相适应的是剩余价值的增加。与此同时，如果劳动力价值降低，会有一部分可变资本游离出来，可以当作新的投资来利用，可以按更高的剩余价值率剥削更多的工人。相反的情形，如果可变资本增值，剩余价值率会降低，利润率也会相应降低。同时，要使生产按原有规模进行，只有把原来可供支配的资本束缚起来，就是说，把本应用来扩大生产的一部分积累，用来填补可变资本的缺口。

（4）由于组成不变资本的各种要素的增值或贬值，不变资本也可能被束缚或游离。撇开这一点不说，如果劳动生产力增长了，同量劳动可以生产更多的产品，因而可以推动更多不变资本，那么，不变资本才有可能被束缚。如果由于各种改良、自然力的应用等等，一个价值较小的不变资本能够发挥以前一个价值较大的不变资本那样的技术作用，那么，即使没有贬值，不变资本也能游离。

（5）对一切产业部门来说，原料是再生产的主要的要素。如果原料的价格上涨了，在扣除工资之后，它就不可能从商品的价值中得到完全补偿。因此，剧烈的价格波动，会在再生产过程中引起中断，巨大的冲突，甚至灾难。特别是真正的农产品，即从有机自然界得到的原料，由于无法控制的自然条件，年景的好坏等等，会发生这种价值变动。资本主义生产越发达，因而，由机器等组成的不变资本部分突然增加和持续增加的手段越多，积累越快（特别是在繁荣时期），机器和其他固定资本的相对生产过剩也就越严重，植物性原料和动物性原料的相对生产不足也就越频繁，上面所说的这些原料价格上涨的现象以及随后产生的反作用也就越显著。因此，由再生产过程的一个主要要素的这种剧烈的价格波动引起的激变，也就越频繁。

因此，在生产史上，我们越是接近现代，就会越是经常地发现，特别是在有决定意义的产业部门中，从有机自然界获得的原料，是处在一个不断重复的变动中：先是相对的昂贵，然后是由此引起的贬值。历史的教训（这个教训从另一角度考察农业时也可以得出）是：资本主义制度同合理的农业相矛盾，或者说，合理的农业同资本主义制度不相容（虽然资本主义制度促进农业技术的发展），合理的农业所需要的，要么是自食其力的小农的手，要么是联合起来的生产者的控制。】

第七章

补充说明

【简释：本章是带结论性的补充说明。（1）在这一篇中，我们假定每个特殊生产部门占有的利润量，和投入这个部门的总资本所产生的剩余价值的总和相等。即使如此，资本家也不会把利润和剩余价值看作是同一的东西。原因是：假定劳动的剥削程度相同，利润率仍然可以有很大差别，这不仅取决于机器的生产效率、企业管理水平，还取决于原料采购和产品销售的经营技巧等多种因素。这种情况使资本家产生错觉，以为他的利润不是来自对劳动的剥削，而是至少有一部分来自他个人的活动。

（2）有一种错误见解（洛贝尔图斯）认为，资本的量的变化，不会影响利润和资本之间的比率。这种见解只有在这种情况下说得通，即货币本身的价值发生变化，从而同一价值的资本和同一价值的剩余价值的货币表现发生了量的变化，因此，利润率（$\frac{\mathrm{m}}{\mathrm{C}}$）不会受到影响。除此之外，所使用的资本量的变化，或者是资本各个组成部分的相对量先行发生了变化的结果，或者这种量的变化（例如在进行大规模劳动，采用新机器等的时候），是资本的两个有机组成部分的相对量发生变化的原因。因此，在所有这些场合，在其他条件不变的情况下，所使用的资本量的变化，必然会同时伴有利润率的变化。

（3）预付资本构成要素的价值变化对利润率的影响。每一种商品（因而也包括构成资本的那些商品）的价值，都不是由这种商品本身包含的必要劳动时间决定的，而是由它的再生产所需要的社会必要劳动时间决定的。这种再生产可以在和原有生产条件不同的、更困难或更有利的条件下进行。如果在改变了的条件下再生产同一物质资本一般需要加倍的时间，或者相反，只需要一半的时间，如果资本的这种增值或减值，以同等程度影响资本的一切部分，那么利润也就会相应地表现为加倍或减半的货币额。影响利润率的另一个重要因素，是资本有机构成的变化。在其他条件不变的情况下，利润率随着可变资本的相对提高而提高，随着可变资本的相对降低而降低。】

第 二 篇
利润转化为平均利润

【第二篇的中心是论述不同生产部门的不同利润率平均化问题。平均利润理论是马克思经济理论的重要组成部分。古典经济学由于不能说明剩余价值和平均利润的区别、价值和生产价格的区别，而无法解决固守价值规律同利润平均化现实的矛盾；庸俗经济学则以利润平均化的表面现象来否认价值规律。马克思第一个依据价值规律科学地阐明了平均利润的形成，和商品价值转化为生产价格这个重大理论问题，捍卫了劳动价值论，同时也是对剩余价值理论的深化。资本主义生产方式的基本特征，是经济规律的本质表现为神秘化的形式和虚假的现象。剩余价值是本质，平均利润是现象；价值是本质，生产价格是价值的转化形式。必须从本质出发来说明形式和现象，而不能把形式当成本质，更不能用现象否定本质。马克思在本卷第一篇第二章最后已经指出："我们越往后研究资本的增殖过程，资本关系就越神秘化，它的内部机体的秘密就暴露得越少。""在下一篇我们会看到，外在化的过程将进一步发展，并且利润在数量上也将表现为一个和剩余价值不同的量。"

第二篇在第三卷也具有重要意义，平均利润和生产价格，是两个重要的经济范畴，是进一步阐明商业利润、利息和资本主义地租的基础。第二篇共五章：第八章是提出问题，不同生产部门的资本的不同构成和由此引起的利润率的差别。第九章是论述平均利润率的形成和商品价值转化为生产价格。第十章论述一般利润率通过竞争而平均化。第十一章论述工资的一般变动对生产价格的影响。第十二章是补充说明。】

第八章

不同生产部门的资本的不同构成和
由此引起的利润率的差别

【本章研究假定剩余价值率和工作日的长度相同。这涉及研究的方法，马克思指出："在进行这种一般研究的时候，我们总是假定，各种现实关系是同它们的概念相符合的，或者说，所描述的各种现实关系只是表现它们自身的一般类型的。"本章要研究的是：资本有机构成的差别和资本周转时间的差别，所引起的利润率的差别。】

【资本有机构成不同引起利润率的差别】

"在前一篇中已经指出，在劳动的剥削程度不变时，利润率会随着不变资本各个组成部分的价值变化以及资本周转时间的变化而变化。由此自然可以得出结论说，如果其他条件不变，不同生产部门所使用的资本的周转时间不同，或者这些资本的有机组成部分的价值比率不同，那么，同时并存的不同生产部门的利润率就会不同。我们以前当作同一个资本在时间上相继发生的变化来考察的东西，现在要当作不同生产部门各个并存的投资之间同时存在的差别来考察。"

"在这里，我们必须研究：1. 资本**有机构成**上的差别；2. 资本周转时间上的差别。"

"我们把资本的构成理解为资本的能动组成部分和它的被动组成部分的比率，理解为可变资本和不变资本的比率。在这里，我们要考察两个比率，虽然它们在一定情况下能够发生相同的作用，但它们并不具有同样的意义。"

"第一个比率是建立在技术基础上的，它在生产力的一定发展阶段可以看作是已定的。""一定量的生产资料，必须有一定数目的工人与之相适应"。"这个比率在不同的生产部门是极不相同的，甚至在同一个产业的不同部门，也往往是极不相同的"。"这个比率形成资本的技术构成，并且是资本有机构成的真正基础。"

"在每一个产业部门，技术构成和价值构成的差别都表现为：在技术构成不变时，资本的两个部分的价值比率可以发生变化，在技术构成发生变化时，资本的两个部分的价值比率可以保持不变；当然，后一种情况，只有在所使用的生产资料量和劳动力的比率上的变化，为二者价值上的相反的变化所抵消时，才会发生。"

"我们把由资本技术构成决定并且反映这种技术构成的资本价值构成，叫做资本的**有机构成**。"

"资本的有机构成不同，同资本的绝对量无关。问题始终只是：每100中有多少可变资本，有多少不变资本。"

"因为不同生产部门按百分比考察的资本——或者说，等量资本——，是按不同比率分为不变要素和可变要素的，它们所推动的活劳动不等，因而所创造的剩余价值从而利润也不等，所以，它们的利润率，即那个正好由剩余价值为对总资本用百分比计算得出的利润率也就不同。""附带说一句，各国的不同的利润率，大多是以各国的不同的剩余价值率为基础的；但在这一章，我们比较的，却是同一剩余价值率所产生的不同的利润率。"

【资本周转时间不同引起利润率的差别】

"周转时间的差别，是等量资本在不同生产部门在相等时间内生产出不等量利润的另一个原因，因而也是这些不同生产部门利润率不等的另一个原因。"

"至于由固定资本和流动资本组成的资本构成的比率，就它本身来说，它根本不会影响利润率。它只有在两种场合才会影响利润率：或者是这种不同的构成与可变部分和不变部分的不同比率相一致，因而利润率的差别是由可变资本和不变资本的比率的差别引起的，""或者是固定组成部分和流动组成部分的不同比率引起了实现一定量利润所需的周转时间的差别。""周转时间的差别本身，只有当它影响同一资本在一定时间内所能占有和实现的剩余劳动量的时候，才有意义。"

【价值理论同资本现实运动表面现象的矛盾】

"这样，我们已经指出，在不同产业部门，与资本的不同的有机构成相适应，并且在一定限度内与资本的不同的周转时间相适应，不同的利润率占着统治地位；因此，即使在剩余价值率相等的情况下，利润和资本量成正比，从而等量资本在相等时间内提供等量利润的规律（作为一般的趋势）——假定周转时间相等——，也只适用于有机构成相等的资本。以上所述，和我们直到现在为止的全部论述一样，是建立在同一基础上的，即商品是按照它们的价值出售的。另一方面，毫无疑问，如果撇开那些非本质的、偶然的、互相抵消的差别不说，对不同产业部门来说，平均利润率的差别实际上并不存在，而且也不可能存在，除非把资本主义生产的整个体系摧毁。所以，在这里，价值理论好像同现实的运动不一致，同生产的实际现象不一致，因此，理解这些现象的任何企图，也好像必须完全放弃。"

【简释：（1）资本的有机构成，是由资本技术构成决定并且反映这种技术构成的资本价值构成，即可变资本和不变资本的比率。资本的有机构成，同资本的绝对量无关。问题始终只是：每100中有多少可变资本，有多少不变资本。两者的不同比率，它们所推动的活劳动不等，因而所创造的剩余价值从而利润也不等。

（2）第三卷第四章已经说明，可变资本的周转时间不同，它生产的年剩余价值量就会不等。在资本构成相同，其他条件也相同时，利润率和周转时间成反比。所以，周转时间的差别，是等量资本在不同生产部门在相等时间内生产出不等量利润、从而利润率不等的另一个原因。

（3）需要解决的问题和矛盾：以上所述和马克思之前的全部论述一样，是建立在同一基础上的，即商品是按照它们的价值出售的。另一方面，毫无疑问，如果撇开那些非本质的、偶然的、互相抵消的差别不说，对不同产业部门来说，平均利润率的差别实际上并不存在，而且也不可能存在，除非把资本主义生产的整个体系摧毁。所以，在这里，价值理论好像同现实的运动不一致，同生产的实际现象不一致，因此，理解这些现象的任何企图，也好像必须完全放弃。但这最后一句只是庸俗经济学家的想法。从下一章开始，马克思便严密、科学地解决了这个矛盾和难题。】

第九章

一般利润率（平均利润率）的形成和
商品价值转化为生产价格

【本章是第二篇的重点，核心内容是研究平均利润率的形成和商品价值转化为生产价格。其重要意义在于，从理论上解决了各部门资本家获得平均利润和按照价值规律交换的矛盾问题，从而为后几章和后面各篇奠定了理论基础。

本章研究的逻辑顺序：前一章研究剩余价值转化为利润，是从个别资本出发的，因而利润和剩余价值在数量上是相等的；逻辑顺序先是价值转化为生产费用的形式，从而使剩余价值采取利润的形式。而本章的研究则是从个别资本转为社会资本，因而逻辑顺序，先是不同生产部门的不同利润率平均化为一般利润率，利润采取平均利润的形式，从而使价值转化为生产价格。各个部门获得的平均利润和各自产生的剩余价值在数量上不一致。】

【将不同生产部门的资本合成社会总资本来考察】

"资本的有机构成，在任何时候都取决于两种情况：第一，所使用的劳动力和所使用的生产资料量的技术比率；第二，这些生产资料的价格。我们已经知道，资本的有机构成，必须按它的百分比来考察。"

"由于投在不同生产部门的资本有不同的有机构成，因而，由于等量资本按可变部分在一定量总资本中占有不同的百分比而推动极不等量的劳动，等量资本也就占有极不等量的剩余劳动，或者说，生产极不等量的剩余价值。根据这一点，不同生产部门中占统治地位的利润率，本来是极不相同的。这些不同的利润率，通过竞争而平均化为一般利润率，而一般利润率就是所有这些不同利润率的平均数。按照这个一般利润率归于一定量资本（不管它的有机构成如何）的利润，就是平均利润。一个商品的价格，如等于这个商品的成本价格，加上生产这个商品所使用的资本（不只是生产它所消费的资本）的年平均利润中根据这个商品的周转条件归于它的那部分，就是这个商品的生产价格。"

"因此，虽然不同生产部门的资本家在出售自己的商品时收回了生产这些商品所用掉的资本价值，但是他们不是得到了本部门生产这些商品时所生产的剩余价值从而利润，而只是得到了社会总资本在所有生产部门在一定时间内生产的总剩余价值或总利润均衡分配时归于总资本的每个相应部分的剩余价值从而利润。每100预付资本，不管它的构成怎样，每年或在任何期间得到的利润，就是作为总资本一个部分的100在此期间所得的利润。就利润来说，不同的资本家在这里彼此只是作为一个股份公司的股东发生关系，在这个公司中，按每100资本均衡地分配一份利润。因此，对不同的资本家来说，他们的各份利润之所以有差别，只是因为每个人投在总企业中的资本量不等，因为每个人在总企业中的入股比例不等，因为每个人持有的股票数不等。因此，商品价格的一个部分，即用来补偿生产商品所用掉的资本价值，从而必须用来买回这些用掉的资本价值的部分，也就是说，成本价格，完全是由各生产部门的支出决定的，而商品价格的另一个组成部分，即加在这个成本价格上的利润，却不是由这个一定资本在这个一定生产部门于一定时间内生产的利润量决定的，而是由每个所使用的资本作为总生产所使用的社会总资本的一定部分在一定时间内平均得到的利润量决定的。"

"因此，如果资本家按商品的生产价格出售他的商品，他就取回相当于他在生产上所耗费的资本的价值量的货币，并且比例于他的只是作为社会总资本的一定部分的预付资本取得利润。他的成本价格是特殊的。加在这个成本价格上的利润，不以他的特殊生产部门为转移，而只是归于每100预付资本的平均数。"

"可见，一般利润率取决于两个因素：

1. 不同生产部门的资本的有机构成，从而各个部门的不同的利润率；

2. 社会总资本在这些不同部门之间的分配，即投在每个特殊部门因而有特殊利润率的资本的相对量；也就是，每个特殊生产部门在社会总资本中所吸收的相对份额。"

"我们在第一卷和第二卷只是研究了商品的**价值**。现在，一方面，**成本价格**作为这个价值的一部分而分离出来了，另一方面，商品的**生产价格**作为价值的一个转化形式而发展起来了。"

【对商品成本价格规定的修正】

"当然，以上所说，对商品成本价格的规定是一种修正。我们原先假定，一个商品的成本价格，等于该商品生产中所消费的各种商品的**价值**。但一个商品的生产价格，对它的买者来说，就是它的成本价格，因而可以作为成本价格加入另一个商品的价格形成。因为生产价格可以偏离商品的价值，所以，一个商品的包含另一个商品的这个生产价格在内的成本价格，也可以高于或低于它的总价值中由加到它里面的生产资料的价值构成的部分。必须记住成本价格这个修正了的意义，因此，必须记住，如果在一个特殊生产部门把商品的成本价格看作和该商品生产中所消费的生产资料的价值相等，那就总可能有误差。"但是，"无论如何，商品的成本价格总是小于商品的价值这个论点，在这里仍然是正确的。""尽管这个论点对特殊生产部门来说要加以修正，但其根据始终是如下的事实：从社会总资本来看，它所生产的商品的成本价格小于价值，或者在这里从所生产的商品总量来看，小于和这个价值相一致的生产价格。"

【价值转化为生产价格掩盖了利润的真正性质和起源】

"商品的成本价格，只是涉及商品中包含的有酬劳动的量；价值，是涉及商品中包含的有酬劳动和无酬劳动的总量；生产价格，是涉及有酬劳动加上不以特殊生产部门本身为转移的一定量无酬劳动之和。"

"商品的生产价格，在每个特殊生产部门，都会在下述每个场合发生量的变动：

1. 商品价值不变（也就是说，加入商品生产的死劳动和活劳动的量不变），但一般利润率发生了一种不以该部门为转移的变化。

2. 一般利润率不变，但价值发生了变动，这或是由于该生产部门本身的技术发生了变化，或是由于作为形成要素加入该部门不变资本的商品的价值发生了变动。

3. 最后，上述两种情况共同发生作用。"

"我们在第一篇已经看到，从量的方面来看，剩余价值和利润是同一的。不过，利润率一开始就和剩余价值率有区别。""因为在利润率中，剩余价值是按总资本计算的，是以总资本为尺度的，所以剩余价值本身也就好像从总资本产生，而且同样地从总资本的一切部分产生，这样，不变资本和可变资本的有机差别就在利润的概念中消失了；因此，实际上，剩余价值本身在它的这个转化形态即利润上否定了自己的起源，失去了自己的性质，成为不能认识的东西。但到目前为止，利润和剩余价值的差别，只同质的变化，同形式变换有关，而在转化的这个第一阶段上，实际的量的差别还只存在于利润率和剩余价值率之间，而不是存在于利润和剩余价值之间。"

"一般利润率，从而与各不同生产部门所使用的既定量资本相适应的平均利润一经形成，情况就不同了。"

"现在，一个特殊生产部门实际生产的剩余价值或利润，同商品出售价格中包含的利润相一致，这只是一种偶然的现象。现在，不仅利润率和剩余价值率，而且利润和剩余价值，通常都是实际不同的量。现在，在劳动的剥削程度已定时，一个特殊生产部门生产的剩余价值量，对社会资本的总平均利润，从而对整个资本家阶级，比直接对每个生产部门的资本家更重要。它对每个特殊生产部门的资本家之所以重要，只是因为他那个部门生产的剩余价值量作为一个决定的因素参加平均利润的调节。但这是一个在他背后进行的过程，这个过程是他所看不见的，不理解的，实际上不关心的。现在，在各特殊生产部门内，利润和剩余价值之间——不仅是利润率和剩余价值率之间——实际的量的差别，把利润的真正性质和起源完全掩盖起来，这不仅对由于特殊利益在这一点上欺骗自己的资本家来说是这样，而且对工人来说也是这样。随着价值转化为生产价格，价值规定的基础本身就被掩盖起来。"

"这个内在联系在这里还是第一次被揭示出来；我们在后面和在第四卷中将会看到，以前的经济学，或者硬是抽掉剩余价值和利润之间、剩余价值率和利润率之间的差别，以便能够坚持作为基础的价值规定，或者在放弃这个价值规定的同时，也放弃了对待问题的科学态度的全部基础，以便坚持那种在现象上引人注目的差别，——理论家的这种混乱最好不过地表明，那些陷在竞争斗争中，无论如何不能透过竞争斗争的现象来看问题的实际资本家，必然也不能透过假象来认识这个过程的内在本质和内在结构。"

【简释：（1）关于一般利润率的形成。马克思用图表加以说明：假定有五个生产部门，虽然剩余价值率相同，但资本有机构成有高有低，等量资本会产生不等量的剩余价值，使各部门的利润率极不相同。这些不同的利润率，通过竞争而平均化为一般利润率，即所有这些不同利润率的平均数。按照这个一般利润率归于一定量资本（不管它的有机构成如何）的利润，就是平均利润。把这个平均数加到不同生产部门的成本价格上，由此形成的价格，就是生产价格。例如，表中五个部门的总资本500，其中不变资本390，可变资本110，全部剩余价值110。一般利润率等于110/500＝22%。一般利润率等于用社会总资本来除社会总剩余价值。就是说，这个一般利润率适合于具有78c＋22v这样构成的资本（假定剩余价值率为100%）。表中3个部门的商品售价比其价值高〔如表中的Ⅰ（＋2）＋Ⅳ（＋7）＋Ⅴ（＋17）＝＋26〕；另有2个部门的商品售价比其价值低〔如表中的Ⅱ（－8）＋Ⅲ（－18）＝（－26）〕，所以商品售价与价值的偏离，由于剩余价值的均衡分配而互相抵消。商品生产价格中包含的偏离价值的情况也会互相抵消。"总的说来，在整个资本主义生产中，一般规律作为一种占统治地位的趋势，始终只是以一种极其错综复杂和近似的方式，作为从不断波动中得出的、但永远不能确定的平均数来发生作用。"

（2）关于生产价格和价值的关系。生产价格以一般利润率的存在为前提，而这个一般利润率，又以每个特殊生产部门的利润率已经分别化为同样多的平均率为前提。这些特殊的利润率在每个生产部门都等于m/c，它们要从商品的价值引申出来。没有这种引申，一般利润率（从而商品的生产价格）就是一个没有意义、没有内容的概念。生产价格中的平均利润，不外就是比例于每个生产部门的资本额而在它们中间进行分配的剩余价值总量。生产价格的另一因素——生产费用，无论其中的可变资本还是不变资本，离开劳动力的价值和生产资料的价值，都不能得到说明。只有从剩余价值出发才能说明利润和平均利润，只有从价值出发才能说明生产价格。而且，如果把社会当作一切生产部门的总体来看，社会本身所生产的商品的生产价格的总和，等于它们的价值总和。虽然个别的看，生产价格在量上和价值不同，但它不是价值的否定，而只是价值的转化形式。因为商品的总价值规定着总剩余价值，而总剩余价值规定着平均利润的高度和一般利润率——这是支配各种波动的一般规律——所以价值规律调节着生产价格。

（3）关于生产价格和社会资本的分配。在一般利润率的形成上，问题不仅在于从不同生产部门利润率的差别，求出它们的简单平均数，而且还在于这些不同利润率在平均数形成上所占的比重，也就是总资本中提供较高利润率部门的资本和较低利润率部门的资本分别占多大比重。而这又取决于高有机构成的资本和低有机构成的资本在社会总资本中所占的比重。剩余价值总量和一般利润率，都取决于社会资本在各个不同生产部门之间的分配。如果社会资本大部分投在高有机构成的部门，在其他条件相同情况下，一般利润率较高。如果情况相反，则一般利润率较低。〕

第十章

一般利润率通过竞争而平均化。
市场价格和市场价值。超额利润

【本章是上一章研究主题的延续，内容丰富而且重要，关于部门内和部门间两种竞争的作用，市场价值、生产价格和市场价格的关系，供给、需要和供求关系等精辟分析，都具有重要的理论意义和现实意义。

本章的逻辑顺序：在概述上一章研究的结论之后提出，真正困难的问题是：利润到一般利润率的这种平均化是怎样进行的？在论述只有通过不同部门的资本的竞争才能形成平均利润和生产价格之前，首先用较长篇幅考察在一个部门内的竞争怎样使商品的个别价值形成一个相同的市场价值。这是因为生产价格是受价值规律调节的，研究市场价值得出的结论也适用于生产价格。本章最后回到关于竞争在生产价格形成中的作用的研究，并以简要的总结作为结束。】

【一切不同生产部门的利润总和等于剩余价值总和，社会总产品的生产价格总和等于它的价值总和】

"一部分生产部门所使用的资本具有中等构成或平均构成，也就是说，这部分生产部门的资本的构成完全是或接近于社会平均资本的构成。"

"在这些部门中生产的商品的生产价格，是同这些商品的用货币来表现的价值完全一致或接近一致的。""竞争会把社会资本这样地分配在不同的生产部门中，以致每个部门的生产价格，都按照这些中等构成部门的生产价格的样板来形成，也就是说，它们＝k＋kp′（成本价格加上成本价格乘以平均利润率所得之积）。但是这种平均利润率，不外就是这些中等构成部门的用百分比计算的利润，在这些部门中利润是同剩余价值一致的。因此，利润率在一切生产部门都是一样的，也就是说，是同资本的平均构成占统治地位的中等生产部门的利润率相等的。因此，一切不同生产部门的利润的总和，必然等于剩余价值的总和；社会总产品的生产价格的总和，必然等于它的价值的总和。"

"在这里，真正困难的问题是：利润到一般利润率的这种平均化是怎样进行的，因为这种平均化显然是结果，而不可能是起点。"

"我们先假定，不同生产部门的一切商品都按照它们的实际价值出售。这样一来会怎么样呢？如前所述，在不同的生产部门占统治地位的就会是极不相同的利润率。"

"全部困难是由这样一个事实产生的：商品不只是当作**商品**来交换，而是当作**资本的产品**来交换。这些资本要求从剩余价值的总量中，分到和它们各自的量成比例的一份，或者在它们的量相等时，要求分到相等的一份。一定资本在一定时间内生产的商品的总价格，应该满足这种要求。但是，这些商品的总价格，只是资本所生产的各个商品的价格的总和。"

"商品按照它们的价值或接近于它们的价值进行的交换，比那种按照它们的生产价格进行的交换，所要求的发展阶段要低得多。按照它们的生产价格进行的交换，则需要资本主义的发展达到一定的高度。

不同商品的价格不管最初用什么方式来互相确定或调节，它们的变动总是受价值规律的支配。在其他条件相同的情况下，如果生产商品所需要的劳动时间减少了，价格就会降低；如果增加了，价格就会提高。

因此，撇开价格和价格变动受价值规律支配不说，把商品价值看作不仅在理论上，而且在历史上先于生产价格，是完全恰当的。"

【商品按照它们的价值交换的条件】

"要使商品互相交换的价格接近于符合它们的价值，只需要：1. 不同商品的交换，不再是纯粹偶然的或仅仅一时的现象；2. 就直接的商品交换来说，这些商品是双方按照大体符合彼此需要的数量来生产的，这一点是由交换双方在销售时取得的经验来确定的，因此是从连续不断的交换本身中产生的结果；3. 就出售来说，没有任何自然的或人为的垄断能使立约双方的一方高于价值出售，或迫使一方低于价值抛售。至于偶然的垄断，我们是指那种由偶然的供求状况所造成的对买者或卖者的垄断。"

【市场价值和市场价格的关系】

"不同生产部门的商品按照它们的价值来出售这个假定，当然只是意味着：它们的价值是它们的价格围绕着运动的重心，而且价格的不断涨落也是围绕这个重心来拉平的。此外，必须始终**把市场价值——**下面我们就要谈到它——与不同生产者所生产的个别商品的个别价值区别开来。在这些商品中，有些商品的个别价值低于市场价值（也就是说，生产这些商品所需要的劳动时间少于市场价值所表示的劳动时间），另外一些商品的个别价值高于市场价值。市场价值，一方面，应看作一个部门所生产的商品的平均价值，另一方面，又应看作是在这个部门的平均条件下生产的并构成该部门的产品很大数量的那种商品的个别价值。只有在特殊的组合下，那些在最坏条件下或在最好条件下生产的商品才会调节市场价值，而这种市场价值又成为市场价格波动的中心，不过市场价格对同类商品来说是相同的。如果满足通常的需求的，是按平均价值，也就是按两端之间的大量商品的中等价值来供给的商品，那么，其个别价值低于市场价值的商品，就会实现一个额外剩余价值或超额利润，而其个别价值高于市场价值的商品，却不能实现它们所包含的剩余价值的一部分。"

"在上述假定的情况下，如果价格高于中等的市场价值，需求就会减少。在一定的价格下，一种商品能在市场上占有一定的地盘；在价格发生变化时，这个地盘只有在价格的提高同商品量的减少相一致，价格的降低同商品量的增加相一致的情况下，才能保持不变。另一方面，如果需求非常强烈，以致当价格由最坏条件下生产的商品的价值来调节时也不降低，那么，这种在最坏条件下生产的商品就决定市场价值。这种情况，只有在需求超过通常的需求，或者供给低于通常的供给时才可能发生。最后，如果所生产的商品的量大于这种商品按中等的市场价值可以找到销路的量，那么，那种在最好条件下生产的商品就调节市场价值。例如，这种商品能够完全按照或者大致按照它们的个别价值来出售，这时可能出现这样的情况：那些在最坏条件下生产的商品，也许连它们的成本价格都不能实现，而那些按中等平均条件生产的商品，也只能实现它们所包含的剩余价值的一部分。这里关于市场价值所说的，也适用于生产价格，只要把市场价值换成生产价格就行了。生产价格是在每个部门中调节的，并且是按照特殊的情况调节的。不过它本身又是一个中心，日常的市场价格就是围绕着这个中心来变动，并且在一定时期内朝这个中心来拉平的。"

【总剩余价值调节一般利润率的水平是一般规律，因此价值规律调节生产价格】

"不管价格是怎样调节的，我们都会得到如下的结论：

1. 价值规律支配着价格的运动，生产上所需要的劳动时间的减少或增加，会使生产价格降低或提高。

2. 决定生产价格的平均利润，必定总是同一定资本作为社会总资本的一个相应部分所分到的剩余价值量接近相等。""既然商品的总价值调节总剩余价值，而总剩余价值又调节平均利润从而一般利润率的水平——这是一般的规律，也就是支配各种变动的规律——，那么，价值规律就调节生产价格。

【部门内的竞争形成市场价值和市场价格】

"竞争首先在一个部门内实现的，是使商品的不同的个别价值形成一个相同的市场价值和市场价格。但只有不同部门的资本的竞争，才能形成那种使不同部门之间的利润率平均化的生产价格。这后一过程同前一过程相比，要求资本主义生产方式有更高的发展。

要使生产部门相同、种类相同、质量也接近相同的商品按照它们的价值出售，必须具备两个条件：

第一，不同的个别价值，必须平均化为**一个**社会价值，即上述市场价值，为此就需要在同种商品的生产者之间有一种竞争，并且需要有一个可供他们共同出售自己商品的市场。为了使种类相同，但各自在不同的带有个别色彩的条件下生产的商品的市场价格，同市场价值相一致，而不是同市场价值相偏离，即既不高于也不低于市场价值，这就要求各个卖者互相施加足够大的压力，以便把社会需要所要求的商品量，也就是社会能够按市场价值支付的商品量提供到市场上来。如果产品量超过这种需要，商品就必然会低于它们的市场价值出售；反之，如果产品量不够大，就是说，如果卖者之间的竞争压力没有大到足以迫使他们把这个商品量带到市场上来，商品就必然会高于它们的市场价值出售。如果市场价值发生了变化，总商品量得以出售的条件也就会发生变化。如果市场价值降低了，社会需要（在这里总是指有支付能力的需要）平均说来就会扩大，并且在一定限度内能够吸收较大量的商品。如果市场价值提高了，商品的社会需要就会缩减，就只能吸收较小的商品量。因此，如果供求调节市场价格，或者确切地说，调节市场价格同市场价值的偏离，那么另一方面，市场价值调节供求关系，或者说，调节一个中心，供求的变动使市场价格围绕这个中心发生波动。

如果作进一步的考察，我们就会发现，适用于单个商品的价值的条件，在这里会作为决定这种商品总额的价值的条件再现出来。"

"在这里顺便指出，'社会需要'，也就是说，调节需求原则的东西，本质上是由不同阶级的互相关系和它们各自的经济地位决定的，因而也就是，第一是由全部剩余价值和工资的比率决定的，第二是由剩余价值所分成的不同部分（利润、利息、地租、赋税等等）的比率决定的。这里再一次表明，在供求关系借以发生作用的基础得到说明以前，供求关系绝对不能说明什么问题。

虽然商品和货币这二者都是交换价值和使用价值的统一，但我们已经看到（第一卷第一章第三节），在买和卖的行为上，这两个规定分别处在两端，商品（卖者）代表使用价值，货币（买者）代表交换价值。商品要有使用价值，因而要满足社会需要，这是卖的一个前提。另一个前提是，商品中包含的劳动量要代表社会必要的劳动，因而，商品的个别价值（在这里的前提下，也就是出售价格）要同它的社会价值相一致。"

【商品的个别价值怎样平均化为市场价值】

"让我们把这一点应用到市场上现有的、构成某一整个部门的产品的商品总量上来。

如果我们把商品总量，首先是把**一个**生产部门的商品总量，当作**一个**商品，并且把许多同种商品的价格总额，当作**一个**总价格，那么问题就很容易说明了。这样一来，关于单个商品所说的话就完全适用于市场上现有的一定生产部门的商品总量。商品的个别价值应同它的社会价值相一致这一点，现在在下面这一点上得到了实现或进一步的规定：这个商品总量包含着为生产它所必要的社会劳动，并且这个总量的价值＝它的市场价值。

现在假定这些商品的很大数量是在大致相同的正常社会条件下生产出来的，因而社会价值同时就是这个很大数量的商品由以构成的各个商品的个别价值。这时，如果这些商品中有一个较小的部分的生产条件低于这些条件，而另一个较小的部分的生产条件高于这些条件，因此一部分的个别价值大于大部分商品的中等价值，另一部分的个别价值小于这种中等价值，如果这两端互相拉平，从而使属于这两端的商品的平均价值同属于中间的大量商品的价值相等，那么，市场价值就会由中等条件下生产的商品的价值来决定。商品总量的价值，也就同所有单个商品合在一起——既包括那些在中等条件下生产的商品，也包括那些在高于或低于中等条件下生产的商品——的价值的实际总和相等。在这种情况下，商品总量的市场价值或社会价值，即其中包含的必要劳动时间，就由中间的大量商品的价值来决定。

相反，假定投到市场上的该商品的总量仍旧不变，然而在较坏条件下生产的商品的价值，不能由于较好条件下生产的商品的价值而拉平，以致在较坏条件下生产的那部分商品，无论同中间的商品相比，还是同另一端的商品相比，都构成一个相当大的量，那么，市场价值或社会价值就由在较坏条件下生产的大量商品来调节。

最后，假定在高于中等条件下生产的商品量，大大超过在较坏条件下生产的商品量，甚至同中等条件下生产的商品量相比也构成一个相当大的量；那么，市场价值就由在最好条件下生产的那部分商品来调节。这里撇开市场商品充斥的情况不说，因为在那种情况下，市场价格总是由在最好条件下生产的那部分商品来调节的；但是，我们这里所谈的，并不是和市场价值不同的市场价格，而是市场价值本身的不同的规定。

事实上，严格地说（当然，实际上只是接近如此，而且还会有千变万化），在第一种情况下，由中等价值调节的商品总量的市场价值，等于它们的个别价值的总和；尽管这个价值，对两端生产的商品来说，表现为一种强加于它们的平均价值。这样，在最坏的一端生产的人，必然低于个别价值出售他们的商品；在最好的一端生产的人，必然高于个别价值出售他们的商品。

在第二种情况下，在两端生产的两个个别价值量并不拉平，而是在较坏条件下生产的商品起了决定作用。严格地说，每一单个商品或商品总量的每一相应部分的平均价格或市场价值，在这里是由那些在不同条件下生产的商品的价值相加而成的这个总量的总价值，以及每一单个商品从这个总价值中所分摊到的部分决定的。这样得到的市场价值，不仅会高于有利的一端生产的商品的个别价值，而且会高于属于中等部分的商品的个别价值；但它仍然会低于不利的一端生产的商品的个别价值。至于它和后一种个别价值接近到什么程度，或最后是否和它相一致，这完全要看不利的一端生产的商品量在该商品部门中具有多大规模。只要需求稍占优势，市场价格就会由在不利条件下生产的商品的个别价值来调节。

最后，假定和第三种情况一样，在有利的一端生产的商品量，不仅同另一端相比，而且同中等条件下生产的商品量相比，都占据较大的地盘，那么，市场价值就会降低到中等价值以下。这时，由两端和中等条件下生产的商品的价值额合计得到的平均价值，就会低于中等价值；它究竟是接近还是远离这个中等价值，这要看有利的一端所占据的相对地盘而定。如果需求小于供给，那么在有利条件下生产的那部分不管多大，都会把它的价格缩减到它的个别价值的水平，以便强行占据地盘。但市场价值决不会同在最好的条件下生产的商品的这种个别价值相一致，除非供给极大地超过了需求。"

"以上**抽象地**叙述的市场价值的确定，在需求恰好大到足以按这样确定的价值吸收掉全部商品的前提下，在实际市场上是通过买者之间的竞争来实现的。在这里，我们就谈到另外一点了。"

【供求对市场价值和市场价格的作用】

"**第二，**说商品有使用价值，无非就是说它能满足某种社会需要。当我们只是说到单个商品时，我们可以假定，存在着对这种特定商品的需要——它的量已经包含在它的价格中——，而用不着进一步考察这个有待满足的需要的量。但是，只要一方面有了整个生产部门的产品，另一方面又有了社会需要，这个量就是一个重要的因素了。因此，现在有必要考察一下这个社会需要的规模，即社会需要的量。

在上述关于市场价值的各个规定中，我们假定，所生产的商品的量是不变的，是已定的，只是这个在不同条件下生产的量的各个组成部分的比例发生了变化，因此，同样数量的商品的市场价值按不同的情况来调节。假定这个量就是通常的供给量，并且我们撇开所生产的商品的一部分会暂时退出市场的可能性不说。如果对这个总量的需求仍旧是通常的需求，这个商品就会按照它的市场价值出售，而不管这个市场价值是按以上研究过的三种情况中的哪一种情况来调节。这个商品量不仅满足了一种需要，而且满足了社会范围内的需要。与此相反，如果这个量小于或大于对它的需求，市场价格就会偏离市场价值。第一种偏离就是：如果这个量过小，市场价值就总是由最坏条件下生产的商品来调节，如果这个量过大，市场价值就总是由最好条件下生产的商品来调节，因而市场价值就由两端中的一端来决定，尽管单纯就不同条件下生产的各个量的比例来看，必然会得到另外的结果。如果需求和生产量之间的差额更大，市场价格也就会偏离市场价值更远，或者更高于市场价值，或者更低于市场价值。但是所生产的商品量和按市场价值出售的商品量之间的差额，可以由双重原因产生。或者是这个量本身发生了变化，变得过小或过大了，因而再生产必须按照与调节现有市场价值的规模不同的另一种规模来进行。在这种情况下，供给发生了变化，尽管需求仍旧不变，这样一来，就会产生相对的生产过剩或生产不足的现象。或者是再生产即供给保持不变，但需求由于各种各样的原因而增加或减少了。在这里，尽管供给的绝对量不变，但它的相对量，也就是同需要相比较或按需要来计量的量，还是发生了变化。结果是和第一种情形一样，不过方向相反。最后：如果两方面都发生了变化，但方向相反，或者方向相同，但程度不同，总之，如果双方都发生了变化，而且改变了它们之间的以前的比例，那么，最后结果就必然总是归结为上述两种情况中的一种。"

【对供给和需求这两个概念的分析】

"要给需求和供给这两个概念下一般的定义，真正的困难在于，它们好像只是同义反复。让我们首先考察供给，这就是处在市场上的产品，或者能提供给市场的产品。""它们不仅是满足人类需要的使用价值，而且这种使用价值还以一定的量出现在市场上。其次，这个商品量还有一定的市场价值，这个市场价值可以表现为单位商品的或单位商品量的市场价值的倍数。""在市场上现有的物品量和这些物品的市场价值之间只有这样一种联系：在一定的劳动生产率的基础上，每个特殊生产部门制造一定量的物品，都需要一定量的社会劳动时间，尽管这个比例在不同生产部门是完全不同的，并且同这些物品的用途或它们的使用价值的特殊性质没有任何内在联系。""事实上，因为商品生产是以分工为前提的，所以，社会购买这些物品的方法，就是把它所能利用的劳动时间的一部分用来生产这些物品，也就是说，用该社会所能支配的劳动时间的一定量来购买这些物品。""但是，一方面，耗费在一种社会物品上的社会劳动的总量，即总劳动力中社会用来生产这种物品的可除部分，也就是这种物品的生产在总生产中所占的数量，和另一方面，社会要求用这种特定物品来满足的需要的规模之间，没有任何必然的联系，而只有偶然的联系。尽管每一物品或每一定量某种商品都只包含生产它所需要的社会劳动，并且从这方面来看，所有这种商品的市场价值也只代表必要劳动，但是，如果某种商品的产量超过了当时社会的需要，社会劳动时间的一部分就浪费掉了，这时，这个商品量在市场上代表的社会劳动量就比它实际包含的社会劳动量小得多。（只有在生产受到社会实际的预定的控制的地方，社会才会在用来生产某种物品的社会劳动时间的数量和要由这种物品来满足的社会需要的规模之间，建立起联系。）因此，这些商品必然要低于它们的市场价值出售，其中一部分甚至会根本卖不出去。如果用来生产某种商品的社会劳动的数量，同要由这种产品来满足的特殊的社会需要的规模相比太小，结果就会相反。但是，如果用来生产某种物品的社会劳动的数量，和要满足的社会需要的规模相适应，从而产量也和需求不变时再生产的通常规模相适应，那么这种商品就会按照它的市场价值来出售。商品按照它们的价值来交换或出售是理所当然的，是商品平衡的自然规律。应当从这个规律出发来说明偏离，而不是反过来，从偏离出发来说明规律本身。"

"现在，我们考察另一个方面：需求。

商品被买来当作生产资料或生活资料，以便进入生产消费或个人消费"。"这首先要假定：在需求方面有一定量的社会需要，而在供给方面则有不同生产部门的一定量的社会生产与之相适应。"

"因此，在需求方面，看来存在着某种数量的一定社会需要，要满足这种需要，就要求市场上有一定量的某种物品。但是，从量的规定性来说，这种需要具有很大的弹性和变动性。它的固定性是一种假象。如果生活资料便宜了或者货币工资提高了，工人就会购买更多的生活资料，对这些商品种类就会产生更大的'社会需要'。""**市场上**出现的对商品的需要，即需求，和**实际的社会**需要之间存在着数量上的差别，这种差别的界限，对不同的商品说来当然是极不相同的；我说的是下面二者之间的差额：一方面是所要求的商品量；另一方面是商品的货币价格发生变化时可能要求的商品量，或者，买者的货币条件或生活条件发生变化时可能要求的商品量。"

【供求一致究竟是指什么】

"要理解供求之间的不平衡，以及由此引起的市场价格同市场价值的偏离，是再容易不过的了。真正的困难在于确定，供求一致究竟是指什么。

如果供求之间的比例，使某个生产部门的商品总量能够按照它们的市场价值出售，既不高，也不低，供求就是一致的。这是我们听到的第一点。

第二点是：如果商品都能够按照它们的市场价值出售，供求就是一致的。

如果供求一致，它们就不再发生作用，正因为如此，商品就按照自己的市场价值出售。""如果互相抵消，它们就不再说明任何事情，就不会对市场价值发生影响，并且使我们更加无从了解，为什么市场价值正好表现为这样一个货币额，而不表现为另外一个货币额。资本主义生产的实际的内在规律，显然不能由供求的互相作用来说明（完全撇开对这两种社会动力的更深刻的分析不说，在这里不需要作出这种分析），因为这种规律只有在供求不再发生作用时，也就是互相一致时，才纯粹地实现。供求实际上从来不会一致；如果它们达到一致，那也只是偶然现象，所以在科学上等于零，可以看作没有发生过的事情。可是，在政治经济学上必须假定供求是一致的。为什么呢？这是为了对各种现象在它们的合乎规律的、符合它们的概念的形态上来进行考察，也就是说，撇开由供求变动引起的假象来进行考察。另一方面，是为了找出供求变动的实际趋势，为了在一定程度上把这种趋势确定下来。因为各种不平衡具有互相对立的性质，并且因为这些不平衡会彼此接连不断地发生，所以它们会由它们的相反的方向，由它们互相之间的矛盾而互相平衡。这样，虽然在任何一个场合供求都是不一致的，但是它们的不平衡的接连发生，——而且朝一个方向偏离的结果，会引起另一个方向相反的偏离——从一个或长或短的时期的整体来看，使供求总是互相一致；然而这种一致只是作为过去的变动的平均，并且只是作为它们的矛盾的不断运动的结果。由此，各种同市场价值相偏离的市场价格，按平均数来看，就会平均化为市场价值，因为这种和市场价值的偏离会作为正负数互相抵消。这个平均数决不是只有理论意义，而且对资本来说还有实际意义，因为投资要把或长或短的一定时期内的变动和平均化计算在内。

因此，供求关系一方面只是说明市场价格同市场价值的偏离，另一方面是说明抵消这种偏离的趋势，也就是抵消供求关系的作用的趋势。（那种有价格而没有价值的商品是一种例外，在这里不必考察。）供求可以在极不相同的形式上消除由供求不平衡所产生的作用。例如，如果需求减少，因而市场价格降低，结果，资本就会被抽走，这样，供给就会减少。但这也可能导致这样的结果：由于某种发明缩短了必要劳动时间，市场价值本身降低了，因而与市场价格平衡。反之，如果需求增加，因而市场价格高于市场价值，结果，流入这个生产部门的资本就会过多，生产就会增加到使市场价格甚至降低到市场价值以下；或者另一方面，这也可以引起价格上涨，以致需求本身减少。这还可以在这个或者那个生产部门，在一个或长或短的期间内引起市场价值本身的提高，因为所需要的一部分产品在此期间内必须在较坏的条件下生产出来。"

【市场价格和市场价值对需求和供给的作用】

"如果供求决定市场价格，那么另一方面，市场价格，而在进一步分析下，也就是市场价值，又决定供求。就需求来说，那是很清楚的，因为需求按照和价格相反的方向变动，如果价格跌落，需求就增加，反之，价格提高，需求就减少。而就供给来说，情况也是这样。因为加到所供给的商品中去的生产资料的价格，决定对这种生产资料的需求，因而也决定这样一些商品的供给，这些商品的供给本身包含对这种生产资料的需求。棉花的价格对棉布的供给具有决定意义。

除了价格由供求决定而同时供求又由价格决定这种混乱观点之外，还要加上：需求决定供给，反过来供给决定需求，生产决定市场，市场决定生产。

甚至一个平庸的经济学家也懂得，即使没有由外界情况引起的供给或需求的变化，供求比例仍然可以由于商品市场价值的变化而变化。甚至他也不得不承认，不论市场价值如何，供求必须平衡，才能得出市场价值。这就是说，供求比例并不说明市场价值，而是相反，市场价值说明供求的变动。"

"要使一个商品按照它的市场价值来出售，也就是说，按照它包含的社会必要劳动来出售，耗费在这种商品总量上的社会劳动的总量，就必须同这种商品的社会需要的量相适应，即同有支付能力的社会需要的量相适应。竞争，同供求比例的变动相适应的市场价格的波动，总是力图把耗费在每一种商品上的劳动的总量归结到这个标准上来。"

"商品价值作为基础仍然是重要的，因为货币只有从这个基础出发才能在概念上得到说明，而价格就其一般概念来说，首先也只是货币形式上的价值。"

【买方的竞争和卖方的竞争对市场价格的作用】

"但是，说到供给和需求，那么供给等于某种商品的卖者或生产者的总和，需求等于这同一种商品的买者或消费者（包括个人消费和生产消费）的总和。而且，这两个总和是作为两个统一体，两个集合力量来互相发生作用的。个人在这里不过是作为社会力量的一个部分，作为总体的一个原子来发生作用，并且也就是在这个形式上，竞争显示出生产和消费的**社会**性质。

在竞争中一时处于劣势的一方，同时就是这样一方，在这一方中，个人不顾自己那群竞争者，而且常常直接反对这群竞争者而行动，并且正因为如此，使人可以感觉到一个竞争者对其他竞争者的依赖，而处于优势的一方，则或多或少地始终作为一个团结的统一体来同对方相抗衡。如果对这种商品来说，需求超过了供给，那么，在一定限度内，一个买者就会比另一个买者出更高的价钱，这样就使这种商品对全体买者来说都昂贵起来，提高到市场价值以上；另一方面，卖者却会共同努力，力图按照高昂的市场价格来出售。相反，如果供给超过了需求，那么，一个人开始廉价抛售，其他的人不得不跟着干，而买者却会共同努力，力图把市场价格压到尽量低于市场价值。只有每个人通过共同行动比没有共同行动可以得到更多好处，他才会关心共同行动。只要自己这一方变成劣势的一方，而每个人都力图靠自己的力量找到最好的出路，共同行动就会停止。其次，如果一个人用较便宜的费用进行生产，用低于现有市场价格或市场价值出售商品的办法，能售出更多的商品，在市场上夺取一个更大的地盘，他就会这样去做，并且开始起这样的作用，即逐渐迫使别人也采用更便宜的生产方法，把社会必要劳动减少到新的更低的标准。如果一方占了优势，每一个属于这一方的人就都会得到好处；好像他们实现了一种共同的垄断一样。如果一方处于劣势，每个人就可各自努力去取得优势（例如用更少的生产费用来进行生产），或者至少也要尽量摆脱这种劣势；这时，他就根本不顾自己周围的人了，尽管他的做法，不仅影响他自己，而且也影响他所有的同伙。

供求以价值转化为市场价值为前提；当供求在资本主义基础上发生的时候，当商品是资本的产品的时候，供求以资本主义生产过程为前提，因而以和单纯的商品买卖完全不同的复杂化了的关系为前提。这里问题已经不是由商品的价值到价格的形式上的转化，即不是单纯的形式变化，而是市场价格同市场价值，进而同生产价格的一定的量的偏离。在简单的买和卖上，只要有商品生产者自身互相对立就行了。如果作进一步的分析，供求还以不同的阶级和阶层的存在为前提，这些阶级和阶层在自己中间分配社会的总收入，把它当作收入来消费，因此造成那种由收入形成的需求；另一方面，为了理解那种由生产者自身互相造成的供求，就需要弄清资本主义生产过程的全貌。"

【部门之间的竞争形成平均利润】

"如果商品都按照它们的价值出售，那就像已经说过的那样，不同生产部门由于投入其中的资本量的有机构成不同，会产生极不相同的利润率。但是资本会从利润率较低的部门抽走，投入利润率较高的其他部门。通过这种不断的流出和流入，总之，通过资本在不同部门之间根据利润率的升降进行的分配，供求之间就会形成这样一种比例，使不同的生产部门都有相同的平均利润，因而价值也就转化为生产价格。资本主义或多或少能够实现这种平均化，资本主义在一国社会内越是发展，也就是说，该国的条件越是适应资本主义生产方式，资本就越能够实现这种平均化。随着资本主义生产的发展，这种生产的各种条件也发展了，这种生产使生产过程借以进行的全部社会前提从属于它的特殊性质和它的内在规律。

　　那种在不断的不平衡中不断实现的平均化，在下述两个条件下会进行得更快：1. 资本有更大的活动性，也就是说，更容易从一个部门和一个地点转移到另一个部门和另一个地点；2. 劳动力能够更迅速地从一个部门转移到另一个部门，从一个生产地点转移到另一个生产地点。第一个条件的前提是：社会内部已有完全的贸易自由，消除了自然垄断以外的一切垄断，即消除了资本主义生产方式本身造成的垄断；其次，信用制度的发展已经把大量分散的可供支配的社会资本在各个资本家面前集中起来；最后，不同的生产部门都受资本家支配。最后这一点，在我们假定一切按资本主义方式经营的生产部门的价值转化为生产价格时，已经包括在我们的前提中了；但是，如果有数量众多的非资本主义经营的生产部门（例如小农经营的农业）插在资本主义企业中间并与之交织在一起，这种平均化本身就会遇到更大的障碍。最后还必须有很高的人口密度。——第二个条件的前提是：废除了一切妨碍工人从一个生产部门转移到另一个生产部门，或者从一个生产地点转移到另一个生产地点的法律；工人对于自己劳动的内容是不关心的；一切生产部门的劳动都已尽可能地化为简单劳动；工人抛弃了一切职业的偏见；最后，特别是：工人受资本主义生产方式的支配。关于这个问题的进一步说明，属于专门研究竞争的范围。"

【利润平均化使资本家阶级结成真正的共济会团体】

　　"根据以上所说可以得出结论，每一单个资本家，同每一个特殊生产部门的所有资本家总体一样，参与总资本对全体工人阶级的剥削，并参与决定这个剥削的程度，这不只是出于一般的阶级同情，而且也是出于直接的经济利益，因为在其他一切条件（包括全部预付不变资本的价值）已定的前提下，平均利润率取决于总资本对总劳动的剥削程度。"

　　"因此，我们在这里得到了一个像数学一样精确的证明：为什么资本家在他们的竞争中表现出彼此都是假兄弟，但面对整个工人阶级却结成真正的共济会团体。"

【特殊生产部门和企业的超额利润】

"根据以上所说可以看出，市场价值（关于市场价值所说的一切，加上必要的限定，全都适用于生产价格）包含着每个特殊生产部门中在最好条件下生产的人所获得的超额利润。把危机和生产过剩的情况完全除外，这一点也适用于所有的市场价格，而不管市场价格同市场价值或市场生产价格有多大的偏离。就是说，市场价格包含这样的意思：对同种商品支付相同的价格，虽然这些商品可以在极不相同的个别条件下生产出来，因而会有极不相同的成本价格。（这里我们不说那种普通意义上的垄断——人为垄断或自然垄断——所产生的超额利润。）

此外，超额利润还能在下列情况下产生出来：某些生产部门可以不把它们的商品价值转化为生产价格，从而不把它们的利润化为平均利润。在论述地租的那一篇，我们将研究超额利润的这两种形态的更进一步的变形。"

【简释：（1）商品价值不仅在理论上而且在历史上先于生产价格。商品的价格受价值规律的支配已经有几千年的历史，价值是商品生产和交换的经济范畴。而商品按照它们的生产价格交换，需要资本主义的发展达到一定的高度。这时商品不只是当作商品来交换，而是当作资本的产品来交换，因而资本要求从剩余价值的总量中，分到和各自资本的量成比例的一份，即按照生产价格来交换。对于中等构成或接近中等构成的资本来说，生产价格同价值是完全一致或接近一致的，利润同这些资本所生产的剩余价值是完全一致或接近一致的。一切其他资本，不管它们的构成如何，在竞争的压力下，都力求和中等构成的资本拉平，都力求实现平均利润，也就是力求实现生产价格。

（2）部门内的竞争使商品的个别价值形成共同的市场价值。《资本论》第一卷已经说明商品价值是由社会必要劳动时间决定的，所以价值本身就是社会价值。但是，商品的社会价值如何通过市场竞争形成，这是留到第三卷研究的。市场价值就是商品的社会价值。它是在生产中创造而在流通中、在市场价格中实现的。这是价值范畴的进一步发展。商品不同的个别价值平均化为一个市场价值，需要在同种商品的生产者之间有一种竞争，要求各个卖者互相施加足够大的压力，以便把社会需要的商品量提供到市场上来。如果产品量超过这种需要，商品就必然会低于它们的市场价值出售。如果情况相反，商品就会高于它们的市场价值出售。另一方面，如果市场价值降低了，社会需要（指有支付能力的需要）平均说来就会扩大。如果情况相反，社会需要就会缩减。因此，如果供求调节市场价格同市场价值的偏离，那么，另一方面市场价值也调节供求关系，即商品的供给和需要随着市场价值的变动而变动，从而使市场价格围绕市场价值这个中心发生变动。

（3）市场价值决定的三种情况：一种是商品的很大数量是在大致相同的正常社会条件下生产出来的，那么市场价值就由这种中等条件下生产的商品的价值来决定。二是商品的总量不变，然而在较坏条件下生产的那部分商品，同中等和最好条件下生产的商品相比，都构成相当大的数量，那么市场价值就由较坏条件下生产的大量商品来调节。三是市场价值由最好条件下生产的那部分商品来调节，因为最好条件下生产的商品量，大大超过较坏条件下生产的商品量，甚至同中等条件下生产的商品量相比也构成相当大的量。

（4）尽管每一定量的某种商品都只包含生产它所需要的社会劳动，这种商品的市场价值也只代表必要劳动，但这种商品的产量超过了当时的社会的需要，这时，这个商品量在市场上代表的社会劳动量就比它实际包含的社会劳动量小得多。但是，如果用来生产某种商品的社会劳动的数量，和要满足的社会需要的规模相适应，那么这种商品就会按照它的市场价值来出售。商品按照它们的价值来交换或出售是理所当然的，是商品平衡的自然规律。应当从这个规律出发来说明偏离，而不是反过来，从偏离出发来说明规律本身。

（5）真正的困难在于确定供求一致究竟是指什么。如果供求一致，商品就按照自己的市场价值出售，供求两种力量互相抵消，它们就不会对市场价值发生影响。资本主义生产的内在规律，显然不能由供求的互相作用来说明，因为这种规律只有在供求不再发生作用时，也就是互相一致时，才纯粹地实现。供求实际上从来不会一致，如果它们达到一致，那也只是偶然现象。可是，在政治经济学上必须假定供求是一致的。这是为了对各种现象在它们合乎规律的形态上进行考察。另一方面，是为了找出供求变动的实际趋势。】

第十一章

工资的一般变动对生产价格的影响

【简释：（1）马克思在《剩余价值学说史》中说过："自亚当·斯密以来一直流传下来的主要错误之一，即认为工资的提高不是使利润降低，而是使商品的价格上涨。"马克思在本章论证表明：对于社会平均构成的资本来说，工资的提高，虽然引起利润的降低，但不会引起商品生产价格的变动。因为工资和利润是工人创造的新价值的两个部分，工资的提高和利润的降低相互抵消，不会引起商品价值的变动。而社会平均构成的资本，商品的生产价格和它们的价值是一致的，商品价值不变，生产价格也不会变动。

与上述情况不同的是：对于较低构成的资本来说，由于可变资本的比重高，随着工资的提高，工人在新创造的价值中所占的份额增大，资本家占有的剩余价值相应减少，从而使利润率降低，商品的生产价格会提高，虽然不是按照利润率降低的比例而提高。而对于有较高构成的资本来说，工资的提高，商品的生产价格会降低，虽然也不是按照利润率降低的比例而降低。这是因为工资的提高，一方面提高生产费用，影响生产价格的提高；另一方面使平均利润率降低，影响生产价格的降低。在高构成的部门，由于可变资本的比重低，工资变动通过平均利润率的变化对生产价格所产生的影响，要大大超过工资部分的生产费用的变化对生产价格所产生的影响，因而随着工资的提高，商品的生产价格会降低。

总结起来，因为平均构成的资本的商品的生产价格保持不变，和产品的价值相等，所以一切资本的产品的生产价格的总额也保持不变，和总资本所生产的价值总额相等；一方面的提高，和另一方面的降低，对总资本来说，会平均化为社会平均构成资本的水平。

（2）工资的一般降低对商品的生产价格的影响。对于这个问题李嘉图没有研究过。他只是考察工资的提高对商品的费用价格（生产价格）的影响，因而是片面的、有缺陷的。

工资的一般降低和与之相适应的利润率的一般提高，从而平均利润的一般提高，对各个按相反方向同社会平均构成相偏离的资本所生产的商品的生产价格，会产生怎样的影响呢？只要把以上的说明反过来，加上必要的修正，就可以得到如下结果：

工资一般降低的结果，是剩余价值和剩余价值率的一般提高，并且在其他条件不变的情况下，还有利润率的一般提高，虽然比例不同；对低构成的资本所生产的商品来说，生产价格会降低，对高构成的资本所生产的商品来说，生产价格会提高。这和工资一般提高时的结果恰好相反。在工资提高和降低这两个场合，我们都假定工作日不变，一切必要生活资料的价格也不变。】

第十二章

补充说明

【本章是对第二篇前几章研究的补充，由三个部分组成。】

第一节　引起生产价格变化的原因

【简释：引起生产价格变化的原因有两个：一般利润率的变化和商品价值本身的变化。

（1）一般利润率变化引起生产价格变动。一般利润率是以全社会各部门计算的平均利润率，它之所以变化，一是平均剩余价值率发生变化，二是剩余价值总额和预付社会总资本的比率发生变化。一般正常情况下，前者是由于劳动力的价值降低或提高引起的。后者则是由总资本中的不变部分引起。如果劳动生产率不变，不变资本的价值量与可变资本的价值量成比例地增减。如果劳动生产率提高了，同量劳动可以推动较多的不变资本。反过来，情况也就相反。可见，如果劳动生产率发生了变动，某些商品的价值就一定发生变动。因此，对以上两种情况来说，下述规律都是适用的：如果一个商品的生产价格由于一般利润率的变动而发生变动，它本身的价值可以保持不变，但一定有另一些商品的价值发生变动。

（2）商品本身的价值变化引起生产价格变动。商品价值的变化是因为它本身的再生产所需的劳动增多了或减少了。生产价格等于成本价格加上平均利润。其中成本价格是一个未定量，对不同生产部门来说是不同的。所以，即使商品的价值发生变化，这个生产价格可以仍旧不变。

商品生产价格的一切变动最终都可以归结为价值的变动，但并不是商品价值的一切变动都要表现为生产价格的变动，因为生产价格不只是由特殊商品的价值决定，而且还由一切商品的总价值决定。因此，商品 A 的变动可以由商品 B 的相反的变动抵消，以致一般关系仍保持不变。】

第二节　中等构成的商品的生产价格

【简释：一个商品的生产价格偏离它的价值，除了由于平均利润和剩余价值的差额而发生的偏离，还有商品的成本价格也包含同该商品中所消费的生产资料价值的偏离。后面这种偏离，即使对中等构成的资本所生产的商品也可能发生，但是这种可能性根本不影响关于中等构成的商品所提出的各个论点的正确性。因为不管成本构成要素的生产价格和价值如何偏离，只要它的资本构成相当于中等的平均水平，它的剩余价值就会等于平均利润。在这种情况下，工资的提高或降低，只会引起利润率的相应的、方向相反的运动，即降低或提高，而不会使商品的价值发生变动，而总是只会影响剩余价值的量。】

第三节　资本家的补偿理由

【简释：前一章讲过，竞争使不同生产部门的利润率平均化为一般利润率，并由此使价值转化为生产价格。这是通过资本从一个部门不断地转移到利润暂时高于平均利润的另一部门来实现的。资本在不同部门之间不断地流出和流入，引起利润率上升和下降，这种运动的互相平衡，使利润率到处化为共同的一般水平的趋势。但是，资本从一个部门转移到另一部门却有很大的困难，特别是因为存在着固定资本。此外，经验还表明，一个产业部门在一个时期利润特别高，在另一个时期就会特别低，甚至会亏损，因此在一个若干年的周期中，它的平均利润会和其他部门大致相同。资本家可以凭借经验预计到这一点。有些部门由于生产周期长、资本周转慢，或者投资风险大，资本家可以通过产品或运费加价的办法得到补偿。从整个社会来说，这实际上是利润的转移，仍然是来自工人创造的剩余价值。但是，竞争不会把剩余价值和平均利润、价值和生产价格的内在联系与本质表现出来，在竞争中和资本家观念中表现的是颠倒的和相反的，所有现象似乎都和价值由劳动时间决定相矛盾，也和剩余价值由无酬的剩余劳动形成的性质相矛盾。】

第 三 篇
利润率趋向下降的规律

【本篇研究的利润率趋向下降的规律，揭示了资本主义生产扩大和价值增殖之间的矛盾冲突：一方面是资本积累加速，生产不断扩大；另一方面是利润率下降，资本增殖减弱限制了投资和生产发展，造成一方面资本过剩，再加上人口相对过剩，充分显示了资本主义生产方式的历史局限性。本篇是前两篇研究的逻辑发展的必然结论，也是《资本论》第一卷第七篇关于资本积累一般规律研究的进一步发展，是马克思的重大理论贡献。

本篇共三章，第十三章论述利润率下降的原因，利润率下降和利润量增长等问题。第十四章论述对利润率下降规律起反作用的各种原因。第十五章论述利润率下降规律的内部矛盾的展开，揭示本篇的地位和意义，是全篇的结论。】

第十三章
规律本身

【利润率不断下降的原因】

"随着资本主义生产方式的发展，可变资本同不变资本相比，从而同被推动的总资本相比，会相对减少，这是资本主义生产方式的规律。这只是说，由于资本主义生产内部所特有的生产方法的日益发展，一定价值量的可变资本所能支配的同数工人或同量劳动力，会在同一时间内推动、加工、生产地消费掉数量不断增加的劳动资料，机器和各种固定资本，原料和辅助材料，——也就是价值量不断增加的不变资本。可变资本同不变资本从而同总资本相比的这种不断的相对减少，和社会资本的平均有机构成的不断提高是一回事。这也只是劳动的社会生产力不断发展的另一种表现，而这种发展正好表现在：由于更多地使用机器和一般固定资本，同数工人在同一时间内可以把更多的原料和辅助材料转化为产品，也就是说，可以用较少的劳动把它们转化为产品。""资本主义生产，随着可变资本同不变资本相比的日益相对减少，使总资本的有机构成不断提高，由此产生的直接结果是：在劳动剥削程度不变甚至提高的情况下，剩余价值率会表现为一个不断下降的一般利润率。""因此，一般利润率日益下降的趋势，只是劳动的社会生产力的日益发展**在资本主义生产方式下所特有的表现**。这并不是说利润率不能由于别的原因而暂时下降，而是根据资本主义生产方式的本质证明了一种不言而喻的必然性：在资本主义生产方式的发展中，一般的平均的剩余价值率必然表现为不断下降的一般利润率。因为所使用的活劳动的量，同它所推动的对象化劳动的量相比，同生产中消费掉的生产资料的量相比，不断减少，所以，这种活劳动中对象化为剩余价值的无酬部分同所使用的总资本的价值量相比，也必然不断减少。而剩余价值量和所使用的总资本价值的比率就是利润率，因而利润率必然不断下降。"

"尽管这个规律经过上述说明显得如此简单，但是我们在以后的一篇中将会看到，以往的一切经济学都没有能把它揭示出来。""由于这个规律对资本主义生产极其重要，因此可以说，它是一个秘密，亚当·斯密以来的全部政治经济学一直围绕着揭开这个秘密兜圈子，而且亚·斯密以来的各种学派之间的区别，也就在于为揭开这个秘密进行不同的尝试。"

"在说明利润分割为互相独立的不同范畴以前，我们有意识地先说明这个规律。""这个规律，就其一般性来说，同这种分割无关，同这种分割所产生的各种利润范畴的相互关系无关。"

【利润率下降和利润绝对量同时增加的二重性规律】

"利润率不断下降的规律，或者说，所占有的剩余劳动同活劳动所推动的对象化劳动的量相比相对减少的规律，决不排斥这样的情况：社会资本所推动和所剥削的劳动的绝对量在增大，因而社会资本所占有的剩余劳动的绝对量也在增大；同样也决不排斥这样的情况：单个资本家所支配的资本支配着日益增加的劳动量，从而支配着日益增加的剩余劳动量，甚至在这些资本所支配的工人人数并不增加的时候，也支配着日益增加的剩余劳动量。"

"这个比率所以会发生变化，并不是因为活劳动的量减少了，而是因为活劳动所推动的已经对象化的劳动的量增加了。这种减少是相对的，不是绝对的，实际上同所推动的劳动和剩余劳动的绝对量毫无关系。利润率的下降，不是由于总资本的可变组成部分的绝对减少，而只是由于它的相对减少，由于它同不变组成部分相比的减少。"

"所以，尽管利润率不断下降，资本所使用的工人人数，即它所推动的劳动的绝对量，从而它所吸收的剩余劳动的绝对量，从而它所生产的剩余价值量，从而它所生产的利润的绝对量，仍然**能够**增加，并且不断增加。事情还不只是**能够**如此。在资本主义生产的基础上，撇开那些暂时的波动，事情也**必然**如此。"

"资本主义生产过程实质上同时就是积累过程。""而追加劳动——通过对它的占有，这种追加财富能够再转化为资本——并不是取决于这种生产资料（包括生活资料）的价值，而是取决于它的量，因为工人在劳动过程中不是同生产资料的价值发生关系，而是同生产资料的使用价值发生关系。""所以，在生产过程和积累过程的发展中，可以被占有和已经被占有的剩余劳动的量，从而社会资本所占有的利润的绝对量，都**必然**会增加。但是，同一些生产规律和积累规律，会随着不变资本的量增加，使不变资本的价值同转化为活劳动的可变资本部分的价值相比，越来越快地增加。因此，同一些规律，使社会资本的绝对利润量日益增加，使它的利润率日益下降。"

"资本主义生产和积累的发展进程，要求劳动过程的规模及其范围日益扩大，要求每一个企业的预付资本相应地日益增加。因此，日益增长的资本积聚（与此同时，资本家人数也会增加，只是增加的程度较小），既是资本主义生产和积累的物质条件之一，又是二者本身产生的结果之一。""那些使大批劳动军集中在各单个资本家支配下的原因，又正好使所使用的固定资本和原料、辅助材料的量同所使用的活劳动量相比以越来越大的比例增加起来。"

"社会劳动生产力的发展，表现为可变资本同总资本相比相对减少和积累由此加速的那些规律，——而另一方面，积累又反过来成为生产力进一步发展和可变资本进一步相对减少的起点，——这同一发展，撇开一切暂时的波动，还表现为所使用的总劳动力越来越增加，表现为剩余价值的从而利润的绝对量越来越增加。"

"利润率的下降和绝对利润**量**的同时增加产生于同一些原因的这个二重性的规律，必然会以什么样的形式表现出来呢？"

"这里又出现了以前已经阐述过的规律：随着可变资本的相对减少，就是说，随着劳动的社会生产力的发展，为了推动同量的劳动力和吸收同量的剩余劳动，所需要的总资本量越来越大。因此，工人人口相对过剩的可能性随着资本主义生产的发展以同样的程度发展起来，这并不是因为社会劳动的生产力**降低了**，而是因为社会劳动的生产力**提高了**；就是说，不是由于劳动和生活资料或生产这种生活资料的资料之间的绝对的不平衡，而是由于对劳动的资本主义剥削所引起的不平衡，即资本的不断增加和它对不断增加的人口的需要的相对减少之间的不平衡。"

如果"利润率下降50%"，"要使利润量保持不变，资本就必须增加一倍。""要使结果增加，资本增加的比例就必须大于利润率下降的比例。换句话说，……总资本增加的比例必须大于可变资本所占百分比下降的比例。"

"甚至在被剥削的工人人口的总数不变，只是工作日的长度和强度增加时，所使用的资本的量也必须增加，因为在资本构成变化时，即使要按旧的剥削关系使用同量劳动，资本量也必须增加。"

"因此，劳动的社会生产力的同一发展，在资本主义生产方式的发展中，一方面表现为利润率不断下降的趋势，另一方面表现为所占有的剩余价值或利润的绝对量的不断增加；结果，总的说来，与可变资本和利润的相对减少相适应的，是二者的绝对增加。我们讲过，这种双重的作用，只是在总资本的增加比利润率的下降更快的时候才能表现出来。要在构成更高或不变资本以更大程度相对增加的情况下使用一个绝对增加了的可变资本，总资本不仅要和更高的构成成比例地增加，而且要增加得更快。由此可见，资本主义生产方式越是发展，要使用同量劳动力，就需要越来越大的资本量；如果要使用更多的劳动力，那就更是如此。因此，在资本主义的基础上，劳动生产力的提高必然会产生永久性的表面上的工人人口过剩。如果可变资本以前占总资本的 $\frac{1}{2}$，现在只占 $\frac{1}{6}$，那么，要使用同量劳动力，总资本就必须增加到三倍，如果所用劳动力要增加一倍，总资本就必须增加到六倍。"

【利润率下降的原因又会引起资本的加速积累】

"我们已经指出，造成一般利润率趋向下降的同一些原因，又会引起资本的加速积累，从而引起资本所占有的剩余劳动（剩余价值、利润）绝对量或总量的增加。正如在竞争中，从而在竞争当事人的意识中，一切都以颠倒的形式表现出来一样，这个规律——我指的是两个表面上互相矛盾的事物之间的这种内在的和必然的联系——也是如此。"

【商品价格下降和商品出售实现的利润量相对增加】

"利润率因生产力的发展而下降，同时利润量却会增加，这个规律也表现为：资本所生产的商品的价格下降，同时商品所包含的并通过商品出售所实现的利润量却会相对增加。

因为生产力的发展以及与之相应的资本构成的提高，会使数量越来越小的劳动，推动数量越来越大的生产资料，所以，总产品中每一个可除部分，每一个商品""都只吸收较少的活劳动，而且也只包含较少的对象化劳动"。"因此，每一个商品都只包含一个较小的、对象化在生产资料中的劳动和生产中新追加的劳动的总和。这样，单个商品的价格就下降了。尽管如此，单个商品中包含的利润量，在绝对剩余价值率或相对剩余价值率提高时仍能增加。它包含较少的新追加劳动，但是这种劳动的无酬部分同有酬部分相比却增加了。不过，只有在一定范围内情况才是这样。"

"在劳动生产率提高时，单个商品或一定量商品的价格下降，商品的数量增加，单个商品的利润量和商品总额的利润率下降，而商品总额的利润量却增加，这是资本主义生产方式的性质产生的现象，这种现象在表面上只表现为：单个商品的利润量下降，它的价格也下降，社会总资本或单个资本家所生产的已经增加了的商品总量的利润量则增加。"

"商品价格下降，而变得便宜的更大量商品的利润量增加，这种情况实际上只是利润率下降，而利润量同时增加这个规律的另一种表现。"

【简释：（1）关于利润率趋向下降的原因。随着资本主义生产方式的发展，可变资本同不变资本相比，从而同被推动的总资本相比，会相对减少，这是资本主义生产方式的规律。总资本的有机构成不断提高，由此产生的直接结果是：在劳动剥削程度不变甚至提高的情况下，剩余价值率会表现为一个不断下降的一般利润率。因此，一般利润率日益下降的趋势，只是劳动的社会生产力的日益发展在资本主义方式下所特有的表现。这并不是说利润率不能由于别的原因而暂时下降，而是根据资本主义生产方式的本质证明了一种不言而喻的必然性：在资本主义生产方式的发展中，一般的平均的剩余价值率必然表现为不断下降的一般利润率。

（2）以往经济学为何不能揭开利润率下降的秘密。尽管这个规律经过马克思上述说明显得如此简单，但是以往的一切经济学都没有把它揭示出来。由于这个规律对资本主义生产极其重要，因此可以说，它是一个秘密，亚当·斯密以来的全部政治经济学一直围绕着揭开这个秘密兜圈子。其原因在于：他们从来没有能够明确区分不变资本和可变资本，从来没有把剩余价值和利润区别开来，没有在纯粹的形式上说明过利润本身，把它和它的彼此独立的各个组成部分——产业利润、商业利润、利息、地租——区别开来，它们从来没有彻底分析过资本有机构成的差别，因而从来没有彻底分析过一般利润率的形成，因此，它们从来不能解开这个谜。

（3）利润率下降和利润量增长的关系。利润率不断下降的规律，决不排斥社会资本所推动和所剥削的劳动的绝对量在增大，因而它所生产的利润的绝对量仍然能够增加，并且不断增加。如果资本量的增加快于利润率的下降，利润的总量就会增加。而资本主义生产过程实质上同时就是积累过程。资本积累以及随之而来的资本积聚，本身就是提高生产力的一个物质手段。资本的集中，大资本吞并小资本，也是以具有较高利润率的单个资本能够积聚更多的资本量为前提。因此，劳动的社会生产力的同一发展，在资本主义生产方式的发展中，一方面表现为利润率不断下降的趋势，另一方面表现为所占的剩余价值或利润的绝对量的不断增加；结果，总的说来，与可变资本和利润的相对减少相适应的，是二者的绝对增加。

（4）利润率因为生产力的发展而下降，同时利润量却会增加，这个规律也表现为：商品价格下降，而变得便宜的更大量商品的利润量增加。在劳动生产率提高时，单个商品或一定量商品的价格下降，商品的数量增加，单个商品的利润量和商品总额的利润率下降，而商品总额的利润量却增加，这是从资本主义生产方式的性质产生的现象。】

第十四章

起反作用的各种原因

【本章在于说明：有哪些对利润率下降起反作用的因素，来阻挠和抵消这个一般规律的作用，使它只有趋势的性质，因而把一般利润率的下降叫作趋势下降。上一章分析一般利润率下降的原因，这是分析问题的一个主要方面。本章则分析问题的另一个方面，即利润率下降为什么不是更大、更快。这一章列举了六种最普遍的起反作用的原因。】

第一节　劳动剥削程度的提高

【使剩余价值率提高的同一些原因却使利润率降低，因而这个因素对利润率趋向下降的规律起到阻碍、延缓和减弱的作用】

"剩余价值率的提高是决定剩余价值量从而决定利润率的一个因素。这特别是因为这种提高，如上所述，在不变资本同可变资本相比完全没有增加或不按比例增加的情况下也会发生。这个因素不会取消一般的规律。但是，它不如说会使一般的规律作为一种趋势来发生作用，即成为这样一种规律，它的绝对的实现被起反作用的各种情况所阻碍、延缓和减弱。但是，因为使剩余价值率提高（甚至延长劳动时间也是大工业的一个结果）的同一些原因，具有使一定量资本所使用的劳动力减少的趋势，所以同一些原因具有使利润率降低的趋势，同时又使这种降低的运动延缓下来。"

【简释：提高劳动力剥削程度的两种办法：一是延长工作日，增加剩余劳动的量，这是生产绝对剩余价值。另一种是提高劳动强度，例如提高机器速度，使一定量劳动尽可能多地转化为剩余价值。这种生产相对剩余价值的办法，同时也是资本有机构成的提高，使一定量资本所生产的剩余价值减少，从而使利润率下降。这是两个相反的趋势。剩余价值率的提高是决定剩余价值量从而决定利润率的一个因素。这个因素不会取消利润率下降的一般规律，而是使它的绝对的实现被起反作用的各种情况所阻碍、延缓和减弱。】

第二节　工资被压低到劳动力的价值以下

【工资和利润朝相反的方向变动，因而工资被压低到劳动力的价值以下，是阻碍利润率下降趋势的最显著原因之一。】

"在这里，这种情况只是作为经验的事实提出，因为它和其他许多似乎应该在这里提到的情况一样，实际上同资本的一般分析无关，而属于不是本书所要考察的竞争的研究范围。但它是阻碍利润率下降趋势的最显著的原因之一。"

第三节　不变资本各要素变得便宜

【不变资本的价值和它的物质量不是按同一比例增加】

"本卷第一篇关于利润率在剩余价值率不变时提高或不以剩余价值率为转移而提高的各种原因所说的一切，都属于这里研究的范围。因此，特别要说到这样一种情况：就总资本来看，不变资本价值并不和它的物质量按同一比例增加。""由于劳动生产力的提高，会使不变资本各要素的价值减少，从而使不变资本的价值不和它的物质量，就是说，不和同量劳动力所推动的生产资料的物质量，按同一比例增加，虽然不变资本的价值会不断增加。"

【现有资本发生贬值是阻碍利润率下降的原因之一】

"同上述情况有关的，是现有资本（即它的物质要素）随着工业发展而发生的贬值。它也是阻碍利润率下降的不断发生作用的原因之一，虽然它在某些情况下会使提供利润的资本的量减少，从而使利润量减少。这里再一次表明，造成利润率下降趋势的同一些原因，也会阻碍这种趋势的实现。"

【简释：由于劳动生产力的发展，会使不变资本的各要素的价值减少，因而不会和它的物质量按同一比例增加。同时，现有不变资本的物质要素也会随着工业发展而发生贬值。利润率是剩余价值和预付资本价值的比率，分母数值的减少，会使比率提高，成为阻碍利润率下降的原因之一。】

第四节　相对过剩人口

【相对过剩人口对利润率下降趋势的二重作用。】

"相对过剩人口的产生，是和表现为利润率下降的劳动生产力的发展分不开的，并且由于这种发展而加速。一个国家的资本主义生产方式越发展，这个国家的相对过剩人口就表现得越明显。一方面，相对过剩人口又是造成下述情况的原因：许多生产部门中劳动或多或少不完全从属于资本的现象继续存在"，"它也是下述情况造成的结果：可供支配的或被游离的雇佣工人价格低廉和数量众多，一些生产部门出于其本性而更加强烈地反对由手工劳动转化为机器劳动。另一方面，出现了新的生产部门，特别是生产奢侈品的部门，这些生产部门把其他生产部门中常常由于不变资本占优势而被游离的上述相对过剩人口作为基础，而这些生产部门本身又建立在活劳动要素占优势的基础之上，只是逐渐地走上其他生产部门所走过的路。在这两个场合，可变资本在总资本中占有相当大的比重，工资则低于平均水平，结果这些生产部门的剩余价值率和剩余价值量都非常高。因为一般利润率是由各特殊生产部门利润率的平均化而形成的，所以，造成利润率下降趋势的同一些原因，在这里又会产生一种和这种趋势相反的对抗力量，或多或少地抵消这种趋势的作用。"

【简释：一个国家的资本主义生产方式越发展，这个国家的相对过剩人口就表现得越明显。相对过剩人口使原有的和新出现的一些生产部门的，可变资本在总资本中占相当大的比重，工资则低于平均水平，结果这些生产部门的剩余价值率和剩余价值量都非常高，从而在利润率平均化过程中成为阻碍一般利润率下降的原因之一。】

第五节　对外贸易

【对外贸易具有提高利润率和加速利润率下降的二重作用。】

"对外贸易一方面使不变资本的要素变得便宜，一方面使可变资本转变成的必要生活资料变得便宜，就这一点说，它具有提高利润率的作用，因为它使剩余价值率提高，使不变资本价值降低。一般说来，它在这方面起作用，是因为它可以使生产规模扩大。因此，它一方面加速积累，但是另一方面也加速可变资本同不变资本相比的相对减少，从而加速利润率的下降。同样，对外贸易的扩大，虽然在资本主义生产方式的幼年时期是这种生产方式的基础，但在资本主义生产方式的发展中，由于这种生产方式的内在必然性，由于这种生产方式要求不断扩大市场，它成为这种生产方式本身的产物。在这里，我们再一次看见了同样的二重作用。（李嘉图完全忽视了对外贸易的这个方面。）"

"投在对外贸易上的资本能提供较高的利润率，首先因为这里是和生产条件较为不利的其他国家所生产的商品进行竞争，所以，比较发达的国家高于商品的价值出售自己的商品，虽然比它的竞争国卖得便宜。在这里，只要比较发达的国家的劳动作为比重较高的劳动来使用，利润率就会提高，因为这种劳动没有被作为质量较高的劳动来支付报酬，却被作为质量较高的劳动来出售。对有商品输入和输出的国家来说，同样的情况也都可能发生；就是说，这种国家所付出的实物形式的对象化劳动多于它所得到的，但是它由此得到的商品比它自己所能生产的更便宜。这好比一个工厂主采用了一种尚未普遍采用的新发明，他卖得比他的竞争者便宜，但仍然高于他的商品的个别价值出售，就是说，他把他所使用的劳动的特别高的生产力作为剩余劳动来使用。因此，他实现了一个超额利润。"

"因此，一般说来，我们已经看到，引起一般利润率下降的同一些原因，又会产生反作用，阻碍、延缓并且部分地抵消这种下降。这些原因不会取消这个规律，但是会减弱它的作用。否则，不能理解的就不是一般利润率的下降，反而是这种下降的相对缓慢了。所以，这个规律只是作为一种趋势发生作用；它的作用，只有在一定情况下，并且经过一个长的时期，才会清楚地显示出来。"

【简释：对外贸易一方面使不变资本的要素变得便宜；另一方面使可变资本转变成的必要生活资料变得便宜，必要劳动时间减少，剩余价值相应增加。在利润率的公式（$\frac{m}{C}$）中，分子增加、分母减少，从而具有提高利润率的作用。同时，发达国家投在对外贸易上的资本能提供较高的利润率。因为发达国家的生产率高，生产同一种商品的必要劳动时间比不发达国家少，在国际贸易中可以获得一个超额利润，参与一般利润率的平均化，会成为阻碍利润率下降的因素。不过也要看到，上述这些因素在促使资本加速积累和生产规模扩大的同时，也推动资本有机构成加速提高，从而加速利润率下降，因而也是二重作用。李嘉图忽视了对外贸易的这个方面。】

第六节　股份资本的增加

【投在铁路等大企业的股份资本不参加一般利润率的平均化】

"除上述五点外，还可以补充下面一点"，"在和加速的积累同时并进的资本主义生产的发展中，资本的一部分只作为生息资本来计算和使用。""这里的生息资本是在下述意义上说的：这些资本虽然投在大的生产企业上，但在扣除一切费用之后，只提供或大或小的利息，即所谓股息。例如，投在铁路上的资本就是这样。因此，这些资本不参加一般利润率的平均化，因为它们提供的利润率低于平均利润率。如果它们参加进来，平均利润率就会下降得更厉害。从理论上说，我们可以把它们计算进去，这样得到的利润率小于表面上存在的并且对资本家实际上起决定作用的利润率，因为恰好在这些企业内，不变资本同可变资本相比最大。"

【简释：在和加速的积累同时并进的资本主义生产的发展中，一部分资本投在如铁路等大的生产企业上，这些采取股份形式的资本，在扣除一切费用之后，只提供低于平均利润率的利息，即所谓股息。这些不参加一般利润率平均化的资本，又恰好是有机构成最高的，因此如果它们参加进来，平均利润率就会下降得更厉害。】

第十五章

规律的内部矛盾的展开

【本章的核心内容，是关于利润率下降趋势规律的内部矛盾的展开，剖析资本主义生产方式的基本矛盾，即资本主义生产关系同社会生产力的矛盾，表现在生产扩大和价值增殖之间冲突，必然导致生产过剩危机的周期性爆发，以及人口过剩时的资本过剩，证明资本主义生产的真正限制是资本自身，而这种特有的限制，证明了资本主义生产方式的局限性和它的仅仅历史的、过渡的性质。因此，本章的理论内涵极为重要，包含许多深刻、精辟的分析。全章分为四节，分别为：一、概论；二、生产扩大和价值增殖之间的冲突；三、人口过剩时的资本过剩；四、补充说明。】

第一节　概　　论

【利润率下降和积累加速互为因果】

"利润率的下降和积累的加速，就二者都表现生产力的发展来说，只是同一个过程的不同表现。积累，就引起劳动的大规模集中，从而引起资本构成的提高来说，又加速利润率的下降。另一方面，利润率的下降又加速资本的积聚，并且通过对小资本家的剥夺，通过对那些还有一点东西可供剥夺的直接生产者的最后残余的剥夺，来加速资本的集中。所以，虽然积累率随着利润率的下降而下降，但是积累在量的方面还是会加速进行。

另一方面，就总资本的增殖率，即利润率，是资本主义生产的刺激（因为资本的增殖是资本主义生产的唯一目的）来说，利润率的下降会延缓新的独立资本的形成，从而表现为对资本主义生产过程发展的威胁；利润率的下降在促进人口过剩的同时，还促进生产过剩、投机、危机和资本过剩。"

【资本主义生产方式的局限性和历史的过渡性质】

"资本主义生产方式在生产力的发展中遇到一种同财富生产本身无关的限制；而这种特有的限制证明了资本主义生产方式的局限性和它的仅仅历史的、过渡的性质；证明了它不是财富生产的绝对的生产方式，反而在一定阶段上同财富的进一步发展发生冲突。"

"假定已经有必要的生产资料，即充足的资本积累，那么，在剩余价值率从而劳动的剥削程度已定时，剩余价值的创造就只会遇到工人人口的限制，在工人人口已定时，就只会遇到劳动剥削程度的限制。资本主义的生产过程，实质上就是剩余价值的生产，而剩余价值体现为剩余产品或体现为所生产的商品中由无酬劳动对象化成的可除部分。决不应当忘记，这种剩余价值的生产——剩余价值的一部分再转化为资本，或积累，也是这种剩余价值生产的不可缺少的部分——是资本主义生产的直接目的和决定性动机。因此，决不能把这种生产描写成它本来不是的那个东西，就是说，不能把它描写成以享受或者以替资本家生产享受品为直接目的的生产。如果这样，就完全无视这种生产在其整个内在本质上表现的独特性质。"

【资本的剥削条件和实现这种剥削的条件不是一回事】

"这个剩余价值的取得，形成直接的生产过程，""但是，这样生产出剩余价值，只是结束了资本主义生产过程的第一个行为，即直接的生产过程。资本已经吮吸了这么多无酬劳动。随着表现为利润率下降的过程的发展，这样生产出来的剩余价值的总量会惊人地膨胀起来。现在开始了过程的第二个行为。总商品量，即总产品，无论是补偿不变资本和可变资本的部分，还是代表剩余价值的部分，都必须卖掉。如果卖不掉，或者只卖掉一部分，或者卖掉时价格低于生产价格，""这时，榨取的剩余价值就完全不能实现，或者只是部分地实现，资本就可能部分或全部地损失掉。进行直接剥削的条件和实现这种剥削的条件，不是一回事。二者不仅在时间和地点上是分开的，而且在概念上也是分开的。前者只受社会生产力的限制，后者受不同生产部门的比例关系和社会消费力的限制。但是社会消费力既不是取决于绝对的生产力，也不是取决于绝对的消费力，而是取决于以对抗性的分配关系为基础的消费力；这种分配关系，使社会上大多数人的消费缩小到只能在相当狭小的界限以内变动的最低限度。其次，这个消费力还受到追求积累的欲望，扩大资本和扩大剩余价值生产规模的欲望的限制。这是资本主义生产的规律，它是由生产方法本身的不断革命，由总是和这种革命联系在一起的现有资本的贬值，由普遍的竞争斗争以及仅仅为了保存自身和避免灭亡而改进生产和扩大生产规模的必要性决定的。因此，市场必须不断扩大，以致市场的联系和调节这种联系的条件，越来越取得一种不以生产者为转移的自然规律的形式，越来越无法控制。这个内部矛盾力图通过扩大生产的外部范围求得解决。但是生产力越发展，它就越和消费关系的狭隘基础发生冲突。在这个充满矛盾的基础上，资本过剩和日益增加的人口过剩结合在一起是完全不矛盾的；因为在二者相结合的情况下，所生产的剩余价值的量虽然会增加，但是生产剩余价值的条件和实现这个剩余价值的条件之间的矛盾，恰好也会随之而增大。"

"利润率下降，不是因为对工人的剥削少了，而是因为所使用的劳动同所使用的资本相比少了。"

【利润率下降加速资本的积聚和集中】

"利润量甚至在利润率较低时也会随着所投资本量的增加而增加。但是，这同时需要有资本的积聚，因为这时各种生产条件都要求使用大量资本。这同样需要有资本的集中，即小资本家为大资本家所吞并，小资本家丧失资本。这不过又是劳动条件和生产者的再一次的分离，这些小资本家还属于生产者，因为对他们来说，本人的劳动还起着作用；一般说来，资本家的劳动和他的资本量成反比，就是说，和他成为资本家的程度成反比。正是劳动条件和生产者之间的这种分离，形成资本的概念；这种分离从原始积累（第一卷第二十四章）开始，然后在资本的积累和积聚中表现为不断的过程，最后表现为现有资本集中在少数人手中和许多人丧失资本（现在剥夺正向这方面变化）。如果没有相反的趋势总是在向心力之旁又起离心作用，这个过程很快就会使资本主义生产崩溃。"

【简释：概论的主要内容，是论述利润率下降趋势规律的内部矛盾的表现和实质。总资本的增殖率，即利润率，是资本主义生产的直接目的，追求利润的内在动机和竞争的外部强制，使主要由资本积累引起的利润率下降趋势，又成为资本加速积累的刺激，从而使利润总量不断增加。利润率下降和利润量增加，这个二重的规律，是生产力发展的同一过程的不同表现。这个规律的内在矛盾在推动生产力发展的同时，也促进生产过剩、投机、危机和人口过剩时的资本过剩。它反映资本主义生产的直接剥削条件和实现这种剥削的条件不是一回事。前者只受社会生产力的限制，后者受不同生产部门的比例和社会消费力的限制。而资本主义对抗性的分配关系，使社会上大多数人的消费缩小到只能在相当狭小的界限以内变动的最低限度；其次这个消费力还受到资本追求积累的欲望的限制。这个内部矛盾力图用扩大生产的外部范围求得解决。但是，生产力越发展，它就越和消费关系的狭隘基础发生冲突。】

第二节　生产扩大和价值增殖之间的冲突

【资本主义生产方式下劳动生产力发展的两方面表现】

"劳动社会生产力的发展表现在两方面：第一，表现在已经生产出来的生产力的大小上，表现在新的生产借以进行的生产条件的价值量和数量上，表现在已经积累起来的生产资本的绝对量上。第二，表现在投在工资上的资本部分同总资本相比的相对微小上"。"这同时也要以资本的积聚为前提。"

"就所使用的劳动力来说，生产力的发展也表现在两方面：第一，表现在剩余劳动的增加，即再生产劳动力所必需的必要劳动时间的缩短上。第二，表现在推动一定量资本所使用的劳动力的数量（即工人人数）的减少上。"

"这两种运动不仅同时并进，而且互为条件，是表现同一个规律的两种现象。但是，它们对利润率起着相反的影响。"

"因此，随着资本主义生产方式的发展，利润率会下降，而利润量会随着所使用的资本量的增加而增加。"

"利润率下降，同时，资本量增加，与此并进的是现有资本的贬值，这种贬值阻碍利润率的下降，刺激资本价值的加速积累。"

"生产力发展，同时，资本构成越来越高，可变部分同不变部分相比越来越相对减少。"

【资本主义生产的目的和手段的矛盾导致危机爆发】

"这些不同的影响，时而主要在空间上并行地发生作用，时而主要在时间上相继地发生作用；各种互相对抗的因素之间的冲突周期性地在危机中表现出来。危机永远只是现有矛盾的暂时的暴力的解决，永远只是使已经破坏的平衡得到瞬间恢复的暴力的爆发。"

"总的说来，矛盾在于：资本主义生产方式包含着绝对发展生产力的趋势，而不管价值及其中包含的剩余价值如何，也不管资本主义生产借以进行的社会关系如何；而另一方面，它的目的是保存现有资本价值和最大限度地增殖资本价值（也就是使这个价值越来越迅速地增加）。它的独特性质是把现有的资本价值用做最大可能地增殖这个价值的手段。它用来达到这个目的的方法包含着：降低利润率，使现有资本贬值，靠牺牲已经生产出来的生产力来发展劳动生产力。"

"资本主义生产总是竭力克服它所固有的这些限制，但是它用来克服这些限制的手段，只是使这些限制以更大的规模重新出现在它面前。"

"资本主义生产的**真正限制是资本自身**，这就是说：资本及其自行增殖，表现为生产的起点和终点，表现为生产的动机和目的；生产只是为**资本**而生产，而不是反过来生产资料只是生产者**社会**的生活过程不断扩大的手段。以广大生产者群众的被剥夺和贫穷化为基础的资本价值的保存和增殖，只能在一定的限制以内运动，这些限制不断与资本为它自身的目的而必须使用的并旨在无限制地增加生产，为生产而生产，无条件地发展劳动社会生产力的生产方法相矛盾。手段——社会生产力的无条件的发展——不断地和现有资本的增殖这个有限的目的发生冲突。因此，如果说资本主义生产方式是发展物质生产力并且创造同这种生产力相适应的世界市场的历史手段，那么，这种生产方式同时也是它的这个历史任务和同它相适应的社会生产关系之间的经常的矛盾。"

【简释：生产扩大和资本的价值增殖之间的矛盾冲突，实质就是社会生产力发展和资本主义生产关系的矛盾冲突。这个根本性矛盾在于：资本主义生产方式包含着绝对发展生产力的趋势，而另一方面，资本及其自行增殖，表现为生产的起点和终点，表现为生产的动机和目的，生产只是为资本而生产。以广大生产者群众的被剥夺和贫穷化为基础的资本价值的保存和增殖，只能在一定的限制以内运动，这些限制不断与旨在无限制地增加生产、无条件地发展社会生产力相矛盾。这就是说，手段——社会生产力的无条件的发展——不断地和资本的增殖这个有限的目的发生冲突。】

第三节　人口过剩时的资本过剩

【资本最低限额的提高和资本过剩】

"单个资本家为了生产地使用劳动所必需的资本最低限额，随着利润率的下降而增加；这个最低限额所以是必需的，既是为了剥削劳动，也是为了使所用劳动时间成为生产商品的必要劳动时间，使它不超过生产商品的平均社会必要劳动时间。同时积聚也增长了，因为超过一定的界限，利润率低的大资本比利润率高的小资本积累得更迅速。这种不断增长的积聚，达到一定程度，又引起利润率重新下降。因此，大量分散的小资本被迫走上冒险的道路：投机、信用欺诈、股票投机、危机。所谓的资本过剩，实质上总是指利润率的下降不能由利润量的增加来抵消的那种资本——新形成的资本嫩芽总是这样——的过剩，或者是指那种自己不能独立行动而以信用形式交给大经营部门的指挥者去支配的资本的过剩。资本的这种过剩是由引起相对过剩人口的同一些情况产生的，因而是相对过剩人口的补充现象，虽然二者处在对立的两极上：一方面是失业的资本，另一方面是失业的工人人口。"

【资本过剩和商品生产过剩】

"但是，即使在我们所作的最极端的假定下，资本的绝对生产过剩，也不是一般的绝对生产过剩，不是生产资料的绝对生产过剩。"

"资本的生产过剩，从来仅仅是指能够作为资本执行职能即能够用来按一定剥削程度剥削劳动的生产资料——劳动资料和生活资料——的生产过剩；而这个剥削程度下降到一定点以下，就会引起资本主义生产过程的混乱和停滞、危机、资本的破坏。资本的这种生产过剩伴随有相当可观的相对人口过剩，这并不矛盾。使劳动生产力提高、商品产量增加、市场扩大、资本在量和价值方面加速积累和利润率降低的同一些情况，也会产生并且不断地产生相对的过剩人口，即过剩的工人人口，这些人口不能为过剩的资本所使用，因为他们只能按照很低的劳动剥削程度来使用，或者至少是因为他们按照一定的剥削程度所提供的利润率已经很低。"

"因为资本的目的不是满足需要，而是生产利润，因为资本达到这个目的所用的方法，是按照生产的规模来决定生产量，而不是相反，所以，在立足于资本主义基础的有限的消费范围和不断地力图突破自己固有的这种限制的生产之间，必然会不断发生不一致。而且，资本是由商品构成的，因而资本的生产过剩包含商品的生产过剩。由此产生了这样一种奇怪的现象：那些否认商品生产过剩的经济学家，却承认资本的生产过剩。如果有人说，发生的不是一般的生产过剩，而是不同生产部门之间的不平衡，那么，这仅仅是说，在资本主义生产内部，各个生产部门之间的平衡表现为由不平衡形成的一个不断的过程，因为在这里，全部生产的联系是作为盲目的规律强加于生产当事人，而不是作为由他们的集体的理性所把握、从而受这种理性支配的规律来使生产过程服从于他们的共同的控制。"

"如果有人说生产过剩只是相对的，这是完全正确的；但是整个资本主义生产方式也只是相对的生产方式，它的限制不是绝对的，然而对这种生产方式来说，在这种生产方式的基础上，则是绝对的。否则，人民群众缺乏的那些商品，怎么会没有需求呢；为了能在国内支付工人平均程度的必要生活资料量，却必须到国外、到远方市场去寻找这种需求，这种事情又怎么可能发生呢？因为只是在这种独特的、资本主义的关系中，剩余产品才具有这样一种形式：剩余产品的所有者只有在这种产品对他来说再转化为资本的时候，才能让这种产品由消费去支配。"

"总之，所有否认显而易见的生产过剩现象的意见（它们并不能阻止这种现象的发生）可以归结为：**资本主义**生产的限制，不是**一般生产**的限制，因而也不是这种独特的、资本主义的生产方式的限制。但是，这种资本主义生产方式的矛盾正好在于它的这种趋势：使生产**力**绝对发展，而这种发展和资本在其中运动、并且只能在其中运动的独特的生产**条件**不断发生冲突。"

"生活资料和现有的人口相比不是生产得太多了。正好相反。要使大量人口能够体面地、像人一样地生活，生活资料还是生产得太少了。"

"不是财富生产得太多了。而是资本主义的、对立的形式上的财富，周期地生产得太多了。"

【资本主义生产方式对生产力发展的限制】

"资本主义生产方式的限制表现在：

1. 劳动生产力的发展使利润率的下降成为一个规律，这个规律在某一点上和劳动生产力本身的发展发生最强烈的对抗，因而必须不断地通过危机来克服。

2. 生产的扩大或缩小，不是取决于生产和社会需要即社会地发展了的人的需要之间的关系，而是取决于无酬劳动的占有以及这个无酬劳动和对象化劳动之比，或者按照资本主义的说法，取决于利润以及这个利润和所使用的资本之比，即一定水平的利润率。因此，当生产扩大到在另一个前提下还显得远为不足的程度时，对资本主义生产的限制已经出现了。资本主义生产不是在需要的满足要求停顿时停顿，而是在利润的生产和实现要求停顿时停顿。"

"利润率是资本主义生产的推动力；那种而且只有那种生产出来能够提供利润的东西才会被生产。英国经济学家对利润率下降的担忧就是由此产生的。单是这种可能性就使李嘉图感到不安，这正好表明他对资本主义生产条件有深刻的理解。有人责难他，说他在考察资本主义生产时不注意'人'，只看到生产力的发展，而不管这种发展以人和资本价值的多大牺牲为代价。这正好是他的学说中的重要之处。发展社会劳动的生产力，是资本的历史任务和存在理由。资本正是以此不自觉地创造着一种更高级的生产形式的物质条件。使李嘉图感到不安的是：利润率，资本主义生产的刺激，积累的条件和动力，会受到生产本身发展的威胁。而且在这里，数量关系就是一切。实际上，成为基础的还有某种更为深刻的东西，他只是模糊地意识到了这一点。在这里，资本主义生产的限制，它的相对性，以纯粹经济学的方式，就是说，从资产阶级立场出发，在资本主义理解力的界限以内，从资本主义生产本身的立场出发而表现出来，也就是说这里表明，资本主义生产不是绝对的生产方式，而只是一种历史的、和物质生产条件的某个有限的发展时期相适应的生产方式。"

【简释：第三节的主题，是分析为什么在人口过剩的同时会发生资本过剩。资本过剩和人口过剩一样，是相对的，并且都是由同一些原因产生的。资本的生产过剩，仅仅是指能够作为资本执行职能的劳动资料和生活资料的生产过剩。资本的这种生产过剩伴随着有相当可观的相对人口过剩，这并不矛盾。使劳动生产力提高、商品产量增加、市场扩大、资本在量和价值方面加速积累和利润率降低的同一些情况，也会产生并且不断地产生相对的过剩人口，即过剩的工人人口，这些人口不能为过剩的资本所使用，因为他们只能按照很低的劳动剥削程度来使用。这种情况也表现为商品的生产过剩和市场商品充斥。因为资本的目的不是满足需要，而是生产利润，因为资本达到这个目的所用的办法，是按照生产的规模来决定生产量，而不是相反，所以，在立足于资本主义基础的有限的消费范围和不断地力图突破自己固有的这种限制的生产之间，必然会不断发生冲突。生产过剩只是相对的，否则，人民群众缺乏的那些商品，怎么会没有需求呢？因为只是在这种独特的、资本主义的关系中，剩余产品才具有这样一种形式：剩余产品的所有者只有在这种产品对他来说再转化为资本的时候，才能让这种产品由消费去支配。】

第四节　补充说明

【劳动生产力提高的规律对资本不是无条件适用的】

"商品的价值，取决于加入商品的总劳动时间，即过去劳动的时间和活劳动的时间。劳动生产率的提高正是在于：活劳动的份额减少，过去劳动的份额增加，但结果是商品中包含的劳动总量减少；因而，所减少的活劳动大于所增加的过去劳动。体现在商品价值中的过去劳动——不变资本部分"。其中"来自原料和辅助材料的价值部分，必然随着劳动生产率的［提高］而减少"。"另一方面，劳动生产力提高的特征正好是：不变资本的固定部分大大增加，因而其中由于损耗而转移到商品中的价值部分也大大增加。一种新的生产方法要证明自己实际上提高了生产率，就必须使固定资本由于损耗而转移到单个商品中的追加价值部分小于因活劳动的减少而节约的价值部分，总之，它必须减少商品的价值。"

"因此，加入商品的劳动总量的这种减少，好像是劳动生产力提高的主要标志，无论在什么社会条件下进行生产都一样。在生产者按照预定计划调节生产的社会中，甚至在简单的商品生产中，劳动生产率也无条件地要按照这个标准来衡量。但是资本主义生产的情况又怎样呢？"

"对资本来说，劳动生产力提高的规律不是无条件适用的。对资本来说，不是在活劳动一般地得到节约的时候，而是只有在活劳动中节约下来的**有酬**部分大于追加的过去劳动部分的时候，这种生产力才提高了，这一点在本书第一卷第十三章第二节第409/398页已经简略地说明过了。资本主义生产方式在这里陷入了新的矛盾。它的历史使命是无所顾忌地按照几何级数推动人类劳动的生产率的发展。如果它像这里所说的那样，阻碍生产率的发展，它就背叛了这个使命。它由此只是再一次证明，它正在衰老，越来越过时了。"

【资本表现为异化的、独立化的社会权力与社会相对立】

"我们已经知道，资本积累的增长包含着资本积聚的增长。因此，资本的权力在增长，社会生产条件与实际生产者分离而在资本家身上人格化的独立化过程也在增长。资本越来越表现为社会权力，这种权力的执行者是资本家，它和单个人的劳动所能创造的东西不再发生任何可能的关系；但是资本表现为异化的、独立化了的社会权力，这种权力作为物，作为资本家通过这种物取得的权力，与社会相对立。由资本形成的一般的社会权力和资本家个人对这些社会生产条件拥有的私人权力之间的矛盾，越来越尖锐地发展起来，并且包含着这种关系的解体，因为它同时包含着把生产条件改造成为一般的、公共的、社会的生产条件。这种改造是由生产力在资本主义生产条件下的发展和实现这种发展的方式决定的。"

"一种新的生产方式，不管它的生产效率有多高，或者它使剩余价值率提高多少，只要它会降低利润率，就没有一个资本家愿意采用。但每一种这样的新生产方式都会使商品便宜。因此，资本家最初会高于商品的生产价格出售商品，也许还会高于商品的价值出售商品。他会得到他的商品的生产费用和按照较高的生产费用生产出来的其他商品的市场价格之间的差额。他能够这样做，是因为生产这种商品所需要的平均社会劳动时间大于采用新的生产方式时所需要的劳动时间。他的生产方法比平均水平的社会生产方法优越。但是竞争会使他的生产方法普遍化并使它服从一般规律。于是，利润率就下降——也许首先就是在这个生产部门下降，然后与别的生产部门相平衡——，这丝毫不以资本家的意志为转移。"

【生产社会化和资本主义私人占有之间的矛盾的发展】

"资本主义生产的三个主要事实：

1. 生产资料集中在少数人手中，因此不再表现为直接劳动者的财产，而是相反地转化为社会的生产能力，尽管首先表现为资本家的私有财产。这些资本家是资产阶级社会的受托人，但是他们会把从这种委托中得到的全部果实装进私囊。

2. 劳动本身由于协作、分工以及劳动和自然科学的结合而组织成为社会的劳动。

从这两方面，资本主义生产方式把私有财产和私人劳动扬弃了，虽然是在对立的形式上把它们扬弃的。

3. 世界市场的形成。

在资本主义生产方式内发展着的、与人口相比惊人巨大的生产力，以及虽然不是与此按同一比例的、比人口增加快得多的资本价值（不仅是它的物质实体）的增加，同这个惊人巨大的生产力为之服务的、与财富的增长相比变得越来越狭小的基础相矛盾，同这个不断膨胀的资本的价值增殖的条件相矛盾。危机就是这样发生的。"

【简释：补充说明由4个片段组成：（1）对资本来说，劳动生产力提高的规律不是无条件适用的。只有在活劳动中节约下来的有酬部分大于追加的过去劳动部分的时候，这种生产力对于资本才算是提高。否则，如果利润率没有变化甚至降低，资本家对采用提高劳动生产率的新机器就不会有兴趣。资本主义生产方式在这里陷入了新的矛盾。

（2）中小资本被排挤和股份资本的增加。一个独立的工业企业所需资本的最低限额，随着生产力的提高而提高，只要新的较贵的生产设备普遍得到采用，较小的资本在竞争中就会被排除在这种生产之外。另外，像铁路之类的规模极大的企业，不变资本占的比例异常巨大，资本在股份形式上的巨大的聚集，在这里也找到了直接的活动场所。

（3）资本家采用一种新的生产方式（方法），目的是使自己的商品的个别价值低于市场价值，从而获得超额利润。但是竞争会使这种新的生产方式（方法）普遍化，于是利润率会下降。这个过程在资本主义生产的一切部门都不断发生和进行着，在推动有机构成提高、生产力发展的同时，也必然带来利润率下降、生产扩大与需求不足之间的矛盾加剧。

（4）资本主义生产的三个主要事实：生产资料集中在少数人手里；劳动本身由于协作、分工以及劳动和自然科学的结合而组织成为社会的劳动；世界市场的形成。在资本主义生产方式内发展着的、与人口相比惊人巨大的生产力，同这个惊人巨大的生产力为之服务的、与财富的增长相比变得越来越狭小的基础相矛盾。危机就是这样产生的。】

第四篇
商品资本和货币资本转化为商品经营资本和货币经营资本（商人资本）

【《资本论》第一、二卷和第三卷的前三篇，都是把资本作为产业资本的形态和运动来进行研究的，与此相应的是把剩余价值作为整体来研究它的生产、流通，及其转化为利润和平均利润。本篇和第五、六篇的研究，进一步由抽象上升到具体，即研究从产业资本转化为独立的商业资本、生息资本和农业资本的运动规律，以及相应的商业利润、利息和企业主收入、地租等剩余价值和利润的具体形态。第四篇研究商品资本和货币资本转化为商品经营资本和货币经营资本（商人资本），共分五章，分别考察：商品经营资本的性质和作用；商业利润的来源及量的规定；商人资本的周转；货币经营资本的作用；关于商人资本的历史考察。】

第十六章

商品经营资本

【本章研究的商品经营资本，是商业资本的最重要的形式。马克思以前的经济学甚至它的优秀的代表，都把商业资本直接和产业资本混为一谈，实际上完全看不到商业资本的特性。因此，把商业资本作为社会资本的组成部分，研究它从产业资本的循环中分离和独立化出来的特征和作用，具有重要意义，也将为下一章说明商业利润是社会总剩余价值（总利润）的一个部分，打下理论基础。

《资本论》第二卷第一章和第三章详细研究了个别产业资本循环中的商品资本，本章的研究同上述研究既有联系又有区别，不同在于：商品经营资本是作为社会总资本的再生产和流通中的一个方面和阶段来研究的，是理论分析在另一个阶段上的继续和深化。同时，商品经营资本也只有在对社会总资本的再生产与流通的研究（第二卷第三篇）之后，才有可能被分析和了解。】

"商人资本或商业资本分为两个形式或亚种，即商品经营资本和货币经营资本。现在，我们要在分析资本的核心构造所必要的范围内，较详细地说明这两种资本的特征。"

【商品经营资本是独立执行商品资本职能的资本】

"商品资本的运动在第二卷已经分析过了。就社会总资本来说，它的一部分总是作为商品处在市场上，以便转化为货币"，"另一部分则以货币形式处在市场上，以便转化为商品。社会总资本总是处在这种转化即这种形态变化的运动中。只要处在流通过程中的资本的这种职能……作为一种由分工赋予特殊一类资本家的职能固定下来，商品资本就成为商品经营资本或商业资本。"

"商品经营资本不外是这个不断处在市场上、处在形态变化过程中并总是局限在流通领域内的流通资本的一部分的转化形式。我们说一部分，是因为商品的买和卖有一部分是不断地在产业资本家自身中间直接进行的。在这里的研究中，我们把这个部分完全抽象掉"。

"这种商品经营资本同作为产业资本的一个单纯存在形式的商品资本的关系又是怎样的呢？"

"按它本身的性质来说，按它在过程中所处的地位来说，它仍旧是商品资本，是要出售的商品；只不过它现在是在商人手中，""成为商人的特殊业务了，而以前，这种职能是生产者在完成生产麻布的职能以后要由自己去完成的。"

因此，"商人的活动不过是为了把生产者的商品资本转化为货币所必须完成的活动，不过是对商品资本在流通过程和再生产过程中的职能起中介作用的活动。"

"不过这种职能已经不是表现为生产者的附带活动，而是表现为一类特殊资本家即商品经营者的专门活动，它已经作为一种特殊投资的业务而独立起来。

此外，这种情况也表现在商品经营资本的特有流通形式上。商人购买商品，然后把它卖掉：G—W—G′。""当商品由生产者手中转到商人手中时，它还没有被最后卖掉；商人只是在继续进行出售活动，或者说，作为中介使商品资本继续执行职能。但是这同时也表明，对生产资本家来说是 W—G 的行为，""对商人来说却是 G—W—G′ 的行为，即他所预付的货币资本实现特殊增殖过程的行为。商品形态变化的一个阶段，在这里，对商人来说，表现为 G—W—G′，也就是表现为一种独特的资本的演变。"

"既然商品经营资本在自行销售的生产者手中显然只是他的资本在再生产过程中的一个特殊阶段上，即停留在流通领域的时候所表现的一种特殊形式，那么，是什么情况使商品经营资本具有一个独立地执行职能的资本的性质呢？"

"**第一**，这是社会分工的一种特殊形式，结果是，一部分本来要在资本再生产过程的一个特殊阶段（在这里就是流通阶段）中完成的职能，现在表现为一种和生产者不同的、特别的流通当事人的专门职能。"

"**第二**，这是由于独立的流通当事人，商人，在这个地位上要预付货币资本（他自有的或借入的）。""这个货币资本在商人进行购买时离开了他，通过出售又回到他手中。"

"因此，商品资本会在商品经营资本形式上取得一种独立资本的形态，是由于这样一种情况：商人预付货币资本，这种资本所以能作为资本自行增殖，能执行资本的职能，是因为它专门从事这样一种活动，即作为中介实现商品资本的形态变化，实现这一资本作为商品资本的职能，也就是实现它向货币的转化，并且这一点是通过商品的不断的买和卖来实现的。这是商品经营资本的唯一活动"。"通过这种职能，商人把他的货币转化为货币资本，把他的 G 表现为 G—W—G′；并且通过同一过程，他把商品资本转化为商品经营资本。

商品经营资本，只要它以商品资本的形式存在，从社会总资本的再生产过程来看，显然不过是产业资本中那个还处在市场上、处在自己的形态变化过程中、现在作为商品资本存在和执行职能的部分。因此，这只是商人预付的**货币**资本，这种货币资本是专门用于买卖商品的，因而只采取商品资本和货币资本的形式，而从来不采取生产资本的形式，并且总是处在资本的流通领域中——我们现在就资本的总再生产过程要考察的，也只是这种货币资本。"

【商品经营资本在产业资本循环中的积极作用】

"一旦生产者即麻布厂主把他的 30000 码麻布卖给商人，得到了 3000 镑，他就会用由此得到的货币购买必要的生产资料，他的资本就会再进入生产过程；他的生产过程就会继续进行下去，不会发生中断。对他来说，他的商品已经转化为货币。但是我们知道，对麻布本身来说，这种转化还没有发生。它还没有最终再转化为货币，还没有作为使用价值进入生产消费或个人消费。原来由麻布生产者代表的同一商品资本，现在在市场上由麻布商人来代表了。对麻布生产者来说，形态变化的过程缩短了，但只是要在商人手中继续进行下去。

如果麻布生产者必须等待，直等到他的麻布实际上已经不再是商品，已经转入最后的买者手中，即转入生产消费者或个人消费者手中，那么，他的再生产过程就会中断。或者，为了使再生产过程不致中断，他就必须限制他的业务，把他的较小部分的麻布转化为麻纱、煤炭、劳动等等，总之，转化为生产资本的各种要素，而把他的较大部分的麻布作为货币准备金保存起来，以便在他的资本的一部分作为商品处在市场上的时候，另一部分能够使生产过程继续进行下去"。"如果没有商人的介入，流通资本中以货币准备金形式存在的部分，同以生产资本形式使用的部分相比，必然会不断增大，与此相适应，再生产的规模就会受到限制。而现在，生产者能够把他的资本中较大的部分不断地用于真正的生产过程，而把较小的部分用做货币准备金。"

"只要商人资本没有超过它的必要的比例，那就必须承认：

1. 由于分工，专门用于买卖的资本（在这里，除了购买商品的货币以外，还包括在经营商业所必要的劳动方面和在商人的不变资本即仓库、运输等等方面必须支出的货币），小于产业资本家在必须亲自从事他的企业的全部商业活动时所需要的这种资本。

2. 因为商人专门从事这种业务，所以，不仅生产者可以把他的商品较早地转化为货币，而且商品资本本身也会比它处在生产者手中的时候更快地完成它的形态变化。"

3. 就全部商人资本同产业资本的关系来看，商人资本的一次周转，不仅可以代表一个生产部门许多资本的周转，而且可以代表不同生产部门若干资本的周转。"

"在商人购买一个生产者的麻布并把它卖掉以后，他可以在这个生产者再把商品投入市场以前，购买另一个生产者的麻布，并把它卖掉。因此，同一商人资本，可以依次对投入一个生产部门的各个资本的不同周转起中介作用"。

"同一商人资本的周转，还可以同样有效地对不同生产部门的各个资本的周转起中介作用。"

"商人资本的周转，与一个同样大小的产业资本的周转或一次再生产是不同的；相反地，它同若干个这种资本的周转的总和相等，而不管这种资本是属于同一生产部门还是属于不同生产部门。商人资本周转得越快，总货币资本中充当商人资本的部分就越小；商人资本周转得越慢，总货币资本中充当商人资本的部分就越大。生产越不发达，商人资本的总额，同投入流通的商品的总额相比，就越大；但是绝对地说，或者同比较发达的状态相比，则越小。反过来，情况也就相反。因此，在这样的不发达状态下，真正的货币资本大部分掌握在商人手中，这样，商人的财产对于其他人的财产来说成为货币财产。

商人预付的货币资本的流通速度取决于：1. 生产过程更新的速度和不同生产过程互相衔接的速度；2. 消费的速度。

商人资本仅仅为了完成上述周转，不需要按自己的全部价值量先买进商品，然后再把它卖掉。商人同时完成这两种运动。在这种情况下，他的资本分为两部分。一部分由商品资本构成，另一部分由货币资本构成。他在这里买东西，从而把他的货币转化为商品。他在那里卖东西，从而把另一部分商品资本转化为货币。一方面，他的资本作为货币资本流回他手中，另一方面，商品资本流到他手中。以一种形式存在的部分越大，以另一种形式存在的部分就越小。二者互相交替并互相平衡。如果货币作为支付手段的应用和由此发展起来的信用制度，同货币作为流通手段的应用结合在一起，那么，商人资本的货币资本部分同这个商人资本完成的交易额相比，就会更加减少。"

【商人资本既不创造价值，也不创造剩余价值】

"商人资本不外是在流通领域内执行职能的资本。流通过程是总再生产过程的一个阶段。但是在流通过程中，任何价值也没有生产出来，因而任何剩余价值也没有生产出来。在这个过程中，只是同一价值量发生了形式变化。事实上不过是发生了商品的形态变化，这种形态变化本身同价值创造或价值变化毫无关系。如果说在生产的商品出售时实现了剩余价值，那是因为剩余价值已经存在于该商品中；因此，在第二个行为，即货币资本同商品（各种生产要素）的再交换中，买者也不会实现任何剩余价值，在这里货币同生产资料和劳动力的交换只是为剩余价值的生产做了准备。相反地，既然这些形态变化要花费流通时间——在这个时间内资本根本不生产东西，因而也不生产剩余价值——，这个时间也就限制价值的创造，表现为利润率的剩余价值会正好和流通时间的长短成反比。因此，商人资本既不创造价值，也不创造剩余价值，就是说，它不直接创造它们。但既然它有助于流通时间的缩短，它就能间接地有助于产业资本家所生产的剩余价值的增加。既然它有助于市场的扩大，并对资本之间的分工起中介作用，因而使资本能够按更大的规模来经营，它的职能也就会提高产业资本的生产效率和促进产业资本的积累。既然它缩短流通时间，它也就提高剩余价值对预付资本的比率，也就是提高利润率。既然它把资本的一个较小部分作为货币资本束缚在流通领域中，它就增大了直接用于生产的那部分资本。"

【简释：（1）商品经营资本是由产业资本循环中独立出来的、具有特殊形态的资本。其特殊性表现在：它的运动既不同于整个产业资本的运动，也不同于产业资本循环内部的商品资本的运动。商品经营资本运动形式是 G—W—G′，即为卖而买。只要处在流通过程中的资本的这种职能作为一种特殊资本的特殊职能独立出来，作为一种由分工赋予特殊一类资本家的职能固定下来，商品资本就成为商品经营资本或商业资本。也就是说，商品经营资本之所以具有一个独立地执行职能的资本的性质，是因为：第一，商品资本不是在它的生产者手中最终转化为货币，而是由商人作为买卖的中介完成这种转化的。第二，商人作为独立的流通当事人要预付货币资本先买后卖，即形成独立的 G—W—G′ 运动，通过不断的买和卖作为中介实现商品资本的形态变化。

（2）商品经营资本的积极作用：①由于分工，专门用于买卖的资本，小于产业资本家在必须亲自从事他的企业的全部商业活动时所需要的这种资本。②因为商人专门从事这种业务，可以更快地将商品转化为货币，减少资本周转时间。③同一商人资本的周转，可以有效地为同一生产部门和不同生产部门的许多资本的周转起中介作用，使不同的商品资本相继转化为货币，即依次把它们买进和卖出。商人资本周转得越快，总货币资本中充当商人资本的部分就越小，反之就越大。商人预付的货币资本的流通速度取决于：①生产过程更新的速度和不同生产过程互相衔接的速度；②消费的速度。

（3）商人资本不外是在流通领域内执行职能的资本。流通过程是总再生产过程的一个阶段。但是在流通过程中，任何价值也没有生产出来，因而任何剩余价值也没有生产出来。在这个过程中，只是同一价值量发生了形式变化。如果说在生产的商品出售时实现了剩余价值，那是因为剩余价值已经存在于该商品中。因此，商人资本既不创造价值，也不创造剩余价值。但既然它有助于流通时间的缩短，它就能间接地有助于产业资本家所生产的剩余价值的增加，从而有助于提高利润率。】

第十七章

商业利润

【本章重点是考察商业利润的来源，即商业资本家如何参与剩余价值的分配；商业流通费用的补偿；以及商业工人也受资本剥削等问题。】

【商业利润是以平均利润形式归商业资本所有的剩余价值】

"商品经营资本——撇开可以和它结合在一起的一切异质的职能，如保管、发送、运输、分类、分装等，只说它的真正的为卖而买的职能——既不创造价值，也不创造剩余价值，它只是对它们的实现起中介作用，因而同时也对商品的实际交换，对商品从一个人手里到另一个人手里的转让，对社会的物质变换起中介作用。但是，因为产业资本的流通阶段，和生产一样，形成再生产过程的一个阶段，所以在流通过程中独立地执行职能的资本，也必须和在各不同生产部门中执行职能的资本一样，提供年平均利润。如果商人资本比产业资本带来百分比更高的平均利润，那么，一部分产业资本就会转化为商人资本。如果商人资本带来更低的平均利润，那么就会发生相反的过程。一部分商人资本就会转化为产业资本。没有哪一种资本比商人资本更容易改变自身的用途，更容易改变自身的职能了。

因为商人资本本身不生产剩余价值，所以很清楚，以平均利润的形式归商人资本所有的剩余价值，是总生产资本所生产的剩余价值的一部分。但是现在问题在于：商人资本怎样从生产资本所生产的剩余价值或利润中获得归它所有的那一部分呢？

认为商业利润是单纯的加价，是商品价格在名义上高于它的价值的结果，这不过是一种假象。

很清楚，商人只能从他所出售的商品的价格中获得他的利润，更清楚的是，他出售商品时赚到的这个利润，必然等于商品的购买价格和它的出售价格之间的差额，必然等于后者超过前者的余额。

商品在买进以后卖出以前可能会有追加费用（流通费用）加入商品，""那就很清楚，出售价格超过购买价格的余额，就不只是代表利润了。为了使我们的研究简便起见，我们先假定，没有任何这种费用加入。

就产业资本家来说，他的商品的出售价格和购买价格之间的差额，等于商品的生产价格和它的成本价格之间的差额；或者就社会总资本来看，就是等于商品的价值和商品使资本家耗费的成本价格之间的差额。""商品价格中后来作为利润实现的组成部分，只是在生产过程中才生产出来的。商品经营者的情况却不是这样。只有当商品处在它的流通过程中的时候，它才在商品经营者手里。他只是把由生产资本家开始的商品出售，即商品价格的实现，继续进行下去，因此，不会让商品经历任何能够重新吸收剩余价值的中间过程。"商人"要在流通中并通过流通才获得他的利润。这一点看来好像只有按下述方式才能做到：商人把产业资本家按商品生产价格，或者就总商品资本来看，按商品价值卖给他的商品，高于它的生产价格出售，即对商品价格实行名义上的加价，因而，就总商品资本来看，也就是高于它的价值出售，并且把商品的名义价值超过它的实际价值的这个余额攫为己有；一句话，就是商品卖得比它的原价贵。"

"事实上，认为利润来自商品价格的名义上的提高或商品高于它的价值出售这整个看法，是从对商业资本的直觉中产生的。

但是，只要仔细考察一下，马上就可以看到，这不过是假象。并且可以看到，假定资本主义生产方式是占统治地位的生产方式，商业利润就不是以这种方式实现的。（在这里，我们谈的始终只是平均的情况，而不是个别的情况。）""因为我们已经假定，这种商品的生产者，产业资本家（作为产业资本的人格化，对外界来说他总是作为"生产者"出现）是按商品的生产价格把商品卖给商人的。""这个假定是以什么为前提的呢？这就是：商人资本（在这里，我们还只是把它看作商品经营资本）不参加一般利润率的形成。""但是，说到商人资本，我们考察的却是一种不参加利润生产而只分享利润的资本。所以，现在必须对以前的说明进行补充。"

"正像产业资本之所以能实现利润，只是因为利润作为剩余价值已经包含在商品的价值中一样，商业资本之所以能实现利润，只是因为产业资本在商品的价格中实现的并非全部的剩余价值或利润。因此，商人的出售价格之所以高于购买价格，并不是因为出售价格高于总价值，而是因为购买价格低于总价值。

可见，商人资本虽然不参加剩余价值的生产，但参加剩余价值到平均利润的平均化。因此，一般利润率已经意味着从剩余价值中扣除了属于商人资本的部分，也就是说，对产业资本的利润作了一种扣除。

根据以上所说可以得出如下结论：

1. 同产业资本相比，商人资本越大，产业利润率就越小。反过来，情况也就相反。

2. 如果像第一篇已经说明的那样，利润率总是表现为一个小于实际剩余价值率的比率，也就是说，总是把劳动的剥削程度表现得过小，如以上述 $720c + 180v + 180m$ 的情况为例，一个 100% 的剩余价值率仅仅表现为一个 20% 的利润率，那么，既然平均利润率本身在商人资本应得的份额计算进来时表现得更小，在这里，是 18%，而不是 20%，这个比率就相差得更大。因此，直接进行剥削的资本家的平均利润率所表现的利润率小于实际的利润率。"

【一般利润率的形成由于商人资本参加进来得到修正】

"在科学分析的进程中，一般利润率的形成，是从产业资本和它们之间的竞争出发的，后来由于商人资本参加进来才得到校正、补充和修正。在历史发展的进程中，情况却正好相反。使商品价格最先或多或少由商品的价值决定的，是商业资本，而最先形成一般利润率的领域，是对再生产过程起中介作用的流通领域。最初是商业利润决定产业利润。只是在资本主义生产方式确立起来，生产者自己成了商人之后，商业利润才被归结为由作为社会再生产过程中使用的总资本的一个相应部分的商业资本在全部剩余价值中应获得的适当部分。"

"商人除了为购买商品而预付的货币资本以外，总是还要预付一个追加的资本，用来购买和支付这种流通手段。""这全部追加资本不管是流动的还是固定的，都会参加一般利润率的形成。"

"纯粹的商业流通费用（因而发送、运输、保管等费用除外），归结为这样一些费用：为了实现商品的价值，使之由商品转化为货币或由货币转化为商品，对商品交换起中介作用所必需的。""我们在这里考察的费用，是指买和卖方面的费用。""这些费用是从产品作为商品的经济形式中产生的。"

"必须承认，随着商人资本和产业资本的划分，会同时出现商业费用的集中，从而商业费用的减少。"

【商业工人的剩余劳动使资本家减少实现剩余价值的费用】

"产业资本所以能获得利润，是由于它把包含在并实现在商品中的、但它没有支付等价物的劳动拿来出卖，同样，商业资本所以能获得利润，是由于它没有把包含在商品中的无酬劳动（只要投在这种商品生产上的资本是作为总产业资本的一个相应部分执行职能）全部支付给生产资本"。"产业资本通过直接占有无酬的他人劳动来生产剩余价值。而商人资本使这个剩余价值的一部分从产业资本手里转移到自己手里，从而占有这部分剩余价值。"

"正如工人的无酬劳动为生产资本直接创造剩余价值一样，商业雇佣工人的无酬劳动，也为商业资本在那个剩余价值中创造出一个份额。"

"商业工人不直接生产剩余价值。但是，他的劳动的价格是由他的劳动力的价值决定的，也就是由他的劳动力的生产费用决定的，而这个劳动力的应用，作为一种发挥，一种力的表现，一种消耗，却和任何别的雇佣工人的情况一样，是不受他的劳动力的价值限制的。因此，他的工资并不与他帮助资本家实现的利润量保持任何必要的比例。资本家为他支出的费用，和他带给资本家的利益，是不同的量。他给资本家带来利益，不是因为他直接创造了剩余价值，而是因为他在完成劳动——一部分是无酬劳动——的时候，帮助资本家减少了实现剩余价值的费用。"

"对产业资本来说，流通费用表现为并且确实是非生产费用。对商人来说，流通费用表现为他的利润的源泉，在一般利润率的前提下，他的利润和这种流通费用的大小成比例。因此，对商业资本来说，投在这种流通费用上的支出，是一种生产投资。所以，它所购买的商业劳动，对它来说，也是直接生产的。"

【简释：（1）商业利润从表面看是来自出售商品时的加价，但这是一种假象。它的真正来源是生产领域创造的剩余价值。商业资本家虽然不参加剩余价值的生产，但参加剩余价值到平均利润的平均化。这是因为产业资本的流通阶段，和生产一样，是再生产过程的一个阶段，所以在流通过程中独立执行职能的商业资本，也必须和在生产部门执行职能的产业资本一样，获得平均利润。商业资本家并没有高于商品的价值或生产价格出售商品，他之所以能获得利润，只是因为产业资本在商品的价格中实现的并不是全部的剩余价值或利润，因此商人的购买价格能够低于商品的价值或生产价格。认为利润来自商品价格的名义上的提高或商品高于它的价值出售的看法，不过是只看到了假象。

（2）平均利润和生产价格的新的规定：由于商业资本参加剩余价值的分配，使平均利润率和生产价格的形成增加了一个新的因素。产业资本家的利润等于商品的生产价格超过它的成本价格的余额，和这种产业利润不同，商业利润等于商品的出售价格超过产业资本的生产价格的余额；这个生产价格对商人来说就是商品的购买价格，因此商品的实际价格等于商品的生产价格加商业利润，马克思称之为，商品的实际生产价格，以区别于产业资本家出售给商人的生产价格。

（3）商业资本的介入是否降低了社会的平均利润率，从而对产业资本是不利的？事实并非如此。流通过程是社会再生产过程的一个阶段，社会总资本的一部分必须不断地作为流通资本处在市场上，由于商业资本职能的这种划分，专门用在流通过程上的时间减少了，为流通过程预付的追加资本减少了，而且总利润中以商业利润的形式表现出来的损失也比在没有这种划分的情况下减少了。因此，只要商人资本限制在必要的限度以内，它对产业资本是有利的，对社会平均利润率水平也是有利的。

（4）关于商业的流通费用：商人资本除了垫支商品采购的资本外，还要支付流通费用。马克思在《资本论》第二卷第四章把流通费用分为纯粹流通费用和保管、运输费用两类。在本章中又指出："在这里，我们把那些会在流通行为中继续进行的并且可以和商人业务完全分开的生产过程撇开不说。正像例如真正的运输业和发送业事实上可以是而且是和商业完全不同的产业部门一样"。因此，垫支在运输和保管费用的货币资本会转化为生产资本，将从它们所构成的价值上得到补偿。而纯粹流通费用不是生产资本的构成要素，既不生产价值，也不生产剩余价值。因此，它只能从生产领域所创造的商品价值中的剩余价值（利润）得到补偿。纯粹流通费用除了作为剩余价值（利润）的扣除外，还会作为商人资本的一部分参加一般利润率的平均化，从而成为降低平均利润率的一个因素。

（5）商业工人的劳动。商业工人的工资和其他雇佣工人一样，是由劳动力的价值决定的，也就是由他的劳动力的生产费用决定的。资本家为他支出的费用，和他带给资本家的利益，是不同的量。他给资本家带来利益，不是因为他直接创造了剩余价值，而是因为他的劳动（包含一部分无酬劳动）为商业资本创造占有剩余价值一个份额的条件，即把剩余价值（利润）的一部分从产业资本手里转移到商业资本手里。因此，这种劳动对商业资本来说是利润的源泉。否则，商业就不可能大规模地经营，就不可能按资本主义的方式经营了。】

第十八章

商人资本的周转。价格

【本章先后考察以下问题：商人资本周转同产业资本周转的区别，商人资本周转速度对社会总资本再生产的意义；商人资本对生产和危机的促进作用；商人资本周转对商业价格的影响。】

【商人资本周转不同于产业资本周转的特点】

"产业资本的周转是它的生产时间和流通时间的统一，因此包括整个生产过程。与此相反，商人资本的周转，因为事实上只是商品资本的独立化的运动，所以只是把商品形态变化的第一阶段 W—G，表现为一种特殊资本自我回流的运动；从商人来看的 G—W、W—G，表现为商人资本的周转。商人先是买，把他的货币转化为商品，然后是卖，把同一商品再转化为货币；并且这样反复不断地进行下去。""在商人那里，在 G—W—G′中两次转手的，却是同一商品；它只是对货币流回到商人手中起中介作用。"

"商人资本……一年中周转的次数则取决于 G—W—G′这个运动在一年中反复进行的次数。"

"因此，一定量商人资本的周转次数，在这里和货币作为单纯流通手段的流通的反复，十分相似。""但是有一个区别："在商人那里，同一货币资本（不管它是由哪些货币单位构成），同一货币价值，却是按其价值额反复买卖商品资本，因而作为 G + ΔG 反复流回同一个人手里，也就是作为价值加上剩余价值流回它的起点。这就是它的周转作为资本的周转所具有的特征。从流通中取出的货币总是比投入流通的货币多。此外，不言而喻，随着商人资本周转的加速（在发达的信用制度下，货币作为支付手段的职能成了货币的主要职能），同一货币量的流通也会加快。

但是，商品经营资本的反复周转，始终只是表示买和卖的反复；而产业资本的反复周转，则表示总再生产过程（其中包括消费过程）的周期性和更新。但这一点对商人资本来说，只表现为外部条件。产业资本必须不断把商品投入市场，并从市场再取走商品，商人资本才能保持迅速周转。如果再生产过程是缓慢的，商人资本的周转也就是缓慢的。当然，商人资本对生产资本的周转起中介作用，但这只是就它缩短生产资本的流通时间来说的。它不会直接影响生产时间，而生产时间也是对产业资本周转时间的一个限制。这对商人资本的周转来说是第一个界限。第二，把再生产消费所造成的限制撇开不说，商人资本的周转最终要受全部个人消费的速度和规模的限制，因为商品资本中加入消费基金的整个部分，取决于这种速度和规模。"

【商人资本周转会创造一种虚假的需求和繁荣】

"但是（把商业界内部的周转撇开不说，在那里，一个商人总是把同一商品卖给另一个商人，在投机时期，这种流通会显得非常旺盛），第一，商人资本会缩短生产资本的 W—G 阶段。第二，在现代信用制度下，商人资本支配着社会总货币资本的一个很大的部分，因此，它可以在已购买的物品最终卖掉以前反复进行购买。""当再生产过程有巨大的弹性，能够不断突破每一次遇到的限制时，商人在生产本身中不会发现任何限制，或者只会发现有很大弹性的限制。因此，除了由于商品性质造成的 W—G 和 G—W 的分离以外，这里将会创造出一种虚假的需求。尽管商人资本的运动独立化了，它始终只是产业资本在流通领域内的运动。但是，由于商人资本的独立化，它的运动在一定界限内就不受再生产过程的限制，因此，甚至还会驱使再生产过程越出它的各种限制。内部的依赖性和外部的独立性会使商人资本达到这样一点：内部联系要通过暴力即通过一次危机来恢复。

因此，在危机中发生这样的现象：危机最初不是在和直接消费有关的零售业中暴露和爆发的，而是在批发商业和向它提供社会货币资本的银行业中暴露和爆发的。"

【商人的商品出售价格的两个界限】

"生产价格的高低，对利润率没有任何意义；但是，对每磅砂糖的出售价格中构成商业利润的部分的大小，也就是说，对商人在一定量商品（产品）上的加价的多少，却有很大的、决定性的意义。如果一个商品的生产价格很小，商人预付在该商品的购买价格上的金额，即为一定量该商品预付的金额也就很小，因此，在利润率已定时，他从这个一定量廉价商品上获得的利润额也就很小。""反过来，情况也就相反。这完全取决于把商人所经营的商品生产出来的那个产业资本的生产率的大小。""再也没有什么东西比下面这种流行的看法更为荒唐的了，按照这种看法，就单个商品来说，是薄利多销，还是厚利少销，完全取决于商人自己。他的出售价格有两个界限：一方面是商品的生产价格，这是不由他做主的；另一方面是平均利润率，这也是不由他做主的。他能够决定的只有一件事情，就是他愿意经营昂贵的商品还是经营便宜的商品；但即使在这件事情上，他可以支配的资本量和其他一些情况也在起作用。因此，商人怎么干，完全取决于资本主义生产方式的发展程度，而不是取决于商人的愿望。"

【决定商业的商品出售价格的因素】

"我们在第一卷已经指出，商品价格的高低，既不决定一定量资本所生产的剩余价值量，也不决定剩余价值率；虽然单个商品的价格的大小，从而这个价格中的剩余价值部分的大小，要看一定量劳动所生产的商品的相对量而定。每一个商品量的价格，只要它和价值相一致，都是由对象化在这些商品中的劳动的总量决定的。如果少量劳动对象化在许多商品中，单个商品的价格就低，包含的剩余价值就少。""虽然每一单个商品的剩余价值的绝对量很小，但剩余价值率却可以很大。每一单个商品中的剩余价值的绝对量，首先取决于劳动生产率，其次才取决于劳动分为有酬劳动和无酬劳动的分割。

对商业的出售价格来说，生产价格现在是一个既定的外部的前提。"

在以往的时代，商业的商品价格高，是由于：1. 生产价格高，也就是说，劳动生产率低；2. 缺少一般利润率，商人资本从剩余价值中占有的份额，比它在资本可以普遍移动时应该得到的份额大得多。因此，从两方面来看，这种状况的消除都是资本主义生产方式发展的结果。

在不同的商业部门，商人资本的周转有长有短，它在一年间周转的次数也就有多有少。在同一个商业部门，在经济周期的不同阶段，周转也有快有慢。但是，根据经验可以找出平均的周转次数。"

"对商人资本来说，平均利润率是一个已定的量。商人资本不直接参与利润或剩余价值的创造；它按照自己在总资本中所占的部分，从产业资本所生产的利润量中取得自己的份额，只是就这一点来说，它才作为一个决定的因素参加一般利润率的形成。"

【决定商业资本的利润率的因素】

"一个产业资本在第二卷第二篇所说明的各种条件下周转的次数越多，它所形成的利润量也就越大。""总产业资本的周转次数越多，利润量或一年内生产的剩余价值量也就越大，因此，在其他条件不变时，利润率也就越高。商人资本的情况却不是这样。对商人资本来说，利润率是一个已定的量，一方面由产业资本所生产的利润量决定，另一方面由总商业资本的相对量决定，即由总商业资本同预付在生产过程和流通过程中的资本总额的数量关系决定。它的周转次数，当然会作为一个决定的因素影响它和总资本的比率，或影响流通所必要的商人资本的相对量，因为很清楚，必要的商人资本的绝对量和它的周转速度成反比；如果其他一切条件不变，它的相对量，即它在总资本中所占的份额，就由它的绝对量决定。如果总资本10000，那么，在商人资本等于总资本的$\frac{1}{100}$时，就 = 1000；如果总资本是1000，它的$\frac{1}{10}$就 = 100。""但是，这个相对量本身又由周转决定。""各种会缩短商人资本平均周转的情况，例如，运输工具的发展，都会相应地减少商人资本的绝对量，从而会提高一般利润率。反过来，情况也就相反。同以前的状况相比，发达的资本主义生产方式会对商人资本产生双重影响：同量商品可以借助一个数量较小的实际执行职能的商人资本来周转；由于商人资本周转的加速和再生产过程速度的加快（前者以后者为基础），商人资本对产业资本的比率将会缩小。另一方面，随着资本主义生产方式的发展，一切生产都会变成商品生产，因而一切产品都会落到流通当事人手中。"

"但是，假定商人资本同总资本相比的相对量是已定的，不同商业部门中周转的差别，就不会影响归商人资本所有的总利润量，也不会影响一般利润率。商人的利润，不是由他所周转的商品资本的量决定的，而是由他为了对这种周转起中介作用而预付的货币资本的量决定的。""如果情况不是这样，商人资本就会随着它的周转次数的增加，比产业资本提供高得多的利润，而这是和一般利润率的规律相矛盾的。

因此，不同商业部门的商人资本的周转次数，会直接影响商品的商业价格。商业加价的多少，一定资本的商业利润中加到单个商品的生产价格上的部分的大小，和不同营业部门的商人资本的周转次数或周转速度成反比。如果一个商人资本一年周转 5 次，而另一个商人资本一年只能周转一次，那么，前者对同一价值的商品资本的加价，就只有后者对同一价值的商品资本的加价的 $\frac{1}{5}$。

资本在不同商业部门的平均周转时间对出售价格的影响，可以归结为这样一点：同一个利润量（在商人资本的量已定时，这个利润量是由一般年利润率决定的，也就是说，不以这个资本的商业活动的特殊性质为转移），会根据这种周转速度的快慢以不同的方式分配在同一价值的商品量上；例如，在一年周转 5 次的情况下，对商品价格的加价是 $\frac{15}{5}\% = 3\%$，而在一年周转一次的情况下，对商品价格的加价是 15% 。

因此，不同商业部门的商业利润的同一百分率，会依照这些部门周转时间的长短，按计算到商品价值上的完全不同的百分率，提高该商品的出售价格。"

【商人资本周转产生的假象】

"因此，就产业资本来说，如果我们更精确地考察一下周转时间对价值形成的影响，我们就会回到商品价值由商品中包含的劳动时间决定这个一般规律和政治经济学的基础上来，但是，商人资本的周转对商业价格的影响却会呈现出各种现象，如果不详细地分析各个中间环节，这些现象似乎是以价格的纯粹任意决定为前提，也就是说，所以这样决定价格，似乎只是由于资本已决定要在一年内获得一定量的利润。特别是由于周转的这种影响，似乎流通过程本身会在一定范围内不以生产过程为转移而独立地决定商品的价格。一切关于再生产总过程的表面的和颠倒的见解，都来自对商人资本的考察，来自商人资本特有的运动在流通当事人头脑中引起的观念。

既然像读者已经感到遗憾地认识到的那样，对资本主义生产过程的现实的内部联系的分析，是一件极其复杂的事情，是一项极其细致的工作；既然把看得见的、只是表面的运动归结为内部的现实的运动是一种科学工作，那么，不言而喻，在资本主义生产当事人和流通当事人的头脑中，关于生产规律形成的观念，必然会完全偏离这些规律，必然只是表面运动在意识中的表现。商人、交易所投机者、银行家的观念，必然是完全颠倒的。工厂主的观念由于他们的资本所经历的流通行为，由于一般利润率的平均化而被歪曲了。在这些人的头脑中，竞争也必然起一种完全颠倒的作用。"

"从商人资本的观点来看，周转本身好像决定价格。""对商业资本来说，利润率是外部既定的，利润率和剩余价值的形成之间的内在联系已经完全消失。""不同商业部门的不同周转时间，却是表现在这样一点上：一定量商品资本周转一次获得的利润，同实现这个商品资本的周转所需的货币资本的周转次数成反比。薄利快销，特别对零售商人来说是他原则上遵循的一个原则。"

"此外，不言而喻，商人资本周转的这个规律在每个商业部门中——撇开互相抵消的、较快的周转和较慢的周转交替出现的情况不说——，只适用于投入该部门的全部商人资本的平均周转。和资本 B 投在同一个部门内的资本 A 的周转次数，可能多于或少于平均周转次数。在这种情况下，其他资本的周转次数就会少于或多于平均周转次数。这丝毫也不会改变投在该部门的商人资本总量的周转。但是，这对单个商人或零售商人来说却有决定意义。在这种情况下，他会赚到超额利润，正像在比平均条件更有利的条件下进行生产的产业资本家会赚到超额利润一样。如果为竞争所迫，他可以卖得比他的伙伴便宜一些，但不会使他的利润降到平均水平以下。如果那些使他能加速资本周转的条件本身是可以买卖的，例如店铺的位置，那么，他就要为此付出额外的租金，也就是说，把他的一部分超额利润转化为地租。"

【简释：（1）商人资本周转的特点：产业资本的周转是它的生产时间和流通时间的统一，因此包括整个生产过程；而商人资本的周转，只是流通领域商品的买和卖的时间。它的反复周转，始终只是表示买和卖的反复。商人资本的周转，受到生产和消费的双重制约。只有产业资本不断把商品投入市场，并从市场再取走商品，商人资本才能保持迅速周转。同时，商人资本的周转最终要受全社会个人消费的速度和规模的限制，因为包括两大部类（生产资料和生活资料）生产部门的商品资本中加入消费基金部分的实现，最终都要受到个人消费的速度和规模的限制。

（2）商人资本对生产和危机的促进作用：由于商人资本的存在，产业资本中的流通资本部分便可以相应减少。商人资本周转越快，流通资本在社会总资本中所占的份额便越小，生产领域的资本的比例就越大。随着资本主义生产的发展和市场的扩大，商人资本相对地减少，它的绝对量却在不断增加。尤其在现代信用制度下，商人资本支配着社会总货币资本的一个很大部分，因此它可以在已购买的商品最终卖掉以前反复进行购买。由于再生产过程有巨大的弹性，商品的性质在造成 W—G 和 G—W 的分离之外，还会创造出一种虚假的需求，加上商人资本作为中介的运动在一定界限内不受再生产过程的限制等等，这种内部的依赖性和外部的独立性，会使商人资本达到这样一点：内部联系要通过暴力即通过危机来恢复。于是危机爆发了，它一下子就结束了虚假的繁荣。

（3）商人资本周转和商业价格：商人资本的周转不同于产业资本的周转：产业资本周转会作为一个起限制作用的因素参加决定一年内生产的剩余价值量，从而参加决定一般利润率的形成。相反地，对商人资本来说，平均利润率是一个已定的量。商人资本不直接参与剩余价值或利润的创造；它按照自己在总资本中所占的部分，从产业资本所生产的利润量中取得自己的份额。商人资本的绝对量和它的周转速度成反比；如果其他条件不变，它的相对量，即它在总资本中所占的份额，就由它的绝对量决定。假定这个相对量是已定的，不同商业部门中周转的差别，就不会影响归商人资本所有的总利润量，也不会影响一般利润率。但是，不同商业部门的商人资本的周转次数，会直接影响商品的商业价格。商业加价的多少，一定资本的商业利润中加到单个商品的生产价格上的部分的大小，和不同营业部门的商人资本的周转次数或周转速度成反比。同一个利润量，会根据这种周转速度的快慢以不同的方式分配在同一价值的商品量上。因此，不同商业部门的商业利润的同一百分率，会依照这些部门周转时间的长短，按计算到商品价值上的完全不同的百分率，提高该商品的出售价格。商人资本的周转对商业价格的影响会呈现出各种现象，如果不详细地分析各个中间环节，这些现象似乎是以价格的纯粹任意决定为前提。这种表面的和颠倒的见解，都是来自对商人资本的观察，及其在流通当事人头脑中引起的观念。】

第十九章

货币经营资本

【简释：本章考察商人资本的另一种形式，即货币经营资本。考察的范围是纯粹形式的货币经营业，即与信用制度相分离的货币经营业，只与商品流通的一个要素即货币流通的技术以及由此产生的不同的货币职能有关。

（1）在产业资本和商业资本的流通过程中，都会产生与货币流通有关的纯技术性业务，包括货币的收付，货币的保管，货币的记账、结算、差额平衡，货币的兑换，货币的汇兑等业务。分工造成这样的结果：这些由资本的职能决定的技术性业务，尽可能由一类代理人或资本家来完成，从而使预付在这些职能上的资本成为货币经营资本。资本的一般形式 G—G′也会在这里出现。但是，在 G—G′中作为中介的东西，在这里与形态变化的物质要素无关，而只与它的技术要素有关。

（2）显然，货币经营者所操作的货币资本的总量，就是商人和产业家的处在流通中的货币资本。货币经营者所完成的各种活动，只是他们作为中介所实现的商人和产业家的活动。货币经营者为从事这类技术性业务，必须支出一定的资本和费用，用作经营资金、置办设备、雇用人员等，但比商人和产业家自己为这个目的也必须追加的资本和费用的数额还是减少了。

（3）货币经营者支出的资本和费用，当然要求获得不低于社会一般利润率的利润。但是很清楚，货币经营者的利润不过是从剩余价值中所作的一种扣除，因为他们的活动只与已经实现（即使只是在债权形式上实现）的价值有关。像在商品经营业那里一样，在这里也发生了职能的二重化。因为，同货币流通结合在一起的技术业务，有一部分必须由商品经营者和商品生产者自己去完成。】

第二十章

关于商人资本的历史考察

【简释：本章重点是将商人资本作为独立的资本形式进行考察，说明它在资本主义以前时代和在资本主义制度下只成为从属于产业资本的、具有特殊机能的商人资本的区别；说明商人资本的机能和作用的这种区别，并不决定于商人资本自身，而是决定于生产方式的发展和变化。要点：

（1）关于资本主义以前的商人资本。商人资本在资本支配生产以前很久就表现为资本的历史形式。商人资本的存在条件，是简单商品流通。它的作用是在简单商品流通 W—G—W 的两极起中介作用，即分解为 G—W 和 W—G，由商人居于卖者和买者中间先买后卖。商人资本的运动形式是 G—W—G′，货币是出发点，增加交换价值是目的。资本主义以前的商人资本具有以下特点和作用：①它不依赖生产资本而独立地执行资本的职能，使产品变成商品，并从中获利。由于商品生产和货币流通是极不相同的生产方式都存在着的现象，因而商人资本也存在于各种不同的生产方式之中。②商业对各种已有的、以不同形式主要生产使用价值的生产组织，都或多或少地起着解体作用。但是它对旧生产方式究竟在多大程度上起着解体作用，这首先取决于这些生产方式的坚固性和内部结构。并且，这个解体过程会导向何处，换句话说，什么样的新生产方式会代替旧生产方式，这不取决于商业，而是取决于旧生产方式本身的性质。③由于商人资本不直接进入生产过程，商业利润只能来自流通过程的贱买贵卖。这种交换中所包含的价值概念只是指：不同商品都是价值，因而都是货币，从质的方面说，它们同样是社会劳动的表现。但它们不是相等的价值量。

（2）商人资本在资本主义生产方式形成中的作用：商人资本的存在和发展到一定的水平，本身就是资本主义生产方式发展的历史前提。一是因为商人资本存在和发展是货币财产集中的先决条件。二是因为资本主义生产方式的前提是为贸易而生产，是大规模的销售，而不是面向一个个顾客的销售，因而需要有这样的商人，他不是为满足他个人需要而购买，而是把许多人的购买行为集中到他的购买行为上。另一方面，商人资本的一切发展都会促使生产越来越具有面向交换价值的性质，促使产品越来越转化为商品。16世纪到17世纪，商业的突然扩大和新世界市场的形成对资本主义生产方式的勃兴产生过压倒一切的影响。另一方面，资本主义生产方式所固有的以越来越大的规模进行生产的必要性，更促使世界市场不断扩大，所以，在这里不是商业使工业发生革命，而是工业不断使商业发生革命。

（3）商人资本成为产业资本附属：从封建生产方式开始的过渡有两条途径：生产者变成商人和资本家，直接为商业进行大规模生产，这是真正革命化的道路。或者商人直接支配生产，让那些手工业性质的小工业为他劳动。后一条途径并没有引起旧生产方式的变革。起初，商业是行会手工业、农村家庭手工业和封建农业转化为资本主义企业的前提。一旦工场手工业相当巩固了，尤其是大工业相当巩固了，它就又为自己创造市场，并用自己的商品来夺取市场。这时，商业就成了工业生产的奴仆，而对工业生产来说，市场的不断扩大则是它的生活条件。荷兰作为一个占统治地位的商业国家走向衰落的历史，就是一部商业资本从属于工业资本的历史。

（4）在理论表现上，重商主义作为对现代生产方式的最初的理论探讨，必然从商业资本运动的表面现象出发，因此只是抓住了假象，认为商业是财富的源泉。真正的现代经济科学，只是当理论研究从流通过程转向生产过程的时候才开始。马克思在本章开头绪论中指出，伟大的经济学家如斯密、李嘉图等人考察的是资本的基本形式，是作为产业资本的资本，从而直接得出了关于价值形成、利润等等的原理。但是，他们遇到商业资本这种独特种类的资本时，就陷入了困境，事实上把商人资本完全搁在一边了，在提到它时，只是把它当作产业资本的一种。因而，不能说明商业资本的特性，不能用价值理论解释商业利润的来源。对此，庸俗经济学家不仅不可能说明，而且力图进行辩护，把商业资本形式说成是生产过程本身必然产生的形态。】

第 五 篇
利润分为利息和企业主收入。生息资本

【第五篇研究的中心是利润分解为利息和企业主的收入，以及生息资本有关的一系列问题。本篇分为上、下两个部分共十六章，内容十分丰富。按照《资本论》从抽象上升到具体的叙述方法，在考察剩余价值转化为利润、平均利润和商人资本独立化、利润分解为产业利润和商业利润之后，进一步考察生息资本（借贷资本），符合历史和逻辑的发展。借贷资本和商人资本一样，早在资本主义以前时代已经产生了，但在资本主义生产方式下，商人资本和借贷资本只是资本的派生形式。两者不同的是，商人资本的运动构成社会资本再生产的一个方面，因而参加剩余价值到平均利润的平均化；而借贷资本是在社会资本再生产过程之外的派生资本，利息是从平均利润中的直接扣除，是已经采取平均利润形式的剩余价值的一部分。随着资本主义生产方式的发展，借贷资本同信用制度一起发展成为一个包括银行资本、资本市场、虚拟资本等在内的庞大而复杂的体系。这个体系成为借贷资本活动的广阔领域，它的作用和意义也越来越加强。

本篇十六章分为以下五个部分：

一、本篇前四章（第二十一章至第二十四章）重点研究什么是生息资本、什么是利息、资本主义关系如何分离出生息资本。在这几章研究的出发点，是假定借贷资本只是由货币资本家的货币资本构成，与之发生关系的是产业资本家和商业资本家。

二、第二十五章至第二十九章重点研究信用和虚拟资本、信用在资本主义生产中的作用、银行资本的组成部分。信用的对象不只是货币资本家的货币，而是整个社会的货币以及信用本身。

三、第三十章至第三十二章重点研究货币资本和现实资本的运动，以及借贷资本（其中相当大部分是虚拟资本）在工业周期的各个不同阶段的表现。

四、第三十三章至第三十五章重点考察信用制度下的流通手段，即研究资本主义的货币信用制度问题。

五、第三十六章重点考察资本主义以前的信用，并对未来社会的信用问题提出一系列重要设想。】

第二十一章

生息资本

【本章重点是考察生息资本运动的特点和实质；生息资本的利息来源和性质。】

"在最初考察一般利润率或平均利润率时（本卷第二篇），这个利润率还不是在它的完成形态上出现在我们面前，因为平均化还只表现为投在不同部门的产业资本之间的平均化。这种情况已经在上一篇得到补充。在那里，我们说明了商业资本如何参加这个平均化，并且说明了商业利润。这样，""以后凡是说到一般利润率或平均利润时，要注意我们总是就后一种意义而言，即只是就平均利润率的完成形态而言。"

"货币——在这里它被看作一个价值额的独立表现，而不管这个价值额实际上以货币形式还是以商品形式存在——在资本主义生产的基础上能转化为资本，并通过这种转化，由一个一定的价值变为一个自行增殖、自行增加的价值。"

【生息资本的特有的流通，资本成为商品】

"我们先来考察生息资本的特有的流通。然后第二步再来研究它作为商品出售的独特方式，即它是贷放，而不是永远出让。

起点是 A 贷给 B 的货币。""货币在 B 手中实际转化为资本，完成 G—W—G′ 运动，然后作为 G′，作为 G + ΔG 回到 A 手中，在这里，ΔG 代表利息。为简便起见，我们在这里暂且把资本长期留在 B 手中并按期支付利息的情况撇开不说。

这样，运动就是：G—G—W—G′—G′。"

【生息资本的特有的性质在于】"要把自己的货币作为生息资本来增殖的货币占有者，把货币让渡给第三者，把它投入流通，使它成为一种**作为资本**的商品；""它一开始就是作为资本交给第三者的，这就是说，是作为这样一种价值，这种

453

价值具有创造剩余价值、创造利润的使用价值；它在运动中保存自己，并在执行职能以后，流回到原来的支出者手中，在这里，也就是流回到货币占有者手中；""这就是说，它既不是被付出，也不是被卖出，而只是被贷出；它不过是在这样的条件下被转让：第一，它过一定时期流回到它的起点；第二，它作为已经实现的资本流回，流回时，已经实现它的能够生产剩余价值的那种使用价值。

作为资本贷放的商品，按照它的性质，或是作为固定资本贷放，或是作为流动资本贷放。货币可以在这两种形式上贷放。例如，如果它是在终身年金的形式上偿还，让资本一部分一部分地带着利息流回，它就是作为固定资本贷放。有些商品，例如房屋、船舶、机器等等，按照它们的使用价值的性质，始终只能作为固定资本贷放。不过，一切借贷资本，不管它的形式如何，也不管它的偿还会怎样受它的使用价值性质的影响，都始终只是货币资本的一个特殊形式。因为这里贷放的，总是一定的货币额，并且利息也是按这个金额计算的。如果贷出的既不是货币，也不是流动资本，它就会按照固定资本流回的方式来偿还。贷出者定期得到利息，并得到固定资本自身的一部分已经消耗的价值，即周期损耗的等价物。贷出的固定资本中尚未消耗的部分，到期也以实物形式还回来。如果借贷资本是流动资本，它也就会按照流动资本流回的方式回到贷出者手中。

因此，流回的**方式**总是由自身得到再生产的资本及其特殊种类的现实循环运动决定的。但是，借贷资本的回流采取偿还的**形式**，因为它的预付、它的让渡，具有贷放的形式。"

【生息资本的贷放和回流运动的特征】

"资本流回到它的起点，一般地说，是资本在它的总循环中的具有特征的运动。这决不只是生息资本的特征。作为生息资本的特征的，是它的表面的、已经和作为中介的循环相分离的流回形式。借贷资本家把他的资本放出去，把它转给产业资本家时，""所有权没有被出让，因为没有发生交换，也没有得到等价物。货币由产业资本家手中流回到借贷资本家手中，不过是把放出资本这第一个行为加以补充。""第一次支出，使资本由贷出者手中转到借入者手中，这是一个法律上的交易手续，它与资本的现实的再生产过程无关，只是为这个再生产过程做了准备。""因此，借贷资本的出发点和复归点，它的放出和收回，都表现为任意的、以法律上的交易为中介的运动，它们发生在资本现实运动的前面和后面，同这个现实运动本身无关。"

"一般资本的具有特征的运动，即货币流回到资本家手中，资本流回到它的起点，在生息资本的场合，取得了一个完全表面的和现实运动相分离的形态，这个形态便是现实运动的形式。A 把他的货币不是作为货币，而是作为资本放出去。在这里，资本没有发生任何变化。它不过转手而已。它只是在 B 手中才实际转化为资本。但对 A 来说，单是把它交给 B，它就成了资本。资本从生产过程和流通过程实际流回的现象，只有对 B 来说才发生。而对 A 来说，流回是在和让渡相同的形式上进行的。资本由 B 手中再回到 A 手中。把货币放出即贷出一定时期，然后把它连同利息（剩余价值）一起收回，是生息资本本身所具有的运动的全部形式。贷出的货币作为资本所进行的现实运动，是贷出者和借入者之间的交易以外的事情。在双方进行的交易中，中介过程消失了，看不见了，不直接包含在内了。作为独特的商品，资本也具有它的独特的让渡方式。因此在这里，回流也不是表现为一定系列的经济行为的归宿和结果，而是表现为买者和卖者之间的一种特有的法律契约的结果。流回的时间取决于再生产的过程；而就生息资本来说，它作为资本的回流，**好像**只取决于贷出者和借入者之间的协议。因此，就这种交易来说，资本的回流不再表现为由生产过程决定的结果，而是表现为：好像贷出的资本从来就没有丧失货币形式。当然，这种交易实际上是由现实的回流决定的。但这一点不会在交易本身中表现出来。实际的情形也并不总是这样。如果现实的回流没有按时进行，借入者就必须寻求别的办法来履行他对贷出者的义务。资本的单纯**形式**——货币，它以 A 额支出，经过一定时间，除了这种时间上的间隔，不借助于任何别的中介，再以 $A + \frac{1}{x}A$ 额流回——不过是现实资本运动的没有概念的形式。"

"在资本的现实运动中，回流是流通过程的一个要素。""但就生息资本来说，回流和放出一样，只是资本所有者和另一个人之间进行的一种法律交易手续的结果。我们看见的只是放出和偿还。中间发生的一切都消失了。"

【利息的来源和性质】

"以上我们只考察了借贷资本在它的所有者和产业资本家之间的运动。现在来研究利息。"

"贷出者把他的货币作为资本放出去""预付的价值额要作为资本流回，就必须在运动中不仅保存自己，而且增殖自己，增大自己的价值量，也就是必须带着一个剩余价值，作为 G + ΔG 流回。在这里，这个 ΔG 是利息，或者说平均利润中不是留在执行职能的资本家手中，而是落到货币资本家手中的部分。"

"我们以后还要特别考察一种形式，按照这种形式，在贷出期内，利息按期流回，但资本不流回，它要等到一个较长的时期结束时才偿还。

货币资本家给予借入者即产业资本家的是什么呢？前者实际上让渡给后者的是什么呢？"

"是货币由于下面这一点而取得的使用价值：它能够转化为资本，能够作为资本执行职能，因而在它的运动中，它除了保存自己原有的价值量，还会生产一定的剩余价值，生产平均利润（在这里，高于或低于平均利润都表现为偶然的事情）。就其余的商品来说，使用价值最终会被消费掉，因而商品的实体和它的价值会一道消失。相反，资本商品有一种特性：由于它的使用价值的消费，它的价值和它使用价值不仅会保存下来，而且会增加。

货币资本家在把借贷资本的支配权出让给产业资本家的时间内，就把货币作为资本的这种使用价值——生产平均利润的能力——让渡给产业资本家。

在这个意义上，这样贷出的货币，同那种与产业资本家发生关系的劳动力，有某种类似的地方。不过，产业资本家对劳动力的价值是支付，而他对借贷资本的价值只是偿还。对产业资本家来说，劳动力的使用价值在于：当劳动力被使用的时候，它会比它本身具有的价值，比它所费的价值，生产更多的价值（利润）。这个价值余额，对产业资本家来说，就是劳动力的使用价值。同样，借贷货币资本的使用价值，也表现为这种资本生产价值和增加价值的能力。

货币资本家事实上让渡了一种使用价值，因此，他所让出的东西，是作为商品让出的。""贷出的货币的使用价值是：能够作为资本执行职能，并且作为资本在平均条件下生产平均利润。"

"那么，产业资本家支付的是什么呢，借贷资本的价格又是什么呢？""那当然不是像在购买别的商品时那样，是它的价格或价值。在贷出者和借入者之间，不像在买者和卖者之间那样，会发生价值的形式变化。""放出的价值和收回的价值的同一性，在这里是以完全不同的方式表现出来的。价值额，货币，在没有等价物的情况下付出去，经过一定时间以后交回来。贷出者总是同一价值的所有者，即使在这个价值已经从他手中转到借入者手中，也是这样。""但是，只有当货币能够作为资本执行职能，从而被预付时，这才是可能的。借入者是把货币作为资本，作为自行增殖的价值借来的。""它通过使用才自行增殖，才作为资本来实现。但借入者必须把它作为**已经实现**的资本，即作为价值加上剩余价值（利息）来偿还；而利息只能是他所实现的利润的一部分。只是一部分，不是全部，因为对于借入者来说，这个货币的使用价值，就在于它会替他生产利润。不然的话，贷出者就没有让渡使用价值。另一方面，利润也不能全部归借入者。不然的话，他对于这种使用价值的让渡就没有支付什么，"

"贷出者和借入者双方都是把同一货币额作为资本支出的。但它只有在后者手中才执行资本的职能。同一货币额作为资本对两个人来说取得了双重的存在，这并不会使利润增加一倍。它所以能对双方都作为资本执行职能，只是由于利润的分割。其中归贷出者的部分叫做利息。

按照前提，这全部交易发生在两类资本家之间，即货币资本家和产业资本家或商业资本家之间。

决不要忘记，在这里，资本作为资本是商品，或者说，我们这里所说的商品是资本。""贷和借（不是卖和买）的区别，在这里是由商品——资本——的特有性质产生的。同样不要忘记，这里支付的，是利息，而不是商品价格。如果我们把利息叫做货币资本的价格，那就是价格的不合理的形式，与商品价格的概念完全相矛盾。"

"利息是资本的价格这种说法，从一开始就是完全不合理的。在这里，商品有了双重价值，先是有价值，然后又有和这个价值不同的价格，而价格是价值的货币表现。货币资本首先不外是一个货币额，或者是作为一个货币额固定下来的一定量商品的价值。""一个价值额怎么能够在它本身的价格之外，在那个要用它本身的货币形式来表示的价格之外，还有一个价格呢？价格毕竟是和商品的使用价值相区别的商品的价值（市场价格也是这样，它和价值的区别，不是质的区别，而只是量的区别，只与价值量有关）。和价值有质的区别的价格，是荒谬的矛盾。"

"但是在这里，资本本身所以表现为商品，是因为资本被提供到市场上来，并且货币的使用价值实际上作为资本被让渡。它的使用价值是：生产利润。作为资本的货币或商品，其价值不是由它们作为货币或商品所具有的价值来决定，而是由它们为自己的占有者生产的剩余价值的量来决定。资本的产物是利润。在资本主义生产的基础上，货币是作为货币支出，还是作为资本预付，只是货币的不同的用途。"

"其次，资本所以表现为商品，是因为利润分割为利息和本来意义的利润是由供求，从而由竞争来调节的，这完全和商品的市场价格是由它们来调节的一样。但是在这里，""竞争并不是决定对规律的偏离，而是除了由竞争强加的分割规律之外，不存在别的分割规律，因为我们以后会看到，并不存在'自然'利息率。相反，我们把自然利息率理解为由自由竞争决定的比率。利息率没有'自然'界限。在竞争不只是决定偏离和波动的场合，因而，在它们的互相起反作用的力量达到均衡而任何决定都停止的场合，那种需要决定的东西就是某种本身没有规律的、任意的东西。在下一章，我们要进一步讨论这一点。"

【简释：（1）生息资本运动的特点：货币在资本主义生产基础上能转化为资本，并通过这种转化自行增殖，即生产剩余价值（利润）。这样，货币除了作为货币具有的使用价值之外，又取得一种追加的使用价值，即作为资本来执行职能的使用价值。就资本作为生产利润的手段的这种属性来说，它变成了一种特别的商品。把资本作为商品的生息资本，其特有的流通方式：起点是 A 把货币贷给 B，货币在 B 手中实际转化为资本完成 G—W—G′ 运动，然后作为 G′，作为 G + ΔG 回到 A 手中（ΔG 代表利息）。在这里，作为资本的商品不是被卖出，而只是被贷出，条件是过一定时期作为已经实现的资本采取偿还的形式流回。资本流回到它的起点，决不只是生息资本的特征，而是资本在它的总循环中的具有特征的运动。在资本的现实运动中，回流是流通过程的一个要素。货币先转化为生产资料；生产过程把它转化为商品；通过商品出售，它再转化为货币，并流回到那个最初以货币形式预付资本的资本家手中。因此，产业资本的循环公式是 G—W⋯P⋯W′—G′。产业资本借入资本来经营的运动形式是：G—G—W⋯P⋯W′—G′—G′。即在产业资本循环的头尾添加了 G—G 和 G′—G′。但就生息资本来说，回流和贷出一样，只是资本所有者和另一个人之间进行的一种法律交易手续的结果。我们看见的只是贷出和偿还。中间发生的一切都消失了。作为生息资本的特征的，是它的表面的、已经和作为中介的循环相分离的流回形式。

（2）利息的来源和性质。货币资本家把货币作为资本借给产业资本家，也就把货币作为资本的这种使用价值——生产平均利润的能力——让渡给产业资本家。借入者（产业资本家或商业资本家）必须把借入的资本通过使用自行增殖，然后作为已经实现的资本，加上利息来偿还。利息只能是他所实现的剩余价值（利润）的一部分，而不是全部，因为借入货币的目的是替他生产利润。这里支付的是利息，而不是商品价格。如果把利息叫做货币资本的价格，那就是价格的不合理的形式，与商品价格的概念完全相矛盾。因为价格是价值的货币表现，而货币资本首先不外是一个货币额。一个价值额怎么能够在它本身的价格之外，还有一个价格呢？和价值有质的区别的价格，是荒谬的矛盾。利息和利润一样都是由剩余价值所转化的。两者的实际区别是作为货币资本家阶级和产业资本家阶级之间的区别而存在的。】

第二十二章

利润的分割。利率。"自然"利息率

【本章的重点是从上一章着重考察利息的性质，转到考察利息的量的有关问题。本章分析对象只是生息资本的独立形态和利息从利润中独立出来的过程。就是说，按照从抽象到具体的逻辑顺序，先考察全部借贷发生在两类资本家之间，即货币资本家和产业（及商业）资本家之间，以及它们怎样进行利润的分配；利息量如何确定，有没有"自然"利息率；利息率不同于利润率的特点等。同再生产过程没有关系的借贷形式等问题留待后面考察。】

"我们要在这里阐述的，只是生息资本的独立形态和利息从利润中独立出来的过程。"

【利息是利润的一部分，利息率的界限】

"因为利息只是利润的一部分，按照我们以上的前提，这个部分要由产业资本家支付给货币资本家，所以，利润本身表现为利息的最高界限，达到这个最高界限，归执行职能的资本家的部分就会 = 0。撇开利息事实上可能大于利润，因而不能用利润支付的个别情况不说，我们也许还可以把全部利润减去其中可以归结为监督工资的部分（这部分我们以后加以说明）的余额，看作是利息的最高界限。利息的最低界限则完全无法规定。它可以下降到任何程度。不过这时候，总会出现起反作用的情况，使它提高到这个相对的最低限度以上。"

"首先让我们假定，总利润和其中要作为利息支付给货币资本家的部分之间的比率是固定的。在这种情况下很清楚，利息会随着总利润而提高或降低，而总利润则由一般利润率和一般利润率的变动决定。""如果利息等于平均利润的一个不变的部分，结果就是：一般利润率越高，总利润和利息之间的绝对差额就越大，因而总利润中归执行职能的资本家的部分就越大；反过来，情况也就相反。"

460

"我们已经知道，利润率的高低和资本主义生产的发展成反比，所以由此可以得出结论，如果利息率的差别实际上表示利润率的差别，一个国家利息率的高低就同样会和产业发展的水平成反比。我们以后会知道，情形并不总是这样。在这个意义上我们可以说，利息是由利润调节的，确切些说，是由一般利润率调节的。并且，这种调节利息的方法，甚至也适用于利息的平均水平。

不管怎样，必须把平均利润率看成是利息的有最后决定作用的最高界限。"

【利息率和现代工业周期的关系】

"如果我们考察一下现代工业在其中运动的周转周期，""我们就会发现，低利息率多数与繁荣时期或有额外利润的时期相适应，利息的提高与繁荣转向急转直下的阶段相适应，而达到高利贷极限程度的最高利息则与危机相适应。"

"当然，另一方面，低的利息可能和停滞结合在一起，适度提高的利息可能和逐渐活跃结合在一起。

利息率在危机期间达到最高水平，因为这时人们不得不以任何代价借钱来应付支付的需要。同时，由于和利息的提高相适应的是有价证券价格的降低，这对那些拥有可供支配的货币资本的人来说，是一个极好的机会，可以按异常低廉的价格，把这种有息证券抢到手，而这种有息证券，在正常的情况下，只要利息率重新下降，就必然会至少回升到它们的平均价格。"

【利息率下降趋势的原因】

"不过，利息率即使完全不以利润率的变动为转移，也具有下降的趋势。这是由于两个主要原因：

Ⅰ.'随着一个民族的财富不断增长，……随着食利者阶级的增大，资本贷放者阶级也增大起来，因为他们是同一些人'。（拉姆赛《论财富的分配》第201、202页）

Ⅱ.信用制度发展了，以银行家为中介，产业家和商人对社会各阶级一切货币储蓄的支配能力也跟着不断增大，并且这些储蓄也不断集中起来，达到能够起货币资本作用的数量，这些事实，都必然会起压低利息率的作用。"

"要找出平均利息率，就必须：1. 算出大工业周期中发生变动的利息率的平均数；2. 算出那些资本贷出时间较长的投资部门中的利息率。"

【不存在"自然"利息率】

"一个国家中占统治地位的平均利息率——不同于不断变动的市场利息

率——，不能由任何规律决定。在这方面，像经济学家所说的自然利润率和自然工资率那样的自然利息率，是没有的。"

"供求平衡——假定平均利润率已定——在这里没有任何意义。当我们在其他地方求助于供求平衡这个公式（在那些地方这种做法实际上也是正确的）时，它的用处是为了发现不以竞争为转移，而是相反地决定竞争的那个基本规律（起调节作用的界限或起界限作用的量）；""这种方法的目的，是要从伴随着竞争的各种变动中求得这些变动的界限。但对平均利息率来说却不是这样。没有任何理由可以说明，为什么中等的竞争条件，贷出者和借入者之间的均衡，会使贷出者得到他的资本的3%、4%、5%等等的利息率，或得到总利润的一定的百分比部分，例如20%或50%。当竞争本身在这里起决定作用时，这种决定本身是偶然的，纯粹经验的，只有自命博学或想入非非的人，才会试图把这种偶然性说成必然的东西。"

"在中等利息率不仅作为平均数，而且作为现实的量存在时，习惯和法律传统等等都和竞争本身一样，对它的决定发生作用。在许多法律诉讼中，当需要计算利息时，就必须把中等利息率作为合法的利息率。如果有人进一步问，为什么中等利息率的界限不能从一般规律得出来，那么答复很简单：由于利息的性质。利息不过是平均利润的一部分。同一资本在这里有双重规定：在贷出者手中，它是作为借贷资本；在执行职能的资本家手中，它是作为产业或商业资本。但它只执行一次职能，本身只生产一次利润。在生产过程本身中，资本作为借贷资本的性质不起任何作用。这两种有权要求享有利润的人将怎样分割这种利润，本身是和一个股份公司的共同利润在不同股东之间按百分比分配一样，纯粹是经验的、属于偶然性王国的事情。利润率的决定在本质上是建立在剩余价值和工资的分割基础上的，在剩余价值和工资的分割上，劳动力和资本这两个完全不同的要素起着决定的作用；那是两个独立的互为界限的可变数的函数；从它们的**质的区别**中产生了所生产的价值的**量的分割**。我们以后会知道，在剩余价值分割为地租和利润时，会出现同样的情况。但在利息上，却不会发生类似的情况。我们立即就会看到，在这里，**质的区别**相反地是从同一剩余价值部分的**纯粹量的分割**中产生的。"

"根据以上所述可以得出结论，并没有什么'自然'利息率。但是，如果从一方面来说，与一般利润率相反，那种和不断变动的市场利息率不同的中等利息率或平均利息率，其界限不能由任何一般的规律来确定，因为这里涉及的只是总利润在两个资本占有者之间以不同的名义进行的分配；那么，反过来说，利息率，不管是中等利息率还是各个特殊场合的市场利息率，都与一般利润率的情况完全不同，表现为同一的、确定的、明确的量。"

【利息率不同于一般利润率的特点】

"利息率对利润率的关系，同商品市场价格对商品价值的关系相类似。就利息率由利润率决定来说，利息率总是由一般利润率决定，而不是由可能在特殊产业部门内占统治地位的特殊利润率决定，更不是由某个资本家可能在某个特殊营业部门内获得的额外利润决定。因此，一般利润率事实上会作为经验的、既定的事实，再表现在平均利息率上，虽然后者并不是前者的纯粹的或可靠的表现。

不错，利息率本身随着借款人提供的担保的种类不同，随着借款时间的长短不同，也经常会有所不同；但对每一种类来说，利息率在一定时刻是一致的。因此，这种差别不会损害利息率的固定的、一致的形态。

中等利息率在每个国家在较长期间内都会表现为不变的量，因为一般利润率——尽管特殊的利润率在不断变动，但一个部门的变动会被另一个部门的相反的变动所抵消——只有在较长的期间内才会发生变动。并且一般利润率的相对的不变性，正是表现在中等利息率的这种或大或小的不变性上。

至于不断变动的市场利息率，那么，它和商品的市场价格一样，在每一时刻都是作为固定的量出现的，因为在货币市场上，全部借贷资本总是作为一个总额和执行职能的资本相对立，从而，借贷资本的供给和借贷资本的需求之间的关系，决定着当时市场的利息状况。信用制度的发展和由此引起的信用制度的集中，越是赋予借贷资本以一般的社会的性质，并使它一下子同时投到货币市场上来，情形就越是这样。与此相反，一般利润率只是不断地作为一种趋势，作为一种使各种特殊利润率平均化的运动而存在。"

"在我们着重指出利息率和利润率的这种区别时，我们还撇开了有利于利息率固定化的以下两种情况：1. 在历史上是先有生息资本，并且有一般利息率留传下来；2. 世界市场不以一个国家的生产条件为转移而对利息率的确定所产生的直接影响，比它对利润率的影响大得多。

平均利润不表现为直接既定的事实，而是表现为通过研究才能确定的各种相反变动的平均化的最后结果。利息率却不是这样。利息率就其至少在某一地区具有普遍适用性来说，是每天固定的事实，这个事实对产业资本和商业资本来说，甚至是它们从事活动时计算上的前提和项目。生出2%、3%、4%或5%，成了每100镑货币额普遍具有的能力。同记载气压和温度状况的气象报告相比，这种不是为这个或那个资本编制，而是为货币市场上现有的资本即整个借贷资本编制的记载利息率状况的证券交易所报告，其准确性毫不逊色。

在货币市场上，只有贷出者和借入者互相对立。商品具有同一形式——货币。资本因投在特殊生产部门或流通部门而具有的一切特殊形态，在这里都消失了。在这里，资本是以独立价值即货币的没有差别的彼此等同的形态而存在的。特殊部门之间的竞争在这里停止了；它们全体一起作为借款人出现，资本则以这样一个形式与它们全体相对立，""并且，随着大工业的发展，出现在市场上的货币资本，会越来越不由个别的资本家来代表，""而是越来越表现为一个集中的有组织的量，这个量和实际的生产完全不同，是受那些代表社会资本的银行家控制的。"

"这就是为什么一般利润率同确定的利息率相比，表现为模糊不清的东西的一些原因。利息率的大小固然也会变动，但因为它对所有借款人来说都一样地发生变动，所以它在他们面前总是表现为固定的、既定的量。""像商品的市场价格虽然每天发生波动，但并不妨碍它逐日被记录在行情表中一样，利息率的变动也不妨碍它作为'货币的价格'有规则地被记录下来。这是因为资本本身在这里是在货币形式上作为商品提供的；因此，它的价格的确定，和一切其他商品的情形一样，就是它的市场价格的确定；因此，利息率总是表现为一般利息率，表现为这样多的货币取得这样多的利息，表现为一个确定的量。"

【简释：（1）利息从利润中独立出来的过程：既然利息是剩余价值（利润）的一部分，所以利润本身就成为利息的最高界限。除了个别特殊情况，利息不能等于或超过利润。利息的最低界限则完全无法规定。它可以下降到任何程度，但这时总会出现起反作用的情况，使它提高到这个相对的最低限度以上。假定总利润和其中要作为利息的部分的比率是固定的，那么利息会随着总利润而提高或降低，而总利润则由一般利润率及其变动决定。一般利润率越高，总利润和利息之间的绝对差额就越大，因而总利润中归产业（及商业）资本家的部分就越大；反过来，情况也就相反。

（2）利息量如何确定。平均利润率规定了利息的最高界限，利润率趋向下降也会引起利息具有下降的趋势。但是，在每一个时期，各种不同的利息率可能同一定的利润率相符合。低利息率多数与繁荣时期或有额外利润的时期相适应；利息的提高与繁荣转向急转直下的阶段相适应。另一方面，低的利息可能和停滞结合在一起，适度提高的利息可能和逐渐活跃结合在一起。利息率在危机期间达到最高水平，因为这时人们不得不以任何代价借钱来应对支付的需要。与利息的提高相适应的是有价证券价格的降低。

（3）不存在"自然"利息率。要找出平均利息率就必须：1. 算出大工业周期中发生变动的利息率的平均数；2. 算出那些资本贷出时间较长的投资部门中的利息率。平均利息率不能由任何规律决定。这是因为利息不过是平均利润的一部分，而同一资本在这里有双重规定：对于借贷双方都是资本，本身只生产一次利润。这两种有权要求享有利润的人将怎样分割这种利润，本身是和一个股份公司的共同利润在不同股东之间按百分比分配一样，纯粹是经验的、属于偶然性王国的事情。因此，并没有什么"自然"利息率。

（4）利息率不同于利润率的特点。一般利润率的决定和市场利息率的决定不同，市场利息率是由供求关系直接地、不通过任何媒介决定的，一般利润率事实上是由完全不同的更复杂得多的原因决定的，因而也不像利息率那样是明确和既定的事实。】

第二十三章

利息和企业主收入

【本章和下一章（第二十四章），恩格斯曾同意在《资本论》第三卷出版前，先在刊物上发表。因为一方面这两章的内容深刻地揭示了：在生息资本和利息形态上的假象怎样掩盖了资本剥削剩余价值的本质；另一方面这两章又不涉及那些只有通盘联系起来才能阐明的问题，因而适合于单独发表。

本章的核心是考察利润分为纯利润和利息的这种纯粹属于量的分割，怎样会转变为利息和企业主收入这样两个不同质的范畴？这是因为资本家分为货币资本家和产业资本家，才使一部分利润转化为利息，并且只有这两类资本家的竞争，才产生出利息率。利息表现为总利润中属于与再生产过程无关的、资本所有权本身的部分。而属于产业（及商业）资本家的那部分利润，则表现为企业主收入，好像完全是从他作为产业或商业企业主所执行的职能产生出来的。总利润分为利息和企业主收入，原本只属于量的分割，但在两个部分硬化并且互相独立化之后，便转变为质的分割，即从表面上看，好像两者不是来自剩余价值（利润）这同一个源泉，而是出自资本所有权和资本对企业的经营管理职能这样两个本质上不同的源泉。】

【利润分为利息和企业主收入这种量的分割怎么会转变为质的分割？】

"事实上，只有资本家分为货币资本家和产业资本家，才使一部分利润转化为利息，一般地说，才产生出利息范畴；并且，只有这两类资本家之间的竞争，才产生出利息率。"

"现在产生的问题是：利润分为纯利润和利息这种纯粹量的分割，怎么会转变为质的分割？换句话说，只使用自有资本，不使用借入资本的资本家，怎么也要把他的总利润的一部分，归入利息这个特殊的范畴，要特别把它作为利息来计算？从而进一步说，怎么一切资本，不管是不是借入的，都要作为生息的资本，和作为生出纯利润的资本的自身区别开来？"

"为了回答这个问题，我们必须更详细地谈一下利息形成的实际起点；也就是从这样的前提出发：货币资本家和生产资本家实际上互相对立，不仅在法律上有不同的身份，而且在再生产过程中起着完全不同的作用，或者说，在他们手中，同一资本实际上要通过双重的完全不同的运动。一个只是把资本贷出去，另一个则把资本用在生产上。"

"对那种用借入的资本从事经营的生产资本家来说，总利润会分成两部分：利息和超过利息的余额。他必须把前者支付给贷出者，而后者则形成他自己所占的利润部分。如果一般利润率已定，这后一部分就由利息率决定；如果利息率已定，这后一部分就由一般利润率决定。""如果总利润等于平均利润，这个企业主收入的大小就只由利息率决定。如果总利润同平均利润相偏离，总利润和平均利润（在二者都扣除利息以后）的差额，就由一切会引起暂时偏离……的市场行情决定。""但是不管怎样，总利润的量的分割在这里都会转化为质的分割"。

【利息表现为资本所有权的果实】

"总利润这两部分之间的这种质的区分，即利息是资本自身的果实，是撇开了生产过程的资本所有权的果实，而企业主收入则是处在过程中的、在生产过程中发挥作用的资本的果实，""这种质的区分决不仅仅是货币资本家和产业资本家的主观见解。这种区分以客观事实为基础，因为利息归货币资本家所有，归资本的单纯所有者，也就是在生产过程之前和生产过程之外单纯代表资本所有权的贷出者所有；企业主收入则归单纯的职能资本家所有，归资本的非所有者所有。"

"对于用借入的资本从事经营的产业资本家和不亲自使用自己的资本的货币资本家来说，总利润在两种不同的人，即在两种对同一资本，从而对由它产生的利润享有不同合法权的人之间的单纯量的分割，都会因此转变为质的分割。利润的一部分现在表现为**一个**规定上的资本应得的果实，表现为利息；利润的另一部分则表现为一个相反规定上的资本的特有的果实，因而表现为企业主收入。""总利润的这两部分硬化并且互相独立化了，好像它们出自两个本质上不同的源泉。这种硬化和互相独立化，对整个资本家阶级和整个资本来说，现在必然会固定下来。而且，不管能动资本家所使用的资本是不是借入的，也不管属于货币资本家的资本是不是由他自己使用，情况都是一样。每个资本的利润，从而以资本互相平均化为基础的平均利润，都分成或被割裂成两个不同质的、互相独立的、互不依赖的部分，即利息和企业主收入，二者都由特殊的规律来决定。"

"因此，利息固定下来，以致现在它不是表现为总利润的一种同生产无关的、仅仅在产业家用别人的资本从事经营时才偶然发生的分割。即使产业家用自有的资本从事经营，他的利润也会分为利息和企业主收入。因此，单纯量的分割变为质的分割；不管产业家是不是自己的资本的所有者，同这种偶然的情况无关，这种分割都会发生。这不仅是在不同的人之间进行分配的利润的不同部分，而且还是利润的两种不同范畴。它们和资本有不同的关系，也就是说，和资本的不同规定性有关。"

"正如我们已经说过的，只要利润的一部分一般采取利息的形式，平均利润和利息之间的差额或利润超过利息的部分，就会转化为一种同利息相对立的形式，即企业主收入的形式。利息和企业主收入这两个形式，只存在于它们的对立之中。因此，它们二者不是与剩余价值发生关系——它们只是剩余价值固定在不同范畴、不同项目或名称下的部分——，而是互相发生关系。"

【企业主收入表现为劳动的监督工资】

"企业主收入是劳动的监督工资这种看法，是从企业主收入同利息的对立中产生的，并由于下面这个事实而得到进一步加强：利润的一部分事实上能够作为工资分离出来，并且确实也作为工资分离出来，或者不如反过来说，在资本主义生产方式的基础上，一部分工资表现为利润的不可缺少的组成部分。""这个利润部分会以经理的薪水的形式纯粹地表现出来"。

"凡是直接生产过程具有社会结合过程的形态，而不是表现为独立生产者的孤立劳动的地方，都必然会产生监督和指挥的劳动。不过它具有二重性。

一方面，凡是有许多个人进行协作的劳动，过程的联系和统一都必然要表现在一个指挥的意志上，""就像一个乐队要有一个指挥一样。""另一方面，……凡是建立在作为直接生产者的劳动者和生产资料所有者之间的对立上的生产方式中，都必然会产生这种监督劳动。这种对立越严重，这种监督劳动所起的作用也就越大。""它在资本主义生产方式下也是不可缺少的，因为在这里，生产过程同时就是资本家消费劳动力的过程。"

"资本主义生产本身已经使那种完全同资本所有权分离的指挥劳动比比皆是。因此，这种指挥劳动就无须资本家亲自进行了。一个乐队指挥完全不必就是乐队的乐器的所有者；如何处理其他演奏者的‘工资’问题，也不是他这个乐队指挥职能范围以内的事情。合作工厂提供了一个实例，证明资本家作为生产上的执行职能的人员已经成为多余的了，就像资本家自己发展到最成熟时，认为大地主是多余的一样。”“只要这种劳动是由作为社会劳动的劳动的形式引起，由许多人为达到共同结果而形成的结合和协作引起，它就同资本完全无关，就像这个形式本身一旦把资本主义的外壳炸毁，就同资本完全无关一样。”

“商业经理和产业经理的管理工资，在工人的合作工厂和资本主义的股份企业中，都是完全同企业主收入分开的。管理工资同企业主收入的分离，在其他的场合是偶然发生的，而在这里则是经常的现象。在合作工厂中，监督劳动的对立性质消失了，因为经理由工人支付报酬，他不再代表资本而同工人相对立。随着信用而发展起来的股份企业，一般地说也有一种趋势，就是使这种管理劳动作为一种职能越来越同自有资本或借入资本的占有权相分离”。“但是一方面，因为执行职能的资本家同资本的单纯所有者即货币资本家相对立，并且随着信用的发展，这种货币资本本身取得了一种社会的性质，集中于银行，并且由银行贷出而不再是由它的直接所有者贷出；另一方面，又因为那些不能在任何名义下，既不能以借贷也不能以别的方式占有资本的单纯的经理，执行着一切应由执行职能的资本家自己担任的现实职能，所以，留下来的只有执行职能的人员，资本家则作为多余的人从生产过程中消失了。”

“企业主收入和监督工资或管理工资的混淆，最初是由利润超过利息的余额所采取的同利息相对立的形式造成的。由于一种辩护的意图，即不把利润解释为剩余价值即无酬劳动，而把它解释为资本家自己劳动所取得的工资，这种混淆就进一步发展了。”然而，“随着工人方面的合作事业和资产阶级方面的股份企业的发展，混淆企业主收入和管理工资的最后口实也站不住脚了，利润在实践上也就表现为它在理论上无可辩驳的那种东西，即表现为单纯的剩余价值，没有支付等价物的价值，已经实现的无酬劳动；因此，执行职能的资本家实际上是在剥削劳动，并且在他是用借入资本从事经营的时候，他的剥削的结果就分为利息和企业主收入，即利润超过利息的余额。”

【简释：（1）总利润分为利息和企业主收入这种由量的分割转变为质的区分，决不仅仅是货币资本家和产业资本家的主观见解，而是以客观事实为基础的。因为利润分割的两个部分，并互相独立化为两种不同的范畴，这和资本的不同规定性有关。不管产业家是不是自己资本的所有者，这种质的区分都会发生。对于整个资本和整个资本家阶级来说，必然会把这种质的分割的性质固定下来，其原因还在于：第一，大多数产业资本家都按照不同的比例兼用自有资本和借入资本来从事经营。第二，生息资本在历史上早已存在，在一般人的观念中，货币资本、生息资本一直被看作资本本身，把它不管使用与否都会提供利息的事实固定下来。第三，产业资本和商业资本的循环不断地腾出资本和吸收资本，造成对货币资本的供给和需求不是偶然的，而是经常和普遍的。因此，社会上除了产业及商业资本家，总会还有货币资本家凭借资本的单纯所有权获得利息。利息不仅在质的方面，表现为再生产过程之外提供的剩余价值，而且在量的方面，表现为经验上既定的量和比率。即使产业资本家只用自有资本经营，也必然把利润中相当于利息的部分，看成是他的资本撇开生产过程而生出的果实，而把总利润超过利息的余额看成单纯的企业主收入。

（2）利息把单纯的资本所有权表现为占有他人剩余劳动的手段，但是它是把资本的这种性质表现为生产过程之外属于资本的东西，因而表现为资本对劳动本身的关系之外的、与这种关系无关的规定。因此，在利息上，在利润的这个特殊形态上，资本与劳动的对立已经完全消失了，只表现为两个资本家的关系，而不是资本家和工人的关系。另外，企业主收入则表现为资本行使经济职能、监督劳动的工资，资本家剥削工人剩余劳动的性质被抽掉和掩盖了。】

第二十四章

资本关系在生息资本
形式上的外表化

【简释：本章在第五篇前三章研究成果的基础上，继续考察资本主义生产关系在生息资本形式上怎样达到最高度的颠倒和物化、神秘化。

（1）在生息资本上，资本关系取得了它的最表面和最富有拜物教性质的形式。因为从生息资本G—G′的运动形式上，看到的只是货币生出更多的货币，在两极中间的剩余价值的生产过程和流通过程消失不见了。利息作为剩余价值（利润）一部分，不是表现为一种社会关系的产物，与此相反，颠倒地表现为单纯是物（资本）的产物；资本则表现为利息的即资本自身增殖的神秘的源泉。在生息资本上，创造价值，提供利息，成了货币的属性，再也看不到它的起源的任何痕迹了，社会关系最终成为一种物即货币同它自身的关系。

（2）颠倒还表现在：尽管利息只是利润即执行职能的资本家从工人身上榨取的剩余价值的一部分，现在利息却反过来表现为资本的真正果实，表现为原初的东西，而现在转化为企业主收入形式的利润，却表现为只是在再生产过程中附加进来和增添进来的东西。在生息资本的G—G′运动形式上，我们看到了生产关系的最高度的颠倒和物化，资本的神秘化取得了最显眼的形式。

（3）庸俗经济学把资本说成是价值创造的独立源泉，因而生息资本是它求之不得的形式。因为在这个形式上，利润的源泉再也看不出来了，资本主义生产过程的结果也离开过程本身而取得了独立的存在。在生息资本的形式上，资本的运动被简化了；中介过程被省略了。资本所生产的剩余价值表现为资本本身应得的东西。把资本看作是一种会在再生产中自行增殖、永远增长的价值的观念，是一种荒诞无稽的幻想。】

第二十五章

信用和虚拟资本

【第五篇前四章构成一个整体，主题是考察生息资本自我增殖的神秘外表背后隐藏着的资本关系的真相，涉及只是货币资本家和产业（及商业）资本家之间的借贷及利润分割。从第二十五章开始，考察对象加入银行家，借贷资本的构成及其性质也随之发生了变化。本章首先考察商业信用及其作为工具的票据流通，然后依次考察银行信用，银行券，银行券和票据的联系，银行家用自己的票据所创造的虚拟资本。】

【商业信用的产生和发展】

"详细分析信用制度和它为自己所创造的工具（信用货币等等），在我们的计划之外。""在这里，我们只谈商业信用和银行信用。这种信用的发展和公共信用的发展之间的联系，也在考察范围之外。"

"我以前已经指出【第一卷第三章第三节（b）】，货币充当支付手段的职能，从而商品生产者和商品经营者之间债权人和债务人的关系，是怎样由简单商品流通而形成的。随着商业和只是着眼于流通而进行生产的资本主义生产方式的发展，信用制度的这个自然基础也在扩大、普遍化、发展。大体说来，货币在这里只是充当支付手段，也就是说，商品不是为取得货币而卖，而是为取得定期支付的凭证而卖。为了简便起见，我们可以把这种支付凭证概括为票据这个总的范畴。这种票据直到它们期满，支付日到来之前，本身又会作为支付手段来流通；它们形成真正的商业货币。就这种票据由于债权和债务的平衡而最后互相抵消来说，它们是绝对地作为货币来执行职能的，因为在这种情况下，它们已无须最后转化为货币了。就像生产者和商人的这种互相预付形成信用的真正基础一样，这种预付所用的流通工具，票据，也形成真正的信用货币如银行券等等的基础。真正的信用货币不是以货币流通（不管是金属货币还是国家纸币）为基础，而是以票据流通为基础。"

"信用制度的另一方面，与货币经营业的发展联系在一起，而在资本主义生产中，货币经营业的发展又自然会和商品经营业的发展齐头并进。我们在前一篇（第十九章）已经看到，实业家的准备金的保管，货币出纳、国际支付和金银贸易的技术性业务，怎样集中在货币经营者的手中。同这种货币经营业相联系，信用制度的另一方面，生息资本或货币资本的管理，就作为货币经营者的特殊职能发展起来。货币的借入和贷出成了他们的特殊业务。他们以货币资本的实际贷出者和借入者之间的中介人的身份出现。一般地说，这方面的银行业务是：银行家把借贷货币资本大量集中在自己手中，以致与产业资本家和商业资本家相对立的，不是单个的贷出者，而是作为所有贷出者的代表的银行家。银行家成了货币资本的总管理人。另一方面，由于他们为整个商业界而借款，他们也把借入者集中起来，与所有贷出者相对立。银行一方面代表货币资本的集中，贷出者的集中，另一方面代表借入者的集中。银行的利润一般地说在于：它们借入时的利息率低于贷出时的利息率。"

【银行的中介作用和银行信用】

"银行拥有的借贷资本，是通过多种途径流到银行那里的。首先，因为银行是产业资本家的出纳业者，每个生产者和商人作为准备金保存的或在支付中得到的货币资本，都会集中到银行手中。这样，这种基金就转化为借贷货币资本。商业界的准备金，由于作为共同的准备金集中起来，就可以限制到必要的最低限度，而本来要作为准备金闲置起来的一部分货币资本也就会贷放出去，作为生息资本执行职能。第二，银行的借贷资本还包括可由银行贷放的货币资本家的存款。此外，随着银行制度的发展，特别是自从银行对存款支付利息以来，一切阶级的货币积蓄和暂时不用的货币，都会存入银行。小的金额是不能单独作为货币资本发挥作用的，但它们结合成为巨额，就形成一个货币力量。这种收集小金额的活动是银行制度的特殊作用，应当把这种作用同银行在真正货币资本家和借款人之间的中介作用区别开来。最后，各种只是逐渐花费的收入也会存入银行。

贷放（这里我们只考察真正的商业信用）是通过票据的贴现——使票据在到期以前转化成货币——来进行的，是通过不同形式的贷款，即以个人信用为基础的直接贷款，以有息证券、国债券、各种股票作抵押的贷款，特别是以提单、栈单及其他各种证明商品所有权的凭证作抵押的贷款来进行的，是通过存款透支等等来进行的。

银行家提供的信用，可以采取不同的形式，例如：向其他银行签发汇票、支票，开立同样的信用账户，最后，对拥有钞票发行权的银行来说，是发行本行的银行券。银行券无非是向银行家签发的、持票人随时可以兑现的、由银行家用来代替私人汇票的一种汇票。最后这一种信用形式在外行人看来特别令人注目和重要，首先因为这种信用货币会由单纯的商业流通进入一般的流通，并在那里作为货币执行职能；还因为在大多数国家里，发行银行券的主要银行，作为国家银行和私人银行之间的奇特的混合物，事实上有国家的信用作为后盾，它们的银行券在不同程度上是合法的支付手段；因为在这里可以明显看到的是，银行家经营的是信用本身，而银行券不过是流通的信用符号。但银行家也经营一切其他形式的信用，甚至贷放存在他那里的货币现金。实际上，银行券只形成批发商业的铸币，而对银行来说具有最重要意义的始终是存款。"

"对我们的目的来说，我们不需要更详细地考察各种特殊的信用机构和银行本身的各种特殊形式。"

【简释：（1）关于商业信用。随着资本主义生产方式的发展，在简单商品流通中已经存在的信用制度也在扩大、普遍化、发展。货币在这里只是充当支付手段，商品不是为取得货币而卖，而是为取得定期支付的凭证而卖（以下把这种支付凭证概括为票据这个总的范畴）。这种票据在支付日到来之前，本身又会作为支付手段来流通，从而成为真正的商业货币。由于到期的票据可以交换使债权和债务互相抵消，只需支付差额，因而票据实际是作为货币来执行职能的。互相借贷是票据流通的基础，而票据流通又是银行券等信用货币的基础。

（2）关于银行信用。银行家是作为货币资本的实际贷出者和借入者之间的中介人的身份出现的：一方面把借贷货币资本大量集中在自己手中，成为货币资本的总管理人；另一方面也把借入者集中起来。银行拥有的借贷资本，是通过多种途径流到银行那里的。在资本主义生产方式下，货币获得了一种追加的使用价值，即作为资本来执行职能的使用价值，从而变成了一种特别的商品。银行业就是"买""卖"（借入和贷出）这种特别商品的。银行对于各种来源的借贷资本所起的作用是不一样的。即使没有银行，货币资本家的资本也是生息资本。而银行对产业（及商业）资本家可以起到重要作用，成为它们的出纳业者，把它们作为准备金闲置的一部分货币资本集中起来贷放出去，作为生息资本执行职能。由于银行对存款支付利息，一切阶级的货币积累和暂时不用的货币，都会存入银行，使不能单独作为货币资本发挥作用的小金额结合成为巨额的货币资本发挥作用。

（3）关于银行信用凭证和虚拟资本。银行除了通过各种形式的贷款，还采取不同形式提供信用，例如向其他银行签发汇票、支票，开立信用账户；对拥有钞票发行权的银行来说，是发行本行的银行券。银行券是银行用来代替私人汇票、持票人随时可兑现的一种汇票。如果银行的信用票据和银行券完全由黄金储备作保证，那么就不会扩大银行资本，只是贷款的形式变了。但是，如果这种信用凭证没有或部分没有相应的黄金储备作保证，那么银行资本没有黄金储备保证的增大部分，便是银行"创造"的虚拟资本。虚拟资本不同于现实资本。现实资本总归会处于生产资本、商品资本、货币资本这三种形式中的一种。而虚拟资本却不会处在上述三种形式的任何一种形式之中；信用凭证是虚拟资本的物质承担者。虚拟资本本身没有价值，它是银行家把公众对银行的信用当作资本，因而会以利息的形式获得一部分剩余价值。由于银行的信用凭证比个别产业（及商业）资本家的票据享有更大的信用，应用范围更广泛，因此银行通常用自己的票据替代产业（及商业）资本家的票据进行贴现并收取利息。所以票据流通是银行券流通的基础。】

第二十六章

货币资本积累，它对利息率的影响

【简释：（1）本章主要是针对英国"通货原理"派错误观点的批判，进一步阐明流通中货币量同利息率的关系、货币和资本的区别、货币贷款和资本贷款的区别等问题。历史背景是：19世纪上半叶，英国在货币制度特别在银行券发行问题上，发生了两派的争论。一派是"通货原理"派，代表银行资本家的利益，以李嘉图的货币数量学说为理论依据，认为货币的价值和它的数量成反比，货币数量越多，它的相对价值就越低，从而商品的价格便越高。因此主张银行券发行必须有严格的金属货币保证。英国政府依据这个理论，于1844年制定了罗伯特·皮尔银行法，导致利息率大大提高，给英国经济造成很大不良后果，但银行资本家得到了巨大利益。另一派是代表工商业资本家利益的"银行派"，他们反对货币数量学说和银行券须有十足担保的要求，主张发行银行券只要有部分担保，并限制在对真正的商业票据进行贴现，就不会出现多余的银行券，不会发生通货膨胀。"银行派"的观点，有正确的、也有错误的，后面的第二十八章将进行分析批判。本章采取辩论的方式摘引"通货原理"派代表人物诺曼、奥弗斯顿等人的言论并进行分析批判。

（2）流通中的货币量同利息率之间的相互关系。诺曼认为：利息率不是取决于银行券的数量，而是取决于资本的供求。奥弗斯顿则说：资本价值的变动，是利息率波动的两个原因之一，利息率随着资本价值的上升而上升。他们的错误在于：没有关于资本的正确的概念，不了解资本的实质，混淆货币和资本的区别。他们或者把资本价值理解为借贷资本的价格，即利息；这就会得出利息决定于利息的同义反复。或者把资本价值理解为商品和劳务本身的价值，然而它与利息率并没有直接关系。如果把资本价值理解为这个资本所产生的平均利润，这也与实际不符，因为同一利润率时可以有不同的利息率。因此，不能否认流通中货币量和利息率的关系，但也不能简单和片面地加以理解。流通中的货币量可能没有减少，但是信用不稳或过紧，那么利息率就会上升。利息上升还可能由于银行以此吸引存款，或者虽然货币量并没有减少，但由于存款减少从而货币资本的供给减少所致。

（3）货币资本和现实资本的关系。奥弗斯顿总是用营业扩大、对资本的需求增加来解释利息率的提高。他时而将货币资本和现实资本（商品资本和生产资本）混为一谈，时而又把它们完全割裂开来，似乎生产的巨大增长导致现实资本的积累和它对货币资本的需求，是毫不相干的两回事。实际上，就社会总资本来说，扩大再生产对追加资本的需求，会由生产过程本身生产的剩余价值的积累来供给。也就是说，生产的这种巨大增长，不就是资本的增长吗？如果它造成了需求，它不同时也造成了货币资本供给的增加吗？当然，如果资本家为了扩大再生产，除了用自己剥削来的剩余价值进行积累外，还要借入一部分货币资本，而且产业资本家都普遍这样做，那么对货币资本的需求就会比货币资本的供给增长得更快，从而可能使利息率提得更高。此外，在经济危机时期，即在生产和流通最大限度收缩的时候，利息却最高。因此，也不能简单地认为只有生产和流通扩大，才导致利息率上升。

（4）货币贷款和资本贷款的区别。签发汇票是使商品转化为一种形式的信用货币。而汇票贴现是这种信用货币转化为另一种信用货币即银行券，目的是获得支付手段，而不是获得追加资本。有价证券也代表资本，贷款人以有价证券等为抵押得到的贷款，是货币的贷款，而不是资本的贷款。如果银行不需要客户提供有价证券等担保而给予贷款，贷款人得到的不仅是货币，而且是货币资本。】

第二十七章

信用在资本主义生产中的作用

【第二十七章一方面总结以上几章的研究，也提出一些新的问题，主题是联系产业资本，考察信用制度的发展对资本主义生产的作用，归结为四点：对利润率平均化起中介作用；减少流通费用；促进股份公司的成立；信用制度的二重性质推动资本主义生产方式基本矛盾向前发展。对前两点只作简要说明，重点是考察后两个方面。】

【信用促进利润率平均化和流通费用节约】

"到现在为止，我们关于信用制度所作的一般评述，可归结为以下几点：

Ⅰ. 信用制度的必然形成，以便对利润率的平均化或这个平均化运动起中介作用，整个资本主义生产就是建立在这个运动的基础上的。

Ⅱ. 流通费用的减少。

1. 一项主要的流通费用，就是货币本身，因为货币自身具有价值。通过信用，货币以三种方式得到节约。

A. 相当大的一部分交易完全用不着货币。

B. 流通手段的流通加速了。这一点，和第2点中要说的，有部分共同之处。一方面，这种加速是技术性的；也就是说，在现实的、对消费起中介作用的商品流转额保持不变时，较小量的货币或货币符号，可以完成同样的服务。这是同银行业务的技术联系在一起的。另一方面，信用又会加速商品形态变化的速度，从而加速货币流通的速度。

C. 金币为纸币所代替。

2. 由于信用，流通或商品形态变化的各个阶段，进而资本形态变化的各个阶段加快了，整个再生产过程因而也加快了。（另一方面，信用又使买和卖的行为可以互相分离较长的时间，因而成为投机的基础。）准备金缩小了，这可以从两方面来考察：一方面，流通手段减少了；另一方面，必须经常以货币形式存在的那部分资本缩减了。"

【信用促进股份公司发展和生产规模扩大】

"Ⅲ. 股份公司的成立。由此：

1. 生产规模惊人地扩大了，个别资本不可能建立的企业出现了。同时，以前曾经是政府企业的那些企业，变成了社会的企业。

2. 那种本身建立在社会生产方式的基础上并以生产资料和劳动力的社会集中为前提的资本，在这里直接取得了社会资本（即那些直接联合起来的个人的资本）的形式，而与私人资本相对立，并且它的企业也表现为社会企业，而与私人企业相对立。这是作为私人财产的资本在资本主义生产方式本身范围内的扬弃。

3. 实际执行职能的资本家转化为单纯的经理，别人的资本的管理人，而资本所有者则转化为单纯的所有者，单纯的货币资本家。因此，即使后者所得的股息包括利息和企业主收入，也就是包括全部利润（因为经理的薪金只是，或者应该只是某种熟练劳动的工资，这种劳动的价格，同任何别种劳动的价格一样，是在劳动市场上调节的），这全部利润仍然只是在利息的形式上，即作为资本所有权的报酬获得的。而这个资本所有权这样一来现在就同现实再生产过程中的职能完全分离，正像这种职能在经理身上同资本所有权完全分离一样。因此，利润（不再只是利润的一部分，即从借入者获得的利润中理所当然地引出来的利息）表现为对他人的剩余劳动的单纯占有，这种占有之所以产生，是因为生产资料已经转化为资本，也就是生产资料已经和实际的生产者相异化，生产资料已经作为他人的财产，而与一切在生产中实际进行活动的个人（从经理一直到最后一个短工）相对立。在股份公司内，职能已经同资本所有权相分离，因而劳动也已经完全同生产资料的所有权和剩余劳动的所有权相分离。资本主义生产极度发展的这个结果，是资本再转化为生产者的财产所必需的过渡点，不过这种财产不再是各个互相分离的生产者的私有财产，而是联合起来的生产者的财产，即直接的社会财产。另一方面，这是再生产过程中所有那些直到今天还和资本所有权结合在一起的职能转化为联合起来的生产者的单纯职能，转化为社会职能的过渡点。

在我们作进一步阐述以前，还要指出一个经济上重要的事实：因为利润在这里纯粹采取利息的形式，所以那些仅仅提供利息的企业仍然可以存在；这是阻止一般利润率下降的原因之一，因为这些不变资本比可变资本庞大得多的企业，不一定参加一般利润率的平均化。"

【恩格斯在这里加了一段话："自从马克思写了上面这些话以来，大家知道，一些新的产业经营的形式发展起来了。这些形式代表着股份公司的二次方和三次方。在大工业的一切领域内，生产现在能以日益增长的速度增加，与此相反，这些增产的产品的市场的扩大却不断地变慢。大工业在几个月中生产的东西，市场在几年内未必吸收得了。此外，那种使每个工业国家同其他工业国家，特别是同英国隔绝的保护关税政策，又人为地提高了本国的生产能力。结果是全面的经常的生产过剩，价格下跌，利润下降甚至完全消失；总之，历来受人称赞的竞争自由已经日暮途穷，必然要自行宣告明显的可耻破产。这种破产表现在：在每个国家里，一定部门的大工业家会联合成一个卡特尔，以便调节生产。一个委员会确定每个企业的产量，并最后分配接到的订货。在个别场合，甚至有时会成立国际卡特尔，例如英国和德国在铁的生产方面成立的卡特尔。但是生产社会化的这个形式还嫌不足。各个公司的利益的对立，过于频繁地破坏了这个形式，并恢复了竞争。因此，在有些部门，只要生产发展的程度允许的话，就把该部门的全部生产，集中成为一个大股份公司，实行统一领导。在美国，这个办法已经多次实行；在欧洲，到现在为止，最大的一个实例是联合制碱托拉斯。这个托拉斯把英国的全部碱的生产集中到唯一的一家公司手里。""因此，在英国，在这个构成整个化学工业的基础的部门，竞争已经为垄断所代替，并且已经最令人鼓舞地为将来由整个社会即全民族来实行剥夺做好了准备。"】

"这是资本主义生产方式在资本主义生产方式本身范围内的扬弃，因而是一个自行扬弃的矛盾，这个矛盾明显地表现为通向一种新的生产形式的单纯过渡点。它作为这样的矛盾在现象上也会表现出来。它在一定部门中造成了垄断，因而引起国家的干涉。它再生产出了一种新的金融贵族，一种新的寄生虫，——发起人、创业人和徒有其名的董事；并在创立公司、发行股票和进行股票交易方面再生产出了一整套投机和欺诈活动。这是一种没有私有财产控制的私人生产。"

【股份制度为资本家提供了支配别人的财产和劳动的权利】

"IV. 把股份制度——它是在资本主义体系本身的基础上对资本主义的私人产业的扬弃；随着它的扩大和侵入新的生产部门，它也在同样的程度上消灭着私人产业——撇开不说，信用为单个资本家或被当作资本家的人，提供在一定界限内绝对支配他人的资本，他人的财产，从而他人的劳动的权利。对社会资本而不是对自己的资本的支配权，使他取得了对社会劳动的支配权。因此，一个人实际拥有的或公众认为他拥有的资本本身，只是成为信用这个上层建筑的基础。以上所述特别适用于经手绝大部分社会产品的批发商业。在这里，一切尺度，一切在资本主义生产方式内多少还可以站得住脚的辩护理由都消失了。进行投机的批发商人是拿社会的财产，而不是拿**自己**的财产来进行冒险的。资本起源于节约的说法，也变成荒唐的了，因为那种人正是要求**别人**为他而节约。""他的奢侈——奢侈本身现在也成为获得信用的手段——正好给了另一种关于禁欲的说法一记耳光。在资本主义生产不很发达的阶段还有某种意义的各种观念，在这里变得完全没有意义了。在这里，成功和失败同时导致资本的集中，从而导致最大规模的剥夺。在这里，剥夺已经从直接生产者扩展到中小资本家自身。这种剥夺是资本主义生产方式的出发点；实行这种剥夺是资本主义生产方式的目的，而且最后是要剥夺一切个人的生产资料，这些生产资料随着社会生产的发展已不再是私人生产的资料和私人生产的产品，它们只有在联合起来的生产者手中还能是生产资料，因而还能是他们的社会财产，正如它们是他们的社会产品一样。但是，这种剥夺在资本主义制度本身内，以对立的形态表现出来，即社会财产为少数人所占有；而信用使这少数人越来越具有纯粹冒险家的性质。因为财产在这里是以股票的形式存在的，所以它的运动和转移就纯粹变成了交易所赌博的结果；在这种赌博中，小鱼为鲨鱼所吞掉，羊为交易所的狼所吞掉。在股份制度内，已经存在着社会生产资料借以表现为个人财产的旧形式的对立面；但是，这种向股份形式的转化本身，还是局限在资本主义界限之内；因此，这种转化并没有克服财富作为社会财富的性质和作为私人财富的性质之间的对立，而只是在新的形态上发展了这种对立。"

【对资本主义生产方式的消极扬弃和积极扬弃】

"工人自己的合作工厂，是在旧形式内对旧形式打开的第一个缺口，虽然它在自己的实际组织中，当然到处都再生产出并且必然会再生产出现存制度的一切缺点。但是，资本和劳动之间的对立在这种工厂内已经被扬弃，虽然起初只是在下述形式上被扬弃，即工人作为联合体是他们自己的资本家，也就是说，他们利用生产资料来使他们自己的劳动增殖。这种工厂表明，在物质生产力和与之相适应的社会生产形式的一定的发展阶段上，一种新的生产方式怎样会自然而然地从一种生产方式中发展并形成起来。没有从资本主义生产方式中产生的工厂制度，合作工厂就不可能发展起来；同样，没有从资本主义生产方式中产生的信用制度，合作工厂也不可能发展起来。信用制度是资本主义的私人企业逐渐转化为资本主义的股份公司的主要基础，同样，它又是按或大或小的国家规模逐渐扩大合作企业的手段。资本主义的股份企业，也和合作工厂一样，应当被看作是由资本主义生产方式转化为联合的生产方式的过渡形式，只不过在前者那里，对立是消极地扬弃的，而在后者那里，对立是积极地扬弃的。

以上，我们主要联系产业资本考察了信用制度的发展以及在这一制度中包含的资本所有权的潜在的扬弃。以下几章，我们将要联系生息资本本身来考察信用，考察信用对这种资本的影响和信用在这里所采取的形式；同时，我们还要作几点专门的经济学的评述。"

【信用的二重性加速了资本主义生产方式矛盾的爆发】

"在此之前，先谈谈下面这点：

如果说信用制度表现为生产过剩和商业过度投机的主要杠杆，那只是因为按性质来说具有弹性的再生产过程，在这里被强化到了极限。它所以会被强化，是因为很大一部分社会资本为社会资本的非所有者所使用，这种人办起事来和那种亲自执行职能、小心谨慎地权衡其私人资本的界限的所有者完全不同。这不过表明：建立在资本主义生产的对立性质基础上的资本增殖，只容许现实的自由的发展达到一定的限度，因而，它事实上为生产造成了一种内在的、但会不断被信用制度打破的束缚和限制。因此，信用制度加速了生产力的物质上的发展和世界市场的形成；使这二者作为新生产形式的物质基础发展到一定的高度，是资本主义生产方式的历史使命。同时，信用加速了这种矛盾的暴力的爆发，即危机，因而促进了旧生产方式解体的各要素。

信用制度固有的二重性质是：一方面，把资本主义生产的动力——用剥削他人劳动的办法来发财致富——发展成为最纯粹最巨大的赌博欺诈制度，并且使剥削社会财富的少数人的人数越来越减少；另一方面，造成转到一种新生产方式的过渡形式。正是这种二重性质，使信用的主要宣扬者，从约翰·罗到伊萨克·贝列拉，都具有这样一种有趣的混合性质：既是骗子又是预言家。"

【简释：（1）信用对利润率平均化起中介作用。利润转化为平均利润和不同利润率均衡为一般利润率，是资本在利润率低的生产部门和利润率高的生产部门之间流出流入的结果。发达的信用制度为资本易于在各生产部门自由流动创造了条件，从而推动一般利润率的形成。

（2）信用减少流通费用。货币本身是一项主要的流通费用。一方面，信用以三种方式使货币得到节约：使相当大部分交易用不着货币；流通手段的流通速度加快；金币为纸币所代替。另一方面，由于信用使再生产过程的各个阶段的转换加快，准备金缩小了，必须经常以货币形式存在的那部分资本缩小了。

（3）信用促进股份公司的成立。由此：①生产规模惊人地扩大了，个别资本不可能建立的企业出现了。②以生产资料和劳动力的社会集中为前提的资本直接取得了社会资本的形式，而与私人资本相对立，并且它的企业也表现为社会企业。③实际执行职能的资本家转化为单纯的经理，资本所有权同资本在现实再生产过程中的职能完全分离。这是资本主义生产方式在其自身范围内的扬弃，表现为通向一种新的生产形式的单纯过渡点。

（4）信用的二重性质。信用为单个资本家提供在一定界限内绝对支配他人的资本、财产，从而支配他人劳动的权利，取得对社会资本、社会劳动的支配权。信用加速资本的积聚和集中，从而导致最大规模的剥夺，剥夺从直接生产者扩展到中小资本自身。社会财产为少数人所占有。向股份形式的转化并没有克服财富作为社会财富的性质和作为私人财富的性质之间的对立，而只是在新的形态上发展了这种对立。因此，信用制度加速了生产力的物质上的发展和世界市场的形成，使这二者作为新生产形式的物质基础发展到一定的高度，这是资本主义生产方式的历史使命。同时，信用加速了这种矛盾的暴力的爆发，即危机，因而促进了旧生产方式解体的各要素。】

第二十八章

流通手段和资本。图克和富拉顿的见解

【简释：（1）第二十八章从上一章主要考察信用对产业资本的作用，转向重点研究信用对借贷资本本身的影响，着重考察货币是作为流通手段和货币作为资本的区别等问题；针对"银行派"图克和富拉顿的相关错误见解，马克思在对其分析批评中阐述了正确观点。

（2）货币作为收入还是作为资本，取决于货币在资本循环中和商品流通中起什么作用。在商品流通中，货币总是作为流通手段（购买手段或支付手段）来执行职能的。货币是作为收入的货币形式，还是作为资本的货币形式执行职能，不会改变货币作为流通手段的性质。虽然货币作为收入流通（如工人用工资、资本家用利润购买消费资料）时，更多地是作为真正的流通手段（铸币、购买手段）执行职能；而货币作为资本执行职能（如资本家用积累的剩余价值购买生产资料和雇佣劳动力）时，因有信用和银行起作用，货币主要是执行支付手段的职能。但这是一种属于货币本身执行职能上的区别，并不是货币和资本之间的区别。图克等人把流通作为收入的流通和作为资本的流通之间的区别，以及货币本身作为购买手段和作为支付手段的区别，变成货币作为流通手段和作为资本的区别，是完全错误的。

（3）货币作为收入的流通手段或作为资本的流通手段，并不改变货币流通量的规律。只要货币作为购买手段或支付手段流通，无论它是在实现收入的领域内流通，还是在实现资本的领域内流通，流通货币总量都是由货币流通速度、流通商品的价格总和、必须在同一时间内结清的支付差额等决定。货币的总量是简单地由它作为购买手段和支付手段的职能决定的，同执行职能的货币是代表收入还是代表资本无关。图克等人以为流通中的货币总量，是由作为收入的流通所需货币量，加上作为资本的流通所需货币量构成，这也是错误的。

（4）收入的流通领域和资本的流通领域之间具有一种内在联系：前者表示消费的规模，后者表示再生产过程的规模和速度。尽管如此，两个领域内流通的货币量的相对比例，在产业周期的不同阶段会发生不同的变化。在繁荣时期，收入增加、消费和价格提高，收入领域流通的货币量会显著增加。而在作为资本的流通领域，由于信用活跃、货币回流顺畅，结算支付差额和现金购买所需要的流通手段，绝对量会增加，但与生产规模扩大相比是相对减少的。这个时期由于借贷资本的巨大增加、信用最具弹性和最易获得，使强烈的贷款需求容易得到满足。然而，在危机和停滞时期，再生产过程停滞、信用紧缩，收入流通领域所需的货币量就会减少，而作为资本的流通领域所需要的货币量则会增加。由此可见，是产业周期的繁荣和危机，造成信用的膨胀和收缩，而不是相反。同时也要看到，信用活跃或收缩对再生产过程和产业周期的重大反作用。

（5）图克和富拉顿错误地认为，对借贷资本的需求和对追加流通手段的需求，是完全不同的两回事；认为在繁荣时期，对流通手段的需求增加，对借贷资本的需求不强烈；在停滞时期，对流通手段的需求不增加，对借贷资本的需求很强烈。事实并非如此，作为这两个时期区别特征的，并不是贷款需求的数量差别，而是繁荣时期贷款容易满足，停滞时期贷款难于得到满足。从对流通手段的需求看，在繁荣时期，消费者和商人之间的流通手段的需求占主要地位；在危机、停滞时期则是资本家之间的流通手段的需求居主要地位；后一方面的增加超过了前一方面的减少。危机时期信用崩溃，接受贷款是需要货币用作支付手段，而不是作为追加资本用以购买。不应把对支付手段的需求，当成对资本的需求。图克和富拉顿等人错误地认为，货币信贷同接受借贷资本，接受追加资本是一回事；把作为流通手段的货币和作为支付手段的货币的区别，变成货币（通货）和资本的区别了。】

第 三 卷

资本主义生产的总过程（下）

第 五 篇
利润分为利息和企业主收入。生息资本（续）

第二十九章

银行资本的组成部分

【银行资本由两部分组成】

"银行资本由两部分组成：1. 现金，即金或银行券；2. 有价证券。我们可以再把有价证券分成两部分：一部分是商业证券即汇票，它们是流动的，按时到期的，它们的贴现已经成为银行家的基本业务；另一部分是公共有价证券，如国债券，国库券，各种股票，总之，各种有息的而同汇票有本质差别的证券。这里还可以包括地产抵押单。"其中"又分为银行家自己的投资和别人的存款，后者形成银行营业资本或借入资本。"

"生息资本的形式造成这样的结果：每一个确定的和有规则的货币收入都表现为一个资本的利息，而不论这种收入是不是由一个资本生出。货币收入首先转化为利息，有了利息，然后得出产生这个货币收入的资本。同样，有了生息资本，每个价值额只要不作为收入花掉，都会表现为资本，也就是都会表现为本金，而同它能够生出的可能的或现实的利息相对立。

事情是简单的：假定平均利息率是一年5%。如果500镑的金额转化为生息资本，一年就会生出25镑。因此，每一笔固定的25镑的年收入，都可以看作500镑资本的利息。但是，这总是一种纯粹幻想的观念，除非这25镑的源泉——不论它是单纯的所有权证书，即债权，还是像地产一样是现实的生产要素——可以直接转移，或采取一种可以转移的形式。我们以国债和工资为例。"

【有价证券的资本价值是虚拟的资本】

"国家对借入资本每年要付给自己的债权人以一定量的利息。在这个场合，债权人不能向债务人宣布解除契约，而只能卖掉他的债权，即他的所有权证书。资本本身已经由国家花掉了，耗费了。它已不再存在。""但在这一切场合，这种资本，即把国家付款看成是自己的幼仔（利息）的资本，是幻想的虚拟的资本。"

"不管这种交易反复进行多少次，国债的资本仍然是纯粹的虚拟资本；一旦债券不能卖出，这个资本的假象就会消失。"

"人们把虚拟资本的形成叫做资本化。人们把每一个有规则的会反复取得的收入按平均利息率来计算，把它算作是按这个利息率贷出的一个资本会提供的收益，这样就把这个收入资本化了；例如，在年收入＝100镑，利息率＝5％时，100镑就是2000镑的年利息，这2000镑现在就被看成是每年取得100镑的法定所有权证书的资本价值。对这个所有权证书的买者来说，这100镑年收入实际代表他所投资本的5％的利息。因此，和资本的现实增殖过程的一切联系就彻底消灭干净了。资本是一个自行增殖的自动机的观念就牢固地树立起来了。

即使在债券——有价证券——不像国债那样代表纯粹幻想的资本的地方，这种证券的资本价值也纯粹是幻想的。我们上面已经讲过，信用制度怎样产生出联合的资本。这种证券被当作代表这种资本的所有权证书。铁路、采矿、轮船等公司的股票代表现实资本，也就是代表在这些企业中投入的并执行职能的资本，或者说，代表股东所预付的、在这些企业中作为资本来用的货币额。这里决不排除股票也只是一种欺诈的东西。但是，这个资本不能有双重存在：一次是作为所有权证书即股票的资本价值，另一次是作为在这些企业中实际已经投入或将要投入的资本。它只存在于后一种形式，股票不过是对这个资本所实现的剩余价值的一个相应部分的所有权证书。A可以把这个证书卖给B，B可以把它卖给C。这样的交易并不会改变事物的性质。这时，A或B把他的证书转化为资本，而C把他的资本转化为一张对股份资本预期可得的剩余价值的单纯所有权证书。

这些所有权证书——不仅是国债券，而且是股票——的价值的独立运动，加深了这样一种假象，好像除了它们能够有权索取的资本或权益之外，它们还形成现实资本。这就是说，它们已经成为商品，而这些商品的价格有独特的运动和决定方法。它们的市场价值，在现实资本的价值不发生变化（即使它的价值已增殖）时，会和它们的名义价值具有不同的决定方法。""这种证券的市场价值部分地有投机的性质，因为它不是由现实的收入决定的，而是由预期得到的、预先计算的收入决定的。但是，假定现实资本的增殖不变，或者假定像国债那样，资本已不存在，年收益已经由法律规定，并且又有充分保证，那么，这种证券的价格的涨落就和利息率成反比。如果利息率由5％涨到10％，保证可得5镑收益的有价证券，就只代表 50 镑的资本。如果利息率降到 $2\frac{1}{2}\%$，这同一张有价证券就代表 200 镑的资本。它的价值始终只是资本化的收益，也就是一个幻想的资本按现有利息率计算可得的收益。因此，在货币市场紧迫的时候，这种有价证券的价格会双重跌落：第一，是因为利息率提高，第二，是因为这种有价证券大量投入市场，以便实现为货币。""它们在危机中的贬值，会作为货币财产集中的一个有力的手段来发生作用。"

"只要这种证券的贬值或增值同它们所代表的现实资本的价值变动无关，一国的财富在这种贬值或增值以后，和在此以前是一样的。"

"只要这种贬值不表示生产以及铁路和运河运输的实际停滞，不表示已开始经营的企业的停闭，不表示资本在毫无价值的企业上的白白浪费，一个国家就决不会因为名义货币资本这种肥皂泡的破裂而减少分文。

所有这些证券实际上都只是代表已积累的对于未来生产的索取权或权利证书，它们的货币价值或资本价值，或者像国债那样不代表任何资本，或者完全不决定于它们所代表的现实资本的价值。

在一切进行资本主义生产的国家，都有巨额的所谓生息资本或货币资本（moneyed capital）采取这种形式。货币资本的积累，大部分不外是对生产的这种索取权的积累，是这种索取权的市场价格即幻想的资本价值的积累。

银行家资本的一部分，就是投在这种所谓有息证券上。""这些证券的最大部分，是汇票，即产业资本家或商人的支付凭据。对货币贷放者来说，这种汇票是有息证券；就是说，在他购买汇票时，会扣除汇票到期以前的利息。这就是所谓的贴现。因此，从汇票所代表的金额中扣除多少，这要看当时的利息率而定。"

【对银行存款的分析】

"银行家资本的最后一部分，是他的由金或银行券构成的货币准备。存款，如果没有立据规定较长的期限，随时可由存款人支取。这种存款处在不断的流动中。在有人支取时，又有人会存入，所以，在营业正常进行时，存款的一般平均总额很少变动。"

"随着生息资本和信用制度的发展，一切资本好像都会增加一倍，有时甚至增加两倍，因为有各种方式使同一资本，甚至同一债权在各种不同的人手里以各种不同的形式出现。这种'货币资本'的最大部分纯粹是虚拟的。全部存款，除了准备金外，只不过是银行家账上的结存款项，但它们从来不是作为现金保存在那里。如果存款用在转账业务上，它们就会在银行家把它们贷出以后，对银行家执行资本的职能。银行家彼此之间通过结算的办法，来互相偿付他们对这种已经不存在的存款的支取凭证。"

"既然同一货币额根据它的流通速度可以完成多次购买，它也可以完成多次借贷，因为购买使货币从一个人手里转到另一个人手里，而借贷不过是货币不以购买为中介而从一个人手里转到另一个人手里。对任何一个卖者来说，货币都代表他的商品的转化形式；而在每一个价值都表现为资本价值的今天，说货币在各次借贷中先后代表各个资本，其实只不过是以前那种认为货币能先后实现各个商品价值的说法的另一种表现。同时，货币还充当流通手段，使那些物质资本从一个人手里转移到另一个人手里。在借贷中，它并不是作为流通手段从一个人手里转移到另一个人手里。只要货币在贷出者手里，那么货币在他手里就不是流通手段，而是他的资本的价值存在。在借贷中，贷出者就是在这个形式上把货币转给另一个人。如果 A 把货币借给 B，B 又把货币借给 C，而没有以购买作为中介，那么同一个货币就不是代表三个资本，而只是代表一个资本，**一个**资本价值。它实际代表多少个资本，就取决于它有多少次作为不同商品资本的价值形式执行职能。"

"亚·斯密关于借贷一般所说的话，也适用于存款；因为存款只是公众给予银行家的贷款的特殊名称。同一些货币可以充当不知多少次存款的工具。"

"正如在这种信用制度下一切东西都会增加一倍和两倍，以至变为纯粹幻想的怪物一样，人们以为终究可以从里面抓到一点实在东西的'准备金'也是如此。""这种准备金也有双重存在。"

【简释：（1）本章通过对银行资本组成部分的分析阐明其中的虚拟资本的性质和运动特点。银行资本由两部分组成：①现金，即金或银行券；②有价证券，包括商业证券即汇票和公共有价证券，如，国债券、国库券、各种股票以及地产抵押单等。银行资本不论是代表自有资本还是代表存款的借入资本，都是由上述物质要素构成的。

（2）生息资本的特征，是每一个确定的和有规则的货币收入都表现为一个资本的利息。货币收入首先转化为利息，然后得出能够产生利息的货币收入都表现为资本，而不管它是否存在于现实的生产过程或流通过程。收入的资本化形成了虚拟资本。银行资本的大部分，是由虚拟资本构成的。前面第二十五章已经考察过虚拟资本的一种形式，即没有黄金保证的银行券或银行票据。按照逻辑顺序，在考察股份公司之后，本章再来考察银行资本中的虚拟资本的其他形式，包括公债券和工商企业的股票和债券。

（3）国债券是纯粹的虚拟资本，因为国债券持有人贷给国家的金额已由国家花掉了，并且不是作为资本支出的。而只有作为资本投下，它才能转化为一个自行保存的价值。国债券的买卖，是作为获得一定利息的所有权证书的交易。不管这种交易反复进行多少次，国债的资本仍然是纯粹的虚拟资本。

（4）债券、股票是另一种形式的虚拟资本。股票虽然代表所在企业投入并执行职能的现实资本，但是这个资本不能有双重存在：一次是作为所有权证书即股票的资本价值；另一次是作为在这些企业中实际已经投入或将要投入的资本。它只存在于后一种形式，股票不过是对这个资本所实现的剩余价值的一个相应部分的所有权证书。在现实资本的价值不发生变化时，股票的市场价值会随着它们有权索取的收益的大小和可靠程度而发生变化，其价格涨落受利息率和企业收益的影响。股票等有价证券的市场价值，部分地有投机的性质，因为它不是由现实的收入决定的，而是由预期得到的、预先计算的收入决定的。在货币市场紧迫时，有价证券的价格会双重跌落：一是因为利息率提高；二是因为这种有价证券大量投入市场，以便实现为货币。它们在危机中贬值，会成为货币财产集中的一个有力的手段来发生作用。只要这种证券的贬值或增值同它们所代表的现实资本的价值变动无关，一国的财富在这种贬值或增值以后，和在此以前是一样的。所有这些有价证券实际上都只是代表已积累的对于未来生产的索取权或权利证书，它们的货币价值或资本价值，或者像国债那样不代表任何资本，或者完全不决定于它们所代表的现实资本的价值。银行家资本的很大部分是由汇票、国债券、股票构成的。这些证券所代表的资本的货币价值也完全是虚拟的，它们只是代表取得收益的要求权，并不是代表现实资本，因而取得同一收益的要求权会表现在不断变动的虚拟货币资本上。

（5）随着生息资本和信用制度的发展，一切资本好像都会增加一倍，有时甚至增加两倍，因为有各种方式使同一资本，甚至同一债权在各种不同的人手里以各种不同的形式出现。这种"货币资本"的最大部分纯粹是虚拟的。全部存款，除了准备金外，只不过是银行家账上的结存款项，但它们从来不是作为现金保存在那里。关于资本在货币借贷上所起的作用，亚当·斯密曾说："即使在货币借贷上，货币也似乎只是一种凭证，这种凭证使某个所有者不使用的资本从一个人手里转到另一人手里。这种资本，同作为资本转移工具的货币额相比，不知可以大多少倍"。斯密以上关于借贷一般所说的话也适用于存款，同一个货币额可以通过一系列的转手，倍增为一个绝对无法确定的存款总额。】

第三十章

货币资本和现实资本。 I

【考察信用制度遇到的困难】

"我们现在在考察信用制度时要遇到的仅有的几个困难问题是：

第一，真正货币资本的积累。它在什么程度上是资本的现实积累的标志，即规模扩大的再生产的标志，又在什么程度上不是这种标志呢？所谓资本过剩（plethora），一个始终只用于生息资本即货币资本的用语，仅仅是表现产业生产过剩的一个特殊方式呢，还是除此以外形成一种特殊的现象呢？这种过剩即货币资本的供给过剩，是否与停滞的货币总量（金银条块、金币和银行券）的存在相一致，从而现实货币的这种过剩，是否就是借贷资本的上述过剩的反映和表现形式呢？

第二，货币紧迫，即借贷资本不足，又在什么程度上反映出现实资本（商品资本和生产资本）的不足呢？另一方面，它又在什么程度上与货币本身的不足，即流通手段的不足相一致呢？

在以上考察货币资本和货币财产的积累的特有形式时，我们已经把这种积累的形式归结为对劳动的所有权要求的积累。前面已经说过，国债资本的积累，不过是表明国家债权人阶级的增加，这个阶级有权把税收中的一定数额预先划归自己所有。连债务积累也能表现为资本积累这一事实，清楚地表明那种在信用制度中发生的颠倒现象已经达到完成的地步。这些为原来借入的并且早已用掉的资本而发行的债券，这些代表已经消灭的资本的纸制复本，在它们是可卖商品，因而可以再转化为资本的情况下，对它们的占有者来说，就作为资本执行职能。"

【虚拟资本和现实资本的关系】

"公用事业、铁路、矿山等等的所有权证书，正如我们上面所说的，事实上是现实资本的证书。但有了这种证书，并不能去支配这个资本。这个资本是不能提取的。有了这种证书，只是在法律上有权索取这个资本应该获得的一部分剩余价值。但是，这种证书也就成为现实资本的纸制复本，正如提货单在货物之外，和货物同时具有价值一样。它们成为并不存在的资本的名义代表。这是因为现实资本存在于这种复本之外，并且不会由于这种复本的转手而改变所有者。这种复本所以会成为生息资本的形式，不仅因为它们保证取得一定的收益，而且因为可以通过它们的出售而能得到它们的资本价值的偿付。当这些证券的积累表示铁路、矿山、汽船等等的积累时，它们也表示现实再生产过程的扩大，就像动产征税单的扩大表示这种动产的增加一样。但是，作为纸制复本，这些证券只是幻想的，它们的价值额的涨落，和它们有权代表的现实资本的价值变动完全无关，尽管它们可以作为商品来买卖，因而可以作为资本价值来流通。它们的价值额，也就是，它们在证券交易所内的行情，会随着利息率的下降——就这种下降与货币资本特有的运动无关，只不过是利润率趋向下降的结果来说——而必然出现上涨的趋势，所以，单是由于这个原因，这个想象的财富，就其原来具有一定名义价值的每个组成部分的价值表现来说，也会在资本主义生产发展的进程中扩大起来。

由这种所有权证书的价格变动而造成的盈亏，以及这种证书在铁路大王等人手里的集中，就其本质来说，越来越成为赌博的结果。赌博已经取代劳动，表现为夺取资本财产的本来的方法，并且也取代了直接的暴力。这种想象的货币财产，不仅构成私人货币财产的很大的部分，并且正如我们讲过的，也构成银行家资本的很大的部分。

为了尽快地弄清问题，我们不妨把货币资本的积累，理解为银行家（职业的货币贷放者）手中的财富的积累，”“因为整个信用制度的惊人的扩大，总之，全部信用，都被他们当作自己的私有资本来利用。这些人总是以货币的形式或对货币的直接索取权的形式占有资本和收入。这类人的财产的积累，可以按极不同于现实积累的方向进行，但是无论如何都证明，他们攫取了现实积累的很大一部分。”

【商业信用的性质、形式和作用】

“我们首先分析商业信用，即从事再生产的资本家互相提供的信用。这是信用制度的基础。它的代表是汇票，是一种有一定支付期限的债券，是一种延期支付的证书。每一个人都一面提供信用，一面接受信用。我们首先撇开银行家的信用不说，它是一个本质上完全不同的要素。"

"如果我们把这种信用同银行家的信用分开来进行考察，那就很清楚，这种信用随着产业资本本身的规模一同增大。在这里，借贷资本和产业资本是一个东西；贷出的资本就是商品资本，不是用于最后的个人的消费，就是用来补偿生产资本的不变要素。所以，这里作为贷出的资本出现的，总是那种处在再生产过程的一定阶段上的资本，它通过买卖，由一个人手里转到另一个人手里，不过它的代价要到后来才按约定的期限由买者支付。"

"在这里，信用的最大限度，等于产业资本的最充分的运用，也就是等于产业资本的再生产能力不顾消费界限而达到极度紧张。这些消费界限也会因再生产过程本身的紧张而扩大：一方面这种紧张会增加工人和资本家对收入的消费，另一方面这种紧张和生产消费的紧张是一回事。"

【商业信用的破裂和经济危机】

"只要再生产过程顺畅地进行，从而资本回流确有保障，这种信用就会持续下去和扩大起来，并且它的扩大是以再生产过程本身的扩大为基础的。"

"只要再生产过程的这种扩大受到破坏，或者哪怕是再生产过程的正常紧张状态受到破坏，信用就会减少。通过信用来获得商品就比较困难。要求现金支付，对赊售小心谨慎，是产业周期中紧接着崩溃之后的那个阶段所特有的现象。在危机中，因为每个人都要卖而卖不出去，但是为了支付，又必须卖出去，所以，正是在这个信用最缺乏（并且就银行家的信用来说，贴现率也最高）的时刻，不是闲置的寻找出路的资本，而是滞留在自身的再生产过程内的资本的数量也最大。这时，由于再生产过程的停滞，已经投入的资本实际上大量地闲置不用。工厂停工，原料堆积，制成的产品作为商品充斥市场。因此，如果把这种情况归因于生产资本的缺乏，那就大错特错了。正好在这个时候，生产资本是过剩了，无论就正常的、但是暂时紧缩的再生产规模来说，还是就已经萎缩的消费来说，都是如此。"

"危机好像只能由各个不同部门生产的不平衡，由资本家自己的消费和他们的积累之间的不平衡来说明。然而实际情况是，投在生产上的资本的补偿，在很大程度上依赖于非生产阶级的消费能力；而工人的消费能力一方面受工资规律的限制，另一方面受以下事实的限制，就是他们只有在他们能够为资本家阶级带来利润时才能被雇用。一切现实的危机的最终原因始终是：群众的贫穷和他们的消费受到限制，而与此相对比的是，资本主义生产竭力发展生产力，好像只有社会的绝对的消费能力才是生产力发展的界限。"

"现在我们回过头来谈货币资本的积累。

借贷货币资本的增大，并不是每次都表示现实的资本积累或再生产过程的扩大。这种情况，在产业周期中紧接着危机过后的那个阶段中，表现得最为明显，这时，借贷资本大量闲置不用。在这种时刻，生产过程紧缩（1847年危机后，英国各工业区的生产减少三分之一），商品价格降到最低点，企业信心不足，这时，低微的利息率就起着支配作用。这种低微的利息率无非是表明：借贷资本的增加，正是由于产业资本的收缩和萎靡不振造成的。当商品价格下跌，交易减少，投在工资上的资本收缩时，所需的流通手段就会减少；另一方面，在对外债务一部分由金的流出，一部分由破产而偿清之后，也就不需要追加的货币去执行世界货币的职能了；最后，汇票贴现业务的规模，随着汇票本身的数目和金额的缩小而缩小，——这一切都是一目了然的。因此，对借贷货币资本的需求，不论是用于流通手段，还是用于支付手段（这里还谈不上新的投资），都会减少，这样，借贷货币资本相对说来就充裕了。不过，正如以后将会看到的，在这样的情况下，借贷货币资本的供给也会实际增加。"

"如果再生产过程再一次达到过度紧张状态以前的那种繁荣局面，商业信用就会大大扩张，这种扩张实际上又是资本容易流回和生产扩大的'健全'基础。在这种情况下，利息率虽然已经高于最低限度，但是仍然很低。事实上这是**唯一的**这样一个时期，这时低利息率，从而借贷资本的相对充裕，可以说是和产业资本的现实扩大结合在一起的。由于资本回流容易并且具有规则性，加上商业信用扩大，这就保证了借贷资本的供给（虽然需求已经增长），防止了利息率水平的上升。另一方面，只有到这时，没有准备资本甚至根本没有任何资本而完全依靠货币信用进行操作的冒险家们，才引人注目地涌现出来。此外，还有各种形式的固定资本的显著扩大和新型大企业的大批开张。现在，利息提高到它的平均水平。一旦新的危机爆发，信用突然停止，支付停滞，再生产过程瘫痪，并且，除了上述的例外情况，在借贷资本几乎绝对缺乏的同时，闲置的产业资本发生过剩，这时，利息就会再升到它的最高限度。

因此，表现在利息率上的借贷资本的运动，和产业资本的运动，总的说来是方向相反的。有一个阶段，低的但是高于最低限度的利息率，与危机以后的'好转'和信任的增强结合在一起；特别是另一个阶段，利息率达到了它的平均水平，也就是离它的最低限度和最高限度等距的中位点，——只是在这两个阶段，充裕的借贷资本才和产业资本的显著扩大结合在一起。但是，在产业周期的开端，低利息率和产业资本的收缩结合在一起，而在周期的末尾，则是高利息率和产业资本的过多结合在一起。伴随'好转'而来的低利息率，表示商业信用对银行信用的需要是微不足道的，商业信用还是立足于自身。"

这种产业周期的情况是，同样的循环一旦受到最初的推动，就必然会周期地再现出来。在松弛的情况下，生产下降到上一个周期已经达到并且现在已经奠定技术基础的那个水平以下。在繁荣期——中位期，生产在这个基础上继续发展。在生产过剩和投机盛行的时期，生产力伸张到极点，直至越过生产过程的资本主义限制。"

【经济危机同信用危机、货币危机的关系】

"在再生产过程的全部联系都是以信用为基础的生产制度中，只要信用突然停止，只有现金支付才有效，危机显然就会发生，对支付手段的激烈追求必然会出现。所以乍看起来，好像整个危机只表现为信用危机和货币危机。而且，事实上问题只是在于汇票能否兑换为货币。但是这种汇票多数是代表现实买卖的，而这种现实买卖的扩大远远超过社会需要的限度这一事实，归根到底是整个危机的基础。"

"由以上所述可以看到，商品资本代表可能的货币资本的那种属性，在危机中和一般地说在营业停滞时期，将会大大丧失。虚拟资本，生息的证券，就它们本身作为货币资本在证券交易所内进行流通而言，也是如此。它们的价格随着利息的提高而下降。其次，它们的价格还会由于信用的普遍缺乏而下降，这种信用的缺乏迫使证券所有者在市场上大量抛售这种证券，以便获得货币。最后，就股票来说，它的价格下降，部分地是由于股票有权要求的收入减少了，部分地是由于它们代表的往往是那种带有欺诈性质的企业。在危机时期，这种虚拟的货币资本大大减少，从而它的所有者凭它在市场上获得货币的力量也大大减少。这些有价证券的行情的下降，虽然和它们所代表的现实资本无关，但是和它们的所有者的支付能力关系极大。"

【简释：（1）本章和以下第三十一、三十二章，连续三章研究主题都是：用于生息的货币资本即借贷资本的积累，同产业资本的现实积累，即规模扩大的再生产的相互关系问题。本章的研究顺序是：首先考察有价证券积累同现实资本积累的联系；其次是考察商业信用同现实资本积累的联系；然后转入这三章的基本问题，即考察借贷货币资本（指金属币和可兑换的银行券形式的借贷资本）的积累问题。

（2）有价证券的积累。上一章的研究已表明，在信用制度中发生的颠倒现象已经达到完成的地步：连债务积累也能表现为资本积累（国债券就是如此）。工商企业的债券和股票这些证券的积累，虽然也表示现实再生产过程的扩大，但是作为纸制复本，它们的价值额的涨落，和所代表的现实资本的价值变动完全无关。单是利润率趋向下降这个原因，证券价格作为想象的财富也必然出现上涨的趋势。这种想象的货币财产，不仅构成私人货币财产的很大部分，也构成银行家资本的很大部分。银行家作为吸收存款和发放贷款的中介人，因为整个信用制度惊人的扩大，使得全部信用都被他们当作自己的私人资本来利用。银行家的这种货币资本的积累，同生产过程的现实资本积累，可以按不同的方向进行，它的增减程度并不完全反映现实资本的变动程度。

（3）商业信用和积累。商业信用即从事再生产的资本家互相提供的信用，是信用制度的基础。这里贷出的，不是闲置的资本，而是必须转化为货币的资本。在这里，信用是商品形态变化的中介，即不仅是 W—G，而且也是 G—W 和现实生产过程的中介。信用的最大限度，等于产业资本的最充分的运用，也就是等于产业资本的再生产能力不顾消费界限而达到极度紧张。同时，商业信用又和银行家及借贷资本家的信用交织在一起，使得产业资本家和商人的再生产和流通过程无须握有巨额准备资本，也不必依赖现实的资本回流；再加上信用制度助长的买空卖空和投机交易，使全部过程变得十分复杂，完全掩盖了生产巨大扩张和消费受限制的深刻矛盾。因此，正好在危机爆发前夕，营业总是非常稳定，特别兴旺。把危机归因于生产资本的缺乏，那就大错特错了。因为正好在这个时候，生产资本是过剩了，无论就正常的、但是暂时紧缩的再生产规模来说，还是就已经萎缩的消费来说，都是如此。

（4）借贷货币资本的积累。借贷货币资本的增加，并不是每次都表示现实的资本积累或再生产过程的扩大。这种情况在危机过后的那个阶段中，表现得最为明显。这时借贷资本的增加，正是由于产业资本的收缩和萎靡不振造成的。另一方面，随着银行制度的发展，以前的私人贮藏货币或铸币准备金，都在一定时间内转化为借贷资本。这样造成的货币资本的扩大，在生产规模不变时，只会引起借贷货币资本比生产资本充裕。如果产业周期再一次达到过度扩张以前的那种繁荣局面，商业信用就会大大扩张，这时低利息率，从而借贷资本的相对充裕，可以说是和产业资本的现实扩大结合在一起的。一旦新的危机爆发，信用突然停止，支付停滞，再生产过程瘫痪，产业资本发生过剩，这时利息率就会再升到它最高限度。因此，表现在利息率上的借贷资本的运动，和产业资本的运动，总的说来是方向相反的。在产业周期的开端，低利息率和产业资本的收缩结合在一起，而在周期的末尾，则是高利息率和产业资本的过多结合在一起。

（5）经济危机同信用危机、货币危机的关系。在再生产过程的全部联系都是以信用为基础的生产制度中，只要信用突然停止，只有现金支付才有效，危机显然就会发生。乍看起来，好像整个危机只表现为信用危机和货币危机。其实要兑现的汇票多数是代表现实买卖的，而这种现实买卖的扩大远远超过社会需要的限度这一事实，归根到底是整个危机的基础。这种人为地强行扩大再生产过程的体系所造成的问题，当然不是银行增发货币所能解决的。危机中，商品过剩，价格下跌，商品资本代表可能的货币资本的那种属性大大丧失。虚拟资本、生息的证券也是如此。它们的价格由于利息提高、信用缺乏、大量抛售等原因而下降。这种虚拟的货币资本大大减少，从而它的所有者凭它在市场上获得货币的力量也大大减少。这些有价证券的价格下降，虽然和它们所代表的现实资本无关，但是和它们的所有者的支付能力关系极大。】

第三十一章

货币资本和现实资本。II（续）

【简释：（1）本章继续考察借贷货币资本的积累同产业资本现实积累的关系问题。要把以下两点区别开来：①货币单纯地转化为借贷资本；②资本或收入转化为货币，这种货币再转化为借贷资本。只有后一点才能包含同产业资本的现实积累相联系的、真正的借贷资本的积累。

（2）关于货币转化为借贷资本。首先考察的是：由于商业信用活动的停滞产生的货币资本积累。这种情况发生在产业周期的两个阶段上：一是危机以后的停滞时期，产业资本已经收缩，以前用在生产和商业上的货币资本，变为闲置的借贷资本，而这时对货币资本的需求较少。因此这个阶段的借贷资本过剩，正好是现实积累的相反表现。二是停滞之后的复苏时期，货币资本以不断增长的规模被使用，但利息率很低，表示商业信用对银行信用的相对独立。这时借贷资本的过剩已经减少，仅仅同需求相比还相对地过剩。在以上两种情况下，现实积累过程的扩大都会得到促进，利润中转化为企业主收入的部分都会增加。

（3）在没有任何现实积累时，借贷资本的积累可以通过各种技术性的手段，如银行业务的扩大和集中，流通准备金或私人支付手段准备金的节约而实现。因此，借贷资本总量的这种增加，实际上并不是现实积累增加的结果。此时银行会把这种没有现实积累作为基础的借贷货币资本，转到汇票经纪人手里，由他们作为中介对商业汇票进行贴现，然后到银行再贴现。这种融通汇票助长了投机活动，一旦到期不能兑现，并引起连锁反应，银行信用就会恶化。

（4）借贷资本的量不同于流通货币（指流通的银行券和贵金属货币）的量，并且不以后者为转移的。在信用发达的国家，货币流通职能的大部分是通过简单的信用转移来完成的，无须金属货币或纸币介入。在流通手段量较小时，是否能有巨额存款，仅仅取决于：①同一货币所完成的购买和支付的次数；②同一货

503

币作为存款流回银行的次数。它反复执行购买手段和支付手段的职能，是通过它重新转化为存款来完成的。作为存款流回银行的货币资本，究竟在多大程度上闲置不用，只有从银行准备金的流入和流出中才能看出。

（5）关于资本或收入转化为货币，这种货币再转化为借贷资本。由于信用事业的发展和货币借贷业务异常集中在大银行手中，必然会使借贷资本的积累，作为一个和现实积累不同的形式加速进行。借贷资本的迅速发展是现实积累的结果，因为构成这种货币资本家的积累源泉的利润，只是从事再生产的资本家榨取的剩余价值的一种扣除（同时也是对他人储蓄所得的利息的一部分的占有）。在工业周期的各个不利阶段，利息率能够高到暂时把一些处境特别不好的营业部门的利润全部吞掉。此时，国债券及其他有价证券价格则会下跌。货币资本家正是通过大量购进这种贬值的证券，在行情恢复正常水平时卖出赚取利润，再转化为借贷资本。因此，借贷货币资本的积累，虽然是现实积累的产物，但它表现为和现实积累不同的特殊一类资本家的积累。并且，凡是在信用事业随着再生产过程的现实扩大而扩大时，这种积累也都必然跟着增加。这是由于银行存贷款、支付中介以及汇兑、信托等业务的增大，银行代理客户的资金和可以用以借贷的货币资本也会随之增加。同时，由于再生产过程的扩大，不仅作为货币资本回流的部分会增加，而且剩余价值中转化为资本的部分和资本家用于个人消费的部分也都会增加，其中暂时不用的部分会存入银行，成为银行的借贷货币资本的一个来源。】

第三十二章

货币资本和现实资本。Ⅲ（续完）

【简释：本章继续前两章的主题：考察货币资本积累和现实资本积累的关系问题。

（1）借贷货币资本的积累比现实资本积累的量更大。这是因为转化为借贷资本的货币中有一部分并不是再生产资本的量，包括：①年产品中用于消费的收入部分的扩大，由于以货币为中介而表现为货币资本的积累，因为个人消费的扩大，为开辟新的投资场所的现实积累提供了货币。②由于银行信用发达，产业资本的收入和支出都经过银行，因此在再生产过程中发生的货币的预付，实际上都表现为借贷资本的预付。

（2）借贷货币资本积累增加的原因还有：①原料等生产要素价格下降，使产业资本的一部分游离出来；②商人的营业中断使部分资本成为过剩资本。在这两种情况下，这种货币都会转化为借贷货币资本的积累，并对货币市场和利息率发生同样的影响。但前一种情况表示的是对现实积累过程的促进；而后一种情况表示的却是对现实积累过程的阻碍。③有些产业资本家发了财之后退出再生产领域，将其资本转化为借贷货币资本。④产业资本家把利润的一部分作为资本用来扩大再生产时，由于这个部门的资本已经饱和；或者由于积累未达到该部门的新投资数量所要求的一定规模，因而积累额首先转化为借贷货币资本。此外，货币资本的积累还会来自地租、工资等收入。货币资本家把进行再生产的资本家们互相提供的和公众提供给他们的信贷，变成他私人发财致富的源泉。

以上说明，借贷资本积累扩大，一部分是现实积累扩大的结果，一部分是各种和现实积累相伴随但和它完全不同的要素造成的结果，最后一部分甚至是现实积累停滞的结果。因此这种积累的扩大总会在周期的一定阶段出现货币资本的过剩，并且这种过剩会随着信用的发达而发展，同时也一定会随着这种过剩的发展，产生贸易过剩，生产过剩，信用过剩。

（3）借贷货币资本相当大的一部分是虚拟的，只是价值的权利证书。因为借贷资本家把现实货币贷给借款人以后，留在手中只是货币索取权证书了。同一数额的现实货币，可以代表数额权不相同的货币资本。当同一货币反复代表借贷资本时，很清楚，它只是在一点上作为金属货币存在，而在所有其他点上，它只是以资本索取权的形式存在。这种索取权利证书本身的积累，既不同于它由以产生的现实积累，也不同于以贷放的货币为中介而实现的未来积累（新的生产过程）。

（4）借贷资本的供求和利润率的高低对利息率的影响。随着物质财富的增长，货币资本家阶级也增长起来，信用制度更加发展，在有息证券、国债券、股票等等的总量增长的同时，对货币资本的需求也增加了，因为在这些证券上搞投机活动的经纪人在货币市场上起着主要作用。利息率的高低，除了受借贷货币资本的供求影响外，利润率是它的最高界限，长期的平均利息率在平均利润率所设定的界限内涨落。但高利息率可以和高利润率一起出现。对于借入资本的企业主来说，他的收入率可以在高利润率持续存在时缩减。在危机时期，对借贷资本的需求、从而利息率达到最高限度，并不是因为对产业资本的需求增长，而是工商企业为了支付偿还债务以避免破产。相反，在复苏时期，对借贷资本的需求，才是为了购买，即把货币资本转化为产业资本或商业资本。当利息率是由利润率决定时，对劳动力需求的增加，决不可能是利息率提高的原因，虽然工资的提高会使利润率下降，但只会按照它所增加的对货币资本的需求程度使利息率相应地提高。

（5）借贷资本的运动和产业资本运动虽然有联系，但两者并不一致。除了购买劳动力的可变资本，产业资本家对资本的需求，就是对生产资料商品的需求。产业资本家对借贷资本的需求，会随着生产资料供求和价格的变化而呈现各种不同的情况，但利息率的变动，不能直接从商品供求和价格的变动来说明，而必须把这种变动归结为怎样影响到对借贷货币资本的供求关系才能得到说明。利息率由货币资本的供求决定，而不是由现实资本的供求决定的。因为，现实资本由生产资本和商品资本构成，体现在各种生产资料和消费资料的商品上，它们的供求关系和价格变动，在同一时间各不相同，而利息率在同一时间大体是一致的。因此，利息率是由货币资本的供求决定的。

（6）对支付手段的需求和对货币资本的需求是不同的。危机时期，产业资本家对借贷资本的需求，是对作为支付手段的货币的需求。如果产业资本家获得贷款不是为了还债，而是为了购买再生产的要素，那么他的需求是作为资本的货币，从而是资本的贷放。说经济危机是由于缺乏支付手段的货币引起的，这是根本错误的。增加银行券的发行在危机时期对货币恐慌有一定的缓和作用，但决不能避免生产过剩危机的发生。另一种观点认为危机是由于缺乏资本引起的。这也是同资本主义生产的性质和现实相违背的。危机发生时，正是有大量不能转化货币的资本要素存在着，怎么能说是缺少资本呢?】

第三十三章

信用制度下的流通手段

【简释：(1) 本章和以下第三十四、三十五章的研究对象都是：资本主义制度下的信用和货币流通的相互关系问题。在这三章里，马克思的货币学说获得了进一步发展。在《资本论》第一卷第一篇"商品和货币"中尚未研究信用货币，在第三卷前几章研究了信用和借贷资本特别是银行资本之后，对货币的研究从抽象上升到具体又进了一步。在信用制度中，由货币作为支付手段功能产生的信用货币，从可能性变成为现实。一方面，信用是一切节省流通手段的方法的基础；另一方面，信用又创造出新的流通工具和支付工具（银行券、汇票、支票等等）。信用现象和货币现象结合在一起，形成信用——货币制度。因而需要区分货币和资本，分析信用和资本的关系、信用是否可以创造资本等问题。

(2) 第三十三章着重考察信用对流通中货币数量的影响等问题。信用使货币流通速度加快，从而节约流通中的货币数量。例如，A 把暂时不用的货币存入银行，银行转手将它贷给 B，B 可以用它作为购买手段或支付手段使用。银行作为结算中介，使商业交易的债务互相抵消，把货币支付减少到最低限度；货币流通速度的加快，可以腾出一部分货币供进行贷款业务之用。银行还通过接受存款、票据贴现等借贷业务进行信用交易，在信用的基础上创造出银行券、汇票、支票等特殊的流通工具和支付工具，在一定范围内变成生息的虚拟资本。

(3) 银行券的流通和发行数量问题。银行券是由银行发行的信用货币，它的流通也受货币流通规律支配，也就是：流通中所需的货币量，由流通中的商品价格总额和货币流通速度决定。既然银行券的流通也受货币流通规律支配，银行券又可以随时兑换成黄金，那么流通中多余的银行券就会流回银行。因此，如果流通中的货币由银行券和金属货币构成，那么，只有营业本身的需要才会影响流通中的货币即银行券和金属货币的数量。流通手段（包括金属货币和银行券）的数

508

额，会因客观因素发生变动。当时英格兰银行的银行券的数量，会因季节性需要和支付国债利息而有规则地发生变动；在产业周期的不同阶段更会发生变动：危机阶段对流通货币的需要量达到最高峰；萧条阶段需要量最小，复苏阶段需要量逐渐增加，繁荣阶段需要量增长最快。

（4）通货的绝对量不会影响利息率。因为利息率的高低，在平均利润率的界限之内，是由借贷货币资本的供给和需求之间的关系决定的。通货只代表供给的一方，还不能决定利息率。如果通货充足是由于营业的扩大而物价较低，那么由于利润增大和新的投资增加所引起的对借贷资本的需求，利息率可能是比较高的。如果通货短缺是由于营业收缩或信用非常活跃，那么利息率在物价高的时候，也可能是低的。通货的绝对量，只有在紧迫时期才会对利息率产生决定的影响，这时由于信用缺乏，人们尽量把货币贮藏起来，英国1844年银行立法又限制银行券发行数量，便促使利息率大大提升。1857年该银行法暂停执行后，通货的实际数量增加，利息率也不高了。实际情况证明，利息率的高低并非由通货的数量决定，而是由借贷资本的供求决定。由此可知流通中的货币和资本的区别。

（5）通货的发行和资本的贷放的区别。流通手段的发行，是由商品流通中对于货币的需要而产生的，这种发行不会增加社会现实资本的数量。资本的贷放是和现实资本的积累相联系的，货币转化为资本、实际参与产业资本的循环过程，生产剩余价值（利润）。不应把银行对通货的发行和对货币的贷放混为一谈。

（6）高利息并不是大繁荣和高利润的标志。利息率高往往是由于对货币的迫切需要、而不是对资本的大量需要造成的。在高利息率的情况下，银行的贴现数额很大，往往预示着崩溃的到来。危机时期造成货币紧缺状态的，是作为流通手段和支付手段的货币不足，而不是资本不足。这时资本家要求的是流通货币的供给，而不是要求追加资本的供给。在危机中，尽管利息率很高，握有货币的资本家也不愿出借货币。因此，人们会由信用主义（相信信用），突然转向货币主义（相信货币）。当市场上流通手段缺乏时，商业汇票和银行汇票也都被作为流通手段来使用。当银行券不足时，汇票的数量将会增加，汇票的质量却会因数量过剩而下降。

（7）银行家凭借信用制度发财致富：除了赚取贷款利息和存款利息的差额，还利用各种创造信用和资本的办法赚钱。一是发行银行券，其中不需要金属准备金的部分，不是从银行实际拥有的资本产生的。银行用这种追加的虚拟资本进行贴现或放贷，就能获得追加的利润。二是银行经营的汇兑业务可以在一定期内利用顾客的现金获利。三是银行除了通过汇票贴现扣下利息外，还可以在贴现的汇票上签章（背书）后作为流通手段付给急需款项的人，并获取利息。由于信用制度导致资本高度集中，使大银行掌握大量的借贷货币资本，在货币紧迫时期通过提高贷款利率和汇票贴现率，可以获取更多的利益。】

第三十四章

通货原理和 1844 年英国的银行立法

【简释：本篇第二十八章着重剖析以图克、富拉顿为代表的银行派的错误见解，本章是与之相呼应的，着重剖析其对立面即以诺曼、奥弗斯顿为代表的通货原理派的错误观点，以及对 1844 年英国皮尔银行立法的分析批判。

（1）李嘉图的货币数量论，是通货原理派作为制定皮尔银行法的理论依据。李嘉图认为，金属货币的价值同它的数量成反比，如果货币的数量超过要交换的商品的数量和价格的正确比例，货币价值就会降低，商品价格就会提高；这时金过剩的国家，会把跌到价值以下的金输出，并把商品输入。如果货币的数量降到上述的正确比例以下，其结果也就相反。李嘉图的错误在于：把货币仅仅看作是流通手段，而完全忽视货币作为价值尺度和贮藏手段的职能。按照李嘉图的说法，虽然银行券可以依照它的名义价值兑换黄金，但是由金和银行券构成的流通中的货币总量，由于上述原因可以升值或贬值。这种贬值不是纸币对于金的贬值，而是纸币和金共同的贬值，或一国流通手段总量的贬值。李嘉图把金属货币等同于国家发行的本身没有价值的纸币；而且错误地假定金只是铸币，所有输入的金都增加着流通中的货币，从而使价格上涨，所有输出的金都减少着铸币，从而使价格跌落。以奥弗斯顿为代表的通货原理派又把李嘉图的信条推广到银行券，并作为 1844 年皮尔银行立法的基础。这种把纸币、金属币和银行券混为一谈的错误，在实践上造成了很大混乱。

（2）通货原理派错误地认为，只要人为地使银行券流通严格遵循金属货币流通规律，资本主义周期性危机就不可能发生了。事实并非如此。由于几乎每次危机都有一个金向国外大量流出的阶段，而流出的金主要由银行的金属贮藏来补偿，相应地使银行券大量减少。这直接促使整个商业界在危机爆发时立即大量贮藏银行券。这个银行法在关键时刻人为地增加了对贷款（即支付手段）的需求，同时又限制它的供给，从而加速并加剧了危机。

（3）金的输出和输入只影响利息率，而不影响商品价格。商品的需求和供给调节着商品的市场价格，而奥弗斯顿却错误地认为，商品价格是由流通的货币量的变动来调节的，说什么现有金量的变动，在它增加或减少国内的流通手段量时，必然会使该国范围内商品价格上涨或下跌。事实上，金量的减少只会提高利息率，而金量的增加则会降低利息率。如果不是因为在成本价格的确定上要考虑到利息率的这种变动，商品的价格是完全不会受这种变动影响的。】

第三十五章

贵金属和汇兑率

【简释：本章着重考察贵金属在国与国之间的流动，及与此相关的各国的信用货币之间的比价问题。从本质上看，这同前两章考察的是同一个主题，即信用和货币流通的关系问题；所不同的是：本章是从国际经济关系的角度来考察国际信用和不同国家之间贵金属货币的流动。本章分为两节，分别考察金属藏的变动和汇兑率。】

第一节　金贮藏的变动

（1）关于贵金属的流出和流入，要区分两方面情况：一方面是金属在不产金银的区域内流来流去；另一方面是金银从它们的产地流入其他各国。影响金银在各国之间流动的主要是国际贸易，也有资本流动、劳务和旅游收支等。

一国贵金属输入超过输出或者相反的情况，大体上可以用中央银行的金属准备的增加或减少来测量。这个尺度准确到什么程度，取决于国家银行的贵金属贮藏在什么程度上代表一国的金属贮藏。

国家银行的金属准备的用途，一是作为国际支付的准备金；二是作为时而扩大时而收缩的国内金属流通的准备金；三是作为支付存款和兑换银行券的准备金。如果银行的贵金属准备金持续减少到低于中等水平，就会引起恐慌，导致贵金属外流。贵金属的流动和汇兑率的变化，常常是发生经济危机的征兆。产业周期性危机的根源并不是货币危机，但货币危机会加速和加剧经济危机。

一旦普遍的危机结束，金银就会按金银在平衡状态下在各国形成的特别贮藏的比例再行分配。在其他条件不变时，每个国家的相对储藏量，是由该国在世界市场上所起的作用决定的。金属的流出，在大多数情况下总是对外贸易状况变化的象征，因为对外贸易输入超过输出，发生逆差，用贵金属对外支付。

（2）贵金属流出和流入同产业周期的关系。贵金属的输入主要发生在危机之后的萧条和复苏这两个时段。这个时期，物价还不高但正在上涨，借贷资本相对富裕，出口超过进口，资本回流容易实现，因而贵金属输入。贵金属输出大多发生在繁荣和危机这两个时段。繁荣时期，市场商品过剩，虚假的繁荣靠信用来维持，对借贷需求极为强烈，利息率因此至少已达到它的平均水平，这时贵金属不断的大量输出就会发生。而在危机中，会出现这样的要求：所有的汇票、有价证券和商品应该能立即兑换成银行货币，而所有的银行货币又应该能立即兑换成金，这时往往发生贵金属输出。

（3）贵金属流出引起的恐惧及其根源。只要银行在比较危险的情况下提高它的贴现率，那就会产生普遍的担心，担心这种情况会变得越来越厉害，因而人们争先恐后拿未来的东西去贴现。这时贵金属不论输入还是输出，都不单纯是作为量本身发生作用，而是作为货币形式的资本这样的特殊性质发生作用的。因此尽管金的流出或流入只是资本的少量的增减，但是却在上下摆动天平秤盘上最后向哪一方面下坠起到了决定性作用。这是因为信用制度和银行制度的发展，一方面使所有货币收入转化为资本，另一方面又在周期的一定阶段使金属准备减少到最低限度。中央银行是信用制度的枢纽，而金属准备又是银行的枢纽。在银行制度下，金和银成了真正的资本，成了财富的社会性质的独立体现和表现。一旦信用发生动摇，一切现实的财富就都会要求现实地、突然地转化为货币，转化为金和银。这是一种荒谬的要求，但是它必然会由这个制度本身产生出来。随着信用制度的发展，资本主义生产不断地企图突破对财富及其运动的这个金属的限制，但又不断地在这个限制面前碰破头。

第二节　汇兑率

（1）汇兑率是一国货币兑换他国货币的比率。在金属货币流通和银行券自由兑换黄金的情况下，各国货币以各自的含金量形成的比率（称为法定平价或铸币平价），是汇兑率的基础。由于信用票据在国际市场上可以代替金属货币流通，因此当汇票（用于国际结算的信用凭证或支付凭证）供过于求时，汇票的价格就会跌到法定平价以下；反之，当汇票的需求大于供给时，结果也就相反。当汇票价格上涨到一定点，那时用金币或金块支付比用汇票支付变得合算，就会发生金流出。相反的情况则会发生金的流入。货币金属的国际间流动是紧随在汇兑率变动之后的，所以汇兑率是货币金属的国际运动的晴雨表。

（2）利息率对汇兑率的影响。如果金大量流出，银行准备金就会被动用，对借贷货币资本的需求会大大超过它的供给；由此形成的较高利息率和相应的贴现率，会减少资本流出并吸引外资流入，缩减国际收支逆差，使汇兑率发生有利于阻止金外流的变化。因此，在金属货币流通和信用货币自由兑换黄金的情况下，本国货币的汇兑率和利息率提高，会引起金的流入；汇兑率和利息率降低，则会引起金的流出。与此相反的是：国内有价证券价格下跌，会引起金的流入；国内有价证券价格升高，则会引起金的流出。

（3）贵金属输出和一般资本输出对汇兑率的影响不同。贵金属输出会直接影响输出国的货币市场，从而影响其利息率，因为贵金属直接是借贷的货币资本，是整个货币制度的基础。它也会直接影响汇兑率，因为贵金属所以被输出，只是因为输出国货币市场上对外国签发的信用汇票不能满足这种额外汇款的需求，因而汇兑率暂时变得对输出国不利。相反，如果对外投资是以商品的实物形式输出，就不会对汇兑率发生影响，因为被投资国用不着对此付款，不会对资本输出国的货币市场产生影响。除非这种以实物形式输出的商品的生产需要额外进口其他外国商品时，才会影响汇兑率（并不影响对得到投资的那个国家的汇兑率）。

（4）利息率变动和汇兑率变动的关系。利息率会影响汇兑率，当国际收支差额扩大，本国货币的汇兑率下跌引起金大量外流时，会形成较高的利息率和银行的贴现率，促使本国货币的汇兑率提高和金的流入。汇兑率也会影响利息率，当本国货币的汇兑率较高，中央银行的金储备充足，货币市场借贷资本供给超过需求时，利息率会随之降低。但是，利息率变动时，汇兑率也可以不变，因为影响汇兑率的决定因素，不是利息率，而是贵金属和可自由兑换的信用货币形式的资本在国际间的流动。汇兑率变动时，利息率也可以不变。因为影响利息率的决定因素，不是汇兑率，而是本国货币市场上借贷货币资本的供求状况。当本国货币的汇兑率下跌时，本国中央银行可以采取抛售所掌握的外汇，以抬高本国货币的汇价，而本国货币市场的利息率可以不变。

（5）本篇第三十一、三十二章论证过借贷货币资本的运动不同于现实产业资本的运动，这个论点也适用于国际之间的资本流动。而威尔逊却错误地认为，资本的每一次跨国转移，不论是以金属形式还是以商品形式进行的，汇兑率都会受到影响。他对此提出的四点理由都是不能成立的。例如，他认为商品大量贮存表示的资本过剩，必然引起作为资本的使用报酬的利息率下降。这显然是把借贷资本的运动和产业资本的运动看成是完全一致的。再如，他认为存货足以在今后两年内供应本国，比起存货只足以供应两个月来，可以按低得多的利息率获得对这些商品的支配权；还认为商品过剩，货币利息就必然低等。这些说法无非是为了证明：价格的下降等于利息率的下降，二者可以同时并存。但若情况真是这样，那就不过是产业资本运动和借贷资本运动所循方向相反的表现，而不是它们所循方向一致的表现。

（6）贸易差额、支付差额和汇兑率。一国的国际收支差额，不全由国际贸易差额决定，有可能是国际贸易逆差，由于有大量非贸易收入，使国际收支顺差，从而对该国的本币汇兑率有利。归结起来，外汇率可以由于以下原因而发生变化：

①一时的支付差额。包括商业、国外投资或战争等原因引起的对外的现金支付。②一国货币的贬值。不管是金属货币还是纸币都一样，这种贬值引起的汇兑率的变化，纯粹是名义上的。③如果一国用银，一国用金作为货币，那么两国之间的汇兑率，取决于这两种金属价值的相对变动。当一国货币大量过剩，利息率低落，有价证券价格提高时，不利的汇兑率，甚至金的外流就可能发生。】

第三十六章

资本主义以前的状态

【简释：本章的研究对象是资本主义以前时代的高利贷资本，考察它的存在条件、剥削实质，它在历史上和资本主义生产方式产生过程中的作用，及其怎样被银行制度所取代，并针对资产阶级代言人在相关问题上的错误观点进行分析批判。

（1）高利贷资本存在的条件和它与现代借贷资本的区别。高利贷资本和商人资本一样，在资本主义生产方式以前很早已经产生，并且出现在极不相同的经济社会形态中。它的存在条件是：至少已有一部分产品转化为商品，同时随着商品买卖的发展，货币的各种不同的职能得到了发展。高利贷资本的放贷对象，一是奴隶主、地主等剥削者；二是自己拥有劳动条件的小生产者（其中大多数是农民阶级）。高利贷资本是同小生产、自耕农和小手工业主占优势的情况相适应的。一个国家的大量生产越是限于实物等等，也就是越是限于使用价值，该国的高利贷资本就越是发展。高利贷者和银行家的区别，是两个社会生产方式之间以及和它们相适应的社会制度之间的区别。拿利息的水平和现代利息率的水平加以对比，是非常荒谬的，因为除了归国家所有的部分外，高利贷者的利息会占有全部剩余价值，而现代的正常利息，只是剩余价值的一部分。雇佣工人为雇用他的资本家生产和提供利润、利息和地租，即全部剩余价值。

（2）高利贷资本的历史作用。高利贷对于古代的和封建的财富，对于古代的和封建的所有制，发生破坏和解体的作用。另一方面，它又破坏和毁灭小农民和小市民的生产，总之，破坏和毁灭生产者仍然是自己的所有者的一切形式。高利贷在生产资料分散的地方，把货币财产集中起来。高利贷不改变生产方式，而是像寄生虫那样紧紧地吸附在它身上，使它虚弱不堪。只有在资本主义生产方式的其他条件已经具备的地方和时候，高利贷才表现为形成新生产方式的手段之一。

这一方面是由于封建主和小生产遭到毁灭；另一方面是由于劳动条件集中为资本。高利贷作为资本的一个产生过程在历史上是重要的。高利贷有两个作用：一是和商人财产并列，形成独立的货币财产；二是它把劳动条件占为己有，使旧的劳动条件占有者破产，因此，它对形成产业资本的前提是一个有力的杠杆。

（3）现代生息资本和高利贷的区别。在现代信用制度下，生息资本要适应并从属于资本主义生产方式的条件和需要。它和高利贷资本的区别，决不在这种资本本身的性质和特征。区别只是在于，这种资本执行职能的条件已经变化，借入者的面貌已经完全改变。就是说，借入贷款的产业家或商人，是用借来的资本执行资本家的职能、占有无酬劳动的。

（4）现代银行制度创造了生息资本从属于产业资本要求的条件。它一方面把一切闲置的货币准备金集中起来，并把它投入货币市场，从而剥夺了高利贷资本的垄断；另一方面又建立信用货币，从而限制了贵金属本身的垄断。银行制度，就其形式的组织和集中来说，是资本主义生产方式造成的最人为的和最发达的产物。单个资本家或每个特殊资本仅是按照它在总资本中所占的比例取得平均利润（剩余价值），资本的这种社会性质，只是在信用制度和银行制度有了充分发展时才表现出来并完全实现。其次，银行制度用各种形式的流通信用代表货币，这表明货币事实上无非是劳动及其产品的社会性的一种特殊表现，但是这种社会性，和私人生产的基础相对立，归根到底总要表现为一个物，表现为和其他商品并列的一种特殊商品。最后，在由资本主义生产方式向联合起来劳动的生产方式过渡时，信用制度会作为有力的杠杆发生作用，作为和生产方式本身的其他重大的有机变革相联系的一个要素。】

第 六 篇
超额利润转化为地租

【第六篇的研究对象，是资本主义地租。马克思在《资本论》第三卷前五篇，研究了价值怎样转化为生产价格、剩余价值怎样转化为利润，以及利润又如何分为利息和企业主收入。第六篇是研究利润的另一个转化形式，即资本主义地租。

地租理论是马克思经济学说的重要组成部分，是平均利润和生产价格理论的继续发挥和进一步发展，把它应用于资本主义生产的特殊领域，揭示了资本主义农业中的生产关系和剥削实质，以及农业生产力的发展规律。

第六篇共分十一章，包括第三十七章导论；第三十八章至第四十四章论述级差地租；第四十五章论述绝对地租；第四十六章论述建筑地段的地租、矿山地租、土地价格；第四十七章论述资本主义地租的起源。】

第三十七章

导　　论

【现代的土地所有权形式和农业中三个互相对立的阶级】

"对土地所有权的各种历史形式的分析，不属于本书的范围。我们只是在资本所产生的剩余价值的一部分归土地所有者所有的范围内，研究土地所有权的问题。"

"对我们来说，考察现代的土地所有权形式所以是必要的，是因为我们要考察资本投入农业而产生的一定的生产关系和交往关系。不作这种考察，对资本的分析就是不完全的。"

"土地所有权的前提是，一些人垄断一定量的土地，把它当作排斥其他一切人的、只服从自己私人意志的领域。在这个前提下，问题就在于说明这种垄断在资本主义生产基础上的经济价值，即这种垄断在资本主义生产基础上的实现。"

"土地所有权的垄断是资本主义生产方式的一个历史前提，并且始终是它的基础，正像这种垄断曾是所有以前的、建立在对群众的这一或那一剥削形式上的生产方式的历史前提和基础一样。""资本主义生产方式的巨大成果之一是，它一方面使农业由社会最不发达部分的单凭经验的和刻板沿袭下来的经营方法，在私有制条件下一般能够做到的范围内，转化为农艺学的自觉的科学的应用；它一方面使土地所有权从统治和从属的关系下完全解脱出来，另一方面又使作为劳动条件的土地同土地所有权和土地所有者完全分离，土地对土地所有者来说只代表一定的货币税，这是他凭他的垄断权，从产业资本家即租地农场主那里征收来的；[它] 使这种联系发生如此严重的解体，以致在苏格兰拥有土地所有权的土地所有者，可以在君士坦丁堡度过他的一生。这样，土地所有权就取得了纯粹经济的形式，因为它摆脱了它以前的一切政治的和社会的装饰物和混杂物，简单地说，就是摆脱了一切传统的附属物"。"一方面使农业合理化，从而才使农业有可能按社会化的方式经营，另一方面，把土地所有权变成荒谬的东西，——这是资本主义生产方式的巨大功绩。资本主义生产方式的这种进步，同它的所有其他历史进步一样，首先也是以直接生产者的完全贫困化为代价而取得的。"

"资本主义生产方式的前提是：实际的耕作者是雇佣工人，他们受雇于一个只把农业作为资本的特殊开发场所，作为对一个特殊生产部门的投资来经营的资本家即租地农场主。这个作为租地农场主的资本家，为了得到在这个特殊生产场所使用自己资本的许可，要在一定期限内（例如每年）按契约规定支付给土地所有者即他所开发的土地的所有者一个货币额（和货币资本的借入者要支付一定利息完全一样）。这个货币额，不管是为耕地、建筑地段、矿山、渔场还是为森林等等支付的，统称为地租。这个货币额，在土地所有者按契约把土地租借给租地农场主的整个时期内，都要进行支付。因此，在这里地租是土地所有权在经济上借以实现即增殖价值的形式。其次，在这里我们看到了构成现代社会骨架的三个并存的而又互相对立的阶级——雇佣工人、产业资本家、土地所有者。"

"为投入土地的资本以及为土地作为生产工具由此得到的改良而支付的利息，可能形成租地农场主支付给土地所有者的地租的一部分，但这种地租不构成真正的地租。真正的地租是为了使用土地本身而支付的，不管这种土地是处于自然状态，还是已被开垦。""在农业的通常的生产过程中，比较短期的投资，毫无例外地由租地农场主来进行。这种投资，和一般单纯的耕作一样——只要这种耕作在某种程度上合理地进行，""会改良土地，增加土地产量，并使土地由单纯的物质变为土地资本。""但是，契约规定的租期一满，在土地上实行的各种改良，就要作为实体的即土地的不可分离的偶性，变为土地所有者的财产。这就是为什么随着资本主义生产的发展，土地所有者力图尽可能地缩短租期的原因之一。""这就是随着经济发展的进程，土地所有者日益富裕，他们的地租不断上涨，他们土地的货币价值不断增大的秘密之一。这样，他们就把不费他们一点气力的社会发展的成果，装进他们的私人腰包"。

"土地所有权的正当性，和一定生产方式的一切其他所有权形式的正当性一样，要由生产方式本身的历史的暂时的必然性来说明，因而也要由那些由此产生的生产关系和交换关系的历史的暂时的必然性来说明。当然，像我们以后会看到的那样，土地所有权同其他各种所有权的区别在于：在一定的发展阶段，甚至从资本主义生产方式的观点来看，土地所有权也是多余而且有害的。"

【地租资本化形成的土地价格是一个不合理的范畴】

"地租表现为土地所有者出租一块土地而每年得到的一定的货币额。我们已经知道，任何一定的货币收入都可以资本化"。"这样资本化的地租形成土地的购买价格或价值，一看就知道，它和劳动的价格完全一样，是一个不合理的范畴，因为土地不是劳动的产品，从而没有任何价值。可是，另一方面，在这个不合理的形式的背后，却隐藏着一种现实的生产关系。""在英国，土地的购买价格，是按年收益若干倍来计算的，这不过是地租资本化的另一种表现。实际上，这个购买价格不是土地的购买价格，而是土地所提供的地租的购买价格，它是按普通利息率计算的。但是，地租的这种资本化是以地租为前提，地租却不能反过来由它本身的资本化而导出和说明。在这里，不如说，和出售无关的地租的存在，是出发的前提。"

"由此可见，假定地租是一个不变量，土地价格的涨落就同利息率的涨落成反比。""在社会发展的进程中利润率有下降的趋势，所以，从利息率由利润率决定来说，利息率也有下降的趋势；此外，即使撇开利润率不说，由于借贷货币资本的增大，利息率也有下降的趋势，所以可以得出结论，土地价格，即使撇开地租的变动以及土地产品价格（地租构成它的一个部分）的变动来看，也有上涨的趋势。"

"为了科学地分析地租，即土地所有权在资本主义生产方式基础上的独立的特有的经济形式，摆脱一切使地租受到歪曲和模糊不清的附加物而去纯粹地考察地租，是很重要的；另一方面，为了理解土地所有权的实际作用，甚至为了从理论上了解同地租的概念和性质相矛盾但毕竟表现为地租的存在方式的大量事实，认识造成这种理论混乱的各种因素，也是同样重要的。""如上所述，土地价格无非是出租土地的资本化的收入。"

"必须牢牢记住，那些本身没有任何价值，即不是劳动产品的东西（如土地），或者至少不能由劳动再生产的东西（如古董，某些名家的艺术品等等）的价格，可以由一些结合在一起的非常偶然的情况来决定。要出售一件东西，唯一的条件是，它可以被独占，并且可以让渡。"

【研究地租应避免三个妨害分析的主要错误】

"在研究地租时，有三个妨害分析的主要错误应当避免。

1. 把适应于社会生产过程不同发展阶段的不同地租形式混同起来。"

不论地租的特殊形式是怎样的，它的一切类型有一个共同点：地租的占有是土地所有权借以实现的经济形式，而地租又是以土地所有权，以某些个人对某些地块的所有权为前提。"

2. "一切地租都是剩余价值，是剩余劳动的产物。地租在它的不发达的形式即实物地租的形式上，还直接是剩余产品。由此产生了一种错误看法，认为只要把剩余价值本身和利润本身的一般存在条件解释清楚，和资本主义生产方式相适应的地租，——它始终是超过利润的余额，即超过商品价值中本身也由剩余价值（剩余劳动）构成的那个部分的余额，——剩余价值的这个特殊的独特的组成部分也就解释清楚了。这些条件是：直接生产者的劳动时间，必须超过再生产他们自己的劳动力即再生产他们本身所需要的时间。他们总是必须完成剩余劳动。这是主观的条件。而客观的条件是：他们也**能够**完成剩余劳动；自然条件是，他们的可供支配的劳动时间的**一部分**，就足以使他们自己作为生产者再生产出来和自我维持下去，他们的必要生活资料的生产，不会耗费掉他们的全部劳动力。在这里自然的肥力是一个界限，一个出发点，一个基础。另一方面，他们劳动的社会生产力的发展，则是另一个界限，出发点，基础。更进一步考察就是，因为食物的生产是直接生产者的生存和一切生产的首要的条件，所以在这种生产中使用的劳动，即经济学上最广义的农业劳动，必须有足够的生产率，使可供支配的劳动时间不致全被直接生产者的食物生产占去，也就是使农业剩余劳动，从而农业剩余产品成为可能。进一步说，社会上的一部分人用在农业上的全部劳动——必要劳动和剩余劳动——必须足以为整个社会，从而也为非农业劳动者生产必要的食物；也就是使从事农业的人和从事工业的人有实行这种巨大分工的可能，并且也使生产食物的农民和生产原料的农民有实行分工的可能。""并且，不同于一个工场内部分工的整个社会内部的全部分工也是如此。这是生产特殊物品，满足社会对特殊物品的一种特殊需要所必要的劳动。如果这种分工是合乎比例的，那么，不同类产品就按照它们的价值（进一步说，按照它们的生产价格）出售，或按照这样一种价格出售，这种价格是这些价值或生产价格的由一般规律决定的变形。事实上价值规律所影响的不是个别商品或物品，而总是各个特殊的因分工而互相独立的社会生产领域的总产品；因此，不仅在每个商品上只使用必要的劳动时间，而且在社会总劳动时间中，也只把必要的比例量使用在不同类的商品上。这是因为条件仍然是使用价值。但是，如果说个别商品的使用价值取决于该商品是否满足一种需要，那么，社会产品量的使用价值就取决于这个量是否符合社会对每种特殊产品的量上一定的需要，从而劳动是否根据这种量上一定的社会需要按比例地分配在不同的生产领域。（我们在论述资本在不同的生产领域的分配时，必须考虑到这一点。）在这里，社会需要，即社会规模的使用价值，对于社会总劳动时间分别用在各个特殊生产领域的份额来说，是有决定意义的。但这不过是已经在单个商品上表现出来的同一规律，也就是：商品的使用价值是商品的交换价值的前提，从而也是商品的价值的前提。这一点只有在这种比例的破坏使商品的价值，从而使其中包含的剩余价值不能实现的时候，才会影响到必要劳动和剩余劳动之比。例如，假定棉织品按比例来说生产过多了，尽管在这个棉织品总产品中实现的只是既定条件下生产这个总产品的必要劳动时间。但是，总的来说，这个特殊部门消耗的社会劳动是过多了；就是说，产品的一部分已经没有用处。可见，只有当全部产品是按必要的比例生产时，它们才能卖出去。社会劳动时间可分别用在各个特殊生产领域的份额的这个数量界限，不过是价值规律本身进一步展开的表现，虽然必要劳动时间在这里包含着另一种意义。为了满足社会需要，只有如许多的劳动时间才是必要的。在这里界限是由于使用价值才产生的。社会在既定生产条件下，只能把它的总劳动时间中如许多的劳动时间用在这样一种产品上。但是，剩余劳动和剩余价值本身的主观条件和客观条件，和一定的形式（不管是利润形式或地租形式）无关。这些条件对剩余价值本身起作用，而不管它采取什么特殊的形式。因此它们不能说明地租。

3. 正是在土地所有权在经济上的实现中，在地租的发展中，有一点表现得特别突出，这就是：地租的量完全不是由地租获得者的参与所决定的，而是由他没有参与、和他无关的社会劳动的发展决定的。因此，很容易把一切生产部门及其一切产品在商品生产基础上，确切地说，在资本主义生产（这种生产在它的整个范围内都是商品生产）基础上共有的现象，当作地租的（和农产品一般的）特征来理解。

在社会发展的进程中，地租的量（从而土地的价值）作为社会总劳动的结果而增长起来。一方面，随着社会的发展，土地产品的市场和需求会增大；另一方面，对土地本身的直接需求也会增大，因为土地本身对一切可能的，甚至非农业的生产部门来说，都是进行竞争的生产条件。确切地说，只是就真正的农业地租来说，地租以及土地价值会随着土地产品市场的扩大，从而随着非农业人口的增加，随着他们对食物和原料的需要和需求的增加而增长。资本主义生产方式由于它的本性，使农业人口同非农业人口比起来不断减少，因为在工业（狭义的工业）中，不变资本比可变资本的相对增加，是同可变资本的绝对增加结合在一起的，虽然可变资本相对减少了；而在农业中，经营一定土地所需的可变资本则绝对减少，因此，只有在耕种新的土地时，可变资本才会增加，但这又以非农业人口的更大增加为前提。

其实，这并不是农业及其产品所特有的现象。不如说，在商品生产及其绝对形式即资本主义生产的基础上，这对其他一切生产部门和产品来说都是适用的。"

"当商品生产，从而价值生产随着资本主义生产发展时，剩余价值和剩余产品的生产也按照相同的程度发展起来。但随着后者的发展，土地所有权依靠它对土地的垄断权，也按照相同的程度越来越能够攫取这个剩余价值中一个不断增大的部分，从而提高自己地租的价值和土地本身的价格。"

"因此，农产品发展成为价值，并且作为价值而发展的现象，""并不是地租的特征。地租的特征是：随着农产品作为价值（商品）而发展的条件和它们的价值的实现条件的发展，土地所有权在这个未经它参与就创造出来的价值中占有不断增大部分的权力也发展起来，剩余价值中一个不断增大的部分也就转化为地租。"

【简释：第三十七章是第六篇的绪论，着重论述以下问题：

（1）资本主义地租的研究对象和前提，包括：研究对象是资本主义经营的农业（把各种非资本主义的经济形式抽象掉），以英国为典型；土地作为投资的要素，具备资本主义生产过程的一切条件，如资本的自由竞争、资本由一个生产部门向其他生产部门转移的可能、均等的平均利润水准、农民失去土地成为被雇佣的农业工人等；土地作为生产的自然基础和生产的要素，存在土地私有权的垄断，即掌握在特殊阶级——土地所有者手中，排斥一切其他的人去支配使用这一部分土地。"在这个前提下，问题就在于说明这种垄断在资本主义生产基础上的经济价值，即这种垄断在资本主义生产基础上的实现。"

（2）论述地租和租金。地租是土地私有权的实现形式，正像剩余价值（利润）是资本家阶级对生产资料垄断的实现形式一样。在实际经济交往中，一般都把租地的农业资本家付给土地所有者的全部货币额（租金），统称为地租。虽然为了使用土地本身而支付的地租是其中的主要部分，但租金也包括租地农业资本家在土地上投资的利息，甚至包括其平均利润或雇佣劳动者工资的部分扣除。为了科学地分析存在于资本主义生产方式基础上的、作为土地所有权特殊表现形式的地租这一经济范畴，应排除"一切使它成为混杂不清的附加物"，在纯粹形态上研究资本主义地租。

（3）论述土地价格是资本化的地租。土地本是地球的一部分，是自然物而不是劳动的产品，因而它本身没有任何价值，但在发达商品经济条件下，由于土地私有权的垄断使它能为其所有者提供地租，土地便成为能带来定期收入的商品，它的价格就是资本化的地租。土地价格取决于两个因素：地租量和利息率。例如，假定某块土地每年能提供 500 镑的地租，而年利息率为 5%，则这块土地的价格为 1 万镑。这样资本化的地租形成土地的购买价格或价值，显然是一个不合理的范畴，但它的背后却隐藏着一种现实的生产关系。随着资本主义生产方式的发展，由于非农业人口的增长，对食品、原料和作为非农业经济部门生产条件的土地的需求也不断增长，剩余价值（利润）中会有一个不断增大的部分转化为地租。

（4）论述整个社会的必要劳动和剩余劳动的划分。劳动和土地相结合是一切财富的源泉。因为食物的生产是直接生产者的生存和一切生产的首要的条件，所以农业部门食物生产在供给本身需要的必要产品以上的剩余劳动，对整个社会说来，它所代表的则是生产食物所需的必要劳动。

（5）论述决定商品价值的社会必要劳动时间的另一种意义。这就是，不仅在每个商品生产上只使用必要的劳动时间，而且在社会总劳动时间中，也只把必要的比例量使用在不同类的商品生产上。如果说个别商品的使用价值取决于该商品是否满足一种需要，那么，社会产品量的使用价值，就取决于这个量是否符合社会对每种特殊产品的量上一定的需要。在这里，社会需要即社会规模的使用价值，对于社会总劳动时间分别用在各个特殊生产领域的份额来说，是有决定意义的。如果某种商品按比例来说生产过多了，也就是说，这个特殊部门消耗的社会劳动是过多了，那么产品的一部分已经没有用处。因此，只有当全部产品是按必要的比例生产时，它们才能卖出去。社会劳动时间可分别用在各个特殊生产领域的份额的这个数量界限，不过是价值规律本身进一步展开的表现，虽然必要劳动时间在这里包含着另一种意义。为了满足社会需要，只有如许多的劳动时间才是必要的。在这里，界限是由于使用价值才产生的。就是说，社会在既定生产条件下，只能把它的总劳动时间中如许多的劳动时间用在这样一种产品上。】

第三十八章

级差地租：概论

【平均利润和生产价格理论是理解级差地租的基础】

"在分析地租时，我们首先要从下面这个前提出发：支付这种地租的产品，也就是其剩余价值的一部分、因而其总价格的一部分转化为地租的产品——对于我们的目的来说，想到农产品或者甚至矿产品也就够了——，也就是说，土地和矿山的产品像一切其他商品一样，是按照它们的生产价格出售的。""现在要问，在这个前提下，""利润的一部分怎么能够转化为地租，因而商品价格的一部分怎么能够落到土地所有者手中。"

"前面已经指出，这个生产价格不是由每个从事生产的工业家的个别成本价格决定的，而是由整个生产部门的资本在平均条件下生产这种商品平均耗费的成本价格决定的。这实际上是市场生产价格，是和它的各种波动相区别的平均市场价格。商品价值的性质，——即价值……是由社会必要的劳动时间，由当时社会平均生产条件下生产市场上这种商品的社会必需总量所必要的劳动时间决定，——正是通过市场价格的形式，进一步说，正是通过起调节作用的市场价格或市场生产价格的形式而表现出来。"

"假定，用水力推动的工厂的成本价格只是90，而不是100。因为这个商品量的调节市场的生产价格=115，其中有利润15%，所以靠水力推动机器的工厂主，同样会按115，也就是按调节市场价格的平均价格出售。因此，他们的利润是25，而不是15；起调节作用的生产价格所以会允许他们赚到10%的超额利润，"是因为他们的商品是"在特别有利的条件下，即在优于这个部门占统治地位的平均水平的条件下生产出来的。"

"这里立即表明两点：**第一**，……这种超额利润，同样也就等于这个处于有利地位的生产者的个别生产价格和这整个生产部门的一般的、社会的、调节市场的生产价格之间的差额。这个差额，等于商品的一般生产价格超过它的个别生产价格的余额。对这个余额起调节作用的有两个界限：一方面是个别的成本价格，因而也就是个别的生产价格；另一方面是一般的生产价格。利用瀑布进行生产的商品的价值比较小，因为生产这种商品所需要的劳动总量比较少，也就是说，因为以对象化形式即作为不变资本部分加入生产的劳动比较少。这里所使用的劳动是生产率较高的，它的个别的生产力，比大量同类工厂所使用的劳动的生产力要大。它的较大的生产力表现在：同别的工厂相比，它生产同量商品，只需要较少量的不变资本，只需要较少量的对象化劳动。”

“第二，到目前为止，那个用自然瀑布而不用蒸汽作动力的工厂主的超额利润，同一切其他的超额利润没有任何区别。一切正常的，也就是并非由于偶然的出售行为或市场价格波动而产生的超额利润，都是由这个特殊资本的商品的个别生产价格和一般生产价格（它调节着这整个生产部门的资本的商品的市场价格，或者说这个生产部门所投总资本的商品的市场价格）之间的差额决定的。”

【级差地租来自与一部分土地结合在一起的自然力垄断而产生的超额利润】

“但是，现在就出现了区别。在当前考察的场合，工厂主能够取得超额利润，”“首先应该归功于一种自然力，瀑布的推动力，”“它的产生不需要任何劳动。

但是，不仅如此。利用蒸汽机进行生产的工厂主，也利用那些不费他分文就会增加劳动生产率的自然力，而且，只要这样会使工人必需的生活资料的生产变便宜，这些自然力就会增加剩余价值，从而增加利润；因此，这些自然力，和由协作、分工等引起的劳动的社会自然力完全一样，是被资本垄断的。”“对这种由自然力促成的劳动生产力的提高实行的垄断，是一切用蒸汽机进行生产的资本的共同特点。这种垄断可以增加代表剩余价值的劳动产品部分，而相对减少转化为工资的劳动产品部分。只要它发生这样的作用，它就会提高一般利润率，可是没有创造超额利润，因为超额利润正好是个别利润超过平均利润的余额。”“这里还必须有其他一些引起变化的情况。

恰恰相反。自然力在工业上的单纯利用所以会影响一般利润率的水平，是因为它会影响生产必要生活资料所需的劳动量。但它本身并不会造成同一般利润率的偏离，而这里所涉及的问题，却正好是这种偏离。此外，个别资本通常在某一特殊生产部门中所实现的超额利润——因为各特殊生产部门之间利润率的偏离会不断地平均化为平均利润率——，如果把纯粹偶然的偏离撇开不说，总是来自成本价格即生产费用的减少。这种减少，或者是由于这一情况：资本的应用量大于平均量，以致生产上的杂费减少了，而提高劳动生产力的一般性原因（协作、分工等），也由于劳动场所比较宽广，而能够在更高的程度上，以更大的强度发生作用；或者是由于这一情况：把执行职能的资本的规模撇开不说，由于采用更好的工作方法、新的发明、改良的机器、化学的制造秘方等等，一句话，由于采用新的、改良的、超过平均水平的生产资料和生产方法。成本价格的减少以及由此而来的超额利润，在这里，是执行职能的资本的投入方式造成的。它们的产生，或者是因为异常大量的资本积聚在一个人手中（这种情况在平均使用同样大的资本量的时候就会消失），或者是因为一定量资本以一种生产率特别高的方式执行职能（这种情况在例外的生产方式已经普遍应用，或者为更发达的生产方式所超过的时候也会消失）。

因此，在这里，超额利润来源于资本本身（包括它所推动的劳动）：或者是所用资本的量的差别，或者是这种资本的更适当的应用。本来没有什么事情会妨碍同一生产部门的全部资本按同样的方式来使用。相反地，资本之间的竞争，使这种差别越来越趋于平衡；价值由社会必要劳动时间决定这一点，是通过商品变便宜和迫使商品按同样有利的条件进行生产的压力而为自己开辟道路的。但是，那个利用瀑布的工厂主的超额利润，却不是这样。他所用劳动的已经提高的生产力，既不是来自资本和劳动本身，也不是来自某种不同于资本和劳动、但已并入资本的自然力的单纯利用。它来自和一种自然力的利用结合在一起的劳动的较大的自然生产力，但这种自然力不像蒸汽的压力那样，在同一生产部门可供一切资本自由支配，所以并不是凡有资本投入这个部门，这种自然力的利用就会成为不言而喻的事情。这种自然力是一种可以垄断的自然力，就像瀑布那样，只有那些支配着特殊地段及其附属物的人才能够支配它。但要像每个资本都能把水变成蒸汽那样，创造出这种使劳动有较大生产力的自然条件，就完全不取决于资本了。这种自然条件在自然界只存在于某些地方。在它不存在的地方，它是不能由一定的投资创造出来的。它不是同能够由劳动创造的产品如机器、煤炭等等结合在一起，而是同一部分土地的一定的自然条件结合在一起。占有瀑布的那一部分工厂主，不允许不占有瀑布的那一部分工厂主利用这种自然力，因为土地是有限的，而有水力资源的土地更是有限的。""这种自然力的占有，在它的占有者手中形成一种垄断，成为所投资本有较高生产力的条件，这种条件是不能由资本本身的生产过程创造的；能够这样被人垄断的这种自然力，总是和土地分不开的。这样的自然力，既不是相关生产部门的一般条件，也不是该生产部门一般都能创造的条件。"

"现在，我们假定瀑布连同它所在的土地，属于……土地所有者所有。他们不许别人把资本投在瀑布上，不许别人通过资本利用它。""因此，利用瀑布而产生的超额利润，不是产生于资本，而是产生于资本对一种能够被人垄断并且已经被人垄断的自然力的利用。在这种情况下，超额利润就转化为地租，也就是说，它落入瀑布的所有者手中。如果工厂主每年要为瀑布而付给瀑布的所有者 10 镑，工厂主的利润就是 15 镑；是当前场合他的生产费用 100 镑的 15%：所以，他的情况会和本生产部门用蒸汽进行生产的所有其他资本家的情况一样好，甚至可能更好。""并且，正是因为这个余额不是由于他的资本本身而产生，而是由于支配一种可以和他的资本分离、可以垄断并且数量有限的自然力而产生，所以这个余额就转化为地租。"

【关于级差地租一般概念的论述】

"**第一**，很明显，这种地租总是级差地租，因为它并不作为决定要素加入商品的一般生产价格，而是以这种生产价格为前提。它总是产生于支配着一种被垄断的自然力的个别资本的个别生产价格和投入该生产部门的一般资本的一般生产价格之间的差额。

第二，这种地租不是产生于所用资本或这个资本所占有的劳动的生产力的绝对提高。一般说来，这种提高只会减少商品的价值。这种地租的产生，是由于一定的投入一个生产部门的个别资本，同那些没有可能利用这种例外的、有利于提高生产力的自然条件的投资相比，相对来说具有较高的生产率。例如，尽管煤炭有价值，水力没有价值，但如果利用蒸汽能提供利用水力所达不到的巨大利益，而这种利益已足以补偿费用而有余，那么，水力就不会有人使用，就不会产生任何超额利润，因而也不会产生任何地租。

第三，自然力不是超额利润的源泉，而只是超额利润的一种自然基础，因为它是特别高的劳动生产力的自然基础。这就像使用价值总是交换价值的承担者，但不是它的原因一样。如果一个使用价值不用劳动也能创造出来，它就不会有交换价值，但作为使用价值，它仍然具有它的自然的效用。但是，另一方面，如果一物没有使用价值，也就是没有劳动的这样一个自然的承担者，它也就没有交换价值。如果不同的价值不平均化为生产价格，不同的个别生产价格不平均化为一般的调节市场的生产价格，那么，通过使用瀑布而引起的劳动生产力的单纯的提高，就只会减低那些利用瀑布生产的商品的价格，而不会增加这些商品中包含的利润部分，从另一方面说，这同下述情况完全一样：如果资本不把它所用劳动的生产力（自然的和社会的），当作它自有的生产力来占有，那么，劳动的这种已经提高的生产力，就根本不会转化为剩余价值。

第四，瀑布的土地所有权本身，同剩余价值（利润）部分的创造，从而同借助瀑布生产的商品的价格的创造，没有任何关系。即使没有土地所有权，例如，即使瀑布所在的土地是作为无主的土地由工厂主来利用，这种超额利润也会存在。所以，土地所有权并不创造那个转化为超额利润的价值部分，而只是使土地所有者，即瀑布的所有者，能够把这个超额利润从工厂主的口袋里拿过来装进自己的口袋。它不是使这个超额利润创造出来的原因，而是使它转化为地租形式的原因，也就是使这一部分利润或这一部分商品价格被土地或瀑布的所有者占有的原因。

第五，很明显，瀑布的价格，也就是土地所有者把瀑布卖给第三者或卖给工厂主本人时所得的价格，首先，虽然会加到工厂主的个别成本价格上，但不会加到商品的生产价格上，因为在这里，地租产生于用蒸汽机生产的同种商品的生产价格，这种价格的调节和瀑布没有关系。其次，瀑布的这个价格完全是一个不合理的表现，在它背后却隐藏着一种现实的经济关系。瀑布和土地一样，和一切自然力一样，没有价值，因为它本身没有任何对象化劳动，因而也没有价格，价格通常不外是用货币来表现的价值。在没有价值的地方，也就没有什么东西可以用货币来表现。这种价格不外是资本化的地租。土地所有权使所有者能够把个别利润和平均利润之间的差额占为己有。这样获得的逐年更新的利润能够资本化，并表现为自然力本身的价格。如果瀑布的利用对工厂主提供的超额利润是每年10镑，平均利息为5%，那么，这10镑每年就代表200镑资本的利息；瀑布使它的所有者每年能够从工厂主那里占有的10镑的这种资本化，也就表现为瀑布本身的资本价值。瀑布本身没有价值，它的价格只是被占有的超额利润在资本家的计算上的一种反映，这一点立即表现为这样：200镑的价格只是10镑超额利润乘以20年的积，尽管在其他条件不变的情况下，同一瀑布使它的所有者能够在一个不定的时期内，比如说，30 年内，100 年内，或 x 年内，每年获得这 10 镑；另一方面，如果有一种新的不用水力的生产方法，使那些用蒸汽机生产的商品的成本价格由 100 镑减低到 90 镑，那么，超额利润，从而地租，从而瀑布的价格就会消失。

我们在这样确定级差地租的一般概念之后，现在就要进而考察真正农业中的级差地租了。关于农业所要说的，大体上也适用于采矿业。"

【简释：本章是论述级差地租的一般概念。

（1）分析级差地租的前提是：土地和矿山的产品像一切其他商品一样，是按照它们的生产价格即成本要素加上平均利润出售的；地租是商品中剩余价值的一部分，即商品总价格一部分转化的。

（2）级差地租总是产生于个别资本因为支配着一种被垄断的自然力（例如利用自然瀑布作为动力），而使其商品的个别生产价格和该生产部门起调节作用的一般的生产价格之间有一个差额。这个差额形成的超额利润之所以转化为地租，是因为产生这种相对较高的自然生产力（如以瀑布为动力），连同它所在的土地属于土地所有者所有，不许别人通过投资利用它。

（3）自然力不是超额利润的源泉，而只是超额利润的一种自然基础，就像使用价值总是交换价值的承担者，但不是它的原因一样。

（4）土地所有权并不创造那个转化为超额利润的价值部分，它不是使这个超额利润创造出来的原因，而是使它转化为地租，使这个超额利润从工厂主口袋转到土地所有者口袋的原因。土地所有权使其所有者能够把个别利润和平均利润之间的差额占为己有。

（5）瀑布和土地一样，和一切自然力一样，没有价值，因为它本身没有任何对象化劳动，因而也没有价格。瀑布价格和土地价格一样，完全是一个不合理的表现，在它背后却隐藏着一种现实的经济关系。】

第三十九章

级差地租的第一形式（级差地租Ⅰ）

【土地的肥力和位置决定耕种的先后序列】

"我们首先考察等量资本在等面积的不同土地上使用时所产生的不相等的结果；或者，在面积不等时，考察按等量土地面积计算的结果。

这些不相等的结果，是由下面两个和资本无关的一般原因造成的：1. **肥力**。（关于这第1点，应当说明一下，土地的自然肥力的全部内容是什么，其中又包括哪些不同的要素。）2. 土地的**位置**。这一点对殖民地来说是一个决定性的因素，并且一般说来，各级土地耕种的序列就是由此决定的。其次，很明显，级差地租的这两个不同的原因，肥力和位置，其作用可以是彼此相反的。一块土地可能位置很好，但肥力很差；或者情况相反。这种情况很重要，因为它可以向我们说明，一国土地的开垦为什么既可以由较好土地推向较坏土地，也可以相反。最后，很明显，整个社会生产的进步，一方面，由于它创造了地方市场，并且通过建立交通运输手段而使位置变得便利，所以对形成级差地租的位置会发生拉平的作用；另一方面，由于农业和工业的分离，由于一方面大的生产中心的形成，以及由于另一方面农村的相对孤立化，土地的地区位置的差别又会扩大。"

"在自然肥力相同的各块土地上，同样的自然肥力能被利用到什么程度，一方面取决于农业中化学的发展，一方面取决于农业中机械的发展。这就是说，肥力虽然是土地的客体属性，但从经济方面说，总是同农业中化学和机械的发展水平有关系，因而也随着这种发展水平的变化而变化。"

"所有这些对不同土地的不同肥力施加的影响，都归结为一点：从经济肥力的角度来看，劳动生产力的状态，这里指的是农业可以立即利用土地自然肥力的能力——这种能力在不同的发展阶段上是不同的——，和土地的化学成分及其他自然属性一样，也是土地的所谓自然肥力的要素。"

【耕种序列由好地到坏地或由坏地到好地都形成级差地租】

"因此，我们假定农业处于一定的发展阶段。其次，我们假定，土地的等级是按照这种发展阶段评定的"。"这时，级差地租就可以用一个上升的或下降的序列来表现"。

"假定有四级土地 A、B、C、D。""假定 A 是这种最坏土地"。"价格，对最坏土地来说，就等于生产费用，也就是等于资本加上平均利润。"

"抽象地考察（我们已经说明，为什么实际上也能出现这种情况），可以是下降的序列（由 D 到 A，即由肥沃的土地下降到越来越不肥沃的土地），也可以是上升的序列（由 A 到 D，即由相对不肥沃的土地，上升到越来越肥沃的土地）；最后，还可以交替进行，时而下降，时而上升，例如由 D 到 C，由 C 到 A，再由 A 到 B。"

"在第一个序列中，随着价格的提高，地租会增加，利润率则会降低。利润率的这种降低，可以全部或部分地受到起相反作用的各种情况的抑制"。"不应忘记，一般利润率并不是均衡地由所有生产部门的剩余价值决定。不是农业利润决定工业利润，而是相反。"

"在第二个序列中，所投资本的利润率不变；利润量会表现为较小量的谷物；但和其他商品相比，谷物的相对价格已经上涨。""利润的增加额不是流入经营产业的租地农场主手中，不是表现为利润的增加，而是以地租的形式从利润中分离出来。"

"因此，无论价格不变，还是上涨，无论由较坏土地不断推进到较好土地，还是由较好土地不断退向较坏土地，级差地租总是同样发展和增加。"

（假定一个新的序列）"由比较肥沃的土地转到比较不肥沃的土地和由比较不肥沃的土地转到比较肥沃的土地，这两种过程会同时出现。""因此，行进的序列是相互交错的"。

"第一个并且主要的一个假定是，农业的改良在各级土地上产生的效果是不同的；这里，在最好土地 C 和 D 上就比在 A 和 B 上效果大。经验已经表明，通常的情况就是这样，虽然与此相反的情况也可能出现。如果改良在较坏土地上比在较好土地上效果大，较好土地的地租就会减少，而不会增加。"

"第二个假定是，随着总产量的增长，总需求也同步增长。"

【综合考察级差地租第一形式的五点结论】

"以上三个表可以理解为社会一定状态下的几个阶段，例如并存于三个不同的国家，或者可以理解为同一个国家不同发展时期的彼此衔接的阶段。比较这三个表（其中的第Ⅰ序列要用两次，一次是由 A 上升到 D，一次是由 D 下降到 A），可以得出以下结论：

1. 序列在完成时（不管它的形成过程如何）总好像是一个下降的序列，因为人们在考察地租时，总是先从提供最高地租的土地出发，最后才谈到不提供地租的土地。

2. 不提供地租的最坏土地的生产价格，总是起调节作用的市场价格，虽然在构成上升序列的第Ⅰ表中，只是因为耕种越来越好的土地，起调节作用的市场价格才保持不变。在这种情况下，就 A 级土地保持调节作用的程度要取决于最好土地的产量这一点而言，最好土地所生产的谷物的价格是起调节作用的。如果 B、C、D 的产量超过需要，A 就会失去调节的作用。施托尔希把最好土地选作起调节作用的土地时，他就是这样想的。美国的谷物价格也是这样调节英国的谷物价格的。

3. 级差地租是由于农耕发展各个阶段的各级土地自然肥力的差别而产生的（这里还是把土地的位置撇开不说），就是说，它的产生是由于最好土地面积有限，是由于等量资本必须投在对等量资本提供不等量产品的不同的各级土地上。

4. 级差地租和已划为某一等级的级差地租的存在，可以按下降的序列，即由较好土地到较坏土地的序列形成，也可以反过来，按上升的序列，即由较坏土地到较好土地的序列形成；……还可以按两个方向相互交叉的序列形成（第Ⅰ序列可以由 D 到 A，也可以由 A 到 D 而形成。第Ⅱ序列包括这两种运动）。

5. 按照级差地租的形成方式，级差地租在土地产品价格不变、上涨和下降时都可以形成。在价格下降时，总产量和总地租都可以增大，而且在迄今没有地租的土地上也能形成地租，虽然最坏土地 A 已经为较好土地所代替，或者它自身已经变为较好的土地，虽然另外一些较好土地，甚至最好土地的地租已经减少（表Ⅱ）;这个过程，还可以和（货币）地租总额的减少结合在一起。最后，当价格因耕作普遍改进而下降，以致最坏土地的产量和产品价格降低时，一部分较好土地的地租可以保持不变或者减少，但最好土地的地租可以增长。各级土地和最坏土地相比的级差地租，在产量差额已定时，当然总是取决于例如小麦每夸特的价格。但在价格已定时，级差地租就取决于产量差额的大小，而在一切土地的绝对肥力都增进时，如果较好土地的肥力比较坏土地的肥力相对地说提高得更多，

这个差额就会随着增大。因此，在价格为 60 先令时（表 I），D 的地租是由 D 对
A 的产量差额决定的，因而是由 3 夸特的余额决定的；所以，地租等于 $3 \times 60 =$
180 先令。但在表 III（在那里，价格为 30 先令），它是由 D 超过 A 的产量的余额
8 夸特决定的；$8 \times 30 = 240$ 先令。

因此，在威斯特、马尔萨斯、李嘉图等人那里还占统治地位的有关级差地租
的第一个错误假定就被推翻了。按照这个错误的假定，级差地租必然是以耕种越
来越坏的土地或农业肥力越来越下降为前提的。我们已经看到，在耕种越来越好
的土地时，能产生级差地租。当较好土地代替以前的较坏土地而处于最低等级
时，也能产生级差地租；……级差地租可以和农业的进步结合在一起。它的条件
只是土地等级的不同。在涉及生产率的发展时，级差地租的前提就是：土地总面
积的绝对肥力的提高，不会消除这种等级的不同，而是使它或者扩大，或者不
变，或者只是缩小。"

【土地产品价格中包含虚假的社会价值】

"关于级差地租，一般应当指出：市场价值始终超过产品总量的总生产
价格。"

"这是由在资本主义生产方式基础上通过竞争而实现的市场价值所决定的；
这种决定产生了一个虚假的社会价值。这种情况是由市场价值规律造成的，土地
产品受这个规律支配。产品（也包括土地产品）市场价值的决定，是一种社会行
为，虽然这是一种不自觉的、无意的行为。这种行为必然是以产品的交换价值为
依据，而不是以土地及其肥力的差别为依据。如果我们设想社会的资本主义形式
已被扬弃，社会已被组成为一个自觉的、有计划的联合体，10 夸特就会只代表一
定量的独立的劳动时间，而和 240 先令内所包含的劳动时间相等。因此，社会就
不会按产品内所包含的实际劳动时间的二倍半来购买这种土地产品；这样，土地
所有者阶级存在的基础就会消失。这样一来，结果就像从国外进口产品使产品价
格便宜了同一数额完全一样。因此，如果说，维持现在的生产方式，但假定级差
地租转归国家，土地产品的价格在其他条件相同时会保持不变，当然是正确的；
但如果说，在资本主义生产由联合体代替以后，产品的价值还依旧不变，却是错
误的。同种商品的市场价格的等同性，是价值的社会性质在资本主义生产方式的
基础上，以及一般说来在一种以个人之间的商品交换为基础的生产基础上借以实
现的方式。被当作消费者看的社会在土地产品上过多支付的东西，社会劳动时

间实现在农业生产上时形成负数的东西，现在对社会上的一部分人即土地所有者来说却成了正数。"

【四点补充说明】

"关于已在第1项下考察的级差地租的形式，还必须作以下的补充。这种补充部分地对于级差地租Ⅱ也是适用的。"

"**第一，**""一旦一国的土地全部被占有，一旦土地投资、耕作和人口达到一定的水平"，"各种质量的未耕地的价格（假定只有级差地租存在），就是由具有相同质量和相等位置的已耕地的价格决定的。这种土地虽然不提供地租，但在除去所需的开垦费用之后，将会有相同的价格。土地的价格当然不外是资本化的地租。""对未耕地部分来说会形成一个名义价格，并且这种未耕地会变成一种商品，对它的所有者来说变成财富的一个源泉。"

"**第二，**总的说来，耕地的扩大或者是向较坏土地发展，或者是根据既有的各级土地的现状按不同比例向各级土地发展。当然，向较坏土地发展，决不是任意选择的，而只能是——在资本主义生产方式的前提下——价格上涨的结果，并且在每一种生产方式下都只能是必然性的结果。但也并不是无条件的。较坏土地可以由于位置好，比那种相对较好的土地优先被人利用。在年轻的国家中，位置对于耕地的扩大是具有决定意义的。"

"**第三，**下面的假定是错误的：殖民地，一般来说年轻国家，可以按比较便宜的价格出口谷物，所以，那里的土地必然具有较大的自然肥力。在那里，谷物不仅低于它的价值出售，而且低于它的生产价格，即低于由较古老的国家的平均利润率决定的生产价格出售。""这首先是取决于经济条件。一个像密歇根这样的地方，在开始的时候，几乎全部人口都从事农业，特别是从事大宗农产品的生产，他们只能用这种产品来交换工业品和各种热带产品。所以，他们的剩余产品全部都是谷物。""允许它们这样做的，是世界市场的分工。""是由于它们的劳动，从而体现它们的劳动的剩余产品，具有一种片面的形式。"

"因此，和李嘉图所想象的相反，这种土地不一定是非常肥沃的，也不是只有肥力相等的土地才会被耕种。"

"**最后，**耕地扩大到较大的土地面积上，即扩大到由 A 到 D 的各级土地上，""例如，耕种较大面积的 B 和 C 的土地，""虽然市场价格的大幅度涨落会影响生产的规模，但是，撇开这点不说，甚至在其水平既不阻碍生产、也不特别促进生产的平均价格下，农业（像资本主义经营的其他一切生产部门一样）会不断发生一种相对的生产过剩。这种生产过剩本来和积累是一回事"。"需要不断增加，人们预见到这种情形，就不断向新的土地投入新的资本"。"就资本家个人来说，他总是按自己所能支配的资本量来计算自己的生产规模，只要他自己对此还能进行监控的话。他所关心的是在市场上占到尽可能大的地盘。如果生产过剩了，他不会归咎于自己，而是归咎于他的竞争者。资本家个人可以通过在现有市场上占有更大的份额，也可以通过扩大市场本身，来扩大自己的生产。"

【简释：（1）本章研究的级差地租的第一形式（级差地租Ⅰ），是指等量资本投在面积相同、而肥力或者位置不同的土地提供不等量产品所产生的地租。级差地租是由于农耕发展各个阶段的各级土地自然肥力和位置的差别而产生的。就是说，它的产生是由于肥力和位置好的地面积有限，从而等量资本必须投在提供不等量产品的好坏不等的各级土地上。

（2）关于土地的好坏和不同的耕种序列。级差地租Ⅰ的两个不同原因，肥力和位置，都不是固定不变的：自然肥力相同的两块土地，会因土壤化学成分、植物养分的变化而发生变化，而且同样的自然肥力被利用到什么程度，取决于农业中化学和机械的发展水平；而土地位置的变化，则是由于整个社会生产的进步，不仅创造了地方市场和大的生产中心，而且通过交通运输手段的发展使位置变得便利。同时，土地和位置的作用可以是彼此相反的。一块土地可能位置很好，但肥力很差；或者情况相反。以上情况说明，一国土地的耕种为什么既可以由较好土地推向较坏土地，也可以相反，由较坏土地推向较好土地，还可以交替进行。

（3）级差地租的图表说明。假定有同量资本分别投入 A、B、C、D 四级土地。表1、表2、表3说明：无论价格不变，还是价格上涨，无论耕种顺序由较坏土地推进到较好土地，还是由较好土地倒退到较坏土地，只要进入耕种的土地的差异性扩大，级差地租都会形成和增加。级差地租可以和农业的进步结合在一起，它的条件只是土地的等级不同。这就批判了李嘉图认为的级差地租是由于人们不得不耕种越来越坏的土地而产生的错误观点。

（4）农产品价格下跌时的地租变动。表Ⅱ说明，由于土地耕种扩大的顺序是交替进行的，价格下跌的结果是 B、C、D 这三级土地的货币地租都下降了，而谷物形式的地租总额却是增加了。表Ⅲ说明价格下跌的另一情形：由于农业的改良，A、B、C、D 四级土地都增产了，土地越好的增产幅度越大，虽然价格下跌，级差地租总额或谷物地租总量，都可以增加。事实证明，无论土地产品的价格上升、下降或不变的情况下，都可以形成级差地租。李嘉图认为的地租只是由于农产品价格越来越贵的观点，是错误的。

（5）含有级差地租的农产品价格具有垄断性质，包含虚假的社会价值。在优等地有限并都被占有的条件下，劣等地进入耕种行列，必须以能够获得平均利润为条件，这使得劣等地的生产价格成为起调节作用的生产价格，而经营优等和中等土地，都能获得超额利润。这样，与工业产品由中等的生产条件决定市场价值和生产价格不同，农产品实现的市场价值，超过了农产品个别的价值或生产价格的总和，产生了一个虚假的社会价值。当然，农产品的需求和供给是变化的，由于农业部门内部的竞争，劣等地的生产价格会在何种程度上保持它的调节作用，要取决于较好和最好的土地的产量。

（6）总耕地面积的总地租的变化。图表说明，当 A、B、C、D 四级土地的耕种面积都扩大一倍时，级差地租总额也会增加一倍。如果耕地面积的扩大仅限于不支付地租的 A 级土地的扩大，地租总额就不会增加。这恰好证明：李嘉图认为地租总额的增加只是由于很大数量的相对坏的土地被耕种的观点，不符合事实。

（7）一国的最坏耕地和较坏耕地在总耕地面积中所占的比重，与地租总额成反比，即该比重越大，全国的地租总额便越少；反之地租总额越多。与此相反的是：最坏耕地和较好及最好耕地之间的质的差距，与每亩的地租和地租总额（在其他情况相等时）成正比，即好地的耕种面积越是扩大，以及在土地上使用的资本和劳动的增加，每亩的地租和地租总额随之增加。反之，如果是最坏土地和等级与之相近的土地在扩大耕地中占优势，地租总额就不会随着耕地面积的扩大而相应增加。上述两种因素的混淆，是引起反对级差租的各种奇谈怪论的原因。

（8）四点补充说明：①已耕土地能够提供地租，因而获得一个地租资本化的价格，同时也成为未耕土地的名义价格，使未耕地因此变为一种商品，并成为它的所有者的一个财富源泉。②总的说来，耕地的扩大或者是向较坏土地发展，只能是价格上涨的结果。但也并不是无条件的。较坏土地可以由于位置好，或者处于较好土地的包围之中，而优先被人利用。在年轻的国家中，位置对于耕地的扩大是具有决定意义的。③殖民地及年轻国家的出口谷物比较便宜，并不是因为土地具有较大的自然肥力，而是由于它的谷物按低于价值和生产价格出售。因为这些国家几乎全部人口都从事农业，只能用大宗农产品通过世界市场来交换工业产品。世界市场的分工，使它们的劳动和体现劳动的剩余产品，具有一种片面的形式。④耕地面积的扩大，即扩大到由 A 到 D 的各级土地上，从来不是以谷物价格的预先上涨为前提。人口的增加和向殖民地移民，使需要不断增加，会引起不断向新的土地投入新的资本。所以农业（像资本主义经营的其他一切生产部门一样）会不断发生一种相对的生产过剩。就资本家个人来说，他所关心的是在市场上占到尽可能大的地盘。如果生产过剩了，他不会归咎于自己，而是归咎于他的竞争者。】

第四十章

级差地租的第二形式（级差地租 II）

【级差地租实质上只是投在土地上的等量资本具有不同生产率的结果】

"以上我们只是把级差地租看作投在面积相等而肥力不同的土地上的等量资本所具有的不同生产率的结果，所以，级差地租是由投在最坏的无租土地上的资本的收益和投在较好土地上的资本的收益之间的差额决定的。在那里，我们假定若干资本同时投在不同的地块上，所以，每投入一笔新的资本，土地的耕作范围就会相应扩展，耕地面积就会相应扩大。但是，级差地租实质上终究只是投在土地上的等量资本所具有的不同生产率的结果。那么，生产率不同的各资本量连续投在同一地块上和同时投在不同地块上，假定结果相同，这是否会有什么差别呢？

首先，不能否认，就超额利润的形成来说，这两种场合是毫无差别的"。

"资本各价值部分的超额利润和不同的超额利润率，在这两种场合都是按同样的方式形成的。地租无非是这个形成地租实体的超额利润的一种形式。但是，无论如何，在第二个方法上，超额利润到地租的转化，也就是使超额利润由资本主义租地农场主手里转到土地所有者手里的这种形式变化，会遇到各种困难。"

"地租是在土地出租时确定的，此后，在租约有效期间，由连续投资所产生的超额利润落入租地农场主的腰包。正因为这样，租地农场主总是力争签订长期租约；但另一方面，由于地主占优势，每年都可解除的租约增加了。

因此，从一开始就很清楚：带来不同结果的各个等量资本，不管是同时投在同样大的各块土地上，还是相继投在同一块土地上，都不会影响超额利润的形成规律，但是，这对于超额利润转化为地租来说，却有重大的差别。后一个方法会把这种转化限制在一方面更为狭小，另一方面更不稳定的界限内。因此，在实行集约化耕作（在经济学上，所谓集约化耕作，无非是指资本集中在同一块土地上，而不是分散在若干毗连的土地上）的各国，税务员的工作，正如摩尔顿在他所著的《地产的资源》一书中所说的，就成了一种极为重要、复杂、困难的职业。如果土地改良的效果比较持久，那么，在租约满期时，人工增进的土地的级差肥力，就会和土地的自然的级差肥力合而为一，因此，地租的评定就会和肥力不同的各级土地之间的地租的评定重合起来。"

【级差地租Ⅰ是级差地租Ⅱ的基础和出发点】

"在考察级差地租Ⅱ时，还要强调指出如下几点：

第一，级差地租Ⅱ的基础和出发点，不仅从历史上来说，而且就级差地租Ⅱ在任何一定时期内的运动来说，都是级差地租Ⅰ，就是说，是肥力和位置不同的各级土地的同时并行的耕种，也就是农业总资本的不同组成部分在不同质的地块上同时并行的使用。"

"**第二**，在级差地租的第Ⅱ形式上，除了肥力的差别，还有资本（以及获得信用的能力）在租地农场主之间的分配上的差别。在真正的工业中，对每个生产部门来说，都会迅速形成各自的经营规模上的最低限额和与此相应的资本的最低限额，资本达不到这个限额，单个的经营便不能顺利进行。同样，在每个生产部门中又会形成多数生产者所必须拥有并且实际也拥有的、高于这个最低限额的标准的平均资本量。大于平均资本量的资本会提供额外利润，而小于平均资本量的资本就得不到平均利润。资本主义生产方式只是缓慢地、非均衡地侵入农业，这是我们在英国这个农业的资本主义生产方式的典型国家中可以看到的。如果没有谷物的自由进口，或者因自由进口的数量很小，影响有限，那么，市场价格就要由耕种较坏的土地的生产者来决定，就是说，要由在低于平均生产条件的较不利条件下进行经营的生产者来决定。用于农业的并且一般可以由农业支配的资本总量中的一大部分，就是掌握在这些生产者手中。"

"这种情况使实际的资本主义租地农场主能够把超额利润的一部分占为己有；如果资本主义生产方式在农业中，也同在工业中一样均衡地发展，那么，至少就上述这点来说，这种情况就不会发生。"

"让我们首先只考察级差地租Ⅱ中的超额利润的形成，暂且不考虑这种超额利润能够转化为地租的条件。"

"这里很明显，级差地租Ⅱ只是级差地租Ⅰ的不同的表现，而实质上二者是一致的。在级差地租Ⅰ中，各级土地的不同肥力所以会发生影响，只是因为不同的肥力使投在土地上的各个资本在资本量相等时或就资本的比例量考察时，会产生出不同的结果，不同的产量。不论这种不同的结果是由相继投在同一块土地上的各个资本产生的，还是由投在好几块等级不同的土地上的各个资本产生的，都不会使肥力的差别或它们的产量的差别发生变化，因此也不会使生产率较高的投资部分的级差地租的形成发生变化。在投资相等的情况下，土地仍然显示出不同的肥力，不过，在这里一个资本分成几个部分相继投在同一土地上所完成的事情，也就是级差地租Ⅰ的场合下社会资本各等量部分投在各级土地上所完成的事情。"

"这里再一次表明，级差地租Ⅱ是以级差地租Ⅰ为前提的。"

"级差地租Ⅱ，在连续投入的几个资本的生产率下降的场合，只有当这些资本只能投入最坏土地A的时候，才必然会引起生产价格的上涨和生产率的绝对降低。""在投资增加时，生产率的每一次下降，在这里就表现为每英亩产量的相对减少，但在较好的各级土地上，则只表现为多余的超额的产品的减少。

但是，按照事物的本性来说，发展集约化耕作，也就是说，在同一土地上连续进行投资，这主要是或在较大程度上是在较好土地上进行的。（我们说的不是那种会使以前不能使用的土地变为有用土地的永久性改良）因此，连续投资下的肥力的下降，必然主要是以上述方式表现出来。较好土地所以被人看中，是因为这种土地包含有肥力的大多数自然要素只待利用，最有希望为投在它上面的资本生利。"

【追加资本的利润率对级差地租Ⅱ的影响】

"除了这种情况，即已耕地提供的供给已经不够，从而市场价格长期高于生产价格，直到来耕种新追加的较坏土地，或者，投在各级土地上的追加资本的总产品只能按高于以前的生产价格来供应，——除了这种情况，追加资本的生产率的按比例的下降，则不会影响起调节作用的生产价格和利润率。此外，可能还有如下三种情况：

（a）如果A、B、C、D任何一级土地上的追加资本只提供由A的生产价格决定的利润率，那么就不会形成任何超额利润，从而也不会形成任何可能的地租，正如耕种追加的A级土地时的情况一样。

（b）如果追加的资本提供较高的产量，那么，不言而喻，只要起调节作用的价格保持不变，就会形成新的超额利润（可能的地租）。但也并不必然是这种情形，也就是说，如果这种追加生产把A级土地从耕地中排挤出去，从而把它从互相竞争的各级土地序列中排挤出去时，情形就不是这样。这时，起调节作用的生产价格就会下跌。如果这种下跌和工资的下降结合在一起，或者，如果比较低廉的产品成为不变资本的要素，利润率就会提高。如果追加资本的生产率的提高发生在最好土地 C 和 D 上，那么，价格的下跌和利润率的提高会以怎样的程度同更大的超额利润（也就是更大的地租）的形成结合在一起，这就完全取决于新追加的资本的生产率提高的程度和新追加的资本的数量。工资不下降，利润率也可以因不变资本的要素变得便宜而提高。

（c）如果追加的投资伴有超额利润的减少，但它的产量超过 A 级土地上的等量资本的产量而形成余额，那么，只要这个增加了的供给不致把 A 级土地从耕地中排挤出去，在一切情况下都会形成新的超额利润，而且可以同时在 D、C、B、A 各级土地上形成新的超额利润。相反地，如果把最坏土地 A 从耕地中排挤出去，起调节作用的生产价格就会下跌，而以货币表现的超额利润从而级差地租是增加还是减少，就取决于每夸特价格的减少和形成超额利润的夸特数的增加这二者之间的对比关系。但是，不管怎样，有一点值得注意：在各个连续投资的超额利润减少时，生产价格并不像乍看起来那样必然上涨，而是可能下跌。"

【简释：（1）级差地租Ⅱ与级差地租Ⅰ的差别：级差地租Ⅰ是等量资本投在肥力和位置不同的耕地上所具有的不同生产率和收益的结果；级差地租Ⅱ则是等量资本连续投在同一耕地上所具有的不同生产率和收益的结果。两者的差别还在于：超额利润到级差地租Ⅱ的转化，会遇到各种困难，这是因为地租是土地出租时确定的，此后在租约有效期间，由连续投资所产生的超额利润会落入租地农场主的腰包，因此他会力争签订长期租约；但另一方面，如果投资于土地改良的效果比较持久，人工增进的土地的级差肥力，就会同土地的自然肥力合而为一，在租约期满后仍起作用。由于地主占优势，为使这些好处落到自己手里，总是要缩短租约期，甚至签订每年都可以解除的租约。

（2）级差地租Ⅰ是级差地租Ⅱ的基础和出发点。级差地租终究只是投在土地上的等量资本所具有的不同生产率的结果。级差地租Ⅰ与级差地租Ⅱ，虽然形成过程的特点不同，但并不影响都是由超额利润形成的规律，一旦转化为地租之后，就难以区分了。而且历史地看，农业的资本主义经营一开始是把资本以粗放的方法投在较大的土地面积上，并不是把较多资本投在同一土地上。后来随着人口增长、资本积累和农业科技发展，产生了集约化耕作、即资本集中在同一块耕地上连续投资的需要和条件，因此级差地租Ⅰ是作为出发点的历史基础。从经济现实看，资本主义生产方式只是缓慢地、非均衡地侵入农业，市场价格就要由耕种较坏的土地的生产者来决定，投资无论是分别投在B、C、D各级土地上，还是连续投在某一级土地上，只要生产率高于原先投在A级土地的生产率，便都会产生级差地租。可见，级差地租Ⅱ只是级差地租Ⅰ的不同的表现，并以级差地租工为前提，二者实质上是一致的。

（3）级差地租Ⅱ的形成条件。级差地租特别是级差地租Ⅱ的形成，会有各种复杂的组合。例如，由于连续追加投资使得农产品供大于求，导致价格下跌，A级土地不能获得平均利润而退出耕种，B级土地成为起调节作用的社会生产价格，这时对D级土地的连续投资获得的超额利润和级差地租将会下降。另一种情况是，对A级土地的追加投资的生产率下降，其结果会引起生产价格上涨和生产率的绝对降低（产品降低）。再一种情况是连续投资于D级土地的生产率下降，其结果可能伴随着社会生产价格的下降，和从社会观点看生产率的提高（即比投资于A级的生产率要高）。还有一种情况是，对A、B、C、D四级土地的连续投资都引起生产率的下降，而低于A级土地初次投资生产率的产品，仍为市场所需要。这时谷物价格会涨到A级土地的追加投资生产率下降情况下仍能获得平均利润的水平。其结果B、C、D级土地的级差地租都增加了。另一方面，由于谷物价格上涨而工资相应提高，引起资本利润率下降。马克思指出李嘉图的错误，是他把级差地租Ⅱ的全部形成，都归结于这种情况，把这一种情况说成是唯一的情况。

（4）追加资本的利润率对级差地租Ⅱ的影响。一种情况是追加资本的产量只同A级土地初次投资的产量相等，则级差地租的总量不会增加。第二种情况是追加资本提供了较高产量，这是否会形成新的超额利润和增加级差地租总量，要看产量增加的幅度和引起价格下跌的程度。第三种情况是追加资本的超额利润虽比以前的投资减少，但它的产量仍高于A级土地初次投资的产量，这时追加资本仍会形成新的超额利润和提供新的级差地租，虽然超额利润率同相应的较好土地上的等量投资的超额利润率相比是下降了。

（5）级差地租Ⅱ使每亩土地的地租增加和土地价格提高。如果在B、C、D三级提供地租的土地上，投资增加一倍，产量相应增加一倍，那么每亩的货币地租和这个货币地租借以资本化的土地价格，也增加一倍。如果B、C、D三级土地的追加投资的产量比各自初次投资的产量低，但仍高于 A 级土地上投资的产量，那么这三级土地的追加投资仍然能提供级差地租，只是级差地租Ⅱ会比级差地租Ⅰ少一些。这三级土地每亩的价格也会随着每亩地租的增加而相应提高。

为了详细考察追加投资是否引起生产价格变化，及其对级差地租Ⅱ的影响，从第四十一章至第四十三章，分别考察了生产价格不变、生产价格下降和生产价格上涨三种情况。】

第四十一章

级差地租Ⅱ——第一种情况：生产价格不变

【简释：（1）生产价格不变这个前提意味着：市场价格仍由投在最坏的 A 级土地的资本调节。在这个前提下追加投资对级差地租Ⅱ的影响，有四种情况：

①投在 B、C、D 任何一级土地的追加资本，其和投在 A 级土地资本的产量一样多，那么追加投资只获得平均利润，不提供超额利润，对地租的影响等于零，一切都照旧。

②在 A、B、C、D 各级土地的追加投资，每一级土地的产量都按资本增加的比例而增加。这种情况下，地租的提高只是土地投资增加的结果，而且是和资本的这种增加成比例的。

③在 B、C、D 三级土地的追加投资，其各自增加的产量分别小于各自初次投资的产量，但仍高于 A 级土地上同量投资的产量。这种情况下，对任何一种提供地租的土地的追加投资，都会提供由超额利润转化的级差地租Ⅱ，但它提供的超额利润和资本增加量的比率会下降，即追加资本的超额利润率降低了。

④对较好土地的追加投资的产量比原来投资的产量大。在这种情况下，追加的投资是和土地的改良结合在一起的，因此每亩的地租会增加，并且增加的比例大于追加资本。这意味着一个较小的追加资本和从前一个较大的追加资本相比会产生同样或更大的效果。

以上四种情况都说明，在生产价格不变时，级差地租Ⅱ的产生，必须以追加投资的产量高于 A 级土地初次投资的产量为前提。在这个前提下，追加资本可以在生产率不变、提高或下降的条件下投在 B 级以上的各级土地上。

（2）级差地租Ⅱ使土地价格提高。资本主义生产方式越发展，资本就越积聚在同一土地上，所以按每亩计算的地租也就越提高。如果有两个国家，它们的生产价格、各级土地的差别都是一样的，所投资本的总额也是相同的，但其中一国主要采用在有限土地上连续投资的形式，另一国主要采用在比较广阔的土地上并行投资的形式，那么，每亩的地租，从而土地的价格，在前一个国家就比较高，而在后一个国家就比较低，虽然地租总额在这两个国家是相等的。因此，在这里，地租量的差别既不能由各级土地的自然肥力的差别来说明，也不能用劳动的数量来说明，而只能由不同的投资方法来说明。】

第四十二章

级差地租 II ——第二种情况：生产价格下降

【简释：当追加投资的生产率不变、降低或提高时，生产价格都可能下降。

（1）追加投资的生产率不变。这时起调节作用的生产价格之所以下跌，是因为各级土地的产量会按投资增加的比例而增加，导致农产品供给超过需求，使起调节作用的已经不是 A 级土地，而是 B 级土地（或任何一种比 A 级好的土地）的生产价格，随着 A 级土地的产品被排除出市场，资本就会从 A 级土地上退出。这时较好的 B 级土地起着和从前较坏的 A 级土地一样的作用。C、D 两级土地的地租也减少了。

（2）追加资本的生产率降低。在生产价格下降情况下，A 级土地产品退出市场，在 B、C、D 三级土地上追加投资的产量，尽管生产率比原来有所下降，但仍比 A 级土地的生产率高，因而可以满足社会需要。这时起调节作用的 B 级土地的投资只获得平均利润，不提供级差地租。

（3）追加资本的生产率提高。A 级土地追加资本的生产率提高，引起生产价格下降，随着追加投资用于土地耕作的改良，对每亩投资的最低限额会不断提高。这时，问题不再是同一亩土地上的资本不同部分的收益的差别，而是每亩土地上总投资是否充足的差别。起调节作用的 A 级土地上的各个投资的产量，是合并平均计算的。因此，B、C、D 三级土地上的地租额，同它们的追加投资的生产率，是大于或小于 A 级土地上追加投资的生产率的提高，有很大关系。一种情况是，两者按相同比例提高，那么前者的地租也会按同一比例增加。如果前者大于后者，前者地租就增加得更多。再一种情况是，虽然 B、C、D 三级土地追加投资的生产率，是按 A 级土地追加投资的生产率相同的比例提高，但 B、C、D 三级土地的追加投资更多，这三级土地上的地租也会增加更多。】

第四十三章

级差地租 II——第三种情况：生产价格上涨。结论

【简释：（1）生产价格的上涨是以不支付地租的最坏土地的生产率的降低为前提的。这种生产率的降低，可能产生于两种方式：

第一种方式是对生产价格起调节作用的 A 级土地连续投资的生产率下降了。其中包括三种情况：①虽然对 A 级土地的第二次投资的生产率不变或提高，但它的第一次投资已经降低了；②A 级土地第一次投资的生产率只有原先假定的一半，第二次投资的生产率才和第一次投资假定的生产率相同，因而两次投资总和的生产率仍然是降低了；③对 A 级土地第一投资的生产率和以前假定的相同，而第二次投资的生产率下降一半，这是生产率降低引起生产价格上涨的典型形式。

第二种方式是比 A 级土地更差的土地进入耕种，使比 A 级土地更低的生产率对生产价格起调节作用，原先不提供级差地租的 A 级土地也有超额利润转化为级差地租。这种方式由于新加入耕种的 a 级土地的肥力各不相同，同量投资的产量可能有多、较多、较少三种情况。但是，不管起调节作用的 a 级土地的生产率如何，在这个新的基础上，A、B、C、D 四级土地的级差地租也会以一种变化了的形式表现出来。

以上两种方式的生产率降低，谷物生产价格都会上涨。

（2）对级差地租的考察可以得出如下结论：

第一，级差地租 II 和级差地租 I 之间存在明显的区别：级差地租 I 是以同量资本投入肥力和位置不同的土地上具有不同的生产率所形成的，级差结果本身就是可以区别的。而级差地租 II，是由于同一土地上的连续投资比最坏的、无租的、但调节生产价格的土地上的等量投资相比，具有较高的生产率的结果。因而考察级差地租 II，不仅要看每次投资的生产率，而且要看连续投资的平均生产率，即要把各次投资的部分产品的生产价格，平均化为连续投资全部产品的平均

生产价格，以便同起调节作用的生产价格相比较。这实际上是必须先转化为可以区别的级差地租Ⅰ。

第二，土地所有权是对农业的追加投资的障碍。如果在 B 级土地上第一、二次投资的生产率高于起调节作用的 A 级土地的生产率，可以提供超额利润或地租；但第三次投资的产量与 A 级土地相同，即只能获得平均利润，没有超额利润可以转化为地租；而第四次投资的生产率低于 A 级土地，那么连平均利润也得不到了。由于租地农场主的后两次投资仍要按照前两次投资的地租额支付给地主。这说明，同一块土地上的连续投资，或者说同一地块上投资的增加，在资本的生产率下降和起调节作用的生产价格不变的情况下，将会更早得多地遇到它的界限，就是说，在土地上的连续投资由于存在土地所有权、超额利润转化为地租，而在事实上或多或少遇到一种人为的界限。超过这个界限，同一土地上的追加投资就会停止。级差地租的存在同时又是一般生产价格更早、更迅速地上涨的原因。通过这种上涨，才保证了已成为必要的追加产品的供给。

（3）只要已耕种的土地仍有竞争力，土地上使用的资本越多，一国的农业和整个文明越发展，每英亩的地租和地租总额就增加得越多，社会以超额利润形式付给大土地所有者的贡赋也就越多。】

第四十四章

最坏耕地也有级差地租

【简释：（1）最坏的耕地也提供级差地租，是因为对谷物的需求不断增加，有三种方式可以增加谷物的供给，从而使最坏的 A 级土地也产生级差地租。

第一种方式，是在较好的 B 级土地上连续投资的生产率持续下降，以至降到起调节作用的 A 级土地的生产率之下。这时级差地租的产生，是由于起调节作用的 A 级土地的个别生产价格，和提供必要追加产品的 B 土地上最后一次追加投资低生产率形成的更高生产价格相比，有一个差额。

第二种方式，是为满足需求的必要追加产品，由比 A 级土地生产率更低的新进入耕地来提供，这时新投资的耕地成为最坏的耕地，而 A 级土地就成为提供地租的土地序列中的最低一级。但这是级差地租 I 的变化，不属于级差地租 II 的考察范围。

第三种方式，是 A 级土地上追加投资带来生产率提高或生产率降低而形成的地租。

追加投资的生产率提高，又可能有两种情况：一种是在 A 级土地的几次投资的生产率有高有低，它的全部产品平均的个别生产价格成为起调节作用的一般生产价格（如果在 A 级土地上采用这种需要更多费用的改良耕作方法，是因为在较好土地上已采用了这种耕作方法，即农业发生了普遍的革命，情况就会是这样。）这时 A 级土地仍然不提供级差地租，但会相应地降低生产价格，从而相应降低各级土地的级差地租。但还有另一种情况，如果农业耕作的改良最初只在 A 级的一部分耕地上采用，使追加投资的生产率提高了。这种情况会阻碍 A 级土地的个别生产价格平均化成为起调节作用的一般生产价格，因此，会保留一个高于必要水平的生产价格，A 级土地就能提供由超额利润转化的地租。

追加投资的生产率降低，也可能有两种情况：一种是 A 级土地两次投资生产率降低，全部产品平均化的生产价格成为起调节作用的一般生产价格，A级土地仍不会产生级差地租。另一种是A级土地第二次投资生产率降低，个别生产价格成为起调节作用的一般生产价格，A级土地就能够提供级差地租。究竟是两次投资的生产价格平均化，还是第二次投资的个别生产价格，成为起调节作用的生产价格，这又取决于第二次投资在现有的A级土地上所达到的普遍程度。只有土地所有者赢得时间，把在需求满足前的价格所得到的超额利润作为地租固定下来，后一种情况才会发生。

（2）以上说明，在较好的B级土地追加投资的生产率低于最坏的A级土地的生产率，以及其他两种可能的情况下，最坏的耕地都会产生级差地租。这个结论在理论上的重要意义在于：它证明了李嘉图关于土地的耕种只能是由好地到坏地转移，最坏的土地不提供地租，农产品价格不断上涨和级差地租Ⅱ的产生及增长，是由于土地收益递减规律的作用等观点，是片面的、不符合事实的。马克思的地租理论揭示了：土地收益递减并不是一个规律，伴随耕作技术进步的追加投资生产率，一般并不是递减的，而是不变或递增的。李嘉图把追加资本的生产率递减这一种可能的情况绝对化，片面地当作级差地租Ⅱ产生和增长的唯一的情形。事实上，级差地租Ⅱ的产生，是由于在各级土地上的各个连续投资有不等的生产率，而不论它是递增或递减的。因此，和所谓"土地收益递减规律"并没有必然的联系。】

第四十五章

绝对地租

【土地所有权的垄断使经营最坏的土地也要支付地租】

"在分析级差地租时，我们是从最坏的土地不支付地租这一前提出发的"。

"但土地所有权的垄断，作为资本的限制的土地所有权，是级差地租的前提，因为，如果没有这种垄断，超额利润就不会转化为地租，就不会落到土地所有者手里，而会落到租地农场主手里。甚至在作为级差地租的地租并不存在的地方，也就是，在 A 级土地上，作为限制的土地所有权还是继续存在。如果我们考察一下在一个实行资本主义生产的国家中，资本可以投在土地上而不付地租的各种情况，那么，我们就会发现，所有这些情况都意味着土地所有权的废除，即使不是法律上的废除，也是事实上的废除。但是，这种废除只有在非常有限的、按其性质来说只是偶然的情况下才会发生。"

"级差地租有这样一个特点：土地所有权在这里仅仅取去超额利润，否则这种超额利润就会被租地农场主据为己有，而在一定情况下，在租约未满期间，实际上也是被租地农场主据为己有。在这里，土地所有权只是商品价格中一个未经它本身参与就产生（确切些说，是由于调节市场价格的生产价格决定于竞争这一点产生的）并转化为超额利润的部分发生转移的原因，即价格的这个部分由一个人手里转移到另一个人手里，由资本家手里转移到土地所有者手里的原因。但在这里，土地所有权并不是**创造**这个价格组成部分的原因，也不是作为这个组成部分的前提的价格上涨的原因。然而，如果最坏土地 A——虽然它的耕种会提供生产价格——不提供一个超过生产价格的余额，即地租，就不可能被耕种，那么，土地所有权就是引起**这个**价格上涨的原因。**土地所有权本身已经产生地租。**""因为，起调节作用的市场价格如不上涨到足以使 A 级土地也提供一个地租，A 级土地就不可能耕种，这一事实而且只有这一事实，才是市场价格在这里所以会提高到这样一种程度的原因，在这种程度上，旧租地上的最后投资固然只收回自己的生产价格，不过这是这样一种生产价格，它同时还提供 A 级土地的地租。"

"单纯法律上的土地所有权，不会为土地所有者创造任何地租。但这种所有权使他有权不让别人去使用他的土地，直到经济关系能使土地的利用给他提供一个余额，而不论土地是用于真正的农业，还是用于其他生产目的，例如建筑等等。他不能增加或减少这个就业场所的绝对量，但能增加或减少市场上的土地量。"

【绝对地租的产生不违背价值规律】

"现在产生了这样的问题：由于最坏土地也提供地租，即这种不可能来自肥力差别的地租，是不是就得出结论说，土地产品的价格必然是普通意义上的垄断价格，或者说，必然是一种使地租像在赋税那样的形式上被包含在内的价格，""是否像税金加到课税商品的价格中去一样，加到这种土地的产品的价格（按照假定，它调节着一般的市场价格）中去，也就是说，是否作为一个和商品价值无关的要素加到这种土地的产品的价格中去。

这决不是必然的结论，而所以会作出这样的判断，只是因为商品的价值和商品的生产价格之间的区别一直没有被人理解。我们已经知道，一个商品的生产价格和它的价值决不是一回事"。"一个商品的生产价格可以高于它的价值，或低于它的价值，只有在例外的情况下才和它的价值相一致。所以，土地产品高于它们的生产价格出售这一事实，决不证明它们也高于它们的价值出售，正如工业品平均按它们的生产价格出售这一事实，决不证明它们是按它们的价值出售一样。农产品高于它们的生产价格但低于它们的价值出售的现象是可能的；另一方面同样可能的是，许多工业品只是因为高于它们的价值出售，才提供生产价格。"

"一个商品的生产价格和它的价值的比率，完全是由生产它所用的资本的可变部分和不变部分的比率，即由生产它所用的资本的有机构成决定的。如果一个生产部门中的资本构成低于社会平均资本的构成，""那么，它的产品的价值就必然会高于它的生产价格。""如果投在一定生产部门的资本的构成，高于社会平均资本，情形就会相反。它所生产的商品的价值，就会低于这些商品的生产价格；一般来说，最发达的工业部门的产品的情况就是这样。"

【农业资本构成低于社会平均资本构成使农产品价值高于它们的生产价格】

"真正农业上的资本构成如果低于社会平均资本的构成，那么，这首先表示，在生产发达的各国，农业的发展程度没有达到加工工业的水平。撇开其他一切经济状况，并且一部分有决定作用的经济状况不说，这个事实已经由下述情况得到说明：力学各科，特别是它们的应用，同化学、地质学和生理学，特别是它们在农业上的应用的较晚的，并且部分地还十分幼稚的发展比较起来，发展得比较早，而且比较快。此外，一个不容置疑并早已为人所共知的事实是，农业本身的进步，总是表现在不变资本部分同可变资本部分相比的相对的增长上。在一个进入资本主义生产的国家，例如英国，农业资本的构成是否低于社会平均资本的构成，这是一个只能用统计来确定的问题，并且，就我们的目的来说，对此也没有必要进行详细的探讨。无论如何，在理论上已经确定的是：农产品的价值只有在这个前提下才能高于它们的生产价格；也就是说，农业上一定量的资本，与同等数量的有社会平均构成的资本相比，会生产较多的剩余价值，或同样也可以说，会推动和支配较多的剩余劳动（因此，也就是使用较多的活劳动一般）。"

"因此，这个假定，对我们这里所研究的并且只有在这个假定下才会出现的地租形式来说，是足够了。在这个假说不成立的地方，和这个假说相适应的地租形式也就不成立。"

【生产价格是由不同生产部门的商品价值平均化产生的】

"但是，单是农产品的价值超过它们的生产价格这样一个事实本身，无论如何不足以说明一种……在概念上不同于级差地租，因而可以称为绝对地租的那种地租的存在。许多工业品具有这样的特性：它们的价值高于它们的生产价格，但它们不会因此就提供一个可以转化为地租的超过平均利润的余额或超额利润。恰好相反。生产价格以及它所包含的一般利润率的存在和概念，是建立在单个商品不是按照它们的价值出售这样一个基础上的。生产价格是由商品价值的平均化产生的。这种平均化在不同生产部门各自耗费的资本价值得到补偿以后，使全部剩余价值不是按各个生产部门所生产的、从而包含在其产品中的剩余价值所占的比例来进行分配，而是按各个预付资本的量所占的比例来进行分配。只有这样，平均利润和以平均利润为特征要素的商品生产价格才会产生。资本的不断趋势是，通过竞争来实现总资本所生产的剩余价值的分配的这种平均化，并克服这种平均化的一切阻碍。所以，资本的趋势是，只容许这样一种超额利润，这种超额利润在一切情况下都不是来自商品的价值和生产价格之间的差额，而是来自调节市场的一般生产价格和与它相区别的个别生产价格之间的差额；所以超额利润不是发生在两个不同生产部门之间，而是发生在每个生产部门之内；因此，它不会影响不同生产部门的一般生产价格，也就是说，不会影响一般利润率，反而以价值转化为生产价格和以一般利润率为前提。但是，正如前面已经指出的，这个前提是建立在社会总资本在不同生产部门之间的不断变动的成比例的分配上，建立在资本的不断流入和流出上，建立在资本由一个部门转移到另一个部门的可能性上，总之，建立在资本在这些不同生产部门（对社会总资本各独立部分来说，就是同样多的可使用的投资场所）之间的自由运动上。""如果资本遇到了一种外力，对这种外力，资本只能局部地克服或完全不能克服，这种外力限制资本投入一些特殊生产部门，""那么很明显，在这种生产部门中，由于商品的价值超过其生产价格，就会产生超额利润，这个超额利润将会转化为地租，并且作为地租能够与利润相对立而独立起来。当资本投在土地上时，土地所有权或者说土地所有者，就作为这样一种外力和限制，出现在资本或资本家面前。"

【绝对地租来自土地所有权的垄断使农产品市场价格上涨到商品价值超过生产价格的余额，是农业剩余价值的一部分】

"在这里，土地所有权就是障碍。""因为有了土地所有权的限制，市场价格必须上涨到一定的程度，才使土地除了生产价格外，还能支付一个余额，也就是说，支付地租。但是，因为按照假定，农业资本所生产的商品的价值高于它们的生产价格，所以，这个地租（除了我们立即就要研究的一种情形外）就是价值超过生产价格而形成的余额或这个余额中的一部分。地租究竟是等于价值和生产价格之间的全部差额，还是仅仅等于这个差额的一个或大或小的部分，这完全取决于供求状况和新耕种的土地面积。只要地租不等于农产品的价值超过它们的生产价格而形成的余额，这个余额中的一部分便总会参与所有剩余价值在各单个资本之间的一般平均化和成比例分配。一旦地租等于价值超过生产价格而形成的余额，超过平均利润的这全部剩余价值，就会被排除于这个平均化之外。但是，无论这个绝对地租等于价值超过生产价格而形成的全部余额，还是只等于其中的一部分，农产品总是按垄断价格出售，这并不是因为它们的价格高于它们的价值，而是因为它们的价格等于它们的价值，或者，因为它们的价格低于它们的价值，但又高于它们的生产价格。农产品的垄断在于：它们不像价值高于一般生产价格的工业品那样，会平均化为生产价格。"

"由此可以得出结论说，农产品的价格可以在达不到它们的价值的情况下，高于它们的生产价格。其次，可以得出结论说，农产品的价格，在达到它们的价值以前，可以持续上涨，直到一定点为止。还可以得出结论说，农产品的价值超过它们的生产价格而形成的余额，所以能成为它们的一般市场价格的决定要素，只是因为有土地所有权的垄断。最后，可以得出结论说，在这种情况下，产品价格上涨不是地租的原因，相反地地租倒是产品价格上涨的原因。如果最坏土地单位面积产品的价格 = P + r，一切级差地租就都会按 r 的相应倍数增加，因为按照假定，P + r 成了起调节作用的市场价格。"

"虽然土地所有权能使土地产品的价格超过它们的生产价格，但市场价格将在多大程度上高于生产价格，接近于价值，因而农业上生产的超过既定平均利润的剩余价值，将在多大程度上转化为地租，或在多大程度上参与剩余价值到平均利润的一般平均化，这都不取决于土地所有权，而取决于一般的市场状况。在任何情况下，这个来自价值超过生产价格的余额的绝对地租，都只是农业剩余价值的一部分，都只是这个剩余价值到地租的转化，都只是土地所有者对这个剩余价值的攫取；正像级差地租来自超额利润到地租的转化，来自土地所有权在起调节作用的一般生产价格下对这个超额利润的攫取一样。这两个地租形式，是唯一正常的地租形式。除此以外，地租只能以真正的垄断价格为基础，这种垄断价格既不是由商品的生产价格决定，也不是由商品的价值决定，而是由购买者的需要和支付能力决定。"

"只有在必须向土地所有者纳贡才允许把土地作为投资场所时，土地所有权才作为绝对的限制而发生作用。一旦土地被允许当作投资场所使用，土地所有者就不能再对既定地块上的投资数额施加绝对的限制了。一般来说，第三者对建筑地段的土地所有权，也对房屋建筑构成限制。但是，一旦为了建筑房屋租下这一土地，承租人想在这一地段上建筑的房屋的高低，就完全由他自己决定了。"

【农业资本平均构成等于或高于社会平均资本构成，绝对地租就会消失】

"如果农业资本的平均构成等于或高于社会平均资本的构成，那么，上述意义上的绝对地租，也就是既和级差地租不同，又和以真正垄断价格为基础的地租不同的地租，就会消失。这样，农产品的价值就不会高于它的生产价格；农业资本和非农业资本相比，就不会推动更多的劳动，因此也就不会实现更多的剩余劳动。如果随着耕作的进步，农业资本的构成已和社会平均资本的构成相等，那么，这样的现象就会发生。"

"只要较贵的原料的价格下降到较贱的原料的价格，这些资本的技术构成相等这一事实，就会立即表现出来。这时可变资本和不变资本的这些价值比率就会相等，虽然所用的活劳动同所用劳动条件的量及性质的技术比率，并没有发生变化。另一方面，从单纯价值构成的角度来看，一个有机构成较低的资本，只是由于它的不变部分的价值的提高，表面上可能和一个有机构成较高的资本处于同一阶段上。"

"有机构成相等的各个资本，可以有不同的价值构成；价值构成的百分比相等的各个资本，可以处于有机构成的不同阶段上，从而可以表示劳动社会生产力的不同的发展阶段。因此，单是农业资本在价值构成上已经达到一般水平这一情况，并不证明，劳动的社会生产力在农业资本中已经发展到同样高的水平。这也许只能表明，农业资本本身的产品（这种产品会重新成为它的生产条件的一部分）变贵了，或肥料之类的辅助材料原先随手可得，而现在必须从远地运来，等等。

但是，除了这点以外，还要考虑到农业的独特性质。

假定节省劳动的机器、化学的辅助材料等等，在农业中的应用扩大了，因而不变资本同所用劳动力的量相比，在技术方面，即不仅在价值方面，而且在量方面已经增大。而在农业中（采矿业中也一样），问题不仅涉及劳动的社会生产率，而且涉及由劳动的自然条件决定的劳动的自然生产率。可能有这种情况：在农业中，社会生产力的增长仅仅补偿或甚至补偿不了自然力的减低——这种补偿总是只能起暂时的作用——，所以，尽管技术发展，产品还是不会便宜，只是产品的价格不致上涨得更高而已。也可能有这种情况：在谷物价格上涨时，产品的绝对量减少，而相对的超额产品却增加。当主要由机器或牲畜构成的、只有损耗部分需要补偿的不变资本相对增大，而投在工资上面的、必须不断由产品来全部补偿的可变资本部分相应减少时，就可能出现这种情况。"

【绝对地租的本质】

"土地所有者总想取得地租，也就是说，总想不花代价而获得什么东西；但资本要在一定的条件下才会满足他的愿望。因此，土地互相之间的竞争，不是取决于土地所有者是否让它们去进行竞争，而是取决于有没有资本可以在新的土地上同其他的资本进行竞争。

只要真正的农业地租单纯是垄断价格，那么，这种垄断价格只能是微小的；

同样，无论产品价值超过它的生产价格的余额是多少，在正常条件下，绝对地租也只能是微小的。因此，绝对地租的本质在于：不同生产部门内的各等量资本，在剩余价值率相等或劳动的剥削程度相等时，会按它们的不同的平均构成，生产出不等量的剩余价值。在工业上，这些不同的剩余价值量，会平均化为平均利润，平均分配在作为社会资本的相应部分的各个资本上。在生产上要用土地时，不论是用在农业上还是用在原料的开采上，土地所有权都会阻碍投在土地上面的各个资本的这种平均化过程，并攫取剩余价值的一部分，否则这一部分剩余价值是会进入平均化为一般利润率的过程的。这样，地租就成了商品价值的一部分，更确切地说，成了商品剩余价值的一部分，不过它不是落入从工人那里把它榨取出来的资本家阶级手中，而是落入从资本家那里把它榨取出来的土地所有者手中。这里的前提是，农业资本比非农业资本的一个同样大的部分推动更多的劳动。差额有多大，或者这个差额一般是否存在，这取决于农业和工业相比的相对发展程度。按照事物的本性来说，随着农业的进步，这个差额必然会缩小，除非工业资本中可变资本部分同不变资本部分相比减少的比例，比在农业资本中更大。

这种绝对地租，在真正的采掘工业中起着更为重要的作用，在那里，不变资本的一个要素即原料是完全不存在的；并且在那里，除了其中很大一部分资本是由机器和其他固定资本构成的部门以外，占统治地位的必然是最低的资本构成。正是在那里，在地租似乎只是由垄断价格产生的地方，需要有非常有利的市场状况，才能使商品按它们的价值出售，或使地租同商品的剩余价值超过商品生产价格的全部余额相等。例如，渔场、采石场、野生林等等的地租，就是这样。"

【简释：（1）土地私有权是绝对地租形成的基础。分析级差地租时是假定最坏的耕地不支付地租，但实际上由于存在土地私有权对资本投入农业的阻碍，因而即使最坏的土地也必须支付地租才能进入耕种，这种地租是不同于级差地租的绝对地租。级差地租来自调节市场的一般生产价格和个别生产价格之间的差额所形成的超额利润，因此它是以价值转化为生产价格为前提。绝对地租则是来自农产品的价值超过生产价格的余额形成剩余利润的转化。它形成的条件是：不同生产部门的各个等量资本在剩余价值率相等时，会按它们的可变资本与不变资本的不同构成，生产出不等量的剩余价值；由于农业部门的资本有机构成低于社会平均资本的构成，而土地私有权又阻碍农业部门的剩余价值参加利润的平均化过程，因此农产品按价值出售会产生一个高于生产价格的剩余利润，并转化为包括最坏的土地在内的各级土地的绝对地租。

（2）农产品的价格，在达到它们的价值以前，可以持续上涨，直到一定点为止。农产品的价值超过它们的生产价格而形成的余额，之所以能成为它们的一般市场价格的决定因素，只是因为有土地所有权的垄断。在这种情况下，农产品价格上涨不是地租的原因，相反地租倒是农产品价格上涨的原因。

（3）虽然土地所有权能使土地产品的价格超过它们的生产价格，但市场价格将在多大程度上高于生产价格，接近价值，因而农业上生产的超过既定平均利润的剩余价值，将在多大程度上转化为地租，这都不取决于土地所有权，而取决于一般的市场状况。在任何情况下，这个来自价值超过生产价格的余额的绝对地租，都只是农业剩余价值的一部分，都只是这个剩余价值到地租的转化，都只是土地所有者对这个剩余价值的攫取。

（4）土地私有权的垄断，阻碍资本自由地投资农业，阻碍农业技术进步和耕地改良，阻碍农产品的价值转化为生产价格，人为地推高农产品价格水平，因此即使从资本主义生产方式的观点看，地主阶级也是寄生和多余的；废除土地私有权、实行土地国有化，也有重要的进步意义。但这对于维护私有制的资产阶级来说，是难以实施的。

（5）对绝对地租不违反价值规律的论证具有重大理论意义。斯密和李嘉图都把商品的生产价格等同于价值，从而否认绝对地租的存在。因为如果农产品的价格在平均利润之外还提供绝对地租，那么从生产价格和价值等同的观点看来，这意味着超过价值，因而是违反价值规律的。但否认绝对地租的存在，又显然不符合资本主义的现实。马克思在区分价值和生产价格的基础上，论证了绝对地租并不违反价值规律，而是以价值规律为前提的。这既是对古典经济学有关观点的批判，也是对劳动价值论、平均利润和生产价格理论的深化和发展。

（6）《资本论》第三卷第六篇研究地租理论，首先考察的是级差地租，并占用其中的主要篇幅（十一章中的七章），这是因为级差地租是符合资本主义生产方式的地租形式。与此不同的是，在《剩余价值理论》第二册里，则首先考察绝对地租，这是因为从经济学说史的角度研究地租理论，要批判的首先是李嘉图否认绝对地租及其原因（把生产价格等同于价值），其次是他把级差地租的原因归结为土地耕种系列从优等地到劣等地，并和土地收益递减"规律"联系起来。《剩余价值理论》第二册除了详尽论述地租理论的一系列重要问题，还考察了资本主义农业中两种垄断类型及与此有关的土地国有化问题，农产品价格的垄断性质，农业中的竞争、劳动生产率等问题，是对《资本论》第三卷第六篇的宝贵补充。】

第四十六章

建筑地段的地租。矿山地租。土地价格

【非农业土地的地租的特征】

"凡是存在地租的地方，都有级差地租，而且这种级差地租都遵循着和农业级差地租相同的规律。凡是自然力能被垄断并保证使用它的产业家得到超额利润的地方（不论是瀑布，是富饶的矿山，是盛产鱼类的水域，还是位置有利的建筑地段），那些因对一部分土地享有权利而成为这种自然物所有者的人，就会以地租形式，从执行职能的资本那里把这种超额利润夺走。至于建筑上使用的土地，亚·斯密已经说明，它的地租的基础，和一切非农业土地的地租的基础一样，是由真正的农业地租调节的（《国民财富的性质和原因的研究》第 1 卷第 1 篇第 11 章第 2、3 节）。这种地租的特征在于：首先，位置在这里对级差地租具有决定性的影响（例如，这对葡萄种植业和大城市的建筑地段来说，是十分重要的）；其次，所有者显然具有完全的被动性，他的主动性（特别是在采矿业）只在于利用社会发展的进步，而对于这种进步，他并不像产业资本家那样有过什么贡献，冒过什么风险；最后，在许多情况下垄断价格占有优势，""不仅人口的增加，以及随之而来的住房需要的增大，而且固定资本的发展（这种固定资本或者合并在土地中，或者扎根在土地中，建立在土地上，如所有工业建筑物、铁路、货栈、工厂建筑物、船坞等等），都必然会提高建筑地段的地租。""在这里，我们要考察两个要素：一方面，土地为了再生产或采掘的目的而被利用；另一方面，空间是一切生产和一切人类活动的要素。从这两个方面，土地所有权都要求得到它的贡赋。对建筑地段的需求，会提高作为空间和地基的土地的价值，而对土地的各种可用做建筑材料的要素的需求，同时也会因此增加。

在迅速发展的城市内，特别是在像伦敦那样按工厂大规模生产方式从事建筑的地方，建筑投机的真正主要对象是地租，而不是房屋。""'因为，建筑业主从建筑本身取得的利润是很小的，他通过提高地租取得他的主要利润.'（伦敦一个大建筑投机家向银行法委员会提供的证词）"

"在这里不要忘记，在通常以99年为期的租约期满以后，土地以及土地上的一切建筑物，以及在租佃期内通常增加一两倍以上的地租，都会从建筑投机家或他的合法继承人那里，再回到原来那个土地所有者的最后继承人手里。"

"真正的矿山地租的决定方法，和农业地租是完全一样的。"

【地租和垄断价格的相互关系】

"我们必须加以区别，究竟是因为产品或土地本身有一个与地租无关的垄断价格，所以地租才由垄断价格产生，还是因为有地租存在，所以产品才按垄断价格出售。当我们说垄断价格时，一般是指那种只决定于购买者的购买欲和支付能力的价格，它既与一般生产价格所决定的价格，也与产品价值所决定的价格无关。一个葡萄园在它所产的葡萄酒特别好时（这种葡萄酒一般说来只能进行比较小量的生产），就会提供一个垄断价格。由于这个垄断价格（它超过产品价值的余额，只决定于高贵的饮酒者的财富和嗜好），葡萄种植者将实现一个相当大的超额利润。这种在这里由垄断价格产生的超额利润，由于土地所有者对这块具有独特性质的土地的所有权而转化为地租，并以这种形式落入土地所有者手中。因此，在这里，是垄断价格造成地租。反过来，如果由于土地所有权对在未耕地上进行不付地租的投资造成限制，以致谷物不仅要高于它的生产价格出售，而且还要高于它的价值出售，那么，地租就会造成垄断价格。一些人所以能把社会的一部分剩余劳动作为贡赋来占有，并且随着生产的发展，占有得越来越多，只是由于他们拥有土地所有权，而这个事实却被以下的情况掩盖了：资本化的地租，也就是说，正是这个资本化的贡赋，表现为土地价格，因此土地也像任何其他交易品一样可以出售。因此对购买者来说，他对地租的索取权，好像不是白白得到的，不是不付出劳动，不冒风险，不具有资本的企业精神，就白白得到的，而是支付了它的等价物才得到的。像以前已经指出的那样，在购买者看来，地租不过表现为他用以购买土地以及地租索取权的那个资本的利息。""不过，这个权利本身并不是由出售产生，而只是由出售转移。这个权利在它能被出售以前，必须已经存在；不论是一次出售，还是一系列这样的出售，不断反复的出售，都不能创造这种权利。总之，创造这种权利的，是生产关系。一旦生产关系达到必须蜕皮的地步，这种权利的和一切以它为依据的交易的物质的、在经济上和历史上有存在理由的、从社会生活的生产过程中产生的源泉，就会消失。从一个较高级的经济的社会形态的角度来看，个别人对土地的私有权，和一个人对另一个人的私有权一样，是十分荒谬的。甚至整个社会，一个民族，以至一切同时存在的社会加在一起，都不是土地的所有者。他们只是土地的占有者，土地的受益者，并且他们应当作为好家长把经过改良的土地传给后代。"

【土地价格和地租的关系】

"在以下有关土地价格的研究中，我们要撇开一切竞争波动，一切土地投机，甚至小土地所有制（在这里，土地是生产者的主要工具，因此生产者不管按什么价格都必须购买它）。

Ⅰ. 土地价格可以在地租不增加的情况下提高；即：

1. 单纯由于利息率的下降，结果，地租按更贵的价格出售，因此，资本化的地租，土地价格，就增长了；

2. 因为投入土地的资本的利息增长了。

Ⅱ. 土地价格可以因地租增加而提高。

地租可以因土地产品的价格提高而增加。"

"地租所以会提高，或者是因为在相对肥力和市场价格都保持不变的情况下，经营土地的资本的量已经增长。因此，虽然和预付资本相比，地租仍然不变，但地租量，比如说，会因资本本身增加一倍而增加一倍。既然价格没有下降，第二次投资也就会和第一次投资一样提供一个超额利润，这个利润在租佃期满后，也会转化为地租。这时，地租量增加了，因为产生地租的资本的量增加了。""在这种情况下，地租的量会随着耕种面积的扩大而增加。这种增加，甚至可能和个别土地的地租的下降结合在一起。"

【土地价格不断提高的原因】

"但是，甚至在土地产品价格下降时，土地价格也能提高。

在这种情况下，由于级差的扩大，较好土地的级差地租从而土地价格可以增加。或者，在情况不是这样时，土地产品的价格在劳动生产力增加时可以下降，但生产的增加，除抵消价格的下降外还有余。""事实上，这一点只能靠两种方法来实现。或者是，较坏土地已被排除在竞争之外，但是较好土地的价格提高了，如果级差地租增大了，就是说普遍实行的改良在各级土地上产生了不同的效果，情况就是如此。或者是，由于劳动生产率的提高，在最坏土地上，同一生产价格

（以及同一价值，如果支付绝对地租的话）表现为较大量的产品。产品仍然代表同一价值，但它的每个相应部分的价格下降了，而这些部分的数目却增加了"。"总之，去进行那种在很多年内都能收效的改良，那么，这种情况就是可能的。"

"Ⅲ. 这些使地租提高，从而使一般土地价格或各类别土地价格提高的不同条件，可以部分地发生竞争，部分地互相排斥，并且只能交替地发生作用。但是，根据以上所述可以看出，不能从土地价格的增加直接得出地租增加的结论，也不能从地租的增加（这种增加总会引起土地价格的增加）直接得出土地产品增加的结论。"

"在农业中，各个连续的投资是会有成果的，因为土地本身是作为生产工具起作用的。而就工厂来说，土地只是作为地基，作为场地，作为操作的空间基地发生作用，""人们可以在一个狭小的空间内集中巨大的生产设施，大工业就是这样做的。但是，在生产力发展的既定阶段上，总是需要有一定的空间，并且建筑物在高度上也有它一定的实际界限。生产的扩大超过这种界限，也就要求扩大土地面积。投在机器等等上的固定资本不会因为使用而得到改良"。"与此相反，土地只要处理得当，就会不断改良。土地的优点是，各个连续的投资能够带来利益，而不会使以前的投资丧失作用。不过这个优点同时也包含着这些连续投资在收益上产生差额的可能性。"

【简释：（1）本章考察对象是非农业土地（建筑用地、矿山）的地租，以及相关的土地价格。凡是土地作为一种自然力被垄断并在使用时产生超额利润，就会以地租的形式被它的所有者夺走。一切非农业土地的级差地租，都遵循着农业级差地租相同的规律。

（2）非农业土地的地租具有三个特征。首先，位置在这里对级差地租具有决定性的影响，如，大城市中心、交通枢纽的建筑地段，位置对级差地租十分重要。其次，土地所有者利用社会发展进步的成果，如人口的增加和固定资本的发展（这种固定资本或合并在土地中，或者扎根、建立在土地上，如所有的工业、商业、交通运输业的建筑物等等），都必然会提高建筑地段的地租。最后，垄断价格在这里起了很大作用。在农业和采矿工业中，土地是生产的自然基础和生产的要素；在建筑业中，土地是它的重要生产条件（虽然不是它的自然基础）。一方面，土地为了再生产或采掘的目的而被利用；另一方面，空间是一切生产和一切人类活动的要素。从这两个方面，土地所有权都要求得到它的贡赋。在迅速发展的城市内，对建筑地段的需求，会提高作为空间和地基的需求，而对土地的各种可用做建筑材料的要素的需求，同时也会因此增加。

（3）区分两种垄断价格：一种是与地租无关的垄断价格，地租由垄断价格产生。垄断价格，一般是指那种只决定于购买者的购买欲望和支付能力的价格，它与一般生产价格所决定的价格无关，也与产品价值所决定的价格无关。例如，一个葡萄园所产的葡萄酒特别好、又只能小量生产时，就会提供一个由垄断价格产生的超额利润，并且由于土地所有者对这块具有独特性质的土地的所有权，从而使这种超额利润转化为地租。在这里是垄断价格造成地租。另一种是因为有地租，产品才按垄断价格出售。这是由于土地所有权对在未耕地上进行不付地租的投资造成限制，以致谷物要高于它的生产价格，甚至高于它的价值出售，那么地租就会造成垄断价格。正是这种产生于土地所有权的垄断价格，使土地所有者能把社会的一部分剩余劳动作为贡赋来占有，并且随着生产的发展，占有得越来越多。

（4）资本化的地租，表现为土地价格，使土地也像任何其他交易品一样可以出售。这就造成一个假象：凭借土地私有权夺取的地租，似乎不是不付出劳动就白白得到的，而是支付了它的等价物才得到的，是用以购买土地以及地租索取权的那个资本的利息。其实，创造土地私有权的这种权利的，是生产关系。从一个较高级的经济的社会形态来看，个别人对土地的私有权，和一个人对另一个人的私有权一样，是十分荒谬的。

（5）土地价格不断提高的原因。地租量和利息率，是影响土地价格的两个主要因素。随着资本主义生产方式的发展，利息率有不断下降的趋势，即使地租不增加，土地价格也会上升。在利息率不变的情况下，土地价格可以因地租增加而提高。除了地租之外，因为用于耕作改良而增加对土地的固定资本投资，相应增加的利息会使土地租金提高，成为土地价格上升的一个因素。

（6）关于土地的优点。在农业中，各个连续的投资是会有成果的，因为土地本身是作为生产工具起作用的。土地只要处理得当，就会不断改良。土地的优点是，各个连续投资能够带来利益，而不会使以前的投资丧失作用。不过这个优点同时也包含着这些连续投资在收益上产生差额的可能性。】

第四十七章

资本主义地租的起源

【简释：本章是第六篇的结束，分为五节论述三个方面内容：一是概述对资本主义地租的理论探索史；二是考察资本主义地租产生的历史；三是关于分成制和农民小块土地所有制问题。

第一节：导论。研究资本主义地租的全部困难在于，要说明的是农业利润超过平均利润而形成的余额，在剩余价值已经在各个资本之间平均化为平均利润之后，是从哪里产生的。配第等早期经济学家把地租看成是剩余价值的一般的正常形式，地租包括利润。重农学派认为，提供地租的资本或农业资本是唯一生产剩余价值的资本，其正确之点在于，剩余价值的全部生产，从而资本主义的全部发展，按自然基础来说，实际上都是建立在农业劳动生产率的基础上的。有一种关于地租性质的错误见解，好像地租不是由农产品的价格产生的，而是由它的量产生的，因而不是由社会关系产生的，而是由土地产生的。这事实上是一种幼稚可笑的想法。有的庸俗经济学者把资本主义的地租和资本主义以前的地租混为一谈。因此，有必要探索资本主义地租的起源，即如何从最简单的劳动地租过渡到产品地租，最后发展为货币地租。

第二节：关于劳动地租。劳动地租是地租最简单的形式，是无酬剩余劳动的表现形式，而不是利润。劳动地租是封建制度初期的特征。在这里，直接生产者（农奴、小农），已不是奴隶，他们有自己的生产资料和名义上独立经营的农业及家庭手工业，但仍然存在对封建地主的人身或土地的依附关系，因而被强制必须为封建地主提供表现为劳动地租形式的剩余劳动。他为自己的劳动和为封建地主的劳动在空间和时间上是分开的，地租直接就是封建地主对劳动力的这种超额耗费的占有。在这里，不仅剩余价值和地租是一致的，而且剩余价值还明显地具有剩余劳动的形式，同时地租的自然界限也十分清楚地表现出来，就是劳动者的自然劳动生产率足以使他在满足本人必不可少的需要所必需的劳动之外，有可能从事剩余劳动。这种剩余劳动的形式即徭役劳动，是建立在劳动的一切社会生产力的不发展，劳动方式本身的原始性的基础上，所以和资本主义生产方式下相比，它自然只会在直接生产者的总劳动中，占有一个小得多的部分。

第三节：关于产品地租。劳动地租转化为产品地租，丝毫没有改变地租的本质。产品地租的前提是直接生产者已处于较高的文明状态，从而他的剩余劳动不再在地主的直接监督和强制下进行；剩余生产在实际上属于他自己耕种的土地内进行。生产者为自己的劳动和他为地主的劳动，在时间上和空间上已不再分开。产品地租的前提是自然经济，也以农村家庭工业和农业相结合为前提。生产者已经有较大的活动余地，可以腾出时间来从事劳动产品归他自己所有的剩余劳动。在这里，地租是剩余价值、从而也是剩余劳动的正常形式。产品地租所达到的规模可以威胁劳动条件的再生产，迫使直接生产者只能得到身体所需要的最低限度的生活资料。

第四节：关于货币地租。这里考察的货币地租只是由产品地租的形式转化而产生的地租，并不是作为超过平均利润的余额的资本主义地租。在这里，直接生产者以转化为货币的剩余产品的形式，向土地所有者提供无酬剩余劳动。产品地租转化为货币地租，要以城市商业、工业和货币流通的显著发展为前提。货币地租作为剩余价值、剩余劳动正常形式的地租的最后形式，同时又是它的解体形式。货币地租在其进一步发展中必然或者使土地变为自由的农民财产，或者导致资本主义租地农场主所支付的地租。一旦资本主义租地农场主出现在土地所有者和实际从事劳动的农民中间，一切从农村旧的生产方式产生的关系就会解体。地租就由剩余价值和剩余劳动的正常形式，变为农业这个特殊生产部门所特有的、超过被资本当作应优先归自己所有的剩余劳动而形成的余额。剩余价值的正常形式已经不是地租，而是利润，地租只是剩余价值的一个分支，即超额利润在特殊情况下独立化的形式。

第五节：关于分成制和农民的小块土地所有制。分成制是指租地农民除了提供劳动还提供经营资本的一部分，土地所有者除了提供土地，还提供经营资本的另一部分（例如牲畜），产品则按一定的比例在租地人和土地所有者之间进行分配。在这里，一方面，租地农民没有足够的资本去实行完全的资本主义经营；另一方面土地所有者得到的除了地租还包含他所预付的资本利息。重要的是，地租在这里已不再表现为剩余价值一般的正常形式，而是向资本主义地租的过渡形式。小块土地所有制，是指农民同时是他的土地的所有者。在这种形式下，作为地租的超额利润，和劳动的全部收益一样，为农民所得。同时，土地价格也会作为一个要素，加入农民的实际生产费用。对于拥有小块土地的农民来说，土地所有权的限制已经不存在，没有必要使土地产品的市场价格提高到同他的产品的价值或生产价格相等的水平。这就是小块土地所有制占统治地位的国家的谷物价格所以低于资本主义生产方式的国家的原因之一。在最不利的条件下劳动的农民，他们的剩余劳动的一部分白白地送给了社会，它既不参与生产价格的调节，也不参与价值一般的形成。因此，这种较低的价格是生产者贫穷的结果，而决不是他们的劳动生产率的结果。小块土地所有制按其性质来说排斥社会劳动生产力的发展、劳动的社会形式、资本的社会积聚、大规模的畜牧和对科学的累进的应用。小土地所有制的前提是：人口的最大多数生活在农村，占统治地位的不是社会劳动，而是孤立劳动；在这种情况下，财富和再生产的发展，无论是再生产的物质条件还是精神条件的发展，都是不可能的，因而，也不可能具有合理耕作的条件。一切对小土地所有制的批判，最后都归结为把私有权当作农业的限制和障碍来批判。一切土地私有权对农业生产和土地本身的合理经营、维护和改良所设置的这种限制和障碍，在小土地所有制和大土地所有制这两个场合都是如此，只是展开的形式不同罢了。】

第 七 篇
各种收入及其源泉

【第七篇是《资本论》研究的总结，共五章，其中前三章主要是对庸俗经济学"三位一体公式"（即资本—利润，土地—地租，劳动—工资）的批判。揭示资本主义生产方式下各种经济关系的内部联系在现实中采取荒谬的、与事物本质完全矛盾的表现形式，以及这种现象的根源；并详细论证了斯密教条（商品的价值最终可以分解为工资＋利润＋地租）的错误，同时指出庸俗经济学和古典经济学之间的重大区别。第五十一章论述了各种分配关系在本质上是与各种生产关系相一致的，是这各种生产关系的背面，所以二者具有同样的历史的暂时的性质；指出资本主义生产方式是一种特殊的、有特殊规定性的生产方式。最后一章论述雇佣工人、资本家和土地所有者形成建立在资本主义生产方式基础上的现代社会的三大阶级。可惜这一章未写完，手稿中断了。】

第四十八章

三位一体的公式

第一节

【"三位一体公式"的各种所谓源泉属于完全不同的领域，彼此毫无共同之处】

"资本—利润（企业主收入加上利息），土地—地租，劳动—工资，这就是把社会生产过程的一切秘密都包括在内的三位一体的形式。"

"如果我们现在更仔细地考察一下这个经济上的三位一体，我们就会发现：

第一，每年可供支配的财富的各种所谓源泉，属于完全不同的领域，彼此之间毫无相同之处。它们互相之间的关系，就像公证人的手续费、甜菜和音乐之间的关系一样。

资本，土地，劳动！但资本不是物，而是一定的、社会的、属于一定历史社会形态的生产关系，后者体现在一个物上，并赋予这个物以独特的社会性质。资本不是物质的和生产出来的生产资料的总和。资本是已经转化为资本的生产资料，这种生产资料本身不是资本，就像金或银本身不是货币一样。社会某一部分人所垄断的生产资料，同活劳动力相对立而独立化的这种劳动力的产品和活动条件，通过这种对立在资本上人格化了。""因此，在这里，对于历史地形成的社会生产过程的因素之一，我们有了一个确定的、乍一看来极为神秘的社会形式。

现在，与此并列，又有土地，这个无机的自然界本身"。"价值是劳动，因此，剩余价值不可能是土地。""土地肥力的差别所造成的结果是：同量劳动和资本，也就是同一价值，表现在不等量的土地产品上；因此，这些产品具有不同的个别价值。这些个别价值平均化为市场价值"。

"最后，……劳动，这只不过是一个抽象，""只是指人借以实现人和自然之间的物质变换的人类一般的生产活动，""是尚属非社会的人和已经有某种社会规定的人所共同具有的。"

第二节

【工资、利润（利息）、地租是劳动创造的产品价值的三个部分】

"像资本一样，雇佣劳动和土地所有权也是历史规定的社会形式；一个是劳动的社会形式，另一个是被垄断的土地的社会形式。而且二者都是与资本相适应的、属于同一个经济的社会形态的形式。"

"在这个公式中第一件引人注目的事情是：在资本旁边，……一方面直接排上土地，另一方面直接排上劳动，即直接排上现实劳动过程的两个要素，而这二者在这种物质形式上，是一切生产方式共同具有的，是每一个生产过程的物质要素，而与生产过程的社会形式无关。"

"第二，在资本—利息，土地—地租，劳动—工资这个公式中，资本、土地和劳动，分别表现为利息（代替利润）、地租和工资的源泉，而利息、地租和工资则是它们各自的产物，它们的果实。前者是根据，后者是归结；前者是原因，后者是结果；而且每一个源泉都把它的产物当作是从它分离出来的、生产出来的东西。这三种收入，利息（代替利润）、地租、工资，就是产品价值的三个部分，总之，就是价值部分，或者用货币来表示，就是一定的货币部分，价格部分。"

第三节

【庸俗经济学用"三位一体公式"为资本主义制度辩护】

"庸俗经济学所做的事情，实际上不过是对于局限在资产阶级生产关系中的生产当事人的观念，当作教义来加以解释、系统化和辩护。因此，我们并不感到奇怪的是，庸俗经济学恰好对于各种经济关系的异化的表现形式——在这种形式下，各种经济关系显然是荒谬的，完全矛盾的；如果事物的表现形式和事物的本质会直接合而为一，一切科学就都成为多余的了——感到很自在，而且各种经济关系的内部联系越是隐蔽，这些关系对普通人的观念来说越是习以为常，它们对庸俗经济学来说就越显得是不言自明的。因此，庸俗经济学丝毫没有想到，被它当作出发点的这个三位一体：土地—地租，资本—利息，劳动—工资或劳动价格，是三个显然不可能组合在一起的部分。首先，我们看到的是没有价值的使用价值**土地**和交换价值**地租**：于是，一种当作物来理解的社会关系，竟被设定在同自然的一种比例关系上；也就是说，让两个不能通约的量互相保持一种比例。然后是**资本—利息**。如果资本被理解为一定的、在货币上取得独立表现的价值额，那么，说一个价值是比它的所值更大的价值，显然是无稽之谈。正是在资本—利息这个形式上，一切中介都消失了，资本归结为它的最一般的、但因此也就无法从它本身得到说明的和荒谬的公式。正是由于这个缘故，庸俗经济学家宁愿用资本—利息这个公式，而不用资本—利润这个公式，因为前一个公式具有价值和它自身不相等这一神秘性质，而后一个公式却和现实的资本关系较为接近。""最后，**劳动—工资**，劳动的价格，像我们在第一卷中所证明过的那样，这种说法显然是和价值的概念相矛盾的，也是和价格的概念相矛盾的，因为一般说来，价格只是价值的一定表现；而'劳动的价格'是和'黄色的对数'一样不合理的。"

【资本主义生产过程榨取剩余劳动的特殊方式】

"我们已经看到，资本主义生产过程是社会生产过程一般的一个历史地规定的形式。""资本主义生产过程像它以前的所有生产过程一样，也是在一定的物质条件下进行的，但是，这些物质条件同时也是各个个人在他们的生活的再生产过程中所处的一定的社会关系的承担者。这些物质条件，和这些社会关系一样，一方面是资本主义生产过程的前提，另一方面又是资本主义生产过程的结果和创造物；它们是由资本主义生产过程生产和再生产的。我们还看到，资本——而资本家只是人格化的资本，他在生产过程中只是作为资本的承担者执行职能——会在与它相适应的社会生产过程中，从直接生产者即工人身上榨取一定量的剩余劳动，""这种剩余劳动体现为剩余价值，而这个剩余价值存在于剩余产品中。剩余劳动一般作为超过一定的需要量的劳动，应当始终存在。只不过它在资本主义制度下，像在奴隶制度等等下一样，具有对抗的形式，并且是以社会上的一部分人完全游手好闲作为补充。为了对偶然事故提供保险，为了保证再生产过程的必要的、同需要的发展和人口的增长相适应的累进的扩大（从资本主义观点来说叫做积累），一定量的剩余劳动是必要的。资本的文明面之一是，它榨取这种剩余劳动的方式和条件，同以前的奴隶制、农奴制等形式相比，都更有利于生产力的发展，有利于社会关系的发展，有利于更高级的新形态的各种要素的创造。因此，资本一方面会导致这样一个阶段，在这个阶段上，社会上的一部分人靠牺牲另一部分人来强制和垄断社会发展（包括这种发展的物质方面和精神方面的利益）的现象将会消灭；另一方面，这个阶段又会为这样一些关系创造出物质手段和萌芽，这些关系在一个更高级的社会形式中，使这种剩余劳动能够同物质劳动一般所占用的时间的更大的节制结合在一起。因为，依照劳动生产发展的不同情况，剩余劳动可以在一个小的总工作日中成为大的，也可以在一个大的总工作日中成为相对小的。""不过，在一定时间内，从而在一定的剩余劳动时间内，究竟能生产多少使用价值，取决于劳动生产率。也就是说，社会的现实财富和社会再生产过程不断扩大的可能性，并不是取决于剩余劳动时间的长短，而是取决于剩余劳动的生产率和进行这种剩余劳动的生产条件的优劣程度。"

【未来社会的联合起来的生产者将合理调节他们和自然之间的物质变换】

"事实上，自由王国只是在必要性和外在目的规定要做的劳动终止的地方才开始；因而按照事物的本性来说，它存在于真正物质生产领域的彼岸。像野蛮人为了满足自己的需要，为了维持和再生产自己的生命，必须与自然搏斗一样，文明人也必须这样做；而且在一切社会形式中，在一切可能的生产方式中，他都必须这样做。这个自然必然性的王国会随着人的发展而扩大，因为需要会扩大；但是，满足这种需要的生产力同时也会扩大。这个领域内的自由只能是：社会化的人，联合起来的生产者，将合理地调节他们和自然之间的物质变换，把它置于他们的共同控制之下，而不让它作为一种盲目的力量来统治自己；靠消耗最小的力量，在最无愧于和最适合于他们的人类本性的条件下来进行这种物质变换。但是，这个领域始终是一个必然王国。在这个必然王国的彼岸，作为目的本身的人类能力的发挥，真正的自由王国，就开始了。但是，这个自由王国只有建立在必然王国的基础上，才能繁荣起来。工作日的缩短是根本条件。"

【利润、地租和工资表现为三种所谓源泉的真实涵义】

"在资本主义社会中，这个剩余价值或剩余产品……是作为一份份的股息，按照社会资本中每个资本所占的份额的比例，在资本家之间进行分配的。在这个形态上，剩余价值表现为资本应得的平均利润。这个平均利润又分为企业主收入和利息，并在这两个范畴下分归各种不同的资本家所有。但资本对于剩余价值或剩余产品的这种占有和分配，受到土地所有权方面的限制。正像职能资本家从工人身上吸取剩余劳动，从而在利润的形式上吸取剩余价值和剩余产品一样，土地所有者也要在地租的形式上，按照以前已经说明的规律，再从资本家那里吸取这个剩余价值或剩余产品的一部分。"

"因此，资本利润（企业主收入加上利息）和地租不过是剩余价值的两个特殊组成部分，不过是剩余价值因属于资本或属于土地所有权而区别开来的两个范畴，两个项目。它们丝毫也不会改变剩余价值的本质。它们加起来，就形成社会剩余价值的总和。"

"最后，工人作为他个人的劳动力的所有者和出售者，在工资的名义下得到一部分产品。这部分产品体现着他的劳动中被我们叫做必要劳动的那个部分，也就是维持和再生产这个劳动力所必需的劳动部分，而不管这种维持和再生产的条件是较贫乏的还是较富裕的，是较有利的还是较不利的。"

"资本家的资本，土地所有者的土地，工人的劳动力"，"在资本主义生产方式的基础上"，"对资本家、土地所有者和工人来说，表现为他们各自特有的收入，即利润、地租和工资的三个不同的源泉。它们从下述意义上讲确实是收入的源泉：对资本家来说，资本是一台汲取剩余劳动的永久的抽水机；对土地所有者来说，土地是一块永久的磁石，它会把资本所汲取的剩余劳动的一部分吸引过来；最后，劳动则是一个不断更新的条件和不断更新的手段，使工人在工资的名义下取得他所创造的一部分价值，从而取得社会产品中由这部分价值来计量的一个部分，即必要生活资料。其次，它们从下述意义上讲是收入的源泉：资本会把价值的一部分，从而把年劳动产品的一部分固定在利润的形式上，土地所有权会把另一部分固定在地租的形式上，雇佣劳动会把第三部分固定在工资的形式上，并且正是由于这种转化，使它们变成了资本家的收入、土地所有者的收入和工人的收入，但是并没有创造转化为这几个不同范畴的实体本身。相反，这种分配是以这种实体已经存在为前提的，也就是说，是以年产品的总价值为前提的，而这个总价值不外就是对象化的社会劳动。但在生产当事人面前，在生产过程的不同职能的承担者面前，事情却不是以这种形式表现出来的，而是相反地以一种颠倒的形式表现出来的。"

"因此，土地所有权、资本和雇佣劳动，就从下述意义上的收入源泉，即资本使资本家以利润的形式吸取他从劳动中榨取的剩余价值的一部分，土地的垄断使土地所有者以地租的形式吸取剩余价值的另一部分，劳动使工人以工资的形式取得最后一个可供支配的价值部分这种意义上的源泉，也就是从这种作为中介使价值的一部分转化为利润形式，使第二部分转化为地租形式，使第三部分转化为工资形式的源泉，转化成了真正的源泉，这个源泉本身产生出这几个价值部分和这几个价值部分借以存在或可以转化成的各相关产品部分，因而是产生出产品价值本身的最后源泉。"

【资本主义生产关系颠倒假象的逐渐发展及其原因】

"在论述资本主义生产方式甚至商品生产的最简单的范畴时，在论述商品和货币时，我们已经指出了一种神秘性质，它把在生产中由财富的各种物质要素充当承担者的社会关系，变成这些物本身的属性（商品），并且更直截了当地把生产关系本身变成物（货币）。一切已经有商品生产和货币流通的社会形式，都有这种颠倒。但是，在资本主义生产方式下和在构成其占统治地位的范畴，构成其起决定作用的生产关系的资本那里，这种着了魔的颠倒的世界就会更厉害得多地发展起来。如果我们首先在直接生产过程中考察资本，把它看作是剩余劳动的吸取者，那么，这种关系还是非常简单的，实际的联系会强加于这个过程的承担者即资本家本身，并且还被他们意识到。为工作日的界限而进行的激烈斗争，就有力地证明了这一点。但是，甚至在这个没有中介的领域内，在劳动和资本之间的直接过程的领域内，事情也不会如此简单。随着相对剩余价值在真正的特定的资本主义生产方式下的发展，——与此同时劳动的社会生产力也发展了，——这些生产力以及劳动在直接劳动过程中的社会联系，都好像由劳动转移到资本身上了。因此，资本已经变成了一种非常神秘的东西，因为劳动的一切社会生产力，都好像不为劳动本身所有，而为资本所有，都好像是从资本自身生长出来的力量。然后流通过程插进来了。资本的甚至农业资本的一切部分，都会随着这种独特的资本主义生产方式的发展，被卷入流通过程的物质变换和形式变换中去。这是原始价值生产的关系完全退居次要地位的一个领域。""商品中包含的价值和剩余价值都必须在流通过程中才能得到实现。于是，生产上预付的价值的收回，特别是商品中包含的剩余价值，似乎不是单纯在流通中实现，而是从流通中产生出来的；这个假象特别由于以下两个情况而更加强化：首先是让渡的利润，这种利润取决于欺骗、狡诈、知情、机灵以及市场行情的千变万化；其次是这样一个情况，即除了劳动时间以外，在这里又出现了第二个决定的要素，即流通时间。流通时间虽然只是对价值和剩余价值的形成起消极限制的作用，但是它具有一种假象，好像它和劳动本身一样是一个积极的原因，好像它会带来一个从资本的本性中产生的、不以劳动为转移的规定。""这个领域是一个竞争的领域，就每一个别情况来看，在这个领域中是偶然性占统治地位。因此，在这个领域中，通过这些偶然性来为自己开辟道路并调节着这些偶然性的内部规律，只有在对这些偶然性进行大量概括的基础上才能看到。因此，对单个的生产当事人本身来说，这种内部规律仍然是看不出来，不能理解的。此外，现实的生产过程，作为直接生产过程和流通过程的统一，又产生出种种新的形态，在这些形态中，内部联系的线索越来越消失，各种生产关系越来越互相独立，各种价值组成部分越来越硬化为互相独立的形式。

我们已经看到，剩余价值转化为利润，既是由生产过程决定的，也同样是由流通过程决定的。利润形式的剩余价值，不再和它从中产生的投在劳动上的资本部分发生关系，而是和总资本发生关系。利润率受它本身的各种规律调节；这些规律，在剩余价值率不变时，允许利润率发生变化，甚至决定着利润率的变化。这一切使剩余价值的真正性质越来越隐蔽，从而也使资本的实际的驱动机构越来越隐蔽。由于利润转化为平均利润，价值转化为生产价格，转化为起调节作用的平均市场价格，情况就更是这样了。在这里，一个复杂的社会过程插进来了。这就是资本的平均化过程。这个过程使商品的相对平均价格同它们的价值相分离，使不同生产部门（完全撇开每个特殊生产部门内的单个投资不说）的平均利润同特殊资本对劳动的实际剥削相分离。在这里，不仅看起来是这样，而且事实上商品的平均价格不同于商品的价值，因而不同于实现在商品中的劳动，并且特殊资本的平均利润不同于这个资本从它所雇用的工人身上榨取出来的剩余价值。""正常的平均利润本身好像是资本所固有的，不以剥削为转移的"。"利润分割为企业主收入和利息（更不用说这中间还要插进商业利润和货币经营业利润了，这两种利润都是以流通为基础，好像完全是从流通中产生的，而不是从生产过程本身中产生的），就完成了剩余价值形式的独立化，完成了它的形式对于它的实体，对于它的本质的硬化。""如果说资本起初在流通的表面上表现为资本物神，表现为创造价值的价值，那么，现在它又在生息资本的形式上，取得了它的最异化最特别的形式。由于这个原因，'资本—利息'这个公式，作为'土地—地租'和'劳动—工资'之外的第三个环节，也就比'资本—利润'这个公式彻底得多了，因为在利润的场合，人们总还想起它的起源；而在利息的场合，不仅想不到它的起源，而且让人想到的是和这个起源完全相反的形式。

最后，在作为剩余价值的独立源泉的资本之旁，出现土地所有权，它是对平均利润的限制，并把剩余价值的一部分转移到这样一个阶级手里，这个阶级既不亲自劳动，又不直接剥削工人，也不像生息资本那样可以说出一些在道义上宽慰自己的理由，比如说什么贷放资本要冒风险和作出牺牲。在这里，因为剩余价值的一部分好像不是直接和社会关系联系在一起，而是直接和一个自然要素即土地联系在一起，所以剩余价值的不同部分互相异化和硬化的形式就完成了，内部联系就最终割断了，剩余价值的源泉就完全被掩盖起来了，而这正是由于和生产过程的不同物质要素结合在一起的各个生产关系已经互相独立化了。

在资本—利润（或者，更恰当地说是资本—利息），土地—地租，劳动—工资中，在这个表示价值和财富一般的各个组成部分同其各种源泉的联系的经济三位一体中，资本主义生产方式的神秘化，社会关系的物化，物质的生产关系和它们的历史社会规定性的直接融合已经完成：这是一个着了魔的、颠倒的、倒立着的世界。在这个世界里，资本先生和土地太太，作为社会的人物，同时又直接作为单纯的物，在兴妖作怪。"

【古典经济学的功绩和局限及其与庸俗经济学的区别】

"古典经济学把利息归结为利润的一部分，把地租归结为超过平均利润的余额，使这二者以剩余价值的形式一致起来；此外，把流通过程当作单纯的形式变化来说明；最后，在直接生产过程中把商品的价值和剩余价值归结为劳动；这样，它就把上面那些虚伪的假象和错觉，把财富的不同社会要素互相间的这种独立化和硬化，把这种物的人格化和生产关系的物化，把日常生活中的这个宗教揭穿了。这是古典经济学的伟大功绩。然而，甚至古典经济学的最优秀的代表——从资产阶级的观点出发，只能是这样——，也还或多或少地被束缚在他们曾批判地予以揭穿的假象世界里，因而，都或多或少地陷入不彻底性、半途而废状态和没有解决的矛盾之中。另一方面，实际的生产当事人对资本—利息，土地—地租，劳动—工资这些异化的不合理的形式，感到很自在，这也同样是自然的事情，因为他们就是在这些假象的形态中活动的，他们每天都要和这些形态打交道。庸俗经济学无非是对实际的生产当事人的日常观念进行教学式的、或多或少教义式的翻译，把这些观念安排在某种有条理的秩序中。因此，它会在这个消灭了整个内部联系的三位一体中，为自己的浅薄的妄自尊大，找到自然的不容怀疑的基础，这也同样是自然的事情。同时，这个公式也是符合统治阶级的利益的，因为它宣布统治阶级的收入源泉具有自然的必然性和永恒的合理性，并把这个观点推崇为教条。"

【资本主义生产关系神秘化的其他原因】

"在叙述生产关系的物化和生产关系对生产当事人的独立化时，我们没有谈到，这些联系由于世界市场，世界市场行情，市场价格的变动，信用的期限，工商业的周期，繁荣和危机的交替，会以怎样的方式对生产当事人表现为压倒的、不可抗拒地统治他们的自然规律，并且在他们面前作为盲目的必然性发生作用。我们没有谈到这些问题，是因为竞争的实际运动在我们的计划范围之外，我们只需要把资本主义生产方式的内部组织，在它的可说是理想的平均形式中叙述出来。"

【简释：（1）"三位一体公式"是资本主义生产关系呈现在表面的形态。资本、劳动、土地分别表现为利润、工资、地租的源泉。这三种所谓源泉属于完全不同的领域，彼此之间毫无相同之处，显然不能组合在一起。资本不是物，而是属于一定历史社会形态的生产关系，资本表现为生产资料，但这种生产资料本身不是资本，而是使用价值，不可能成为价值（剩余价值）的源泉。土地是无机的自然界本身，地租是剩余价值，不可能由土地创造。劳动是人实现和自然之间物质变换的人类一般的生产活动，存在于一切社会，并不是任何社会的劳动都采取工资的形式。像资本一样，雇佣劳动和土地所有权也是历史规定的社会形式。庸俗经济学当作出发点的这个"三位一体公式"，实际上不过是局限在资产阶级生产关系中的生产当事人的观念，被当作教义来加以解释、系统化和辩护。庸俗经济学恰好对于各种经济关系的异化的表现形式（在这种形式下各种经济关系显然是荒谬的、完全矛盾的）感到很自在，而且各种经济关系的内部联系越是隐蔽，这些关系对普通人的观念来说越是习以为常，它们对庸俗经济学来说，就越显得是不言自明的。

（2）资本利润（企业主收入加利息）和地租不过是剩余价值的两个特殊组成部分，不过是剩余价值因属于资本或属于土地所有者而区别开来的两个范畴，两个项目。它们丝毫也不会改变剩余价值的本质。它们加起来，就形成社会剩余价值的总和。工人作为他个人的劳动力的所有者和出售者，在工资的名义下得到他创造的一部分价值，体现着维持和再生产这个劳动力所必需的必要生活资料。这种分配是以资本主义生产关系已经存在为前提的，然而在生产当事人面前，却是以一种颠倒的形式表现出来，即资本、土地所有权和劳动，表现为三个不同的、独立的源泉。但如果事物的表现形式和事物的本质会直接合而为一，一切科学就都成为多余的了。

（3）《资本论》第一卷在论述商品和货币时已经指出了一种神秘性质，即把在生产中由财富的各种物质要素充当承担者的社会关系，颠倒地表现为这些物本身的属性。在资本主义生产方式下，这种颠倒的世界就会更厉害得多地发展起来。因为剩余价值从工人在直接生产过程创造出来，到流通过程实现，再到利润转化为平均利润，并分解为企业主收入和利息及地租，这是发生在生产当事人意志之外、经历复杂中介的客观过程，使剩余价值的真正性质越来越隐蔽。价值的各种组成部分越来越异化和硬化为互相独立的形式，剩余价值的不同部分好像不是直接和社会关系联系在一起，它们之间的内部联系就最终被迫割断了，剩余价值的源泉就完全被掩盖起来了。

（4）未来社会的剩余劳动。在一定时间内，从而在一定的剩余劳动时间内，究竟能生产多少使用价值，取决于劳动生产率。也就是说，社会的现实财富和社会再生产过程不断扩大的可能性，并不是取决于剩余劳动时间的长短，而是取决于剩余劳动的生产率和进行这种剩余劳动的生产条件的优劣程度。像野蛮人为了满足自己的需要，为了维持和再生产自己的生命，必须与自然搏斗一样，文明人也必须这样做，而且在一切社会形式中都必须这样做。这个自然必然性的王国会随着人的发展而扩大，因为需要会扩大；但是满足这种需要的生产力同时也会扩大。这个领域内的自由只能是：社会化的人，联合起来的生产者，将合理地调节他们和自然之间的物质变换，把它置于他们的共同控制之下，而不让它作为一种盲目的力量来统治自己；靠消耗最小的力量，在最无愧于和最适合于他们的人类本性的条件下来进行这种物质变换。】

第四十九章

关于生产过程的分析

【简释：(1) 本章考察的社会总资本再生产过程，在《资本论》第二卷第三篇虽然已作过全面论述，但是在那里，剩余价值还没有表现为利润（企业主收入加利息）和地租等具体形式，还不能在这些形式上加以研究。其次还因为正是在工资、利润和地租等形式的分析上，包含着一个从亚当·斯密以来贯穿整个政治经济学的令人难以置信的错误（即斯密教条）。因而有必要对价值、剩余价值和社会总资本再生产过程作进一步研究。

(2) 研究的出发点：平均利润加上地租，等于已实现的剩余价值的总和。工资即收入的第三个独特形式，等于可变资本价值。年产品中由劳动所创造的总价值，包括必要劳动创造的工资价值和剩余劳动创造的剩余价值（分为利润和地租）。为了澄清斯密教条和庸俗经济学造成的概念混乱，马克思按照劳动价值论、剩余价值理论揭示了总产品（总收益）、总收入（纯收益）、纯收入的区别。总产品也是总收益，是每年再生产出来的全部产品。总产品的价值，等于预付的、并在生产中消费掉的资本即不变资本和可变资本的价值，加上分解为利润和地租的剩余价值（c＋v＋m）。总收入也是纯收益，是年产品中新创造的价值，等于可变资本价值加剩余价值（v＋m），也就是工资加利润加地租。而纯收入则是年产品中工人剩余劳动创造的剩余产品，即剩余价值（m），也就是利润加地租。如果考察整个社会的收入，那么国民收入是工资加利润加地租，也就是总收入，但这只是一种抽象，因为在资本主义生产的基础上只把分解为利润和地租的收入看作纯收入。

(3) 亚当·斯密关于商品价值最终可以分解为工资＋利润＋地租这样一个错误的教条，被庸俗经济学表述为：对整个社会来说，总产品就是转化为总收入。这是把总产品价值（c＋v＋m）和总收入（v＋m）混为一谈。实际上商品价值除了包含三种收入，还包含不变资本转移的价值（c）。显而易见，如果全部产品的价值都可以以收入的形式消费，消耗掉的旧资本价值又怎么能得到补偿呢？如果每一个资本的产品价值等于三种收入加上不变资本的价值（c）总和，所有资本的产品价值加起来的总和，怎么却等于三种收入加上零的价值（c）总和呢？这一切当然表现为无法解决的谜。庸俗经济学只能用恶性循环的推论来解释，即所谓表现为不变资本的东西，可以分解为工资、利润和地租，而表现为工资、利润和地租的商品价值，又是由工资、利润和地租决定的，依此类推，无穷无尽。这也是亚当·斯密认为的："不变资本只是商品价值的一个表面的要素，它会在总的联系中消失"的错误推论。

（4）导致这种错误和荒谬分析的原因主要是：第一，不理解不变资本和可变资本的基本关系，所以也不理解剩余价值的性质，从而不理解资本主义生产方式的整个基础。第二，不理解劳动在追加新价值时，以何种方式在新形式上把旧价值保存下来，而不是把这个旧价值重新生产出来。第三，不理解再生产过程从总资本而不是从单个资本来看时所表现出来的联系，主要困难在于对再生产及其各个组成部分之间的关系从物质性质和价值关系两个方面来进行分析。第四，不理解剩余价值的各个组成部分表现为互相独立的各种收入的形式时，收入和资本这两个固定的规定会互相交换、互换位置，从而对分析造成的困难。第五，不理解除了价值转化为生产价格造成的混乱以外，剩余价值转化为同各个生产要素有关的收入形式，即转化为利润和地租，还会出现进一步的混乱。以上这些问题和困难，在马克思《资本论》第一卷到第三卷创立的系统理论中第一次得到了解决。

（5）在资本主义生产方式消灭以后，但社会生产依然存在的情况下，价值决定仍会在下述意义上起支配作用：劳动时间的调节和社会劳动在不同的生产类别之间的分配，最后，与此有关的簿记，将比以前任何时候都更重要。】

第五十章

竞争的假象

【简释：(1) 本章主要内容是批判从斯密教条引申出的商品价值来源于它本身的各个组成部分的错误，并分析导致假象和混乱的各个方面原因，以及关于必要劳动和剩余劳动在一切社会生产方式下所共有的基础的论断。

(2) 商品的价值或由商品总价值调节的生产价格分解为三个部分：补偿不变资本用掉的价值部分；可变资本的价值部分；剩余价值部分。商品价值就其代表新追加的劳动来说，不断分解为三个部分、形成三种收入形式，即工资、利润和地租，它们各自在总价值中所占的部分，是由不同的、特有的规律决定的。以上这样说是正确的。但反过来，说工资、利润和地租是构成价值的独立要素，而商品的价值就是由这些要素结合而成，却是错误的，因为：

第一，商品的价值是由工人的劳动创造的，包括 c＋v＋m 三个部分，只是工人劳动创造的新价值部分即 v＋m，而由工人劳动转移到新产品的不变资本价值（c）部分，必须在再生产中得到价值和物质形态的补偿，是不能分解为收入的。说商品价值只是由三种收入构成，违背基本事实。

第二，工人创造的新价值，是工资、利润和地租的源泉，也是它们的基础和界限。尽管价值转化为生产价格，但生产价格总量和商品价值的总量是相等的；商品价值的量是由社会必要劳动时间决定的，是一个已定的量，不管工资、利润、地租互相间的相对量如何变化，商品价值中新创造的价值部分，总是它们的全部价值的整体和界限。显然不能把源泉、前提和结果颠倒过来。

第三，工资、利润、地租这三种收入形式，是分别由不同的、特有的规律所决定的，因此新创造的价值和它们是一分为三的关系，而不是合三为一的关系。把新创造的价值分解为三种收入形式，同商品价值的形成混为一谈，是完全错误的。

（3）在庸俗经济学家的观念中，事情则是颠倒的：商品的价格只是由不以商品的价值为转移并互相独立地决定的工资、利润和地租的价值量合在一起构成的，并且，这几个价值量的总和，不管多少，都形成商品本身的价值量。这种混乱之所以产生，是因为有一系列假象所导致。

第一，工资、利润和地租作为独立的收入，分别与劳动、资本和土地这三种彼此完全不同的生产要素发生关系，因而好像它们就是由这些东西产生的。

第二，工资的提高或降低，会使一般利润率发生相反的变动，因而会改变商品的生产价格，也会造成好像工资变动决定商品价值的假象。

第三，在单个资本及其商品产品的现实运动中，资本家最关心的成本价格（包括工资、原料等）表现为已定的量，平均利润表现为预先存在并决定着商品本身的平均价格的量，从现象上看，它们不是价值分割的结果，而是价值的形成要素。

第四，在每个生产部门，起调节作用的是和价值不同的生产价格，对于单个资本家来说，商品出售能否实现商品中包含的价值和剩余价值是无关紧要的，而工资、利息和地租（撇开不变资本部分不说），却是对商品价格起限定和决定作用的要素，从而对他获得利润（企业主收入）是起调节作用的界限。

第五，体现新追加的劳动的价值会分割为工资、利润和地租这几种收入形式的这个方法，在这几种收入形式的存在条件不具备的地方也会被人应用，所以资本主义关系好像是每一种生产方式的自然关系这一假象，就更加具有迷惑作用。

（4）这些由商品价值的分割带来的产物之所以不断地表现为价值形成本身的前提，其秘密简单说来就在于：资本主义的生产方式，和任何别的生产方式一样，不仅不断再生产物质的产品，而且不断再生产社会的经济关系。因此，它的结果会不断表现为它的前提，像它的前提会不断表现为它的结果一样。

（5）未来社会的必要劳动和剩余劳动。如果我们把工资归结为它的一般基础，也就是说，归结为工人本人劳动产品中加入工人个人消费的部分；如果我们把这个部分从资本主义的限制下解放出来，把它扩大到一方面为社会现有的生产力（也就是工人自己的劳动作为现实的社会劳动所具有的社会生产力）所许可，另一方面为个性的充分发展所必要的消费的范围；如果我们再把剩余劳动和剩余产品缩小到现有生产条件下一方面为了形成保险基金和准备金，另一方面为了按照社会需要所决定的程度来不断扩大再生产所要求的限度；最后，如果我们把有劳动能力的人必须总是为社会中还不能劳动或已经不能劳动的成员而进行的劳动的量，包括到1.必要劳动和2.剩余劳动中去，也就是说，如果我们把工资和剩余价值、必要劳动和剩余劳动的独特的资本主义性质去掉，——那么，剩下的就不再是这几种形式，而只是它们的为一切社会生产方式所共有的基础。】

第五十一章

分配关系和生产关系

【分配关系是生产关系的一个方面，二者共有同样的历史的暂时的性质】

"可见，由每年新追加的劳动新加进的价值——从而，年产品中体现这个价值并且能够从总收益中取出和分离出来的部分——，分成三个部分，它们采取三种不同的收入形式，这些形式表明，这个价值的一部分属于或归于劳动力的所有者，另一部分属于或归于资本的所有者，第三部分属于或归于地产的所有者。因此，这就是分配的关系或形式，因为它们表示出新生产的总价值在不同生产要素的所有者中间进行分配的关系。

按照通常的看法，这些分配关系被认为是自然的关系，是从一切社会生产的性质，从人类生产本身的各种规律中产生出来的关系。"

"这种见解中唯一正确的一点是：在任何一种社会生产（例如，自然发生的印度公社的社会生产，或秘鲁人的多半是人为发展起来的共产主义的社会生产）中，总是能够区分出劳动的两个部分，一个部分的产品直接由生产者及其家属用于个人的消费，另一个部分即始终是剩余劳动的那个部分的产品，总是用来满足一般的社会需要，而不问这种剩余产品怎样分配，也不问谁执行这种社会需要的代表的职能。在这里我们撇开用于生产消费的部分不说。这样，不同分配方式的同一性就归结到一点：如果我们把它们的区别和特殊形式抽掉，只抓住同它们的区别相对立的一致，它们就是同一的。

更有学识、更有批判意识的人们，虽然承认分配关系的历史发展性质，但同时却更加固执地认为，生产关系本身具有不变的、从人类本性产生出来的，因而与一切历史发展无关的性质。

相反，对资本主义生产方式的科学分析却证明：资本主义生产方式是一种特殊的、具有独特历史规定性的生产方式；它和任何其他一定的生产方式一样，把社会生产力及其发展形式的一个既定的阶段作为自己的历史条件，而这个条件又是一个先行过程的历史结果和产物，并且是新的生产方式由以产生的既定基础；同这种独特的、历史地规定的生产方式相适应的生产关系——即人们在他们的社会生活过程中、在他们的社会生活的生产中所处的各种关系——，具有一种独特的、历史的和暂时的性质；最后，分配关系本质上和这些生产关系是同一的，是生产关系的反面，所以二者共有同样的历史的暂时的性质。

在考察分配关系时，人们首先是从年产品分为工资、利润和地租这种所谓的事实出发。但是，把事实说成这样是错误的。产品一方面分为资本，另一方面分为各种收入。其中一种收入，工资，总是先以**资本形式**同工人相对立，然后才取得收入的形式，即工人的收入的形式。生产出来的劳动条件和劳动产品总是作为资本同直接生产者相对立这个事实，从一开始就意味着：物质劳动条件和工人相对立而具有一定的社会性质，因而在生产本身中，工人同劳动条件的所有者之间，并且工人彼此之间，是处在一定的关系中。这些劳动条件转化为资本这个事实，又意味着直接生产者被剥夺了土地，因而存在着一定的土地所有权形式。

如果产品的一部分不转化为资本，它的另一部分就不会采取工资、利润和地租的形式。

另一方面，如果说资本主义生产方式以生产条件的这种一定的社会形式为前提，那么，它会不断地把这种形式再生产出来。它不仅生产出物质的产品，而且不断地再生产出产品在其中生产出来的那种生产关系，因而也不断地再生产出相应的分配关系。

当然，可以说，资本（以及资本作为自身的对立物而包括进来的土地所有权）本身已经以这样一种分配为前提：劳动者被剥夺了劳动条件，这些条件集中在少数个人手中，另外一些个人对土地拥有排他的所有权，总之，就是存在着论原始积累的那一部分（第一卷第二十四章）已经说明过的全部关系。但是，这种分配完全不同于人们把分配关系看作与生产关系相对立而赋予它以一种历史性质时所理解的那种东西。人们谈到这种分配关系，指的是对产品中归个人消费的部分的各种索取权。相反，前面所说的分配关系，却是在生产关系本身内部由生产关系的一定当事人在同直接生产者的对立中所执行的那些特殊社会职能的基础。这种分配关系赋予生产条件本身及其代表以特殊的社会的质。它们决定着生产的全部性质和全部运动。"

【资本主义生产方式的两个特征】

"资本主义生产方式一开始就有两个特征。

第一，它生产的产品是商品。使它和其他生产方式相区别的，不在于生产商品，而在于，成为商品是它的产品的占统治地位的、决定的性质。这首先意味着，工人自己也只是表现为商品的出售者，因而表现为自由的雇佣工人，这样，劳动就表现为雇佣劳动。有了以上说明，已无须重新论证资本和雇佣劳动的关系怎样决定着这种生产方式的全部性质。这种生产方式的主要当事人，资本家和雇佣工人，本身不过是资本和雇佣劳动的体现者，人格化，是由社会生产过程加在个人身上的一定的社会性质，是这些一定的社会生产关系的产物。

这种性质，即 1. 产品作为商品和 2. 商品作为资本产品的性质，已经包含着一切流通关系，即产品必须通过并在其中取得一定社会性质的一定的社会过程；同样，这种性质也包含着生产当事人之间的一定的关系，这种关系决定着他们的产品的价值实现和产品到生活资料或生产资料的再转化。但是，即使撇开这点不说，从上述两种性质，即产品作为商品的性质，或商品作为按资本主义方式生产出来的商品的性质，就会得出全部价值决定和价值对全部生产的调节作用。在这个十分独特的价值形式上，一方面，劳动只作为社会劳动起作用；另一方面，这个社会劳动的分配，它的产品的互相补充，它的产品的物质变换，它从属于和被纳入社会的传动机构，这一切却听任资本主义生产者个人偶然的、互相抵消的冲动去摆布。因为这些人不过作为商品占有者互相对立，每个人都企图尽可能以高价出售商品（甚至生产本身似乎也只是由他们任意调节的），所以，内在规律只有通过他们之间的竞争，他们互相施加的压力来实现，正是通过这种竞争和压力，各种偏离得以互相抵消。在这里，价值规律不过作为内在规律，对单个当事人作为盲目的自然规律起作用，并且是在生产的偶然波动中，实现着生产的社会平衡。

其次，在商品中，特别是在作为资本产品的商品中，已经包含着作为整个资本主义生产方式的特征的社会生产规定的物化和生产的物质基础的主体化。

资本主义生产方式的**第二个**特征是，剩余价值的生产是生产的直接目的和决定动机。资本本质上是生产资本的，但只有生产剩余价值，它才生产资本。在考察相对剩余价值时，进而在考察剩余价值转化为利润时，我们已经看到，在这上面怎样建立起资本主义时期所特有的一种生产方式，这是劳动社会生产力发展的一种特殊形式，不过，这种劳动社会生产力是作为与工人相对立的资本的独立力量而发展的，并因而直接与工人本身的发展相对立。这种为了价值和剩余价值而进行的生产，像较为详细的说明所已经指出的那样，包含着一种不断发生作用的趋势，就是要把生产商品所必需的劳动时间，即把商品的价值，缩减到当时的社会平均水平以下。力求将成本价格缩减到它的最低限度的努力，成了提高劳动社会生产力的最有力的杠杆，不过在这里，劳动社会生产力的提高只是表现为资本生产力的不断提高。

资本家作为资本的人格化在直接生产过程中取得的权威，他作为生产的领导者和统治者而担任的社会职能，同建立在奴隶生产、农奴生产等等基础上的权威，有重大的区别。"

"只是由于劳动采取雇佣劳动的形式，生产资料采取资本的形式这样的前提——也就是说，只是由于这两个基本的生产要素采取这种独特的社会形式——，价值（产品）的一部分才表现为剩余价值，这个剩余价值才表现为利润（地租），表现为资本家的赢利，表现为可供支配的、归他所有的追加的财富。但也只是由于一部分价值这样表现为**他的利润**，用来扩大再生产并构成一部分利润的追加生产资料，才表现为新的追加资本，并且整个再生产过程的扩大，才表现为资本主义的积累过程。"

"尽管劳动作为雇佣劳动的形式对整个过程的面貌和生产本身的特殊方式有决定的作用，雇佣劳动却并不决定价值。在价值的决定上所涉及的，只是社会一般劳动时间，只是社会一般可以支配的劳动量，而不同的产品在这个劳动量中所吸收的相对量，又在一定程度上决定着这些产品的各自的社会比重。当然，社会劳动时间在商品价值上作为决定要素起作用的一定形式，从下述意义上说是同劳动作为雇佣劳动的形式，以及生产资料作为资本这一相应形式联系在一起的，就是说，只有在这个基础上，商品生产才成为生产的一般形式。

我们再来考察一下这种所谓的分配关系本身。工资以雇佣劳动为前提，利润以资本为前提。因此，这些一定的分配形式是以生产条件的一定的社会性质和生产当事人之间的一定的社会关系为前提的。因此，一定的分配关系只是历史地规定的生产关系的表现。

现在我们来谈利润。剩余价值的这种一定的形式，是在资本主义生产形式中新形成生产资料的前提，因而是一种支配再生产的关系，虽然在资本家个人看来，好像他真正能够把全部利润当作收入来消费掉。但他会在这方面碰到限制，这些限制以保险基金和准备金的形式，以竞争规律等形式出现在他面前，并且在实践中向他证明，利润并不只是个人消费品的分配范畴。其次，整个资本主义生产过程，是由产品的价格来调节的。可是起调节作用的生产价格本身，又是由利润率的平均化和与之相适应的资本在不同社会生产部门之间的分配来调节的。因此，在这里，利润不是表现为产品分配的主要因素，而是表现为产品生产本身的主要因素，即资本和劳动本身在不同生产部门之间分配的因素。利润分割为企业主收入和利息，这表现为同一收入的分配。但这种分割的发生，首先是由于资本作为自行增殖的、生产剩余价值的价值的发展，由于占统治地位的生产过程的这种一定的社会形式的发展。这种分割从它本身发展出了信用和信用制度，因而也发展出了生产的形式。在利息上等等，所谓的分配形式是作为决定的生产要素加入价格的。

至于地租，它能够表现为只是分配的形式，因为土地所有权本身在生产过程本身中不执行职能，至少不执行正常的职能。但是1. 地租只限于超过平均利润的余额；2. 土地所有者从生产过程和整个社会生活过程的操纵者和统治者降为单纯土地出租人，单纯用土地放高利贷的人，单纯收租人，——这些事实却是资本主义生产方式的独特的历史产物。土地取得土地所有权的形式，是资本主义生产方式的历史前提。土地所有权取得允许农业实行资本主义经营方式的形式，是这个生产方式的特殊性质的产物。人们尽可以把其他社会形式中土地所有者的收入也称为地租。但那种地租和这个生产方式中出现的地租有本质的区别。"

【分配关系和生产关系的一定的历史形式，同生产力的矛盾和对立达到一定的成熟阶段就会被抛弃，并让位给较高级的形式】

"可见，所谓的分配关系，是同生产过程的历史地规定的特殊社会形式，以及人们在他们的人类生活的再生产过程中相互所处的关系相适应的，并且是由这些形式和关系产生的。这些分配关系的历史性质就是生产关系的历史性质，分配关系不过表现生产关系的一个方面。资本主义的分配不同于各种由其他生产方式产生的分配形式，而每一种分配形式，都会随着它由以产生并且与之相适应的一定的生产形式的消失而消失。

只把分配关系看作历史的东西而不把生产关系看作历史的东西的见解，一方面，只是资产阶级经济学刚开始进行还带有局限性的批判时的见解。另一方面，这种见解建立在一种混同上面，这就是，把社会的生产过程，同反常的孤立的人在没有任何社会帮助的情况下也必须完成的简单劳动过程相混同。就劳动过程只是人和自然之间的单纯过程来说，劳动过程的简单要素是这个过程的一切社会发展形式所共有的。但劳动过程的每个一定的历史形式，都会进一步发展这个过程的物质基础和社会形式。这个一定的历史形式达到一定的成熟阶段就会被抛弃，并让位给较高级的形式。分配关系，从而与之相适应的生产关系的一定的历史形式，同生产力，即生产能力及其要素的发展这两个方面之间的矛盾和对立一旦有了广度和深度，就表明这样的危机时刻已经到来。这时，在生产的物质发展和它的社会形式之间就发生冲突。"

【简释：（1）每年新追加劳动创造的新价值，采取三种不同的收入形式（工资、利润和地租），分别属于劳动力、资本和地产的所有者的这种分配的关系或形式，不是从一切社会生产的性质、从人类生产本身的规律产生出来的关系。相反，对资本主义生产方式的科学分析证明，资本主义生产方式是一种特殊的、具有独特历史规定性的生产方式，同它相适应的生产关系，具有一种独特的、历史的和暂时的性质。最后，分配关系本质上是和这些生产关系是同一的，是生产关系的反面，所以二者共有同样的历史的暂时的性质。

（2）资本主义生产方式从一开始就有两个特征：第一，它生产的产品是商品，并且商品作为资本的产品，这种性质已经包含着一切流通关系，即产品必须通过并在其中取得一定社会性质的社会过程，也包含着生产当事人之间的一定的关系。在这里，价值规律不过作为内在规律，对单个当事人作为盲目的自然规律起作用，并且是在生产的偶然波动中，实现着生产的社会平衡。第二，剩余价值的生产是生产的直接目的和决定动机。这种为了价值和剩余价值的生产，包含着一种不断发生作用的趋势，就是要把生产商品所必需的劳动时间，即把商品的价值，缩减到当时的社会平均水平以下。力求将成本价格缩减到它的最低限度的努力，成了提高劳动社会生产力的最有力的杠杆，不过在这里，劳动社会生产力的提高只是表现为资本生产力的不断提高。

（3）马克思在《资本论》第一版序言中说："为了避免可能产生的误解，要说明一下。我决不用玫瑰色描绘资本家和地主的面貌。不过这里涉及的人，只是经济范畴的人格化，是一定的阶级关系和利益的承担者。我的观点是把经济的社会形态的发展理解为一种自然史的过程。不管个人在主观上怎样超脱各种关系，他在社会意义上总是这些关系的产物。同其他任何观点比起来，我的观点是更不能要个人对这些关系负责的。"

马克思在本章中指出：资本主义"生产方式的主要当事人，资本家和雇佣工人，本身不过是资本和雇佣劳动的体现者，人格化，是由社会生产过程加在个人身上的一定的社会性质，是这些一定的社会生产关系的产物"。这是运用历史唯物主义分析阶级关系的基本观点。资本家的阶级本性是由资本的本性决定的。资本本质上是生产资本的，但只有生产剩余价值，它才生产资本。生产剩余价值（利润），是资本主义生产的直接目的和决定动机。为了追求超额利润和扩大市场份额，资本家总是千方百计把商品的价值缩减到当时社会平均水平以下；力求把成本价格缩减到它的最低限度。这成为提高社会生产力的最有力的杠杆。资本家作为价值增殖的狂热追求者，肆无忌惮地迫使人类去为生产而生产，从而去发展社会生产力，去创造生产的物质条件；而只有这样的条件，才能为一个更高级的、以每一个个人的全面而自由的发展为基本原则的社会形式建立现实基础。连资产阶级古典经济学也用"为积累而积累、为生产而生产"这样的公式来表达资产阶级的历史使命。

（4）一定的分配关系只是历史规定的生产关系的表现。工资以雇佣劳动为前提，利润以资本为前提。因此，这些一定的分配形式是以生产条件的一定的社会性质和生产当事人之间的一定的社会关系为前提。所谓的分配关系，是同生产过程的历史地规定的特殊社会形式，以及人们在再生产过程中相互关系相适应的，并且是由这些形式和关系产生的。这些分配关系的历史性质就是生产关系的历史性质，分配关系不过表现生产关系的一个方面。资本主义的分配不同于各种由其他生产方式产生的分配形式，而每一种分配形式，都会随着它由以产生并且与之相适应的一定的生产形式的消失而消失。分配关系，从而与之相适应的生产关系的一定的历史形式，同生产力，即生产能力及其要素的发展这两个方面之间的矛盾和对立一旦有了广度和深度，就表明这样的危机时刻已经到来。这时，在生产的物质发展和它的社会形式之间就会发生冲突。】

第五十二章

阶　　级

【资本主义社会的三大阶级】

"单纯劳动力的所有者、资本的所有者和土地的所有者——他们各自的收入源泉是工资、利润和地租——，也就是说，雇佣工人、资本家和土地所有者，形成建立在资本主义生产方式基础上的现代社会的三大阶级。

在英国，现代社会的经济结构无疑已经达到最高度的、最典型的发展。但甚至在这里，这种阶级结构也还没有以纯粹的形式表现出来。在这里，一些中间的和过渡的阶层也到处使界限规定模糊起来（虽然这种情况在农村比在城市少得多）。不过，这种情况对我们的考察来说是无关紧要的。我们已经看到，资本主义生产方式的经常趋势和发展规律，是使生产资料越来越同劳动分离，使分散的生产资料越来越大量积聚在一起，从而，使劳动转化为雇佣劳动，使生产资料转化为资本。另一方面，适应于这种趋势，土地所有权同资本和劳动相分离而独立，换句话说，一切土地所有权都转化为同资本主义生产方式相适应的土地所有权形式。

首先要解答的一个问题是：是什么形成阶级？这个问题自然会由另外一个问题的解答而得到解答：是什么使雇佣工人、资本家、土地所有者成为社会三大阶级的成员？

乍一看来，好像就是收入和收入源泉的同一性。正是这三大社会集团，其成员，形成这些集团的个人，分别靠工资、利润和地租来生活，也就是分别靠他们的劳动力、他们的资本和他们的土地所有权来生活。

不过从这个观点来看，例如，医生和官吏似乎也形成两个阶级，因为他们属于两个不同的社会集团，其中每个集团的成员的收入都来自同一源泉。对于社会分工在工人、资本家和土地所有者中间造成的利益和地位的无止境的划分，——例如，土地所有者分成葡萄园所有者，耕地所有者，森林所有者，矿山所有者，渔场所有者，——似乎同样也可以这样说。"（手稿至此中断）

后记：我学习《资本论》的经历

　　1955 年 1 月，我从福州商业学校毕业，分配到福建省商业厅工作；1956 年 7 月考入中国人民大学经济系本科学习。一年级开始学习政治经济学，卫兴华老师授课，要求我们认真读马克思的《资本论》；二、三年级开设《资本论》专题讲座，授课的是吴树青老师。当时我十分珍惜来之不易的上大学的机会，开始读《资本论》时理解不深，对难懂的章节、段落，便反复读，向老师请教、与同学讨论，直到读懂理解，并认真写读书笔记，及时把心得体会写下来。大学几年的每个周末及寒暑假的大部分时间，我都是在教室和阅览室度过的。大学本科毕业前，我认真学习了《资本论》第一、二、三卷的大部分章节。大学毕业后，我先分配在中国人民大学校刊《教学与研究》做助理编辑，一年后调回经济系政治经济学教研室任助教。1962 年春天，当时兼任中国人民大学副校长的黄松龄提出，在经济系组织一个研究社会主义经济问题的小组，邀请南开、复旦、厦门等大学的经济系派老师参加。我有幸参加了这个研究小组，并在此期间，同南开大学谷书堂老师、厦门大学吴宣恭老师合作撰写了两篇关于两种社会必要劳动时间与价值决定、价值实现的文章，分别于 1962 年 7 月和 1963 年 1 月在《光明日报》经济学专刊发表。在撰写这两篇文章过程中，我们三人反复学习马克思在《资本论》中的有关论述，提出商品的市场供求总量关系是价值决定和价值实现的重要因素，属于第二种含义的社会必要劳动时间，在当时经济理论界产生了一定的影响。

　　1963 年至 1964 年，政治经济学教研室分配我担任经济系本科四年级的《资本论》专题讲座的辅导教师，这项任务给予我继续学习《资本论》的好机会。此期间我结合教学撰写了《关于形成价值的劳动》等学习《资本论》的体会文章，在《教学与研究》等报刊上发表。

　　1966 年至 1976 年"文化大革命"期间，我认真读的书不多。直到 1977 年，我下决心把当时已经出版的《马克思恩格斯全集》（以下简称《全集》）50卷本通读一遍。这次学习延续了六年。其中重点学习了《资本论》第一、二、三卷和《剩余价值学说史》，即《全集》第23卷至第26卷（上、中、下三册），以及第46卷（上、下）至第50卷等马克思在19世纪五六十年代的不同时期撰写的经济学手稿，并且按照时间顺序连续阅读了《全集》第27卷至第39卷中马克思和恩格斯的大量书信。这样阅读，对于了解《资本论》的研究进程、历史背景，以及马克思和恩格斯在通信中关于各种理论问题的讨论，从而加深对《资本论》的系统理解，有很大的帮助。这一轮系统性学习马克思主义经典著作，使我受到了巨大震撼和深刻教育。除了作学习笔记，还把学习心得撰写到《马克思与调查研究》一文中（与马仲扬同志合作、由我执笔），发表在《红旗》杂志1983年第7期（为纪念马克思逝世100周年而作）。

《资本论》是马克思以毕生精力研究、创作的具有划时代意义的伟大著作。马克思在19世纪40年代初担任《莱茵报》编辑时，就开始注意经济问题，40年代中期在巴黎和布鲁塞尔期间，他系统地研读资产阶级经济学家的著作，并作了大量笔记。他的研究成果体现在《1844年经济学哲学手稿》《哲学的贫困》《雇佣劳动与资本》等著作中。欧洲1848年革命失败后，他侨居伦敦，从50年代初起，重新开始研究经济学，阅读了大量经济学著作和各种资料。他认为资本主义正在发展到一个新阶段，必须用"批判的精神来透彻地研究新的材料"。经过50年代到60年代中期的长期研究和写作，《资本论》各卷的手稿已经完成，但在《资本论》第一卷于1867年出版以后，直到马克思1883年逝世，第二卷和第三卷以及剩余价值学说史部分均没有出版。主要的原因是马克思对自己的著作采取极为严格的科学态度，总是随着实践的发展，不断地对新情况、新问题进行新的研究工作，在获得满意的科学成果之前不愿意出版自己的著作。他在一封信中说："在目前条件下，《资本论》的第二册在德国不可能出版，这一点我很高兴，因为恰恰是在目前某些经济现象进入了新的发展阶段，因而需要重新加以研究。"马克思根据不断出现的新材料，在19世纪70年代对土地所有制关系、银行信贷等问题作了全新的研究。恩格斯后来回忆说："要不是有那么多美国和俄国的材料（单是俄国统计学方面的书籍就有两个多立方米），第二卷早就印出来了。这种详细的研究工作使第二卷进展耽误了许多年。他（指马克思）向来这样，总是要把直到最后一天的所有材料都搜集齐全。"

在人类历史上，还没有一个人像马克思那样以自己的科学理论，在全世界范围对人类社会和人类自身的改造，产生如此巨大而深远的影响。马克思主义理论之所以能够经久不衰，永葆青春，就是因为它是科学，是来源于实践，经过系统、深入的研究，并经过实践不断检验证明是客观真理的理论。

为了科学事业和无产阶级解放事业，马克思一生都以充沛精力和惊人毅力，在统治阶级的压迫下，在贫困和疾病的包围中，百折不挠，数十年如一日地坚持对资本主义社会的现实和历史进行解剖式研究。他历经艰辛，呕心沥血，才完成了《资本论》的创作。马克思说：《资本论》是一部经过千辛万苦写成的著作，可能从来没有一部这种性质的著作是在比这更艰苦的条件下写成的。"为了它，我已经牺牲了我的健康、幸福和家庭。"就在患了重病被迫放下手中的笔时，马克思仍然没有停止阅读与研究。他在一封信中说："在我生病期间，我是无法写作的，但是，我吞下了大批统计学方面和其他方面的'材料'。"一直到晚年，在重病缠身、体力不支的情况下，马克思的勤奋认真、孜孜不倦的研究精神，仍然不减当年，继续搜集、阅读、研究大批书籍和资料，做了大量摘录和评述。

马克思在《资本论》中运用辩证唯物主义和历史唯物主义的世界观和方法论，深刻揭示了资本主义社会的经济运动规律，论证了资本主义基本矛盾的发展必将导致它被共产主义所取代的历史规律，为科学社会主义奠定了坚固的理论基础。《资本论》对以前的政治经济学进行了全面的分析批判，实现了政治经济学领域的革命性变革，创立了马克思主义政治经济学。《资本论》的内容极其丰富，贯穿全书的研究方法和叙述方法是唯物辩证法，并且包含了科学社会主义有关政治、法律、历史、教育、道德、宗教、科学技术、文学艺术等方面的精辟论述，是汇集马克思主义的三个组成部分的理论宝库。《资本论》体现了科学性和革命性的高度统一，为全世界无产阶级和劳动人民的解放事业提供了强大的理论武器。今天学习和研究《资本论》，仍然具有重大的理论和实践的意义。

马克思在《资本论》第一卷第一版序言中说："万事开头难，每门科学都是如此。所以本书第一章，特别是分析商品的部分，是最难理解的。""分析经济形式，既不能用显微镜，也不能用化学试剂。二者都必须用抽象力来代替。"在《资本论》第二版跋中，马克思又指出："当然，在形式上，叙述方法必须与研究方法不同。研究必须充分地占有材料，分析它的各种发展形式，探寻这些形式的内在联系。只有这项工作完成之后，现实的运动才能适当地叙述出来。这一点一旦做到，材料的生命一旦在观念上反映出来，呈现在我们面前的就好像是一个先验的结构了。"

在《资本论》中，马克思运用唯物辩证法和抽象法分析经济问题，从纷繁复杂的经济现象中，抽丝剥茧，探寻出事物的本质和规律；同时采取从抽象逐渐上升到具体的叙述方法，从里到外、一层一层地从抽象的原理、规律回到具体事物的表面，从而令人信服地说明本质和规律，为何和如何表现为与之不同的甚至是相反的现象。这是马克思独创的科学的研究方法和叙述方法。而一般读者观察事物的思维习惯，是从现象出发，而且很容易把现象同本质、规律混为一谈，更缺乏运用抽象方法去分析问题的能力，因而在开始读《资本论》时，常常感到理解困难。《资本论》第一、二、三卷共近2500页，篇幅长是一些初学者望而生畏的另一个原因。所以，我一直有个愿望，就是把《资本论》中的精华、主要内容摘录出来，对重点、难点和其中的逻辑关系，作一些解读和注释，意在对初学《资本论》的读者能有所帮助。《〈资本论〉学习提要》是一个大胆的尝试。《资本论》博大精深，我虽然有以往学习的一定基础，但离深刻理解还差得很远，尤其是做这件事时，我已是85岁的高龄，深感力不从心。因此，《学习提要》中的疏漏和错误，敬请读者批评指正。

林兆木

2023 年 1 月 1 日